Abhandlungen zum schweizerischen Recht · Heft 641

Regina Elisabeth Die optimale Begünstigung des überlebenden Ehegatten
Aebi-Müller

Abhandlungen zum schweizerischen Recht

Neue Folge

Begründet von † Prof. Dr. Max Gmür
Fortgesetzt durch † Prof. Dr. Theo Guhl
und † Prof. Dr. Hans Merz

Herausgegeben von

Dr. Heinz Hausheer

Professor an der Universität Bern

Stämpfli Verlag AG Bern · 2000

Regina Elisabeth Aebi-Müller

Dr. iur., Fürsprecherin

Die optimale Begünstigung des überlebenden Ehegatten

Güter-, erb-, obligationen- und versicherungsrechtliche Vorkehren, unter Berücksichtigung des Steuerrechts

Stämpfli Verlag AG Bern · 2000

Inauguraldissertation zur Erlangung der Würde eines Doctor iuris der Rechts- und Wirtschaftswissenschaftlichen Fakultät der Universität Bern.

Die Rechts- und Wirtschaftswissenschaftliche Fakultät der Universität Bern hat diese Arbeit am 25. Mai 2000 auf Antrag der beiden Gutachter, Professor Dr. Heinz Hausheer (Erstgutachter) und Professor Dr. Thomas Koller (Zweitgutachter), als Dissertation angenommen, ohne damit zu den darin ausgesprochenen Auffassungen Stellung nehmen zu wollen.

Die Deutsche Bibliothek - CIP-Einheitsaufnahme

Aebi-Müller, Regina Elisabeth:
Die optimale Begünstigung des überlebenden Ehegatten : Güter-, erb-, obligationen- und versicherungsrechtliche Vorkehren, unter Berücksichtigung des Steuerrechts / Regina Elisabeth Aebi-Müller. - Bern : Stämpfli, 2000

(Abhandlungen zum schweizerischen Recht ; H. 641)
Zugl.: Bern, Univ., Diss., 2000
ISBN 3-7272-0371-4

© Stämpfli Verlag AG Bern · 2000

Gesamtherstellung: Stämpfli AG,
Grafisches Unternehmen, Bern
Printed in Switzerland

ISBN 3-7272-0371-4

Inhaltsübersicht

Inhaltsübersicht	V
Inhaltsverzeichnis	VIII
Abkürzungsverzeichnis	XXI
Literaturverzeichnis	XXVI

Teil 1 Grundlagen

§ 1 Einleitung 1
    I.   Ziel der Arbeit 1
    II. Grundbegriffe 2
    III. Die soziale Entwicklung (Hinweise) 4

§ 2 Die öffentlichrechtlichen Vorsorgeformen 6
    I.   Das Drei-Säulen-Prinzip 6
    II. Die eidgenössischen Versicherungen 7
    III. Die berufliche Vorsorge 18
    IV. Die gebundene Selbstvorsorge (Hinweis) 21
    V. Exkurs: Die Sozialhilfe 22

§ 3 Die güter- und erbrechtliche Ausgangslage 25
    I.   Die güterrechtliche Stellung des überlebenden Ehegatten 25
    II. Die erbrechtliche Ausgangslage 29
    III. Das Verhältnis der Vorsorgeansprüche zum Güterrecht 30
    IV. Das Verhältnis der Vorsorgeansprüche zum Erbrecht 38

§ 4 Verbleibender Planungsbedarf 46
    I.   Überblick über die Ziele der Ehegatten 46
    II. Finanzielle Sicherung des überlebenden Ehegatten 46
    III. Notwendigkeit ergänzender Teilungsregeln 54
    IV. Streitvermeidung 55
    V. Unbilligkeit bzw. Unzweckmässigkeit der gesetzlichen Regelung im Einzelfall ... 56
    VI. Exkurs: Internationalprivatrechtliche Sachverhalte 61
    VII. Zusammenfassung 67

Teil 2: Die rechtsgeschäftliche Begünstigung des überlebenden Ehegatten

§ 5 Allgemeines zur rechtsgeschäftlichen Begünstigung 69
    I.   Überblick über die Begünstigungsmöglichkeiten 69
    II. Abgrenzung der Rechtsgeschäfte unter Lebenden von denjenigen von Todes wegen ... 70
    III. Der Pflichtteilsschutz 72
    IV. Die Formen der Begünstigung 77

	V.	Grundzüge der Erbschafts- und Schenkungssteuern 90
§ 6	**Die güterrechtliche Begünstigung**... 99	
	I.	Vorbemerkungen 99
	II.	Von der gesetzlichen Regelung abweichende Vorschlagsteilung 100
	III.	Massenumteilung gemäss Art. 199 ZGB 108
	IV.	Änderung bzw. Ausschluss der Mehrwertbeteiligung (Art. 206 Abs. 3 ZGB) 112
	V.	Die Gütergemeinschaft 115
	VI.	Die Gütertrennung 123
	VII.	Die altrechtlichen (beibehaltenen) Güterstände 125
	VIII.	Güterrechtliche Teilungsregeln 129
	IX.	Weitere Gestaltungsmittel der güterrechtlichen Begünstigung 132
	X.	Exkurs: Eherechtliche Vereinbarungen mit Begünstigungscharakter 141
§ 7	**Die erbrechtliche Begünstigung**... 150	
	I.	Zulässigkeit erbrechtlicher Verfügungen im Allgemeinen 150
	II.	Zuweisung des Nachlasses unter Vorbehalt der Pflichtteile 152
	III.	Vermächtnis 152
	IV.	Nutzniessung und Wohnrecht 159
	V.	Erbrechtliche Teilungsvorschriften 169
	VI.	Gestaltungsmittel der erbrechtlichen Begünstigung 175
§ 8	**Begünstigung durch Rechtsgeschäfte unter Lebenden**.................. 193	
	I.	Grundlagen 193
	II.	Güter- und erbrechtliche Berücksichtigung lebzeitiger Zuwendungen 196
	III.	Schenkung 210
	IV.	Hinweis auf weitere Rechtsgeschäfte des Obligationenrechts 218
	V.	Begründung von gemeinschaftlichem Eigentum 221
	VI.	Exkurs: Bankrechtliche Vorkehren 233
§ 9	**Begünstigung durch berufliche und Selbstvorsorge sowie durch freie Versicherungen**... 240	
	I.	Einleitung 240
	II.	Der Ausbau der beruflichen Vorsorge 241
	III.	Die gebundene Selbstvorsorge 251
	IV.	Weitere Versicherungen mit Vorsorgezweck 259
	V.	Beurteilung im Hinblick auf die Ehegattenbegünstigung 267
§ 10	**Das Zusammenwirken der verschiedenen Begünstigungsarten** 275	
	I.	Die Vorteile der verschiedenen Begünstigungsarten 275
	II.	Wechselwirkungen zwischen den Begünstigungsformen 280
	III.	Die optimale Kombination im Einzelfall 285
§ 11	**Problematik der Fehlplanung**... 289	
	I.	Grundsätzliches 289
	II.	Folgen mangelhafter Planung und unerwünschte Begleiterscheinungen der Begünstigung 289
	III.	Exkurs: „Minimalbegünstigung" als optimale Lösung? 297

TEIL 3:	DIE BEGÜNSTIGUNG DES ÜBERLEBENDEN EHEGATTEN BEI BESONDEREN SACHLAGEN

§ 12 REKOMBINATIONSFAMILIEN 305
    I.   Vorbemerkungen 305
    II. Ehepaar ohne nichtgemeinsame Nachkommen („herkömmliche" Erstehe) 305
    III. Ehepaar mit vorehelichen Kindern 314

§ 13 FAMILIENUNTERNEHMEN 326
    I.   Ausgangslage 326
    II. Erbrechtliche Probleme im Zusammenhang mit der Unternehmens- nachfolge 326
    III. Gestaltungsmöglichkeiten im Rahmen der verschiedenen Gesellschaftsformen 329
    IV. Verhältnis zwischen den Nachkommen und dem überlebenden Ehegatten 344
    V. Steuerliche Aspekte der Unternehmensübertragung 348

§ 14 SCHLUSSBEMERKUNGEN 355

SACHREGISTER 357

Inhaltsverzeichnis

Inhaltsübersicht	V
Inhaltsverzeichnis	VIII
Abkürzungsverzeichnis	XXI
Literaturverzeichnis	XXVI

Teil 1: Grundlagen

§ 1 Einleitung	1
I. Ziel der Arbeit	1
II. Grundbegriffe	2
1. Begünstigung des überlebenden Ehegatten	2
2. Maximale Begünstigung	3
3. Optimale Begünstigung	3
4. Güterrechtliche Begünstigung	3
5. Erbrechtliche Begünstigung	4
6. Lebzeitige Zuwendungen	4
7. Begünstigung mittels (sozial)versicherungsrechtlicher Ansprüche	4
III. Die soziale Entwicklung (Hinweise)	4
§ 2 Die öffentlichrechtlichen Vorsorgeformen	6
I. Das Drei-Säulen-Prinzip	6
II. Die eidgenössischen Versicherungen	7
1. Alters- und Hinterlassenenversicherung	7
a) Allgemeines	7
b) Anspruchsvoraussetzungen	8
c) Anspruchshöhe	8
d) Eigene Rente des Hinterbliebenen	10
e) Koordinationsnormen	10
2. Invalidenversicherung	11
a) Allgemeines	11
b) Anspruchsvoraussetzungen	11
c) Anspruchshöhe	12
d) Koordinationsnormen	12
3. Ergänzungsleistungen	12
a) Allgemeines	12
b) Anspruchsvoraussetzungen	12
c) Höhe des Anspruchs	13
d) Koordinationsnormen	14
4. Unfallversicherung	14
a) Allgemeines	14
b) Anspruchsvoraussetzungen	14
c) Höhe des Anspruchs	15
d) Koordinationsnormen	15
5. Militärversicherung	16
a) Allgemeines	16
b) Anspruchsvoraussetzungen	16
c) Höhe des Anspruchs	16
d) Koordinationsnormen	17
6. Hilflosenentschädigung	17

III. Die berufliche Vorsorge 18
    1. Allgemeines 18
    2. Faktischer Zwang zur weitergehenden beruflichen Vorsorge 18
    3. Anspruchsvoraussetzungen 19
    4. Höhe des Anspruchs 20
    5. Koordinationsnormen 21
IV. Die gebundene Selbstvorsorge (Hinweis) 21
V. Exkurs: Die Sozialhilfe 22

§ 3 DIE GÜTER- UND ERBRECHTLICHE AUSGANGSLAGE 25

I. Die güterrechtliche Stellung des überlebenden Ehegatten 25
    1. Der ordentliche Güterstand der Errungenschaftsbeteiligung 25
    2. Wertmässige Ansprüche 25
    3. Zuteilungsansprüche 26
    4. Die Auswirkungen der güterrechtlichen Beweisregeln 27
II. Die erbrechtliche Ausgangslage 29
    1. Gesetzliche Erbquote 29
    2. Teilungsansprüche 29
III. Das Verhältnis der Vorsorgeansprüche zum Güterrecht 30
    1. Güterrechtliche Grundlagen 30
        a) Abgrenzung von Anwartschaften und Ansprüchen 30
        b) Massenzugehörigkeit der Ansprüche 30
    2. Noch nicht fällige Ansprüche des Vorsorgenehmers 31
        a) Eidgenössische Versicherungen und berufliche Vorsorge 31
           aa) Im Allgemeinen 31
           bb) Insbesondere Freizügigkeitsguthaben 31
        b) Gebundene Selbstvorsorge 32
    3. Hinterlassenenleistungen 34
        a) Eidgenössische Versicherungen und berufliche Vorsorge 34
        b) Gebundene Selbstvorsorge 34
    4. Ausgerichtete Rentenleistungen 35
        a) Eidgenössische Versicherungen und berufliche Vorsorge 35
        b) Gebundene Selbstvorsorge 35
    5. Ausgerichtete Kapitalabfindungen 36
    6. Vorbezüge zum Erwerb von Wohneigentum 36
    7. Bar bezogene Austrittsleistungen 37
IV. Das Verhältnis der Vorsorgeansprüche zum Erbrecht 38
    1. Erbrechtliche Grundlagen 38
    2. Hinterlassenenansprüche der ersten Säule 38
    3. Berufliche Vorsorge 39
        a) Anspruchsberechtigung 39
        b) Obligatorische berufliche Vorsorge 39
        c) Weitergehende berufliche Vorsorge 39
        d) Vorbezüge und Barauszahlungen 40
    4. Hinterlassenenansprüche aus Freizügigkeitsguthaben 41
        a) Anspruchsberechtigung 41
        b) Pflichtteilsrelevanz 41
    5. Gebundene Selbstvorsorge 42
        a) Allgemeines 42
        b) Vorsorgeversicherung 42
        c) Gebundene Vorsorgevereinbarung 44
        d) Verhältnis zur Errungenschaftsbeteiligung 45

§ 4 Verbleibender Planungsbedarf 46
I. Überblick über die Ziele der Ehegatten 46
II. Finanzielle Sicherung des überlebenden Ehegatten 46
   1. Grundlagen 46
      a) Wirtschaftliche Ausgangslage 46
      b) Weitere Planungsgesichtspunkte 48
      c) Unmündige Kinder 49
   2. Fallkonstellationen 49
      a) Tod eines der Ehegatten nach Pensionierung 50
      b) Hausgattenehe; früher Tod des Versorgers 51
      c) Hausgattenehe; früher Tod der Mutter 52
      d) Kinderloses Ehepaar; ein Ehegatte ist noch in Ausbildung 53
   3. Statistische Hinweise 53
III. Notwendigkeit ergänzender Teilungsregeln 54
   1. Ausübung der Zugsrechte 54
   2. Familien- bzw. eheliche Wohnung 54
   3. Hausrat 54
   4. Andere Vermögenswerte 55
IV. Streitvermeidung 55
V. Unbilligkeit bzw. Unzweckmässigkeit der gesetzlichen Regelung im Einzelfall 56
   1. Ausgangslage: Insgesamt verbesserte Stellung des überlebenden Ehegatten 57
      a) Allgemeines 57
      b) Sozialversicherungen 57
      c) Güterrecht: Ordentlicher Güterstand der Errungenschaftsbeteiligung 58
      d) Verbesserte erbrechtliche Stellung des Ehegatten 59
   2. Regelungsbedarf betreffend Nachkommen 59
   3. Regelungsbedarf betreffend die elterlichen Parentel 60
   4. Problematik der Rekombinationsfamilien und der Unternehmensnachfolge (Hinweise) 61
VI. Exkurs: Internationalprivatrechtliche Sachverhalte 61
   1. Problemstellung 61
   2. Zuständigkeit der schweizerischen Gerichte und Behörden 62
   3. Anwendbares Recht 62
   4. Berücksichtigung ausländischer Entscheidungen 63
   5. Ordre public und Rechtsmissbrauchsverbot 64
   6. Beispiele 65
VII. Zusammenfassung 67

TEIL 2: DIE RECHTSGESCHÄFTLICHE BEGÜNSTIGUNG DES ÜBERLEBENDEN EHEGATTEN

§ 5 Allgemeines zur rechtsgeschäftlichen Begünstigung 69
I. Überblick über die Begünstigungsmöglichkeiten 69
   1. Güter- und Erbrecht 69
   2. Rechtsgeschäfte unter Lebenden 69
   3. (Sozial)Versicherungsrecht 70
   4. Zusammenfassung 70
II. Abgrenzung der Rechtsgeschäfte unter Lebenden von denjenigen von Todes wegen 70
   1. Problemstellung 70
   2. Abgrenzungskriterien 71

III. Der Pflichtteilsschutz 72
    1. Allgemeines 72
    2. Inhalt des Pflichtteilsschutzes 73
    3. Verzichtbarkeit des Pflichtteils 74
    4. Die Stellung des übergangenen Pflichtteilserben 74
    5. Die pflichtteilsgeschützten Personen und ihre Quoten 76
    6. Die Pflichtteilsmasse 76
    7. Die Reihenfolge der Herabsetzung (Hinweis) 76
IV. Die Formen der Begünstigung 77
    1. Der Ehevertrag 77
        a) Begriff und Zweck 77
        b) Anwendungsbereich 77
        c) Formvorschriften 77
        d) Auslegung und Anfechtung 78
    2. Der Erbvertrag 79
        a) Begriff und Zweck 79
        b) Anwendungsbereich 79
        c) Formvorschriften 80
        d) Auslegung und Anfechtung 81
        e) Insbesondere zu Art. 494 Abs. 3 ZGB 82
        f) Vertragsanpassung und -rücktritt 83
    3. Der kombinierte Ehe- und Erbvertrag 84
        a) Allgemeines 84
        b) Im Speziellen zur Beendigung des Ehe- und Erbvertrages 84
    4. Das (gegenseitige) Testament 85
        a) Anwendungsbereich 85
        b) Insbesondere zum korrespektiven und zum gegenseitigen Testament ... 86
        c) Insbesondere zur Vorsorgevereinbarung 86
        d) Form und Widerruf 87
        e) Auslegung und Anfechtung 88
    5. Einfach schriftliche Rechtsgeschäfte 89
    6. Formfreie Verfügungen 89
V. Grundzüge der Erbschafts- und Schenkungssteuern 90
    1. Grundzüge der Erbschaftssteuer 90
        a) Gegenstand der Steuer 90
        b) Steuermass und Haftung 91
    2. Grundzüge der Schenkungssteuer 92
        a) Gegenstand der Steuer 92
        b) Steuermass und Haftung 93
    3. Die Problematik der Querschenkungen 94
    4. Erbverzicht und Ausschlagung der Erbschaft 95
    5. Ausschöpfung kantonaler Steuerunterschiede 96
    6. Weitere Planungsgesichtspunkte im Bereich der Steuern 96

§ 6 DIE GÜTERRECHTLICHE BEGÜNSTIGUNG 99
I. Vorbemerkungen 99
II. Von der gesetzlichen Regelung abweichende Vorschlagsteilung 100
    1. Anwendungsbereich und Gestaltungsmöglichkeiten 100
    2. Die erbrechtliche Behandlung der Vorschlagsteilung 103
        a) Problemstellung 103
        b) Die Vorschlagszuweisung als unentgeltliche Zuwendung 103
        c) Zuwendung unter Lebenden oder von Todes wegen 104
            aa) „Gewöhnliche" Teilungsregeln 104
            bb) Überlebensklauseln zugunsten des überlebenden Ehegatten 104
            cc) Überlebensklauseln zugunsten eines bestimmten überlebenden Ehegatten 104

			d) Ausgleichung und Herabsetzung	105
			e) Insbesondere zur Berechnung der Pflichtteile	105
		3.	*Die steuerliche Behandlung der Vorschlagszuweisung*	107
		4.	*Beurteilung im Hinblick auf die Ehegattenbegünstigung*	108
	III.	Massenumteilung gemäss Art. 199 ZGB		108
		1.	*Art. 199 Abs. 1 ZGB: Anwendungsbereich und Gestaltungsmöglichkeiten*	108
		2.	*Art. 199 Abs. 2 ZGB: Anwendungsbereich und Gestaltungsmöglichkeiten*	109
		3.	*Verhältnis zum Pflichtteilsrecht*	111
		4.	*Die steuerliche Behandlung der Massenumteilung*	111
		5.	*Beurteilung im Hinblick auf die Ehegattenbegünstigung*	112
	IV.	Änderung bzw. Ausschluss der Mehrwertbeteiligung (Art. 206 Abs. 3 ZGB)		112
		1.	*Anwendungsbereich*	112
		2.	*Verhältnis zum Pflichtteilsrecht*	113
		3.	*Steuerliche Behandlung der Mehrwertbeteiligung*	114
		4.	*Beurteilung im Hinblick auf die Ehegattenbegünstigung*	114
	V.	Die Gütergemeinschaft		115
		1.	*Anwendungsbereich*	115
			a) Besserstellung des überlebenden Ehegatten in finanzieller Hinsicht	115
			b) Sachenrechtliche Bedeutung der Gütergemeinschaft	116
		2.	*Gestaltungsmöglichkeiten*	117
			a) Zuweisungsmöglichkeiten betreffend das Gesamtgut	117
			b) Die allgemeine Gütergemeinschaft	118
			c) Die Ausschlussgemeinschaft	118
			d) Die Errungenschaftsgemeinschaft	119
			e) Änderung bzw. Ausschluss der Mehrwertbeteiligung	119
		3.	*Verhältnis zum Pflichtteilsrecht*	120
			a) Gesamtgutszuweisung	120
			b) Beschränkte Gütergemeinschaften	120
			c) Der Ausschluss der Mehrwertbeteiligung	121
		4.	*Steuerliche Behandlung der Gütergemeinschaft*	121
		5.	*Beurteilung im Hinblick auf die Ehegattenbegünstigung*	122
	VI.	Die Gütertrennung		123
		1.	*Anwendungsbereich*	123
		2.	*Verhältnis zum Erbrecht*	124
		3.	*Steuerliche Behandlung der Gütertrennung*	124
		4.	*Beurteilung im Hinblick auf die Ehegattenbegünstigung*	125
	VII.	Die altrechtlichen (beibehaltenen) Güterstände		125
		1.	*Allgemeines*	125
		2.	*Die beibehaltene Güterverbindung*	126
			a) Anwendungsbereich	126
			b) Pflichtteilsrecht	126
			c) Steuerliche Ausgangslage	127
		3.	*Die altrechtliche Gütergemeinschaft*	127
	VIII.	Güterrechtliche Teilungsregeln		129
		1.	*Im Rahmen der Errungenschaftsbeteiligung*	129
			a) Grundlagen und Anwendungsbereich	129
			b) Steuerliche Aspekte	130
		2.	*Im Rahmen der Gütergemeinschaft*	131
	IX.	Weitere Gestaltungsmittel der güterrechtlichen Begünstigung		132
		1.	*Die Rückwirkungsklausel*	132
		2.	*Bedingungen und Auflagen*	133
			a) Allgemeines und Abgrenzung	133

		b) Bedingung und Befristung ... 134
		c) Auflagen ... 135
		d) Verhältnis zum Erbrecht ... 136
		e) Steuerliche Aspekte ... 136
	3.	*Insbesondere zur Überlebensklausel* ... 137
	4.	*Insbesondere zur Rückfallklausel* ... 137
	5.	*Insbesondere zur Wiederverheiratungsklausel* ... 138
		a) Zweck und Anwendungsbereich ... 138
		b) Zulässigkeit ... 139
	6.	*Grenzen der ehevertraglichen Gestaltung* ... 140
		a) Typengebundenheit der Güterstände ... 140
		b) Beschränkung auf den Güterstand während der Ehe ... 140
X.		Exkurs: Eherechtliche Vereinbarungen mit Begünstigungscharakter ... 141
	1.	*Vorbemerkungen* ... 141
	2.	*Der Unterhalt nach Art. 163 Abs. 2 ZGB* ... 142
		a) Im Rahmen der Errungenschaftsbeteiligung ... 142
		b) Im Rahmen der Gütergemeinschaft ... 143
		c) Im Rahmen der Gütertrennung ... 144
		d) Steuerliche Aspekte ... 144
	3.	*Der Betrag zur freien Verfügung gemäss Art. 164 ZGB* ... 144
		a) Im Rahmen der Errungenschaftsbeteiligung ... 145
		b) Im Rahmen der Gütergemeinschaft und der Gütertrennung ... 145
		c) Beurteilung für die Ehegattenbegünstigung ... 146
	4.	*Ausserordentliche Beiträge gemäss Art. 165 ZGB* ... 147
		a) Grundlagen ... 147
		b) Steuerliche Aspekte ... 147
		c) Beurteilung für die Ehegattenbegünstigung ... 148
	5.	*Mögliche Gestaltungsmittel* ... 148
		a) Im Zusammenhang mit Unterhaltsbeiträgen ... 148
		b) Im Zusammenhang mit der Entschädigung nach Art. 165 ZGB ... 149

§ 7 DIE ERBRECHTLICHE BEGÜNSTIGUNG ... 150

I.		Zulässigkeit erbrechtlicher Verfügungen im Allgemeinen ... 150
	1.	*Mangelhaftigkeit letztwilliger Verfügungen* ... 150
	2.	*Ungültigkeits- und Herabsetzungsklage* ... 151
II.		Zuweisung des Nachlasses unter Vorbehalt der Pflichtteile ... 152
III.		Vermächtnis ... 152
	1.	*Begriff und Abgrenzung* ... 152
	2.	*Anwendungsbereich* ... 154
		a) Abfindung von Pflichtteilserben ... 154
		b) Bedürfnisgerechte Begünstigung ... 154
		c) Weitere Anwendungsmöglichkeiten ... 156
	3.	*Steuerliche Aspekte* ... 157
		a) Im Allgemeinen ... 157
		b) Besteuerung von Rentenvermächtnissen ... 158
	4.	*Beurteilung im Hinblick auf die Ehegattenbegünstigung* ... 159
IV.		Nutzniessung und Wohnrecht ... 159
	1.	*Ehegattennutzniessung nach Art. 473 ZGB* ... 159
		a) Begriff und Gestaltungsmöglichkeiten ... 159
		b) Verfügbare Quote neben der Nutzniessung ... 161
		c) Steuerliche Aspekte ... 162
		aa) Erbschafts- und Schenkungssteuer ... 162
		bb) Einkommens- und Vermögenssteuer ... 163
		d) Beurteilung im Hinblick auf die Ehegattenbegünstigung ... 163
	2.	*Gewöhnliche Nutzniessung* ... 165
		a) Anwendungsbereich ... 165

XIII

		b) Steuerliche Aspekte	166
		c) Beurteilung im Hinblick auf die Ehegattenbegünstigung	166
	3.	*Wohnrecht*	167
		a) Begriff	167
		b) Steuerliche Aspekte	168
		c) Beurteilung im Hinblick auf die Ehegattenbegünstigung	168
V.	Erbrechtliche Teilungsvorschriften		169
	1.	*Gesetzliche Teilungsregeln*	169
	2.	*Letztwillige Teilungsregeln*	170
		a) Erbrechtliche Einordnung	170
		b) Gestaltungsmöglichkeiten	170
		c) Bindung der Erben an die Teilungsregeln	171
		d) Verhältnis zum Pflichtteilsrecht	172
		e) Verhältnis zur güterrechtlichen Teilung	172
		f) Steuerliche Aspekte der Teilung	173
		g) Beurteilung im Hinblick auf die Ehegattenbegünstigung	173
	3.	*Einräumung von Wahlrechten*	173
VI.	Gestaltungsmittel der erbrechtlichen Begünstigung		175
	1.	*Bedingungen*	175
		a) Begriff	175
		b) Abgrenzung zur Auflage	175
		c) Anwendungsbereich	175
		d) Steuerliche Aspekte	177
	2.	*Auflagen*	178
		a) Begriff	178
		b) Abgrenzung zum Vermächtnis	178
		c) Anwendungsbereich	178
		d) Steuerliche Aspekte	179
	3.	*Nacherbeneinsetzung*	180
		a) Allgemeines	180
		b) Zeitpunkt des Nacherbfalls	181
		c) Anwendungsbereich	181
		d) Stellung des Vorerben	182
		e) Steuerliche Aspekte	184
		f) Beurteilung im Hinblick auf die Ehegattenbegünstigung	185
	4.	*Insbesondere zur Nacherbeneinsetzung auf den Überrest*	186
		a) Begriff	186
		b) Die Verfügungsbefugnis des Vorerben	186
	5.	*Nachvermächtnis*	187
	6.	*Ersatzverfügungen*	187
		a) Begriff und Anwendungsbereich	187
		b) Steuerliche Aspekte	189
	7.	*Grenzen der Zulässigkeit von Bedingungen und Auflagen*	189
		a) Sittenwidrigkeit persönlichkeitsrelevanter Verfügungen	189
		b) Schranken der langfristigen Vermögensbindung	190
		c) Die privatorische Klausel	190
		d) Rechtsfolge: Ungültigkeit bzw. Herabsetzbarkeit der Verfügung	191

§ 8 Begünstigung durch Rechtsgeschäfte unter Lebenden 193

I.	Grundlagen		193
	1.	*Motive für Rechtsgeschäfte unter Lebenden zwischen Ehegatten*	193
	2.	*Formen geldwerter Leistungen unter Lebenden*	194
	3.	*Insbesondere Rechtsgeschäfte des Obligationenrechts*	194
	4.	*Einfluss des Güter- und Erbrechts*	195
II.	Güter- und erbrechtliche Berücksichtigung lebzeitiger Zuwendungen		196
	1.	*Begriff der Zuwendung*	196

		2.	Güterrechtliche Behandlung der Zuwendungen	198
			a) Errungenschaftsbeteiligung	198
			b) Gütergemeinschaft	199
			c) Gütertrennung	199
		3.	*Erbrechtliche Ausgleichung*	200
			a) Grundlagen	200
			b) Gesetzliche Vermutungen	200
			c) Insbesondere Zuwendungen an eingesetzte Erben	202
			d) Anordnungen des Erblassers betreffend die Ausgleichung	202
			e) Die Stellung des überlebenden Ehegatten	203
		4.	*Herabsetzung von Zuwendungen unter Lebenden*	205
			a) Die herabsetzbaren Zuwendungen im Allgemeinen	205
			b) Insbesondere die Herabsetzung nach Art. 527 Ziff. 1 ZGB	205
			c) Erbabfindungen und Auskaufsbeträge (Art. 527 Ziff. 2 ZGB)	206
			d) Absichtliche Umgehung der Pflichtteile (Art. 527 Ziff. 4 ZGB)	206
			e) Berücksichtigung der güterrechtlichen Ansprüche für die Herabsetzung?	207
			f) Umfang der Herabsetzung	209
			g) Beweislast	209
			h) Abfindung des Ehegatten oder von Miterben	210
III.	Schenkung			210
	1.	*Begriff und Gegenstand der Schenkung*		210
	2.	*Besonderheiten der Schenkung zwischen Ehegatten*		211
	3.	*Die erbrechtliche Herabsetzung nach Art. 527 Ziff. 3 ZGB*		212
		a) Der Schenkungsbegriff im Pflichtteilsrecht		212
		aa) Erweiterung des Schenkungsbegriffs gegenüber Art. 239 OR		212
		bb) Einschränkung mit Bezug auf Gelegenheitsgeschenke		213
		b) Zeitliche Begrenzung der Herabsetzbarkeit		214
		c) Insbesondere die gemischte Schenkung		214
	4.	*Gestaltungsmittel*		215
		a) Zulässigkeit und Anwendungsbereich		215
		b) Verhältnis zum Erbrecht		216
	5.	*Steuerliche Behandlung der Schenkung*		217
	6.	*Beurteilung für die Ehegattenbegünstigung*		218
IV.	Hinweis auf weitere Rechtsgeschäfte des Obligationenrechts			218
	1.	*Darlehen*		218
	2.	*Leihe und Miete*		219
	3.	*Dienstleistungsverträge (Arbeitsvertrag, Werkvertrag, Auftrag)*		220
	4.	*Steuerliche Aspekte*		221
	5.	*Gestaltungsmittel*		221
V.	Begründung von gemeinschaftlichem Eigentum			221
	1.	*Grundlagen*		221
		a) Alleineigentum eines Ehegatten		221
		b) Miteigentum beider Ehegatten		222
		c) Gesamteigentum beider Ehegatten		222
	2.	*Begründung von Mit- und Gesamteigentum im Allgemeinen*		222
		a) Verhältnis von Güter- und Sachenrecht		222
		b) Annäherung von Mit- und Gesamteigentum unter Ehegatten		224
	3.	*Begünstigung durch gemeinschaftliches Eigentum?*		224
		a) Verbesserung der Sachansprüche		224
		b) Verbesserung der wirtschaftlichen Stellung		224
		c) Schenkung eines Beteiligungsanspruchs		225
	4.	*Steuerliche Aspekte*		226
	5.	*Insbesondere zur Ehegattengesellschaft*		228
		a) Grundlagen und güterrechtliche Behandlung		228
		b) Begünstigung eines Ehegatten		229
		c) Insbesondere zur Anwachsungs- und Abfindungsklausel		229

XV

Inhaltsverzeichnis

          d) Ehegattengesellschaft im Zusammenhang mit Bankgeschäften 230
          e) Bewertung im Hinblick auf die Ehegattenbegünstigung 230
     6. *Gestaltungsmittel* 231
     7. *Beurteilung für die Ehegattenbegünstigung* 232
  VI. Exkurs: Bankrechtliche Vorkehren 233
     1. *Vollmacht über den Tod hinaus* 233
     2. *Compte-Joint (Gemeinschaftskonto)* 235
          a) Erweiterung der Verfügungsmacht des überlebenden Ehegatten 236
          b) Schenkung mittels Gemeinschaftskonto 237
          c) Herbeiführen einer unklaren Beweislage 238
          d) Risiken des Gemeinschaftskontos 239

§ 9 BEGÜNSTIGUNG DURCH BERUFLICHE UND SELBSTVORSORGE SOWIE DURCH FREIE VERSICHERUNGEN 240

    I. Einleitung 240
  II. Der Ausbau der beruflichen Vorsorge 241
     1. *Obligatorische bzw. freiwillige berufliche Vorsorge* 241
     2. *Weitergehende berufliche Vorsorge* 241
          a) Arten der weitergehenden beruflichen Vorsorge 241
          b) Weitergehende berufliche Vorsorge angestellter Vorsorgenehmer 242
          c) Freiwillige Versicherung Selbständigerwerbender 243
          d) Freizügigkeitsguthaben 244
     3. *Die Begünstigtenordnung der beruflichen Vorsorge* 244
          a) Gesetzliche Ordnung 244
          b) Zulässigkeit von Änderungen der Begünstigtenordnung 245
          c) Die Begünstigtenordnung bei Freizügigkeitsguthaben 247
     4. *Güter- und erbrechtliche Einordnung der beruflichen Vorsorge (Hinweise)* 247
          a) Güterrecht 247
          b) Erbrecht 248
          c) Freizügigkeitsguthaben 248
     5. *Die steuerliche Behandlung der beruflichen Vorsorge* 248
          a) Grundlagen der Besteuerung 248
          b) Möglichkeiten der Steuerplanung 250
 III. Die gebundene Selbstvorsorge 251
     1. *Grundlagen* 251
     2. *Die Begünstigtenordnung* 253
     3. *Güterrechtliche Einordnung der Selbstvorsorge (Hinweis)* 254
     4. *Gebundene Selbstvorsorge und Erbrecht* 254
          a) Überblick 254
          b) Verfügungen unter Lebenden oder von Todes wegen? 255
              aa) Gebundene Vorsorgeversicherung 255
              bb) Gebundene Vorsorgevereinbarung 256
          c) Verhältnis zu güterrechtlichen Ansprüchen (Hinweis) 257
     5. *Die steuerliche Behandlung der gebundenen Selbstvorsorge* 257
          a) Grundlagen der Besteuerung 257
          b) Möglichkeiten der Steuerplanung 258
 IV. Weitere Versicherungen mit Vorsorgezweck 259
     1. *Möglichkeiten* 259
          a) Todesfallversicherung 260
          b) Gemischte Lebensversicherung 260
          c) Leibrentenversicherung nach Eintritt des Rentenalters 261
     2. *Güterrechtliche Einordnung der Anwartschaften und Leistungen* 261
          a) Noch nicht fällige Versicherungsansprüche 261
          b) Während des Güterstandes fällig gewordene Versicherungsansprüche ... 262
          c) Ansprüche der begünstigten Person 262

3. Erbrechtliche Behandlung der Anwartschaften und Leistungen 262
   a) Rechtsnatur des Anspruchs 262
   b) Hinzurechnung und Herabsetzbarkeit der Leistungen 263
   c) Rechtsgeschäft unter Lebenden 264
4. Die steuerliche Behandlung ungebundener Versicherungen 265
   a) Vorbemerkungen 265
   b) Steuerrechtliche Behandlung der Prämien und des Versicherungskapitals 265
   c) Steuerrechtliche Behandlung der Versicherungsleistungen 266
      aa) Rentenleistungen 266
      bb) Kapitalleistungen 266
V. Beurteilung im Hinblick auf die Ehegattenbegünstigung 267
1. *Anspruchsberechtigung und zulässiger Umfang der Begünstigung* 267
2. *Schutz vor Risiken* 268
3. *Planungsmöglichkeiten und Flexibilität der Begünstigung* 269
4. *Konkurrenz mit anderen Verfügungen* 270
5. *Steuerliche Belastung und Rendite* 271
6. *Vermögenserhaltung und Unternehmensnachfolge* 271
7. *Insbesondere Vorbezüge zum Erwerb von Wohneigentum* 272
   a) Vorbezug aus Mitteln der beruflichen Vorsorge 272
   b) Vorbezug aus Mitteln der gebundenen Selbstvorsorge 273
8. *Schlussfolgerungen* 273

§ 10 DAS ZUSAMMENWIRKEN DER VERSCHIEDENEN BEGÜNSTIGUNGSARTEN 275
I. Die Vorteile der verschiedenen Begünstigungsarten 275
1. *Vorteile materieller Art* 275
   a) Der Umfang der Begünstigung 275
   b) Die Einräumung von Sach- bzw. Teilungsansprüchen 276
   c) Möglichkeiten der Steuerersparnis 277
   d) Flexibilität bzw. Möglichkeiten der Gestaltung 277
2. *Unterschiede formeller Art* 279
3. *Weitere Unterschiede* 279
II. Wechselwirkungen zwischen den Begünstigungsformen 280
1. *Problematik der Pflichtteilsgrenze* 280
2. *Stabilität einzelner Zuwendungen gegenüber Herabsetzungsklagen* 280
   a) Herabsetzungsreihenfolge 280
      aa) Grundlagen 280
      bb) Insbesondere die Herabsetzung von ehevertraglichen Vorschlags- bzw. Gesamtgutszuweisungen 281
      cc) Ergebnis 282
   b) Auswirkungen auf die einzelnen Verfügungsarten 283
   c) Insbesondere Vorsorgeversicherungen 284
III. Die optimale Kombination im Einzelfall 285
1. *Im Allgemeinen* 285
2. *Konfliktvermeidung* 285
3. *Urteilsunfähigkeit eines Ehegatten* 286
4. *Kinderlose Ehegatten* 287

§ 11 PROBLEMATIK DER FEHLPLANUNG 289
I. Grundsätzliches 289
II. Folgen mangelhafter Planung und unerwünschte Begleiterscheinungen der Begünstigung 289
1. *„Absterbens-Lotterie"* 289
   a) Im Rahmen des ordentlichen Güterstandes 289
   b) Bei der Wahl eines anderen Güterstandes 290
   c) Andere Zuwendungen 290

2. Wiederverheiratung ... 290
3. Verschiebung des Verlaufs der Erbfolge in Rekombinationsfamilien ... 290
4. Erbrechtliche Herabsetzung ... 291
5. Haftungsrisiken ... 291
6. Minderwertbeteiligung ... 292
7. Auswirkungen im Scheidungsfall ... 292
8. Auswirkungen im Fall der Trennung ... 293
9. Auswirkungen im Fall der Aufhebung des gemeinsamen Haushalts ... 294
10. Gemeinschaftswidriges Verhalten eines Ehegatten ... 295
11. Auswirkungen auf Spital- und Heimtarife ... 295
12. Verlust von Ergänzungsleistungs- und Fürsorgeansprüchen ... 295
13. Unzureichender Schutz des überlebenden Ehegatten ... 296
14. Steuerfolgen ... 296

III. Exkurs: „Minimalbegünstigung" als optimale Lösung? ... 297
    1. Problemstellung ... 297
        a) Auffüllfunktion der Ergänzungsleistungen ... 297
        b) Auffüllfunktion der Sozialhilfe ... 297
        c) „Optimierung" der staatlichen Sozialleistungen durch Verzicht auf Einkommen und Vermögen 297
    2. Schranken im Ergänzungsleistungsrecht ... 298
        a) Einkommens- und Vermögensverzicht ... 298
            aa) Voraussetzungen im Allgemeinen ... 298
            bb) Verzicht auf Einkünfte ... 298
            cc) Vermögensverzicht ... 299
        b) Übermässiger Vermögensverzehr als weitere Schranke? ... 299
    3. Schranken im Fürsorgerecht ... 300
        a) Finale Betrachtungsweise im Sozialhilferecht ... 300
        b) Grundrechtscharakter der Sozialhilfe ... 300
            aa) Verfassungsrechtlicher Minimalanspruch ... 300
            bb) Rechtsmissbrauch als Grenze? ... 301
            cc) Reduktion der Ansprüche bei Vermögensentäusserungen? ... 301
        c) Rückerstattung von Fürsorgeleistungen ... 302
            aa) Durch den Leistungsempfänger ... 302
            bb) Durch Erben und Beschenkte ... 302
        d) Verhältnis zur Verwandtenunterstützung ... 302
    4. Sittenwidrigkeit der Minimalbegünstigung? ... 303
    5. Ungültigkeitsklage des Gemeinwesens? ... 303
    6. Grenzen der privatrechtlichen „Optimierungsversuche" ... 304
        a) Entwicklung der persönlichen Situation ... 304
        b) Veränderungen im rechtlichen Umfeld ... 304

TEIL 3: DIE BEGÜNSTIGUNG DES ÜBERLEBENDEN EHEGATTEN BEI BESONDEREN SACHLAGEN

---

§ 12 REKOMBINATIONSFAMILIEN ... 305
    I. Vorbemerkungen ... 305
    II. Ehepaar ohne nichtgemeinsame Nachkommen („herkömmliche" Erstehe) ... 305
        1. Anliegen ... 305
        2. Problembereiche ... 306
        3. Lösungsansätze ... 307
            a) Zielsetzung der rechtsgeschäftlichen Regelung ... 307
            b) Die Möglichkeiten des Ehevertrags ... 309
            c) Die Möglichkeiten des Erbrechts ... 310
            d) Vorkehren hinsichtlich gesetzlicher Ansprüchen des überlebenden Ehegatten ... 312

III. Ehepaar mit vorehelichen Kindern 314
   1. *Mögliche Ausgangslagen* 314
   2. *Anliegen* 314
   3. *Problembereiche* 315
   4. *Planung bei kinderloser Zweitehe* 316
      a) Planung hinsichtlich der Nachkommen 316
      b) Ausgleich zwischen Nachkommen und zweitem Ehepartner 317
   5. *Planung bei gemeinsamen Nachkommen und vorehelichen Nachkommen auf einer Seite* ... 318
      a) Berücksichtigung früherer Vermögensübergänge 318
      b) Vorversterben des Ehegatten mit vorehelichen Nachkommen 318
      c) Vorversterben des Ehegatten ohne voreheliche Nachkommen 320
      d) Gleichbehandlung der Nachkommen bei lebzeitigen Zuwendungen an den (zweiten) Ehegatten 320
      e) Gleichbehandlung der Nachkommen bei Ehegattennutzniessung 321
      f) Ungleichbehandlung der verschiedenen Nachkommenkategorien 322
      g) Ausgleichungspflicht gegenüber dem zweiten Ehegatten 323
      h) Verfügungen betreffend bestimmte Vermögensobjekte 324
   6. *Planung bei gemeinsamen Nachkommen und vorehelichen Nachkommen auf beiden Seiten* 324
   7. *Gleichzeitiger Tod beider Ehegatten* 324

§ 13 FAMILIENUNTERNEHMEN 326

I. Ausgangslage 326
II. Erbrechtliche Probleme im Zusammenhang mit der Unternehmensnachfolge 326
   1. *Die Pflichtteile* 326
   2. *Bewertung der Unternehmung bzw. von Gesellschaftsanteilen* 327
   3. *Höchstpersönlichkeit der letztwilligen Verfügung* 328
   4. *Grenze der persönlichen Freiheit der Erben* 328
III. Gestaltungsmöglichkeiten im Rahmen der verschiedenen Gesellschaftsformen 329
   1. *Ausgangsiage* 329
   2. *Möglichkeiten bei der AG* 330
      a) Allgemeines 330
      b) Verteilung der Aktien auf die Erben 330
      c) Schaffung von Stimmrechtsaktien und Partizipationsscheinen 331
      d) Vinkulierungsbestimmungen 332
      e) Aktionärbindungsverträge 334
   3. *Gesellschaft mit beschränkter Haftung* 336
   4. *Personengesellschaften* 338
      a) Fortsetzungsklausel 338
      b) Eintrittsklausel 338
      c) Nachfolgeklausel 339
      d) Kommanditgesellschaft und Konversionsklausel 340
   5. *Einzelunternehmung* 341
   6. *Gründung einer Holdinggesellschaft* 342
   7. *Gründung einer Unternehmensstiftung* 342
   8. *Spaltung der Unternehmung* 343
IV. Verhältnis zwischen den Nachkommen und dem überlebenden Ehegatten 344
   1. *Unternehmensfortführung durch den überlebenden Ehegatten* 344
      a) Ausgangslage 344
      b) Die Familienunternehmung in der güterrechtlichen Auseinandersetzung 345
   2. *Insbesondere zur Einräumung einer Nutzniessung* 346
   3. *Unternehmensfortführung durch Nachkommen* 347
V. Steuerliche Aspekte der Unternehmensübertragung 348
   1. *Grundlagen* 348

2. Die Nachfolge bei Personengesellschaften	349
3. Die Nachfolge bei der AG und bei der GmbH	351
4. Einräumung eines Gewinnanteilsrechts	351
5. Umstrukturierungen der Unternehmung	351
6. Einräumung einer Leibrente oder Nutzniessung	354

§ 14 SCHLUSSBEMERKUNGEN 355

SACHREGISTER 357

ABKÜRZUNGSVERZEICHNIS

a.a.O.	am angeführten Ort
aArt. xy DBG; aArt. xy StHG	Art. des DBG bzw. des StHG in der Fassung vor Inkrafttreten der Änderungen gemäss Stabilisierungsprogramm 1998 per 1.1.2001
Abs.	Absatz
Abt.	Abteilung
AHI-Praxis	AHI-Praxis (Zeitschrift des BSV, Bern)
AHV	Alters- und Hinterlassenenversicherung
AHVG	BG über die Alters- und Hinterlassenenversicherung vom 20. Dezember 1946 (SR 831.10)
AHVV	VO über die Alters- und Hinterlassenenversicherung vom 31. Oktober 1947 (SR 831.101)
AISUF	Arbeiten aus dem Iuristischen Seminar der Universität Freiburg Schweiz
a.M.	anderer Meinung
Art.	Artikel
AJP	Aktuelle Juristische Praxis (Lachen)
ASR	Abhandlungen zum schweizerischen Recht (Bern)
Aufl.	Auflage
BayObLG	Bayrisches Oberlandesgericht
BBl	Bundesblatt der Schweizerischen Eidgenossenschaft
Bd.	Band
BG	Bundesgesetz
BGB	Bürgerliches Gesetzbuch für das Deutsche Reich vom 18. August 1896
BGE	Entscheidungen des Schweizerischen Bundesgerichtes, Amtliche Sammlung (Lausanne)
BGer	Schweizerisches Bundesgericht
BGH	Bundesgerichtshof
BJM	Basler Juristische Mitteilungen (Basel)
BN	Der bernische Notar (Bern)
BSG	Bernische Systematische Gesetzessammlung
Bst.	Buchstabe
BStPra	Basellandschaftliche und Baselstädtische Steuerpraxis, Basel
BSV	Bundesamt für Sozialversicherung

BTJP	Berner Tage für die juristische Praxis
BVG	BG über die berufliche Alters-, Hinterlassenen- und Invalidenvorsorge vom 25. Juni 1982 (SR 831.40)
BVR	Bernische Verwaltungsrechtsprechung (Bern; ab 1976)
BVV2	VO über die berufliche Alters-, Hinterlassenen- und Invalidenvorsorge vom 18. April 1984 (SR 831.441.1)
BVV3	VO über die steuerliche Abzugsberechtigung für Beiträge an anerkannte Vorsorgeformen vom 13. November 1985 (SR 831.461.3)
bzw.	beziehungsweise
DBG	BG über die direkte Bundessteuer vom 14. Dezember 1990 (SR 642.11)
ders.	derselbe
dgl.	dergleichen
d.h.	das heisst
dies.	dieselbe(n)
Diss.	Dissertation
E.	Erwägung
EGVSZ	Entscheidungen der Gerichts- und Verwaltungsbehörden des Kantons Schwyz (Schwyz)
EL	Ergänzungsleistungen zur AHV/IV
ELG	BG über Ergänzungsleistungen zur Alters-, Hinterlassenen- und Invalidenversicherung vom 19. März 1965 (SR 831.30)
ELV	VO über die Ergänzungsleistungen zur Alters-, Hinterlassenen- und Invalidenversicherung vom 15. Januar 1971 (SR 831.301)
ESchG BE	Gesetz über die Erbschafts- und Schenkungssteuergesetz des Kantons Bern vom 6. April 1919 (BSG 662.1)
ESchG TG	Gesetz über die Erbschafts- und Schenkungssteuer des Kantons Thurgau vom 15. Juni 1989 (Thurgauer Rechtsbuch 641.8)
EStV	Eidgenössische Steuerverwaltung
EVG	Eidgenössisches Versicherungsgericht, Luzern
f./ff.	und folgende (Seite, Note usw.)
FamPra	FamPra.ch, Die Praxis des Familienrechts (Basel)
FamRZ	Zeitschrift für das gesamte Familienrecht (Bielefeld)
Fn	Fussnote
FüG BE	Gesetz über das Fürsorgewesen des Kantons Bern vom 3. Dezember 1961 (BSG 860.1)

FZG	BG über die Freizügigkeit in der beruflichen Alters-, Hinterlassenen- und Invalidenvorsorge vom 17. Dezember 1993 (Freizügigkeitsgesetz, SR 831.42)
FZV	VO über die Freizügigkeit in der beruflichen Alters-, Hinterlassenen- und Invalidenvorsorge vom 3. Oktober 1994 (Freizügigkeitsverordnung, SR 831.425)
ggf.	gegebenenfalls
gl.M.	gleicher Meinung
HPG BE	Gesetz betreffend die Handänderungs- und Pfandrechtssteuern des Kantons Bern vom 18. März 1992 (BSG 215.326.2)
Hrsg.	Herausgeber
i.K.	in Kraft
inkl.	inklusive
insbes.	insbesondere
IPRG	BG über das Internationale Privatrecht vom 18. Dezember 1987 (SR 291)
IV	Invalidenversicherung
IVG	BG über die Invalidenversicherung vom 19. Juni 1959 (SR 831.20)
i.V.m.	in Verbindung mit
IVV	VO über die Invalidenversicherung vom 17. Januar 1961 (SR 831.201)
JZ	Juristen Zeitung (Tübingen)
kant.	kantonal(e/es/er)
KGer	Kantonsgericht
KS	Kreisschreiben
LG	Landesgericht
LGVE	Luzerner Gerichts- und Verwaltungsentscheide (Luzern)
LMSD VD	Loi concernant le droit de mutation sur les transferts immobiliers et l'impôt sur les successions et donations du 27.2.1963; Kanton Waadt
MBVR	Monatsschrift für Bernisches Verwaltungsrecht und Notariatswesen (Bern; bis 1975; ab dann: BVR)
m.E.	meines Erachtens
m.H.	mit Hinweisen
m.w.H.	mit weiteren Hinweisen
MWSTG	BG über die Mehrwertsteuer vom 2. September 1999, mit Inkrafttreten per 1.1.2001 (BBl 1999 VIII S. 7479)

MWSTV	VO vom 22. Juni 1994 über die Mehrwertsteuer (SR 641.201); wird per 1.1.2001 ersetzt durch MWSTG
N	Note
NAG	BG vom 25. Juni 1891 betreffend die zivilrechtlichen Verhältnisse der Niedergelassenen und Aufenthalter (ausser Kraft getreten)
nArt. xy DBG; nArt. xy StHG	Art. des DBG bzw. des StHG nach Inkrafttreten der Änderungen gemäss Stabilisierungsprogramm 1998 per 1.1.2001
Nr.	Nummer
nStG BE	Steuergesetz des Kantons Bern mit Inkrafttreten per 1.1.2001; ersetzt das StG BE (siehe dort)
NStP	Die neue Steuerpraxis (Bern)
OGer	Obergericht
OR	BG über das Obligationenrecht vom 30. März 1911 (SR 220)
PKG	Die Praxis des Kantonsgerichtes von Graubünden (Chur)
Pra	Die Praxis des schweizerischen Bundesgerichts (Basel)
PVG	Praxis des Verwaltungsgerichts des Kantons Graubünden (Chur)
RDAF	Revue de droit administratif et de droit fiscal (Lausanne)
recht	recht, Zeitschrift für juristische Ausbildung und Praxis (Bern)
RFJ/FZR	Revue fribourgeoise de jurisprudence/Freiburger Zeitschrift für Rechtsprechung (Freiburg i.Ü.)
RJJ	Revue jurassienne de jurisprudence (Porrentruy)
RSN	Recueil systématique de la législation neuchâteloise
Rz, Rzn	Randziffer(n)
S.	Seite(n)
SAR	Systematische Sammlung des Aargauer Rechts
SchlussBest	Schlussbestimmungen
SchlT	Schlusstitel
SGS	Systematische Gesetzessammlung des Kantons Basel-Landschaft
SJ	La semaine judiciaire (Genf)
SJZ	Schweizerische Juristenzeitung (Zürich)
SKOS	Schweizerische Konferenz für Sozialhilfe
sog.	so genannt(e/er)
SPR	Schweizerisches Privatrecht
SPV	Schweizer Personalvorsorge, Zeitschrift für alle Fragen der beruflichen Vorsorge und der Sozialversicherung (Zug)

SR	Systematische Sammlung des Bundesrechts
SSHW	Schweizer Schriften zum Handels- und Wirtschaftsrecht (Zürich)
ST	Der Schweizer Treuhänder (Zürich)
StE	Der Steuerentscheid (Basel)
StG	BG über die Stempelabgaben vom 27. Juni 1973 (SR 641.10)
StG BE	Gesetz über die direkten Staats- und Gemeindesteuern des Kantons Bern vom 29. Oktober 1944 (BSG 661.11); wird per 1.1.2001 ersetzt durch das nStG BE (siehe dort)
StHG	Bundesgesetz über die Harmonisierung der direkten Steuern der Kantone und Gemeinden vom 14. Dezember 1990 (SR 642.14)
StR	Steuer-Revue (Muri b. Bern)
StV	VO über die Stempelabgaben vom 3. Dezember 1973 (SR 641.101)
SZW	Schweizerische Zeitschrift für Wirtschaftsrecht (Zürich; bis 1989: SAG)
Teilbd.	Teilband
u.a.	unter anderem
u./o. dgl.	und/oder dergleichen
usw.	und so weiter
vgl.	vergleiche
VwGer	Verwaltungsgericht
VO	Verordnung
Vorbem.	Vorbemerkungen
WEFV	Verordnung über die Wohneigentumsförderung mit Mitteln der beruflichen Vorsorge vom 3. Oktober 1994 (SR 831.411)
ZAK	Zeitschrift für die Ausgleichskassen, herausgegeben vom Bundesamt für Sozialversicherung (Bern)
z.B.	zum Beispiel
ZBGR	Schweizerische Zeitschrift für Beurkundungs- und Grundbuchrecht (Wädenswil)
ZBJV	Zeitschrift des Bernischen Juristenvereins (Bern)
ZBG	Schweizerisches Zivilgesetzbuch vom 10. Dezember 1907 (SR 210)
ZGRG	Zeitschrift für Gesetzgebung und Rechtsprechung in Graubünden (Chur)
ZR	Blätter für Zürcherische Rechtsprechung (Zürich)
ZSR	Zeitschrift für schweizerisches Recht (Basel)

LITERATURVERZEICHNIS

AEBI-MÜLLER, Begünstigung	REGINA E. AEBI-MÜLLER, Gedanken zur Begünstigung des überlebenden Ehegatten, ZBJV 135 (1999), S. 492 ff.
AEBI-MÜLLER, Grenzbereich	REGINA E. AEBI-MÜLLER, Zum Stand der Diskussion über Fragen im Grenzbereich zwischen Güter- und Erbrecht, ZBJV 134 (1998), S. 421 ff.
ALDEEB	SAMI ALDEEB, Gemischte Ehen zwischen Schweizern und muslimischen Ausländern, ZZW 64 (1996), S. 269 ff. und 305 ff.
ALDEEB/BONOMI	SAMI ALDEEB/ANDREA BONOMI (Hrsg.), Le droit musulman de la famille et des successions à l'épreuve des ordres juridiques occidentaux, Zürich 1999 (= Publications de l'Institut suisse de droit comparé, Nr. 36)
AUBERT	MAURICE AUBERT, Procuration encore valable après décès, mandat post mortem, donation pour cause de mort et responsabilité de la banque après décès du client à l'égard des héritiers, SJ 1991, S. 286 ff.
AUBERT/HAISSLY/ TERRACINA	MAURICE AUBERT/BERNARD HAISSLY/JEANNE TERRACINA, Responsabilité des banques suisses à l'égard des héritiers, SJZ 92 (1996), S. 137 ff.
BÄHLER	THOMAS BÄHLER, die massgeschneiderte Gesellschaft, Ausgestaltungsmöglichkeiten für kleine und mittlere Unternehmen am Beispiel der GmbH (unter Berücksichtigung der Revision des GmbH-Rechts), Diss. Bern 1999 (= ASR Heft 621)
BAUER-BALMETTI/ WIDMER	MAJA BAUER-BALMETTI/STEFAN WIDMER, Neuerungen im Bereich der Emissionsabgabebefreiung bei Umstrukturierungen, ST 1997, S. 715 ff.
ZK-BAUMANN	MAX BAUMANN, in: Kommentar zum Schweizerischen Zivilgesetzbuch („Zürcher Kommentar"), Teilband IV 2a: Die Dienstbarkeiten und Grundlasten, Nutzniessung und andere Dienstbarkeiten; Art. 745-778 ZGB: Nutzniessung und Wohnrecht, 3. Auflage, Zürich 1999
BAUMGARTNER	HANNES BAUMGARTNER, Depot- und Compte-Joint, unter besonderer Berücksichtigung des Innenverhältnisses, Diss. Basel 1977 (= Schriften zum Bankwesen Bd. 21)
BECK	ALEXANDER BECK, Grundriss des schweizerischen Erbrechts, 2. Aufl., Bern 1976
BEHNISCH	URS R. BEHNISCH, Die Umstrukturierung von Kapitalgesellschaften, Basel 1996 (= Die Eidgenössischen Steuern, Zölle und Abgaben, Bd. 8)
ZGB-BESSENICH	BALTHASAR BESSENICH, Kommentierung von Art. 477-480 und 487-492 ZGB, in: Honsell/Vogt/Geiser (Hrsg.), Kommentar zum Schweizerischen Privatrecht, Schweizerisches Zivilgesetzbuch II (Art. 457-977 ZGB, Art. 1-61 SchlT ZGB), Basel 1998

BLAUENSTEIN, Prévoyance	WERNER BLAUENSTEIN, Prévoyance professionnelle et droit successoral, in SVZ 50 (1982), S. 33 ff.
BLAUENSTEIN, Coordination	WERNER BLAUENSTEIN, Prévoyance professionnelle obligatioire, coordination avec l'assurance-accidents et militaire, SVZ 59 (1991), S. 18 ff.
BLUMENSTEIN/LOCHER	ERNST BLUMENSTEIN/PETER LOCHER, System des Steuerrechts, 5. Aufl., Zürich 1995
BÖCKLI, Aktionärbindungsverträge	PETER BÖCKLI, Aktionärbindungsverträge, Vinkulierung und statutarische Vorkaufsrechte unter neuem Aktienrecht, ZBJV 129 (1993), S. 475 ff.
BÖCKLI, Indirekte Steuern	PETER BÖCKLI, Indirekte Steuern und Lenkungssteuern, Basel usw. 1975
ZK-BRÄM	VERENA BRÄM, Kommentierung von Art. 159 und 163-165 ZGB, in: Zürcher Kommentar zum Schweizerischen Zivilgesetzbuch („Zürcher Kommentar"), Das Familienrecht, Teilband II 1c, Die Wirkungen der Ehe im allgemeinen, Zürich 1998
B. BRÄM	BEAT BRÄM, Gemeinschaftliches Eigentum unter Ehegatten an Grundstücken, Diss. BE 1997 (= ASR Heft 605)
BREITSCHMID, Begünstigung	PETER BREITSCHMID, Begünstigung des nicht-verheirateten Lebenspartners und Dritter, in: DRUEY/BREITSCHMID (Hrsg.), Güter- und erbrechtliche Planung, Bern usw. 1999 (= St. Galler Studien zum Privat-, Handels- und Wirtschaftsrecht, Bd. 56), S. 45 ff.
BREITSCHMID, Formprobleme	PETER BREITSCHMID, Testament und Erbvertrag – Formprobleme, in: Breitschmid (Hrsg.), Testament und Erbvertrag, Praktische Probleme im Lichte der aktuellen Rechtsentwicklung, Bern usw. 1991 (= St. Galler Studien zum Privat-, Handels- und Wirtschaftsrecht, Bd. 26), S. 27 ff.
BREITSCHMID, Grenzfragen	PETER BREITSCHMID, Ehegüter- und Erbrecht, Grenzfragen und Zusammenhänge, in: Breitschmid (Hrsg.), Testament und Erbvertrag, Praktische Probleme im Lichte der aktuellen Rechtsentwicklung, Bern usw. 1991 (= St. Galler Studien zum Privat-, Handels- und Wirtschaftsrecht, Bd. 26), S. 125 ff.
BREITSCHMID, Privatorische Klauseln	PETER BREITSCHMID, Zulässigkeit und Wirksamkeit privatorischer Klauseln im Testamentsrecht, ZSR 102 (1983), I. Halbbd., S. 109 ff.
BREITSCHMID, Vorweggenommene Erbfolge	PETER BREITSCHMID, Vorweggenommene Erbfolge und Teilung – Probleme um Herabsetzung und Ausgleichung, in: Druey/Breitschmid (Hrsg.), Praktische Probleme der Erbteilung, Bern usw. 1997 (= St. Galler Studien zum Privat-, Handels- und Wirtschaftsrecht, Bd. 46), S. 49 ff.
BREITSCHMID, Willensvollstrecker	PETER BREITSCHMID, Die Stellung des Willensvollstreckers in der Erbteilung, in: Druey/Breitschmid (Hrsg.), Praktische Probleme der Erbteilung, Bern usw. 1997 (= St. Galler Studien zum Privat-, Handels- und Wirtschaftsrecht, Bd. 46), S. 109 ff.

ZGB-BREITSCHMID	PETER BREITSCHMID, Kommentierung von Art. 467-469, 494-498, 505-511, 513-516, 520a, 563-565 ZGB sowie Art. 12-13c, 15-16 SchlT ZGB, in: Honsell/Vogt/Geiser (Hrsg.), Kommentar zum Schweizerischen Privatrecht, Schweizerisches Zivilgesetzbuch II (Art. 457-977 ZGB, Art. 1-61 SchlT ZGB), Basel 1998
BRON	RENÉ BRON, Le compte joint en droit suisse: cas d'application de la solidarité active, Diss. Lausanne 1958
BRÜHWILER	JÜRG BRÜHWILER, Obligatorische berufliche Vorsorge, in: Koller/Müller/Rhinow/Zimmerli (Hrsg.), Schweizerisches Bundesverwaltungsrecht, Soziale Sicherheit (inhaltl. Koordination und Verantwortung: Meyer-Blaser), Basel 1998 (Loseblattausgabe; Stand Frühjahr 1998)
ZGB-BRUNNER/ WICHTERMANN	CHRISTOPH BRUNNER/JÜRG WICHTERMANN, Kommentierung von Art. 646-651 ZGB, in: Honsell/Vogt/Geiser (Hrsg.), Kommentar zum Schweizerischen Privatrecht, Schweizerisches Zivilgesetzbuch II (Art. 457-977 ZGB, Art. 1-61 SchlT ZGB), Basel 1998
BUCHER	ANDREAS BUCHER, Droit international privé suisse, Tome II: Personnes, Famille, Successions, Basel 1992
BUCHFINK	THOMAS MARC BUCHFINK, Neuere Entwicklungen im Erbrecht des überlebenden Ehegatten bei Intestaterbfolge in den 50 Bundesstaaten der U.S.A. und in Washington D.C.: ein Vergleich der Rechtslage am 01.01.1960 mit derjenigen am 01.01.1991, Diss. Regensburg 1994
CH. BURCKHARDT	CHRISTOPH BURCKHARDT, Die Vermächtnisforderung: dogmatische Struktur, Erfüllung und Erfüllungszwang Diss. Zürich 1986 (= Zürcher Studien zum Privatrecht, Bd. 48)
S. BURCKHARDT	SEBASTIAN BURCKHARDT, Maximale Begünstigung des überlebenden Ehegatten nach neuem Eherecht ohne maximale Benachteiligung der Kinder, SJZ 83 (1987), S. 4 ff.
VON BÜREN/STEINER	ROLAND VON BÜREN/CHRISTOPH STEINER, Der Vorentwurf für eine Reform des Rechts der Gesellschaft mit beschränkter Haftung, ZBJV 135 (1999), S. 460 ff.
BUSCHOR	THOMAS BUSCHOR, Nachlassplanung («estate planning») nach schweizerischem internationalem Erbrecht, Diss. Zürich 1994
CAGIANUT	FRANCIS CAGIANUT, Steuerrechtliche Probleme bei der Unternehmernachfolge, in: Forstmoser (Hrsg.), Der Generationenwechsel im Familienunternehmen, Zürich, 1982 (= SSHW Bd. 67), S. 43 ff.
CAPITANI	WERNER DE CAPITANI, Vorkehren im Hinblick auf den Tod des Bankkunden, in: Forstmoser (Hrsg.), Rechtsprobleme der Bankpraxis, Bern 1976
CARIGIET/KOCH	ERWIN CARIGIET/UWE KOCH, Ergänzungsleistungen zur AHV/IV, Supplement, Zürich 2000

CARIGIET	ERWIN CARIGIET, Ergänzungsleistungen zur AHV/IV, in: Koller/Müller/Rhinow/Zimmerli (Hrsg.), Schweizerisches Bundesverwaltungsrecht, Soziale Sicherheit (inhaltl. Koordination und Verantwortung: Meyer-Blaser), Basel 1998 (Loseblattausgabe; Stand Frühjahr 1998)
CERESOLI	ALESSANDRA CERESOLI, Art. 200 Abs. 2 und 248 Abs. 2 ZGB – Miteigentumsvermutungen unter Ehegatten und Eigentumsnachweis, Diss. Basel 1992 (= Basler Studien zur Rechtswissenschaft/A, Privatrecht Bd. 25)
CHRISTEN	THOMAS CHRISTEN, Nacherbfolge aus steuerrechtlicher Sicht, ASA 63 (1994/95), S. 257 ff.
CONRAD	HANS-PETER CONRAD, Wohneigentumsförderung in der beruflichen Vorsorge, Information über die Steuerfolgen, Schweizer Personalvorsorge 1994, S. 177 ff.
DESCHENAUX/ STEINAUER/BADDELEY	HENRI DESCHENAUX/PAUL-HENRI STEINAUER/MARGARETA BADDELEY, Les effets du mariage, Bern 2000 (Die Vorauflage erschien 1987 unter dem Titel: Le nouveau droit matrimonial, Effets généraux, Régime matrimonial, successions)
DRUEY, Einsatzmöglichkeiten	JEAN NICOLAS DRUEY, Testament und Erbvertrag – praktische Einsatzmöglichkeiten, in: Breitschmid (Hrsg.), Testament und Erbvertrag, Praktische Probleme im Lichte der aktuellen Rechtsentwicklung, Bern usw. 1991 (= St. Galler Studien zum Privat-, Handels- und Wirtschaftsrecht, Bd. 56), S. 9 ff.
DRUEY, Erbrechtliche Schranken	JEAN NICOLAS DRUEY, Erbrechtliche Schranken der Dispositionsmöglichkeiten des Unternehmers, in: Forstmoser (Hrsg.), Der Generationenwechsel im Familienunternehmen, Zürich, 1982 (= SSHW Bd. 67), S. 57 ff.
DRUEY, Grundriss	JEAN NICOLAS DRUEY, Grundriss des Erbrechts, 4. Aufl., Bern 1997
DRUEY, Teilung	JEAN NICOLAS DRUEY, Die erbrechtliche Teilung, in: Druey/Breitschmid (Hrsg.), Praktische Probleme der Erbteilung, Bern usw. 1997 (= St. Galler Studien zum Privat-, Handels- und Wirtschaftsrecht, Bd. 46), S. 19 ff.
DRUEY, Pflichtteil	JEAN NICOLAS DRUEY, Pflichtteil und Planung, in: Druey/Breitschmid (Hrsg.), Güter- und erbrechtliche Planung, Bern usw. 1999 (= St. Galler Studien zum Privat-, Handels- und Wirtschaftsrecht, Bd. 26), S. 147 ff.
DUC	JEAN-LOUIS DUC, L'assurance-invalidité, in: Koller/Müller/Rhinow/Zimmerli (Hrsg.), Schweizerisches Bundesverwaltungsrecht, Soziale Sicherheit (inhaltl. Koordination und Verantwortung: Meyer-Blaser), Basel 1998 (Loseblattausgabe; Stand Frühjahr 1998)
DÜRR	DAVID DÜRR, Die Meistbegünstigung des überlebenden Ehegatten nach dem neuen Güter- und Erbrecht und seinen Übergangsbestimmungen, BJM 1987, S. 1 ff.
EITEL, Anwartschaft	PAUL EITEL, Die Anwartschaft des Nacherben, Diss. Bern 1991 (= ASR Heft 532)

EITEL, Auslegeordnung	PAUL EITEL, Lebzeitige Zuwendungen, Ausgleichung und Herabsetzung – eine Auslegeordnung, ZBJV 134 (1998), S. 729 ff.
EITEL, Bedingtes Eigentum	PAUL EITEL, Bedingtes Eigentum, ZBJV 134 (1998), S. 245 ff.
EITEL, Lebzeitige Zuwendungen	PAUL EITEL, Die Berücksichtigung lebzeitiger Zuwendungen im Erbrecht, Bern 1998 (= ASR Heft 613)
EPPENBERGER	MONIKA EPPENBERGER, Der (teilweise) drittfinanzierte Grundstückserwerb in der güterrechtlichen Auseinandersetzung, Diss. Zürich 1996 (= Zürcher Studien zum Privatrecht, Bd. 128)
ERB	FELIX ERB, Die Bankvollmacht, Diss. Zürich 1974
VON ERLACH	RUDOLF VON ERLACH, Die Besteuerung von Nutzniessung und Wohnrecht in der Schweiz, Diss. Zürich 1981
ZK-ESCHER	ARNOLD ESCHER, Zürcher Kommentar zum Schweizerischen Zivilgesetzbuch, Bd. III: Das Erbrecht,
	Teilbd. 1: Erste Abteilung: Die Erben (Art. 457-536 ZGB), 3. Aufl., Zürich 1959
	Teilbd. 2: Zweite Abteilung: Der Erbgang (Art. 537-640 ZGB), 3. Aufl., Zürich 1960
E. ESCHER	ELISABETH ESCHER, Wertveränderung und eheliches Güterrecht, Diss. Bern 1989 (= ASR Heft 520)
FAVRE	LISE FAVRE, Une possibilité méconnue en matière de contrat de mariage: l'article 199 CC, ZBGR 78 (1997), S. 137 ff.
FLICK/PILTZ	HANS FLICK/DETLEV J. PILTZ (Hrsg.), Der Internationale Erbfall, München 1999
ZGB-FORNI/PIATTI	ROLANDO FORNI/GIORGIO PIATTI, Kommentierung von Art. 519-520, 521-536, 598-601, 626-632 ZGB, in: Honsell/Vogt/Geiser (Hrsg.), Kommentar zum Schweizerischen Privatrecht, Schweizerisches Zivilgesetzbuch II (Art. 457-977 ZGB, Art. 1-61 SchlT ZGB), Basel 1998
FORSTMOSER	PETER FORSTMOSER, Aktionärbindungsverträge, in: Forstmoser/Tercier/Zäch (Hrsg.), Innominatverträge, Festschrift Walter R. Schluep, Zürich 1988, S. 359 ff.
FORSTMOSER/MEIER-HAYOZ/NOBEL	PETER FORSTMOSER/ARTHUR MEIER-HAYOZ/PETER NOBEL, Schweizerisches Aktienrecht, Bern 1996
FRÉSARD	JEAN-MAURICE FRÉSARD, L'assurance-accidents obligatoire, in: Koller/Müller/Rhinow/Zimmerli (Hrsg.), Schweizerisches Bundesverwaltungsrecht, Soziale Sicherheit (inhaltl. Koordination und Verantwortung: Meyer-Blaser), Basel 1998 (Loseblattausgabe; Stand Frühjahr 1998)
FRIEDRICH	H.-P. FRIEDRICH, Sollen Ehegatten Grundbesitz zu Miteigentum oder zu gesamter Hand erwerben?, BJM 1954, S. 185 ff.
FRÜH	PETER FRÜH, Die Erbenausschlussklausel beim „Compte joint", SJZ 68 (1972), S. 137 ff.

FURRER/RAMSEIER	ANDREAS FURRER/THOMAS RAMSEIER, Wohneigentumsförderung mit Mitteln der 2. Säule: Profitiert der Wohneigentümer wirklich?, Schweizer Personalvorsorge 1994, S. 169 ff.
GASSER	CHRISTIAN GASSER, Psychologische Aspekte der Nachfolgeplanung, in: Forstmoser (Hrsg.), Der Generationenwechsel im Familienunternehmen, Zürich 1982 (= SSHW Bd. 67), S. 3 ff.
GAUCH/SCHLUEP/ SCHMID	PETER GAUCH/WALTER R. SCHLUEP/JÖRG SCHMID/HEINZ REY, Schweizerisches Obligationenrecht Allgemeiner Teil, 7. Aufl. Zürich 1998 (2 Bände; Bd. I ohne Mitarbeit von REY)
GEISER, Bedürfnisse	THOMAS GEISER, Herkömmliche und neue Bedürfnisse bei der Gestaltung von Eheverträgen, AJP 1993, S. 1154 ff.
GEISER, Berufliche Vorsorge	THOMAS GEISER, Berufliche Vorsorge im neuen Scheidungsrecht, in: Hausheer (Hrsg.), Vom alten zum neuen Scheidungsrecht, Bern 1999 (ASR Heft 625), S. 55 ff.
GEISER, Güterstände	THOMAS GEISER, Die vertraglichen Güterstände, in: Hausheer (Hrsg.), Vom alten zum neuen Eherecht, Bern 1986 (= ASR Heft 503), S. 111 ff.
GEISER, Planung	THOMAS GEISER, Güter- und erbrechtliche Planung und Vorsorgeeinrichtungen, in: Druey/Breitschmid (Hrsg.), Güter- und erbrechtliche Planung, Bern 1999 (= St. Galler Studien zum Privat-, Handels- und Wirtschaftsrecht, Bd. 56), S. 87 ff.
GEISER, Säule 3a	THOMAS GEISER, Die Säule 3a kann im Scheidungsverfahren aufgeteilt werden, ZBJV 133 (1997), S. 141 ff.
GEISER, Steuerbegünstigtes Sparen	THOMAS GEISER, Die güterrechtliche Behandlung von Ansprüchen aus steuerbegünstigtem Sparen, AJP 1992, S. 1394 ff.
ZGB-GEISER	THOMAS GEISER, Kommentierung von Art. 9-11a SchlT ZGB, in: Honsell/Vogt/Geiser (Hrsg.), Kommentar zum Schweizerischen Privatrecht, Schweizerisches Zivilgesetzbuch II (Art. 457-977 ZGB, Art. 1-61 SchlT ZGB), Basel 1998
GEISSELER	ROBERT GEISSELER, Der Haushaltsschaden, in: Alfred Koller (Hrsg.), Haftpflicht- und Versicherungsrechtstagung 1997, St. Gallen 1997, S. 59 ff.
GRETER	MARCO GRETER, Spaltung von juristischen Personen und direkte Steuern, ASA 65 (1996/97), S. 849 ff.
VON GREYERZ	CHRISTOPH VON GREYERZ, Die Unternehmernachfolge in den Personengesellschaften, in: Die Erhaltung der Unternehmung im Erbgang, BTJP 1970, Bern 1972, S. 69 ff.
GRUNDLER	JVO GRUNDLER, Willensmängel des Gegenkontrahenten beim entgeltlichen Erbvertrag, Diss. St. Gallen 1998
GUGGENHEIM	DANIEL GUGGENHEIM, Die Verträge der schweizerischen Bankpraxis, 3. Aufl., Zürich 1986
GUGGENHEIM/BOSSHARD	ROLAND GUGGENHEIM/BRUNO BOSSHARD, Planungsmöglichkeiten in der beruflichen Vorsorge und deren steuerliche Behandlung, SVZ 64 (1996), S. 1 ff.

GUINAND, Libéralités	JEAN GUINAND, Libéralités entre vifs et conjoint survivant, in: Mélanges Paul Piotet, Bern 1990, S. 55 ff.
GUINAND, Prestations d'assurances	JEAN GUINAND, Le sort des prestations d'assurances dans la liquidation des régimes matrimoniaux et des successions, ZBGR 70 (1989), S. 65 ff.
GUINAND/STETTLER	JEAN GUINAND/MARTIN STETTLER, Droit Civil II, Successions (art. 457-640 CC), 4. Aufl., Freiburg 1999
GURTNER, Erbenholding	PETER GURTNER, Erbenholding-Konzeption als Transponierungstatbestand – ein sachwidriger, fiskalischer Ansatz, ASA 67 (1998/99), S. 337 ff.
GURTNER, Vermögensbildung	PETER GURTNER, Steuerliche Aspekte der Vermögensbildung (unter besonderer Berücksichtigung der gebundenen Selbstvorsorge), ASA 55 (1986/87), S. 305 ff.
GYSIN	CHARLOTTE GYSIN, Der Schutz des Existenzminimums in der Schweiz, Diss. Basel 1999 (= Basler Studien zur Rechtswissenschaft, Reihe B, Bd. 59)
HASENBÖHLER	FRANZ HASENBÖHLER, Sittenwidrige Verfügungen von Todes wegen, BJM 1980, S. 1 ff.
ZGB-HASENBÖHLER	FRANZ HASENBÖHLER, Kommentierung von Art. 163-168, 173-174, 178-179 ZGB, in: Honsell/Vogt/Geiser (Hrsg.), Kommentar zum Schweizerischen Privatrecht, Zivilgesetzbuch I (Art. 1-359 ZGB), Basel 1996
HAUSHEER, Abgrenzung	HEINZ HAUSHEER, Die Abgrenzung der Verfügungen von Todes wegen von den Verfügungen unter Lebenden, in: Breitschmid (Hrsg.), Testament und Erbvertrag, Praktische Probleme im Lichte der aktuellen Rechtsentwicklung, Bern und Stuttgart 1991 (St. Galler Studien zum Privat-, Handels- und Wirtschaftsrecht, Bd. 26), S. 79 ff.
HAUSHEER, Ehegattengesellschaft	HEINZ HAUSHEER, Anmerkungen zur Ehegattengesellschaft, ZBJV 131 (1995), S. 617 ff.
HAUSHEER, Erbrechtliche Probleme	HEINZ HAUSHEER, Erbrechtliche Probleme des Unternehmers, Bern 1970 (= ASR Heft 399)
HAUSHEER, Generationenwechsel	HEINZ HAUSHEER, Zum Generationenwechsel im Familienunternehmen und dem Zusammenspiel des Erbrechts mit dem ehelichem Güterrecht und dem Gesellschaftsrecht de lege lata et ferenda, in: Festschrift Meier-Hayoz, Bern 1982, S. 203 ff.
HAUSHEER, Gesellschaftsvertrag	HEINZ HAUSHEER, Gesellschaftsvertrag und Erbrecht, ZBJV 105 (1969), S. 129 ff.
HAUSHEER, Scheidungsunterhalt	HEINZ HAUSHEER, Der Scheidungsunterhalt und die Familienwohnung, in: Vom alten zum neuen Scheidungsrecht, Bern 1999 (= ASR Heft 625), S. 119 ff.
ZGB-HAUSHEER	HEINZ HAUSHEER, Kommentierung von Art. 181-251 ZGB, in: Honsell/Vogt/Geiser (Hrsg.), Kommentar zum Schweizerischen Privatrecht, Schweizerisches Zivilgesetzbuch I (Art. 1-359 ZGB), Basel 1996

Hausheer/Aebi-Müller, Begünstigung	Heinz Hausheer/Regina E. Aebi-Müller, Begünstigung des überlebenden Ehegatten, in: Druey/Breitschmid (Hrsg.), Güter- und erbrechtliche Planung, Bern 1999 (= St. Galler Studien zum Privat-, Handels- und Wirtschaftsrecht, Bd. 56), S. 1 ff.
Hausheer/Aebi-Müller, Personenrecht	Heinz Hausheer/Regina E. Aebi-Müller, Das Personenrecht des Schweizerischen Zivilgesetzbuches, Bern 1999
Hausheer/Geiser	Heinz Hausheer/Thomas Geiser, Güterrechtliche Sonderprobleme, in: Hausheer (Hrsg.), Vom alten zum neuen Eherecht, Bern 1986 (= ASR Heft 503), S. 79 ff.
Hausheer/Pfäffli	Heinz Hausheer/Roland Pfäffli, Zur Bedeutung des Anwachsungsprinzips bei der einfachen Gesellschaft und bei der Gütergemeinschaft im Todesfall, zur Tragweite von BGE 119 II 119 ff. für die Grundbuchführung, ZBJV 130 (1994), S. 38 ff.
Hausheer/Reusser/Geiser	Heinz Hausheer/Ruth Reusser/Thomas Geiser, Berner Kommentar,
	Bd. II: Das Familienrecht, 1. Abt.: Das Eherecht, 2. Teilbd.: Die Wirkungen der Ehe im allgemeinen, Bern 1999
	Bd. II: Das Familienrecht, 1. Abt.: Das Eherecht, 3. Teilbd.: Das Güterrecht der Ehegatten, 1. Unterteilbd.: Allgemeine Vorschriften und der ordetnliche Güterstand der Errungenschaftsbeteiligung, Bern 1992
	Bd. II: Das Familienrecht, 1. Abt.: Das Eherecht, 3. Teilbd.: Das Güterrecht der Ehegatten, 2. Unterteilbd.: Die Gütergemeinschaft und die Gütertrennung, Bern 1996
Hegnauer, Entwicklungen	Cyril Hegnauer, Entwicklungen des schweizerischen Familienrechts, FamPra 2000, S. 1 ff.
Hegnauer, Wirkungen	Cyril Hegnauer, Die allgemeinen vermögensrechtlichen Wirkungen der Ehe, in: Hausheer (Hrsg.), Vom alten zum neuen Eherecht, Bern 1986 (= ASR Heft 503), S. 9 ff.
Hegnauer/Breitschmid	Cyril Hegnauer/Peter Breitschmid, Grundriss des Eherechts, 3. Aufl., Bern 1993
Heini	Anton Heini, Der Grundsatz der Nachlasseinheit und das neue internationale Erbrecht der Schweiz, in: Riemer/Walder/Weimar (Hrsg.), Festschrift Cyril Hegnauer, Bern 1986, S. 187 ff.
IPRG-Heini	Anton Heini, Kommentierung der Art. 13-14, 51-58, 86-108, vor 132-142, 132-133, 138, 140-142, 186-191 IPRG, in: Heini/Keller/Siehr/Vischer/Volken (Hrsg.), IPRG Kommentar, Zürich 1993
Herzog	Peter Herzog, Die Unternehmung in der Erbteilung – einige ausgewählte Fragen in der Praxis, in: Druey/Breitschmid (Hrsg.), Praktische Probleme der Erbteilung, Bern, Stuttgart, Wien, 1997 (= St. Galler Studien zum Privat-, Handels- und Wirtschaftsrecht, Bd. 46), S. 181 ff.
I. Hohl	Irene Hohl, Gesellschaften unter Ehegatten, Diss. Basel 1996 (= Basler Studien zur Rechtswissenschaft, Reihe A, Bd. 35)

M. HOHL	MARKUS HOHL, Aufhebung von Erbverträgen unter Lebenden und von Todes wegen, Diss. Zürich 1974
HÖHN/ATHANAS	ERNST HÖHN/PETER ATHANAS (Hrsg.), Das neue Bundesrecht über die direkten Steuern, Bern 1993
HÖHN/WALDBURGER	ERNST HÖHN/ROBERT WALDBURGER, Steuerrecht, Bd. I: Grundlagen – Grundbegriffe – Steuerarten (= § 1-29), 8. Aufl. Bern 1997
	ERNST HÖHN/ROBERT WALDBURGER, Steuerrecht, Bd. II: Steuern bei Vermögen, Erwerbstätigkeit, Unternehmen, Vorsorge, Versicherung, Interkantonales und Internationales Steuerrecht, Steuerverfahrens- und Steuerstrafrecht (= § 30-55), 8. Aufl. Bern 1999
HÖHN/MÄUSLI	ERNST HÖHN/PETER MÄUSLI, Interkantonales Steuerrecht, 4. Aufl., Bern 2000
HONSELL	HEINRICH HONSELL, Schweizerisches Obligationenrecht Besonderer Teil, 5. Aufl., Bern 1999
G. HUBER	GABI HUBER, Ausserordentliche Beiträge eines Ehegatten (Art. 165 ZGB) innerhalb der unterhaltsrechtlichen Bestimmungen, Diss Freiburg 1990 (= AISUF Bd. 94)
O. HUBER	OTMAR HUBER, Steuerliche Aspekte der erbrechtlichen Teilung, in: Druey/Breitschmid (Hrsg.), Praktische Probleme der Erbteilung, Bern usw. 1997 (= St. Galler Studien zum Privat-, Handels- und Wirtschaftsrecht, Bd. 46), S. 205 ff.
HUWILER	BRUNO HUWILER, Beiträge zur Dogmatik des neuen ordentlichen Güterstandes der Errungenschaftsbeteiligung, in: Kaufmann/Huwiler (Hrsg.), Das neue Ehe- und Erbrecht des ZGB mit seiner Übergangsordnung, BTJP 1987, Bern 1988, S. 63 ff.
ZGB-HUWILER	BRUNO HUWILER, Kommentierung von Art. 484-486, 562 ZGB, in: Honsell/Vogt/Geiser (Hrsg.), Kommentar zum Schweizerischen Privatrecht, Schweizerisches Zivilgesetzbuch II (Art. 457-977 ZGB, Art. 1-61 SchlT ZGB), Basel 1998
IZZO	PIERRE IZZO, Lebensversicherungsansprüche und -anwartschaften bei der güter- und erbrechtlichen Auseinandersetzung (unter Berücksichtigung der beruflichen Vorsorge), Diss. Freiburg 1999 (AISUF Bd. 180)
JAGGI	KURT JAGGI, Verwandtenunterstützung (Art. 329 Abs. 3 ZGB) und Rückforderung von öffentlichrechtlichen Unterstützungsleistungen als Ausweg aus der Finanzkrise der öffentlichen Hand?, ZBJV 134 (1998), S. 393 ff.
JAMETTI GREINER/ GEISER	MONIQUE JAMETTI GREINER/THOMAS GEISER, Die güterrechtlichen Regeln des IPR-Gesetzes, ZBJV 127 (1991), S. 1 ff.
JAQUET	OLIVIER JAQUET, Steuerrechtliche Aspekte der Vorsorgeplanung in der beruflichen und gebundenen Selbstvorsorge, dargestellt anhand der Steuergesetze des Bundes und der Kantone Basel-Stadt und Basel-Landschaft, Diss. Basel 1997 (= Europäische Hochschulschriften: Reihe 2, Bd. 2564, publ. 1999)

JENE-BOLLAG	IRÈNE JENE-BOLLAG, Errungenschaftsbeteiligung und Ehevertrag, in: Eherecht in der praktischen Auswirkung, Zürich 1991, S. 37 ff.
KADEN	SABINE KADEN, Zur Sittenwidrigkeit von Behindertentestamenten, Diss. Frankfurt (Main) 1997, erschienen Frankfurt am Main 1998 (Europäische Hochschulschriften: Reihe 2, Bd. 2326)
KAROW	OLIVER KAROW, Die Sittenwidrigkeit von Verfügungen von Todes wegen in historischer Sicht, Diss. Kiel 1997, erschienen Frankfurt am Main 1997 (= Europäische Hochschulschriften: Reihe 2, Bd. 2155)
KAUFMANN	HORST ALBERT KAUFMANN, Das Erbrecht sowie die ehe- und erbrechtliche Übergangsordnung, in: Kaufmann/Huwiler (Hrsg.), Das neue Ehe- und Erbrecht des ZGB mit seiner Übergangsordnung, BTJP 1987, Bern 1988, S. 117 ff.
KELLER	ALFRED KELLER, Haftpflicht im Privatrecht, Band II, 2. Aufl., Bern 1998
KELLER/SIEHR	MAX KELLER/KURT SIEHR, Allgemeine Lehren des internationalen Privatrechts, Zürich 1986
KIESER, AHV	UELI KIESER, Alters- und Hinterlassenenversicherung, in: Koller/Müller/Rhinow/Zimmerli (Hrsg.), Schweizerisches Bundesverwaltungsrecht, Soziale Sicherheit (inhaltl. Koordination und Verantwortung: Meyer-Blaser), Basel 1998 (Loseblattausgabe; Stand Frühjahr 1998)
KIESER, Berufliche Vorsorge	UELI KIESER, Besitzstand, Anwartschaften und wohlerworbene Rechte in der beruflichen Vorsorge, SZS 43 (1999), S. 290 ff.
KLÄY	HANSPETER KLÄY, Statutengestaltung bei der Vinkulierung nicht kotierter Aktien, BN 1997, S. 49 ff.
KOBEL	ESTHER KOBEL, Eherechtliche und schuldrechtliche Leistungen unter Ehegatten, Diss. Bern 2000 (erscheint im Verlaufe des Jahres, zitiert nach Manuskript)
KOLLER, Begünstigtenordnung	THOMAS KOLLER, Die neue Begünstigtenordnung bei Freizügigkeitspolicen und Freizügigkeitskonti – Ein verkannter Handlungsbedarf in einem Milliardengeschäft?, AJP 1995, S. 740 ff.
KOLLER, Eherecht und Steuerrecht	THOMAS KOLLER, Wechselwirkungen zwischen Eherecht und Steuerrecht – dargestellt anhand zweier ausgewählter Problemkreise, ZSR 109 (1990) Bd. I, S. 41 ff.
KOLLER, Gewinnanteilsrecht	THOMAS KOLLER, Einkommenssteuerliche Probleme bei der erbrechtlichen Unternehmensnachfolge mit Gewinnanteilsrecht abgefundener Miterben, ASA 56 (1987/88), S. 225 ff.
KOLLER, Gutachten	THOMAS KOLLER, Begünstigtenordnung zweite und dritte Säule, Gutachten zuhanden des BSV, Bern 1998 (erschienen in der Reihe „Beiträge zur sozialen Sicherheit"; EDMZ 318.010.18/98d)
KOLLER, Privatrecht und Steuerrecht	THOMAS KOLLER, Privatrecht und Steuerrecht, Eine Grundlagenstudie zur Interdependenz zweier Rechtsgebiete, Bern 1993

KOLLER, Vorsorge	THOMAS KOLLER, Familien- und Erbrecht und Vorsorge, recht, Studienheft Nr. 4, 1997
KOLLER, Wechselwirkungen	THOMAS KOLLER, Wechselwirkungen zwischen privatrechtlichen Rechtsgeschäften und ihren Steuerfolgen – ein Beispiel für die enge Verzahnung zweier rechtlicher Subsysteme, ZBJV 134 (1998), S. 309 ff.
ZGB-KOLLER	THOMAS KOLLER, Kommentierung von Art. 328-330 ZGB, in: Honsell/Vogt/Geiser (Hrsg.), Kommentar zum Schweizerischen Privatrecht, Schweizerisches Zivilgesetzbuch I (Art. 1-359 ZGB), Basel 1996
KONFERENZ STAATL. STEUERBEAMTER/ KOMMISSION BVG	KONFERENZ STAATLICHER STEUERBEAMTER/KOMMISSION BVG, Berufliche Vorsorge und Steuern, Anwendungsfälle, Muri-Bern 1992
KRAMER	ERNST A. KRAMER, in: Kramer/Schmidlin, Berner Kommentar, Bd. VI: Obligationenrecht, 1. Abt.: Allgemeine Bestimmungen, 1. Teilbd.: Allgemeine Einleitung in das schweizerische Obligationenrecht und Kommentar zu Art. 1-18 OR, Bern 1986
KUHN	MORITZ KUHN, Der Einfluss der Renten- und reinen Risikoversicherungen auf die Pflichtteilsbestimmungen des Erbrechts, SVZ 52 (1984), S. 193 ff.
KUMMER	MAX KUMMER, Die Eignung der Aktiengesellschaft für die Erhaltung der Familienunternehmung, in: Die Erhaltung der Unternehmung im Erbgang, BTJP 1970, S. 109 ff.
LAFFELY MAILLARD	GLADYS LAFFELY MAILLARD, Les assurances sur la vie, notamment les assurances de capitaux à prime unique, et leur traitement fiscal, ASA 66 (1997/98), S. 593 ff.
LANGENEGGER	MARKUS LANGENEGGER, Tilgung güterrechtlicher Forderungen durch Übereignung einer Liegenschaft an einen Ehepartner, BN 1998, S. 213 ff.
LEMP	PAUL LEMP, Berner Kommentar, Bd. II: Familienrecht, 1. Abt.: Das Eherecht, 2. Teilbd.: Die Wirkungen der Ehe im allgemeinen, Das Güterrecht der Ehegatten (Art. 159-251 ZGB), Bern 1968
LEU/BURRI/PRIESTER	ROBERT E. LEU/STEFAN BURRI/TOM PRIESTER, Lebensqualität und Armut in der Schweiz, Bern u.a. 1997
P. LOCHER, Interkantonales Steuerrecht	PETER LOCHER, Einführung in das interkantonale Steuerrecht: unter Berücksichtigung des Steuerharmonisierungs- sowie des bernischen Steuergesetzes, Bern 1999
P. LOCHER, Renten	PETER LOCHER, Besteuerung von Renten und rentenähnlichen Rechtsverhältnissen in der Schweiz, SJZ 87 (1991), S. 181 ff., 208 ff.
P. LOCHER, Steuerliche Behandlung	PETER LOCHER, Die steuerliche Behandlung vermögenswerter Leistungen unter Ehegatten nach neuem Eherecht, in: Kaufmann/Huwiler (Hrsg.), Das neue Ehe- und Erbrecht des ZGB mit seiner Übergangsordnung, BTJP 1987, Bern 1988, S. 225 ff.

TH. LOCHER, Grundriss	THOMAS LOCHER, Grundriss des Sozialversicherungsrechts, 2. Aufl., Bern 1997
TH. LOCHER, Nahtstellen	THOMAS LOCHER, Nahtstellen zwischen Scheidungs- und Sozialversicherungsrecht, ZBJV 127 (1991), S. 349 ff.
LUSTENBERGER	MARCEL LUSTENBERGER, Die Auswirkungen der Erbteilung auf die Erbschafts- und Schenkungssteuer, Diss. Zürich 1985 (= Schweizer Schriften zum Handels- und Wirtschaftsrecht, Bd. 82)
MARANTELLI	ADRIANO MARANTELLI, Steuerlich motivierter Grundlagenirrtum?, ASA 66 (1997/98) S. 513 ff.
MASANTI-MÜLLER	REGULA MASANTI-MÜLLER, Verwaltung und Vertretung in der Gütergemeinschaft, Diss. BE 1995 (= ASR Heft 568)
MAURER, Bundessozialversicherungsrecht	ALFRED MAURER, Bundessozialversicherungsrecht, Basel 1993
MAURER, Privatversicherungsrecht	ALFRED MAURER, Schweizerisches Privatversicherungsrecht, 3. Aufl., Bern 1995
MAUTE	WOLFGANG MAUTE, Aktuelles zur Besteuerung von Kapitalzahlungen aus Lebensversicherungen, StR 50 (1995), S. 403 ff.
MAUTE/STEINER	WOLFGANG MAUTE/MARTIN STEINER, Steuern und Versicherungen, Überblick über die steuerliche Behandlung von Versicherungen, 2. Aufl., Muri-Bern 1999
MEIER-HAYOZ/ FORSTMOSER	ARTHUR MEIER-HAYOZ/PETER FORSTMOSER, Schweizerisches Gesellschaftsrecht, 8. Aufl., Bern 1998
MEIER-SCHATZ, Rechtsformwechsel	CHRISTIAN J. MEIER-SCHATZ, Die Zulässigkeit aussergesetzlicher Rechtsformwechsel, ZSR 113 Bd. I, S. 353 ff.
MEIER-SCHATZ, Vorkaufsrechte	CHRISTIAN J. MEIER-SCHATZ, Statutarische Vorkaufsrechte unter dem neuen Aktienrecht, SZW 64 (1992), S. 224 ff.
MEIER-SCHATZ/GASSER	CHRISTIAN J MEIER-SCHATZ/URS GASSER, Der Vorentwurf zum Fusionsgesetz aus der Sicht der Familienaktiengesellschaft, SZW 71 (1999), S. 17 ff.
MERZ	HANS MERZ, Mehrfache Nacherbensubstitution auf der gleichen Familienstufe?, SJZ 83 (1987), S. 1 ff.
MEYER-BLASER	ULRICH MEYER-BLASER, Die Rückerstattung von Sozialversicherungsleistungen, ZBJV 131 (1995), S. 473 ff.
MONTEIL	VICTOR MONTEIL, Das Objekt der Erbschafts- und Schenkungssteuer in der Schweiz, Diss. Bern 1949
F. G. MOSER	FRIEDRICH GERHARD MOSER, Die erbrechtliche Ausgleichung gemischter Schenkungen, Diss. Bern 1963, 2. Aufl. Bern 1973 (= ASR Heft 353)
M. MOSER, Begünstigungsabreden	MARKUS MOSER, Individuelle Begünstigungsabreden im Rahmen der überobligatorischen beruflichen Hinterlassenenvorsorge – Restriktive Auslegung des Begriffs der „erheblichen Unterstützung", SZS 42 (1998), S. 274 ff.

M. MOSER, Zweite Säule	MARKUS MOSER, Die Zweite Säule und ihre Tragfähigkeit, Diss. Basel 1992
ZGB-MOOSER/IZZO	MICHEL MOOSER/PIERRE IZZO, Kommentierung von Art. 776-778 ZGB, in: Honsell/Vogt/Geiser (Hrsg.), Kommentar zum Schweizerischen Privatrecht, Schweizerisches Zivilgesetzbuch II (Art. 457-977 ZGB, Art. 1-61 SchlT ZGB), Basel 1998
MOOSER/WERMELINGER	MICHEL MOOSER/AMÉDÉO WERMELINGER, Quelques aspects liés au dessaisissement volontaire d'éléments de fortune par des personnes âgées, RFJ/FZR 1993, S. 1 ff.
F. MÜLLER	FRANZ MÜLLER, Die erbrechtliche Auflage beim Testament, Diss. Freiburg 1980 (erschienen Zürich 1981)
R. MÜLLER	ROLAND MÜLLER, Der Mehrwertanteil im neuen Ehegüterrecht, Diss. Basel 1992 (= Basler Studien zur Rechtswissenschaft, Reihe A, Bd. 27, erschienen 1993)
ZGB-MÜLLER	ROLAND M. MÜLLER, Kommentierung von Art. 745-775 ZGB, in: Honsell/Vogt/Geiser (Hrsg.), Kommentar zum Schweizerischen Privatrecht, Schweizerisches Zivilgesetzbuch II (Art. 457-977 ZGB, Art. 1-61 SchlT ZGB), Basel 1998
MUSTER	ADRIAN MUSTER, Erbschafts- und Schenkungssteuerrecht: Das bernische Gesetz über die Erbschafts- und Schenkungssteuer, Diss. Bern 1987 (erweiterte Fassung erschienen 1990)
NÄF-HOFMANN	MARLIES und HEINZ NÄF-HOFMANN, Schweizerisches Ehe- und Erbrecht, Eine Einführung für den Praktiker, Zürich 1998 (unter dem Titel „Das neue Ehe- und Erbrecht im Zivilgesetzbuch" erschienen zwei Vorauflagen)
NEUHAUS	HANS-JÜRG NEUHAUS, Die steuerlichen Massnahmen im Bundesgesetz vom 19. März 1999 über das Stabilisierungsprogramm 1998, ASA 68 (1999/2000), S. 273 ff.
NUSSBAUM	WERNER NUSSBAUM, Die Ansprüche der Hinterlassenen nach Erbrecht und aus beruflicher Vorsorge bzw. gebundener Selbstvorsorge, SZS 32 (1988), S. 197 ff.
NÜTZI	PATRICK NÜTZI, Die privatorische Klausel – Anmerkungen zu BGE 117 II 239 ff., ZBJV 129 (1993) S. 195 ff.
OFTRINGER	KARL OFTRINGER, Die Bedingung hinsichtlich der Eheschliessung des Bedachten in einer Verfügung von Todes wegen, ZBJV 71 (1935), S. 153 ff, 201 ff.
OSER/SCHÖNENBERGER	HUGO OSER/WILHELM SCHÖNENBERGER, Zürcher Kommentar zum Schweizerischen Zivilgesetzbuch, Bd. V: Das Obligationenrecht, 2. Teil: Art. 184-418 OR, 2. Aufl., Zürich 1936
OR-DU PASQUIER/ OERTLE	SHELBY DU PASQUIER/MATTHIAS OERTLE, Kommentierung von Art. 683-688, 789-792 OR, in Honsell/Vogt/Watter (Hrsg.), Kommentar zum Schweizerischen Privatrecht, Obligationenrecht II (Art. 530-1186 OR), Basel 1994
PAULI	HANS-GEORG PAULI, Islamisches Familien- und Erbrecht und ordre public, Diss. München 1994

PFAMMATTER	ARMAND MAURICE PFAMMATTER, Erblasserische Teilungsvorschriften (Art. 608 ZGB), Diss. Zürich 1993
PIOTET, SPR 1	PAUL PIOTET, Schweizerisches Privatrecht, Bd. IV: Erbrecht, 1. Halbbd., Basel und Stuttgart 1978
PIOTET, SPR 2	PAUL PIOTET, Schweizerisches Privatrecht, Bd. IV: Erbrecht, 2. Halbbd., Basel und Stuttgart 1981
PIOTET, Errungenschaftsbeteiligung	PAUL PIOTET, Die Errungenschaftsbeteiligung nach schweizerischem Ehegüterrecht, Bern 1987
PIOTET, Libéralités	PAUL PIOTET, Les libéralités par contrat de mariage ou autres donations au sens large et le droit successoral, Bern 1997 (= ASR Heft 606)
PIOTET, Pactes successoraux	PAUL PIOTET, La nature des pactes successoraux, et ses conséquences, ZSR 111 (1992), Bd. I, S. 367 ff.
PIOTET, Questions nouvelles	PAUL PIOTET, Deux questions nouvelles relatives à la réduction successorale, SJZ 78 (1982), S. 209 ff.
PIOTET, Rapport légal	PAUL PIOTET, L' objet et les bénéficiaires du rapport légal selon les Art. 626 al. 2 et 527 ch. 1 CC, ZSR 118 (1999), Bd. I, S. 51 ff.
PIOTET, Rapport successoral	PAUL PIOTET, Nature et objet du rapport successoral, Bern 1996 (= ASR Heft 591)
PIOTET, Réservataire	PAUL PIOTET, La protection du réservataire en droit successoral suisse, ZSR 91 (1972) Bd. I, S. 25 ff.
R. PORTMANN	ROLF A. M. PORTMANN, Wege zur Perpetuierung der Aktiengesellschaft, Diss. Bern 1982 (= ASR Heft 479)
W. PORTMANN	WOLFGANG PORTMANN, Pflichtteilsschutz bei Errungenschaftsbeteiligung – Schnittstelle zwischen Erbrecht und Eherecht, recht 1997, S. 9 ff.
RAEMY	REINOLD RAEMY, Das Pflichtteilsrecht und die Erbenqualität, Diss. Freiburg 1982 (= AISUF Bd. 55)
RAMSEIER	THOMAS RAMSEIER, Die basellandschaftliche Erbschafts- und Schenkungssteuer, Diss. Basel 1988
RASELLI	NICCOLÒ RASELLI, Erklärter oder wirklicher Wille des Erblassers, AJP 1999, S. 1262 ff.
REBER/MEILI	ALFRED REBER/THOMAS MEILI, Todesfallleistungen aus über- und ausserobligatorischer beruflicher Vorsorge und Pflichtteilsschutz, SJZ 92 (1996) S. 117 ff.
REICH	MARKUS REICH, Unternehmensumstrukturierungen im internen Steuerrecht von Bund und Kantonen, in: Reich/Duss, Unternehmensumstrukturierungen im Steuerrecht, Basel 1996
REUSSER, Güterrecht	RUTH REUSSER, Die allgemeinen Vorschriften des Güterrechts, in: Hausheer (Hrsg.), Vom alten zum neuen Eherecht, Bern 1986 (=ASR Heft 503), S. 35 ff.

REUSSER, Übergangsrecht	RUTH REUSSER, Das Übergangsrecht zu den vermögensrechtlichen Bestimmungen des neuen Eherechts, in: Hausheer (Hrsg.), Vom alten zum neuen Eherecht, Bern 1986 (=ASR Heft 503), S. 135 ff.
REY	HEINZ REY, Gemeinschaftliches Eigentum unter Ehegatten, ZBGR 62 (1981), S. 321 ff.
REYMOND	JACQUES-ANDRÉ REYMOND, Les prestations des fonds de prévoyance en cas de décès prématuré, in: SZS 26 (1982), S. 171 ff.
RICHNER, Zeitpunkt	FELIX RICHNER, Zeitpunkt des Zufliessens von Leistungen der beruflichen Vorsorge und der gebundenen Selbstvorsorge, ASA 62 (1993/94), S. 513 ff.
RICHNER, Besteuerung	FELIX RICHNER, Besteuerung in der 2. und 3. Säule – jetzt und in Zukunft, SVZ 62 (1994), S. 175 ff.
RIEMER, Eheliches Vermögensrecht	HANS MICHAEL RIEMER, Berufliche Vorsorge und eheliches Vermögensrecht (eheliches Güterrecht; Austrittsleistung bei Ehescheidung i.S.v. Art. 22 FZG; Entwurf zur Revision des Ehescheidungsrechtes). Ein Überblick, SZS 41 (1997) Heft 1, S. 106 ff.
RIEMER, Berufliche Vorsorge	HANS MICHAEL RIEMER, Das Recht der beruflichen Vorsorge in der Schweiz, Bern 1985
RIEMER, Nichtige Testamente	HANS MICHAEL RIEMER, Nichtige (unwirksame) Testamente und Erbverträge, in: Forstmoser et.al. (Hrsg.), Festschrift Max Keller, Zürich 1989, S. 245 ff.
RIEMER, Übersicht	HANS MICHAEL RIEMER, Schematische Übersicht über die wichtigsten Gemeinsamkeiten und Unterschiede zwischen den Rechtsgeschäften von Todes wegen (Testamente, Erbverträge) und den Rechtsgeschäften unter Lebenden (Verträge, einseitige Rechtsgeschäfte, Beschlüsse), recht 1994, S. 124 f.
RIEMER, Verträge der beruflichen Vorsorge	HANS MICHAEL RIEMER, Vorsorge-, Fürsorge-, und Sparverträge der beruflichen Vorsorge, in: Forstmoser/Tercier/Zäch (Hrsg.), Innominatverträge, Festschrift Walter R. Schluep, Zürich 1988, S. 231 ff.
ROTHENFLUH	ALEX ROTHENFLUH, Zur Abgrenzung der Verfügungen von Todes wegen von den Rechtsgeschäften unter Lebenden, Diss. Bern 1984
RUMO-JUNGO	ALEXANDRA RUMO-JUNGO, Rechtsprechung des Bundesgerichts zum Sozialversicherungsrecht, Bundesgesetz über Ergänzungsleistungen zu Alters-, Hinterlassenen- und Invalidenversicherung, Zürich 1994
RUSCA	JAN RUSCA, Gemeinschaftsabrede bei Bankverträgen, Diss. Zürich 1973
SANDOZ	SUZETTE SANDOZ, Le casse-tête des créances variables entre époux ou quelques problèmes posés par l'art. 206 CCS, ZSR 110 (1991) Bd. I, S. 421 ff.
SCHÄRER	JÜRG CHRISTIAN SCHÄRER, Der Grundsatz der materiellen Höchstpersönlichkeit der letztwilligen Verfügung, Diss. Bern 1973
OR-SCHÄRER	HEINZ SCHÄRER, Kommentierung von Art. 305-318 OR, in: Honsell/Vogt/Wiegand (Hrsg.), Kommentar zum Schweizerischen Privatrecht, Obligationenrecht I (Art. 1-529 OR), 2. Aufl., Basel 1996

ZGB-SCHAUFELBERGER	PETER C. SCHAUFELBERBER, Kommentierung von Art. 602-619, 634-640 ZGB, in: Honsell/Vogt/Geiser (Hrsg.), Kommentar zum Schweizerischen Privatrecht, Schweizerisches Zivilgesetzbuch II (Art. 457-977 ZGB, Art. 1-61 SchlT ZGB), Basel 1998
SCHERRER	WERNER SCHERRER, Die Nacherbeneinsetzung auf den Überrest, in: Zum Schweizerischen Erbrecht, Festschrift Peter Tuor, Zürich 1946, S. 109 ff.
SCHLAURI	FRANZ SCHLAURI, Die Militärversicherung, in: Koller/Müller/Rhinow/Zimmerli (Hrsg.), Schweizerisches Bundesverwaltungsrecht, Soziale Sicherheit (inhaltl. Koordination und Verantwortung: Meyer-Blaser), Basel 1998 (Loseblattausgabe; Stand Frühjahr 1998)
SCHLEISS	RICHARD SCHLEISS, Hausrat und Wohnung in Güterstandsauseinandersetzung und Erbteilung, Diss. Bern 1989, Hergiswil 1989
SCHMID	JÜRG SCHMID, Spezialfragen bei der öffentlichen Beurkundung von Erbverträgen und von Eheverträgen, ZGRG 1991, S. 50 ff.
SCHMUKI	PETER H. SCHMUKI, Die Nacherbeneinsetzung auf den Überrest, Diss. Zürich 1982 (= Zürcher Studien zum Privatrecht Bd. 19)
SCHNYDER	BERNHARD SCHNYDER, Private Rechtsgestaltung im neuen Ehe- und Erbrecht, in: BN 47 (1986) S. 309 ff.
SCHULER	MANFRED SCHULER, Die Mehrwertbeteiligung unter Ehegatten, Diss. Zürich 1984
SCHUMACHER	RAINER SCHUMACHER, Vertragsgestaltung für Ehegatten: Miteigentum oder Gesamteigentum?, in: Familie und Recht, Festgabe Bernhard Schnyder, Freiburg 1995, S. 625 ff.
SCHWAGER	RUDOLF SCHWAGER, Möglichkeiten der rechtsgeschäftlichen Gestaltung, in: Hausheer (Hrsg.), Vom alten zum neuen Eherecht, Bern 1986 (ASR Heft 503), S. 181 ff.
SCHWANDER	IVO SCHWANDER, Einführung in das internationale Privatrecht, Allgemeiner Teil, 2. Aufl., St. Gallen 1990
ZGB-SCHWANDER	IVO SCHWANDER, Kommentierung von Art. 537-550, 560-561, 566-579, 713-729 ZGB sowie Art. 8b SchlT ZGB, in: Honsell/Vogt/Geiser (Hrsg.), Kommentar zum Schweizerischen Privatrecht, Schweizerisches Zivilgesetzbuch II (Art. 457-977 ZGB, Art. 1-61 SchlT ZGB), Basel 1998
SCHWARZ	JÖRG ALAIN SCHWARZ, Die Herabsetzung gemäss Art. 527 Ziff. 1 ZGB, unter besonderer Berücksichtigung von Zuwendungen an den Ehegatten, Diss. Bern 1983 (erschienen 1985)
SEEBERGER	LIONEL HARALD SEEBERGER, Die richterliche Erbteilung, Diss. FR 1992 (= AISUF Bd. 119)
SIEGWART	HANS SIEGWART, Die Probleme der Nachfolgeplanung aus betriebswirtschaftlicher Sicht, in: Forstmoser (Hrsg.), Der Generationenwechsel im Familienunternehmen, Zürich 1982, (= SSHW Bd. 67) S. 11 ff.

SIMONIUS/SUTTER II	PASCAL SIMONIUS/THOMAS SUTTER, Schweizerisches Immobiliarsachenrecht, Band II: Die beschränkten dinglichen Rechte, Basel 1990
SPÉRISEN	BRIGITTE SPÉRISEN, Prévoyance et droit successoral, in: SPV 1990, S. 189
SPIRA	RAYMOND SPIRA, Transmission de patrimoine et dessaisissement au sens de la loi fédérale sur les prestations complémentaires à l'AVS/AI (LPC), SZS 40 (1996), S. 208 ff.
SPIRIG	EUGEN SPIRIG, Nacherbeneinsetzung und Nachvermächtnis, ZBGR 58 (1977), S. 193 ff.
SPORI, Eherecht und Steuern	PETER SPORI, Neues Eherecht und Steuern, ASA 56 (1987/88), S. 23 ff.
SPORI, Steueraspekte	PETER SPORI, Steueraspekte güterrechtlicher Gestaltungen, StR 1988, S. 387 ff.
D. STAEHELIN	DANIEL STAEHELIN, Bedingte Verfügungen, Zürich 1993 (= SSHW Bd. 149)
OR-STAEHELIN	DANIEL STAEHELIN, Kommentierung von Art. 545-551, 574-593, 619, 1081-1095, 1138-1142 OR, in Honsell/Vogt/Watter (Hrsg.), Kommentar zum Schweizerischen Privatrecht, Obligationenrecht II (Art. 530-1186 OR), Basel 1994
ZGB-STAEHELIN	DANIEL STAEHELIN, Kommentierung von Art. 457-466, 470-476, 481-483, 842-874 ZGB, in: Honsell/Vogt/Geiser (Hrsg.), Kommentar zum Schweizerischen Privatrecht, Schweizerisches Zivilgesetzbuch II (Art. 457-977 ZGB, Art. 1-61 SchlT ZGB), Basel 1998
TH. STAEHELIN, Familienunternehmen	THOMAS STAEHELIN, Nachfolge im Familienunternehmen, insbesondere gesellschafts- und steuerrechtliche Aspekte, in Druey/Breitschmid (Hrsg.), Güter- und erbrechtliche Planung, Bern u.a. 1999
TH. STAEHELIN, Nachfolgeplanung	THOMAS STAEHELIN, Gesellschaftsrechtliche Massnahmen zur Nachfolgeplanung, in: Forstmoser (Hrsg.), Der Generationenwechsel im Familienunternehmen, Zürich 1982 (= SSHW 67), S. 79 ff.
STAMM	CORNELIA STAMM, Der Betrag zur freien Verfügung gemäss Art. 164 ZGB, Diss. Freiburg 1991 (= AISUF Bd. 105)
STAUFFER/ SCHAETZLE	WILHELM STAUFFER/THEO SCHAETZLE/MARC SCHAETZLE, Barwerttafeln, 4. Aufl., Zürich 1989
STEINAUER, Quotité disponible	PAUL-HENRI STEINAUER, Le calcul des réserves héréditaires et de la quotité disponible en cas de répartition conventionelle du bénéfice dans la participation aux aquêts (Art. 216 al. 2 CC), in: Mélanges Pierre Engel, Lausanne 1989, S. 403 ff.
STEINAUER, Droits réels	PAUL-HENRI STEINAUER, Les droits réels, Bd. III: Servitudes personnelles, Charges foncières, Droits de gage immobiliers, Droit de gage mobiliers, 2. Aufl., Bern 1996
STETTLER/WAELTI	MARTIN STETTLER/FABIEN WAELTI, Droit civil IV, Le régime matrimonial, 2. Aufl., Freiburg i.Ü. 1997

STUDER	BENNO STUDER, Die Teilung in der Praxis, in: Druey/Breitschmid (Hrsg.), Praktische Probleme der Erbteilung, Bern, Stuttgart, Wien, 1997 (= St. Galler Studien zum Privat-, Handels- und Wirtschaftsrecht, Bd. 46), S. 87 ff.
SUTER	MARC F. SUTER, Das neue bernische Erbschafts- und Schenkungssteuergesetz, ZBJV 125 (1989), 177 ff.
TSCHÄNI	RUDOLF TSCHÄNI, Vinkulierung nicht börsenkotierter Aktien, Zürich 1997 (= Schriften zum neuen Aktienrecht, Nr. 3)
TSCHUDI, Drei-Säulen-Prinzip	HANS PETER TSCHUDI, Das Drei-Säulen-Prinzip, in SZS 31 (1987), S. 1 ff.
TSCHUDI, Sozialfürsorge	HANS PETER TSCHUDI, Sozialversicherung und Sozialfürsorge, in: Tschudi, Sozialstaat, Arbeits- und Sozialversicherungsrecht, Zürich 1996, S. 271 ff.
TUOR	PETER TUOR, Berner Kommentar, Bd. III: Das Erbrecht, 1. Abt.: Die Erben (Art. 457-536 ZGB), 2. Aufl., Bern 1952
TUOR/PICENONI	PETER TUOR/VITO PICENONI, Berner Kommentar, Bd. III: Das Erbrecht, 2. Abt.: Der Erbgang, 2. Aufl., Bern 1964
TUOR/SCHNYDER/ SCHMID	PETER TUOR/BERNHARD SCHNYDER/JÖRG SCHMID, Das Schweizerische Zivilgesetzbuch, 11. Aufl., Zürich 1995
IPRG-VISCHER	FRANK VISCHER, Kommentierung der Art. 17-19, 33-42, 109-111, 136-137, 139, 150-165, 176-177, 179-180, 182-183 IPRG, in: Heini/Keller/Siehr/Vischer/Volken (Hrsg.), IPRG Kommentar, Zürich 1993
VOGT	NEDIM PETER VOGT, Schenkungen und erbrechtliche Zuwendungen, in: Frank/Girsberger/Vogt/Walder-Bohner/Weber (Hrsg), Die eheähnliche Gemeinschaft (Konkubinat) im schweizerischen Recht, Zürich 1984, S. 107 ff.
OR-VOGT	NEDIM PETER VOGT, Kommentierung von Art. 239-252 OR, in: Honsell/Vogt/Wiegand (Hrsg.), Kommentar zum Schweizerischen Privatrecht, Obligationenrecht I (Art. 1-529 OR), 2. Aufl., Basel 1996
VOLLERY	LUC VOLLERY, Les relations entre rapports et réunions en droit successoral, Diss. Freiburg 1993 (AISUF Bd. 134, erschienen 1994)
WALSER	HERMANN WALSER, Weitergehende berufliche Vorsorge, in: Koller/Müller/Rhinow/Zimmerli (Hrsg.), Schweizerisches Bundesverwaltungsrecht, Soziale Sicherheit (inhaltl. Koordination und Verantwortung: Meyer-Blaser), Basel 1998 (Loseblattausgabe; Stand Frühjahr 1998)
WEIMAR, Ausgleichung	PETER WEIMAR, Zehn Thesen zur erbrechtlichen Ausgleichung, in: Familie und Recht, Festgabe Bernhard Schnyder, Freiburg 1995, S. 833 ff.
WEIMAR, Disponible Quote	PETER WEIMAR, Art. 473 und die disponible Quote, SJZ 95 (1999), S. 453 ff.
WEIMAR, Erbrecht	PETER WEIMAR, Zum Erbrecht des überlebenden Ehegatten, ZSR 99 (1980) Bd. I, S. 379 ff.

WEIMAR, Versorgung	PETER WEIMAR, Erbrecht und Versorgung der Witwe, ZBJV 121 (1985), S. 265 ff.
WIDMER	PIERRE WIDMER, Grundfragen der erbrechtlichen Ausgleichung, Diss. Bern 1971 (= ASR Heft 408)
WILDISEN	CHRISTOPH WILDISEN, Das Erbrecht des überlebenden Ehegatten, Diss. Freiburg 1997 (= AISUF Bd. 167)
WISSMANN	KURT WISSMANN, Das neue Ehegüterrecht, Vom altrechtlichen zum neurechtlichen Ehevertrag, ZBGR 67 (1986), S. 321 ff.
E. WOLF	ERNST WOLF, Die Berechtigungen am Compte joint nach dem Tod eines Kontoinhabers, SJZ 67 (1971), S. 349 ff.
S. WOLF	STEPHAN WOLF, Vorschlags- und Gesamtgutszuweisung an den überlebenden Ehegatten, mit Berücksichtigung der grundbuchrechtlichen Auswirkungen, Diss. Bern 1996 (= ASR Heft 584)
WOLFFERS	FELIX WOLFFERS, Grundriss des Sozialhilferechts, Eine Einführung in die Fürsorgegesetzgebung von Bund und Kantonen, Bern usw. 1993 (2., unveränderte Aufl. 1999)
YERSIN	DANIELLE YERSIN, Le nouveau droit matrimonial et ses conséquences fiscales, RDAF 43 (1987) S. 319 ff.
ZÄCH	ROGER ZÄCH, Berner Kommentar, Bd. VI: Obligationenrecht, 1. Abt.: Allgemeine Bestimmungen, 2. Teilbd., 2. Unterteilbd.: Stellvertretung, Art. 32-40 OR, Bern 1990
ZEHNTNER	HEINRICH B. ZEHNTNER, Die güterrechtliche Relevanz teilweise unentgeltlicher Zuwendungen und anderer Vermögensvorteile bei der Errungenschaftsbeteiligung, Diss. Basel 1995
ZIGERLIG/JUD	RAINER ZIGERLIG/GUIDO JUD, Kommentierung von Art. 13 und 14 StHG, in: Zweifel/Athanas (Hrsg.), Kommentar zum schweizerischen Steuerrecht, Bd. I/1: Bundesgesetz über die Harmonisierung der direkten Steuern der Kantone und Gemeinden (StHG), Basel 1997
ZOLLER	BEAT ZOLLER, Schenkungen und Vorempfänge als herabsetzungspflichtige Zuwendungen, unter besonderer Berücksichtigung des Umgehungstatbestandes, Diss. Zürich 1998 (= Zürcher Studien zum Privatrecht, Bd. 141)
ZUPPINGER	FERDINAND ZUPPINGER, Grundstückgewinn- und Vermögenssteuer, ASA 61 (1992/93), S. 309 ff.

TEIL 1 GRUNDLAGEN

§ 1 EINLEITUNG

I. Ziel der Arbeit

Die Begünstigung des überlebenden Ehegatten ist in der Praxis nach wie vor von grosser Bedeutung. Ehe- und Erbverträge bezwecken regelmässig eine maximale Begünstigung des überlebenden Ehegatten[1]. Offenbar besteht sogar – ungeachtet des neuen Ehe- und Erbrechts – eine sich verstärkende Tendenz zur Maximalbegünstigung[2]. Die Beweggründe dafür sind unterschiedlicher Natur[3]. Einerseits ist die Begünstigung des Ehepartners ein Ausdruck der inneren Verbundenheit und gegenseitigen Fürsorge. Unter anderem dürfte auch eine gewisse Unsicherheit über die geltende Rechtslage in vielen Fällen ausschlaggebend sein, wobei sich die Ehegatten zuweilen nicht bewusst sind, dass eine zu weit gehende Begünstigung in verschiedener Hinsicht negative Auswirkungen nach sich ziehen kann. Ziel der vorliegenden Arbeit ist es, ausgehend von dem Anliegen vieler Ehepaare, für den überlebenden Partner möglichst optimal vorzusorgen, die folgenden *Fragen* zu untersuchen: 01.01

1. Wie berechtigt ist der Wunsch nach einer maximalen Begünstigung?
   - Auf welche *soziale und rechtliche Ausgangslage* ist Rücksicht zu nehmen?
   - Ist die maximale Begünstigung *notwendig*, um die Ziele der Ehegatten zu erreichen?
   - Wo bestehen aufgrund der geltenden gesetzlichen Regelung *Vorsorgelücken*?
2. Welche *Begünstigungsformen* stehen den Ehegatten überhaupt zur Verfügung? Welches sind ihre besonderen Merkmale, die es bei der Planung zu beachten gilt? Wie beeinflussen sie sich gegenseitig?
3. Wie kann eine den Umständen angemessene Vorsorge den spezifischen Bedürfnissen der Ehegatten so angepasst werden, dass sich möglichst *keine unerwünschten Nebenfolgen* ergeben?

Der Aufbau der Arbeit richtet sich nach diesen Zielen: Zunächst wird die soziale und rechtliche Ausgangslage dargestellt, mit anderen Worten das Umfeld, das die Ehegatten vorfinden, wenn Vorsorgeplanung betrieben wird (§§ 2 und 3). Daraus ergibt sich, wo allenfalls ein Handlungsbedarf im Sinne eigener rechtsgeschäftlicher Vorkehren besteht (§ 4). Es folgt eine Darstellung der verschiedenen Begünstigungsarten und deren zulässigen Modifikationen, die mit einigen allgemeinen Ausführungen beginnt (§§ 5-11). In diesem Zusammenhang wird auf die Folgen einer – praktisch relativ häufigen – zu wenig koordinierten Begünstigung hingewiesen (§ 11). Den Besonderheiten im Zusammenhang mit komplexeren Familienstrukturen und Familienunternehmen wird in einem   01.02

---

[1] WILDISEN, S. 195, mit Nachweisen.
[2] DRUEY, Einsatzmöglichkeiten, S. 14; siehe auch die Hinweise bei S. WOLF, S. 6 ff.
[3] Vgl. hinten, Rz 04.01.

letzten Hauptteil je ein eigenes Kapitel gewidmet (§§ 12 und 13). Einige einleitende Stichworte zu den verwendeten Begriffen und den möglichen Formen der maximalen Begünstigung müssen der Verständlichkeit halber vorangestellt werden (sogleich, Rzn 01.01 ff.).

01.03 Die prominenten Lehrstreitigkeiten, wie sie in den genannten Bereichen in grosser Zahl vorkommen, sollen angesichts der Zielsetzung der vorliegenden Arbeit nicht im Einzelnen erörtert werden. Angestrebt wird eine *zusammenhängende, praxisnahe Sicht des Zusammenspiels der verschiedenen* bei der Vorsorgeplanung beteiligten *Rechtsgebiete* und nicht eine erneute Aufarbeitung der dogmatischen Grundprobleme. Beleuchtet werden dabei namentlich das Ehe- und Erbrecht sowie das Sozialversicherungsrecht, unter Einbezug des Steuer-[4], des Privatversicherungs- und des Obligationenrechts.

01.04 Im Rahmen der vorliegenden Arbeit ist in verschiedener Hinsicht *keine Vollständigkeit* möglich. So kann beispielsweise dem Bereich der Unternehmensfortführung nur in den Grundrissen Rechnung getragen werden (vgl. § 13). Nur am Rande berücksichtigt werden ferner die Vorsorgemöglichkeiten im Scheidungsfall, da anlässlich der Scheidung einige Planungsmöglichkeiten von Neuem offen stehen. Diesbezüglich ist auf die ausführliche Spezialliteratur zum Scheidungsrecht zu verweisen. Ausgeklammert werden ferner die Vorsorgebedürfnisse der eheähnlichen Lebensgemeinschaft[5] sowie das bäuerliche Bodenrecht.

II. Grundbegriffe

1. Begünstigung des überlebenden Ehegatten

01.05 Der Begriff der Begünstigung wird in ganz verschiedenem Zusammenhang verwendet[6]. Unter der *Begünstigung* des überlebenden Ehegatten ist vorliegend die *rechtsgeschäftliche Besserstellung des überlebenden Ehegatten im Vergleich zur subsidiär geltenden gesetzlichen Regelung* zu verstehen[7]. Diese Besserstellung ist einerseits nicht auf eine wertmässige Begünstigung beschränkt, da auch Teilungsregeln als Vorzugsrechte betreffend bestimmte Vermögensobjekte den überlebenden Ehegatten begünstigen können. Andererseits umfasst die Besserstellung nach der hier verwendeten Terminologie nicht nur güter- und erbrechtliche Vorkehren, sondern ganz allgemein alle Formen der Besserstellung, die spezifisch dem überlebenden Ehegatten zugute kommen sollen, wie beispielsweise die rechtsgeschäftliche Einräumung versicherungsrechtlicher Ansprüche sowie lebzeitige Zuwendungen verschiedener Art, die im Hinblick auf die höhere Lebenserwartung des einen Ehepartners getätigt werden.

---

[4] Die verschiedenen kantonalen Regelungen (namentlich im Bereich des Erbschafts- und Schenkungssteuerrechts) konnten nicht einlässlich dargestellt werden. Die Arbeit beschränkt sich deshalb im Wesentlichen auf das Bundessteuerrecht mit Einschluss des StHG sowie auf die Situation im Kanton Bern; auf andere kantonale Ordnungen wird punktuell hingewiesen.

[5] Dazu etwa BREITSCHMID, Begünstigung, S. 45 ff.

[6] Siehe dazu etwa S. WOLF, S. 1 ff., m.w.H.

[7] Vgl. S. WOLF, S. 2.

2. Maximale Begünstigung

Unter dem Begriff „Meistbegünstigung" bzw. „maximale Begünstigung" oder „Maximalbegünstigung" (des überlebenden Ehegatten) versteht die Literatur eine möglichst weit gehende Begünstigung des überlebenden Ehegatten auf den Tod des Erstversterbenden[8]. Die Abhandlungen beschränken sich regelmässig entweder auf das Güterrecht oder das Erbrecht oder beides zusammen, ohne Einbezug weiterer Vorsorgemöglichkeiten und meist auch unter Ausschluss güter- und erbrechtlicher Teilungsregeln[9].

01.06

3. Optimale Begünstigung

Da die Begriffe Maximal- oder Meistbegünstigung, wie gesagt, hauptsächlich für güter- und erbrechtliche Vorkehrungen verwendet werden, bleiben weitere Vorsorgeformen (z.B. zweite und dritte Säule) ausgeklammert und den Spezialisten im Sozial- und Privatversicherungsrecht überlassen. Unberücksichtigt bleiben regelmässig auch steuerliche und fürsorgerechtliche Aspekte. Unter „optimaler Begünstigung" wird im Folgenden eine Vorsorge verstanden, die neben güter- und erbrechtlichen Aspekten auch das weitere tatsächliche[10] und rechtliche[11] Umfeld der Ehegatten mit einbezieht und angesichts deren konkreter Situation eine den Bedürfnissen und Zielen der Partner entsprechende, risikogerechte Lösung trifft. Risikogerecht ist die Vorsorge dann, wenn verschiedenen möglichen Entwicklungen angemessen Rechnung getragen wird. Relativ oft gehen die Ehegatten in ihrer Planung von einem ganz bestimmten Verlauf der Zukunft aus[12], was schwerwiegende Auswirkungen haben kann, wenn sich diese Vorstellungen nicht erfüllen. Wie zu zeigen sein wird, sollten für eine optimale Vorsorgeplanung unter Umständen die gesetzlichen Ansprüche des überlebenden Ehegatten rechtsgeschäftlich sogar reduziert werden.

01.07

4. Güterrechtliche Begünstigung

Der Begriff „güterrechtliche Begünstigung" umfasst in dieser Arbeit alle Zuwendungsformen, die unter Zuhilfenahme der Bestimmungen des Güterrechts (Art. 181-251 ZGB) erfolgen, unabhängig davon, ob es sich um die Wahl eines Güterstandes oder um Modifikationen innerhalb des (gewählten oder gesetzlichen) Güterstandes handelt. Eingeschlossen sind auch ehevertragliche Teilungsregeln.

01.08

Eine maximale güterrechtliche Begünstigung erfolgt meist entweder durch *Vorschlagszuweisung* an den überlebenden Ehegatten unter dem ordentlichen Güterstand oder durch Wechsel zum Güterstand der Gütergemeinschaft mit *Gesamtgutszuweisung* an den überlebenden Ehegatten. Bei gewissen, allerdings seltenen Sachlagen erweist sich die Wahl der Gütertrennung als beste Lösung.

01.09

---

[8] Nach S. WOLF, S. 3, stellt die Maximalbegünstigung den Regelfall dar.
[9] Ausführlich zur Verwendung dieser Begriffe in der Literatur S. WOLF, S. 1 ff.
[10] Umfang und Zusammensetzung des Vermögens, (berufliche und soziale) Vorsorge, Familienkonstellation usw.
[11] Insbesondere Pflichtteilsrecht, Steuerrecht, Sozialversicherungs-, Vorsorge- und Fürsorgerecht.
[12] Z.B.: Der Ehemann wird vorversterben, der Sohn wird das Geschäft übernehmen, die Ehe wird durch Tod (und nicht durch Scheidung) aufgelöst, die Witwe wird sich nicht wieder verheiraten.

01.10 Ergänzend dazu können ehevertragliche Vereinbarungen hinsichtlich bestimmter Modifikationen der Gütermassen sowie betreffend Mehr- und Minderwertbeteiligungen, Teilungsregeln und Wahlrechte getroffen werden.

5. Erbrechtliche Begünstigung

01.11 Unter dem Begriff „erbrechtliche Begünstigung" werden nachfolgend alle *Begünstigungen mit erbrechtlichem Charakter* zusammengefasst. Dazu gehören neben der Erbeinsetzung und der Einräumung einer Ehegattennutzniessung (Nutzniessung am gesamten Erbschaftsvermögen gemäss Art. 473 ZGB) insbesondere auch Vermächtnisse und erbrechtliche Teilungsregeln. Zuwendungen aus Güterrecht (etwa Teilungsvorschriften betreffend die Errungenschaft) werden dagegen im vorliegenden Zusammenhang nicht unter diesen Begriff subsumiert[13].

6. Lebzeitige Zuwendungen

01.12 Die Begünstigung kann auch durch *Rechtsgeschäfte* bewirkt werden, die bereits *unter Lebenden* Wirkung entfalten und zu Vermögensverschiebungen unter den Ehegatten führen. Hinzuweisen ist hier vorab auf Schenkungen bzw. Vorempfänge sowie den Abschluss gewisser Versicherungsverträge. Weil diese Form der Begünstigung nicht spezifisch auf *den* überlebenden Ehegatten ausgerichtet werden kann, sondern einem bestimmten (nämlich dem nach Statistik bzw. konkreter Lebenserwartung vermutungsweise überlebenden) Ehegatten zugute kommt, eignet sie sich nur beschränkt für die Hinterlassenenvorsorge.

7. Begünstigung mittels (sozial)versicherungsrechtlicher Ansprüche

01.13 Sowohl die *obligatorischen Sozialversicherungen* als auch *Vorsorgeformen im Bereich des Überobligatoriums* bestimmen als primär begünstigte Person nach dem Vorsorgenehmer dessen Ehegatten. Der Ausbau der Vorsorge über das gesetzlich vorgeschriebene Minimum hinaus beinhaltet deshalb immer auch eine Begünstigung des überlebenden Ehegatten, falls dieser Anspruch auf eine Hinterlassenenleistung hat. Soweit die Leistungen allerdings erbrechtlich relevant sind, d.h. der Erbmasse oder mindestens der Pflichtteilsmasse zugerechnet werden, wird der maximal mögliche Umfang der Begünstigung des überlebenden Ehegatten gegenüber güter- und erbrechtlichen Vorkehren nicht erweitert.

III. Die soziale Entwicklung (Hinweise)[14]

01.14 Das wirtschaftliche Umfeld der Schweiz hat sich in den vergangenen Jahrzehnten grundlegend gewandelt. War anfangs dieses Jahrhunderts noch eine breite Bevölkerungsschicht in Handwerk, Landwirtschaft und Kleinhandel tätig, erfolgt die Produktion heute weitestgehend ausserhalb des Lebenskreises der Familie. Deren finanzielle

---

[13] Womit allerdings bezüglich der rechtlichen Qualifikation der Vorschlags- oder Gesamtgutszuweisung (dazu hinten, Rzn 06.19 ff.) oder betreffend das Verhältnis zwischen güter- und erbrechtlicher Herabsetzung nichts vorweggenommen werden soll.

[14] Vgl. dazu AEBI-MÜLLER, Begünstigung, S. 494 ff.

Grundlage ist nunmehr vor allem das laufende *Erwerbseinkommen*, das meistens von einem der Ehegatten oder von beiden zusammen durch eine Tätigkeit ausserhalb des gemeinsamen Haushaltes erzielt wird. Entscheidender ökonomischer Faktor des Einzelnen ist seine Arbeitskraft. Damit ist heute nicht mehr das (in einen bäuerlichen oder handwerklichen Kleinbetrieb investierte) Vermögen die wesentliche wirtschaftliche Grundlage der Familie, sondern eine solide Berufsbildung, die erst den ausserhäuslichen Erwerb und damit auch den Aufbau einer angemessenen Altersvorsorge ermöglicht. Dieser Entwicklung ist auch im Zusammenhang mit der Ehegattenbegünstigung insofern Rechnung zu tragen, als nicht mehr nur die Vermögensübertragung zu planen ist, sondern nach Möglichkeit ein *Ersatzeinkommen* zur Verfügung gestellt werden sollte. Der Trend vom Vermögensertrag hin zu anderen Einkommensquellen schlägt sich gemäss aktuellen Statistiken in diesem Bereich deutlich nieder: Das Gesamteinkommen von Rentnern in Einpersonenhaushalten beruht zu 84 % auf Renteneinkommen und nur zu 8 % auf Vermögensertrag[15]. Wesentlich zu dieser Entwicklung beigetragen hat der breite Ausbau der Sozialversicherungen, auf die noch näher einzugehen ist[16].

Ferner ist die durchschnittliche *Kinderzahl pro Familie zurückgegangen*, was unter anderem zur Folge hat, dass sich weniger Kinder den Nachlass ihrer Eltern teilen, wodurch sich wiederum die Erbquote des Einzelnen erhöht. Die Nachkommen erwerben die Erbschaft heute aufgrund der *höheren Lebenserwartung* der Eltern[17] regelmässig erst in einem Zeitpunkt, in dem sie ihre eigene Existenz – häufig dank der von den Eltern finanzierten Aus- und Weiterbildung – weitgehend aufgebaut haben. Diese beiden Faktoren vermögen den Entscheid darüber zu beeinflussen, wie das Vermögen zwischen dem überlebenden Ehegatten und den Nachkommen sinnvollerweise aufzuteilen ist. In gewissen Konstellationen kann sich auch eine direkte Begünstigung der Enkel aufdrängen. 01.15

Die Ehegattenbegünstigung muss sich schliesslich die in den letzten Jahrzehnten stark gestiegene Zahl der *Ehescheidungen* vor Augen halten. Während im Jahr 1965 erst 13 von 100 Ehen geschieden wurden, ist diese Zahl 1998 auf 43 angewachsen[18]. Damit ist bei der Ausgestaltung der Begünstigung einerseits der Möglichkeit einer Scheidung Rechnung zu tragen, andererseits hat die gestiegene Scheidungsrate zu einem Anstieg von *Rekombinationsfamilien*[19] geführt, deren Vorsorgebedürfnisse nach differenzierten Lösungen rufen. 01.16

---

[15] Statistisches Jahrbuch der Schweiz, Auflage 1999 (in der Aufl. 2000 fehlen die entsprechenden Angaben), S. 186, Tafel 6.18. In Zweipersonenhaushalten ist bei gleich bleibendem Anteil an Vermögensertrag das laufende Erwerbseinkommen mit 19 % von grösserer Bedeutung als bei allein stehenden Personen im AHV-Alter.

[16] Hinten, § 2.

[17] Gemäss dem statistischen Jahrbuch der Schweiz, Auflage 2000, S. 47, Tafel 1.19, hat sich die Lebenserwartung (ab Geburt) seit Mitte dieses Jahrhunderts um rund 10 Jahre auf 76,5 Jahre (Männer) bzw. 82,5 Jahre (Frauen) erhöht.

[18] Statistisches Jahrbuch der Schweiz, Auflage 2000, S. 40, Ziff. 1.6.2.; unter Berücksichtigung der im Ausland geschlossenen Ehen sinkt die Quote immerhin auf 37 %.

[19] Unter diesem Begriff (im Englischen spricht man anschaulich von *patchwork families*) sind Ehe- und Konkubinatsbeziehungen zu verstehen, die dadurch geprägt sind, dass ein oder beide Partner Nachkommen aus einer früheren Partnerschaft haben, die allenfalls (jedoch nicht begriffsnotwendig) im gemeinsamen (neuen) Haushalt aufwachsen; vgl. HAUSHEER/AEBI-MÜLLER, Begünstigung, S. 39.

§ 2   Die öffentlichrechtlichen Vorsorgeformen

I. Das Drei-Säulen-Prinzip

Die Vorsorge basiert in der Schweiz bekanntlich auf dem Drei-Säulen-Prinzip[1]:

02.01   1. Der *Existenzsicherung* dient die *AHV/IV* (allenfalls erweitert um die Ergänzungsleistungen) als erste Säule. Man spricht in diesem Zusammenhang von den primären Versicherungszweigen.

02.02   2. Die *berufliche Vorsorge*, die sogenannte zweite Säule, soll als Sekundärversicherung die *Fortführung der gewohnten Lebenshaltung* gewährleisten. Der Gesetzgeber geht davon aus, dass dazu im Durchschnitt 70 % des bisherigen Nettoeinkommens ausreichen[2], wobei allerdings bei tiefen Einkommen ein höherer Prozentsatz des bisherigen Erwerbseinkommens versichert ist als bei Erwerbseinkommen, die über dem koordinierten Lohn liegen[3]. Umgekehrt sinkt bei mittleren und hohen Einkommen der Vorsorgeschutz der ersten und der obligatorischen zweiten Säule infolge der Koordinationsgrenzen[4] auf unter 20 % des bisherigen Einkommens[5]. Im Bereich der obligatorischen beruflichen Vorsorge erhält der überlebende Ehegatte als Hinterlassener sodann nur 60 % der Rente, die dem Vorsorgenehmer selber zugestanden hätte. Aus diesen Gründen kann die Beschränkung auf das gesetzliche Vorsorgeminimum zu empfindlichen Einbussen in der Lebenshaltung im Alter führen, wobei allerdings auch die Steuerentlastung zu beachten bleibt.

02.03   3. Als dritte Säule bezeichnet man die *Selbstvorsorge*, die in zwei Formen, nämlich der gebundenen (sog. Säule 3a) und der freien Vorsorge (sog. Säule 3b) erfolgen kann und die der Schliessung von Vorsorgelücken dient. Solche Lücken bestehen – abgesehen von einem erwähnten quantitativ unzureichenden Schutz der zweiten Säule – insbesondere bei Selbständigerwerbenden. Zudem kann ein Bedarf nach besserer Absicherung für den Fall des vorzeitigen Todes bestehen.

02.04   Der Vorsorgeschutz der ersten und der zweiten Säule ist weitgehend obligatorisch. Im Bereich der zweiten Säule ist allerdings zwischen obligatorischer (sog. Säule 2a) und weitergehender Versicherung (sog. Säule 2b) zu unterscheiden[6]. Da der Abschluss eines

---

[1]   Grundlegend etwa TSCHUDI, Drei-Säulen-Prinzip, S. 1 ff.; zur neueren geschichtlichen Entwicklung TH. LOCHER, Grundriss, § 3, Rz 14. Siehe zum heutigen Stand des Sozialversicherungssystems ferner den Überblick in der Botschaft zur 11. AHV-Revision, BBl 2000 I S. 1869 ff., Ziff. 1.1.1.

[2]   Botschaft BVG vom 19.12.1975, BBl 1976 I S. 157.

[3]   Dies entspricht der Einsicht, dass dort, wo schon mit dem bisherigen Einkommen nur gerade der Notbedarf gedeckt werden konnte, die Lebenshaltungskosten mit der Aufgabe der Erwerbstätigkeit meist nicht in nennenswertem Umfang sinken. Im Alter können im Gegenteil neue Bedürfnisse zum Vorschein kommen, wie etwa Bedarf nach vermehrter Freizeitaktivität, höhere Gesundheitskosten (vgl. dazu hinten, Rz 11.25 mit Fn 32) u. dgl.

[4]   Der Fr. 72'360.- (= dreifache maximale AHV-Rente) übersteigende Lohn ist durch die erste Säule und die obligatorische berufliche Vorsorge nicht versichert.

[5]   Vgl. NZZ vom 25.1.2000, S. 71, wonach bei einem Bruttoeinkommen von Fr. 125'000.- noch 30 % des bisherigen Einkommens durch die erste und (obligatorische) zweite Säule gedeckt sind; bei einem Bruttolohn von Fr. 250'000.- bereits weniger als 20 %.

[6]   Zu den verschiedenen Formen der weitergehenden beruflichen Vorsorge siehe hinten, Rzn 09.06 ff.

Arbeitsvertrages regelmässig an den reglementarisch weitgehend vorgegebenen Vorsorgevertrag mit der Pensionskasse des betreffenden Arbeitgebers gekoppelt ist, besteht faktisch auch im Bereich der – an sich nicht obligatorischen – Säule 2b ein Kontrahierungszwang. Die dritte Säule, das private Sparen, kann dagegen beliebig gesteuert werden. Erfolgt die Vorsorge in gebundener Form, wird sie bis zu einer gewissen Höhe steuerlich privilegiert.

Ergänzt wird das Drei-Säulen-Prinzip durch die *Unfall-* (UV) und die *Militärversicherung* (MV), die je spezifische Risiken abdecken. Liegt das Einkommen unter einem bestimmten Minimum, besitzen die *Ergänzungsleistungen* bzw. die – weitgehend kantonal geregelte und nicht zu den Versicherungen zu rechnende – *Sozialhilfe* eine Auffüllfunktion. 02.05

II. Die eidgenössischen Versicherungen

Für die vorliegende Thematik interessieren vorab die Hinterlassenenleistungen, die dem überlebenden Ehegatten aus den obligatorischen Sozialversicherungen (erste und zweite Säule, ergänzt um Unfallversicherung und Militärversicherung) zustehen. Zu berücksichtigen sind aber auch weitere Ansprüche – insbesondere Altersrenten – die zwar nicht in Zusammenhang mit dem Verlust des Ehepartners stehen, für die Vorsorgeplanung aber dennoch von Bedeutung sind. 02.06

1. Alters- und Hinterlassenenversicherung

a) Allgemeines

Die Hinterlassenenrenten nach AHVG bilden die *Grundversicherung* der Witwe bzw. des Witwers, da sie unabhängig von der Todesursache geschuldet sind. Versichert ist jede Person mit Wohnsitz oder Erwerbstätigkeit in der Schweiz[7]. Beim Zusammentreffen mit weiteren (sozialversicherungsrechtlichen oder anderen) Ansprüchen stellt die Hinterlassenenrente gewissermassen einen *Minimalanspruch* dar[8]. Allerdings bezweckt die AHV nur – zusammen mit den Ergänzungsleistungen – die *Deckung des Existenzbedarfs*[9], und genügt ohne letztere regelmässig nicht einmal diesem Anspruch. Die AHV wird nach dem so genannten Umlageverfahren finanziert[10], was bedeutet, dass die aktive Bevölkerungsschicht für die laufenden Renten aufkommt und der einzelne Beitragspflichtige nicht ein Sparkapital ansammelt. Aus diesem Grund ist bei der Vorsorgeplanung – mehr noch als in den übrigen Sozialversicherungszweigen – dem Umstand Rechnung zu tragen, dass künftige Gesetzesrevisionen die Anspruchsberechtigung, die Berechnungsart und die Leistungshöhe erheblich beeinflussen können[11]. 02.07

---

[7] Dazu KIESER, AHV, N 16 ff.

[8] Die AHV-Hinterlassenenrente bleibt (jedenfalls der Höhe nach) gewahrt.

[9] Art. 112 Abs. 2 BV und Art. 196 Ziff. 10 BV; vgl. GYSIN, S. 81 ff.

[10] Vgl. KIESER, AHV, N 25.

[11] Im Rahmen der 11. AHV-Revision sind unter anderem eine Erhöhung des Rentenalters für Frauen auf 65 Jahre, eine Gleichstellung der Witwen mit den Witwern und eine langsamere Anpassung der Renten an die Teuerung geplant; vgl. zum Ganzen die Botschaft in BBl 2000 I S. 1865 ff.

b) Anspruchsvoraussetzungen

02.08 Da es sich bei der Hinterlassenenrente um einen *abgeleiteten Anspruch* handelt, muss der verstorbene Ehegatte (nicht jedoch der hinterbliebene) versichert gewesen sein. Damit eine ordentliche Rente ausgelöst wird, müssen dem Versicherten mindestens für ein volles Jahr Einkommen, Erziehungs- oder Betreuungsgutschriften angerechnet werden können[12].

02.09 Haben die Ehegatten Kinder[13], entsteht der Rentenanspruch der überlebenden Ehefrau ohne weitere Voraussetzungen. Bei kinderloser Ehe ist die Witwe anspruchsberechtigt, wenn sie im Zeitpunkt der Verwitwung das 45. Altersjahr vollendet hat und mindestens fünf Jahre verheiratet gewesen ist. Der überlebende Ehemann[14] hat demgegenüber nur Anspruch auf eine Witwerrente, wenn und solange er Kinder unter 18 Jahre hat[15].

02.10 Der Anspruch auf eine Hinterlassenenrente entsteht, wenn die Ehe durch Tod des Versicherten aufgelöst wurde, und endet mit der Wiederverheiratung des überlebenden Ehegatten. Unter gewissen Bedingungen kann der Rentenanspruch allerdings bei Auflösung der zweiten Ehe wieder aufleben[16].

c) Anspruchshöhe

02.11 Die Rentenberechnung der AHV beruht grundsätzlich auf dem Äquivalenzprinzip, wonach zwischen entrichteten Beiträgen und Leistungen ein Zusammenhang besteht. Grundlagen für die Rentenberechnung bilden im Einzelfall die in den *individuellen Konten* eingetragenen Einkommen sowie die Erziehungs- und Betreuungsgutschriften.

02.12 Innerhalb eines gewissen Rahmens ist die Rentenhöhe abhängig vom *massgeblichen durchschnittlichen Jahreseinkommen*. Dieses erhöht sich durch die Anrechnung eines fiktiven Einkommens für die mit dem Mindestbeitrag abgegoltenen Jahre sowie durch Erziehungs- und Betreuungsgutschriften. Dem Umstand, dass die frühzeitig verstorbene Person erst am Anfang einer Erwerbskarriere stand, wird unter gewissen Voraussetzungen mit einem Karrierezuschlag[17] Rechnung getragen. Bezüglich der Alters-

---

[12] Art. 29 Abs. 1 AHVG.

[13] Als Kinder gelten auch im gemeinsamen Haushalt lebende Kinder des verstorbenen Ehegatten, die durch dessen Tod Anspruch auf eine Waisenrente erwerben; das Gleiche gilt für Pflegekinder, welche bisher von den Ehegatten betreut wurden, sofern sie vom überlebenden Ehegatten adoptiert werden (vgl. Art. 23 Abs. 2 AHVG).

[14] Der mit der 10. AHV-Revision eingeführte Witwerrentenanspruch wird auf entsprechenden Antrag auch dann gewährt, wenn die Ehe vor dem 1.1.1997 durch Tod aufgelöst worden ist; vgl. UebBest. 10. AHV-Revision, f. Abs. 2.

[15] Mit der 11. AHV-Revision werden die Voraussetzungen für den Bezug einer Hinterlassenenrente für Witwen im Sinne einer Gleichberechtigung von Mann und Frau voraussichtlich erheblich verschärft; vgl. zum Ganzen Botschaft vom 2.2.2000, BBl 2000 I S. 1959 ff., Ziff. 3.1.4. Danach soll analog zu den Witwerrenten künftig auch für Witwen nur noch ein Rentenanspruch bestehen, solange Kinder unter 18 Jahren zu betreuen sind.

[16] Vgl. dazu Art. 23 Abs. 5 AHVG und Art. 46 Abs. 3 AHVV.

[17] Art. 33 Abs. 3 AHVG i.V.m. Art. 54 AHVV. Problematischerweise kommt der Karrierezuschlag nur dann zum Tragen, wenn der vorverstorbene Ehegatte bei seinem Tod das 45. Altersjahr noch nicht vollendet hatte.

renten, nicht in jedem Fall aber bezüglich der Hinterlassenenrenten[18], gilt seit dem 1.1.1997 das *Beitragssplitting*, womit das Ungleichgewicht zwischen dem erwerbstätigen Ehegatten und dem Hausgatten aufgefangen werden soll. Das massgebliche Erwerbseinkommen wird dabei während bestehender Ehe rechnerisch hälftig auf die beiden Ehegatten aufgeteilt[19]. Die maximale AHV-Rente setzt ein massgebliches Durchschnittseinkommen von Fr. 72'360.- (= maximales rentenbildendes Einkommen[20]) voraus. Bei einem massgeblichen Jahreseinkommen von unter Fr. 12'060.- kann immerhin noch mit der Minimalrente gerechnet werden[21].

Sodann ist abzuklären, ob Anspruch auf eine Voll- oder nur auf eine Teilrente[22] besteht. Erstere setzt grundsätzlich eine *vollständige Beitragsdauer* der versicherten Person voraus[23]. Fehlende Beitragsjahre wirken sich bei jungem Versterben besonders schwerwiegend aus, da die Kürzung der Rente im Verhältnis der effektiven Beitragsjahre des Versicherten zu denjenigen seines Jahrgangs erfolgt. 02.13

Die *Hinterlassenenrente* beträgt 80 % der dem massgebenden durchschnittlichen Jahreseinkommen entsprechenden Altersrente der versicherten Person. Sie hält sich damit (bei vollständiger Beitragsdauer) zwischen monatlich Fr. 804.- und Fr. 1'608.-[24]. Die Höhe der Rente im Einzelfall lässt sich aus der Rentenskala (Skala 44) ablesen[25]. 02.14

In der Vorsorgeplanung erweist sich die genaue Berechnung der Höhe des allfälligen Hinterlassenenanspruchs als relativ *schwierig*, weil mit künftigen Änderungen des massgeblichen Durchschnittseinkommens zu rechnen ist. Tritt der Todesfall vor Erreichen des AHV-Alters[26] des versterbenden Ehegatten ein, ist – trotz Karrierezuschlag – unter Umständen eine empfindliche Einbusse zu erwarten[27], wenn sich das bisherige Durchschnittseinkommen im rentenbildenden Rahmen hielt. 02.15

Kinder unter 18 bzw. 25 Jahren haben – je nachdem, ob das betreffende Kind noch in Ausbildung ist oder nicht – Anspruch auf eine *Waisenrente*, die 40 % der dem massgebenden durchschnittlichen Jahreseinkommen entsprechenden Altersrente des verstor- 02.16

---

[18] Bei den Hinterlassenenrenten erfolgt das Beitragssplitting erst dann, wenn der hinterbliebene Ehegatte selbst das Rentenalter erreicht hat.

[19] Art. 29^{quinquies} Abs. 3 AHVG.

[20] Bei den Beiträgen, die auf darüber hinausgehendem Einkommen entrichtet werden müssen, handelt es sich um Solidaritätsbeiträge zu Gunsten minderbemittelter Versicherter.

[21] Vgl. dazu Art 34 AHVG sowie die diesbezüglichen Ausführungsbestimmungen.

[22] Zur Berechnung der Teilrente vgl. Art. 38 AHVG sowie die massgeblichen Ausführungsbestimmungen in den Art. 52 ff. AHVV.

[23] Art. 37 und Art. 29ter AHVG. Für diejenigen Jahre, in denen der Ehegatte der versicherten Person mindestens das Doppelte des Mindestbeitrags bezahlt hat, ist deren Beitragspflicht erfüllt.

[24] Art. 34 AHVG sowie die massgeblichen Ausführungsbestimmungen.

[25] Zur Berechnung der AHV-Rente siehe im Einzelnen KIESER, AHV, N 112 ff.

[26] Dieses ist immer noch für Mann und Frau unterschiedlich; vgl. im Einzelnen Art. 21 Abs. 1 AHVG sowie SchlussBest 10. AHV-Revision, Bst. d.

[27] Bei einem Akademiker beispielsweise, der erst im Alter von 30 Jahren oder noch später ins Erwerbsleben eingetreten ist und der jung ums Leben kommt, ist die hinterlassene Ehefrau denkbar schlecht gestellt, insbesondere dann, wenn das 45. Altersjahr knapp überschritten wurde und der Karrierezuschlag nicht zum Tragen kommt.

benen Elternteils beträgt, ausmachend zwischen Fr. 402.- und Fr. 804.- pro Monat. Die Renten der Mutterwaisen bewegen sich bei der typischen Hausgattenehe am unteren Rand der Rentenskala, vor allem wenn die Mutter vor der Heirat entweder eine längere Ausbildung absolvierte oder nur über ein tiefes Einkommen verfügte[28]. Immerhin sind die *Erziehungsgutschriften* zu berücksichtigen, die allerdings gerade dann die Rentenhöhe nur unzureichend beeinflussen, wenn die Kinder noch klein (und damit besonders auf Betreuung angewiesen) sind.

02.17 Die Renten der Hinterlassenenversicherung werden – ebenso wie alle übrigen genannten Grenzbeträge – periodisch der *Teuerung* angepasst. Die Anpassung erfolgt nicht entsprechend der realen Teuerung, sondern nach dem so genannten Mischindex, d.h. dem Mittel zwischen Preis- und Lohnindex[29].

d) Eigene Rente des Hinterbliebenen

02.18 Um den Vorsorgebedarf des Hinterbliebenen festzustellen, muss dessen eigene Rente aus erster Säule in die Planung einbezogen werden. Es wird sich dabei entweder um eine *Alters- oder um eine Invalidenrente* handeln, die bei vollständiger Beitragsdauer zwischen monatlich Fr. 1'206.- und Fr. 2'010.- beträgt[30]. Die Hinterlassenenrente wird mit diesen selbständigen Renten nicht kumuliert, sondern es wird nur die höhere Rente ausbezahlt[31].

e) Koordinationsnormen

02.19 Zur Vermeidung einer Überversicherung werden neben der Alters- oder Hinterlassenenrente bestehende Waisenrenten gekürzt, soweit sie zusammen mit den Renten des Vaters bzw. der Mutter einen bestimmten Betrag[32] übersteigen[33]. Ein Kürzungstatbestand liegt insbesondere dann vor, wenn das massgebliche durchschnittliche Jahreseinkommen, erhöht um den Betrag der dem Elternteil zustehenden Rente, wesentlich überschritten wird.

02.20 Die Hinterlassenenrente wird auch dann ausbezahlt, wenn Dritte dem Hinterlassenen für den Versorgerschaden haften, wobei die AHV – unter Wahrung des Quotenvorrechts des Hinterlassenen – bis zur Höhe ihrer gesetzlichen Leistungen in den Haft-

---

[28] Zur Problematik, dass der Tod des Hausgatten finanziell grössere Belastungen nach sich ziehen kann als der Tod des erwerbstätigen Ehegatten, siehe hinten, Rzn 04.23 f.

[29] Art. 33ter AHVG.

[30] Zur ordentlichen Altersrente, welche aufgrund des massgeblichen Einkommens berechnet wird, tritt ein Verwitwetenzuschlag in der Höhe von 20 % (Art. 35bis AHVG). Der Zuschlag wird jedoch nur bis zum Maximalbetrag der Altersrente gewährt.

[31] Art. 24b AHVG. Welche Rente höher ist, muss im Einzelfall nachgeprüft werden. Zufolge des Beitragssplittings differieren die massgeblichen Durchschnittseinkommen der Ehegatten bei längerer Ehedauer jedoch nicht erheblich, so dass regelmässig die Altersrente des überlebenden Ehegatten höher sein wird als die Hinterlassenenrente, die 80 % des Rentenanspruchs des anderen Ehegatten beträgt.

[32] Dazu im Einzelnen Art. 54bis AHVV.

[33] Art. 41 AHVG. Es handelt sich hier um eine sog. intra-systemische Koordination. Zu den verschiedenen Arten der Koordination siehe TH. LOCHER, Grundriss, § 45, Rzn 4 ff.

pflichtanspruch subrogiert[34]. Zur Koordination mit Hinterlassenenrenten gemäss UVG siehe Rz 02.37; zur beruflichen Vorsorge siehe Rz 02.59.

2. Invalidenversicherung

a) Allgemeines

Die Invalidenversicherung weist eine organisatorische und strukturelle Verknüpfung mit der AHV auf und bildet mit dieser zusammen die erste Säule. Sie steht zwar in keinem direkten Zusammenhang mit der Vorsorge für den überlebenden Ehegatten, schützt diesen jedoch im Falle einer Invalidität und einer damit verbundenen Verminderung der Eigenversorgungskapazität. Der Kreis der Versicherten der IV stimmt mit demjenigen der AHV überein. 02.21

b) Anspruchsvoraussetzungen

Der Anspruch auf Rentenleistungen[35] entsteht bei einer Invalidität der versicherten Person von 40 %, unabhängig davon, ob die betroffene Person zuvor erwerbstätig war oder nicht. Unter Invalidität versteht das Gesetz die „Erwerbsunfähigkeit" bzw. die „Unmöglichkeit, sich im bisherigen Aufgabenbereich zu betätigen"[36]. Die invalide Person ist ganz oder teilweise der Möglichkeit beraubt, zumutbare Arbeit zu verrichten[37]. Versicherte vor dem 20. Altersjahr gelten als invalid, wenn der Gesundheitsschaden voraussichtlich später ihre Erwerbsfähigkeit beeinträchtigen wird. Die Abstufung in Invaliditätsgrade erfolgt nach verschiedenen Methoden[38], nämlich dem Einkommensvergleich für erwerbstätige Personen[39], der spezifischen Methode (Betätigungsvergleich) für Nichterwerbstätige[40] sowie der gemischten Methode für Teilzeiterwerbstätige[41]. Keine Rolle spielt, ob die Invalidität körperlicher oder geistiger Natur ist und ob sie durch ein Geburtsgebrechen, eine Krankheit oder einen Unfall verursacht wurde. 02.22

---

[34] Art. 48ter und 48^{quater} AHVG.

[35] Daneben kann die Invalidität weitere Leistungen – Eingliederungs- und medizinische Massnahmen, Schulung, Hilfsmittel, Taggelder – auslösen, die in unserem Zusammenhang aber kaum von Belang sind. Vgl. dazu MAURER, Bundessozialversicherungsrecht, S. 147 ff. sowie DUC, N 27 ff., 65 ff. und 95 ff.

[36] Art. 4 Abs. 1 und 5 Abs. 1 IVG.

[37] MAURER, Bundessozialversicherungsrecht, S. 140.

[38] TH. LOCHER, Grundriss, § 40, Rzn 13 ff.; vgl. auch BGE 117 V 194 ff.

[39] Art. 28 Abs. 2 IVG: „Für die Bemessung der Invalidität wird das Erwerbseinkommen, das der Versicherte nach Eintritt der Invalidität (...) durch eine ihm zumutbare Tätigkeit (...) erzielen könnte, in Beziehung gesetzt zum Erwerbseinkommen, das er erzielen könnte, wenn er nicht invalid geworden wäre."

[40] Art. 27 Abs. 1 IVV; es wird darauf abgestellt, in welchem Mass die betroffene Person behindert ist, sich im bisherigen Aufgabenbereich zu betätigen. Vgl. dazu TH. LOCHER, Grundriss, § 40, Rzn 22 ff., sowie BGE 104 V 136 E. 2a.

[41] Art. 27bis Abs. 1 IVV. Für den Teil, den die Person erwerbstätig war, wird ein Einkommensvergleich vorgenommen; für die Arbeitskraft, die sie in einen anderen Aufgabenbereich investiert hat, erfolgt die Invaliditätsbemessung nach Art. 27 IVV. Der Invaliditätsgrad wird sodann aufgrund der Behinderung in beiden Bereichen bemessen. Siehe dazu BGE 125 V 146.

c) Anspruchshöhe

02.23 Bei einem *Invaliditätsgrad* von mindestens 66 ²/₃ % erhält der Betroffene die volle Rente, bei einer Invalidität von mindestens 50 % die Hälfte und bei mindestens 40 % ein Viertel davon[42]. Die Invalidenrenten entsprechen ihrer Höhe nach den Altersrenten der AHV und werden sinngemäss gleich berechnet[43]. Es wird also nicht etwa auf das zuletzt erzielte Einkommen abgestellt. Die invalide Person hat zusätzlich für Kinder, denen im Falle ihres Todes eine Waisenrente der AHV zustehen würde, Anspruch auf eine Kinderrente, die 40 % der Invalidenrente ausmacht[44]. Die Renten werden entsprechend der Regelung im AHVG periodisch der Lohn- und Preisentwicklung angepasst.

d) Koordinationsnormen

02.24 Mit Eintritt des AHV-Rentenalters wird die Invalidenrente durch die *AHV-Altersrente* abgelöst. Erfüllt eine Person sowohl die Voraussetzungen für eine AHV-Hinterlassenenrente als auch für eine Invalidenrente, wird die höhere der beiden Leistungen ausgerichtet[45].

3. *Ergänzungsleistungen*

a) Allgemeines

02.25 Die Ergänzungsleistungen (EL)[46] zur AHV/IV sollen *existentielle Einkommenslücken* schliessen, beispielsweise falls Renten nur gekürzt ausbezahlt werden, oder wenn die rentenberechtigte Person aus bestimmten Gründen (z.B. Krankheit, Heimaufenthalt) überdurchschnittliche finanzielle Aufwendungen tätigen muss. Zweck der Ergänzungsleistungen ist die gezielte Verhinderung oder Behebung der Armut der Rentenbezüger[47]. Obschon die Ergänzungsleistungen bei ihrer Einführung im Jahr 1966 als Übergangslösung gedacht waren, ist inzwischen unbestritten, dass sie wegen der systemimmanenten Lücken der Grundversicherungen den Charakter einer dauernden Einrichtung aufweisen[48]. Allerdings stellen die EL kein eigenständiges soziales Sicherungssystem dar, sondern eine Ergänzung der AHV und der IV.

b) Anspruchsvoraussetzungen

02.26 Betagte, Hinterlassene und Invalide, die entweder Anspruch auf eine Alters- oder Hinterlassenenrente der AHV bzw. eine Invalidenrente der IV haben, oder eine solche Rente nur deshalb nicht beanspruchen können, weil sie selber bzw. die verstorbene Person die Mindestbeitragsdauer von einem Jahr nicht erfüllt haben, sind anspruchsberechtigt im

---

[42] Ausführlich dazu TH. LOCHER, Grundriss, § 40, Rzn 30 f.
[43] Art. 36 IVG; vgl. vorne, Rzn 02.11 ff.
[44] Art. 35 i.V.m. Art. 38 IVG; Überentschädigung vorbehalten: Art. 38bis IVG.
[45] Art. 43 Abs. 1 IVG.
[46] Ausführlich zu den EL CARIGIET und die Kommentierung von RUMO-JUNGO.
[47] MAURER, Bundessozialversicherungsrecht, S. 177.
[48] GYSIN, S. 89 f.

Sinne von Art. 2 ff. ELG, sofern ihre anerkannten Ausgaben die anrechenbaren Einnahmen[49] übersteigen.

c) Höhe des Anspruchs

Die Berechnung der EL wurde mit der dritten EL-Revison stark vereinfacht[50]. Gemäss 02.27
Art. 3a ELG entspricht die Ergänzungsleistung der Differenz zwischen den anerkannten Ausgaben und den anrechenbaren Einnahmen. Mit anderen Worten garantiert das ELG ein *Mindesteinkommen*[51], das den gesetzlich anerkannten Ausgaben der leistungsberechtigten Person entspricht. Die Ergänzungsleistungen haben damit – ähnlich wie die Fürsorgeleistungen – eine *„Auffüllfunktion"*. Die Kantone sind berechtigt, innerhalb eines vom Bundesgesetzgeber festgelegten Rahmens über die Höhe der anerkannten Aufwendungen mit zu entscheiden (Art. 5 ELG)[52].

Zu den anerkannten Ausgaben gehört ein pauschalisierter Betrag für den allgemei- 02.28
nen Lebensbedarf, der sich für Alleinstehende zwischen derzeit[53] Fr. 14'860.- und Fr. 16'640.- bewegt. Anrechenbar sind ferner insbesondere die effektiven Mietkosten bis zu einem bestimmten Grenzbetrag, Sozialversicherungsbeiträge und ein Pauschalbetrag für die obligatorische Krankenversicherung. Für Personen, die auf Spital- oder Heimpflege angewiesen sind, sind andere Ausgaben und Höchstbeträge vorgesehen als für Personen, die im eigenen Haushalt leben. Zusätzliche Kosten, die durch einen Spital- oder Heimaufenthalt entstehen, werden dadurch (mindestens teilweise[54]) gedeckt[55]. Betreffend das anrechenbare Einkommen[56], das von den anerkannten Ausgaben in Abzug zu bringen ist, siehe Art. 3c ELG[57].

Die gesamten ausbezahlten EL sind durch Höchstbeträge begrenzt. Gewisse 02.29
Krankheits- und Behinderungskosten, etwa für Diät, Zahnarzt oder Hilfsmittel, werden daneben separat vergütet (Art. 3d ELG)[58]. Die EL werden laufend den veränderten Bedürfnissen der anspruchsberechtigten Person angepasst (Art. 25 ELV)[59]. Zudem passt der Bundesrat die Grenzbeträge der Teuerung an (Art. 4 ELG).

---

[49] Diese berechnen sich nach Art. 3c ELG und Art 11 ff. ELV, wobei unter Umständen auch fiktives Einkommen angerechnet wird.

[50] Vgl. die Botschaft über die 3. EL-Revision vom 20.11.1996, BBl 1996 I 1197 ff., 1210.

[51] Dabei handelt es sich nicht um ein „physisches Existenzminimum", sondern um den Betrag, „der erforderlich ist, um den alten Leuten einen einfachen, aber menschenwürdigen Lebensabend zu ermöglichen"; Botschaft betr. Änderung BV vom 10.11.1971 in BBl 1971 II 1616.

[52] Eine Übersicht über die Sonderregelungen der Kantone (Stand 1.1.1999) findet sich in AHI-Praxis 1999, S. 65 ff.

[53] Vgl. VO 99 über Anpassungen bei den Ergänzungsleistungen zur AHV/IV, SR 831.307.

[54] Art. 3a ELG sieht eine Begrenzung der Leistungen für Spital- und Heimaufenthalte vor; siehe zu den kantonalen Regelungen GYSIN, S. 97, Fn 429.

[55] Siehe im Einzelnen CARIGIET, N 116 ff.

[56] Unter Umständen ist auch Verzichtseinkommen anrechenbar; vgl. dazu hinten, Rzn 11.35 ff.

[57] Dazu GYSIN, S. 94 f., CARIGIET, N 85 ff.

[58] Vgl. dazu die VO über die Vergütung von Krankheits- und Behinderungskosten bei den Ergänzungsleistungen (ELKV) vom 29.12.1997, SR 831.301.1.

[59] Vgl. CARIGIET, N 50 ff.

02.30 Bei der Berechnung des effektiv zur Verfügung stehenden Einkommens kann ins Gewicht fallen, dass die Ergänzungsleistungen kein steuerbares Einkommen bilden[60]. Dem Bezüger von Ergänzungsleistungen steht deshalb im Ergebnis ein höheres Einkommen zur Verfügung als der Vergleichsperson, die dasselbe Bruttoeinkommen durch Arbeitserwerb, Vermögensertrag oder ordentliche Renten erzielt.

d) Koordinationsnormen

02.31 Die Ergänzungsleistungen treten ergänzend zu anderen Renten und sonstigen Einkommen der berechtigten Person hinzu, solange die Differenz zwischen anrechenbaren Einnahmen und anerkannten Ausgaben nicht erreicht wird. Bei der Berechnung des anrechenbaren Einkommens werden Verwandtenunterstützungen und Sozialhilfeleistungen sowie in der Regel Hilflosenentschädigungen nicht berücksichtigt[61]. Diese sind subsidiär zu den Ergänzungsleistungen.

4. Unfallversicherung

a) Allgemeines

02.32 In der Schweiz beschäftigte Arbeitnehmer und Arbeitnehmerinnen sind obligatorisch gegen Berufs- und Nichtberufsunfälle[62] und die Folgen von Berufskrankheiten[63] versichert; Selbständigerwerbende können sich freiwillig versichern[64]. Die Versicherung schützt damit in einigermassen umfassender Weise vor den Folgen des unfallbedingten Verlusts des erwerbstätigen Ehepartners. Daneben wird auch das Invaliditätsrisiko zufolge Unfall gedeckt[65]. Kein Leistungsanspruch gemäss UVG besteht bei Tod zufolge einer Krankheit, die nicht in Zusammenhang mit der beruflichen Tätigkeit steht.

b) Anspruchsvoraussetzungen

02.33 Stirbt die versicherte Person an den Folgen eines Unfalls oder einer Berufskrankheit, hat der überlebende Ehegatte unter gewissen Voraussetzungen Anspruch auf eine Rente oder Abfindung[66]. Auch hier sind die Leistungen geschlechtsabhängig ausgestaltet: Der Witwer erwirbt nur dann einen Anspruch, wenn er – vereinfacht ausgedrückt[67] – Betreuungspflichten gegenüber rentenberechtigten Kindern wahrnehmen muss. Die Witwe dagegen hat auf jeden Fall Anspruch auf eine Rente, wenn sie Kinder hat (auch wenn diese

---

[60] Art. 7 Abs. 4 Bst. k StHG; Art. 24 Bst. h DBG.

[61] Art. 3c Abs. 2 ELG.

[62] Gegen Nichtberufsunfälle allerdings nur bei einer wöchentlichen Arbeitszeit von mehr als 8 Stunden (bis 31.12.1999: 12 Stunden) bei *einem* Arbeitgeber, Art. 13 Abs. 1 UVV. Zu den Begriffen Berufs- und Nichtberufsunfall vgl. Art. 7 ff. UVG sowie BGE 121 V 43 m.w.H.

[63] Zum Begriff siehe Art. 9 UVG sowie BGE 119 V 200; FRÉSARD, N 45 ff.

[64] Art. 1 und 4 UVG, vgl. FRÉSARD, N 2 ff.

[65] Ausführlich MAURER, Bundessozialversicherungsrecht, S. 368 ff. sowie FRÉSARD, N 73 ff. Die Invalidenrente der IV bildet dabei die Basisversicherung, diejenige der UV wird als Komplementärrente ausgerichtet; vgl. TH. LOCHER, Grundriss, § 45, Rzn 15 f.; BGE 121 V 130.

[66] Art. 28 f. UVG.

[67] Vgl. im Einzelnen Art. 29 Abs. 3 UVG.

nicht mehr rentenberechtigt sind) oder wenn sie im Zeitpunkt des Todes der versicherten Person das 45. Altersjahr zurückgelegt hat. Erfüllt die Witwe diese Voraussetzungen nicht, so erhält sie eine Abfindung, in der Höhe des ein- bis fünffachen Jahresbetrags[68] der Rente. Bei *Wiederverheiratung* fällt die Rente dahin[69], kann aber unter Umständen wieder aufleben, wenn die Zweitehe aufgelöst wird[70].

Daneben sind auch die Kinder der versicherten Person bis zum 18. bzw. bis zum 25. Altersjahr[71] anspruchsberechtigt. 02.34

c) Höhe des Anspruchs

Die Höhe der Witwen- und Witwerrente beträgt 40 % des versicherten Verdienstes, für Halbwaisen 15 %, für mehrere Hinterlassene zusammen aber maximal 70 %. Der Maximalwert wird somit schon von einem hinterlassenen Ehegatten mit zwei rentenberechtigten Kindern erreicht. Der Gesetzgeber geht offenbar davon aus, dass die Versorgungsquote des Verstorbenen nie über diesen Wert steigt, was einigermassen realistisch sein dürfte. Die Quote des überlebenden Ehegatten fällt dabei allerdings tendenziell zu niedrig aus[72], sie wird zufolge der proportionalen Kürzung der Renten sogar noch weiter reduziert, wenn mehr als zwei Kinder rentenberechtigt sind[73]. 02.35

Positiv ins Gewicht fällt, dass als versicherter Verdienst bis zum Höchstbetrag von Fr. 106'800.-[74] der innerhalb eines Jahres *vor dem Unfall bezogene Lohn* gilt (Art. 22 UVV). Ein Karrierezuschlag ist nicht vorgesehen, doch können die Hinterbliebenen immerhin unabhängig von Beitragsjahren und geleisteten Beiträgen ihren Lebensstandard im Zeitpunkt des Todes des Versorgers sichern. Die Renten werden zwar nicht der Lohnentwicklung, aber immerhin der Teuerung angepasst[75]. Damit erweist sich die UVG-Hinterlassenenrente für den überlebenden Ehegatten eines Arbeitnehmers als bedeutendster Ersatz für den erlittenen Versorgerschaden. 02.36

d) Koordinationsnormen[76]

Haben die Hinterlassenen – Witwe oder Witwer und Kinder – Anspruch auf Renten der AHV oder IV, so wird ihnen gemeinsam eine *Komplementärrente* ausgerichtet, die bis zu 90 % des nach UVG versicherten Verdienstes des Verstorbenen beträgt[77]. Die (zu) bescheidene Witwenquote der UV kann dadurch ergänzt werden. 02.37

---

[68] Je nach Dauer der Ehe vor dem Todeseintritt, Art. 32 UVG.
[69] Art. 29 Abs. 6 UVG.
[70] Dazu Art. 33 UVG.
[71] Je nach Abschluss der Ausbildung. Betreffend Pflegekinder vgl. Art. 40 UVV.
[72] Vgl. STAUFFER/SCHAETZLE, N 773 ff., 812, zu den verschiedenen Methoden der Berechnung der Versorgungsquote.
[73] Art. 31 Abs. 1 i.V.m. Abs. 3 UVG.
[74] Seit dem 1.1.2000; vgl. Art. 22 Abs. 1 UVV.
[75] Art. 34 UVG.
[76] Im Einzelnen dazu FRÉSARD, N 171 ff.
[77] Art. 31 Abs. 4 UVG.

02.38　Die Ansprüche der Hinterlassenen gegenüber Dritten auf Ersatz des Versorgerschadens gehen – unter Wahrung des Quotenvorrechts – im Umfang der gesetzlichen Leistungen auf den Versicherer über, was dem Überentschädigungsverbot[78] entspricht. Eine ungenügende Versorgungsquote kann allenfalls noch beim haftpflichtigen Dritten aufgefüllt werden.

5.　*Militärversicherung*

a)　Allgemeines

02.39　Die Militärversicherung dient primär dem Schutz von Personen, die im Militärdienst gesundheitlich geschädigt werden. Es handelt sich allerdings insofern nicht um eine echte Versicherung, als die versicherten Personen keine Prämien entrichten und die Leistungen aus der Bundeskasse finanziert werden. Die MV weist damit den Charakter einer Staatshaftungseinrichtung auf[79]. Der versicherte Personenkreis wird in den Art. 1 f. MVG umschrieben[80].

b)　Anspruchsvoraussetzungen[81]

02.40　In den Genuss von Hinterlassenenrenten der Militärversicherung kommt der überlebende Ehegatte, wenn der Tod als Folge eines versicherten Gesundheitsschadens eintritt. Unter der gleichen Voraussetzung haben Nachkommen des Dienstleistenden bis zum 18. bzw. 25. Altersjahr Anspruch auf eine Hinterlassenenrente. Als versicherter Gesundheitsschaden gilt, vereinfacht ausgedrückt, jede Gesundheitsschädigung, die durch den Militär- oder Zivildienst verursacht wurde[82]. Der Anspruch des überlebenden Ehegatten entsteht unabhängig vom Geschlecht; weitere, einschränkende Voraussetzungen (Vorhandensein von Kindern, Alter des überlebenden Ehegatten oder Ähnliches) kennt das MVG nicht. Während der Dauer einer neuen Ehe ruht der Rentenanspruch[83].

c)　Höhe des Anspruchs

02.41　Die Ehegattenrente beträgt 40 % des mutmasslichen Verdienstes[84] des Verstorbenen, wobei dieser nur bis zu einem Höchstbetrag von zurzeit Fr. 123'267.-[85] jährlich berücksichtigt wird. Halbwaisen erhalten 15 % des (mutmasslichen) versicherten Verdienstes[86].

---

[78]　Zur Bedeutung des Überentschädigungsverbots im Sozialversicherungsrecht siehe TH. LOCHER, Grundriss, § 5, Rzn 43 ff., m.w.H.
[79]　SCHLAURI, N 9.
[80]　Dazu SCHLAURI, N 13 ff.
[81]　Zum Leistungssystem der MV siehe SCHLAURI, N 83 ff.
[82]　Vgl. Art. 5 ff. MVG.
[83]　Art. 52 Abs. 2 MVG.
[84]　Damit wird auch ein *Karrierezuschlag* berücksichtigt, wenn der Verstorbene effektiv noch nicht soviel verdiente wie ein voll leistungsfähiger Angehöriger seiner Berufsart: Art. 51 Abs. 3 MVG. Die Witwenquote ist jedoch auch hier jedenfalls dann zu niedrig, wenn das bisherige Einkommen keine Sparquote erlaubt hat.
[85]　Art. 15 Abs. 1 MVV.
[86]　Art. 53 MVG; vgl. auch Abs. 2 für Stief- und Pflegekinder.

Zu einer verhältnismässigen Herabsetzung der Renten kommt es erst, wenn die Hinterlassenenrenten zusammen den versicherten Jahresverdienst übersteigen. Die Renten werden an die Lohn- bzw. Preisentwicklung angepasst[87].

d) Koordinationsnormen

Die Renten der MV treten an die Stelle der Hinterlassenenrenten nach UVG, wenn erstere gemäss MVG unmittelbar leistungspflichtig ist[88]. Beim Zusammentreffen von AHV-Renten mit solchen nach MVG werden zwecks Vermeidung einer Überentschädigung letztere gekürzt, soweit sie zusammen mit der AHV-Rente den mutmasslichen Jahresverdienst übersteigen[89]. Gegenüber den Leistungen aus beruflicher Vorsorge gehen die Renten der MV vor[90]. 02.42

6. *Hilflosenentschädigung*

Die Hilflosenentschädigung wird unter bestimmten Voraussetzungen *Bezügern von Alters- und Invalidenrenten* ausgerichtet, hat also mit Hinterlassenenleistungen direkt nichts zu tun. Als Bestandteil des sozialen Netzes sind diese Beträge im Rahmen der Altersvorsorge trotzdem zu berücksichtigen. 02.43

Anspruch auf eine Hilflosenentschädigung haben einerseits Bezüger von Altersleistungen, die in schwerem oder mittlerem Grad hilflos sind und die keinen Anspruch auf eine Hilflosenentschädigung der UV haben. Die Entschädigung beträgt bei schwerer Hilflosigkeit im Sinne des Gesetzes 80 %, bei mittlerer Hilflosigkeit 50 % des Mindestbetrages der Altersrente, somit monatlich Fr. 503.- bzw. Fr. 804.-[91]. 02.44

Andererseits kennt auch das IVG eine Hilflosenentschädigung, die ausgerichtet wird, wenn die invalide Person „für die alltäglichen Lebensverrichtungen dauernd der Hilfe Dritter oder der persönlichen Überwachung bedarf."[92] Die Entschädigung bemisst sich nach dem Grad der Hilflosigkeit und beträgt zwischen 20 und 80 % der einfachen Altersrente der AHV, also zwischen Fr. 201.- und Fr. 804.- pro Monat. 02.45

Ferner findet sich im UVG eine Hilflosenentschädigung zu Gunsten der versicherten Person[93], die jedoch im vorliegenden Zusammenhang kaum interessiert[94]. 02.46

---

[87] Art. 43 MVG; Art. 24 MVV.
[88] Art. 76 MVG; vgl. dazu auch Art. 31 MVV; dazu SCHLAURI, N 240.
[89] Anders als bei der UV und der beruflichen Vorsorge findet hier somit keine Beschränkung auf eine Versorgungsquote von 90 % statt.
[90] Art. 79 MVG.
[91] Art. 43bis i.V.m. Art. 34 Abs. 5 AHVG; es besteht keine Abhängigkeit von der Höhe der geleisteten AHV/IV-Beiträgen.
[92] Art. 42 IVG; vgl. dazu BGE 121 V 88 sowie MAURER, Bundessozialversicherungsrecht, S. 166 f.
[93] Vgl. Art. 26 f. UVG i.V. m. Art 37 ff. UVV.
[94] Vgl. dazu MAURER, Bundessozialversicherungsrecht, S. 382 f.

III. Die berufliche Vorsorge

1. Allgemeines

02.47 Wie bereits erwähnt, hat die berufliche Vorsorge zum Ziel, die angemessene Lebenshaltung erwerbstätiger Personen im Alter zu sichern[95]. Die Finanzierung der Leistungen der beruflichen Vorsorge, der sog. zweiten Säule, erfolgt – anders als bei den bisher besprochenen Versicherungen – nach dem Kapitaldeckungsverfahren: Im Verlauf der beruflichen Tätigkeit wird individuell Vorsorgekapital geäufnet (weshalb man auch von „Zwangssparen" spricht), woraus sich bei Pensionierung die Altersrente für den Einzelnen berechnet. Daneben enthält die berufliche Vorsorge Elemente einer Risikoversicherung, darunter die Vorsorge für den Todesfall[96].

02.48 Der Kreis der obligatorisch Versicherten[97] ist kleiner als bei der ersten Säule. Versichert sind nur Arbeitnehmer (d.h. Unselbständigerwerbende)[98], die bei einem Arbeitgeber jährlich mehr als Fr. 24'120.- verdienen. Versichert ist der so genannte „koordinierte Lohn", d.h. der Jahreslohn zwischen Fr. 24'120.- und Fr. 72'360.-[99]. Der Gesetzgeber ging davon aus, dass der Bedarf bei einem Lohn bis Fr. 24'120.- durch die erste Säule gedeckt ist[100]. Dennoch ist nicht unproblematisch, dass Personen mit niedrigem Einkommen, die in der Regel mangels Vermögen besonders auf eine Vorsorge angewiesen sind, vom obligatorischen Versicherungsschutz ausgenommen sind[101]. Gerade bei tiefen Einkommen ist davon auszugehen, dass die Fortführung der bisherigen Lebenshaltung im Alter eine weitaus höhere Quote des bisherigen Erwerbseinkommens erfordert.

2. Faktischer Zwang zur weitergehenden beruflichen Vorsorge

02.49 Im Rahmen der beruflichen Vorsorge ist stets zu berücksichtigen, dass das BVG lediglich ein Minimum an Leistungen garantiert bzw. vorschreibt. Die einzelnen Vorsorgeeinrichtungen[102] gehen teilweise weit darüber hinaus. Rund die Hälfte der Beitragsleistungen beruht auf betriebsspezifischen Reglementen, d.h. es handelt sich um Beiträge für Leistungen ausserhalb der obligatorischen Versicherung[103]. Die Abweichungen vom Obligatorium betreffen, als so genannte weitergehende Vorsorge, den Koordinationsab-

---

[95] Art. 113 Abs. 2 Bst. a BV; BRÜHWILER, N 18 f.
[96] Wobei auch hier die Hinterlassenenleistungen stärker als bei der AHV von den angesparten Beiträgen abhängen, vgl. dazu sogleich.
[97] Im Einzelnen BRÜHWILER, N 48 ff.
[98] Zu den Ausnahmen von der obligatorischen Versicherung siehe Art. 1 BVV 2.
[99] Die untere Grenze des koordinierten Lohnes entspricht dem Jahresbetrag einer maximalen, vollen AHV-Rente, die obere Grenze dem dreifachen Betrag.
[100] Bei einem massgeblichen Einkommen von Fr. 24'120.- beträgt die AHV-Altersrente im Jahr Fr. 15'192.-, was 60 % des bisherigen Einkommens entspricht.
[101] Kritisch auch TH. LOCHER, Grundriss, § 26, Rz 3.
[102] Vorsorgeeinrichtungen, die lediglich den obligatorischen Minimalrahmen nach Art. 13-41 BVG abdecken, werden BVG-Minimalkassen genannt. Von „umhüllenden Kassen" spricht man bei registrierten Vorsorgeeinrichtungen, die Risiken und Leistungen ausserhalb dieses Obligatoriums abdecken; BRÜHWILER, N 15.
[103] IDA-FiSo-Bericht Juni 1996, S. 36.

zug (d.h. Einführung einer *unterobligatorischen* Vorsorge) sowie die Versicherung des über dem oberen Grenzwert der Koordination liegenden Lohnes (*überobligatorische* Vorsorge), geschlechtsneutral ausgestaltete Hinterlassenenansprüche und die Deckung weiterer Risiken wie Krankheit und Unfall (*ausserobligatorische* Vorsorge)[104].

Wegen der Koppelung der Vorsorge an das Arbeitsverhältnis steht es nur rechtlich, nicht jedoch faktisch im Belieben des einzelnen Arbeitnehmers, ob er an dieser weitergehenden Versicherung teilnehmen will oder nicht[105]. Entscheidet er sich für eine bestimmte Anstellung, hat er sich mit dem Reglement der betreffenden Vorsorgeeinrichtung abzufinden. Angesichts der Tatsache, dass nur wenige Vorsorgeeinrichtungen sich auf das gesetzliche Minimum beschränken, sind weniger die nachfolgenden Ausführungen über diese gesetzlichen Leistungen für die Vorsorgeplanung ausschlaggebend, als vielmehr die konkreten Leistungen, zu denen sich die betreffende Vorsorgeeinrichtung reglementarisch verpflichtet hat, und die im Einzelfall abzuklären sind. 02.50

3. Anspruchsvoraussetzungen

Die Regelung im BVG ist – anders als in zahlreichen Reglementen – zurzeit noch *geschlechtsabhängig* ausgestaltet[106]: Ausgehend von der herkömmlichen Rollenverteilung hat nur die Witwe Anspruch auf Hinterlassenenleistungen[107], deren Ehemann im Zeitpunkt des Todes versichert ist. Voraussetzung für eine Hinterlassenenrente ist, dass die Ehefrau für den Unterhalt eines oder mehrerer Kinder aufkommen muss oder aber das 45. Alterjahr zurückgelegt hat und die Ehe mindestens fünf Jahre gedauert hat. Erfüllt die Witwe keine dieser Voraussetzungen, erhält sie lediglich eine Abfindung in der Höhe von drei Jahresrenten. Wenn sie sich wieder verheiratet, erlischt der Leistungsanspruch. Ein Wiederaufleben des Anspruchs nach Auflösung der zweiten Ehe ist gesetzlich nicht vorgesehen[108]. 02.51

Die Kinder des Verstorbenen sowie allenfalls Pflegekinder haben Anspruch auf *Waisenrenten* bis zum 18. bzw. 25. Alterjahr. Das BVG kennt zudem *Invalidenleistungen*, auf die hier aber nicht weiter eingegangen werden soll[109]. 02.52

---

[104] Siehe dazu auch hinten, Rz 09.06.

[105] BLAUENSTEIN, Prévoyance, S. 38.

[106] Art. 19 BVG. Siehe aber die Botschaft des Bundesrates zur 1. BVG-Revision vom 1.3.2000, Ziff. 231, wonach geschlechtsunabhängige Hinterlassenenleistungen vorgesehen sind.

[107] Vgl. BGE 123 V 189, m.w.H., wonach sowohl für private Pensionskassen wie auch für solche des Bundes oder der Kantone das Pensionskassenreglement massgeblich ist.

[108] Die Bestimmung von Art. 22 Abs. 2 BVG ist wohl als zu eindeutig gefasst, als dass man in Analogie zum AHVG bzw. zum UVG ein Wiederaufleben bejahen dürfte; siehe TH. LOCHER, Grundriss, § 37, Rz 31 mit Hinweis auf a.M. Das anwendbare Pensionskassenreglement kann auch in dieser Hinsicht über die gesetzlichen Ansprüche hinausgehen.

[109] Art. 23 ff. BVG; siehe TH. LOCHER, Grundriss, § 40, Rzn 34 ff.; MAURER, Bundessozialversicherungsrecht, S. 204 und 209 f. Zur Einführung der Viertelsrente im Rahmen der 1. BVG-Revision siehe die Botschaft vom 1.3.2000, Ziff. 232.

4. Höhe des Anspruchs[110]

02.53 Die *Altersrente* der beruflichen Vorsorge wird gemäss Art. 14 BVG in Prozenten (= Umwandlungssatz) des Altersguthabens berechnet, das der Versicherte bei Erreichen des Rentenalters erworben hat[111]. Das Altersguthaben wiederum besteht aus den verzinsten Beiträgen[112] und Einkaufssummen der versicherten Person und des Arbeitgebers[113]. Der vom Bundesrat festgelegte Mindestumwandlungssatz für die Altersrente beträgt 7,2 % des Altersguthabens[114].

02.54 Im Einzelfall hängt die genaue Höhe des Anspruchs unter anderem davon ab, ob die betreffende Vorsorgeeinrichtung nach dem *Leistungs-* oder nach dem *Beitragsprimat* arbeitet. Im ersten Fall setzt das Reglement den Rentenanspruch i.d.R. in Prozenten des Lohnes fest, und die Beiträge richten sich nach diesem Leistungsziel. Beitragsprimatkassen setzen demgegenüber die Höhe der Beiträge bzw. Altersgutschriften fest und berechnen anschliessend gestützt auf den geäufneten Guthaben den individuellen Anspruch, womit das Anlagerisiko grundsätzlich vom Versicherten getragen wird[115].

02.55 Die *Invalidenrente*, die beim Tod eines erwerbstätigen Versicherten für die Höhe der Hinterlassenenrente massgeblich ist, berechnet sich nach dem gleichen Umwandlungssatz wie die Altersrente. Das Altersguthaben, das der Versicherte aufgrund seiner bisherigen Leistungen erworben hat, wird ergänzt mit den Altersgutschriften (= Beiträge von Arbeitnehmer und Arbeitgeber) für die bis zum Rentenalter fehlenden Jahre. Die Altersgutschriften werden auf dem koordinierten Lohn des Versicherten während seines letzten Versicherungsjahres berechnet. Dadurch ergibt sich, da kein Karrierezuschlag vorgesehen ist, eine relativ tiefe Rente, wenn der Verstorbene aufgrund einer längeren Ausbildung oder seines jungen Lebensalters noch nicht den seiner Ausbildung entsprechenden Lohn erzielt hatte. Zu weiteren spürbaren Einbussen führt, angesichts des Mindestzinssatzes von 4 %[116], die fehlende Verzinsung der Altersgutschriften[117].

02.56 Die *Witwenrente* beträgt 60 %, die *Waisenrente* 20 % der Invalidenrente, auf die der Versicherte Anspruch gehabt hätte. Bezog der verstorbene Ehegatte bereits eine Al-

---

[110] Zum Ganzen BRÜHWILER, N 72 ff., 79 und 85 ff.

[111] Th. LOCHER, Grundriss, § 36, Rzn 69 ff.

[112] Die Beiträge bestehen ihrerseits in einem bestimmten Prozentsatz des koordinierten (bzw. des überobligatorisch versicherten) Lohnes (Art. 16 BVG; sog. Altersgutschriften). Diese sollen im Rahmen der 1. BVG-Revision erhöht und für Mann und Frau vereinheitlicht werden; vgl. Botschaft vom 1.3.2000, Ziff. 212.

[113] Vgl. Art. 15 f. BVG; BRÜHWILER, N 16 f.

[114] Art. 17 BVV2. Im Rahmen der 1. BVG-Revision ist indessen eine stufenweise Senkung des Umwandlungssatzes auf 6.65 % vorgesehen, vgl. Botschaft vom 1.3.2000, Ziff. 222.

[115] Vgl. KIESER, Berufliche Vorsorge, S. 309, wonach 1994 mehr als zwei Drittel der Versicherten einer nach dem Beitragsprimat ausgerichteten Pensionskasse angehörten. Die Entwicklung Richtung Beitragsprimat hat sich in der Zwischenzeit offenbar fortgesetzt; vgl. NZZ vom 24.1.2000, S. 22. Das reine Beitragsprimat ist indessen aufgrund der garantierten Mindestverzinsung von 4 % im obligatorischen Bereich der beruflichen Vorsorge gar nicht erlaubt, weshalb Mischsysteme betrieben werden.

[116] Art. 12 BVV2.

[117] Der Verzicht auf eine Verzinsung hängt damit zusammen, dass diese nicht der Kapitalvermehrung dienen soll, sondern nach Auffassung des Gesetzgebers lediglich die Teuerung auffängt. Durch die obligatorische Anpassung der Hinterlassenenrenten an die Teuerung erfolgt indessen nur ein teilweiser Ausgleich für die fehlende Verzinsung, da der Minimalzinssatz die effektive Teuerung übersteigt.

ters- bzw. Invalidenrente, berechnen sich die Ansprüche der Hinterlassenen in Prozenten dieser Rente[118]. Weil in der obligatorischen beruflichen Vorsorge nur das koordinierte Einkommen versichert ist, kann es durchaus vorkommen, dass der Witwe auch bei vollem Leistungsanspruch im Alter nur 20 % des seinerzeitigen Erwerbseinkommens des Ehemannes zur Verfügung stehen. Das Pensionskassenreglement kann der Witwe das Recht einräumen, anstelle der Rente eine *Kapitalabfindung* in entsprechender Höhe zu verlangen[119].

Die Hinterlassenenleistungen der beruflichen Vorsorge sowie Invalidenrenten werden regelmässig der Teuerung angepasst[120]; für Altersrenten ist das anwendbare Reglement massgebend[121]. 02.57

5. Koordinationsnormen

Die Leistungen nach UVG bzw. MVG gehen den Ansprüchen nach BVG vor, wenn sie mit diesen zusammentreffen[122]. 02.58

Werden noch weitere Hinterlassenenrenten ausgerichtet (nach AHVG, UVG, MVG), kann die Vorsorgeeinrichtung ihre Renten kürzen, soweit sie zusammen mit den anderen anrechenbaren Einkünften[123] 90 % des mutmasslich entgangenen Verdienstes übersteigen[124]. Dies gilt allerdings nicht für Altersleistungen; diese müssen ungekürzt ausgerichtet werden[125], da sie auf dem effektiven Sparbeitrag der Versicherten beruhen. Überdies kann die Vorsorgeeinrichtung in ihrem Reglement bestimmen, dass der Empfänger einer Hinterlassenenleistung ihr seine Ansprüche gegenüber haftpflichtigen Dritten bis zur Höhe ihrer Leistungspflicht abtreten muss[126]. 02.59

IV. Die gebundene Selbstvorsorge (Hinweis)

Die Selbstvorsorge als dritte Säule des schweizerischen Vorsorgesystems kann in der Form eines *privatrechtlichen Vorsorgevertrags* des Vorsorgenehmers mit einer Bankstiftung oder einer Versicherungseinrichtung erfolgen. Soweit ein solcher Vertrag die Vorgaben gemäss der BVV3 erfüllt, können die einbezahlten Beträge bis zu einem be- 02.60

---

[118] Art. 21 BVG.
[119] Art. 37 Abs. 3 BVG.
[120] Art. 36 Abs. 1 BVG und die diesbezügliche VO.
[121] BRÜHWILER, N 101 ff.
[122] Art. 34 Abs. 2 BVG i.V.m. Art. 24 f. BVV2. Siehe zur Koordination im Einzelnen BLAUENSTEIN, Coordination, S. 18 ff., sowie BRÜHWILER, N 104 ff.
[123] Darunter versteht Art. 24 BVV2 Leistungen gleicher Art und Zweckbestimmung, die der anspruchsberechtigten Person aufgrund des schädigenden Ereignisses ausgerichtet werden.
[124] Vgl. BGE 123 V 193 und 123 V 204.
[125] Art. 24 Abs. 1 BVV 2 e contrario.
[126] Art. 34 Abs. 2 BVG i.V.m. Art. 26 BVV2.

stimmten Maximalbetrag[127] vom steuerbaren Einkommen in Abzug gebracht werden[128]. Die eingebrachten Mittel sind insofern dem Zugriff des Vorsorgenehmers entzogen, als sie ausschliesslich und unwiderruflich der Vorsorge dienen. Ein Bezug der Leistungen ist in der Regel frühestens fünf Jahre vor Erreichen des Rentenalters gemäss beruflicher Vorsorge zulässig[129].

02.61 In Bezug auf die Begünstigung des überlebenden Ehegatten ist ferner von Bedeutung, dass Art. 2 BVV3 eine bestimmte *Begünstigtenordnung* festlegt, an die sich Verträge der gebundenen Vorsorge halten müssen. Nach dem Vorsorgenehmer selber ist dabei in erster Linie der überlebende Ehegatte forderungsberechtigt. Da der Aufbau einer Säule 3a freiwillig erfolgt und ein Instrument der Vorsorgeplanung darstellt, ist im zweiten Teil der Arbeit ausführlich darauf zurückzukommen[130].

V. Exkurs: Die Sozialhilfe

02.62 Die Sozialversicherungen knüpfen an bestimmte, typisierte soziale Risiken an und haben damit „kausalen" Charakter. Dadurch entstehen zwangsläufig Lücken im System der sozialen Sicherung, wenn die Notsituation andere als die versicherten Ursachen aufweist. Deshalb ist ein zusätzliches System erforderlich, welches *final ausgerichtet* ist und ungeachtet der Ursachen der Bedürftigkeit ein Ergänzungseinkommen zur Deckung der minimalen Existenz zur Verfügung stellt[131]. Die damit angesprochenen Leistungen der Sozialhilfe sind *subsidiär* zu allen bisher angeführten Ansprüchen des überlebenden Ehegatten und der Kinder. Zuständig für die Sozialhilfe ist gemäss Art. 115 BV der Wohnsitz- bzw. der Aufenthaltskanton der bedürftigen Person. Im Einzelnen sind die Anspruchsvoraussetzungen kantonal geregelt. Aufgrund von Bundesverfassungsrecht ergibt sich lediglich ein Anspruch auf Deckung des Existenzminimums[132]. Darunter ist allerdings nicht ein garantiertes Mindesteinkommen in bestimmter Höhe zu verstehen. „Verfassungsrechtlich geboten ist nur, was für ein menschenwürdiges Dasein unabdingbar ist und vor einer unwürdigen Bettelexistenz zu bewahren vermag."[133] Die kantonale Fürsorgegesetzgebung geht regelmässig über dieses Minimum hinaus, ein komfortables Leben ermöglicht die Sozialhilfe aber allemal nicht. Seit 1.1.1998 sind neue Richtlinien für die Sozialhilfe anwendbar, herausgegeben von der Schweizerischen Konferenz für Sozialhilfe (SKOS), in der alle Kantone vertreten sind. Es handelt sich dabei um Empfehlungen zuhanden der Sozialhilfeorgane, die keinen bindenden Charakter haben, aber allgemein anerkannt sind.

---

[127] Derzeit jährlich Fr. 5'789.- für Personen, die in der beruflichen Vorsorge versichert sind; für andere Erwerbstätige 20 % des Einkommens, maximal aber Fr. 28'944.- (vgl. Art. 7 BVV3 i.V.m. Art. 8 Abs. 1 BVG).

[128] Zu den damit verbundenen Steuervorteilen siehe hinten, Rzn 09.57 ff.

[129] Vgl. für die Ausnahmen Art. 3 und 4 BVV3.

[130] Vgl. hinten, Rzn 09.35 ff.

[131] GYSIN, S. 78.

[132] BGE 121 I 370 ff. E. 2; Art. 12 BV.

[133] BGE 121 I 373. Siehe dazu ausführlich GYSIN, S. 33 ff.

Anders als die Versicherungsleistungen sind die Fürsorgeansprüche vollständig individualisiert, werden also stets auf den konkreten Fall zugeschnitten. Damit verbunden ist die für die fürsorgeabhängige Person belastende Tatsache, dass die finanziellen Verhältnisse detailliert offen gelegt werden müssen und die zuständige Behörde die Leistungspflicht und deren Höhe regelmässig überprüft. In gewissen Kantonen besteht sogar die Tendenz, Einfluss auf die Verwendung der Fürsorgebeiträge durch die berechtigte Person zu nehmen. Der Sozialhilfe ist damit eine gewisse soziale Kontrolle immanent[134]. Zudem besteht von Bundesrechts wegen grundsätzlich keine Verpflichtung der Fürsorgebehörde, die Leistungen in bar zu erbringen. Auch wenn die Zeiten der Abgabe von Essensgutscheinen (von Ausnahmen abgesehen) der Vergangenheit angehören dürften, kann dem Sozialhilfeempfänger beispielsweise eine Sozialwohnung zur Verfügung gestellt werden[135].

02.63

Ein weiterer Nachteil der Fürsorgeabhängigkeit besteht darin, dass die ausgerichteten Leistungen regelmässig zurückerstattet werden müssen, wenn der Empfänger später wieder zu Vermögen kommt[136]. Unangenehm ist für den Betroffenen auch die Tatsache, dass der Anspruch auf öffentliche Fürsorge nach den kantonalen Regelungen der Verwandtenunterstützungspflicht nach Art. 328 ff. ZGB nachgeht, bzw. die Fürsorgebehörde in diese Ansprüche subrogiert[137]. Von diesem Rückgriff auf die Verwandten[138] wurde angesichts steigender Fürsorgeausgaben in den letzten Jahren tendenziell vermehrt Gebrauch gemacht, wobei die diesbezüglichen Regelungen von Kanton zu Kanton (und sogar innerhalb einzelner Kantone) erheblich differieren[139]. Die erwähnten neuen SKOS-Richtlinien enthalten nun erstmals auch Empfehlungen in diesem Bereich.

02.64

Eine *Reduktion der Sozialleistungen* unter das Existenzminimum ist grundsätzlich unzulässig, und zwar auch dann, wenn die Bedürftigkeit selbstverschuldet ist. Eine Ausnahme ist höchstens im Falle von eigentlichem Rechtsmissbrauch denkbar[140]. Zur Problematik der missbräuchlichen Geltendmachung von Sozialhilfeleistungen nach einem Vermögensverzicht siehe hinten, Rzn 11.32 ff., 11.42 ff.

02.65

---

[134] GYSIN, S. 108.

[135] Vgl. BGE 121 I 367 E. 2c.

[136] Exemplarisch Art. 25 Ziff. 2 des bernischen Gesetzes über das Fürsorgewesen (FüG; BSG 860.1). Immerhin wird nur auf grössere Vermögensanfälle gegriffen; was sich die unterstützte Person aus eigener Arbeit erspart, verbleibt ihr vollumfänglich.

[137] Art. 329 Abs. 3 i.V.m. Art. 289 Abs. 2 ZGB; exemplarisch Art. 96 Abs. 1 FüG BE: „Die Fürsorgebehörde ist verpflichtet, familienrechtliche Unterhalts- und Unterstützungsansprüche geltend zu machen, die auf das unterstützende Gemeinwesen übergehen." Zur Verwandtenunterstützungspflicht siehe auch ZGB-KOLLER, N 1 ff. zu Art. 328/329 ZGB, m.w.H.

[138] Seit 1.1.2000 sind Geschwister des Unterstützungsbedürftigen generell von ihrer Unterstützungspflicht befreit (Art. 328 ZGB), so dass nur noch die Verwandten in auf- und absteigender Linie betroffen sind.

[139] Dazu JAGGI, S. 395 ff. und 399 ff. zur gesetzlichen Regelung und Praxis im Kanton Bern; S. 398 f. zur Praxis anderer Kantone.

[140] BGE 121 I 367 E. 3b m.w.H.; zur Regelung in den SKOS-Richtlinien siehe GYSIN, S. 126 f.

02.66   Die Leistungen der öffentlichen Fürsorge bilden *Errungenschaft* des Fürsorgebezügers und sind, soweit im Zeitpunkt der Auseinandersetzung noch vorhanden, in die güterrechtliche Teilung sowie in die erbrechtliche Auseinandersetzung einzubeziehen.

§ 3 Die Güter- und Erbrechtliche Ausgangslage

Ist das an die Stelle des ehelichen Unterhalts tretende Ersatzeinkommen der ersten und zweiten Säule für die Fortführung des bisherigen Lebensstandards ausreichend, sind Zuwendungen an den überlebenden Ehegatten nur noch insofern erforderlich, als durch eine güter- und erbrechtliche Vermögensübertragung der Verbleib in der eigenen Liegenschaft und die Benutzung des Hausrats gewährleistet werden muss. Das am 1.1.1988 in Kraft getretene Ehe- und Erbrecht trägt diesen Anliegen weitgehend Rechnung (nachstehend Ziff. I. und II.). 03.01

Für die Bestimmung des Vorsorgebedarfs des überlebenden Ehegatten kann es entscheidend sein, ob die (sozial)versicherungsrechtlichen Ansprüche in der güter- und erbrechtlichen Auseinandersetzung berücksichtigt werden oder nicht. Die dargestellten Leistungen der ersten, zweiten und dritten Säule verbessern die materielle Stellung des überlebenden Ehegatten nur soweit, wie sie ihm *kumulativ* zu den güter- und erbrechtlichen Ansprüchen zustehen. Da im Anschluss an den Ausbau der sozialen Vorsorge weder in den sozialversicherungsrechtlichen Erlassen noch im ZGB spezifischen Koordinationsbestimmungen erlassen wurden, ist diese Problematik nicht einfach zu lösen und teilweise kontrovers. In den Ziff. III. und IV. soll ein Überblick über den Stand der Lehre vermittelt werden. 03.02

I. Die güterrechtliche Stellung des überlebenden Ehegatten

1. Der ordentliche Güterstand der Errungenschaftsbeteiligung

Der Gesetzgeber schreibt den Ehegatten weder einen bestimmten Ehetypus vor, noch wird ein solcher durch rechtliche Vorschriften begünstigt. Das Gesetz muss aber den Bedürfnissen der grossen „trägen Masse" von Ehepaaren gerecht werden, die keinen Ehevertrag abschliessen. Die *Errungenschaftsbeteiligung* als ordentlicher, subsidiärer Güterstand ist sowohl für die Einverdiener- als auch für die zunehmend beliebtere Zuverdiener- und Doppelverdienerehe sachgerecht, auch wenn bei letzterer die gegenseitige Beteiligung an der Errungenschaft unter bestimmten Umständen an innerer Berechtigung verlieren kann[1]. 03.03

2. Wertmässige Ansprüche

Das eheliche Vermögen besteht unter dem ordentlichen Güterstand während der Dauer der Ehe bekanntlich aus vier Gütermassen, nämlich dem Eigengut und der Errungenschaft jedes Ehegatten. Bei der güterrechtlichen Auseinandersetzung verbleibt jedem Ehegatten sein Eigengut. Den positiven Saldo seiner Errungenschaft, den Vorschlag, hat er hälftig mit dem anderen Ehegatten zu teilen. Das Resultat der güterrechtlichen Auseinandersetzung hängt davon ab, wie gross die vier Gütermassen sind. Für den überlebenden Ehegatten ist die Ausgangslage um so günstiger, je grösser die Errungenschaft des Partners im Verhältnis zu dessen Eigengut, und je kleiner die eigene Errungenschaft im Verhältnis zum Eigengut ist. Welche Vermögensbestandteile Eigengut sind und wel- 03.04

---

[1] Zum Grundgedanken des Güterstandes der Errungenschaftsbeteiligung HUWILER, S. 64 ff.

che der Errungenschaft angehören, umschreibt das Gesetz nahezu abschliessend. Der Umfang dieser Massen lässt sich deshalb nur sehr beschränkt rechtsgeschäftlich verändern[2].

03.05   Der Güterstand der Errungenschaftsbeteiligung gewährleistet, dass derjenige Ehegatte, der durch Haushaltführung und Kindererziehung dem andern den nötigen Freiraum für eine lukrative Erwerbstätigkeit verschafft, am Ersparten partizipiert. Was jeder Ehegatte in die Ehe eingebracht hat (und zu dessen Erwerb der andere nichts beigetragen hat) soll ihm dagegen vollumfänglich verbleiben.

3. Zuteilungsansprüche

03.06   Während der Ehegatte diejenigen Vermögensbestandteile, die seinem Eigengut zuzuordnen sind, in natura zurücknehmen kann, besteht sein Anspruch auf Vorschlagsbeteiligung in einem *Wert-, und nicht in einem Sachanspruch*[3]. Ob der überlebende Ehegatte die Zuteilung bestimmter Gegenstände verlangen kann, hängt damit in erster Linie vom sachenrechtlichen Eigentum ab, das die güterrechtlichen Zuordnungskriterien überlagert. Bei den Vermögenswerten, an denen der überlebende Ehegatte in der Regel besonders interessiert ist – Liegenschaften, Schmuck, Wertschriften, Auto usw.[4] – dürfte der Eigentumsnachweis üblicherweise nicht sehr schwer fallen[5]. Befindet sich der betreffende Gegenstand im Alleineigentum des Verstorbenen (bzw. nunmehr in dessen Erbmasse), hilft dem überlebenden Ehegatten die obligatorische Vorschlagsforderung nicht weiter.

03.07   Weil dieses Ergebnis in gewissen Bereichen offensichtlich unbillig wäre, kann der überlebende Ehegatte auf Anrechnung an seinen Beteiligungsanspruch die *Zuordnung von Wohnung und Hausrat* verlangen, die im Eigentum des Verstorbenen standen[6]. Voraussetzung dafür ist allerdings, dass dem betreffenden Ehegatten überhaupt ein Beteiligungsanspruch zusteht. Während beim Hausrat[7] die Einräumung von *Eigentum* vorgese-

---

[2]   Dazu hinten, Rzn 06.40 ff.; vgl. ferner Rzn 06.149 ff.

[3]   Anstatt vieler S. WOLF, S. 50 f. und 160 f., m.w.H.

[4]   Dazu kommen selbstverständlich Gegenstände, bei denen weniger der materielle Wert als das affektive Interesse zählt, wie Fotoalben, Ehebett usw.

[5]   Beispielsweise gilt der Grundbucheintrag als sicherer Eigentumsnachweis; einigermassen zuverlässige Indizien für die Eigentumszuordnung sind beispielsweise der Name, auf den das Wertschriftendepot lautet bzw. der Fahrzeughalter gemäss Fahrzeugausweis. Im Rahmen der Beweisführung bezüglich vor dem 1.1.1988 abgeschlossene Ehen bleibt zu beachten, dass gemäss der altrechtlichen Güterverbindung der Ehemann auch das eingebrachte Vermögen der Ehefrau verwaltete und Bargeld, andere vertretbare Sachen und Inhaberpapiere in sein Eigentum übergingen. Haben die Ehegatten nach dem Übergang zum neuen Eherecht keine Vermögensausscheidung vorgenommen, bildet deshalb etwa die Tatsache, dass sich flüssiges Vermögen auf dem Konto des Ehemannes befindet, keinen schlüssigen Beweis dafür, dass es sich dabei nicht um (nunmehr nur noch treuhänderisch anvertraute) Vermögenswerte der Ehefrau (beispielsweise um einen Barnachlass) handelt.

[6]   Art. 219 ZGB.

[7]   Der Begriff des Hausrats wird weit gefasst und beschränkt sich nicht auf die im Haushalt befindlichen Gegenstände. Es sind darunter alle beweglichen Sachen der Ehegatten zu verstehen, die ihrer Lebensführung entsprachen und ausserhalb ihrer beruflichen Tätigkeit regelmässig von beiden benutzt wurden. Vgl. dazu hinten, Rz 04.31. Selbstverständlich kann der überlebende Ehegatte auch nur einzelne Gegenstände des Hausrats zu Eigentum beanspruchen, die Zuteilung umfasst nicht zwingend den gesamten Hausrat.

hen ist, besteht bezüglich der Wohnung in der Regel[8] nur ein Anspruch auf ein *dingliches Nutzungsrecht*, nämlich Nutzniessung oder Wohnrecht[9]. Übersteigt der Wert der Gegenstände den Beteiligungsanspruch, hat der überlebende Ehegatte den Erben des vorverstorbenen Ehegatten eine entsprechende Ausgleichszahlung zu leisten[10] oder er muss sich die betreffenden Objekte teilweise auf seinen Erbanspruch anrechnen lassen.

Besser gestellt ist derjenige Ehegatte, der einen *Miteigentumsanteil* an einem Vermögenswert besitzt. Er kann gemäss Art. 205 Abs. 2 ZGB dessen ungeteilte Zuweisung gegen (an die Erbmasse zu leistende) Entschädigung verlangen (und zwar unabhängig davon, ob es sich um Hausrat bzw. die Familienwohnung oder um ein anderes Objekt handelt), sofern er ein überwiegendes Interesse nachweist[11]. Meist dürfte dieser Nachweis im Verhältnis zu den übrigen Erben ohne weiteres gelingen, da der besondere Bezug zur Sache ausschlaggebend ist[12]. Analoges muss gestützt auf Art. 654 Abs. 2 i.V.m. Art. 205 Abs. 2 ZGB für die Auflösung von *Gesamteigentum* der Ehegatten gelten[13].

03.08

4. Die Auswirkungen der güterrechtlichen Beweisregeln

Wer behauptet, ein bestimmter Vermögenswert sei Eigentum des einen oder anderen Ehegatten, muss dies gemäss Art. 200 Abs. 1 ZGB (der weitgehend eine Konkretisierung der allgemeinen Beweislastregel von Art. 8 ZGB darstellt) beweisen. Bei Beweislosigkeit wird Miteigentum beider Ehegatten vermutet[14]. Insbesondere bei kleineren und mittleren Anschaffungen pflegen die Ehegatten nicht darüber Buch zu führen, aus welcher Vermögensmasse (bzw. aus welchen Vermögensmassen, wenn mehrere beteiligt sind) ein bestimmter Gegenstand erworben wurde und welcher er zufolge Wertsurrogation[15] angehört. Ferner hat die sachenrechtliche *Eigentumsvermutung* von Art. 930 ZGB, wonach der Besitzer einer beweglichen Sache vermutungsweise deren Eigentümer ist, im Verhältnis zwischen Ehegatten nur eine sehr eingeschränkte Bedeutung. Da nur bei Al-

03.09

---

[8] „Wo die Umstände es rechtfertigen, kann auf Verlangen des überlebenden Ehegatten oder der andern gesetzlichen Erben des Verstorbenen statt der Nutzniessung oder des Wohnrechts das Eigentum am Haus oder an der Wohnung eingeräumt werden." (Art. 219 Abs. 3 ZGB) Nach ZGB-HAUSHEER, N 22 zu Art. 219 ZGB, sind die massgeblichen Kriterien: der Altersunterschied zwischen dem Berechtigten und den Verpflichteten (Nachkommen, Schwiegereltern), das persönliche Verhältnis des Ehegatten zu den Erben und deren Nähe zum Erblasser, das Verhältnis der güterrechtlichen Forderung zum kapitalisierten Nutzungswert der Wohnung, die bisherige Massenzuordnung und die Bedeutung des übrigen Nachlasses sowie die Möglichkeit einer Ausgleichszahlung.

[9] Vgl. HAUSHEER/REUSSER/GEISER, N 48 ff. zu Art. 219 ZGB.

[10] Umstritten ist allerdings, ob bereits eine noch so geringe güterrechtliche Forderung genügt, um den Zuteilungsanspruch entstehen zu lassen. Vgl. dazu (zu Recht grosszügig) HAUSHEER/REUSSER/ GEISER, N 59 zu Art. 219 ZGB sowie NÄF-HOFMANN, Rz 2016.

[11] Beispielsweise genügt ein Affektionsinteresse oder die Herkunft des Gegenstandes aus der Familie des betreffenden Ehegatten. Vgl. HAUSHEER/REUSSER/GEISER, N 49 f. zu Art. 205 ZGB.

[12] BGE 119 II 199.

[13] HAUSHEER/REUSSER/GEISER, N 32 zu Art. 205 ZGB; HEGNAUER/BREITSCHMID, Rz 26.07; a.M. für die Ehegattengesellschaft EPPENBERGER, S. 81 f., m.w.H.

[14] Art. 200 Abs. 2 ZGB. Es handelt sich bei dieser gesetzlichen Vermutung um eine Fiktion; HAUSHEER/REUSSER/GEISER, N 28 zu Art. 200 ZGB.

[15] Art. 197 Abs. 2 Ziff. 5 sowie Art. 198 Ziff. 4 ZGB.

leinbesitz eines Ehegatten vermutet wird, dieser sei ausschliesslicher Eigentümer[16], gelangt die Bestimmung immer dann nicht zur Anwendung, wenn der betreffende Gegenstand beiden Ehegatten zur Verfügung steht, namentlich bei Hausrat[17]. Der überlebende Ehegatte muss sich dadurch zwar unter Umständen gefallen lassen, dass er zufolge Beweisnotstand sein Alleineigentum nicht nachweisen kann und zum fiktiven Miteigentümer wird[18]; er profitiert aber umgekehrt davon, dass er gegenüber den Erben des verstorbenen Ehegatten bezüglich der meisten im gemeinsamen Haushalt befindlichen Objekte als dinglich Berechtigter gilt, womit der erwähnte Zuweisungsanspruch von Art. 205 Abs. 2 ZGB auflebt.

03.10   Art. 200 Abs. 3 ZGB begründet sodann die *weitere Vermutung*, wonach alles Vermögen der Ehegatten bis zum Beweis des Gegenteils als *Errungenschaft* gilt. Diese Regel hilft bei Beweislosigkeit demjenigen Ehegatten, der das geringere Eigengut in die Ehe eingebracht hat. Der mit einer gewissen statistischen Wahrscheinlichkeit überlebende Ehegatte tut allerdings gut daran, auf der Aufnahme eines Inventars nach Art. 195a ZGB zu beharren und Belege für die Zugehörigkeit wertvoller Gegenstände zu seinem Eigengut sorgfältig zu verwahren.

03.11   Im *Ergebnis* verhält es sich so, dass sich bei mangelhafter Beweislage der Güterstand der Errungenschaftsbeteiligung stark der *allgemeinen Gütergemeinschaft* annähert: Bei Auflösung des Güterstandes befindet sich das eheliche Vermögen mit wenigen Ausnahmen im hälftigen Miteigentum beider Ehegatten, und innerhalb von deren Gütermassen in der Errungenschaft. Das eheliche Vermögen ist deshalb hälftig zu teilen, wobei der überlebende Ehegatte gegenüber den Erben des Verstorbenen einerseits eine Zuweisung des Alleineigentums nach Art. 205 Abs. 2 ZGB verlangen und andererseits (bezüglich derjenigen Gegenstände, die als Hausrat zu qualifizieren sind) den Zuweisungsanspruch nach Art. 219 Abs. 2 ZGB geltend machen kann. Verkürzt gesagt hat der überlebende Ehegatte bei dieser praktisch relativ häufigen „Eintopflösung"[19] im Umfang des ihm zustehenden Wertes der Errungenschaft im Ergebnis Anspruch auf das hälftige eheliche Vermögen und ein freies Wahlrecht in gegenständlicher Hinsicht.

03.12   Bei *klaren Eigentumsverhältnissen*, wie sie insbesondere regelmässig im Zusammenhang mit Grundstücken vorliegen[20], kommt dem Anspruch auf Zuweisung des Eigentums bzw. eines Nutzungsrechts nach Art. 219 Abs. 1 und 3 ZGB demgegenüber grössere Bedeutung zu.

---

[16] Zu den – relativ hohen – Anforderungen an den Alleinbesitz als Grundlage von Alleineigentum eines Ehegatten im Einzelnen siehe CERESOLI, S. 158 ff.

[17] BGE 117 II 126 f.; vgl. zum Ganzen ZGB-HAUSHEER, N 12 ff. zu Art. 200 ZGB sowie CERESOLI, S. 136 ff., insbes. 169 ff.

[18] Gemäss Art. 646 Abs. 2 ZGB sind die Miteigentümer (sofern nichts anderes bewiesen werden kann, was im Rahmen der Fiktion von Art. 200 Abs. 2 ZGB immer zutrifft) zu gleichen Teilen an der Sache berechtigt.

[19] Der anschauliche Begriff stammt von HAUSHEER, in Schwab/Henrich, Eheliche Gemeinschaft, Partnerschaft und Vermögen im europäischen Vergleich, Bielefeld 1999, S. 240.

[20] Bei Miteigentum ist die Miteigentumsquote im Grundbuch anzugeben; Art. 33 Abs. 1 GBV. Sofern die Ehegatten Gesamteigentum an der Liegenschaft besitzen, kann die interne Beteiligung dagegen unklar sein.

II. Die erbrechtliche Ausgangslage

1. Gesetzliche Erbquote

Die erbrechtliche Auseinandersetzung findet stets im Anschluss an die güterrechtliche statt, so dass sich die Erbquoten auf dem Nachlass berechnen, wie er nach vollzogener güterrechtlicher Auseinandersetzung vorliegt. Die Reform des Erbrechts mit Inkrafttreten per 1.1.1988 bezweckte hauptsächlich die *Besserstellung des Ehegatten* gegenüber anderen Erben[21]. Anstelle eines Viertels erhält nun der überlebende Ehegatte neben Nachkommen die Hälfte des Nachlasses. Sind keine Nachkommen vorhanden, hat er Anspruch auf drei Viertel des Nachlasses, ein Viertel geht an die elterliche Parentel des Verstorbenen – immer vorausgesetzt, das Ehepaar bzw. der Erblasser hat keine anderslautende Verfügung getroffen. Mit weiteren gesetzlichen Erben hat der Ehegatte nicht zu teilen. Auf die früheren gesetzlichen Nutzniessungsansprüche und die Beteiligung des grosselterlichen Stammes (Art. 462 aZGB) wurde ersatzlos verzichtet.

03.13

Vom „errungenen" Vermögen – bzw. dem Vermögen, das zufolge der Vermutung von Art. 200 Abs. 3 ZGB der Errungenschaft zugeschrieben wird – erhält der überlebende Ehegatte somit in Konkurrenz mit Nachkommen des Erblassers insgesamt (d.h. güter- und erbrechtlich) drei Viertel, vom nachweisbaren Eigengut des Verstorbenen die Hälfte[22].

03.14

2. Teilungsansprüche

Zum güterrechtlichen Anspruch auf Zuteilung der ehelichen Wohnung bzw. des ehelichen Hauses und des Hausrats tritt der *erbrechtliche Teilungsanspruch* von Art. 612a ZGB. Diese Bestimmung ist dann von Bedeutung, wenn der Ehegatte aus Güterrecht nur einen Nutzungsanspruch erwerben könnte[23] oder sein obligatorischer Ausgleichungsanspruch zu gering ist, als dass eine Zuteilung nach Art. 219 ZGB in Frage kommt[24]. Der erbrechtliche Zuweisungsanspruch setzt nach seinem Zweck voraus, dass der überlebende Ehegatte zur *Beibehaltung der bisherigen Lebensweise* auf die betreffenden Nachlassobjekte angewiesen ist. Ungenügend ist deshalb etwa ein rein affektives Interesse. Das Zugsrecht geht in erster Linie auf Einräumung des *Eigentums*; nur bei Vorliegen besonderer Umstände[25] können die Erben die Beschränkung auf ein blosses *Nutzungsrecht* (Nutzniessung oder Wohnrecht) verlangen. Der Anspruch auf Zuweisung von Wohnung und Hausrat kann auch dann wahrgenommen werden, wenn keine vollständige Anrechnung auf den Erbteil des überlebenden Ehegatten erfolgen kann, d.h. wenn der Wert der betreffenden Nachlassgegenstände den Erbteil übersteigt. Diesfalls muss der überlebende Ehegatte jedoch eine Ausgleichszahlung (aus dem Ergebnis der güterrecht-

03.15

---

[21] Vgl. auch hinten, Rzn 04.40 ff.

[22] Hinterlässt der verstorbene Ehegatte keine Nachkommen, aber Angehörige der elterlichen Parentel, erhöht sich die Quote auf insgesamt sieben Achtel (Errungenschaftsvermögen) bzw. drei Viertel (Eigengut); fehlen auch Angehörige der elterlichen Parentel, wächst dem überlebenden Ehegatten das gesamte eheliche Vermögen zu Alleineigentum an.

[23] Vorne, Rz 03.07.

[24] Zum Verhältnis zwischen Art. 219 und 612a ZGB siehe ZGB-HAUSHEER, N 7 zu Art. 219 ZGB.

[25] Dazu SCHLEISS, S. 123 f.

III. Das Verhältnis der Vorsorgeansprüche zum Güterrecht

1. Güterrechtliche Grundlagen

a) Abgrenzung von Anwartschaften und Ansprüchen

03.16 Die güterrechtliche Auseinandersetzung findet nach dem Stand des Vermögens im Zeitpunkt der Auflösung des Güterstandes statt[27]. Berücksichtigt wird nur das *aktuelle Vermögen* der Ehegatten, nicht jedoch reine Anwartschaften, d.h. bloss mögliche Ansprüche auf eine künftige Leistung, über die vor Fälligkeit nicht verfügt werden kann und die keinen realisierbaren Gegenwert besitzen[28]. Für die güterrechtliche Einordnung von Vermögenswerten ist deshalb unter anderem die Abgrenzung von reinen Anwartschaften gegenüber festen Ansprüchen eines Ehegatten von entscheidender Bedeutung.

b) Massenzugehörigkeit der Ansprüche

03.17 Steht fest, dass es sich bei einem bestimmten Anspruch tatsächlich um einen realisierbaren Vermögenswert handelt, stellt sich unter dem ordentlichen Güterstand die Frage nach der Anwendbarkeit von Art. 197 Abs. 2 Ziff. 2 sowie Art. 207 Abs. 2 ZGB. Bei beiden Bestimmungen handelt es sich um Ausnahmen vom Prinzip der Wertsurrogation, indem der Gesetzgeber für bestimmte Ersatzeinkommen durch eine *Zwecksurrogation* sicherstellt, dass die betreffenden Vermögenswerte ihrem Zweck entsprechend einer bestimmten Gütermasse zugeordnet werden (Art. 197 Abs. 2 Ziff. 2 ZGB) bzw. dem Eigentümer-Ehegatten erhalten bleiben (Art. 207 Abs. 2 ZGB).

03.18 Gemäss Art. 197 Abs. 2 Ziff. 2 ZGB sind „Leistungen von Personalfürsorgeeinrichtungen, Sozialversicherungen und Sozialfürsorgeeinrichtungen", die während des Güterstandes ausgerichtet wurden, Bestandteil der *Errungenschaft*, und zwar unabhängig davon, aus welcher Gütermasse die Beiträge seinerzeit entrichtet wurden[29]. Dasselbe gilt nach Ziff. 3 derselben Bestimmung für Entschädigungen wegen Arbeitsunfähigkeit.

---

[26] Ohne Einschränkung (m.E. zu Recht) SCHLEISS, S. 220, m.H. auf die Entstehung der Norm. Vgl. auch NÄF-HOFMANN, Rzn 2027 ff., die eine Kombination von güter- und erbrechtlichen Ansprüchen zulassen. Enger demgegenüber ZGB-SCHAUFELBERGER, N 15 zu Art. 612a ZGB und SEEBERGER, S. 119, die bei zu kleinem Erbteil des überlebenden Ehegatten nur die Einräumung einer Nutzniessung oder eines Wohnrechts zulassen bzw. den Umfang der zulässigen Ausgleichszahlung auf maximal 10 % des Erbteils beschränken wollen.

[27] Art. 207 Abs. 1 ZGB.

[28] Siehe zum Begriff der Anwartschaft Th. LOCHER, Nahtstellen, S. 354, wonach unter einer Anwartschaft der mögliche Anspruch auf bestimmte künftige Leistungen zu verstehen ist, wobei sich diese Möglichkeit verwirklicht, sofern das versicherte Risiko in der Zukunft eintritt. Über den Leistungsanspruch kann vor Eintritt des Versicherungsfalles grundsätzlich nicht verfügt werden, d.h. er ist weder abtretbar noch pfändbar oder verpfändbar, so dass kein realisierbarer Gegenwert vorliegt und es – in Bezug auf die güterrechtliche Auseinandersetzung – an einem teilbaren Vermögenswert fehlt.

[29] BGE 118 II 387.

Handelt es sich bei den betreffenden Leistungen um Kapitalabfindungen, die anstelle einer Rente ausgerichtet werden, ist in Anwendung von Art. 207 Abs. 2 ZGB jener Teil des Kapitals dem *Eigengut* zuzuweisen, der bei einer Umrechnung des gesamten Kapitals in eine Rente der noch verbleibenden künftigen Rente entsprechen würde. Der Grund für diese Regelung liegt darin, dass der Ehegatte des Berechtigten nicht dadurch besser gestellt werden soll, dass die Leistung in Form einer Kapitalauszahlung anstelle einer Rente ausgerichtet wurde. Bei Auszahlung in Form einer Rente würden die Leistungen nach Auflösung des Güterstandes aufgrund von Art. 207 Abs. 1 ZGB nicht mehr der Errungenschaft zugerechnet und damit auch nicht der Vorschlagsteilung unterliegen, sondern ausschliesslich dem Berechtigten zukommen. Wird der Anspruch in der Form einer Kapitalabfindung ausbezahlt, muss diese deshalb soweit der Errungenschaft (und damit der Vorschlagsbeteiligung) entzogen werden, wie sie die Vorsorge für die Zeit nach Auflösung des Güterstandes abdeckt[30]. Der sachliche Anwendungsbereich von Art. 207 Abs. 2 ZGB stimmt mit jenem von Art. 197 Abs. 2 Ziff. 2 und 3 überein[31].

03.19

2. Noch nicht fällige Ansprüche des Vorsorgenehmers

a) Eidgenössische Versicherungen und berufliche Vorsorge

aa) Im Allgemeinen

Vor dem Eintritt des Vorsorgefalls bestehen gegenüber den eidgenössischen Sozialversicherungen (AHV, IV, UV, MV, EL) und den Einrichtungen der beruflichen Vorsorge lediglich *Anwartschaften*[32], die in der güterrechtlichen Auseinandersetzung unbeachtlich sind[33]. Dasselbe gilt nach Eintritt des Versicherungsfalles für die *Stammrechte* der entsprechenden Renten[34].

03.20

bb) Insbesondere Freizügigkeitsguthaben

Der Ehegatte, der seine Arbeitsstelle wechselt, hat Anspruch auf eine Austrittsleistung, die entweder auf eine andere Vorsorgeeinrichtung übergeht (was bei einem Stellenwechsel die Regel sein wird) oder in einer Freizügigkeitspolice bzw. in einem Freizügigkeitskonto weiterhin der Vorsorge dient[35]. Freizügigkeitseinrichtungen dienen ebenfalls dem Vorsorgezweck; das Kapital wird lediglich „in einer anderen Form" (Art. 4 FZG) der Vorsorge erhalten. Die herrschende Lehre geht davon aus, dass Freizügigkeitsguthaben aufgrund dieser Zweckbindung vor Fälligkeit ebenfalls aus dem Güterrecht auszuklam-

03.21

---

[30] Zur rechnerischen Ausscheidung siehe HAUSHEER/REUSSER/GEISER, N 42 ff. zu Art. 207 ZGB.

[31] ZGB-HAUSHEER, N 15 zu Art. 207 ZGB.

[32] Zum Begriff vorne, Rz 03.16 mit Fn 28. Zum Anwartschaftscharakter von Pensionskassenansprüchen siehe im Einzelnen IZZO, S. 32 ff.

[33] Zur beruflichen Vorsorge siehe BGE 118 II 386 f. Entsprechend sieht das neue Scheidungsrecht betreffend der zweiten Säule nicht einen güterrechtlichen Ausgleich, sondern einen besonders gearteten Versorgungsausgleich vor; vgl. Art. 122 ff. ZGB.

[34] BGE 118 II 387.

[35] Art. 2 und 3 FZG; Art. 10 FZV; BRÜHWILER N 92 ff.

mern sind[36]. Diese Lösung überzeugt: Es darf keinen Unterschied machen, ob der Vorsorgenehmer im Angestelltenverhältnis verstirbt oder ob er sich selbständig gemacht hat (bzw. gerade in einem Wechsel des Arbeitsverhältnisses steht) und den Vorsorgeschutz in Form eines Freizügigkeitskontos/-police aufrecht erhält[37].

03.22 Wie IZZO zutreffend ausführt[38], handelt es sich im Übrigen trotz dem gegenüber der beruflichen Vorsorge erweiterten Begünstigtenkreis auch bei Freizügigkeitsguthaben um Anwartschaften, da das Vorsorgekapital beim Fehlen gesetzlicher Erben der Freizügigkeitseinrichtung verfällt[39]. Vor Eintritt des versicherten Ereignisses steht deshalb nicht fest, ob je eine Leistung ausgerichtet werden muss. Auch eine Verfügung über das Vorsorgekapital ist vor Eintritt der Fälligkeit ausgeschlossen.

b) Gebundene Selbstvorsorge

03.23 Anders als bei Anwartschaften der ersten und zweiten Säule verhält es sich bei Vermögenswerten, die in der gebundenen Selbstvorsorge angelegt wurden. Diese wird ausschliesslich durch Beiträge des betreffenden Vorsorgenehmers finanziert und es findet kein sozialer Ausgleich zwischen den einzelnen Versicherungsnehmern statt. Die versicherte Person kann deshalb mit Sicherheit davon ausgehen, dass sie selbst bzw. die nach Art. 2 Abs. 1 BVV3 bezeichnete Person in den Genuss der vertraglich vereinbarten Leistung gelangen wird[40]. Aus diesem Grund kann im Bereich der dritten Säule grundsätzlich nicht von blossen Anwartschaften gesprochen werden. Im Einzelnen ist zu unterscheiden:

03.24 Beim *Banksparen* (gebundene Vorsorgevereinbarung gemäss Art. 1 Abs. 3 BVV3) besteht in jedem Fall ein fester Anspruch, der überdies im Scheidungsfall übertragbar ist (Art. 4 Abs. 3 BVV3); lediglich die Fälligkeit ist vertraglich aufgeschoben, um gewisse Steuervorteile nutzen zu können. Güterrechtlich ist deshalb das gesamte Sparkapital ebenso zu berücksichtigen wie andere, freie Vermögensanlagen.

03.25 Einer differenzierten Betrachtung bedarf demgegenüber die gebundene *Vorsorgeversicherung*. Sofern nur eine *reine Risikoversicherung* ohne Sparanteil (d.h. eine temporäre Todesfallversicherung) abgeschlossen wurde, liegt lediglich eine Anwartschaft vor, die mangels Rückkaufswert der güterrechtlichen Auseinandersetzung vollständig entzogen bleibt[41]. Im Bereich des *Versicherungssparens* (gemischte Lebensversicherungen) schliesst Art. 1 Abs. 2 BVV3 den Rückkauf aus, so dass beim steuerbegünstigten Versi-

---

[36] HAUSHEER/REUSSER/GEISER, N 14 zu Art. 237 ZGB; RIEMER, Eheliches Vermögensrecht, S. 108; zustimmend KOLLER, Vorsorge, S. 9 f. Auch das neue Scheidungsrecht behandelt Freizügigkeitsleistungen im Rahmen des Versorgungsausgleichs, vgl. Art. 22 FZG.

[37] Vgl. IZZO, S. 130 f.

[38] IZZO, S. 133, Fn 456, m.w.H.

[39] Vgl. Art. 15 FZV.

[40] IZZO, S. 164 f.

[41] Ein konventionaler Rückkaufswert kann bei einer Risikoversicherung der gebundenen Selbstvorsorge nicht vereinbart werden. Überdies wäre ein Einbezug in die güterrechtliche Auseinandersetzung ohnehin fraglich; vgl. zum Ganzen IZZO, S. 205 ff.

cherungssparen an sich ebenfalls blosse Anwartschaften vorliegen[42]. Durch die neuen Bestimmungen über die Wohneigentumsförderung und Art. 4 Abs. 3 BVV3 (Übertragung im Scheidungsfall) wurde jedoch die Verfügbarkeit des Versicherungssparens erhöht, so dass nunmehr regelmässig von einem festen, vom Güterrecht beherrschten Anspruch ausgegangen werden muss[43]. Der Unterschied zu gewöhnlichen Lebensversicherungen liegt nur in einer gewissen Beschränkung der Rückkaufsmöglichkeiten. Für das Güterrecht ist daher der – im Einzelfall allerdings schwierig zu ermittelnde – versicherungstechnische *Rückkaufswert* der Vorsorgeversicherung zu berücksichtigen.

Eine unterschiedliche Behandlung der beruflichen Vorsorge und der Säule 3a rechtfertigt sich im Übrigen auch deshalb, weil für erstere regelmässig ein Obligatorium besteht – im obligatorischen Segment ist dieses gesetzlicher, im überobligatorischen Segment infolge der Koppelung mit dem Arbeitsvertrag faktischer Natur – während es im Bereich der dritten Säule jedermann unbenommen ist, ob er diese in freier oder steuerbegünstigter (und damit gebundener) Form aufbauen will. Würde man anders entscheiden, könnte der Vorsorgenehmer dem anderen Ehegatten im Falle der lebzeitigen Auflösung des Güterstandes erhebliche Errungenschaftsmittel entziehen. 03.26

Die Zuordnung der gebundenen Selbstvorsorge zum Eigengut bzw. zur Errungenschaft des Vorsorgenehmers erfolgt grundsätzlich nach dem *Surrogationsprinzip*[44]. In der Regel wird es sich dabei ebenfalls um Errungenschaftsvermögen handeln, bildet doch die angemessene Vorsorge Teil des Unterhaltes gemäss Art. 163 ZGB[45], der grundsätzlich aus der Errungenschaft zu finanzieren ist. Anders verhält es sich insbesondere dann, wenn eine Vorsorgeversicherung bereits vorehelich abgeschlossen wurde[46]. 03.27

Handelt es sich bei der gebundenen Selbstvorsorge um Errungenschaftsvermögen und ist der Vorsorgenehmer überlebender Ehegatte, kann die Auszahlung des Teilungsanspruchs des anderen Ehegatten bzw. von dessen Erben zu *Liquiditätsschwierigkeiten* führen, weil das Vorsorgevermögen auf Seiten des überlebenden Ehegatten nach wie vor zweckgebunden bleibt und somit nicht zur Tilgung güterrechtlicher Forderungen verwendet werden kann[47]. 03.28

---

[42] GEISER, Die güterrechtliche Behandlung von Ansprüchen aus steuerbegünstigtem Sparen, AJP 1992, S. 1396 ff., m.w.H.

[43] GEISER, Säule 3a, S. 142. Siehe ferner HAUSHEER/REUSSER/GEISER, N 66 zu Art 197 ZGB. Die von den Autoren getroffene Differenzierung nach Anwartschaft und festem Anspruch ist unter dem seit 1.1.1997 geltenden Recht nicht mehr von Bedeutung; vgl. die entsprechenden Ergänzungen im Update 1999, m.w.H., sowie die Ausführungen von GEISER, Berufliche Vorsorge, Rz 2.23 und HAUSHEER, Scheidungsunterhalt, Rz 3.25. Vgl. sodann KOLLER, Vorsorge, S. 12 f.; IZZO, S. 154 ff., m.w.H. sowie DESCHENAUX/STEINAUER/BADDELEY, Rzn 1099 ff.

[44] HAUSHEER/REUSSER/GEISER, N 24 zu Art. 209 ZGB.

[45] ZK-BRÄM, N 34 zu Art. 163 ZGB.

[46] HAUSHEER/REUSSER/GEISER, N 74 zu Art. 197 ZGB sowie GEISER, Planung, S. 95; a.M. IZZO, S. 190 ff.

[47] GEISER, Säule 3a, S. 144, sowie KOLLER, Vorsorge, S. 14. Allenfalls ist hier durch eine Vorschlagszuweisung an den Vorsorgenehmer Abhilfe zu schaffen; dazu hinten, Rz 06.11.

3. Hinterlassenenleistungen

a) Eidgenössische Versicherungen und berufliche Vorsorge

03.29 Ansprüche der ersten und zweiten Säule[48], die erst infolge des Todes der versicherten Person entstehen, können deren Vermögen im Zeitpunkt der güter- und erbrechtlichen Auseinandersetzung nicht mehr zugerechnet werden. Es stellt sich die Frage, ob sie bereits im Vermögen des überlebenden Ehegatten zu berücksichtigen sind. Da der Anspruch der begünstigten Person mit dem Todeseintritt endgültig entstanden ist, muss dies wohl bejaht werden. Allerdings erfolgt die güterrechtliche Zuordnung im Vermögen des überlebenden Ehegatten nicht nach dem Surrogationsprinzip, sondern es liegt – aus der Sicht der begünstigten Person – eine unentgeltliche Zuwendung nach Art. 198 Abs. 2 ZGB vor, so dass stets Eigengut des überlebenden Ehegatten vorliegt. Nicht anwendbar ist demgegenüber Art. 197 Abs. 2 Ziff. 2 ZGB, da die Hinterlassenenleistung nicht direkt dem Ersatz des Erwerbseinkommens des Verstorbenen dient[49]. Damit sind Hinterlassenenleistungen der ersten und zweiten Säule an den überlebenden Ehegatten im Güterrecht nie zu beachten, und zwar ungeachtet ihrer Finanzierung und unabhängig davon, ob sie in Kapital- oder Rentenform ausgerichtet werden[50].

b) Gebundene Selbstvorsorge

03.30 Analoges gilt für Leistungen, die dem überlebenden Ehegatten gegenüber *Versicherungseinrichtungen* der gebundenen oder freien Selbstvorsorge zustehen. Im Zeitpunkt der Auflösung des Güterstandes befinden sich die Ansprüche zufolge der versicherungsrechtlichen Begünstigungsklausel nicht mehr im Vermögen des Vorsorgenehmers[51], sondern bereits im Vermögen des überlebenden Ehegatten, dem sie als unentgeltliche Zuwendungen im Sinne von Art. 198 Ziff. 2 ZGB, d.h. als Eigengut, ungeteilt verbleiben[52].

03.31 Anders verhält es sich beim *Banksparen*, wo keine Versicherungsleistung, sondern ein gewöhnliches Sparguthaben mit aufgeschobener Fälligkeit in Frage steht. Da die betreffenden Vermögenswerte güterrechtlich in jeder Hinsicht wie freies Vermögen zu behandeln sind[53] und auch Bestandteil des Nachlasses bilden, sind sie vollständig in die güterrechtliche Auseinandersetzung einzubeziehen. Da mangels eines direkten Forde-

---

[48] Inklusive Leistungen von Freizügigkeitseinrichtungen; vgl. vorne, Rzn 03.21 f.

[49] Zum Zweck des Art. 197 Abs. 2 Ziff. 2 ZGB siehe HAUSHEER/REUSSER/GEISER, N 57 zu Art. 197 ZGB. Vgl. auch N 54, wonach Leistungen, die für die Zeit nach der Auflösung des Güterstandes ausgerichtet werden, in der güterrechtlichen Auseinandersetzung nicht mehr zu berücksichtigen sind.

[50] Siehe auch GUINAND, Prestations d'assurances, S. 70.

[51] Würde man anders urteilen, müssten die Ansprüche auch bei der erbrechtlichen Auseinandersetzung als Bestandteil des Nachlasses betrachtet werden. Dies trifft jedoch gerade nicht zu, vgl. hinten, Rz 03.58, wonach die Hinterlassenenleistung „am Nachlass vorbei" geht und nur der Rückkaufswert pflichtteilsrechtlich zu berücksichtigen ist.

[52] HAUSHEER/REUSSER/GEISER, N 80 zu Art. 197 ZGB; vgl. auch BGE 82 II 99 sowie IZZO, S. 120 ff.; zur pflichtteilsrechtlichen Relevanz hinten, Rzn 03.58 ff.

[53] Vorne, Rz 03.24; HAUSHEER/REUSSER/GEISER, N 66 zu Art. 197 ZGB.

rungsrechts des überlebenden Ehegatten[54] – ungeachtet der Begünstigungsordnung nach Art. 2 BVV3, deren Übernahme in den einzelnen Vorsorgevertrag als Verfügung von Todes wegen zu verstehen ist[55] – nicht von einer Hinterlassenenleistung gesprochen werden kann, bildet das Vorsorgeguthaben in der güterrechtlichen Auseinandersetzung Vermögen des verstorbenen Vorsorgenehmers. Je nach Herkunft der angelegten Mittel handelt es sich dabei um Eigengut oder um Errungenschaft[56].

4. Ausgerichtete Rentenleistungen

a) Eidgenössische Versicherungen und berufliche Vorsorge

Während der Ehe an die versicherte Person ausgerichtete und angesparte Renten bilden Teil des ehelichen Vermögens und sind güterrechtlich zuzuordnen. Gemäss Art. 197 Abs. 2 Ziff. 2 ZGB bilden die „Leistungen von Personalfürsorgeeinrichtungen, Sozialversicherungen und Sozialfürsorgeeinrichtungen" Errungenschaft des berechtigten Ehegatten. Dabei spielt es keine Rolle, aus welcher Gütermasse die Beiträge seinerzeit entrichtet wurden[57]. Die Bestimmung betrifft sowohl die Ansprüche gegenüber den eidgenössischen Versicherungen[58] als auch diejenigen gegenüber den Vorsorgeeinrichtungen der (obligatorischen und weitergehenden) zweiten Säule[59] sowie Freizügigkeitsleistungen[60]. 03.32

b) Gebundene Selbstvorsorge

Da es sich beim Versicherungssparen (vereinfacht ausgedrückt) um eine Vermögensanlage handelt, die bereits vor Eintritt des Vorsorgefalles einen festen Wert aufweist[61], ist Art. 197 Abs. 2 Ziff. 2 ZGB nicht anwendbar[62]. Somit sind Leistungen der freiwilligen Vorsorge wiederum entsprechend dem *Surrogationsprinzip* derjenigen Gütermasse zuzuordnen, welche die Beitragsleistungen erbracht hat[63]. 03.33

Eine Ausnahme ist unter dem geltenden Recht einzig für *reine Risikoversicherungen* zu machen, die versicherungstechnisch keinen Rückkaufswert aufweisen und die ausschliesslich einen tatsächlich eingetretenen Verdienstausfall ausgleichen. Derartige 03.34

---

[54] Vgl. hinten, Rz 03.61.

[55] Vgl. hinten, Rz 03.61 mit Fn 122, ferner Rzn 05.59 und 09.53 ff.

[56] Art. 197 Abs. 2 Ziff. 2 ist nicht anwendbar; vgl. hinten, Rz 03.33.

[57] BGE 118 II 387.

[58] Nach PIOTET, Errungenschaftsbeteiligung, S. 135 f., werden die AHV- und IV-Leistungen nicht von Art. 197 Abs. 2 Ziff. 2 erfasst. Diese singuläre Auffassung wurde vom Bundesgericht im Entscheid 123 III 442 mit Hinweisen auf die h.L. verworfen.

[59] BGE 118 II 386 f. Zur Gleichbehandlung von obligatorischer und weitergehender beruflicher Vorsorge siehe HAUSHEER/REUSSER/GEISER, N 63 f. zu Art. 197 ZGB sowie GEISER, Planung, S. 96 f.

[60] HAUSHEER/REUSSER/GEISER, N 63 zu Art. 197 ZGB; KOLLER, Vorsorge, S. 10.

[61] Vgl. vorne, Rz 03.25.

[62] KOLLER, Vorsorge, S. 10 ff., m.w.H.; einlässlich IZZO, S. 150 ff.

[63] Auch hier wird es sich regelmässig um Errungenschaft handeln; vgl. vorne, Rz 03.27.

Versicherungssummen sind ihrem Zweck entsprechend unter Art. 197 Abs. 2 Ziff. 2 zu subsumieren und demzufolge der Errungenschaft des Vorsorgenehmers zuzuordnen[64].

5. Ausgerichtete Kapitalabfindungen

03.35 Wie bereits ausgeführt, sind gemäss Art. 207 Abs. 2 ZGB *Kapitalleistungen von Vorsorgeeinrichtungen* teilweise dem *Eigengut* des betreffenden Ehegatten zuzurechnen. Auch diese Gesetzesbestimmung betrifft wie Art. 197 Abs. 2 Ziff. 2 ZGB nur die eidgenössischen Versicherungen, die berufliche Vorsorge sowie Leistungen, die von Freizügigkeitseinrichtungen ausgerichtet wurden. Dabei macht es keinen Unterschied, ob die Leistungen der beruflichen Vorsorge aufgrund der obligatorischen Versicherung nach BVG erfolgen oder dem Bereich der weitergehenden Vorsorge zuzurechnen sind[65]. Würde man anders entscheiden, müsste der überlebende Ehegatte die eigens für die Vorsorge bestimmten Gelder teilweise mit den Erben des Verstorbenen teilen, womit diese ihrem gesetzlichen Zweck[66] entfremdet würden.

03.36 Bei Vorversterben des Vorsorgenehmers greift Art. 207 Abs. 2 ZGB nicht mehr, die noch vorhandene Kapitalauszahlung bildet vollumfänglich Errungenschaft. Sie ist damit in der güter- und erbrechtlichen Auseinandersetzung unter die Erben aufzuteilen, was für den überlebenden Ehegatten, der ohne Kapitalauszahlung möglicherweise alleine rentenberechtigt gewesen wäre, unvorteilhaft sein kann. Gegebenenfalls rechtfertigt sich ein Ausgleich durch Vorschlagszuweisung[67].

03.37 Die freiwillige Vermögensanlage im Rahmen der gebundenen Selbstvorsorge wird von Art. 207 Abs. 2 ZGB nicht erfasst[68], könnte doch der Vorsorgenehmer andernfalls auf Kosten seines Ehegatten (beispielsweise im Hinblick auf eine Scheidung) nahezu beliebig Errungenschaftsvermögen in das Eigengut verschieben[69]. Auch hier ist allerdings für gewisse Risikoversicherungen anders zu entscheiden[70].

6. Vorbezüge zum Erwerb von Wohneigentum

03.38 Wurde ein Teil der Austrittsleistung der beruflichen Vorsorge zum Erwerb von Wohneigentum vorbezogen, kann über den betreffenden Betrag bis zum Eintritt des Vorsorgefalles nicht frei verfügt werden. Stirbt der Vorsorgenehmer, bevor der Vorsorgefall eingetreten ist, ist der bezogene Betrag zurückzubezahlen, sofern durch den Tod keine Vor-

---

[64] HAUSHEER/REUSSER/GEISER, N 69 und 78 zu Art. 197 ZGB; a.M. IZZO, S. 195 f.

[65] HAUSHEER/REUSSER/GEISER, N 63 f. zu Art. 197 ZGB, m.w.H.; vgl. auch N 28 zu Art. 207 ZGB.

[66] Vgl. Art. 113 BV.

[67] Vgl. hinten, Rz 06.11. Dies wird insbesondere dann zutreffen, wenn keine Vorsorgebedürfnisse von Nachkommen ausgewiesen sind, und deren Beteiligung an der beruflichen Vorsorge somit einzig auf dem (zufälligen) Tatbestand der Barauszahlung einer Kapitalleistung beruhen würde.

[68] Siehe HAUSHEER/REUSSER/GEISER, N 31 zu Art 207 ZGB sowie N 17 zur Parallelbestimmung von Art. 237 ZGB. Die dort vorgenommene Differenzierung nach festem Anspruch und Anwartschaft kommt unter dem geltenden Recht – abgesehen von temporären Risikoversicherungen, die keinen güterrechtlich relevanten Rückkaufswert aufweisen – keine Bedeutung mehr zu; vgl. schon vorne, Rz 03.25 mit Fn 43.

[69] Siehe vorne, Rz 03.26.

[70] Vgl. Rz 03.34.

sorgeleistung fällig wird[71]. Diese *Bindung an den Vorsorgezweck* rechtfertigt, den Vorbezug gleich zu behandeln wie Anwartschaften gegenüber einer Vorsorgeeinrichtung[72]. Bei Auflösung des Güterstandes vor Eintritt des Vorsorgefalles fällt das ausbezahlte Kapital güterrechtlich ausser Betracht[73].

Ist der Vorsorgefall bereits vor der güterrechtlichen Auseinandersetzung eingetreten, bildet die (nunmehr frei verfügbare) Austrittsleistung nach Art. 197 Abs. 2 Ziff. 2 ZGB Errungenschaft des Vorsorgenehmers und es muss eine Ausscheidung nach Art. 207 Abs. 2 ZGB erfolgen. Dies ist unbefriedigend, wenn der Vorsorgenehmer vorverstirbt, weil der überlebende Ehegatte diesfalls den Vorbezug im Rahmen der Vorschlagsteilung mit den anderen Erben des Vorsorgenehmers teilen muss, wodurch unter Umständen Personen begünstigt werden, welche ohne den Vorbezug keinen Anspruch auf Hinterlassenenleistungen gehabt hätten. Analoges gilt, wenn der Vorsorgefall beim Tod des Vorsorgenehmers noch nicht eingetreten war, die Austrittsleistung aber nicht zurückerstattet werden muss, weil durch den Todesfall Vorsorgeleistungen fällig werden (Art. 30d BVG)[74]. 03.39

Verschärft wird die Problematik insofern, als ein mittels des Vorbezugs erwirtschafteter Mehrwert wohl (analog zur Finanzierung mittels Hypothek[75]) proportional den beteiligten Gütermassen des Eigentümer-Ehegatten, d.h. des Vorsorgenehmers, zuzuordnen ist[76]. Dadurch entfällt für den begünstigten Ehegatten des Vorsorgenehmers die Kaufkraftsicherung der Austrittsleistung, die ohne den Vorbezug durch den garantierten Mindestzinssatz[77] gewährleistet worden wäre[78]. 03.40

7. Bar bezogene Austrittsleistungen

Barauszahlungen von Einrichtungen der beruflichen Vorsorge, die aufgrund der Aufnahme einer selbständigen Erwerbstätigkeit ausgerichtet wurden[79], haben eine ähnliche Funktion wie Kapitalabfindungen nach Eintritt eines versicherten Ereignisses. Obschon die Mittel dem Vorsorgenehmer an sich zur freien Verfügung stehen, sollten die Be- 03.41

---

[71] Art. 30d BVG. Die gesetzliche Regelung ist insofern unbefriedigend, als unklar bleibt, nach welchen Bestimmungen über den Eintritt eines Vorsorgefalles zu entscheiden ist; vgl. HAUSHEER/REUSSER/GEISER, N 16 zu Art. 237 ZGB.

[72] HAUSHEER/REUSSER/GEISER, N 16 zu Art. 237 ZGB; RIEMER, Eheliches Vermögensrecht, S. 109.

[73] Entsprechend erfolgt im neuen Scheidungsrecht nicht ein güterrechtlicher Ausgleich, sondern ein Einbezug in den Versorgungsausgleich; vgl. Art. 30c Abs. 6 BVG.

[74] Die Problematik ist – wie im Fall der Kapitalauszahlung – beim Entscheid über den Vorbezug einer Austrittsleistung zu berücksichtigen bzw. durch ehevertragliche Vorschlagszuweisung auszugleichen.

[75] BGE 123 III 152; dazu HAUSHEER/JAUN, ZBJV 133 (1997), S. 512 ff.

[76] HAUSHEER/REUSSER/GEISER, N 16 zu Art. 237 ZGB; zustimmend KOLLER, Vorsorge, S. 10.

[77] 4 % gemäss Art. 12 BVV2.

[78] Dass ein Vorbezug bei einem Preiszerfall auf dem Immobilienmarkt die Vorsorge beider Ehegatten in erheblichem Mass gefährden kann, liegt auf der Hand und sei hier nur nebenbei erwähnt. Vgl. zum Ganzen auch hinten, Rzn 09.109 ff.

[79] Art. 5 Abs. 1 Bst. b FZG.

stimmungen von Art. 197 Abs. 2 Ziff. 2 sowie Art. 207 Abs. 2 ZGB uneingeschränkt Anwendung finden[80].

IV. Das Verhältnis der Vorsorgeansprüche zum Erbrecht

03.42 Nachdem die Ansprüche und Anwartschaften des Vorsorgenehmers selber mit der vorangehenden güterrechtlichen Auseinandersetzung endgültig abgerechnet worden sind, interessiert in Bezug auf das Erbrecht nur noch die Frage, wie die dem überlebenden Ehegatten ausgerichteten *Hinterlassenenleistungen* zu beurteilen sind.

1. Erbrechtliche Grundlagen

03.43 Das Verhältnis zwischen Vorsorgeansprüchen des überlebenden Ehegatten (und allenfalls weiterer Erben) und dessen Erbrecht beinhaltet zwei Aspekte. Einerseits ist zu prüfen, ob der *Anspruch* dem Berechtigten *aus eigenem Recht* zusteht und damit unabhängig von einer Erbenstellung direkt gegenüber der Vorsorgeeinrichtung geltend gemacht werden kann, oder ob er als Bestandteil des Erblasservermögens in den Nachlass fällt und damit vollständig der erbrechtlichen Teilung unterworfen wird. Andererseits ist mit der allfälligen Qualifikation als eigener Anspruch des Berechtigten noch nicht darüber entschieden, ob im Rahmen der Pflichtteilsberechnung ein Einbezug stattfinden muss.

03.44 Von besonderer Bedeutung im Zusammenhang mit Vorsorgeeinrichtungen ist insofern Art. 476 ZGB, wonach auf den Tod des Erblassers gestellte Versicherungsansprüche zugunsten eines Dritten im Umfang des Rückkaufswertes rechnerisch zur *Pflichtteilsmasse* gezählt werden. Die im Sinne von Art. 476 ZGB anrechenbaren Zuwendungen bilden zwar nicht Bestandteil des Nachlasses (da sie dem Berechtigten aus eigenem Recht zustehen) und somit auch nicht Gegenstand der Erbteilung, sie müssen jedoch für die Frage, ob eine Pflichtteilsverletzung vorliegt, berücksichtigt werden. Die Parallelbestimmung zu Art. 476 ZGB ist Art. 529 ZGB, wonach die pflichtteilsrelevanten Versicherungsansprüche der Herabsetzung unterliegen. Im Folgenden ist für die verschiedenen vorsorgerechtlichen Leistungen – soweit sie nicht ohnehin in den Nachlass fallen – darzulegen, ob sie unter diese Normen zu subsumieren sind.

2. Hinterlassenenansprüche der ersten Säule

03.45 Die öffentlich-rechtlichen Hinterlassenenansprüche der AHV, UV und MV stehen dem Berechtigten aus eigenem Recht zu und fallen ausserdem unbestrittenermassen nicht in den Anwendungsbereich der Bestimmungen von Art. 476 und 529 ZGB. Diese Leistungen stehen somit vollständig *ausserhalb des Erbrechts*[81].

---

[80] BK-HAUSHEER/REUSSER/GEISER, N 33 zu Art. 207 ZGB; KOLLER, Vorsorge, S. 10; GEISER, Berufliche Vorsorge, Rzn 2.50 f.; RIEMER, Eheliches Vermögensrecht, S. 108 f.; vgl. auch BGE 118 II 389 f., wo die Anwendbarkeit von Art. 207 Abs. 2 ZGB nicht geprüft wurde. Kann der Vorsorgenehmer im Scheidungsfall durch die Anwendung von Art. 207 Abs. 2 ZGB Vermögenswerte aus der güterrechtlichen Auseinandersetzung ausklammern, ist allenfalls eine angemessene Entschädigung nach Art. 124 ZGB geschuldet.

[81] KOLLER, Vorsorge, S. 22 f., m.w.H.; ZGB-STAEHELIN, N 16 und 18 zu Art. 476 ZGB.

3. Berufliche Vorsorge

a) Anspruchsberechtigung

Die Hinterlassenenansprüche der *beruflichen Vorsorge* stehen dem Anspruchsberechtigten direkt und aus eigenem Recht zu, und zwar unabhängig davon, ob es sich um eine Leistung aus dem obligatorischen oder dem weitergehenden Bereich der zweiten Säule handelt[82]. Die begünstigte Person erhält einen Anspruch gegenüber der Vorsorgeeinrichtung, der von ihren güter- und erbrechtlichen Ansprüchen vollständig unabhängig ist. Die Begünstigung aus einem Vorsorgevertrag der zweiten Säule wird nicht als letztwillige Verfügung, sondern als Rechtsgeschäft unter Lebenden im Sinne eines Vertrages zu Gunsten Dritter (Art. 112 OR) aufgefasst[83]. Somit behält die begünstigte Person ihre Anspruch auch dann, wenn sie die Erbschaft ausschlägt[84].

03.46

b) Obligatorische berufliche Vorsorge

Weitgehend geklärt ist in der Literatur, dass die *obligatorische berufliche Vorsorge* dem *Noterbrecht entzogen ist*[85]. Das Pflichtteilsrecht will die Verfügungsfreiheit des Erblassers im Bereich der freiwilligen Zuwendungen im Interesse der nächsten gesetzlichen Erben beschränken. Die obligatorische berufliche Vorsorge ist im Wesentlichen öffentlich-rechtlicher Natur, basiert nicht auf freiwilligen Beiträgen und schützt einen gesetzlich bestimmten Kreis von Hinterlassenen. Es besteht deshalb kein hinreichender Grund, die Wertung des Gesetzgebers im Bereich der beruflichen Vorsorge dem Pflichtteilsschutz unterzuordnen[86]. Die Art. 476 und 529 ZGB sind deshalb nicht anwendbar.

03.47

Eine Hinzurechnung hätte im Übrigen zur Folge, dass die begünstigten Personen, die in der Regel nur Anspruch auf eine Rente haben, deren Kapitalwert in der Herabsetzung zu Gunsten der Pflichtteilserben (namentlich der Nachkommen) einwerfen müssten, was bei kleineren oder nicht in flüssigen Mitteln angelegten Nachlässen zu Liquiditätsschwierigkeiten führen könnte. Des Weiteren könnte die Herabsetzung verhindern, dass der überlebende Ehegatte seine Zuteilungsansprüche betreffend Wohnung und Hausrat[87] geltend machen kann.

03.48

c) Weitergehende berufliche Vorsorge

Sehr umstritten ist die pflichtteilsrechtliche Behandlung der Hinterlassenenansprüche aus der *weitergehenden beruflichen Vorsorge* (Säule 2b). In der Praxis scheint *keine Hinzurechnung* stattzufinden[88]. Eine Mehrheit der Lehre[89] spricht sich dafür aus, die gesamte

03.49

---

[82] ZGB-STAEHELIN, N 4 zu Art. 476 ZGB; BGE 116 V 222 sowie neuerdings BGE vom 18.11.1997, in SZS 1999, S. 236 ff.
[83] OGer LU in LGVE 1994 I Nr. 5, S. 3 ff.
[84] KOLLER, Privatrecht und Steuerrecht, S. 209 f., m.w.H.
[85] Siehe die Zusammenstellung bei AEBI-MÜLLER, Begünstigung, S. 511.
[86] GEISER, Planung, S. 99.
[87] Art. 612a ZGB.
[88] ZGB-STAEHELIN, N 19 zu Art. 476 ZGB; STUDER, S. 102.
[89] Vgl. die Zusammenstellung bei AEBI-MÜLLER, Begünstigung, S. 511 f. mit Fn 67.

zweite Säule – wie mit Bezug auf das Güterrecht[90] – nach einheitlichen Kriterien zu behandeln. Ebenso ging das Bundesgericht – allerdings ohne die Kontroverse aufzugreifen – in einem nicht amtlich publizierten Urteil[91], das offensichtlich (auch) vorobligatorische Ansprüche zum Gegenstand hatte, davon aus, die gesamte berufliche Vorsorge stehe ausserhalb des Erb- und Pflichtteilsrechts. Dies ist sachgerecht. Das Argument der fehlenden Freiwilligkeit, mit dem die Ausklammerung der obligatorischen beruflichen Vorsorge aus dem Pflichtteilsschutz begründet wird, gilt in den meisten Fällen auch für die weitergehende berufliche Vorsorge. Der Arbeitnehmer hat regelmässig nicht die Wahl, ob er nur entsprechend den Minimalvorschriften des BVG versichert sein will, weil der Arbeitgeber oft nicht bereit ist, jemanden anzustellen, der an der weitergehenden Vorsorge nicht teilnehmen will. Personen, die zwar erwerbstätig sind, aber dem BVG-Obligatorium nicht unterstehen, können zwischen den vom BVG zur Verfügung gestellten Rechtsformen und den Instrumenten der dritten Säule (Art. 4 BVG) wählen. Entscheiden sie sich für einen Vorsorgevertrag mit einer registrierten Vorsorgeeinrichtung, gibt es ebenfalls keinen hinreichenden Grund, sie bezüglich der erbrechtlichen Verfügungsfreiheit gegenüber obligatorisch versicherten Personen schlechter zu stellen[92].

03.50 Eine Aushöhlung des Pflichtteilsschutzes über die berufliche Vorsorge ist kaum zu befürchten. Das BVG setzt dem Aufbau einer zweiten Säule klare Grenzen[93], und die lebzeitige Bindung des Vermögens reduziert den Anreiz, auf diesem Weg erbrechtliche Verschiebungen – eine „kalte Enterbung" – vorzunehmen. Die Hinterlassenenleistungen sind zudem nicht frei übertragbar. Der verfassungsmässige Zweck der beruflichen Vorsorge, nämlich die Fortführung der gewohnten Lebenshaltung zu gewährleisten[94], würde durch eine Hinzurechnung in Frage gestellt[95].

d) Vorbezüge und Barauszahlungen

03.51 Wurden Vorbezüge zum Erwerb von Wohneigentum getätigt, sind die Beträge, soweit keine Rückerstattungspflicht besteht, vorab *güterrechtlich zuzuordnen*. Was davon Eigengut oder Vorschlagsanteil des vorverstorbenen Ehegatten bildet, fällt in dessen *Nachlass* und ist sowohl bei der Berechnung der Pflichtteile als auch bei der Teilung vollumfänglich zu berücksichtigen. Analoges gilt im Fall einer Barauszahlung von Vorsorgeansprüchen.

---

[90] Hierzu anstatt vieler RIEMER, Eheliches Vermögensrecht, S. 107, und HAUSHEER/REUSSER/GEISER, N 64 zu Art 197 ZGB.

[91] Entscheid des Eidgenössischen Versicherungsgerichts vom 18.11.1997, publ. in SZS 1999, S. 236 ff., E. 3.

[92] Zum Ganzen auch GEISER, Planung, S. 96 f.; a.M. REBER/MEILI, S. 122, die sich pointiert für eine Differenzierung zwischen der obligatorischen und der überobligatorischen Vorsorge aussprechen.

[93] In diesem Zusammenhang ist auf die Beschränkung der Einkaufsmöglichkeiten durch Inkrafttreten des neuen Art. 79a BVG per 1.1.2001 hinzuweisen. Siehe dazu hinten, Rz 09.33 mit Fn 68. Im Zusammenhang mit der 1. BVG-Revision ist daneben eine Begrenzung des versicherten Verdienstes vorgesehen; vgl. Botschaft vom 1.3.2000, Ziff. 28.

[94] Art. 113 Abs. 2 Bst. a BV.

[95] KOLLER, Vorsorge, S. 24, mit illustrativem Beispiel.

4. Hinterlassenenansprüche aus Freizügigkeitsguthaben

a) Anspruchsberechtigung

Freizügigkeitsguthaben können sowohl in der Form von Freizügigkeitspolicen als auch als Freizügigkeitskonti angelegt sein. Während im ersten Fall der direkte Anspruch der begünstigten Person gegenüber der Versicherungseinrichtung unbestritten sein dürfte[96], kann hinsichtlich eines Freizügigkeitskontos auch die Auffassung vertreten werden, ein solches falle in den Nachlass des Vorsorgenehmers[97]. 03.52

Die Behandlung von Guthaben aus Freizügigkeitskonti wie normale Guthaben des Vorsorgenehmers ist allerdings nicht sachgerecht. Die Äufnung des Freizügigkeitsguthabens erfolgt durch Mittel der (obligatorischen, allenfalls auch weitergehenden) beruflichen Vorsorge, die nach Meinung des Gesetzgebers auch nach Auflösung des Vorsorgeverhältnisses dem Vorsorgezweck verhaftet bleiben sollen. Fällt das Freizügigkeitsguthaben in den Nachlass, haftet es demgegenüber für Nachlassschulden und unterliegt der erbrechtlichen Teilung, womit auch gesetzliche, nach Art. 15 FZV nicht berechtigte sowie eingesetzte Erben[98] wenigstens insofern davon profitieren, als sich die begünstigte Person das Guthaben auf ihren Erbteil anrechnen lassen muss. Selbst wenn man diese letzte Folgerung verneint und argumentiert, es handle sich diesbezüglich um ein Vorausvermächtnis[99], erfolgt durch den Einbezug in den Nachlass unweigerlich eine pflichtteilsrechtliche Anrechnung, was nach der hier vertretenen Auffassung abgelehnt wird[100]. Damit steht fest, dass dem Begünstigten aus einem Freizügigkeitskonto ein direkter, vom Erbrecht unabhängiger Leistungsanspruch gegenüber der Freizügigkeitseinrichtung zustehen muss[101]. 03.53

b) Pflichtteilsrelevanz

Freizügigkeitskonten und -policen dienen, wie soeben erläutert, weiterhin der Vorsorge, so dass es sich rechtfertigt, sie so zu behandeln, wie wenn die versicherte Person noch in einem Vorsorgeverhältnis stehen würde[102]. Eine andere Behandlung als mit Bezug auf ordentliche Guthaben gegenüber einer Einrichtung der beruflichen Vorsorge drängt sich nicht auf. Damit entfällt nach der hier vertretenen Auffassung eine erbrechtliche Hinzurechnung bzw. Herabsetzbarkeit. 03.54

KOLLER hält dem entgegen, dass Freizügigkeitseinrichtungen ihrem Charakter nach eine ausgesprochene Nähe zur gebundenen Selbstvorsorge aufweisen und auch über eine – im Vergleich zur beruflichen Vorsorge – atypische Begünstigtenordnung verfügen (vgl. Art. 15 Abs. 1 Bst. b FZV)[103]. Das än- 03.55

---

[96] Diese Lösung gilt sogar mit Bezug auf freie Versicherungen; vgl. spezifisch zu den Freizügigkeitspolicen KOLLER, Vorsorge, S. 32.

[97] So KOLLER, Vorsorge, S. 25 f. und 32; ders., Gutachten, S. 35.

[98] Zur Begünstigtenordnung nach Art. 15 FZV siehe hinten, Rzn 09.23 f.

[99] Dazu hinten, Rz 07.21.

[100] Siehe sogleich, Rzn 03.54 f.

[101] IZZO, S. 333, vgl. auch GEISER, Planung, S. 102, sowie HAUSHEER/REUSSER/GEISER, N 32 zu Art. 207 sowie N 14 zu Art. 237 ZGB.

[102] GEISER, Planung, S. 102; IZZO, S. 331 ff.

[103] KOLLER, Vorsorge, S. 25; kritisch dazu IZZO, S. 333. Vgl. auch HAUSHEER/REUSSER/GEISER, N 32 zu Art. 207 ZGB sowie N 14 zu Art 237 ZGB. Zum verfahrensrechtlichen Aspekt vgl. BGE 122 V 320, bestätigt in BGE vom 28.8.1997 in SZS 1998, S. 122 ff., wonach Streitigkeiten betreffend Freizügigkeitskonten und -policen von Zivilgerichten zu beurteilen sind; siehe zur Tragweite dieser Entscheide KOLLER, Gutachten, S. 40 ff. Im Rahmen der 1. BVG-Revision ist im Übrigen die Unterstellung der Freizügigkeitseinrichtungen unter den für die berufliche Vorsorge bestehenden Rechtsweg vorgesehen; vgl. Botschaft vom 1.3.2000, Ziff. 295.3. Zudem soll der Kreis der begünstigten

dert indessen nichts daran, dass die Begründung eines Freizügigkeitsguthabens – anders als Verträge der Selbstvorsorge – nicht freiwillig erfolgt, sondern Folge einer vorangegangenen obligatorischen Versicherung ist[104]. Insofern verstossen die Freizügigkeitsleistungen auch nicht gegen die Grundsätze der Kollektivität, der Planmässigkeit und der Angemessenheit, wie sie in der beruflichen Vorsorge vorausgesetzt werden. Eine *einheitliche Behandlung der Ansprüche gegenüber Freizügigkeitseinrichtungen im Güter- und im Erbrecht* im Sinne der Gleichstellung mit gewöhnlichen Ansprüchen der beruflichen Vorsorge dient zudem der Klarheit und Einfachheit[105].

5. Gebundene Selbstvorsorge

a) Allgemeines

03.56 Wesentlich anders als bei der beruflichen Vorsorge präsentiert sich die Situation im Bereich der Säule 3a. Diese basiert auf reiner Freiwilligkeit und im Gegensatz zur überobligatorischen Vorsorge besteht auch kein faktischer Zwang zur Begründung einer gebundenen Vorsorge, da keine Koppelung an einen Arbeitsvertrag besteht. Die Abweichungen der Begünstigtenordnung nach Art. 2 BVV3 gegenüber der erbrechtlichen Ordnung treten wegen dieser Freiwilligkeit – und damit Manipulierbarkeit – wesentlich stärker in den Vordergrund als im Bereich der beruflichen Vorsorge, namentlich deshalb, weil die Bindung an den Zweck der Vorsorge, wonach die Bedürfnisse der Hinterbliebenen ausschlaggebend sein sollten, jedenfalls dann sehr lose wird, wenn der in erster Linie begünstigte Vorsorgenehmer und dessen Ehegatten weggefallen sind.

03.57 Art. 2 BVV2 gestattet die Begünstigung auch von Nachkommen, die ihre Ausbildung abgeschlossen haben (und damit nicht mehr versorgungsbedürftig sind). Die in letzter Linie zulässige Begünstigung der „übrigen Erben" orientiert sich überhaupt nicht mehr an deren Vorsorgebedarf. Die Begünstigung „massgeblich unterstützter Personen" schliesslich ist eine Konzession an die heutige Realität des Konkubinats, die in Widerspruch zum im Erbrecht getroffenen (und in den meisten Erbschaftssteuergesetzen zusätzlich sanktionierten) gesetzgeberischen Entscheid tritt, derartige Ansprüche nur unter Respektierung der Pflichtteile der Nachkommen und der Eltern zuzulassen. Spricht man den Hinterlassenenleistungen der gebundenen Vorsorge die Pflichtteilsrelevanz ab, ergibt sich dadurch ein eklatanter Wertungswiderspruch zwischen Erbrecht und Vorsorgerecht. Zu einer solchen Umwertung kann es nach allgemeiner Auffassung nur auf dem Wege einer Gesetzesrevision kommen, nicht aber mittels einer bundesrätlichen Verordnung, die überdies nur die *Voraussetzungen* einer Steuerbegünstigung umschreiben will[106].

b) Vorsorgeversicherung

03.58 Für die *Anspruchsberechtigung* gilt bei der Vorsorgeversicherung dasselbe wie im Bereich der beruflichen Vorsorge: Die vertraglich begünstigte hinterlassene Person, d.h. in erster Linie wiederum der überlebende Ehegatte, ist direkt gegenüber der Versicherungsgesellschaft forderungsberechtigt[107]; der Anspruch geht „am Nachlass vorbei"[108], so dass

---

Personen für die überobligatorische berufliche Vorsorge und für den Freizügigkeitsbereich vereinheitlicht werden; Botschaft vom 1.3.2000, Ziff. 296.3. Damit entfallen die genannten Argumente.

[104] In diesem Sinne auch – mit Bezug auf das Güterrecht – KOLLER, Vorsorge, S. 9 f.

[105] Vgl. GEISER, Planung, S. 94.

[106] Siehe zum Ganzen KOLLER, Privatrecht und Steuerrecht, S. 206 ff.

[107] Art. 78 VVG; KOLLER, Vorsorge, S. 27.

[108] Die plastische Formulierung stammt von DRUEY, Grundriss, § 13, N 30.

eine Erbschaftsausschlagung ohne Bedeutung für den Hinterlassenenanspruch ist. Es liegt wiederum ein *echter Vertrag zu Gunsten Dritter* vor[109]. Nach Auffassung der herrschenden Lehre[110] sind die Art. 476 und 529 ZGB auf gebundene Vorsorgeversicherungen (analog[111]) anwendbar. Vorsorgeversicherungen sind deshalb *pflichtteilsrelevant und herabsetzbar*, soweit es sich um gemischte Versicherungen[112] mit einer Sparkomponente handelt. Entsprechend der güterrechtlichen Ausgangslage[113] ist der *Rückkaufswert* der Versicherung in die Pflichtteilsmasse einzubeziehen[114]. Übersteigt dieser die verfügbare Quote, so dass eine Ausgleichszahlung an die Pflichtteilserben geschuldet ist, können sich für den überlebenden Ehegatten Liquiditätsschwierigkeiten ergeben, wenn die Versicherungsleistung in Rentenform geschuldet ist. Keine Hinzurechnung darf jedoch stattfinden, wenn der Begünstigte selber die Prämien bezahlt hat, d.h. wenn beispielsweise der überlebende Ehegatte aus seinem Arbeiterwerb oder aus Eigengut den Vorsorgeschutz des anderen aufgebaut hat. Bei einer teilweisen Bezahlung der Prämien durch die begünstigte Person hat eine proportionale Hinzurechnung zu erfolgen[115].

03.59

Dagegen unterliegt die *temporäre Todesfallversicherung* ohne Sparanteil, bei der ungewiss ist, ob der Versicherungsfall je eintritt, nach der Praxis und der herrschenden Lehre[116] der Hinzurechnung in der Regel nicht. Es fehlt hier schon an einem hinzurechenbaren Rückkaufswert[117]. Anders kann es sich lediglich im Falle der Umgehung von Verfügungsbeschränkungen verhalten[118]. Die Umgehungsabsicht ist insbesondere dann zu bejahen, wenn die Begünstigung bzw. die Versicherung kurz vor dem Ableben des Versicherungsnehmers begründet wurde oder die Prämien bzw. eine Einmaleinlage in

03.60

---

[109] BGE 116 V 222; 115 II 248; 112 II 39.

[110] Siehe dazu ZGB-STAEHELIN, N 24 zu Art. 476 ZGB; IZZO, S. 310 f.

[111] Dem Wortlaut nach umfassen die Art. 476 und 529 ZGB, auf die sich die Hinzurechnung bzw. Herabsetzung stützen, nur die heute sehr seltene, fest auf die ganze Lebensdauer des Erblassers abgeschlossene Todesfallversicherung.

[112] Zum Begriff der gemischten Versicherung siehe IZZO, S. 15 f.

[113] Vorne, Rz 03.25.

[114] Das Gegenargument, dass infolge der Vermögensbindung kein Rückkaufswert bestehe (so noch das Bundesamt für Justiz in ZBGR 1989, S. 285), verfängt jedenfalls nach Inkrafttreten der neuen Bestimmungen über die Wohneigentumsförderung nicht mehr; vgl. schon vorne, Rz 03.25.

[115] Vgl. zur sog. Quotenmethode BGE 116 II 676; 98 II 363. Beweisschwierigkeiten können sich insofern ergeben, als im Rahmen der gebundenen Selbstvorsorge der Vorsorgenehmer als Prämienzahler gegenüber der Versicherungseinrichtung auftritt und die Bezahlung durch den anderen Ehegatten sozusagen „eheinternen" Charakter hat.

[116] ZGB-STAEHELIN, N 25 zu Art. 476 ZGB; IZZO, S. 298 f.

[117] Dazu im Einzelnen IZZO, S. 291 ff., der es aus guten Gründen ablehnt, bei reinen Risikoversicherungen einen allfälligen konventionalen Rückkaufswert den Art. 476 und 529 ZGB und damit der erbrechtlichen Herabsetzung zu unterstellen.

[118] ZGB-STAEHELIN, N 25 zu Art. 476 ZGB. Nach KUHN, S. 200 f., kann es bei der rein temporären Todesfallversicherung dagegen nie zu einer Herabsetzung kommen, da in der Bezahlung einer betragsmässig niedrigen, periodischen Versicherungsprämie weder eine Schenkungsabsicht noch eine Entäusserung von Vermögenswerten erblickt werden könne.

einem Missverhältnis zu den finanziellen Verhältnissen des Erblassers stehen[119], was aufgrund der restriktiven Voraussetzungen für den Aufbau einer gebundenen Selbstvorsorge kaum je zutrifft.

c)   Gebundene Vorsorgevereinbarung

03.61 Da der Vorsorgenehmer beim gebundenen Banksparen einen festen Anspruch auf das angesparte Vermögen besitzt, ist wie im Güterrecht davon auszugehen, dass die freiwillige, lediglich aus Gründen der Steuerersparnis erfolgte Zweckbindung an der erbrechtlichen Ausgangslage nichts zu ändern vermag. Insbesondere behält ja der Vorsorgenehmer bis zu seinem Tod die alleinige Verfügungsgewalt über die angesparten Vermögenswerte[120]. Das in der Säule 3a angesparte Kapital ist deshalb in jeder Beziehung zu behandeln wie freies Vermögen. Das hat die bedeutende Konsequenz, dass der Anspruch des Begünstigten in den *Nachlass* fällt[121]. Die Ausschlagung der Erbschaft kann somit auch zum Wegfall der Hinterlassenenansprüche der Vorsorgevereinbarung führen, wenn die Begünstigung nicht als Vermächtnis ausgestaltet wird[122]. Ob die Bank berechtigt ist, das Sparkapital den Erben vorzuenthalten und direkt der begünstigten Person auszurichten, ist fraglich[123] und darf jedenfalls nicht aus Art. 2 BVV3 – der keine materiellrechtliche Wirkung entfaltet[124] – abgeleitet werden. Anders als bei der gebundenen Vorsorgeversicherung ist nicht nur der Rückkaufswert zur Pflichtteilsmasse hinzuzurechnen, sondern ist der *gesamte ausbezahlte Betrag* als Bestandteil der unter den Erben nach Gesetz oder letztwilliger Verfügung aufzuteilenden Erbmasse aufzufassen[125]. Die Bestimmungen von Art. 476 und 529 ZGB sind, da kein Versicherungs-, sondern ein besonderer Sparvertrag vorliegt, nicht anwendbar.

---

[119] ZGB-STAEHELIN, N 13 f. zu Art. 476 ZGB, m.w.H.

[120] KOLLER, Vorsorge, S. 30, m.w.H.

[121] Zum Ganzen KOLLER, Vorsorge, S. 28 ff.; REBER/MEILI, S. 122, sowie ZGB-STAEHELIN, N 5 zu Art. 476 ZGB; vgl. auch das Bundesamt für Justiz (ZBGR 1989, S. 285 f.) sowie GEISER, Säule 3a, S. 144; a.M. NUSSBAUM, S. 203 f.

[122] Liegt ein Vermächtnis vor, kann der Begünstigte dieses auch dann beanspruchen, wenn er die Erbschaft ausschlägt (Art. 486 Abs. 3 ZGB). Dagegen ist die analoge Bestimmung von Art. 85 VVG nicht anwendbar, da kein Versicherungsvertrag vorliegt. – Zur Qualifikation der Begünstigung als *Zuwendung von Todes wegen* siehe einlässlich KOLLER, Privatrecht und Steuerrecht, S. 210 ff., der auch auf die einzuhaltenden – und in der Praxis regelmässig vernachlässigten – Formvorschriften hinweist, vgl. S. 217 f.

[123] Vgl. die Überlegungen bei KOLLER, Privatrecht und Steuerrecht, S. 217, Fn 417.

[124] Zum Erlass materiellrechtlicher Vorschriften war der Bundesrat gar nicht ermächtigt (deutlich KOLLER, Vorsorge, S. 26 f.). Das Rechtsverhältnis – inklusive Begünstigtenordnung – wird von den Parteien vertraglich („parteiautonom") geregelt (KOLLER, Privatrecht und Steuerrecht, S. 196; ebenso GEISER, Steuerbegünstigtes Sparen, S. 1398). Die genannte VO ist nur insofern von Bedeutung, als die steuerliche Abzugsberechtigung an die Bedingung geknüpft wird, dass sich die Parteivereinbarung im Rahmen dieser Bestimmungen hält.

[125] ZGB-STAEHELIN, N 21 zu Art. 476 ZGB; KOLLER, Vorsorge, S. 30 f.; a.M. NUSSBAUM, S. 204, der Art. 476 ZGB anwenden und damit nur den Rückkaufswert hinzurechnen will.

d) Verhältnis zur Errungenschaftsbeteiligung

Die gebundene Selbstvorsorge des vorverstorbenen Vorsorgenehmers ist, wie nun bereits mehrfach ausgeführt, güterrechtlich wie freies Vermögen zu behandeln. Der überlebende Ehegatte ist an diesem Vermögen – soweit die Einzahlungen aus der Errungenschaft des Vorsorgenehmers geleistet wurden – bereits aus Güterrecht hälftig berechtigt (Art. 215 ZGB). Es fragt sich, inwiefern dies auf die erbrechtliche Behandlung von Hinterlassenenleistungen von Bedeutung ist. Im Bereich der *Vorsorgevereinbarung* scheint eine Berücksichtigung der güterrechtlichen Ausgangslage grundsätzlich unproblematisch. Der Einbezug des gebundenen Bankguthabens in den Nachlass darf insofern nur mit der *Hälfte der effektiven Auszahlung* erfolgen. Dies gilt auch dann, wenn die Bankstiftung die Summe direkt dem überlebenden Ehegatten ausbezahlt, sofern die Leistung in der Vorschlagsberechnung nicht berücksichtigt wurde. Eine vollständige Erfassung der Begünstigung im Erbrecht findet nur statt, wenn das gebundene Sparguthaben aus dem Eigengut des vorverstorbenen Vorsorgenehmers aufgebaut wurde oder zwischen den Ehegatten Gütertrennung bestand.

03.62

Bei der Hinterlassenenleistung aus einer gebundenen *Vorsorgeversicherung*, die güterrechtlich nicht berücksichtigt wird[126], nicht in den Nachlass fällt und dem überlebenden Ehegatten einen ausserhalb des Erbrechts stehenden Anspruch gibt[127], ist die Rechtslage wesentlich heikler. Bei einer güterrechtlichen Auseinandersetzung unter Lebenden (insbesondere zufolge Scheidung) müsste – sofern das Versicherungssparen aus Errungenschaft finanziert wurde – im Rahmen der Vorschlagsteilung eine hälftige Beteiligung des Ehegatten des Versicherungsnehmers am Rückkaufswert erfolgen. Es scheint deshalb unbillig, bei Auflösung der Ehe durch Tod des Versicherungsnehmers im Rahmen der erbrechtlichen Auseinandersetzung den gesamten Rückkaufswert der Hinzurechnung bzw. Herabsetzung zu unterstellen. Allerdings ist zweifelhaft, ob sich diese Betrachtungsweise, die – rein dogmatisch betrachtet – die Grenzen zwischen Güter- und Erbrecht aufweicht, durchsetzen wird[128].

03.63

---

[126] Vorne, Rz 03.30.
[127] Vorne, Rz 03.58.
[128] Vgl. zur analogen Problematik bei lebzeitigen Zuwendungen aus Errungenschaftsvermögen BGE 107 II 119 und dazu hinten, Rzn 08.45 ff.

§ 4 Verbleibender Planungsbedarf

I. Überblick über die Ziele der Ehegatten

04.01 Die Gründe, die die Ehegatten zur Nachlassplanung bzw. zu einer rechtsgeschäftlichen Begünstigung des überlebenden Ehegatten bewegen, sind unterschiedlicher Natur. Neben der bereits erwähnten eher emotionalen Komponente (z.b. Stärkung des Gemeinschaftsgefühls) und dem Zusammenwirken beider Ehegatten beim Erwerb des ehelichen Vermögens spielen insbesondere die folgenden Motive eine entscheidende Rolle:
1. Die *finanzielle Absicherung* des überlebenden Ehegatten.
2. Die Begründung von *Sach- anstelle von Wertansprüchen* (allenfalls nur bezüglich ganz bestimmter Objekte).
3. Die *gesetzliche Regelung* erscheint den Ehegatten im Einzelfall als *unbillig*.
4. Das *Verringern von Konfliktpotential* anlässlich der güter- und erbrechtlichen Auseinandersetzung.
5. Die Sicherstellung der *Unternehmensnachfolge* durch den überlebenden Ehegatten oder durch Nachkommen.

04.02 Je nachdem, welches Ziel bzw. welche Ziele im Einzelfall im Vordergrund stehen, ist zu prüfen, ob angesichts der rechtlichen Ausgangslage überhaupt zusätzliche Vorkehren erforderlich sind und gegebenenfalls mit welchen Massnahmen das Ziel so erreicht werden kann, dass unerwünschte Nebenfolgen (wie etwa unerwartet hohe Steuerfolgen) ausbleiben. Der Vorsorgeplanung sind allerdings auch Grenzen gesetzt. Zwar kann gewissen künftigen Entwicklungen[1] dank verschiedener Gestaltungsmöglichkeiten – im Vordergrund stehen Bedingungen und Auflagen – an sich Rechnung getragen werden. Die Erfassung aller Eventualitäten führt jedoch leicht zu komplizierten und schwer verständlichen rechtsgeschäftlichen Vorkehren, was mit dem Anliegen der Konfliktvermeidung in Widerspruch steht. Im Folgenden sind die einzelnen Planungsziele kurz zu erläutern.

II. Finanzielle Sicherung des überlebenden Ehegatten

1. Grundlagen

a) Wirtschaftliche Ausgangslage

04.03 Der Wunsch nach finanzieller Absicherung des Ehepartners auf den Tod hin bildet das häufigste und oft auch das einzige Ziel der Ehegatten, die sich über eine rechtsgeschäftliche Vorsorgeregelung Gedanken machen. Je nach persönlicher und finanzieller Situation kann der Bedarf des überlebenden Ehegatten nach übergesetzlicher Vorsorge unterschiedlich sein:

04.04 Bei *angespannter finanzieller Situation* – bescheidenes Einkommen der Ehegatten, kein Vermögen – dient die Begünstigung der *Existenzsicherung des überlebenden Ehe-*

---

[1] Beispielsweise Scheidung, Invalidität, dauernde Arbeitslosigkeit und damit einhergehende Reduktion von Sozialversicherungsansprüchen, Konkurs, Vorversterben von Nachkommen, Wiederverheiratung des überlebenden Ehegatten usw.

gatten. Die Existenzsicherung kann nicht nur bei Ehegatten im Pensionsalter, sondern auch bei einem jungen Ehepaar mit kleinen Kindern im Vordergrund stehen, wenn noch wenig Erspartes vorhanden ist und der überlebende Ehegatte für den Fall eines frühen Todes des andern gesichert werden soll. Gerade hier sind die erläuterten, dem überlebenden Ehegatten zustehenden Sozialversicherungsleistungen regelmässig von hoher Bedeutung und deshalb unbedingt in die Betrachtung mit einzubeziehen. Neben den herkömmlichen Begünstigungsformen drängt sich allenfalls ein Ausbau des Risikoschutzes mittels beruflicher Vorsorge und/oder Risikoversicherungen auf, wenn trotz güter- und erbrechtlichen Vorkehren – die bei fehlendem Vermögen ohnehin wirkungslos bleiben – die Anwartschaften des überlebenden Ehegatten zur Deckung seiner Bedürfnisse nicht ausreichen.

Liegen etwas bessere finanzielle Verhältnisse vor, wandelt sich das Vorsorgebedürfnis von der reinen Existenzsicherung hin zur *Beibehaltung des bisherigen Lebensstandards.* Praktisch wird dies die häufigste Konstellation sein, in der sich ein Ehepaar über die gegenseitige Begünstigung Gedanken macht. Mit dem Wunsch der Beibehaltung des Lebensstandards können sich weitere, konkrete Anliegen verbinden, etwa die Zuteilung bestimmter Vermögenswerte an den Ehegatten (Eigentumswohnung, Auto, Gegenstände von hohem Affektionswert usw.) oder die Weitergabe von Familienvermögen in einer bestimmten Linie. 04.05

Wieder anders verhält es sich, wenn die Ehegatten in wirtschaftlich sehr günstigen Verhältnissen leben. Je nachdem, wie das Vermögen zwischen den Partnern aufgeteilt ist, stehen hier verschiedene Anliegen im Vordergrund. Bildet ein Grossteil der Vermögenswerte Eigengut des einen Ehepartners, gilt es, den andern für den Fall seines Überlebens – wiederum im Sinne einer Beibehaltung des bisherigen (hier nun höheren) Lebensstandards – abzusichern. Sind die Güter einigermassen gleichmässig verteilt oder bestehen sie aus Errungenschaftsvermögen, verlagert sich das Vorsorgeziel. Anstelle der Beibehaltung der bisherigen Lebensweise ist dem Gedanken der *Vermögensübertragung an die Folgegeneration* besondere Beachtung zu schenken, wobei eine gewisse Wiederverheiratungswahrscheinlichkeit nach spezifischen Lösungen ruft, damit das Vermögen in der gewünschten Richtung weitervererbt wird. Die maximale Begünstigung des Ehegatten kann sich dagegen unter verschiedenen Gesichtspunkten als unvorteilhaft erweisen[2]. Mit zunehmendem Vermögen rückt gelegentlich auch der Aspekt der *Streitvermeidung* stärker in den Vordergrund. 04.06

Damit ergibt sich folgender *Überblick:* 04.07

Finanzielle Situation	Vorsorgeziel	Optimale Begünstigung
Bescheidenes Einkommen, kein Vermögen	Existenzsicherung	Möglichst weit gehende Begünstigung in allen Bereichen, ev. zusätzlicher Risikoschutz
Mittleres Einkommen, gewisses Vermögen	Weiterführung des Lebensstandards	Abklärung der Bedürfnisse des überlebenden Ehegatten, Vermeidung von Über-/ Unterversicherung

---

[2] Zu den Nebenfolgen (zu) grosszügiger Begünstigung vgl. hinten, § 11.

| Hohes Einkommen, grosses Vermögen, ev. Familienunternehmen | Weiterführung des Lebensstandards und Regelung der Vermögensübertragung an die Nachkommen | Sicherung der Bedürfnisse aller Beteiligten, steuergerechte Ausgestaltung der Begünstigung, Vermeidung von Teilungsstreitigkeiten |

04.08 Untersuchungen haben offenbar gezeigt[3], dass unter dem neuen Ehe- und Erbrecht bei kleineren und mittleren Nachlässen mit einem Gesamtvermögen unter Fr. 200'000.- die güter- und erbrechtliche Begünstigung des Ehegatten sinnvoll ist. Dagegen besteht bei einem Gesamtvermögen von über Fr. 400'000.- regelmässig kein Handlungsbedarf. Eine rechtsgeschäftliche Begünstigung der Nachkommen wird empfohlen, wenn das Gesamtvermögen Fr. 800'000.- übersteigt. Diese Betrachtungsweise, die hauptsächlich auf das vorhandene Vermögen, unabhängig von dessen Zusammensetzung, abstellt und das zur Verfügung stehende (Ersatz-)Einkommen unberücksichtigt lässt, mag allenfalls als *Faustregel* tauglich sein. Im Einzelfall muss aber differenziert werden.

b) Weitere Planungsgesichtspunkte

04.09 Ob der hinterbliebene Ehegatte über die gesetzlichen Ansprüche hinaus zusätzlicher Vorsorge bedarf, um die gewohnte Lebensführung nach dem Tod des Partners fortsetzen zu können, hängt von verschiedenen Faktoren ab, die individuell abzuklären sind. Ins Gewicht fallen insbesondere folgende Umstände, die im Sinne einer *Checkliste* vorgängig zur Planung abzuklären sind:

04.10
- Selbständige oder unselbständige Erwerbstätigkeit eines oder beider Ehegatten.
- Karrierebeginn und -verlauf.
- Höhe des Einkommens.
- Vorhandensein von unterhaltsberechtigten Kindern.
- Grösse und Zusammensetzung (Struktur) des ehelichen Vermögens bzw. des mutmasslichen Nachlasses.
- Barauszahlungen und Vorbezüge von BVG-Guthaben.
- Über das Obligatorium hinausgehende BVG-Ansprüche[4].
- Vorhandensein einer gebundenen Selbstvorsorge oder freier Lebensversicherungen.
- Falls der vorversterbende Ehegatte kinderlos ist: Vorhandensein von Verwandten der elterlichen Parentel.
- Allfällige lebzeitige Zuwendungen, die ausgleichs- oder herabsetzungspflichtig sind.

04.11 Welcher Prozentsatz des ursprünglichen Einkommens der Restfamilie zur Verfügung stehen muss, d.h. die *Versorgungsquote*, lässt sich einerseits aufgrund von entsprechenden Tabellen ersehen[5]. Andererseits muss wiederum die konkrete Situation mit berücksichtigt werden[6].

---

[3] WILDISEN, S. 196, m.w.H.

[4] Z.B. Ausrichtung einer Witwerrente gemäss Reglement der zuständigen BVG-Einrichtung.

[5] Siehe insbesondere STAUFFER/SCHAETZLE, Rzn 777 ff. und 806 ff.

[6] So ist beispielsweise nicht schematisch vom bisherigen Einkommen auszugehen: Stirbt der Ehemann am Anfang seiner Karriere, ist allenfalls nicht auf den bisherigen, sondern auf den zu erwartenden Lebensstandard abzustellen (vgl. zur haftpflichtrechtlichen Betrachtungsweise KELLER, S. 80). Rechnet man mit einer fixen Versorgungsquote, wird zudem der Fixkostenanteil, dessen Höhe sehr

Zu den erwähnten Planungskriterien treten weitere Faktoren, die für die wirtschaft- 04.12
liche Stellung des überlebenden Partners ebenfalls von Bedeutung, aber im Planungszeitpunkt nicht bekannt sind. Ob diesen *Unsicherheiten* mit verschiedenen Gestaltungsmöglichkeiten Rechnung getragen werden soll, hängt insbesondere davon ab, welchen Stellenwert das betreffende Ehepaar einer möglichst „sicheren" Vorsorge (allenfalls auf Kosten der Einfachheit bzw. Klarheit der Regelung) einräumt. Es geht dabei namentlich um die Absterbensreihenfolge, das Alter der Ehegatten und der (unterhaltsberechtigten) Kinder bei Auflösung der Ehe, die Todesursache und das Vorhandensein (für den Versorgerschaden) haftpflichtiger Dritter bzw. die Leistungspflicht einer Versicherung.

Bezüglich einiger weiterer Planungsgesichtspunkte, die ebenfalls nicht prognosti- 04.13
ziert werden können, lassen sich *zeitlich gestaffelte Bedürfnisse* feststellen, denen allenfalls mittels Bedingungen Rechnung zu tragen ist. Der Bedarf nach finanzieller Begünstigung kann sich beispielsweise mit der Pensionierung des überlebenden Ehegatten, mit dem Ausbildungsabschluss der Kinder oder mit einem (im Planungszeitpunkt absehbaren) Erbanfall des überlebenden Ehegatten verändern.

c) Unmündige Kinder

Der Erbteil unmündiger gemeinsamer Nachkommen wird durch den überlebenden Ehe- 04.14
gatten verwaltet[7]. Erträge des Kindesvermögens dürfen für den Unterhalt, die Erziehung und die Ausbildung des Kindes verwendet werden sowie, wenn dies „der Billigkeit entspricht" für die Bedürfnisse des Haushaltes[8]. Eine Anzehrung des Vermögens für die Bedürfnisse des Kindes ist bei Bedarf mit Zustimmung der Vormundschaftsbehörde ebenfalls statthaft[9]. Ausserdem sehen alle Sozialversicherungen für unmündige bzw. in Ausbildung befindliche Nachkommen Waisenrenten vor[10]. Dadurch kann sich der Bedarf nach einer rechtsgeschäftlichen Begünstigung des überlebenden Ehegatten verringern. Etwas anders verhält es sich bei nichtgemeinsamen Nachkommen des Verstorbenen, deren Vermögen durch den anderen Elternteil bzw. durch den Vormund verwaltet wird.

2. Fallkonstellationen

Angesichts der soeben angeführten Faktoren soll exemplarisch anhand verschiedener 04.15
typischer Fallkonstellationen der Vorsorgebedarf bezüglich des laufenden Unterhalts dargestellt werden. Berücksichtigt werden nur die gesetzlichen Hinterlassenenansprüche, d.h. der Einkommensersatz, der dem überlebenden Ehegatten von Gesetzes wegen und ohne zusätzliche Vorkehren zufliesst. In die Planung mit einzubeziehen sind im Einzel-

---

unterschiedlich sein kann, nicht genügend berücksichtigt (BGE 108 II 437 und 113 II 334; STAUFFER/SCHAETZLE, Rz 778 sowie KELLER, S. 85 ff.). Die Versorgungsquote variiert sodann je nach bisherigem Lebensstandard (KELLER, S. 87): Je bescheidener die Verhältnisse, desto höher ist die Versorgungsquote, d.h. umso grösser muss der den Hinterlassenen zur Verfügung stehende Prozentsatz des Einkommens des Verstorbenen sein.

[7] Art. 318 ZGB.
[8] Art. 319 Abs. 1 ZGB.
[9] Art. 320 Abs. 2 ZGB.
[10] Anders verhält es sich mit der gebundenen Selbstvorsorge, wo der Anspruch der Nachkommen zu jenem des überlebenden Ehegatten subsidiär ist; vgl. hinten, Rz 09.40.

fall selbstverständlich auch die güter- und erbrechtlichen Ansprüche und eine allfällige (gebundene) Selbstvorsorge durch Versicherungen. Ob diese ein allfälliges Manko überbrücken können, hängt vom Vermögensstand ab, der allerdings regelmässig nur dort ins Gewicht fällt, wo aufgrund des überdurchschnittlichen Erwerbseinkommens bereits aus der ersten und zweiten Säule Maximalleistungen zu erwarten sind. Ist gar kein flüssiges Vermögen vorhanden, können dem überlebenden Ehegatten aus der güter- und erbrechtlichen Teilung insofern Aufwendungen erwachsen, als die Auslösung des zur Beibehaltung des bisherigen Lebensstandards benötigten Hausrats und gegebenenfalls der ehelichen Wohnung ein Aufgeld zu Gunsten der Miterben erfordert.

a) Tod eines der Ehegatten nach Pensionierung

04.16 Die Sicherung der Altersvorsorge steht bei der güter- und erbrechtlichen Begünstigung meist im Vordergrund. Der überlebende Ehegatte erhält eine Witwen-/Witwer- oder eine einfache Altersrente der AHV[11]. Wegen der Plafonierung der Altersrenten eines Ehepaares auf 150 % des Höchstbetrages der einfachen Rente[12] fällt (jedenfalls bei mittleren und höheren Einkommen) mit dem Tod des einen Ehegatten nur ungefähr ein Drittel der bisher bezogenen Beträge weg[13]. Im Rahmen der beruflichen Vorsorge entsteht ein Anspruch entweder auf eine Alters- oder auf eine Hinterlassenenrente, so dass wesentlich ist, ob der versicherte Ehegatte überlebt oder der nicht versicherte[14]. Ob ein zusätzlicher Vorsorgebedarf besteht, hängt somit einerseits davon ab, ob und in welcher Höhe BV-Leistungen (oder allenfalls weitere Hinterlassenenleistungen) erwartet werden können und andererseits von der Absterbensreihenfolge. Die Beibehaltung des bisherigen Lebensstandards wird aufgrund der gesetzlichen Ansprüche nicht immer gewährleistet sein, wenn nicht ein gewisses Vermögen vorhanden ist. Durch die Ergänzungsleistungen wird nur, aber immerhin, ein Minimalstandard gewährleistet.

04.17 Beispiel: A stirbt im Alter von 66 Jahren und hinterlässt seine gleichaltrige Ehefrau B. Vor seiner Pensionierung bezog A ein Jahresgehalt von Fr. 200'000.-, er war in der beruflichen Vorsorge zum gesetzlichen Minimum versichert. Die Vollrente der AHV wird bei dieser Ausgangslage das Maximum von Fr. 23'880.- betragen. Die Hinterlassenenrente der beruflichen Vorsorge beläuft sich für B auf rund Fr. 16'000.-.[15] Insgesamt kann sie mit rund 40'000.- jährlich rechnen, d.h. 20 % des früheren Erwerbseinkommens ihres Ehemannes. Obschon dieser Betrag zur Existenzsicherung ausreicht, genügt er nicht zur Aufrechterhaltung des bisherigen Lebensstandards (z.B. Verbleib im eigenen Haus, grössere Reisen, usw.), besonders dann nicht, wenn im Alter höhere Krankheits- und Pflegekosten anfallen sollten.

---

[11] Nach Art. 24b AHVG wird, wenn eine Alters- und eine Witwen/Witwerrente zusammentreffen, nur die höhere ausbezahlt. Seit dem neuen System des Beitragssplitting wird jedenfalls bei frühem Eheschluss immer die Altersrente höher sein, beträgt doch die Hinterlassenenrente nur 80 % der Altersrente des Ehepartners.

[12] Art. 35 Abs. 1 AHVG.

[13] Dies entspricht einer Versorgungsquote von 66 $^{2}/_{3}$ %, was für die Durchschnittssituation als vernünftig erscheint.

[14] Die Hinterlassenenrente beträgt lediglich 60 % der dem Versicherten zustehenden Altersrente.

[15] D.h. 60 % der Altersrente des Ehemannes, unter Berücksichtigung der Koordinationsgrenzen der beruflichen Vorsorge.

b) Hausgattenehe; früher Tod des Versorgers

Stirbt in einer Hausgattenehe der erwerbstätige Ehegatte, können der überlebende Ehegatte sowie die minderjährigen oder in der Ausbildung befindlichen Nachkommen mindestens mit den Hinterlassenenrenten der AHV rechnen[16]. War der verstorbene Ehegatte unselbständigerwerbend, fallen zusätzlich Hinterlassenenrenten gemäss BVG an[17], zudem sind allfällige Leistungen der gebundenen bzw. freien Selbstvorsorge zu beachten. Je nach Todesursache besteht ferner ein Anspruch auf UV- oder MV-Leistungen. 04.18

Beispiel 1: A stirbt kurz vor dem 37. Geburtstag an einer kurzen, schweren (nicht berufsbedingten) Krankheit und hinterlässt eine Ehefrau und ein dreijähriges Kleinkind. Nach dem Studium hatte A im Alter von 30 Jahren eine unselbständige Erwerbstätigkeit aufgenommen, sein Monatslohn betrug ca. Fr. 6'000.-. Die AHV-Hinterlassenenrente beträgt für die Witwe Fr. 1'180.- monatlich und für das Kind Fr. 590.-; zusammen somit Fr. 1'770.-[18]. Die BVG-Hinterlassenenrente beträgt für die Witwe 60 %, für das Kind 20 % der vollen Invalidenrente, auf die der Versicherte Anspruch gehabt hätte, somit insgesamt 80 %, ausmachend rund Fr. 1'100.- pro Monat[19]. Der Restfamilie stehen somit monatlich rund Fr. 2'870.- zur Verfügung, gegenüber bisher Fr. 6'000.-. Geht man von einer Versorgungsquote von insgesamt 70 % aus[20], fehlen Mutter und Kind monatlich Fr. 1'330.- zur Beibehaltung der gewohnten Lebensführung. Insoweit die entsprechenden Einkommensgrenzen nicht erreicht werden, können die Hinterlassenen zusätzlich mit Ergänzungsleistungen rechnen[21]. 04.19

Beispiel 2: Um einiges besser würde die Situation aussehen, wenn zusätzlich UV-Renten geschuldet wären (d.h. Tod durch Unfall oder berufsbedingte Krankheit): Die UV-Renten betragen im genannten Beispiel monatlich Fr. 3'300.-[22], zusammen mit den AHV-Renten somit Fr. 5'084.-. Die BVG-Rente wird in unserem Beispiel wegen Überversicherung gekürzt[23], insgesamt stehen der Restfamilie monatlich Fr. 5'400.- (90 % des bisherigen Einkommens) zur Verfügung, was zur Beibehaltung des gewohnten Lebensstandards genügt, aber der künftigen Karriereentwicklung des Verstorbenen nicht ausreichend Rechnung trägt. 04.20

Beispiel 3: Ein eiheblicher finanzieller Engpass ergibt sich für den überlebenden Hausgatten insbesondere dann, wenn weder Ansprüche der ersten Säule noch auf Leistungen gemäss UVG oder beruflicher Vorsorge bestehen. Dies kann bei kurzer, kinderloser Ehe zutreffen, oder wenn die Ehefrau Versor- 04.21

---

[16] Zur Problematik des ungenügenden Karrierezuschlags siehe vorne, Rz 02.12 mit Fn 17.

[17] Vgl. vorne, Rz 02.51.

[18] Massgeblich ist das durchschnittliche Jahreseinkommen, wobei für die Zeit vor Aufnahme der Erwerbstätigkeit ein fiktives Einkommen angerechnet wird (Art. $29^{quinquies}$ i.V.m. Art. 28 AHVG). Das Durchschnittseinkommen ist nach dem aktuellen Rentenindex aufzuwerten und um 10 % zu erhöhen (Karrierezuschlag: Art. 33 Abs. 3 AHVG i.V.m. 54 AHVV). Für die Kindererziehung werden dem Ehemann die Hälfte der Erziehungsgutschriften angerechnet (Art. 29^{sexies} AHVG). Die Renten ergeben sich dann anhand der Rentenskala: Der Ehegatte erhält 80 %, die Kinder je 40 % der entsprechenden Altersrente des Verstorbenen.

[19] Berechnungsbasis koordinierter Lohn nach Art. 8 BVG i.V.m. Art. 5 BVV2; davon die Altersgutschriften nach Art. 16 BVG (Verzinsung mindestens 4 %) zuzüglich Gutschrift gemäss Art. 24 Abs. 2 Bst. b BVG; multipliziert mit dem Umwandlungssatz nach Art. 14 BVG i.V.m. Art. 17 BVV2.

[20] Annahme, unter Einbezug der Fixkosten.

[21] Dazu vorne, Rzn 02.26 f.

[22] Vgl. Art. 31 UVG: 55 % des bisherigen massgeblichen Einkommens.

[23] Art. 24 BVV 2.

Teil 1 Grundlagen

gerin war und der überlebende Ehemann keine minderjährigen Kinder zu betreuen hat. Immerhin kann auch bei diesen Sachlagen eine Abfindung fällig werden[24].

04.22 Ein zusätzlicher Vorsorgebedarf (beispielsweise durch eine Lebensversicherung der gebundenen Selbstvorsorge) ergibt sich nach dem Gesagten, wenn keine Unfallversicherung besteht bzw. diese nicht leistungspflichtig ist und insbesondere auch dann, wenn der Verstorbene als Selbständigerwerbender keine berufliche Vorsorge (und auch keinen sonstigen Risikoschutz) aufgebaut hat oder aufgrund der besonderen Umstände keine Leistungen fällig werden. In bestimmten Sachlagen ist jedoch dem überlebenden Ehegatten die *(Wieder-)Aufnahme einer eigenen Erwerbstätigkeit* ohne weiteres zuzumuten, so dass sich aus diesem Grund ein zusätzlicher Vorsorgeschutz – abgesehen von einem gewissen Kapital zur Überbrückung und einer Verbesserung der (zufolge Erwerbsunterbruch reduzierten) Altersvorsorge – erübrigen kann.

c) Hausgattenehe; früher Tod der Mutter

04.23 Der Tod des nicht erwerbstätigen, kindererziehenden Ehegatten kann ebenso schwerwiegende finanzielle Folgen nach sich ziehen wie der Tod des erwerbstätigen. Es entsteht hier kein Anspruch auf UV- und BV-Renten, dem überlebenden Ehegatten erwachsen jedoch unter Umständen erhebliche Zusatzkosten für die Kinderbetreuung[25].

04.24 Beispiel: B stirbt im Alter von 34 Jahren und hinterlässt ihren Ehemann und zwei Kleinkinder im Alter von zwei und fünf Jahren. B hatte sich vollumfänglich dem Haushalt und der Kindererziehung gewidmet, während ihr Ehemann mit seiner 100 %-Stelle monatlich Fr. 4'500.- verdient. Vor der Heirat im Alter von 28 Jahren hatte B gegen Kost und Logis auf dem elterlichen Landwirtschaftsbetrieb mitgearbeitet. Die AHV-Hinterlassenenrenten berechnen sich auf dem massgeblichen durchschnittlichen Einkommen der Mutter[26] (unter Berücksichtigung der Betreuungsgutschriften) und fallen entsprechend tief aus. Für den Ehemann ist von einer monatlichen Rente von Fr. 971.-, für die zwei Kinder von je Fr. 486.- auszugehen[27]. Insgesamt erhält die Restfamilie Fr. 1'943.-. Weitere Rentenansprüche bestehen nicht. Geht man von einer durch den Wegfall der Mutter erfolgten Einsparung von 20 % aus[28], benötigt die Familie monatlich noch Fr. 4'000.-. Unter Berücksichtigung der Renten darf der Ehemann für die Kosten einer Kleinkindererzieherin und Haushalthilfe nicht mehr als Fr. 2'443.- monatlich aufwenden, was für die Anstellung einer vollzeitlichen Angestellten, wie sie nach den gegebenen Umständen erforderlich wäre, bei weitem nicht ausreicht. Im Übrigen waren die vormaligen Naturalleistungen der Mutter steuerfrei, während die Renten der Einkommensbesteuerung unterliegen.

---

[24] Vgl. Art. 19 Abs. 2 BVG (bzw. das anwendbare Reglement) sowie (für die Witwe) Art. 29 Abs. 3 UVG. Das AHVG kennt keine Abfindungen (mehr).

[25] Ausführlich und mit weiteren Literaturhinweisen zum Haushaltschaden siehe GEISSELER, S. 59 ff.

[26] Art. 33 Abs. 1 AHVG. Für die Mitarbeit im Familienbetrieb sind für die Altersjahre 21-27 monatlich Fr. 1'680.- als beitragspflichtiges Einkommen anzurechnen (Art. 14 Abs. 3 AHVV). Ab diesem Zeitpunkt (1 Jahr) gelten die Minimalbeiträge als bezahlt (Art. 3 Abs. 3 AHVG). Der Karrierezuschlag beträgt 20 %. Für vier Jahre werden Erziehungsgutschriften berücksichtigt.

[27] Berücksichtigung des Einkommens gemäss Fn 26; Höhe der Renten gemäss Rentenskala.

[28] Es handelt sich wiederum um eine Annahme. Der quotale Anteil der fixen Kosten am Haushaltungsbudget ist beim Wegfall des Hausgatten und unter Berücksichtigung des relativ niedrigen Erwerbseinkommens hoch.

d) Kinderloses Ehepaar; ein Ehegatte ist noch in Ausbildung

Hat bisher die Ehefrau das Familieneinkommen erworben und damit dem Ehemann die Ausbildung finanziert, ist beim Tod der Ehefrau keine AHV-Rente geschuldet, ebenso wenig eine UV-Rente oder eine solche nach BVG. Findet sich kein haftpflichtiger Dritter, bleibt dem überlebenden Ehegatten nur die Möglichkeit, selber eine Erwerbstätigkeit aufzunehmen und die Ausbildung zu unterbrechen[29]. Über ein namhaftes Vermögen verfügen die Ehegatten bei dieser Ausgangslage nicht; das Vorhandene ist zudem mit den Verwandten der elterlichen Parentel der verstorbenen Ehefrau zu teilen. 04.25

3. Statistische Hinweise

Aufschlussreich ist im vorliegenden Zusammenhang ein Blick auf die *Armutsquoten* in den verschiedenen Bevölkerungsgruppen[30]. Es handelt sich dabei um den Anteil der Armutsbevölkerung[31] gemessen an der Gesamtbevölkerung bzw. einer bestimmten Bevölkerungsgruppe. 04.26

In der Gesamtbevölkerung lag die Armutsquote 1992 bei 9,8 %. Erstaunlicherweise liegt die Armutsquote für jüngere Personen (20-39 Jahre) signifikant höher, nämlich bei rund 12,3 %. Ältere Menschen sind dagegen überdurchschnittlich gut situiert; die Armutsquote beträgt bei den 60-69-jährigen lediglich 6,6 %. Im höheren Alter steigt die Quote wieder deutlich an und beträgt bei den über 70-jährigen rund 11 %. Dieser Anstieg dürfte mit der erst im Aufbau begriffenen beruflichen Vorsorge zusammenhängen und in künftigen Jahren weiter abnehmen. Dass trotz der Möglichkeit der Inanspruchnahme von Ergänzungsleistungen überhaupt Altersarmut vorliegt[32], hängt damit zusammen, dass ein beträchtlicher Teil der Anspruchsberechtigten diese Ansprüche nicht geltend macht[33]. Bei den verwitweten Personen liegt die Armutsquote ungefähr im Durchschnitt der Gesamtbevölkerung. Hinsichtlich der Existenzsicherung besteht demgemäss kein signifikant höherer Bedarf nach Vorsorge für den überlebenden Ehegatten in fortgeschrittenem Alter. 04.27

Untersuchungen bezüglich des *Einkommens* von allein stehenden Personen im AHV-Alter zeigen sodann, dass deren Einkommen zu rund 84 % auf Renteneinkommen und nur zu 8 % auf Vermögensertrag beruht[34]. In Bezug auf die Begünstigung des überlebenden Ehegatten bedeutet dies, dass die güter- und erbrechtliche Begünstigung, die vor allem die Zuweisung von Vermögenswerten bezweckt, im Ergebnis weniger effizient ist als der auf Renteneinkommen abzielende Ausbau der Säulen 2b und 3a. 04.28

---

[29] Allenfalls sind die Eltern des Betroffenen gemäss Art. 277 Abs. 2 ZGB noch unterstützungspflichtig.

[30] Quelle: Statistisches Jahrbuch der Schweiz, Auflage 2000, S. 341 (T 13.18). Eingehend dazu LEU/BURRI/PRIESTER, passim, die auch die *Vermögenssituation* bestimmter Bevölkerungsgruppen analysieren (S. 351 ff.).

[31] Hier verstanden als die unter der Einkommensgrenze der Ergänzungsleistungen lebenden Personen.

[32] Vgl. zum Einfluss der staatlichen Transferleistungen auf die Armutsquote älterer Personen wiederum das Statistische Jahrbuch der Schweiz, Auflage 2000, S. 343 f, (T 13.19 und 13.20).

[33] LEU/BURRI/PRIESTER, S. 173 f.

[34] Vgl. schon vorne, Rz 1.14 mit Fn 15.

III. Notwendigkeit ergänzender Teilungsregeln

1. Ausübung der Zugsrechte

04.29 Die Beibehaltung der bisherigen Lebensweise bedingt neben einer ausreichenden finanziellen Versorgung des überlebenden Ehegatten, dass dieser in der bisherigen ehelichen Wohnung bleiben kann und den Hausrat zu Alleinbesitz zugewiesen erhält. Angesichts der geschilderten gesetzlichen Ausgangslage[35] verbleibt nur ein geringer Planungsbedarf. Immerhin ist daran zu erinnern, dass bezüglich der Höhe einer allfälligen Ausgleichszahlung bei Ausübung der gesetzlichen Zugsrechte in der Lehre keine Einigkeit besteht[36]. Sofern im Nachlass neben den dem überlebenden Ehegatten zuzuweisenden Objekten nicht ausreichendes Barvermögen vorhanden ist, mit dem im Teilungsverfahren Miterben abgefunden werden können, kann sich diesbezüglich eine ausdrückliche ehe- bzw. erbvertragliche Regelung aufdrängen.

2. Familien- bzw. eheliche Wohnung

04.30 Ob Art. 219 Abs. 1 ZGB nur die Familienwohnung meint, oder ob jede eheliche Wohnung – also insbesondere auch eine Zweitwohnung – davon erfasst wird, ist umstritten[37]. Da sich die Art. 219 Abs. 1 und 612a ZGB gegenseitig ergänzen, ist jedenfalls für beide Normen von der gleichen Begriffsbestimmung auszugehen. Zudem kann der überlebende Ehegatte von Gesetzes wegen nur die Zuteilung *einer* Wohnung verlangen[38]. Gegebenenfalls erweist sich diesbezüglich eine ausdrückliche Regelung als unumgänglich. Unbefriedigend kann ferner der Umstand sein, dass sowohl bei Art. 219 Abs. 1 als auch bei Art. 612a ZGB kein unbedingter Anspruch auf Einräumung des Eigentums gewährt wird, sondern unter gewissen Voraussetzungen eine Beschränkung auf ein Nutzungsrecht erfolgen kann.

3. Hausrat

04.31 Unter Hausrat verstehen Art. 219 Abs. 2 und Art. 612a ZGB die beweglichen Sachen, die gemäss ihrer Zweckbestimmung von den Ehegatten für ihr Zusammenleben verwendet werden[39]. Dazu gehören insbesondere auch die Möbel. Ausgeschlossen sind die dem beruflichen Gebrauch eines Ehegatten dienenden Objekte, Gegenstände, die für den persönlichen Gebrauch des verstorbenen Ehegatten bestimmt waren sowie Luxusobjekte[40]. Vermögenswerte, die der Kapitalanlage dienen sowie Sammlerstücke zählen ebenfalls nicht zum Hausrat[41]. Im Einzelnen kann die Abgrenzung schwierig sein. Sie ist immer

---

[35] Vorne, Rzn 03.06 ff., 03.15.

[36] Vorne, Rz 03.07 mit Fn 10 sowie Rz 03.15 mit Fn 26.

[37] Grosszügig ZGB-HAUSHEER, N 12 zur Art 219 ZGB; HAUSHEER/REUSSER/GEISER, N 36 zu Art 219 ZGB; SEEBERGER, S. 149 ff. sowie STETTLER/WAELTI, Rz 457; für die Beschränkung auf die Familienwohnung DESCHENAUX/STEINAUER/BADDELEY, Rz 1505, sowie SCHLEISS, S. 75 f., je m.w.H.

[38] HAUSHEER/REUSSER/GEISER, N 36 zu Art. 219 ZGB; a.M. NÄF-HOFMANN, Rz 2056.

[39] Vgl. auch vorne, Rz 03.07 mit Fn 7.

[40] SCHLEISS, S. 87.

[41] HAUSHEER/REUSSER/GEISER, N 81 zu Art. 219 ZGB.

ausgehend vom Normzweck vorzunehmen, wonach dem überlebenden Ehegatten die Beibehaltung der bisherigen Lebensweise ermöglicht werden soll[42]. Bei begüterten Ehegatten können somit auch wertvollere Objekte noch zum Hausrat gerechnet werden. Die Zuweisung von Hausrat erfolgt zu *Eigentum*, wenn nicht im Rahmen der erbrechtlichen Auseinandersetzung die Einräumung eines blossen Nutzungsrechts vom Ehegatten oder von den Miterben verlangt wird[43]. Auch hier besteht allenfalls Bedarf nach einer rechtsgeschäftlichen Verfügung.

4. Andere Vermögenswerte

Möchten die Ehegatten dem überlebenden Partner über Wohnung und Hausrat hinaus den Erhalt bestimmter Vermögensgegenstände garantieren – Auto[44], Bilder und Antiquitäten[45], Sammlungen, Vermögensanlagen, persönliche Gegenstände des Verstorbenen usw. – sind ergänzende Vorschriften unumgänglich.   04.32

IV. Streitvermeidung

Die materiell beste Lösung für den überlebenden Ehegatten bleibt unbefriedigend, wenn sie innerhalb der Familie zu Streitigkeiten führt. Eine umfassende Planung hat deshalb auch dem *emotionalen Umfeld* ausreichend Rechnung zu tragen, gilt doch auch heute noch die biblische Weisheit: „Besser ein trockenes Stück Brot mit Frieden als ein Haus voll Fleisch mit Zank"[46]. Oder, moderner ausgedrückt: „Jede Planung von Todes wegen ist nur soviel wert, wie die Harmonie, die sie nach dem Ableben der verfügenden Person erzeugt."[47] Rechtsgeschäftliche Anordnungen tragen – vorausgesetzt sie sind sorgfältig abgefasst – zur Konfliktvermeidung bei oder erleichtern wenigstens die Konfliktlösung. Die Ehegatten können eine Lösung treffen, die den emotionalen Beziehungen, den wirtschaftlichen Interessen und den gesetzlichen Ansprüchen aller Beteiligten Rechnung trägt. Zur Senkung des Konfliktpotentials ist insbesondere Folgendes zu beachten: 04.33

    Erstens ist das rechtzeitige *Offenlegen der Planungsgrundlagen* von Bedeutung. Sind die Beteiligten bereits vor dem Erbgang wenigstens in groben Zügen über die Vermögenssituation und über die nachehelichen Bedürfnisse des überlebenden Ehegatten informiert, wird eine grössere Akzeptanz resultieren. Wo sich Schwierigkeiten abzeichnen, kann es sogar angebracht sein, *die Beteiligten* in die Planung *einzubeziehen*. Geschieht dies beispielsweise durch Abschluss eines Erb(verzichts)vertrages, lassen sich spätere Auseinandersetzungen weitgehend vermeiden. Zu Lebzeiten des Erblassers ist   04.34

---

[42] Vgl. HAUSHEER/REUSSER/GEISER, N 9 zu Art. 219 ZGB. Siehe auch SEEBERGER, S. 153.

[43] Art. 612a Abs. 2 ZGB; Art. 219 ZGB spricht bezüglich des Hausrats nur von Eigentum.

[44] Ob das Auto Hausrat darstellt, kann umstritten sein; vgl. HAUSHEER/REUSSER/GEISER, N 80 zu Art. 219 ZGB, sowie NÄF-HOFMANN, Rz 2137. Es ist im Einzelfall zu entscheiden, ob die Zuweisung eines oder gar mehrerer Wagen zur Beibehaltung der gewohnten Lebensführung erforderlich ist.

[45] Je nach deren Wert und konkreter Verwendung im gemeinsamen Haushalt ist fraglich, ob es sich dabei noch um Hausrat handelt, oder ob eher eine Vermögensanlage vorliegt.

[46] Sprüche 17, 1.

[47] DRUEY, Pflichtteil, S. 172.

bekanntlich die Bereitschaft zu einer gütlichen Einigung grösser, nicht zuletzt auch deshalb, weil der Erblasser über finanzielle Druckmittel verfügt.

04.35 Daneben gilt es, keine erbrechtlichen *Herabsetzungs- oder Teilungsklagen* zu provozieren. Aus diesem Grund ist die Begünstigung des überlebenden Ehegatten in einem angemessenen, für die Erben nachvollziehbaren Rahmen zu halten und sind – vorbehaltlich eines Erbverzichts – die Pflichtteile aller Beteiligten zu respektieren.

04.36 Je nach dem unter den künftigen Erben herrschenden „Klima" sollten die Ehegatten ferner auf sämtliche Formen des gemeinschaftlichen Eigentums und auf beschränkte dingliche Rechte (Nutzniessung und Wohnrecht) verzichten. Auch Nacherbeneinsetzungen und gewisse Auflagen bzw. Bedingungen können – aufgrund der damit zusammenhängenden Sicherstellungspflichten und Kontrollmöglichkeiten – relativ leicht eine Konfliktquelle bilden. Umgekehrt sind Zuwendungen, die dem überlebenden Ehegatten ausserhalb der güter- und erbrechtlichen Auseinandersetzung zustehen[48] für diesen besonders günstig.

04.37 Streitträchtig sind sodann – dies betrifft nun die formelle Ebene der Rechtsgeschäfte – unklare Formulierungen, die von den Beteiligten unterschiedlich interpretiert werden können. Je *klarer und einfacher* die Verhältnisse geregelt werden, desto eher lassen sich diesbezügliche Auseinandersetzungen vermeiden. Werden dem überlebenden Ehegatten Wahlrechte eingeräumt, ist eine Frist zu deren Wahrnehmung festzusetzen und zu bestimmen, was bei unbenutztem Ablauf der Frist gelten soll. Selbstverständlich ist für die einzelnen Rechtsgeschäfte die *gesetzliche Form* zu wahren. Die Einsetzung eines kompetenten *Willensvollstreckers* kann ebenfalls der Streitvermeidung oder -schlichtung dienen.

04.38 Gewissermassen als ultima ratio besteht die Möglichkeit, einen Erben durch lebzeitige Zuwendung oder durch Vermächtnis abzufinden und anschliessend zu enterben[49], was allerdings nicht immer verhindern kann, dass der Betroffene – wenn auch ohne Aussicht auf Erfolg – den Klageweg beschreitet.

V. Unbilligkeit bzw. Unzweckmässigkeit der gesetzlichen Regelung im Einzelfall

04.39 Die gesetzliche Regelung des Güter- und Erbrechts, die eine Vermögensaufteilung nach schematischen Kriterien vorsieht, kann in bestimmten Fällen – jedenfalls aus der Sicht der Ehegatten – unangemessen sein, so dass sich unabhängig von den bestehenden materiellen Bedürfnissen eine abweichende rechtsgeschäftliche Regelung aufdrängt.

---

[48] Z.B. Ansprüche aus einer Gesamtgutszuweisung (hinten, Rzn 06.68 ff.) oder Anwachsungsklausel bei der einfachen Gesellschaft (hinten, Rz 08.120) sowie versicherungsrechtliche Zuwendungen (hinten, Rzn 09.27; 09.46; 09.74)

[49] Einzelheiten dazu hinten, Rzn 05.20 ff., 07.19 f. sowie 08.53 ff.

§ 4 VERBLEIBENDER PLANUNGSBEDARF

1. Ausgangslage: Insgesamt verbesserte Stellung des überlebenden Ehegatten

a) Allgemeines

Die rechtliche Stellung des überlebenden Ehegatten hat sich im Vergleich zu den Nachkommen in den letzten zwei Jahrzehnten grundlegend gewandelt. Dieser Wandel betrifft insbesondere drei Aspekte: die *verbesserte güterrechtliche Stellung der Ehefrau*, die *erweiterten erbrechtlichen Ansprüche der Ehegatten* und deren *ausgebaute Ansprüche aus Sozialversicherungsrecht*.   04.40

Der verbesserten Stellung des überlebenden Ehegatten stehen allerdings auch *Veränderungen im sozialen Umfeld* gegenüber, die diese teilweise etwas relativieren. Beispielsweise ist zu beachten, dass der Erbteil der Kinder von der Kinderzahl abhängt und bei der zu beobachtenden Tendenz zu Kleinfamilien das einzelne Kind eine höhere Quote erhält als noch vor wenigen Jahrzehnten. Einiges Erstaunen hat eine kürzlich erschienene Studie des Bundesamtes für Sozialversicherung[50] ausgelöst, wonach die gesamten Kosten für ein Kind bis zum Alter von 20 Jahren rund Fr. 800'000.-, für zwei Kinder Fr. 1'200'000.- und für drei Kinder Fr. 1'400'000.- betragen[51]. Obschon diese Zahlen Opportunitätskosten berücksichtigen[52], lässt sich sagen, dass den Nachkommen ein Teil der „Ausstattung", die in früheren Zeiten durch das Erbrecht gesichert wurde, heute in Form einer verbesserten Ausbildung zukommt[53]. Eine gewisse erbrechtliche Zurücksetzung der Nachkommen im Vergleich zu früher ist aus diesen Gründen angemessen[54]. Ausserdem stehen die Nachkommen aufgrund der höheren Lebenserwartung der Eltern im Zeitpunkt des Erbanfalls regelmässig bereits auf eigenen Beinen und bedürfen des elterlichen Vermögens nicht mehr zum Aufbau einer eigenen Existenz[55]. Umgekehrt kann ein Elternteil, der zugunsten der Kindererziehung auf eine lukrative Erwerbstätigkeit und damit auf den Aufbau einer eigenen Altersvorsorge verzichtet hat, auf zusätzliche Mittel angewiesen sein.   04.41

b) Sozialversicherungen

Die ausgebaute soziale Vorsorge entzieht den Miterben des Ehegatten erhebliche finanzielle Ansprüche, indem das herkömmliche Modell des individuellen, freien Sparens (heute: Säule 3b), das früher die Erbmasse des Verstorbenen vergrösserte, über weite Strecken ersetzt wurde durch das „Zwangssparen" der obligatorischen beruflichen Vor-   04.42

---

[50] Forschungsbericht BSV Nr. 10/1998.

[51] Ein Sechstel davon wird den Eltern über Familienzulagen und Steuerabzüge zurückerstattet.

[52] In den erwähnten Zahlen sind die indirekten Kosten enthalten, d.h. der Lohnausfall des betreuenden Elternteils. Auf die direkten Kinderkosten entfallen davon bei einem Kind Fr. 340'000.-, bei zwei Kindern Fr. 490'000.- und bei drei Kindern Fr. 670'000.-.

[53] Dies entspricht im Übrigen der erwähnten Entwicklung (vorne, Rz 01.13), wonach heute weniger das Familienvermögen als vielmehr eine gute Ausbildung die wirtschaftliche Grundlage der Familie bildet.

[54] Zu den Gründen für den Ausbau des Ehegattenerbrechts siehe auch die Botschaft vom 11.7.1979, Ziff. 162.

[55] Vorne, Rz 01.14.

sorge und einer allfälligen reglementarischen Zusatzvorsorge[56]. Anders als das Erbrecht, das unabhängig von den Bedürfnissen der Angehörigen auf dem Parentelensystem beruht, richtet sich das Sozialversicherungs- bzw. Vorsorgerecht weitgehend nach den – allerdings durch die bestehende Familienstruktur abstrakt definierten – Vorsorgebedürfnissen der Hinterbliebenen[57].

04.43 Stirbt der Vorsorgenehmer, geht das „angesparte" Vermögen[58] in Form einer Hinterlassenenrente an die überlebende Ehefrau[59] und gegebenenfalls an die Kinder. Letztere profitieren allerdings, wenn überhaupt, nur für ganz beschränkte Zeit[60]. Die Ehefrau übernimmt damit den erheblich grösseren Teil des „Ersparten", und zwar umso mehr, je länger sie selber von der Rente zehren kann. Stirbt dagegen der Ehegatte des Vorsorgenehmers, werden dessen eigenen Rentenansprüche in keiner Weise betroffen: Das BVG-Altersguthaben, das im Falle herkömmlichen Sparens als Errungenschaft mit den Erben des Ehegatten zu teilen gewesen wäre, verbleibt beim Vorsorgenehmer[61].

04.44 Die berufliche Vorsorge wirkt sich insbesondere dort auf den Erbanspruch aus, wo die Beiträge angesichts des Familieneinkommens keine Sparquote mehr zulassen bzw. diese in erheblichem Mass verringern, was bei kleineren und mittleren Einkommen zutrifft. Im Durchschnitt aller Haushalte fliessen 13,5 % der Ausgaben der Sozialversicherung zu; bei tieferen Einkommen dürfte der Prozentsatz höher liegen[62].

c) Güterrecht: Ordentlicher Güterstand der Errungenschaftsbeteiligung

04.45 Mit dem Übergang vom ordentlichen Güterstand der Güterverbindung zur Errungenschaftsbeteiligung verwirklichte die Reform von 1985 (i.K. seit 1.1.1988) die Gleichbehandlung der Ehegatten. Damit verbunden war eine Verbesserung der Stellung der Ehefrau unter Inkaufnahme einer (allerdings nur güterrechtlichen) Verschlechterung der Stellung des Ehemannes[63].

---

[56] Nur eine beschränkte materielle Verbesserung der Stellung des überlebenden Ehegatten resultiert aus der Begünstigung durch gebundene Vorsorge, da derartige Hinterlassenenansprüche pflichtteilsrelevant sind; dazu vorne, Rzn 03.56 ff. Eine gewisse Verbesserung ergibt sich dort, wo Direktansprüche des überlebenden Ehegatten gegenüber einer Versicherung bestehen, die nicht in den Nachlass fallen und somit nur (mit dem Rückkaufswert) für die Berechnung der Pflichtteile und eine allfällige Herabsetzung, nicht aber für die ordentliche Teilung berücksichtigt werden.

[57] KOLLER, Vorsorge, S. 22, m.w.H.

[58] Rechtlich betrachtet sind es im Bereich der ersten und zweiten Säule selbstverständlich nicht die vom Vorsorgenehmer einbezahlten und verzinsten Beiträge, die an die hinterbliebene Familie zurückfliessen. Die Anwartschaften als solche und in gewissem Mass deren Umfang beruhen jedoch auf den Beitragszahlungen der versicherten Person.

[59] Oder auch an den Ehemann, wenn die betreffende Vorsorgeeinrichtung die Gleichstellung der Geschlechter verwirklicht hat.

[60] Nämlich bis zur Mündigkeit oder längstens bis zum 25. Altersjahr, wenn sie noch in Ausbildung stehen; vgl. Art. 25 Abs. 3 und 4 AHVG sowie 22 Abs. 3 BVG.

[61] Dazu vorne, Rz 03.20.

[62] Vgl. Statistisches Jahrbuch, Auflage 2000, S. 186, Ziff. 6.6.

[63] Dank des gleichzeitig ausgebauten Ehegattenerbrechts ist auch die Stellung des überlebenden Ehemannes günstiger als vor der Revision.

d) Verbesserte erbrechtliche Stellung des Ehegatten

Die Reform des Erbrechts per 1.1.1988 bezweckte hauptsächlich die *Besserstellung des überlebenden Ehegatten* gegenüber anderen Erben. Begründet wurde dies mit der Sorge für den überlebenden Ehegatten im Alter und einem verringerten Bedürfnis der Nachkommen[64]. Ausserdem wurde berechtigterweise dem Anliegen Rechnung getragen, dass die Kernfamilie heutiger Prägung gleicherweise Ehegatte und Nachkommen umfasst. Die vertikale Weiterleitung des Vermögens an die Nachkommen hat nach heutiger Auffassung nicht grössere Bedeutung als der Gedanke, dass die Ehegatten, die sich zu einer dauernden, umfassenden Lebensgemeinschaft verbunden haben, nach dem Tod des einen von ihnen am gemeinsam erworbenen und verwalteten Gut beteiligt werden sollen.

04.46

Zu *unbilligen Resultaten* kann es im Einzelfall zufolge der starren, von der Zusammensetzung des Nachlasses unabhängigen erbrechtlichen Quoten kommen. Überwiegt im Nachlass die Errungenschaft, ist unter Umständen eine grössere Beteiligung des Ehegatten auch gegenüber den Nachkommen angemessen. Wo dagegen in beträchtlichem Umfang Eigengut im Sinne von Familienvermögen (insbesondere Erbschaften und Vorbezüge) vorhanden ist, ist eher eine angemessene Weiterleitung dieses Vermögens an die Nachkommen des Erblassers sicherzustellen[65] und ist auch die Beteiligung der elterlichen Parentel berechtigt.

04.47

2. Regelungsbedarf betreffend Nachkommen

Zusammenfassend stehen den Gründen, die für eine weit gehende Vorzugsstellung des überlebenden Ehegatten sprechen, unter dem geltenden Recht bereits dessen erheblich ausgebauten gesetzlichen Ansprüche gegenüber. Eine maximale Begünstigung des überlebenden Ehegatten kann kaum mehr damit begründet werden, dass die Nachkommen gegenüber dem Ehegatten zu günstig gestellt seien. Ein entsprechendes Bedürfnis ergibt sich nicht einmal bei hohen Ausbildungskosten oder Erbvorbezügen der Nachkommen, da diese erbrechtlich der Ausgleichung – auch gegenüber dem überlebenden Ehegatten – unterstellt sind bzw. unterworfen werden können[66]. Eine rechtsgeschäftliche Zurücksetzung kann, wenn der Unterhalt des überlebenden Ehegatten durch die gesetzlichen Ansprüche sichergestellt ist, nur einzelfallbezogen mit *subjektiven Motiven* begründet werden: Beispielsweise soll der drogensüchtige Sohn nicht noch mit erbrechtlichen Zuflüssen in seinem Tun unterstützt werden oder soll die schwerstbehinderte, in einem Heim lebende Tochter nicht Mittel erhalten, die vom Ehepartner effizienter eingesetzt werden könnten[67]. Es handelt sich offensichtlich um Ausnahmefälle. Umgekehrt kann sich – beispielsweise im Rahmen einer kurzen, kinderlosen Zweitehe und bei Vorhandensein vorehelicher Nachkommen – eine Beschränkung der Ansprüche des überlebenden Ehegatten aufdrängen.

04.48

---

[64] Vgl. Botschaft vom 11.7.1979, Ziff. 162.

[65] Insbesondere ist zu verhindern, dass das Familienvermögen an die nichtgemeinsamen Nachkommen des überlebenden Ehegatten oder an dessen zweiten Partner fliesst.

[66] Hinten, Rzn 08.36 f.

[67] Zum vor allem in Deutschland zunehmend an Bedeutung gewinnenden Behindertentestament siehe hinten, Rz 11.52.

3. Regelungsbedarf betreffend die elterlichen Parentel

04.49 Grundsätzlich ist die Tendenz zu beobachten, später und weniger Nachkommen zu haben. Damit stellt sich immer häufiger die Frage nach der inneren Rechtfertigung des Erbrechts der elterlichen Parentel, liegt doch, wenn schon die Überleitung des Nachlasses an die nächste Generation nicht erreicht werden kann, die Erbfolge des Ehegatten näher als jene des elterlichen Stammes[68]. Die Beteiligung der elterlichen Parentel bei fehlenden Nachkommen wird damit begründet, dass die Eltern in den meisten Fällen für ihr vorverstorbenes Kind in verschiedener Hinsicht grosse Aufwendungen erbracht haben[69]. Andererseits lässt sie sich mit dem Argument rechtfertigen, dass ein Ehegatte, der noch vor der Geburt von Kindern verstirbt, einen massgeblichen Teil seines Vermögens von den Eltern empfangen hat, und diese, bzw. die Geschwister des Erblassers, nicht um dieses Familienvermögen gebracht werden sollen. Bei diesen Sachlagen ist gegen die gesetzlich vorgesehene, moderate Beteiligung des elterlichen Stammes mit einem Viertel nichts einzuwenden. Andernfalls kann das Ergebnis der Auseinandersetzung aus verschiedenen Gründen unbefriedigend bleiben.

04.50 Heute wird oft zu einem Zeitpunkt geheiratet, in dem unter Umständen bereits einiges aus der Erwerbstätigkeit erspartes Vermögen vorhanden ist, das in der güterrechtlichen Auseinandersetzung dem Eigengut jedes Ehegatten zugerechnet wird. Eine innere Rechtfertigung dafür, dass der elterliche Stamm an diesem Vermögen zu einem Viertel beteiligt werden soll, entfällt jedenfalls in Bezug auf die *Geschwister des Erblassers*, die nach dem Tod der Eltern in deren Rechtsstellung nachrücken. Bezüglich Ausbildungskosten, die das übliche Mass übersteigen, hat nämlich bereits beim Tod der Eltern eine erbrechtliche Ausgleichung stattgefunden[70].

04.51 Die gesetzliche Regelung führt im Übrigen zu einer Beteiligung der elterlichen Parentel auch an der *Errungenschaft des überlebenden Ehegatten* – wenn auch im Ergebnis nur zu einem Achtel. Dies ist allenfalls bei kinderlosen Ehegatten unerwünscht, geht es doch hier nicht um Familienvermögen, das in der gleichen Linie weitergeleitet werden sollte, sondern um durch gemeinsamen Einsatz der Kräfte erworbenes Gut der Ehegatten[71].

04.52 Ferner ist an ein länger dauerndes *Konkubinat vor der Ehe* zu denken. Was formell Eigengut ist und unberührt von der güterrechtlichen Auseinandersetzung in den Nachlass fällt, wurde diesfalls möglicherweise vor der Heirat in eheähnlichem Zusammenwirken „errungen". Verstirbt der zur Hauptsache erwerbstätig gewesene Ehegatte, wird dessen elterliche Parentel an Vermögenswerten beteiligt, die – wirtschaftlich betrachtet – primär dem früheren Konkubinatspartner und nun überlebenden Ehegatten zukommen müssten.

---

[68] WEIMAR, Erbrecht, S. 381, mit Hinweis auf Genesis 2, 24: „Der Mann verlässt Vater und Mutter und hängt an seiner Frau."
[69] Vgl. WILDISEN, S. 61, m.w.H.
[70] Vgl. Art. 631 Abs. 1 ZGB.
[71] Vgl. HEGNAUER, Entwicklungen, S. 20.

4. Problematik der Rekombinationsfamilien[72] und der Unternehmensnachfolge (Hinweise)

Der Gesetzgeber nimmt auf die spezifischen *Bedürfnisse vorehelicher Nachkommen* nur punktuell Rücksicht. Abgesehen von einer Sonderbestimmung bei der Ehegattennutzniessung und gewissen sozialversicherungsrechtlichen Folgen[73] hat eine *Wiederverheiratung* des überlebenden Ehegatten für diesen keine finanziellen Einbussen zur Folge, was zu einer unerwünschten Verlagerung des Vermögens der ersten Ehe sowie zu einer Benachteiligung der Nachkommen aus erster Ehe führen kann. Rechtsgeschäftliche Vorkehren sind deshalb sowohl mit Blick auf eine allfällige Wiederverheiratung als auch (bei Planung in einer bestehenden zweiten Ehe) mit Rücksicht auf allfällige voreheliche Nachkommen erforderlich. Siehe zum Ganzen hinten, § 12. 04.53

Die gesetzliche Regelung kann sich auch im Zusammenhang mit einem *Familien- unternehmen* als unzweckmässig erweisen. Dies gilt sowohl dann, wenn ein Ehegatte nach dem Tod des anderen die Unternehmung vorläufig alleine fortführen will, als auch für den Fall, dass eine Übertragung der Unternehmung bzw. der Geschäftsführung an einen Nachkommen angestrebt wird. Dazu im Einzelnen hinten, § 13. 04.54

VI. Exkurs: Internationalprivatrechtliche Sachverhalte

1. Problemstellung

Wird ein Todesfall nach schweizerischem Recht abgewickelt, ist bekanntlich zwischen der güterrechtlichen und der erbrechtlichen Auseinandersetzung zu unterscheiden. Erstere bestimmt den Anteil des überlebenden Ehegatten am ehelichen Vermögen, letztere führt zu dessen Beteiligung am Nachlass. Die ausschliessliche Anwendung des schweizerischen Rechts durch schweizerische Behörden ist allerdings für Ehegatten mit Wohnsitz in der Schweiz nicht immer zwingend. Bei Auslandberührung steht teilweise von Gesetzes wegen anderen Staaten die Entscheidkompetenz zu und/oder sind deren Rechtsordnungen anwendbar, in weiteren Fällen ist eine Rechtswahl möglich. *Ausländische Rechtsordnungen* regeln die Folgen eines Todesfalls unter Umständen wesentlich anders als die Schweiz. Selbst wenn im Ergebnis die Rechtsstellung des überlebenden Ehegatten etwa gleich bewertet wird wie in der Schweiz, können den güter- und erbrechtlichen Ansprüchen dabei ein unterschiedliches Gewicht zukommen. Fallen Güter- und Erbstatut auseinander, kann das Resultat deshalb unbillig erscheinen: Der überlebende Ehegatte erhält entweder zu viel, weil das Güterstatut eine güterrechtliche und das Erbstatut eine erbrechtliche Beteiligung des Ehegatten am ehelichen Vermögen vorsieht, oder er erhält im umgekehrten Fall zu wenig oder – im Extremfall – gar nichts[74]. Dasselbe gilt dann, wenn das auf beide Auseinandersetzungen anwendbare ausländische Recht die Stellung des überlebenden Ehegatten grundsätzlich anders gewichtet, als dies die 04.55

---

[72] Zum Begriff siehe Rz 01.15 mit Fn 19.
[73] Vgl. Art. 473 Abs. 3 ZGB; Art. 23 Abs. 4 AHVG; Art. 29 Abs. 6 UVG; Art. 52 Abs. 2 MVG; Art. 22 Abs. 2 BVG.
[74] JAMETTI GREINER/GEISER, S. 8 f. Zu den verschiedenen güter- und erbrechtlichen Beteiligungsformen in zahlreichen Ländern siehe FLICK/PILTZ, 2. Teil.

schweizerische Rechtsordnung tut. Die Konstellationen, in denen eine rechtlich relevante Auslandberührung vorliegt, sind vielfältig. Im Folgenden soll jedoch nur der Fall beleuchtet werden, in dem die Ehegatten ihren letzten Wohnsitz in der Schweiz haben[75].

2. Zuständigkeit der schweizerischen Gerichte und Behörden

04.56 Die Zuständigkeit der schweizerischen Gerichtsbarkeit für die güterrechtliche Auseinandersetzung ist bei Todesfällen derjenigen für die erbrechtliche Auseinandersetzung angeglichen[76]. Die Zuständigkeit der Schweizer Behörden ergibt sich primär aus dem *Wohnsitzprinzip*[77]. Dabei gilt der Grundsatz der *Nachlasseinheit*[78], d.h. auf die Gesamtheit des Nachlasses ist grundsätzlich nur eine einzige Rechtsordnung anwendbar. Hatte der Erblasser seinen letzten Wohnsitz in der Schweiz, sind somit die schweizerischen Behörden für die Abwicklung des Nachlasses zuständig. Zu einer *Nachlassspaltung* kommt es dann, wenn sich im Ausland gelegene Grundstücke im Nachlass befinden, für die der betreffende Staat die ausschliessliche Zuständigkeit beansprucht[79]. Die Schweiz anerkennt den Anspruch des Belegenheitsstaates, ausschliesslich über die Rechtsnachfolge bezüglich der Liegenschaften zu entscheiden[80]. Keine von der Schweiz anerkannte Nachlassspaltung, sondern ein so genannter *Nachlasskonflikt* liegt dagegen vor, wenn sich die Zuständigkeiten mit Bezug auf den ganzen Nachlass oder einen Teil davon überschneiden[81], beispielsweise weil ein Staat die Heimatzuständigkeit beansprucht.

3. Anwendbares Recht

04.57 Erklären sich schweizerische Behörden und Gerichte als für die güter- und erbrechtliche Auseinandersetzung zuständig, entscheidet sich die Frage des anwendbaren Rechts – vorbehaltlich internationaler Übereinkommen – nach dem IPRG. Betreffend das *Güterrecht* haben die Ehegatten eine relativ grosse Freiheit der Rechtswahl[82]. Insbesondere können sie sich dem Recht eines ihrer Heimatstaaten unterstellen[83]. Hatten die Ehegatten früher Wohnsitz in einem anderen Staat, lässt sich auch die Weitergeltung der betreffenden güterrechtlichen Ordnung vereinbaren[84]. Treffen die in der Schweiz wohnhaften Ehegatten keine Rechtswahl, unterstehen sie dem schweizerischen Ehegüterrecht[85].

---

[75] Zu anderen Sachlagen siehe etwa die Dissertation von BUSCHOR sowie IPRG-HEINI zu den Art. 86-96 IPRG, je m.w.H. Weitere Literatur zum Ehegüterrecht bei internationalen Bezügen findet sich bei HAUSHEER/REUSSER/GEISER, Vorbem. vor Art. 181 ff., Ziff. III.

[76] Art. 51 Bst. a IPRG.

[77] Art. 86 IPRG. Zur subsidiären Zuständigkeit siehe Art. 87 IPRG und dazu IPRG-HEINI.

[78] Siehe dazu einlässlich HEINI.

[79] Dazu BUSCHOR, S. 43 ff.

[80] Art. 96 Abs. 1 Bst. b IPRG.

[81] IPRG-HEINI, N 7 ff. vor Art. 86-96 IPRG.

[82] Zu den Modalitäten der Rechtswahl JAMETTI GREINER/GEISER, S. 11 f.

[83] Vgl. Art. 52 Abs. 2 IPRG.

[84] Art. 55 IPRG; JAMETTI GREINER/GEISER, S. 25 f.

[85] Art. 54 Abs. 1 Bst. a IPRG.

Bezüglich des *Erbstatuts* steht einem Schweizer Bürger mit Wohnsitz in der 04.58
Schweiz keine Wahlmöglichkeit zur Verfügung, anwendbar ist immer – vorbehaltlich
Grundeigentum im Ausland – schweizerisches Erbrecht[86]. Dagegen kann ein Ausländer
mit letztem Wohnsitz in der Schweiz seinen Nachlass einem seiner Heimatrechte unterstellen[87]. Eine Besonderheit gilt für *Erbverträge*: Diese unterstehen dem Recht am
Wohnsitz des Erblassers zur Zeit des Vertragsabschlusses[88]. Ehegatten mit Schweizer
Bürgerrecht, die zeitweilig im Ausland wohnhaft sind, haben somit die Möglichkeit einer
Rechtswahlvereinbarung. Ein Vorbehalt des Erbstatuts – in den hier betrachteten Fällen
also des schweizerischen Rechts – hinsichtlich des Pflichtteilsrechts wurde dabei bewusst nicht vorgesehen[89].

Güter- und Erbrecht stehen, wie bereits ausgeführt, in jeder Rechtsordnung in einer 04.59
Wertungsharmonie zueinander. Vernünftigerweise werden die Ehegatten deshalb bei
einer einseitigen Rechtswahl bzw. einer Rechtswahlvereinbarung auf *Übereinstimmung
von Güter- und Erbstatut* achten.

4. Berücksichtigung ausländischer Entscheidungen

In den Fällen der *Nachlassspaltung* (d.h. bezüglich im Ausland gelegener Grundstücke) 04.60
wird der ausländische Entscheid von den Schweizer Behörden anerkannt[90]. Die unterschiedliche Rechtsstellung der Erben in den verschiedenen Rechtsordnungen ist grundsätzlich nicht zu korrigieren[91]. Abweichungen können durch die Billigkeit geboten sein,
wovon insbesondere das Pflichtteilsrecht betroffen ist[92].

BUCHER[93] zeigt dies an einem illustrativen Beispiel: Hat der unverheiratete Erblasser einem seiner 04.61
beiden Söhne ein Grundstück in England vermacht und dem anderen sein gesamtes Barvermögen im
selben Wert wie die Liegenschaft, müsste der Schweizer Richter, der für das in England gelegene Grundstück nicht zuständig ist, die Herabsetzungsklage des ersten Sohnes gutheissen, während der zweite Sohn
bei einer analogen Klage in England, das kein Pflichtteilsrecht kennt, abgewiesen würde. Hier gebietet
die Billigkeit, dass der Richter das dem ersten Sohn zugewiesene ausländische Grundeigentum bei seinem Entscheid wertmässig berücksichtigt.

Sieht sich der schweizerische Richter dagegen einem *Nachlasskonflikt* gegenüber, 04.62
trifft er seinen Entscheid grundsätzlich ohne Rücksicht auf eine konkurrierende ausländische Zuständigkeit. Allerdings sind unter Umständen materielle Auswirkungen des aus-

---

[86] Art. 90 Abs. 1 IPRG.
[87] Art. 90 Abs. 2 IPRG. Die Unterstellung fällt dahin, wenn der Erblasser im Zeitpunkt des Todes die betreffende Staatsangehörigkeit verloren oder wenn er zwischenzeitlich das Schweizer Bürgerrecht erworben hat.
[88] Art. 95 Abs 1 IPRG; mittels Erbvertrag kann gemäss Abs. 2 derselben Bestimmung auch der ganze Nachlass dem Heimatrecht unterstellt werden, was (anders als bei einer Unterstellung nach Art. 90 Abs. 2 IPRG) auch für Auslandschweizer gilt; IPRG-HEINI, N 4 zu Art 95 IPRG.
[89] IPRG-HEINI, N 10 zu Art. 95 IPRG, mit Hinweis auf a.M.
[90] Art 96 Abs 1 Bst. b IPRG.
[91] BUSCHOR, S. 163, m.w.H.
[92] IPRG-HEINI, N 14 ff. vor Art. 86-96 IPRG mit Beispielen.
[93] BUCHER, Rz 939.

ländischen Verfahrens in die Gesamtbeurteilung einzubeziehen[94]. So bezieht sich beispielsweise die Pflichtteilsberechnung auf den gesamten Nachlass, was dem zu kurz gekommenen Erben allerdings dann nichts nützt, wenn das im Inland gelegene Vermögen zur Deckung seines Anspruchs nicht ausreicht und der in der Schweiz zugesprochene Teilungsanspruch im Ausland nicht durchsetzbar ist[95].

5. Ordre public und Rechtsmissbrauchsverbot

04.63 Die aufgezeigte Zulässigkeit der Rechtswahl eröffnet dem Erblasser die Möglichkeit, eine seinen Vorstellungen besser gerecht werdende Rechtsordnung zu wählen. Andererseits eröffnen sich auch Missbrauchsmöglichkeiten. Soll beispielsweise der überlebende Ehegatte maximal begünstigt werden, kann durch die Unterstellung unter das englische Heimatrecht oder durch Ehevertrag bei vorübergehendem Wohnsitz der Ehegatten in Grossbritannien das Pflichtteilsrecht der Nachkommen ausgeschaltet werden[96]. Korrekturen sind in zweierlei Hinsicht denkbar. Einerseits kann die Rechtswahl unter Umständen als rechtsmissbräuchlich qualifiziert werden, wodurch sie hinfällig wird und das ordentliche Güter- und Erbstatut – bei schweizerischem Wohnsitz somit die hiesige Rechtsordnung – zur Anwendung gelangt (Rz 04.64). Der Schweizer Richter kann aber auch den Vorbehalt des ordre public in Anspruch nehmen und entweder der betreffenden Norm des IPRG die Anwendung versagen oder einer ausländischen Entscheidung die Anerkennung in der Schweiz verweigern[97].

04.64 *Rechtsmissbrauch*[98] ist auch im internationalen Privatrecht verboten. Vorliegend interessiert der Tatbestand der *Gesetzesumgehung* als Teilaspekt des Rechtsmissbrauchs[99]; die Umgehung von zwingenden Sachnormen einer bestimmten Rechtsordnung verdient keinen Schutz. Wo das IPRG eine Rechtswahl ausdrücklich erlaubt, liegt allerdings keine Gesetzesumgehung vor[100]. Im Zusammenhang mit der Begünstigung des überlebenden Ehegatten bedeutet dies, dass sich die Ehegatten bei ihrer Rechtswahl davon leiten lassen können, welche von mehreren zur Verfügung stehenden Rechtsordnung ihren Vorstellungen besser entspricht[101]. Die Wahl des günstigeren Rechts ist legitim, und zwar auch dann, wenn der Sachzusammenhang gering ist, d.h. der Erblasser zu einer anderen Rechtsordnung einen deutlich stärkeren Bezug aufweist[102]. Die Parteiautonomie

---

[94] IPRG-HEINI, N 8 vor Art. 86-96 IPRG.
[95] BUSCHOR, S. 163.
[96] Illustrativ der Entscheid BGE 102 II 136 ff. (Fall „Cohen"), der in der Lehre allerdings teilweise auf Kritik gestossen ist (vgl. HAUSHEER in ZBJV 114 [1978] S. 193 ff.). De lege lata dürfte das Urteil richtig sein, nachdem der damals geltende, auf internationale Sachverhalte nur „entsprechend" anzuwendende Art. 22 NAG (der primär für interkantonale Konflikte konzipiert worden war), inzwischen durch Art. 90 Abs. 2 IPRG abgelöst wurde. Vgl. auch IPRG-HEINI, N 16 zu Art. 90 IPRG.
[97] Art. 17 IPRG bzw. Art. 27 IPRG; vgl. Rz 04.65
[98] Art. 2 Abs. 2 ZGB.
[99] KELLER/SIEHR, S. 525.
[100] KELLER/SIEHR, S. 383.
[101] BUSCHOR, S. 152.

geht nach dem Willen des Gesetzgebers dem engsten Sachzusammenhang vor. Rechtsmissbrauch würde immerhin dort vorliegen, wo eine Voraussetzung zur Rechtswahl (z.B. Wohnsitzbegründung im betreffenden Staat) nur gerade zwecks Gesetzesumgehung geschaffen wird[103].

Der *Ordre public* ist eine Generalklausel, die den Richter ermächtigt, ausnahmsweise das fremde Recht nicht zu beachten, wenn dessen Anwendung im Einzelfall zu einem *krass ungerechten Ergebnis* führen würde. Mit anderen Worten schützt der ordre public die wesentlichen Wertungen der inländischen Rechtsordnung[104]. In BGE 102 II 136 erklärte das Bundesgericht, das Pflichtteilsrecht des ZGB weise nicht Ordre public-Charakter auf[105]. Da die im in der Zwischenzeit in Kraft getretenen IPRG gewährten Wahlrechte des Erblassers vom Gesetzgeber ohne Vorbehalt des schweizerischen Pflichtteilsrechts erlassen wurden, dürfte die Anrufung des Ordre public wegen Pflichtteilsverletzungen nunmehr ohnehin chancenlos sein. Immerhin bleibt zu beachten, dass die Frage des Verstosses gegen den Ordre public nicht generell für ein bestimmtes Rechtsinstitut beantwortet werden darf, sondern jeweils alle Umstände des Einzelfalls zu berücksichtigen sind[106].

04.65

6. Beispiele

Aus dem Gesagten geht hervor, dass sich – innerhalb der genannten Schranken des ordre public und des Rechtsmissbrauchsverbots – aufgrund der ausländischen Nationalität oder eines früheren ausländischen Wohnsitzes der Ehegatten ein gezielter Einbezug der internationalen Anknüpfung in die Vorsorgeplanung lohnen kann oder ein solcher sogar unbedingt erforderlich ist. Das soll anhand zweier – nicht ganz abwegiger – Beispiele illustriert werden.

04.66

Beispiel 1: Die Ehegatten stammen aus dem Bundesstaat Iowa, USA. Die Ehefrau, eine erfolgreiche Diplomatin, erzielt ein beträchtliches Einkommen, während der Ehemann die Haushaltführung und die Betreuung der zwei gemeinsamen Kinder übernommen hat. Wenige Jahre nach ihrem Eheschluss ziehen die Ehegatten in die Schweiz um, wobei sie sich entschliessen, gemäss der Wahlmöglichkeit von Art. 52 IPRG den vertrauten Heimatgüterstand beizubehalten. Iowa gehört zu den sog. Common-law-Staaten, wonach zwischen den Ehegatten Gütertrennung herrscht. Die Versorgung des überlebenden Ehegatten wird in diesen Bundesstaaten der USA allein durch das Erbrecht be-

04.67

---

[102] Vgl. Art. 15 Abs. 2 IPRG. Vgl. auch hierzu BGE 102 II 136 (Fall „Cohen"). Der Erblasser, gebürtiger Deutscher, der später die englische Staatsbürgerschaft erworben hatte, hatte mehr als 20 Jahre in der Schweiz gewohnt. Um seine Tochter zugunsten seiner zweiten Ehefrau zu enterben, unterstellte er seinen Nachlass dem englischen Recht. Das Bundesgericht verneinte in casu das Vorliegen eines Rechtsmissbrauchstatbestandes (a.a.O., S. 138 f.).

[103] Vgl. zur Gesetzesumgehung auch IPRG-VISCHER, N 14 zu Art. 17 IPRG.

[104] SCHWANDER, S. 220 f.

[105] Regeste 2, S. 136. Zahlreiche Staaten kennen kein Pflichtteilsrecht in unserem Sinn, so etwa Australien, Grossbritannien, Kanada, Südafrika. Teilweise besteht jedoch ein Schutz in der Form eines Unterhaltsanspruchs gegen den Nachlass, der nach richterlichem Ermessen festgelegt wird; vgl. zum Ganzen FLICK/PILTZ, 2. Teil.

[106] SCHWANDER, S. 226 f.

wirkt[107], wobei der überlebende Ehegatte in verschiedenen Staaten, unter anderem in Iowa, ausschliesslich erbberechtigt ist[108]. Erklären die Ehegatten bei ihrem Wohnsitzwechsel in die Schweiz, den Heimatgüterstand beibehalten zu wollen, sind sie sich möglicherweise nicht bewusst, dass sie bezüglich des Erbrechts schweizerischem Recht unterstehen und bei einer Kombination von Gütertrennung und gesetzlichem Erbrecht der Hausgatte – hier der Ehemann – benachteiligt wird. In dieser Konstellation ist somit eine Anpassung nötig, die grundsätzlich in zwei Richtungen erfolgen kann: Entweder unterstellen sich die Ehegatten dem schweizerischen Ehegüterrecht, d.h. dem ordentlichen Güterstand der Errungenschaftsbeteiligung, oder sie unterstellen ihren Nachlass gemäss Art. 90 IPRG ihrem Heimatrecht. In beiden Fällen wird die Wertungsharmonie, die in beiden Staaten zwischen Güter- und Erbrecht besteht, wiederhergestellt.

04.68 Beispiel 2: Der Ehemann stammt aus einem islamischen Staat, die Ehefrau ist Schweizerin. Die Ehegatten haben Wohnsitz in der Schweiz; der Ehemann besitzt ein beträchtliches Vermögen in seinem Heimatstaat. Eine derartige Konstellation erscheint auf den ersten Blick unproblematisch. Wegen ihrer Wohnsitznahme in der Schweiz unterstehen die Ehegatten dem schweizerischen Güter- und Erbstatut, sofern sie keine andere Wahl getroffen haben. Probleme ergeben sich jedoch im Todesfall eines Ehegatten bezüglich des im Ausland gelegenen Vermögens. Ob ein schweizerisches Urteil unter Anwendung unserer Rechtsordnung vollstreckbar ist, darf bezweifelt werden. Die überlebende Ehefrau hat würde aus verschiedenen Gründen wohl kaum als rechtmässige Erbin anerkannt: Als Nicht-Muslimin ist sie in gewissen Ländern gar nicht erst erbberechtigt[109]. Selbst wenn ihr Erbenstellung zuerkannt würde, beträgt ihre Erbquote nur ein Bruchteil von dem, was ihr nach schweizerischem Erbrecht zukäme[110]. Eine weitere Schwierigkeit ergibt sich dann, wenn sich der muslimische Partner vom Islam abwendet, da dies in den arabischen Ländern zur Eröffnung der Erbfolge über dessen Vermögen führt[111]. Der ordentliche Güterstand nach islamischem Recht ist überdies die Gütertrennung, was den Hausgatten schwer benachteiligt[112]. Praktisch die einzige Möglichkeit, die in dieser Situation weiterhilft, ist der Vermögenstransfer in ein Land, das nach seinem

---

[107] Ebenso verhält es sich beispielsweise in Australien; FLICK/PILTZ, Rz 401.

[108] BUCHFINK, S. 12 und 15.

[109] Vgl. PAULI, S. 160, m.w.H. Immerhin besteht die Möglichkeit, ein Vermächtnis in beschränktem Umfang zugunsten des nicht erbberechtigten Ehegatten auszusetzen; ALDEEB, S. 309.

[110] Der Anteil des überlebenden Ehegatten ist abhängig vom Geschlecht – der überlebende Ehemann sowie die Söhne des Ehepaars erhalten das Doppelte von dem, was der Ehefrau und Töchtern zugeteilt wird; Näheres bei PAULI, S. 158 f.; vgl. ferner ALDEEB/BONOMI, S. 309 ff. Die überlebende Ehefrau erhält somit ¼ des Nachlasses, falls die Ehegatten keine Kinder haben, bzw. ⅛, falls Nachkommen vorhanden sind. Nach schiitischem Recht kann die kinderlose Witwe zudem kein unbewegliches Vermögen von ihrem Ehemann erben.

[111] Der sog. Apostat gilt – auch in denjenigen Ländern, die (anders als Mauretanien und Sudan) nicht die Tötung des Abtrünnigen vorschreiben – aus erbrechtlicher Sicht als verstorben; ALDEEB, S. 271; weitere Einzelheiten bei ALDEEB/BONOMI, S. 311 ff.

[112] Ein gewisser – wenn auch sehr beschränkter – Ausgleich wird allenfalls durch die sog. „Morgengabe" geschaffen, die der Ehegattin anlässlich der Heirat zu Eigentum übertragen wird. Vgl. im Einzelnen ALDEEB, S. 276, sowie ALDEEB/BONOMI, S. 138 f.

internationalen Privatrecht einen schweizerischen Entscheid anerkennt und vollstreckt[113]. Von einer Unterstellung des Güterstandes und des Nachlasses unter islamisches Recht ist nach dem Gesagten ohnehin abzuraten[114].

VII. Zusammenfassung

Die *Hinterlassenenrenten* der eidgenössischen Sozialversicherungen sowie der beruflichen Vorsorge, die völlig unabhängig von güter- und erbrechtlichen Ansprüchen bestehen, ermöglichen dem überlebenden Ehegatten die Fortführung der gewohnten Lebenshaltung jedenfalls dann, wenn das Einkommen der Ehegatten (vor der Pensionierung) eine gewisse Sparquote ermöglicht hatte. Inwiefern hier Lücken bestehen, ist im Einzelfall zu prüfen und lässt sich mit Bezug auf die konkreten Umstände des Todesfalls im Voraus nicht abschliessend abklären. Eine zusätzliche Unsicherheit im Hinblick auf die Vorsorgeplanung ergibt sich im Bereich der überobligatorischen Ansprüche, soweit das anwendbare Reglement der Vorsorgeeinrichtung entweder unklar ist oder mit einer Änderung gerechnet werden muss[115]. Keine Verbesserung der Stellung des überlebenden Ehegatten ergibt sich durch den Aufbau einer *gebundenen Selbstvorsorge* in Form einer gebundenen Bankvereinbarung, da die Kapitalauszahlung im Güter- und Erbrecht vollumfänglich in Anschlag zu bringen ist. Demgegenüber ergibt sich durch die Hinterlassenenleistung einer Vorsorgeversicherung insofern eine Begünstigung, als lediglich deren Rückkaufswert erbrechtlich zu berücksichtigen ist, und dies auch nur dann, wenn eine Pflichtteilsverletzung geltend gemacht wird.

04.69

Zu diesen Ersatzeinkommen treten *güter- und erbrechtliche Ansprüche*. Unter dem *ordentlichen Güterstand* hat jeder Ehegatte Anspruch auf die Hälfte der Errungenschaft des anderen, wobei wegen der gesetzlichen Vermutung zu Gunsten der Errungenschaft das zu teilende Vermögen grösser sein kann als die tatsächlichen Errungenschaften. In der erbrechtlichen Auseinandersetzung erhält der überlebende Ehegatte entweder die Hälfte, drei Viertel oder den gesamten Nachlass, je nachdem, welcher Parentel die Miterben angehören.

04.70

Die güter- und erbrechtlichen *Teilungsregeln* geben dem überlebenden Ehegatten einen Anspruch auf Zuteilung der ehelichen Wohnung sowie des Hausrats, so dass er die bisherige Lebenshaltung fortführen kann. Durch tatsächliches oder (gestützt auf Art. 200 Abs. 2 ZGB) gesetzlich fingiertes Miteigentum an bestimmten Vermögensobjekten werden diese gesetzlichen Zuteilungsansprüche erweitert.

04.71

---

[113] Zu weiteren Schwierigkeiten im Zusammenhang mit gemischten Ehen zwischen Schweizern und muslimischen Ausländern siehe ALDEEB, S. 269 ff. und 305 ff. sowie PAULI, passim.

[114] Zweifelhaft ist hingegen, ob schweizerische Gerichte die Anwendung der islamischen Regeln als gegen den ordre public verstossend ablehnen würden. Der Entscheid müsste mit Blick auf die Umstände im Einzelfall getroffen werden.

[115] Gemäss einem aktuellen Entscheid des EVG vom 29. September 1998 begründet der Umstand, dass der Rentenanspruch für die Nachlassplanung von ausschlaggebender Bedeutung ist, kein Feststellungsinteresse für einen entsprechenden gerichtlichen Entscheid; vgl. SZS 43 (1999), S. 156 ff.; mit (zu Recht) kritischer Anmerkung von RIEMER.

04.72   Die güter-, erb- und sozialversicherungsrechtliche Besserstellung des überlebenden Ehegatten trägt der durchschnittlich kleineren Kinderzahl und den höheren Ausbildungskosten ausreichend Rechnung. Eine zusätzliche Begünstigung des überlebenden Ehegatten drängt sich aus Billigkeitsgründen in der Regel nicht auf. Ein Bedarf nach parteiautonomer Anpassung der Vorsorge für den überlebenden Ehegatten besteht deshalb grundsätzlich nur bei Vorliegen besonderer Umstände, namentlich bei besonderen Vermögensverhältnissen, zu geringem nachehelichem Einkommen oder speziellen persönlichen Umständen wie beispielsweise Zweitehen oder internationalprivatrechtlichen Sachverhalten.

> **TEIL 2   DIE RECHTSGESCHÄFTLICHE BEGÜNSTIGUNG DES ÜBERLEBENDEN EHEGATTEN**

§ 5   ALLGEMEINES ZUR RECHTSGESCHÄFTLICHEN BEGÜNSTIGUNG

I. Überblick über die Begünstigungsmöglichkeiten

1. Güter- und Erbrecht

Die „klassische Form" der Begünstigung des überlebenden Ehegatten erfolgt mit den Mitteln des Güter- und des Erbrechts. In *güterrechtlicher Hinsicht* ermöglicht das Gesetz zwei Formen der Begünstigung: Der Ehevertrag bezweckt einerseits einen *Güterstandswechsel*, und zwar insbesondere den Wechsel vom ordentlichen Güterstand der Errungenschaftsbeteiligung zur Gütertrennung oder zur Gütergemeinschaft. Anderseits erlaubt der Ehevertrag innerhalb der einzelnen Güterstände verschiedene *Modifikationen*. Besonders wichtig im Zusammenhang mit der Begünstigung des Ehegatten sind *Änderungen des Vorschlags- bzw. Gesamtgutanteils*. In beschränktem Mass kann ferner der Umfang der Gütermassen ehevertraglich beeinflusst werden. Zudem ist die Vereinbarung güterrechtlicher Teilungsvorschriften möglich. Gewisse Modifikationen des Güterstandes sind auch innerhalb des altrechtlichen, beibehaltenen Güterstandes[1] zulässig.   05.01

Erbrechtlich sind einerseits die gesetzlichen *Erbquoten* – vorbehaltlich der Pflichtteile – einer testamentarischen oder erbvertraglichen Anpassung zugänglich. Für den überlebenden Ehegatten besteht anderseits die besondere Möglichkeit des Art. 473 ZGB, d.h. die Zuweisung der gesamten Erbschaft zur *Nutzniessung*. Unbestrittenermassen lässt das Erbrecht zudem *Teilungsvorschriften* verschiedener Art zu.   05.02

Sowohl der Ehevertrag als auch die letztwillige Verfügung können – innerhalb gewisser Schranken – mit *Bedingungen und Auflagen* den jeweiligen Bedürfnissen der Ehepartner angepasst werden. Besonders wichtig sind Klauseln, die eine Modifikation der Begünstigung für den Fall sich verändernder Umstände bewirken, beispielsweise bei einer Wiederverheiratung oder der Geburt (weiterer) Nachkommen. Das Erbrecht bietet mit der Nacherbeneinsetzung und dem Vermächtnis eine etwas breitere Palette an Gestaltungsmöglichkeiten als der Ehevertrag.   05.03

2. Rechtsgeschäfte unter Lebenden

Güter- und erbrechtliche Begünstigungsformen entfalten ihre Wirkung regelmässig erst beim Tod eines der Ehegatten. Beruht der Bedarf nach über die gesetzlichen Ansprüche hinausgehenden Zuwendungen vor allem auf dem finanziellen Ungleichgewicht zwischen den Parteien, kann dem bereits während bestehender Ehe durch entsprechende *Geschäfte unter Lebenden* entgegengewirkt werden. Dabei stehen den Ehepartnern sämtli-   05.04

---

[1]   Güterverbindung, allenfalls auch altrechtliche Gütergemeinschaft.

che Rechtsgeschäfte des Obligationen- und des Sachenrechts zur Verfügung, soweit dadurch nicht die zwischen ihnen geltende güterrechtliche Ordnung in Frage gestellt wird.

3. *(Sozial)Versicherungsrecht*

05.05 Ergänzend zu oder anstelle von güter- und erbrechtlichen Möglichkeiten bzw. Zuwendungen unter Lebenden verdienen die verschiedenen Arten der Begünstigung mittels Aufbau der zweiten und dritten Säule der Alters- und Hinterbliebenenvorsorge gewisse Aufmerksamkeit. Von einiger Bedeutung sind diese Versicherungslösungen insbesondere dann, wenn aufgrund des Pflichtteilsschutzes von Miterben oder wegen ungenügendem Vermögen die herkömmlichen Begünstigungsformen unzureichend sind oder ein Schutz gegen das „Risiko" einer hohen Lebenserwartung im Vordergrund steht.

4. *Zusammenfassung*

05.06 Mit Blick auf die Vorsorgeziele der Ehegatten lässt sich Folgendes festhalten:
Bezwecken die Ehegatten eine *finanzielle Besserstellung* des überlebenden Ehegatten, bieten sich dafür folgende Möglichkeiten:
1. Modifikationen innerhalb des ordentlichen Güterstandes.
2. Güterstandswechsel.
3. Rechtsgeschäfte unter Lebenden (inkl. Rechtsgeschäfte des Eherechts mit Begünstigungscharakter).
4. Ausbau der (sozial)versicherungsrechtlichen Vorsorge.

Steht dagegen die *Begründung von Sachansprüchen* im Vordergrund, bieten sich die nachstehenden Begünstigungsformen an:
1. Ehevertragliche Teilungsregeln.
2. Erbrechtliche Teilungsvorschriften.
3. Begründung von Mit- und Gesamteigentum.

II. Abgrenzung der Rechtsgeschäfte unter Lebenden von denjenigen von Todes wegen

1. *Problemstellung*

05.07 Verfügungen von Todes wegen folgen in zahlreichen Bereichen anderen Regeln als Rechtsgeschäfte unter Lebenden. Beispielsweise sind letztwillige Verfügungen grundsätzlich *vertretungsfeindlich*, die Modalitäten der *Anfechtbarkeit* weichen von denen „normaler"[2] Rechtsgeschäfte ab[3], bei der *Auslegung* ist dem erblasserischen Willen gegenüber dem Vertrauensprinzip erhöhte Bedeutung zuzumessen[4] und der *Gerichtsstand* bestimmt sich abweichend von der ordentlichen Regel[5]. Von praktischer Bedeutung sind

---

[2] Nach DRUEY, Grundriss, § 8, Rzn 35 und 41, sind Rechtsgeschäfte unter Lebenden als Normalfall anzusehen, weshalb eine Abweichung davon besonders zu begründen ist und im Zweifelsfall ein Geschäft unter Lebenden vorliegt.
[3] Art. 469 ZGB; Art. 519 ff. ZGB.
[4] Vgl. hinten, Rz 05.62.
[5] Art. 538 ZGB.

sodann die strengen *Formvorschriften* des Erbrechts[6]. Eine Zuwendung von Todes wegen kann nach dem Erbgang ausgeschlagen werden. Schliesslich ist auch für die Reihenfolge einer allfälligen Herabsetzung zwischen Rechtsgeschäften unter Lebenden und solchen von Todes wegen zu unterscheiden, da letztere im Falle einer Pflichtteilsverletzung zuerst reduziert werden[7]. Schwierigkeiten ergeben sich daraus, dass das Gesetz wegen der genannten Unterschiede die Abgrenzung zwischen Rechtsgeschäften von Todes wegen und unter Lebenden zwar voraussetzt, ohne jedoch selber Abgrenzungskriterien zur Verfügung zu stellen.

2. Abgrenzungskriterien

In seinem ersten einschlägigen Entscheid umschrieb das Bundesgericht das wesentliche Unterscheidungsmerkmal wie folgt: „Der Unterschied zwischen einem Erbvertrag (...) und einem Rechtsgeschäft unter Lebenden besteht darin, dass hier die rechtsgeschäftliche Bindung mit dem Abschlusse des Vertrages eintritt, während dies dort erst auf den Zeitpunkt des Todes des Erblassers geschieht. Danach darf der Erblasser über die den Gegenstand eines Erbvertrages bildenden Sachen und Rechte unter Lebenden grundsätzlich frei verfügen, und es ist ihm nur eine mit dem Erbvertrage in Widerspruche stehende Schenkung oder Verfügung von Todes wegen darüber versagt, weil eben der Erbvertrag sich *nicht auf das z.Z. seiner Errichtung vorhandene Vermögen, sondern auf den Nachlass bezieht* (...)"[8]. 05.08

An diesem (objektiven) Abgrenzungskriterium – die Wirkung des Rechtsgeschäfts betrifft entweder das lebzeitige Vermögen des Erblassers oder aber erst dessen Nachlass – hält die Lehre im Wesentlichen bis heute fest[9]. Anders formuliert geht es hauptsächlich um die Bindung des Erblassers an die getroffene Vereinbarung: Ist er zu Lebzeiten bereits gebunden, liegt regelmässig ein Rechtsgeschäft unter Lebenden vor[10]. 05.09

Obschon einfach und einleuchtend, bietet dieser Ansatz im konkreten Fall nicht durchwegs genügende Klarheit[11]. Das Bundesgericht berücksichtigt in seiner neueren Rechtsprechung deshalb noch weitere Kriterien, so insbesondere den *Willen der Vertragsschliessenden*, den *Zweck des Geschäftes* und dessen *Natur*. Die *gesamten Umstände des Rechtsgeschäfts* sind umfassend zu würdigen[12]. 05.10

---

[6] Vgl. dazu hinten, Rzn 05.40 f.; 05.60.

[7] Zur Herabsetzungsreihenfolge siehe hinten, Rzn 10.23 ff. – Für weitere Besonderheiten siehe die Zusammenstellung von RIEMER, Übersicht, S. 124 f.

[8] BGE 46 II 230, S. 234 f. Hervorhebung durch die Verfasserin.

[9] Vgl. etwa DRUEY, Grundriss, § 8, Rz 34, sowie die Übersicht bei IZZO, S. 72 ff. Siehe sodann die Zusammenstellung bei GUINAND/STETTLER, Rzn 87 ff.

[10] ROTHENFLUH, S. 8. Vgl. dazu zuletzt den (nicht amtlich publizierten) BGE vom 4.8.1995, Pra 85/1996, S. 516 f., betr. Sparheft auf den Namen eines Dritten: Hat sich der Erblasser das Verfügungsrecht zu Lebzeiten nicht ausdrücklich vorbehalten, wird die Begünstigung nicht als Schenkung von Todes wegen qualifiziert.

[11] HAUSHEER, Abgrenzung, S. 86, spricht gar von einer „Leerformel".

[12] BGE 99 II 268; vgl. auch BGE 113 II 270. Eine Übersicht der Kriterien zur Abgrenzung findet sich bei ZGB-BREITSCHMID, Vorbem. zu Art. 467-536 ZGB, N 30. Danach sprechen folgende Merkmale für ein Rechtsgeschäft unter Lebenden (Zitat unter Weglassung der Hervorhebungen): „(1) eine Ge-

05.11   Eine starke Vermutung spricht für ein Rechtsgeschäft unter Lebenden, wenn eine *Gegenleistung* vereinbart wurde, diese bereits *zu Lebzeiten* des derzeitigen Erblassers *fällig ist*[13], und die Hauptleistung nicht an eine Überlebensbedingung geknüpft ist. Als weiteres Unterscheidungsmerkmal wird gelegentlich der *favor negotii* genannt, wonach im Zweifelsfall eher für ein gültiges Rechtsgeschäft unter Lebenden als für ein ungültiges Geschäft von Todes wegen zu entscheiden ist. Allerdings können die formellen und materiellen Grenzen letztwilliger Verfügungen die Parteien dazu verleiten, wo immer möglich ein bestimmtes Geschäft als ein solches unter Lebenden zu deklarieren. Aus diesem Grund darf nicht ausschliesslich auf die *Bezeichnung des Rechtsgeschäfts* im Vertrag abgestellt werden und ist auch eine allzu weitherzige Rechtsprechung unter Umständen nicht angebracht. Vielmehr ist im Sinne einer *„wirtschaftlichen Betrachtungsweise"* zu entscheiden und auf die von den Parteien effektiv *gewünschte Wirkung des Geschäfts* abzustellen[14]. Auf eine Anordnung von Todes wegen deutet insbesondere eine *Überlebensbedingung* hin, wonach die Hauptleistung nur für den Fall geschuldet ist, dass der Empfänger den Leistungspflichtigen überlebt[15].

III. Der Pflichtteilsschutz

1. Allgemeines

05.12   Die bedeutendste materielle Schranke der Begünstigung des überlebenden Ehegatten stellen die Bestimmungen über den Pflichtteilsschutz dar[16]. Obschon dieser im Erbrecht geregelt ist und in erster Linie letztwillige Verfügungen betrifft, sind auch Zuwendungen unter Lebenden nicht vor der Pflichtteilsberechnung ausgenommen[17].

---

genleistung unter Lebenden, (2) Nichtbeachtung erbrechtlicher Formvorschriften, (3) keine Verwendung erbrechtlicher Begriffe, (4) der favor negotii, wenn ein Geschäft von Todes wegen in concreto (form-)ungültig und beides möglich wäre, (5) der nicht ausschliesslich persönliche, ausserordentliche Charakter der Zuwendung (also eine den Rahmen von Art. 632 ZGB sprengende), (6) die synallagmatische Natur des Geschäfts (je „vollkommener" das Synallagma, umso mehr tritt die erbrechtstypische Begünstigung in den Hintergrund)." Diese Vermutungen treten in den Hintergrund, d.h. es ist eher von einem Rechtsgeschäft von Todes wegen auszugehen, „falls eine Überlebensbedingung (...) oder anderweitige Besonderheiten bestehen, welche aufgrund äusserlicher Anhaltspunkte (z.B. Verwendung sachen- statt erbrechtlicher Begriffe) der Verschleierung der effektiven Beweggründe dienen sollen." Vgl. zu spezifischen Vereinbarungen, DRUEY, Grundriss, § 8, Rzn 36 ff., sowie HAUSHEER, Abgrenzung, S. 89 ff.

[13]   Anders verhält es sich allenfalls dann, wenn der Hauptleistung ein aussergewöhnlicher, personenbezogener Charakter innewohnt: HAUSHEER, Abgrenzung, S. 91 f.

[14]   ZGB-BREITSCHMID, Vorbem. zu Art. 467-536 ZGB, N 29.

[15]   ZGB-BREITSCHMID, Vorbem. zu Art. 467-536 ZGB, N 30. Dies trifft bei Begünstigungen unter Ehegatten häufig zu, weil die Zuwendung bei vorzeitiger Eheauflösung nicht geschuldet sein soll.

[16]   Vgl. Art. 470 ff. ZGB. Weitere, weniger bedeutsame Schranken der Verfügungsfreiheit sind die alle Rechtsgeschäfte betreffenden Vorbehalte der Rechts- und Sittenwidrigkeit sowie des Rechtsmissbrauchs.

[17]   In grundsätzlicher Hinsicht wird dies in Art. 475 i.V.m. Art. 527 ZGB festgelegt, für bestimmte Versicherungsansprüche gilt Art. 476 ZGB und für das Güterrecht sind die Spezialnormen von Art. 216 Abs. 2 ZGB und Art. 241 Abs. 3 ZGB massgeblich.

Die gesetzliche Verfangenheit eines Teils des Nachlasses schränkt die Verfügungs- 05.13
freiheit des Erblassers insofern ein, als sie einerseits ein *Mindestmass an Gleichbehandlung der Erben* garantieren und andererseits die *gesetzlichen Erbteile der nächsten Erben* wenigstens teilweise *sichern* will. Dabei geraten die Pflichtteilsregeln allenfalls in Konflikt mit den Zielen des Erblassers, der – möglicherweise aus guten Gründen – von der gesetzlichen Ordnung abweichen möchte. Die Revision des Erbrechts lässt dem Erblasser seit dem 1.1.1988 mit einer *erhöhten verfügbaren Quote* eine etwas grössere Freiheit.

2. Inhalt des Pflichtteilsschutzes

Der Pflichtteil ist dem berechtigten Erben zu *Eigentum* zu überlassen. Kein Pflichtteils- 05.14
erbe muss sich beispielsweise eine Begünstigung mittels einer Rente oder Nutzniessung gefallen lassen, selbst wenn deren Kapitalwert den Pflichtteil übersteigen sollte[18]. Umgekehrt darf der dem Pflichtteilsberechtigten zukommende Erbteil nur soweit mit Nutzniessungsansprüchen und Renten beschwert sein, als deren Kapitalwert den Pflichtteilsanspruch nicht beeinträchtigt[19]. Dasselbe gilt für Auflagen, die sich in finanziellen Aufwendungen niederschlagen[20]. In wirtschaftlicher Hinsicht soll der Pflichtteil dem Berechtigten unbeschwert zukommen. Aus diesem Grund ist im Umfang des Pflichtteils auch eine Nacherbeneinsetzung ungültig[21]. Nach herrschender Lehre ist im Rahmen der Pflichtteilsquote sodann ein Teilungsaufschub ausgeschlossen[22].

Der Pflichtteilsanspruch hat lediglich *obligatorischen Charakter* und beinhaltet da- 05.15
her keinen Anspruch auf Zuweisung von (bestimmten) Nachlassobjekten. Der Noterbe muss seinen Teil nur „dem Werte nach" erhalten[23]. Das bedeutet beispielsweise, dass die begünstigten Erben den Herabsetzungskläger mit einer Barleistung abfinden können. Ausserdem sind Teilungsregeln des Erblassers betreffend den gesamten Nachlass zulässig[24]. Bezüglich des überlebenden Ehegatten kann die Zuwendung anstatt durch Vermächtnis oder Vorempfang auch ganz oder teilweise mit einer *güterrechtlichen Begünstigung* (Vorschlags- oder Gesamtgutszuweisung) erfolgen, die – in der Regel als Zuwendung von Todes wegen[25] – ebenfalls in die Pflichtteilsmasse einzubeziehen ist. Wird dadurch der Pflichtteil des überlebenden Ehegatten bereits ausgeschöpft, kann er ohne weiteres „enterbt" werden oder den (Rest)Nachlass ausschlagen.

---

[18] BGE 70 II 142, wonach auf den Pflichtteil „des biens aisément négociables" entfallen müssen; vgl. auch ZGB-FORNI/PIATTI, N 2 zu Art. 522 ZGB, m.w.H. Damit sind auch Veräusserungsbeschränkungen durch den Erblasser verpönt; dazu DRUEY, Pflichtteil, S. 165 ff. Zur Frage der (Ehegatten-)Nutzniessung siehe WILDISEN, S. 271, m.w.H.

[19] Art. 530 ZGB.

[20] DRUEY, Grundriss, § 6, Rzn 51 ff.; F. MÜLLER, S. 324 ff. Zu Auflagen, die wertmässig nicht bezifferbar sind, sowie zu Bedingungen siehe ferner DRUEY, Pflichtteil, S. 163 f.

[21] Art. 531 ZGB; BGE 108 II 291.

[22] ZGB-STAEHELIN, N 7 zu Art. 470 ZGB, m.w.H.

[23] Vgl. Art. 522 Abs. 1 ZGB.

[24] Vgl. hinten, Rzn 07.71 ff.

[25] Siehe zur Qualifikation der Vorschlags- und Gesamtgutszuweisung hinten, Rzn 06.19 ff.

05.16   Die *Wiederherstellung verletzter Pflichtteile* geschieht nicht eo ipso. Der übergangene Noterbe muss innert Jahresfrist die Herabsetzungsklage ergreifen[26], wobei dem richterlichen Urteil *Gestaltungscharakter* zukommt. Das bedeutet, dass die Ehegatten sich gegenseitig grundsätzlich ihr gesamtes Vermögen zuwenden können in der Hoffnung, die übrigen Pflichtteilserben (Nachkommen bzw. Eltern) würden aus Pietätsgründen (oder auch nur wegen der Hürde des gerichtlichen Verfahrens) auf die Anfechtung der Begünstigung verzichten. Im Folgenden wird aber – insbesondere im Hinblick auf eine möglichst weit gehende Konfliktvermeidung im engsten Familienkreis – davon ausgegangen, dass die Ehegattenbegünstigung die Pflichtteilsansprüche respektiert.

3. Verzichtbarkeit des Pflichtteils

05.17   Mittels entgeltlichem oder unentgeltlichem Erb(verzichts)vertrag können die gesetzlich geschützten Erben im Voraus auf ihren Pflichtteil ganz oder teilweise verzichten. Der vollständige Verzicht führt zum *Verlust der Erbenstellung*. Der Verzichtende ist nicht mehr Teil der Erbengemeinschaft und ist sämtlicher damit zusammenhängender Rechte und Pflichten ledig. Ein Teilverzicht kann als gegenständlich beschränkter Pflichtteilsverzicht auch nur ganz bestimmte Zuwendungen unter Lebenden oder von Todes wegen betreffen. Damit lässt sich die Abrechnung der Pflichtteile unter Umständen erheblich erleichtern.

05.18   Beispiel: Die gemeinsamen Nachkommen verzichten erbvertraglich auf die Ausgleichung bzw. auf die Herabsetzung der Zuwendungen, die aus der Schenkung eines Teils der ehelichen Liegenschaft und der verschiedenen Investitionen resultieren. Auf diese Weise können sich die Erben eine Abrechnung über die Investitionen und Mehrwerte der beteiligten Gütermassen ersparen. Eine weitere Möglichkeit wäre ein Teilverzicht betreffend mehrere unterschiedliche Zuwendungen, beispielsweise über alle bis zum Zeitpunkt des Vertragsschlusses erfolgten Zuwendungen unter Lebenden.

05.19   Im Umfang des Erbverzichts *erhöht sich die verfügbare Quote* des Erblassers[27], d.h. der Verzichtende wird bei der Berechnung der Pflichtteile der übrigen Erben mitgezählt, als hätte er nicht verzichtet.

4. Die Stellung des übergangenen Pflichtteilserben

05.20   Der Erblasser kann einen gesetzlichen Erben mittels letztwilliger Verfügung enterben. Soweit es sich dabei nicht um einen Noterben handelt, ist die Enterbung bei Beachtung der gesetzlichen Formvorschriften zulässig und zeitigt dieselben Folgen wie ein Erbverzicht. Umstritten ist demgegenüber, welche Stellung ein *übergangener Pflichtteilserbe*, zu dessen Lasten kein Enterbungsgrund vorliegt, *vor Ergreifen der Herabsetzungsklage* innehat.

05.21   Letztlich geht es um die Frage, welches Mass an Verfügungsfreiheit man dem Erblasser einräumen will, d.h. ob auch ausserhalb der eng umschriebenen Enterbungsgründe eine Möglichkeit besteht, einen Pflichtteilsberechtigten vollständig aus der Erbengemeinschaft auszuschliessen. Bejaht man dies, entfällt dessen Beteiligung an der Erbschaftsverwaltung und -teilung, wenn er entweder auf die Herabsetzungsklage verzichtet oder zu Lebzeiten oder als Vermächtnisnehmer seinen Pflichtteil erhält. Dies wird na-

---

[26] Art. 522 ff. ZGB; vgl. zum Ganzen DRUEY, Grundriss, § 6, Rzn 69 ff. Bei Zuwendungen unter Lebenden, die an einen Erben ausgerichtet wurden, ist vorab die Frage nach einer allfälligen *Ausgleichungspflicht* zu klären; wird diese bejaht, erübrigt sich eine Herabsetzung.

[27] BGE 50 II 458; ZGB-STAEHELIN, N 17 zu Art. 470 ZGB; a.M. TUOR, N 23 f. zu Art. 470/471.

mentlich bei einem notorischen „Streithahn" erwünscht sein. Andererseits kann der Erblasser den Ehegatten, verneint man dessen notwendige Erbenqualität, mittels lebzeitigen Zuwendungen, Vermächtnissen oder durch eine güterrechtliche Zuwendung[28] über den Pflichtteil hinaus begünstigen und zugleich enterben, um ihm die Erbenhaftung zu ersparen[29].

Die ältere Lehre neigt einer historischen Auslegung des Gesetzes[30] und damit der Ansicht zu, der übergangene Pflichtteilserbe sei notwendigerweise Mitglied der Erbengemeinschaft, unabhängig davon, ob er wertmässig abgefunden wurde oder nicht[31]. In jüngerer Zeit wird dagegen vermehrt argumentiert, der vollständig übergangene Noterbe sei nur „*virtueller Erbe*" solange ihm die definitive Erbenstellung nicht mittels gestaltendem Herabsetzungsurteil zugesprochen wurde[32]. Das Bundesgericht hat sich in BGE 115 II 211[33] unter Berufung auf PIOTET und ohne weitere Begründung dieser nunmehr herrschenden Meinung angeschlossen. Damit werden einige heikle Fragen ausgeräumt, die der älteren Judikatur innewohnten, beispielsweise diese, ob eine von der Erbengemeinschaft unter Ausschluss des erst später klagenden Noterben vorgenommene Verfügung über Erbschaftsgegenstände gültig sei oder nicht. Vorab aus Praktikabilitätsgründen ist der neueren Auffassung deshalb zuzustimmen[34]. Lässt der Noterbe die Frist zur Herabsetzungsklage ungenutzt verstreichen[35], oder steht ihm diese aufgrund anderweitiger Abfindung (insbesondere durch Erbvorbezüge oder Vermächtnisse) gar nicht zu, ist er nie Erbe geworden und kann keinerlei erbrechtliche Ansprüche geltend machen.

05.22

---

[28] Siehe vorne, Rz 05.15.

[29] Wobei allerdings die nachträgliche Herabsetzung der Vermächtnisse durch die Pflichtteilserben nach Art. 565 ZGB vorbehalten bleibt, wenn nach deren Ausrichtung Erbschaftsschulden bezahlt werden müssen, von denen die Erben vorher keine Kenntnis hatten. Zu den Unterschieden zwischen den beiden Lehrmeinungen im Einzelnen RAEMY, § 9, S. 76 ff.

[30] Siehe dazu RAEMY, S. 65; ebenso BGE 56 II 20.

[31] So noch ZK-ESCHER, N 3, 5 und 6 zu Art. 522 ZGB; TUOR, N 19 zu Art. 522 ZGB; BECK, S. 107 f., und weitere (Zusammenstellung bei RAEMY, S. 53, Fn 3); siehe auch BGE 98 Ib 92 sowie BGE 104 II 75 (Frage offen gelassen).

[32] So PIOTET, Réservataire, S. 30; RAEMY, S. 104; WILDISEN, S. 181 und 189 f.; DRUEY, Grundriss, § 6, Rz 12, sowie ZGB-FORNI/PIATTI, N 2 Vorbem. zu Art. 522-533 ZGB.

[33] Gemäss diesem Entscheid erwirbt der Herabsetzungskläger die Erbenqualität erst durch das Gestaltungsurteil, jedoch rückwirkend auf den Zeitpunkt des Erbganges.

[34] Das praktische Bedürfnis nach der Figur des „virtuellen Erben" ist allerdings relativ gering: Nach Art. 522 Abs. 1 ZGB steht dem abgefundenen Noterben die Herabsetzungsklage ohnehin nicht zu (und zwar auch dann nicht, wenn er das Vermächtnis ausschlägt); vgl. BGE 67 II 100. Er findet auch keine Erwähnung im Erbschein (BGE 98 Ib 92), womit er Dritten gegenüber nicht zur Erbschaftsverwaltung befugt ist. Auch kann er im Teilungsverfahren keine Sachansprüche mehr geltend machen. Durch die Einsetzung eines Willensvollstreckers (dem zugleich die Erbschaftsverwaltung bis zur Teilung obliegt) und die Möglichkeit von Teilungsregeln lassen sich Streitigkeiten unter den Erben weitgehend unterbinden, ohne dass ein Ausschluss aus der Erbengemeinschaft erforderlich wäre.

[35] Nach Ablauf der Frist bleibt aber immerhin noch die *Einrede* gegenüber Ansprüchen der Miterben; vgl. BGE 108 II 294, wonach das Verstreichenlassen der Frist keine Verzichtserklärung darstellt.

5. Die pflichtteilsgeschützten Personen und ihre Quoten

05.23 Gemäss Art. 471 ZGB bestehen – anders als noch unter dem bis 31.12.1987 geltenden Recht – nur für den Ehegatten, die Nachkommen und die Eltern des Verstorbenen geschützte Erbquoten. Hat der Erblasser keine Nachkommen, bedeutet dies für die Begünstigung des überlebenden Ehegatten, dass in einer letztwilligen Verfügung für den Fall des Vorversterbens der Eltern des Erblassers dessen *Geschwister* (die an sich in die Rechtsstellung der Eltern eintreten würden; Art. 458 Abs. 3 ZGB) ohne weiteres von der Erbschaft *ausgeschlossen* werden können[36].

05.24 Gemäss Art. 471 ZGB betragen die *Pflichtteilsquoten* für *Nachkommen drei Viertel des gesetzlichen Erbanspruches*, für jeden *Elternteil die Hälfte* und für den *überlebenden Ehegatten* ebenfalls *die Hälfte*. Das bedeutet, dass neben dem überlebenden Ehegatten die Nachkommen insgesamt mindestens drei Achtel des Nachlasses erhalten müssen und bei Kinderlosigkeit den Eltern des Erblassers zusammen ein Achtel verfangen ist[37].

6. Die Pflichtteilsmasse

05.25 Zur *Berechnung der Pflichtteilsmasse* sind zunächst die zur Erbschaft gehörenden Vermögenswerte des Erblassers zu ermitteln, was die vorgängige güterrechtliche Auseinandersetzung bedingt. Nach Abzug der Schulden des Erblassers und der Erbgangsschulden sind bestimmte Zuwendungen unter Lebenden sowie gewisse Versicherungsansprüche[38] hinzuzurechnen. Art. 474 ZGB erwähnt zwar nur die *herabsetzbaren Verfügungen*. Rechtsprechung und herrschende Lehre gehen jedoch davon aus, dass auch die der *Ausgleichung* unterliegenden Zuwendungen Bestandteil der Pflichtteilsmasse sind[39]. Welche Zuwendungen unter Lebenden der Herabsetzung unterliegen, ergibt sich aus Art. 527 ZGB. Im Einzelnen ist auf diese Bestimmung bei der Besprechung der verschiedenen betroffenen Rechtsgeschäfte zurückzukommen.

7. Die Reihenfolge der Herabsetzung (Hinweis)

05.26 Die Reihenfolge der Herabsetzung richtet sich zwingend nach Art. 532 ZGB. Danach werden Verfügungen von Todes wegen vor den Zuwendungen unter Lebenden herabgesetzt, und bei letzteren wiederum die jüngeren vor den älteren. Gleichzeitig erfolgte Verfügungen unterliegen einer proportionalen Herabsetzung. Siehe dazu im Einzelnen hinten, Rzn 10.23 ff.

---

[36] Sofern im Planungszeitpunkt die Eltern (oder doch mindestens ein Elternteil) noch leben, kann die elterliche Parentel unter der *Bedingung* des Vorversterbens der Eltern enterbt werden.

[37] Art. 462 i.V.m. Art. 471 ZGB. Lebt nur noch ein Elternteil und hat der andere Nachkommen hinterlassen, reduziert sich der elterliche Pflichtteil auf $^1/_{16}$ des Nachlasses.

[38] Dazu im Einzelnen vorne, Rzn 03.56 ff. sowie hinten, Rzn 09.76 ff.

[39] Vgl. den Überblick über den Stand der Lehre in TUOR/SCHNYDER/SCHMID, S. 471.

IV. Die Formen der Begünstigung

1. Der Ehevertrag

a) Begriff und Zweck

Der Ehevertrag ist ein Rechtsgeschäft unter Ehegatten mit spezifisch güterrechtlichem Zweck. Er dient der *Wahl und Modifikation eines Güterstandes* und kann auch gewisse Feststellungen tatsächlicher Natur enthalten. Inhalt des Ehevertrages kann nur sein, was gesetzlich vorgesehen ist[40]. Zu beachten ist somit insbesondere der Grundsatz der *Typengebundenheit* des Güterstandes, der Kombinationen zwischen verschiedenen Güterständen verbietet[41].

05.27

b) Anwendungsbereich

Die Ehegatten können sich zwischen den drei Güterständen der Errungenschaftsbeteiligung, der Gütergemeinschaft und der Gütertrennung entscheiden. *Innerhalb der einzelnen Güterstände* sind gewisse Modifikationen zulässig:

05.28

- Vergrösserung des Eigenguts im Rahmen der Errungenschaftsbeteiligung nach Art. 199 ZGB.
- Zuordnung der Gütermassen zu Gesamt- und zu Eigengut im Rahmen der Gütergemeinschaft (Art. 223 ff. ZGB). Es ergeben sich die Formen der allgemeinen Gütergemeinschaft und der beschränkten Gütergemeinschaft in den beiden Unterformen der Errungenschaftsgemeinschaft und der Ausschlussgemeinschaft.
- Generelle Änderung oder Ausschluss des Mehrwertanteils (Art. 206 Abs. 3 ZGB; Art. 239 ZGB).
- Änderung der Beteiligungsansprüche bei Errungenschaftsbeteiligung (Art. 216 Abs. 1 ZGB) und Gütergemeinschaft (Art. 241 Abs. 2 ZGB) sowie bei der beibehaltenen Güterverbindung.
- Modifikation der Teilungsregeln bei Errungenschaftsbeteiligung (Art. 219 Abs. 1 ZGB) und Gütergemeinschaft (Art. 241 Abs. 2 ZGB).

Nur die erwähnten Inhalte bedürfen der ehevertraglichen Form. Sonstige Vereinbarungen unter den Ehegatten[42] können zwar in den Ehevertrag Eingang finden, berühren diesen aber nicht.

05.29

c) Formvorschriften

Art. 184 ZGB sieht für den Ehevertrag die Form der *öffentlichen Beurkundung* vor und verlangt die *Unterzeichnung durch die Ehegatten* bzw. Brautleute sowie gegebenenfalls durch den gesetzlichen Vertreter. Voraussetzung für den Vertragsschluss ist gemäss Art. 183 ZGB die Urteilsfähigkeit beider Parteien; Unmündige oder Entmündigte bedürfen der Zustimmung durch den gesetzlichen Vertreter. Alles Weitere findet sich in den kantonalen Vorschriften über das Beurkundungsverfahren, wobei die bundesrechtlichen

05.30

---

[40] Art. 182 Abs. 2 ZGB.

[41] REUSSER, Güterrecht, S. 38. Siehe dazu im Einzelnen hinten, Rzn 06.145 ff.

[42] Z.B. Vereinbarungen über die beidseitigen Beiträge zum Unterhalt der Familie usw. Eine umfassende Zusammenstellung dieser Vereinbarungen findet sich bei WISSMANN, S. 342 f.

Mindestanforderungen[43] zu beachten sind. Die genannten Bestimmungen gelten auch für die Änderung und Aufhebung des Ehevertrages, sofern dieser nicht ausservertraglich – durch Scheidung oder Eintritt des ausserordentlichen Güterstandes – beendet wird[44].

d) *Auslegung und Anfechtung*

05.31 Für die *Auslegung von Eheverträgen* gelten uneingeschränkt die *Regeln des Vertragsrechts*[45], d.h. insbesondere das Vertrauensprinzip. Inwiefern die Auslegung durch die Formvorschrift beschränkt wird, ist umstritten[46].

05.32 Als zweiseitiges Rechtsgeschäft unterliegt der Ehevertrag den normalen *Anfechtungsmöglichkeiten des Obligationenrechts*[47]. Die Parteien können sich auf Irrtum, Täuschung oder Drohung berufen[48], auf eine Übervorteilung nach Art. 21 OR, auf Nichtigkeit wegen eines unmöglichen, widerrechtlichen oder unsittlichen Vertragsinhalts oder zu starker Bindung der Persönlichkeit[49]. In diese Anfechtungsmöglichkeiten treten die Erben des Ehegatten ein. Unter Umständen ist von einer *Teilungültigkeit* auszugehen, beispielsweise solcher Art, dass die Wahl eines Güterstandes gültig ist, die Modifikationen innerhalb des gewählten Güterstandes dagegen wegen Willensmängeln nicht Bestand haben. Schliesslich bestehen für die Vorschlags- und die Gesamtgutszuweisung die Sonderbestimmungen von Art. 216 Abs. 2 und 241 Abs. 3 ZGB, die gewissen Noterben die Möglichkeit der erbrechtlichen Herabsetzungsklage eröffnen[50].

05.33 Die Ungültigkeitsregeln des Erbrechts (insbesondere Art. 519 ZGB) sind dagegen auf den Ehevertrag nicht anwendbar, ebenso wenig die Bestimmungen über die Erbunwürdigkeit. Die diesbezügliche Vermischung in aArt. 225 Abs. 3 ZGB wurde ersatzlos gestrichen. Der Ehegatte, der sich seinem Partner gegenüber erbunwürdig im Sinne von Art. 540 ZGB verhält, handelt jedoch regelmässig rechtsmissbräuchlich, wenn er sich auf besondere ehevertragliche Begünstigungen beruft[51]. Die Anwendung von Arglist, Zwang oder Drohung (Art. 540 Abs. 1 Ziff. 3 ZGB) führt bereits nach Art. 23 ff. OR zur

---

[43] Siehe u.a. BGE 106 II 147 sowie 119 II 135 m.w.H. zum notwendigen Vertragsinhalt (Grundstückkauf); 113 II 501 zur örtlichen Zuständigkeit beim Ehevertrag.

[44] HAUSHEER/REUSSER/GEISER, N 7 zu Art. 184 ZGB, m.w.H.; a.M. (nämlich für formlose Änderung und Aufhebung) WISSMANN, S. 346 f.

[45] Vgl. etwa GAUCH/SCHLUEP/SCHMID, Rzn 1205 ff., m.w.H., sowie speziell zur Auslegung formbedürftiger Verträge Rzn 1243 ff.

[46] Nach der traditionellen „Andeutungstheorie" kann die Auslegung nicht weiter gehen, als der Wille der Parteien in der formgerechten Erklärung „angedeutet" ist, d.h. einen – wenn auch noch so unvollkommenen – Ausdruck gefunden hat; GAUCH/SCHLUEP/SCHMID, Rz 1244. Die neuere, inzwischen überwiegende Lehre und Rechtsprechung lehnt die Andeutungstheorie dagegen ab, weil sie die Auslegungsfrage mit der Formfrage vermengt. Vgl. BGE 121 III 118, S. 124, sowie 122 III 361.

[47] Botschaft vom 11.7.1979, Ziffer 221.23.

[48] Art. 23 ff. OR.

[49] Art. 20 OR; Art. 19 Abs. 2 OR i.V.m. Art. 27 ZGB.

[50] Dazu im Einzelnen hinten, Rzn 06.29 ff. und 06.79 ff.

[51] Vgl. schon BGE 74 II 207 (obiter dictum) sowie Botschaft, a.a.O. (Fn 47).

Unverbindlichkeit des Ehevertrags[52]. Ordentlicherweise fällt auch bei Scheidung die ehevertragliche Begünstigung der Ehegatten dahin[53].

2. Der Erbvertrag

a) Begriff und Zweck

Der Erbvertrag dient der *rechtsgeschäftlichen Verpflichtung betreffend den dereinstigen Nachlass*. Während der Ehevertrag nur gerade die güterrechtliche Seite regelt, kann mittels Erbvertrag eine Bindung betreffend die dem Erblasser nach der güterrechtlichen Auseinandersetzung zustehenden Vermögenswerte – im Regelfall Eigengut und Vorschlagsanteil – getroffen werden. *Ehe- und Erbvertrag ergänzen sich* somit, wobei die Abgrenzung im Einzelfall heikel sein kann. 05.34

Der Erbvertrag ermöglicht, anders als der Ehevertrag, den *Einbezug weiterer Parteien* neben den Ehegatten[54]. Entweder stehen einem Erblasser mehrere Erben gegenüber, oder aber die Vertragspartner verpflichten sich gegenseitig als Erblasser und Annehmer. Zulässig ist sodann eine Kombination dieser Vertragsformen, so dass beispielsweise den Ehegatten, die sich gegenseitig letztwillig bedenken, die Nachkommen als Verzichtende oder als Nacherben gegenüberstehen. 05.35

b) Anwendungsbereich

Der Erbvertrag zeigt sich im Wesentlichen in *zwei Erscheinungsformen*: Einerseits (positiv) als *Erbeinsetzungs- oder* als *Vermächtnisvertrag*, mit dem neue Erben bzw. Vermächtnisnehmer bestimmt oder gesetzliche Erben zusätzlich begünstigt werden, andererseits (negativ) als *Erbverzichtsvertrag*, bei dem gesetzliche Erben auf ihre Erbansprüche ganz oder teilweise verzichten. Mit beiden Grundformen kann eine Gegenleistung verknüpft sein[55], Erbeinsetzung und Erbverzicht können jedoch auch unentgeltlich erfolgen. Eine *Kombination von Erbverzicht und positivem Erbvertrag* ist etwa insofern denkbar, als der Erbe auf seinen Pflichtteil verzichtet und dafür ein Vermächtnis oder die Stellung als Vorerbe zugesichert erhält. Inhalt eines Erbvertrages können sodann auch *Auflagen, Teilungsregeln* und *Ansprüche auf bestimmte Vermögensobjekte* sein. 05.36

Ein wesentlicher *Vorteil* des Erbvertrages besteht darin, dass die Ehegatten *differenzierte Regelungen* für ihre Situation treffen können, ohne dass sie auf ihre gegenseitigen Pflichtteilsansprüche achten müssen. Bei Einbezug der übrigen Noterben in den Vertragsschluss erweitert sich der Gestaltungsspielraum zusätzlich. Weil zu Lebzeiten 05.37

---

[52] Zu den Folgen der Erbunwürdigkeit auf den Ehevertrag siehe AEBI-MÜLLER, Grenzbereich, S. 421 ff.

[53] Vgl. Art. 217 und 242 ZGB; anders verhält es sich bei ehevertraglichen Massenumteilungen oder einem Verzicht auf die Mehrwertbeteiligung, da diese Vereinbarungen nicht an die Bedingung einer Auflösung des Güterstandes durch Tod eines Ehegatten geknüpft werden dürfen; vgl. hinten, Rzn 06.52 und 06.60.

[54] TUOR, N 4 zu Art. 494 ZGB.

[55] Beim positiven Erbvertrag z.B. als Verpfründungsvertrag; der negative Erbvertrag kann eine Erbabfindung beinhalten.

05.38 des Erblassers oft eher die Bereitschaft zu gütlichen Lösungen besteht, ist der Erbvertrag zudem ein hervorragendes *Mittel der Konfliktvermeidung*.

05.38 Die *gegenseitige Bindungswirkung* eines Erbvertrages unter Ehegatten kann ebenfalls erwünscht sein: Beide Partner haben dadurch die *Sicherheit*, dass nach ihrem Tod der andere nicht neu verfügt und dadurch gemeinsame oder nichtgemeinsame Nachkommen oder als Erben eingesetzte Dritte (insbesondere Verwandte des Erblassers) benachteiligt. Die Möglichkeit lebzeitiger Verfügungen wird durch einen Erbeinsetzungsvertrag jedoch nur in speziellen Fällen eingeschränkt[56]; gegen ein „Verprassen" des Vermögens durch den Erblasser hat der Vertragspartner gar keine rechtlichen Möglichkeiten. Möglich ist immerhin innerhalb der Schranken von Art. 27 ZGB eine erbvertragliche Verpflichtung unter Lebenden, bestimmte Vermögenswerte nicht zu veräussern[57]. Soll der überlebende Ehegatte ebenfalls vertraglich gebunden bleiben, sind die Nacherbeneinsetzung sowie die Beschränkung auf eine Nutzniessung wegen der bestehenden Inventar- und Sicherstellungspflichten die einzigen Möglichkeiten, den zweitversterbenden Ehegatten an Verfügungen unter Lebenden zu hindern, die dem Sinn und Zweck des Erbvertrages widersprechen. Die vertragliche Schlusserbeneinsetzung bedeutet eine Verfügung über den Nachlass des zweitversterbenden Ehegatten.

05.39 Die Bindungswirkung des Erbvertrages kann sich allerdings auch als hinderlich erweisen. Wegen der Höchstpersönlichkeit des Erbvertrages sind keine Änderungen mehr möglich, wenn einer der Vertragspartner nachträglich (beispielsweise zufolge einer Geisteskrankheit) urteilsunfähig wird[58].

c) Formvorschriften

05.40 Für den Erbvertrag gelten die *Formvorschriften des öffentlichen Testaments*[59], mit dem Unterschied, dass nicht nur der Erblasser, sondern *alle Parteien mitzuwirken haben*[60]. Der Erblasser muss nicht nur urteilsfähig, sondern auch mündig sein. Die anderen Vertragsparteien, beispielsweise Nachkommen, bedürfen nur der *Urteilsfähigkeit* und, wenn sie ihrerseits Verpflichtungen übernehmen oder auf Rechte verzichten, der Mitwirkung des gesetzlichen Vertreters bzw. eines *besonderen Beistandes*[61]. Werden bei einem Erbvertrag zwischen den Ehegatten Dritte lediglich begünstigt[62], sind diese Dritten nicht

---

[56] Dazu hinten, Rz 05.45.
[57] DRUEY, Grundriss, § 10, Rz 39.
[58] Zu Möglichkeiten der Flexibilisierung des Vertrages siehe hinten, Rzn 05.46 ff.
[59] Art. 499-503 ZGB.
[60] Art. 512 Abs. 2 ZGB. Nichtig (weil gegen Art. 27 ZGB verstossend) ist das blosse *Versprechen*, einen Erbvertrag abzuschliessen; BGE 108 II 405.
[61] Weil in den hier interessierenden Konstellationen regelmässig die gesetzlichen Vertreter die Vertragsparteien des Unmündigen sind, muss für den Vertragsschluss ein Beistand nach Art. 392 Ziff. 2 ZGB bestellt werden. Dies erschwert im Ergebnis den Abschluss eines Erbvertrages mit unmündigen oder entmündigten Nachkommen erheblich.
[62] Beispielsweise werden die gemeinsamen Nachkommen als Nacherben eingesetzt.

Vertragspartei; es liegt ein *Vertrag auf Leistung an einen Dritten* vor. Allerdings wird diese Begünstigung mit dem Ableben einer Vertragspartei unwiderruflich[63]. Die Vertragsparteien können den Erbvertrag jederzeit durch *schriftliche Vereinbarung aufheben*[64]. Eine *einseitige Aufhebung* ist zulässig beim Vorliegen eines Enterbungsgrundes sowie bei Säumnis in der Erbringung von (unter Lebenden geschuldeten) Gegenleistungen[65].

05.41

d) Auslegung und Anfechtung

Auch bei erbrechtlichen Verfügungsformen stellt sich – wie mit Bezug auf den Ehevertrag – die Frage, inwieweit der Wortlaut Grenze der Auslegung bildet[66]. Unbestrittenermassen dürfen für die Auslegung auch *Tatsachen ausserhalb der Verfügung* beigezogen werden[67]. Im Einzelfall ist die Grenze zwischen Auslegung und (vom Bundesgericht verpönter) Ergänzung der letztwilligen Verfügung unsicher[68].

05.42

Umstritten ist sodann die Frage, ob der Inhalt eines Erbvertrages nach den ordentlichen *Regeln über die Auslegung der Verträge* zu beurteilen ist – womit insbesondere das *Vertrauensprinzip* anzuwenden wäre – oder ob (wie bei einseitigen Verfügungen von Todes wegen) das Willensprinzip gilt. Die neuere Lehre neigt mehrheitlich der ersten Auffassung zu[69]. Dem ist grundsätzlich zuzustimmen, sofern kein unentgeltlicher positiver Erbvertrag[70] vorliegt, der inhaltlich einer einseitigen Verfügung von Todes wegen näher steht als einem Erbvertrag. Nur der gegenleistungspflichtige Vertragspartner verdient den besonderen Schutz des Vertrauensprinzips[71].

05.43

---

[63] BGE 95 II 522 (Schlusserbeneinsetzung); ZGB-BREITSCHMID, N 3 Vorbem. zu Art. 494-497 ZGB, m.w.H. Anders verhält es sich, wenn die Auslegung ergibt, dass die betreffende Verfügung einseitiger Natur ist; vgl. hinten, Rz 05.48.

[64] Art. 513 Abs. 1 ZGB; dabei genügt nach der Auffassung des Bundesgerichts die Unterschrift derjenigen Partei, die sich durch die Aufhebungsvereinbarung verpflichtet; BGE 104 II 344 ff. Vgl. zur Kontroverse in der Lehre ZGB-BREITSCHMID, N 3 zu Art. 513 ZGB.

[65] Art. 513 Abs. 2 und Art. 514 ZGB.

[66] Siehe schon vorne, Rz 05.31 mit Fn 46; spezifisch zu den letztwilligen Verfügungen ZGB-BREITSCHMID, N 24 zu Art. 469 ZGB. Vgl. ferner das illustrative Beispiel in FamRZ 1999, S. 1237 ff., E. a) (2).

[67] DRUEY, Grundriss, § 12, Rzn 7 ff.

[68] Vgl. dazu DRUEY, Grundriss, § 12, Rzn 14 ff., sowie RASELLI, S. 1262 ff., der allerdings primär auf die Auslegung der einseitigen letztwilligen Verfügung eingeht.

[69] Vgl. anstatt vieler PIOTET, Pactes successoraux, S. 382 ff.; KRAMER, N 54 zu Art. 18 OR; ZGB-HUWILER, N 7 zu Art. 484 ZGB, je m.w.H. A.M. noch die älteren Kommentatoren, vgl. TUOR, Vorbem. vor Art. 481 ff. ZGB, N 15, sowie ZK-ESCHER, Einl. vor Art. 467-469, N 14. Vom Bundesgericht wurde die Frage noch nicht mit der wünschenswerten Deutlichkeit geklärt, vgl. immerhin BGE 99 II 385 f.; zum Ganzen siehe auch GRUNDLER, S. 105 ff.

[70] Allerdings nur solange, wie auch keine Bedingungen und Auflagen damit verknüpft sind: Diese wären wohl wiederum nach dem Vertrauensprinzip auszulegen. Vgl. DRUEY, Grundriss, § 12, Rz 5, m.w.H.

[71] Vgl. ZGB-BREITSCHMID, N 4 zu Art. 469 ZGB; GRUNDLER, S. 112 f.

05.44   *Willensmängel* (Irrtum, Täuschung, Drohung oder Zwang) beim Vertragsschluss können zur einseitigen Vertragsaufhebung führen[72] oder, nach Eröffnung des Erbganges, Grund zur Ungültigkeitsklage bieten[73]. Spezielle *Ungültigkeitsgründe* für Verfügungen von Todes wegen, die auch auf Erbverträge Anwendung finden, sieht Art. 519 ZGB vor, nämlich die Verfügungsunfähigkeit des Erblassers sowie Widerrechtlichkeit und Unsittlichkeit der Verfügung[74].

e)   *Insbesondere zu Art. 494 Abs. 3 ZGB*

05.45   Art. 494 Abs. 3 ZGB sieht vor, dass Verfügungen von Todes wegen sowie Schenkungen des Erblassers, die mit dessen Verpflichtungen aus dem Erbvertrag nicht vereinbar sind, der Anfechtung (d.h. einer zur Herabsetzung analogen Klage[75]) unterliegen. Welche Rechtsgeschäfte des Erblassers im Einzelnen davon betroffen sind, wird durch die Bestimmung nicht festgelegt, vielmehr beurteilt sich die *Erbvertragswidrigkeit* nach dem Inhalt des jeweiligen Vertrages[76]. Rein entgeltliche Veräusserungen von Vermögensbestandteilen durch den Erblasser sind in der Regel unproblematisch, es sei denn, der Erblasser habe dem Vertragspartner einen bestimmten Gegenstand versprochen[77]. Lebzeitige Schenkungen darf der Erblasser weiterhin vornehmen, solange sie mit dem konkreten Erbvertrag nicht unvereinbar sind[78]. Unvereinbarkeit der Zuwendung mit den erbvertraglichen Verpflichtungen liegt insbesondere vor, wenn der Erbvertrag den gesamten Nachlass betrifft und die Schenkung dessen Umfang erheblich beeinträchtigt. Liegt ein entgeltlicher Erbvertrag vor – was nicht nur bei Gegenleistungen unter Lebenden, sondern auch bei gegenseitigen Zuwendungen von Todes wegen der Fall ist[79] – ist der Vertragspartner stärker zu schützen, d.h. es wird eher von einer anfechtbaren Umgehung des Erbvertrages auszugehen sein[80].

---

[72] In welcher Form die entsprechende Erklärung zu erfolgen hat, ist umstritten. Siehe zu den unterschiedlichen Theorien DRUEY, Grundriss, § 10, Rz 48; einlässlich zur Problematik der Willensmängel beim Erbvertrag GRUNDLER, passim.

[73] Wie im Zusammenhang mit der Vertragsauslegung stellt sich hier die Frage, ob jeder Willensmangel, d.h. insbesondere auch der blosse Motivirrtum des Erblassers, Grund zur Vertragsanfechtung bietet. Der Schutz des Vertragspartners des Erblassers verlangt jedenfalls beim entgeltlichen Erbvertrag, dass nur Irrtümer, die sich auf die Grundlage des Vertrages beziehen, beachtlich sein dürfen; vgl. ZGB-FORNI/PIATTI, N 19 zu Art. 519/520 ZGB, m.w.H. Ausführlich zum Ganzen M. HOHL, S. 130 ff.

[74] Siehe dazu ZGB-FORNI/PIATTI, N 17 und 21 zu Art. 519/520 ZGB, m.w.H.; vgl. auch hinten, Rzn 07.02 ff. und 07.143 ff.

[75] DRUEY, Grundriss, § 10, Rz 52; vgl. BGE 101 II 311 f.

[76] ZGB-BREITSCHMID, N 9 zu Art. 494 ZGB.

[77] Vgl. zu diesem Fall PIOTET, SPR 1, S. 181 f., wonach der Verkaufserlös bzw. ein wertmässiger Ersatz geschuldet sein kann; zustimmend DRUEY, Einsatzmöglichkeiten, S. 23; vgl. auch ders., Grundriss, § 10, Rz 38; siehe ferner ZGB-BREITSCHMID, N 10 zu Art. 494 ZGB, sowie GRUNDLER, S. 17 ff.

[78] BGE 70 II 255, 261 ff.

[79] ZGB-BREITSCHMID, N 9 Vorbem. zu Art. 494-497 ZGB.

[80] PIOTET, SPR 1, S. 181, ähnlich DRUEY, Grundriss, § 10, Rz 36 in fine.

f) Vertragsanpassung und -rücktritt

Die bereits erwähnte langfristige *gegenseitige Bindungswirkung* des Erbvertrages, die bei Begünstigung von Dritten gar über den Tod des einen Ehegatten hinaus andauert, wird von Gesetzes wegen *nur in Ausnahmefällen durchbrochen*. Ein einseitiger Rücktritt ist einerseits in den Fällen von Art. 513 Abs. 2 ZGB – also beim Vorliegen von Enterbungsgründen – möglich und andererseits dann, wenn vereinbarte Leistungen unter Lebenden nicht vertragsgemäss erfüllt oder sichergestellt werden (Art. 514 ZGB). Diese Sachlagen dürften in den hier interessierenden Fällen nur ausnahmsweise eintreten. Ebenfalls nur für Ausnahmefälle ist die Anwendung der clausula rebus sic stantibus zu bejahen[81]. Der zwischen Ehegatten abgeschlossene Erbvertrag verliert seine Wirkung im Scheidungsfall[82]. 05.46

Die herrschende Lehre lässt unter Hinweis auf die Vertragsfreiheit erbvertragliche Bestimmungen zu, die einen *einseitigen Rücktritt bzw. eine Abänderung des Erbvertrages* ermöglichen[83] (sog. *Widerrufsklauseln*). Immerhin wird man verlangen müssen, dass die entsprechenden Klauseln die Gründe für eine einseitige Abänderung und deren Wirkungen wenigstens in groben Umrissen umschreiben; ein Widerrufsrecht nach „Lust und Laune" betreffend sämtliche Regelungspunkte widerspricht dem Institut des Erbvertrages. Eine *Flexibilisierung* des Erbvertrages kann auch dadurch erreicht werden, dass die Verfügungen an *Bedingungen* geknüpft werden[84] oder der Vertrag als solcher befristet wird, so dass die Parteien gezwungen sind, diesen nach einer gewissen Zeit den allenfalls veränderten Umständen anzupassen[85]. 05.47

Es ist durchaus möglich, dass der Erbvertrag neben gegenseitigen Verfügungen auch bloss *einseitige Anordnungen* enthält[86], die vom Erblasser frei widerrufen werden können. Ob eine Klausel einseitig oder zweiseitig ist, ergibt sich durch Auslegung des Vertrages[87], dabei bildet der Umstand, dass sich die Verfügung in einer Erbvertragsurkunde vorfindet, nur ein Indiz für die Qualifikation als zweiseitige, unwiderrufliche Anordnung. Ist der Wortlaut nicht eindeutig[88], ist ausschlaggebend, ob die Gegenseite ein *Interesse an der Bindung* hat oder nicht[89]. Der Vertragscharakter ist zu bejahen, wenn eine bestimmte 05.48

---

[81] BREITSCHMID, Begünstigung, S. 65 f.

[82] Art. 120 Abs. 2 ZGB; anders, wenn der Erbvertrag erst nach Rechtshängigkeit des Scheidungsverfahrens abgeschlossen wurde.

[83] ZGB-BREITSCHMID, N 6 zu Art. 513 ZGB, der auch die Zulässigkeit eines vertraglichen Freiraumes zu Gunsten des überlebenden, ebenfalls gebundenen Vertragspartners bejaht, eine „dem Geiste des Erbvertrags folgende Nachführung" des Erbvertrags vorzunehmen.

[84] Dazu hinten, Rzn 07.91 ff.

[85] Vgl. BREITSCHMID, Begünstigung, S. 65 mit Fn 53.

[86] BGE 101 II 309 f.; ZGB-BREITSCHMID, N 11 ff. Vorbem. zu Art. 494-497 ZGB, m.w.H.

[87] Siehe dazu beispielsweise den Entscheid des OGer ZG in SJZ 93 (1997), S. 49: Die Bestimmung, wonach beim Tod des zweitversterbenden Ehegatten die Hälfte des Nachlasses an dessen eigenen Verwandte gelangen soll, ist als einseitige Verfügung zu verstehen, anders dagegen die Verfügung zugunsten der Verwandten des Vertragspartners. Ebenso OGer Bern in ZBJV 119 (1983) S. 241 ff., insbes. S. 245.

[88] Vgl. etwa den einseitigen Änderungsvorbehalt bezüglich einer einzigen erbrechtlichen Verfügung (zugunsten der vorehelichen Tochter des anderen Ehegatten) in FamRZ 1998, S. 1262.

[89] Vgl. FamRZ 1997, S. 911 f. (Bay ObLG) sowie FamRZ 1999, S. 1237 f., wonach die Erbeinsetzung zu Gunsten der Verwandten des anderen Ehegatten in der Regel Vertragscharakter aufweist.

Verfügung mit dem Vertragstext innerlich zusammenhängt. Zu betrachten ist demnach nicht nur die betreffende Klausel als solche, sondern der gesamte Kontext[90]. Der Klarheit halber sollten einseitige – und somit frei widerrufliche und nach dem Willensprinzip auszulegende – Verfügungen ausdrücklich als solche bezeichnet werden.

3. Der kombinierte Ehe- und Erbvertrag

a) Allgemeines

05.49 Die Form des Erbvertrages deckt auch jene des Ehevertrages. Die beiden Rechtsgeschäfte können deshalb miteinander verbunden werden, womit sich eine Abstimmung der güter- und erbrechtlichen Begünstigung erreichen lässt. Dies gilt m.e. auch dann, wenn am Erbvertrag ausser den Ehegatten weitere Parteien mitwirken. Die ehevertraglichen Bestimmungen berechtigen und verpflichten diese Dritten aber nur insoweit, wie erbrechtliche Anordnungen unmittelbar damit verknüpft sind. Dies trifft beispielsweise bei einer Vorschlagszuweisung nach Art. 216 Abs. 2 ZGB zu, wenn nichtgemeinsame Nachkommen mitwirken und den (Teil)Verzicht auf ihre Pflichtteilsansprüche erklären.

05.50 Der güter- und der erbrechtliche Teil eines Ehe- und Erbvertrages lassen sich durch Bedingungen und Auflagen miteinander verknüpfen. Eine derartige *Abhängigkeit der beiden Verträge* kann sich auch aus dem Sinn und Zweck des Vertrages ergeben. Es stellt sich dann die Frage, ob die Ehegatten den güterrechtlichen Teil ihrer Verfügung noch frei ändern können, oder ob die Mitwirkung von pflichtteilsberechtigten Dritten, die in eine gewisse Einschränkung ihrer Ansprüche eingewilligt haben, notwendig ist. M.E. ist zu differenzieren: Soweit die gewünschte Änderung die Rechtsstellung der Dritten beeinträchtigt, ist deren Zustimmung einzuholen. Willigen die Betroffenen in die Änderung nicht ein, müssen sie sich keine (zusätzliche) Verschlechterung ihrer Position gefallen lassen und können diese gegebenenfalls klageweise durchsetzen. Liegen wichtige Gründe im Sinne von Art. 185 ZGB oder liegt ein Anwendungsfall von Art. 176 Abs. 1 Ziff. 3 ZGB vor (Aufhebung des gemeinsamen Haushalts), tritt aufgrund richterlichen Urteils die Gütertrennung ein und ist vom Zustimmungserfordernis weiterer Beteiligter abzusehen.

05.51 Die Auslegung des *Ehe- und Erbvertrages* richtet sich nach den ordentlichen *Auslegungsregeln für Verträge*. Enthält der Vertrag ausnahmsweise Bestimmungen, die als *einseitige Verfügungen* von Todes wegen zu qualifizieren sind, sind diese wie letztwillige Verfügungen vornehmlich nach dem *Willensprinzip* auszulegen[91].

b) Im Speziellen zur Beendigung des Ehe- und Erbvertrages

05.52 Während der Erbvertrag mit einfach schriftlicher Übereinkunft aufgehoben werden kann, bedarf die Aufhebung des Ehevertrages der öffentlichen Beurkundung. Damit stellt sich die Frage, welche Vorschrift für den kombinierten Ehe- und Erbvertrag gilt. Die *Aufhebung des erbrechtlichen Teils* des Vertragswerkes sollte, da die Verknüpfung von Ehe- und Erbvertrag nicht eine notwendige ist, in *Schriftform* möglich sein. Die güterrechtlichen Vereinbarungen werden von dieser Aufhebung jedoch nicht berührt, was allerdings immer dann zu Auslegungsschwierigkeiten führt, wenn die beiden Teile inhaltlich eng miteinander verbunden sind, beispielsweise eine güterrechtliche Zuwendung als Gegenleistung zu einem erbrechtlichen Vorteil gewährt wird. Wird der *Ehevertrag* rechtsge-

---

[90] BGE 70 II 11.

[91] Allgemein zur Auslegung von (einseitigen) letztwilligen Verfügungen hinten, Rz 05.62.

schäftlich aufgehoben, bestimmen die Ehegatten in der Regel auch über den Fortbestand des Erbvertrages; äussern sie sich nicht explizit dazu, müssen ihre (Aufhebungs)Erklärungen aufgrund des Vertrauensprinzips ausgelegt werden.

Fraglich sind dagegen die Auswirkungen der Beendigung des Ehevertrages durch *Eintritt des ausserordentlichen Güterstandes*. Ein Interesse an der Beendigung des Erbvertrages besteht vor allem in den Fällen, in denen der ausserordentliche Güterstand wegen Überschuldung oder Interessengefährdung vom Richter angeordnet wird (Art. 185 ZGB) sowie bei der Konkurseröffnung oder Pfändung eines in Gütergemeinschaft lebenden Ehegatten. In diesen Fällen besteht die Gefahr einer einseitigen Entwicklung der Vermögensverhältnisse: Während der überschuldete Ehegatte sich im Falle seines Überlebens auf die erbvertragliche Begünstigung berufen kann, nützt im umgekehrten Fall seinem Partner die höhere Erbquote nur wenig oder – bei Überschuldung – gar nichts. Beim Abschluss des Ehe- und Erbvertrages gehen die Ehegatten üblicherweise von einer gegenseitigen Begünstigung aus. Der Ehe- und Erbvertrag muss deshalb wohl regelmässig dahingehend ausgelegt werden, dass bei Eintritt der Gütertrennung infolge der Art. 185 Abs. 2 Ziff. 1 und 2 ZGB bzw. aufgrund von Art. 188 und 189 ZGB auch die gegenseitigen erbrechtlichen Begünstigungen hinfällig werden sollen (im Sinne einer stillschweigenden Resolutivbedingung). Sicherer ist es freilich, diese Folge im Vertrag mittels einer *ausdrücklichen Resolutivbedingung* festzuhalten.

05.53

4. Das (gegenseitige) Testament

a) Anwendungsbereich

Das Testament zeichnet sich im Vergleich zum Erbvertrag durch die Möglichkeit der vereinfachten Form der *Eigenhändigkeit* und durch die jederzeitige Widerrufbarkeit aus, womit es sehr flexibel ist. Nachteilig ist dagegen, dass die Pflichtteile beachtet werden müssen (der Verzicht der Noterben bedarf der Vertragsform), will man nicht das Risiko einer erfolgreichen Herabsetzungsklage eingehen. In die Form des eigenhändigen Testaments können sämtliche einseitigen letztwilligen Verfügungen gekleidet werden.

05.54

Die Begünstigung zwischen Ehegatten erfolgt regelmässig gegenseitig, nämlich als so genannte *reziproke Verfügungen beider Partner*. Die Testamentsform ist insofern nicht unproblematisch, als die Verknüpfung zweier letztwilliger Verfügungen unter Umständen als formungültiger Erbvertrag aufgefasst und damit angefochten werden kann. Voraussetzung für die *Testamentsgültigkeit* ist zuerst einmal, dass die Verfügungen beider Ehegatten sich an die *Formvorschriften* des eigenhändigen Testaments halten. Demnach haben beide Ehegatten auf die *formelle Selbständigkeit* zu achten, d.h. ihren letzten Willen vollständig selber niederzuschreiben. Für die Gültigkeit ohne Belang ist dagegen, ob die Ehegatten ihre Verfügungen auf einem einzigen Schriftstück festhalten, oder ob zwei separate Urkundenträger verwendet werden[92]. Ferner ist es ohne weiteres zulässig, zwei *formell selbständige Testamente* durch *Bedingungen* voneinander innerlich abhängig zu machen[93].

05.55

Die Ehefrau kann etwa ihre Verfügung davon abhängig machen, dass das Testament des Ehemannes nicht widerrufen wird (sog. *kaptatorische Verfügung*). Damit hindert sie zwar nicht die Widerrufbarkeit von dessen Testament, stellt aber die Wirksamkeit der eigenen Verfügung unter eine gültige Resolutivbedingung. Diese Variante birgt den Nachteil in sich, dass der überlebende Ehegatte sein eigenes Testament nach dem Tod des anderen beliebig modifizieren kann, was insbesondere mit Blick auf eine

05.56

---

[92] TUOR, N 15 Vorbem. vor Art. 494 ZGB; ZGB-BREITSCHMID, N 16 zu Art. 498 ZGB.
[93] TUOR, N 16 Vorbem. vor Art. 494 ZGB.

Zweitehe oder weitere Nachkommen problematisch ist. Freilich können die gegenseitigen Testamente (wiederum im Sinne einer Resolutivbedingung) vorsehen dass bei nachträglichem Widerruf der zugewandte Teil des Nachlasses an die gesetzlichen oder an andere, eingesetzte Erben fällt. Materiell handelt es sich um eine *Nacherbeneinsetzung* mit einer etwas speziellen Umschreibung des Nacherbfalles, was bezüglich Verfügungsfreiheit und Sicherstellung Auswirkungen hat[94]. Dies widerspricht wiederum der Absicht der Ehegatten, sich grundsätzlich unbeschränkt zu begünstigen, solange sich beide an die Abmachung halten.

b) *Insbesondere zum korrespektiven und zum gegenseitigen Testament*

05.57 Die zulässige inhaltliche Verknüpfung mittels Bedingungen ist zu unterscheiden vom so genannten *korrespektiven Testament*, d.h. der weiter gehenden Verknüpfung, die die Gültigkeit des einen von der Gültigkeit des andern Testaments abhängig macht. Diese weiter gehende Bindungswirkung setzt zwingend die *Form des Erbvertrages* voraus. Das wechselbezügliche Testament ist deshalb formungültig, wenn die Parteien es unter der Voraussetzung der gegenseitigen Bindung geschlossen haben[95]. Das Bundesgericht neigt dazu, dies zu vermuten[96]. In gegenseitigen Testamenten ist deshalb immer festzuhalten, dass die Parteien im Bewusstsein der fehlenden formellen Bindung des „Vertragspartners" verfügt haben.

05.58 *Ungültig* sind ferner das *gemeinsame* Testament, das von einem Ehegatten (oft in der „Wir-Form") verfasst und von beiden unterzeichnet wird, sowie *Beitrittserklärungen* eines Ehegatten, wonach im Falle seines Todes (spiegelbildlich) dasselbe gelten solle. Bezüglich des Verfassers ist im ersten Fall unter Umständen eine Konversion in eine gültige, eigenhändige Verfügung denkbar[97]. Beitrittserklärungen könnten allenfalls als ausreichend bestimmter *Verweis* auf eine testamentsfremde Urkunde verstanden werden[98], was allerdings von einem Teil der Lehre und vom Bundesgericht nicht anerkannt wird[99]. Meist wird es sich bei diesen Verfügungen ohnehin um korrespektive Verfügungen handeln, die schon aus diesem Grund als ungültig zu betrachten sind.

c) *Insbesondere zur Vorsorgevereinbarung*

05.59 Unsicher ist die Formfrage bei der *gebundenen Vorsorgevereinbarung*. An sich handelt es sich hier um besondere Sparverträge, weshalb – anders als bei der Vorsorgeversiche-

---

[94] Zur Nacherbeneinsetzung im Einzelnen siehe hinten, Rzn 07.113 ff.

[95] Grosszügiger ZGB-BREITSCHMID, N 18 zu Art. 498 ZGB; ders., Begünstigung, S. 63, wonach eine Umdeutung in eine Auflage gegenüber dem Zweitversterbenden möglich sei.

[96] BGE 89 II 284; 76 II 273; vgl. dazu DRUEY, Grundriss, § 9, Rzn 6 f.; ZGB-BREITSCHMID, N 14 Vorbem. zu Art. 494-497 ZGB.

[97] Vgl. dazu TUOR, N 17 Vorbem. vor Art. 494 ZGB; offen gelassen in BGE 89 II 284.

[98] ZGB-BREITSCHMID, N 17 zu Art. 498 ZGB; allgemein zur Problematik testamentsfremder Urkunden PIOTET, SPR 1, S. 235.

[99] BGE 101 II 217; TUOR und ZK-ESCHER, je N 13 zu Art. 505 ZGB; ähnlich auch DRUEY, Grundriss, § 9, Rz 16; siehe ferner die Zusammenstellung bei GUINAND/STETTLER, Rz 95, m.w.H. Nach diesen Auffassungen ist nur der Verweis auf eine ihrerseits der Testamentsform genügende Urkunde zulässig, was bei der Beitrittserklärung bzw. beim gemeinsamen Testament gerade nicht zutrifft. Vgl. auch hinten, Fn 105.

rung[100] – das VVG nicht Anwendung findet. Auch die Verordnung betreffend das steuerbegünstigte Sparen, die BVV3, enthält diesbezüglich keine materiellrechtlichen Bestimmungen[101]. Es wird daher zu Recht vertreten, da es sich um eine Liberalität von Todes wegen handle, müsse die Begünstigung in einer *formgültigen Verfügung von Todes wegen* (d.h. Testament oder Erbvertrag) erfolgen[102]. Aus Gründen der Rechtssicherheit ist diese Ansicht allerdings nicht unbedenklich, wird doch in der Praxis der Vertragsschluss zwischen Vorsorgenehmer und Bankstiftung regelmässig nicht öffentlich beurkundet. Offenbar sind grössere Bankinstitute immerhin dazu übergegangen, die Begünstigungsklausel durch den Vorsorgenehmer in der Form des eigenhändigen Testament niederschreiben zu lassen, was durchaus zulässig ist. Geschieht dies nicht, ist es vertretbar, die schriftliche Begünstigung als formungültige Verfügung von Todes wegen aufzufassen und bei Ausbleiben einer Ungültigkeitsklage nach Art. 520 ZGB zu vollziehen[103]. Für die Bank kann allerdings die Auszahlung des Sparkapitals an eine durch anfechtbare Verfügung begünstigte Person Haftungskonsequenzen nach sich ziehen[104].

d) Form und Widerruf

Die Testamentserrichtung ist in einer der Formen der Art. 498 ff. ZGB zulässig, wobei das *eigenhändige Testament* deutlich im Vordergrund stehen dürfte. Dieses muss durch den Erblasser von Anfang bis zum Ende eigenhändig niedergeschrieben[105], datiert und unterzeichnet sein[106]. An die Stelle des eigenhändigen Testaments kann die *öffentliche Beurkundung* treten, die unter Mitwirkung zweier Zeugen vor der nach kantonalem Recht bestimmten Urkundsperson stattfindet[107]. 05.60

Wie bereits erwähnt, ist die *jederzeitige, vollständige oder teilweise Widerrufbarkeit* bei der einseitigen Verfügung anders als beim Erbvertrag unabdingbar[108]. Der Widerruf kann durch absichtliche Vernichtung der Testamentsurkunde, ganze oder partielle 05.61

---

[100] Dazu hinten, Rz 05.65.

[101] Die Verordnung legt einzig fest, wie der Vertrag (privatautonom) zu gestalten ist, damit die Steuererleichterungen gewährt werden; vgl. dazu hinten, Rz 09.39.

[102] KOLLER, Vorsorge, S. 30, m.w.H.; ders., Privatrecht und Steuerrecht, S. 217. A.M. IZZO, S. 44, Fn 151.

[103] KOLLER, Privatrecht und Steuerrecht, S. 217, Fn 417.

[104] KOLLER, Vorsorge, S. 31.

[105] Der Verweis auf testamentsfremde Urkunden ist nach zutreffender Auffassung nur zulässig, wenn diese selber die Form des eigenhändigen bzw. öffentlichen Testaments erfüllen; siehe vorne, Fn 99. Formungültig wäre aus diesem Grund etwa der Verweis auf den Gesellschaftsvertrag im Rahmen einer Nachfolgeregelung betreffend die Familienunternehmung.

[106] Art. 505 Abs. 1 ZGB. Die Angabe des Errichtungsortes ist seit dem 1.1.1996 nicht mehr erforderlich; die fehlende oder unrichtige Datierung der Verfügung führt ferner nur zur Ungültigkeit, wenn die Datumsangabe zur Auslegung der Verfügung unabdingbar ist; vgl. Art. 520a ZGB.

[107] Art. 499 ff. ZGB.

[108] Vgl. Art. 509-511 ZGB. Dem Widerrufsrecht widerspricht es nicht, dass der andere Ehegatte seinerseits an den Widerruf Folgen knüpft, wie beispielsweise den genannten Hinfall der eigenen letztwilligen Zuwendung an den anderen Partner (Rz 05.56).

Streichungen[109] oder durch eine neue letztwillige Verfügung erfolgen, deren Inhalt deutlich macht, dass nicht eine Ergänzung, sondern eine Abänderung der vorherigen Verfügung gewollt ist[110]. Damit ist auch gesagt, dass jederzeit eine Weiterführung oder eine formgerechte[111] *Ergänzung* des Testaments zulässig ist.

e) Auslegung und Anfechtung

05.62 Testamente sind nach einhelliger Lehre und Rechtsprechung nach dem *Willensprinzip* auszulegen[112], wonach in erster Linie das vom Erblasser Gewollte massgeblich ist. Dies gilt wohl *auch bei gegenseitigen Testamenten*, da diese nicht wie ein Erbvertrag Bindungswirkung erzeugen und infolgedessen der „Vertragspartner" nicht des Schutzes des Vertrauensprinzips bedarf. Immerhin ist zu vermuten, dass Gewolltes und Gesagtes übereinstimmen, so dass auch hier der Wortlaut der Verfügung primäres Auslegungsmittel bleibt[113]. Obschon die Auslegung – wie mit Bezug auf den Erbvertrag – testamentsfremde Umstände und Beweismittel berücksichtigt, erachtet es das Bundesgericht in konstanter Rechtsprechung aufgrund der strengen Formvorschriften des Erbrechts als unzulässig, durch Auslegung einen in der letztwilligen Verfügung nicht zum Ausdruck gebrachten Willen des Erblassers einzuführen[114].

05.63 Die Nichteinhaltung der Formvorschriften führt regelmässig[115] nur zur Testamentsungültigkeit, wenn sie innert Jahresfrist seit der Entdeckung des Ungültigkeitsgrundes durch (Gestaltungs-) Klage *angefochten* wird[116]. Bei Überschreitung der Verfügungsfreiheit ist durch die in ihren Ansprüchen verletzten Noterben (ebenfalls innert eines Jahres) die Herabsetzungsklage zu ergreifen[117].

---

[109] Dazu BGE 116 II 411 sowie DRUEY, Grundriss, § 9, Rzn 66 ff.

[110] Illustrativ BGE 124 III 406.

[111] Sämtliche Änderungen und Zusätze werden als selbständige Verfügungen qualifiziert und bedürfen daher der erbrechtlichen Form, also wiederum der Eigenhändigkeit, der Datumsangabe und der Unterschrift. Vgl. BGE 80 II 305 f. sowie 117 II 242 f.

[112] BGE 109 II 406; 124 III 416; siehe zu den einzelnen Auslegungsmitteln GUINAND/STETTLER, Rzn 117 f.

[113] ZGB-BREITSCHMID, N 22 zu Art. 469 ZGB. Zu den Besonderheiten der Testamentsauslegung siehe ders., N 23 ff. zu Art. 469 ZGB. Vgl. zum Ganzen auch DRUEY, Grundriss, § 12, Rzn 4 ff. Zur Korrektur einer offensichtlich unrichtigen Bezeichnung des Erben siehe BGE 124 III 414.

[114] BGE 124 III 412; einlässlich zur Testamentsauslegung RASELLI, S. 1262 ff.

[115] D.h. abgesehen von der seltenen *Nichtigkeit*, die von ESCHER (ZK, N 9 Einleitung zur Verfügung von Todes wegen) entgegen der herrschenden Lehre beispielsweise auch bei gemeinschaftlichen Testamenten angenommen wird.

[116] Art. 520 Abs. 1 ZGB i.V.m. Art. 521 ZGB; nach 10 Jahren seit Eröffnung der Verfügung tritt eine absolute Verwirkung des Klageanspruches ein. Auch nach Ablauf der genannten Fristen kann die Ungültigkeit allerdings mittels Einrede geltend gemacht werden.

[117] Art. 522 ff. ZGB.

5. Einfach schriftliche Rechtsgeschäfte

Der Anwendungsbereich einfach schriftlicher Erklärungen und Vereinbarungen unter den Ehegatten ist im Bereich des Ehegüter- und Erbrechts unbedeutend. Einfache Schriftlichkeit genügt zum Ausschluss oder zur Abänderung des gesetzlichen *Mehrwertanteils*[118], sofern sich die Vereinbarung nur gerade auf eine bestimmte Investition bezieht. Der Schriftform bedürfen sodann *Schenkungsversprechen*, die unter Lebenden vollzogen werden sollen. 05.64

Die Bezeichnung des Begünstigten aus einem Versicherungsvertrag ist formlos gültig (siehe sogleich). Mit schriftlicher Erklärung kann der Versicherungsnehmer sodann auf sein Recht zum *Widerruf der Begünstigung verzichten*[119]. Das gilt auch für Versicherungen der gebundenen Selbstvorsorge[120] (Säule 3a), da diese dem VVG unterstehen. Die *Zession* von Versicherungsansprüchen hat gemäss Art. 73 Abs. 1 VVG ebenfalls in Schriftform zu erfolgen, wie die Zession gewöhnlicher Forderungsrechte auch. Die Schriftform ist sodann Gültigkeitserfordernis des *Leibrentenvertrages*[121]. 05.65

6. Formfreie Verfügungen

Gewisse Begünstigungsformen sind ohne Einhaltung einer gesetzlichen Form gültig. Aus *Beweisgründen* – und dem Planungsziel Konfliktvermeidung zuliebe – empfiehlt sich jedoch Schriftlichkeit. Bereits erwähnt wurde die Möglichkeit, den *Begünstigten aus einem Privatversicherungsvertrag* zu bezeichnen[122]. Daneben bedürfen auch *Handschenkungen* unter Lebenden keiner besonderen Form, sofern nicht Liegenschaften übertragen werden[123]. Dasselbe gilt für die meisten *anderen Verträge* des Obligationenrechts, die ein wirtschaftliches Ungleichgewicht beinhalten und deshalb einen teilweise unentgeltlichen Charakter aufweisen. Auch *eherechtliche Vereinbarungen* wie die Verständigung über den Unterhalt der Familie (Art. 163 ZGB), den Betrag zur freien Verfügung (Art. 164 ZGB) und Entschädigungen für ausserordentliche Beiträge eines Ehegatten (Art. 165 ZGB) bedürfen keiner besonderen Form. Von erheblicher praktischer Bedeutung ist die Möglichkeit der Anordnung bzw. des *Dispenses von der Ausgleichungspflicht*: Obschon es sich dabei im Prinzip um letztwillige Verfügungen handelt, sind derartige Erklärungen nicht formgebunden[124]. 05.66

---

[118] Art. 206 Abs. 3 ZGB; dazu hinten, Rzn 06.54 ff.

[119] Art. 77 Abs. 2 VVG; daneben ist die Police dem Begünstigten zu übergeben.

[120] KOLLER, Vorsorge, S. 27.

[121] Art. 517 OR.

[122] Art. 76 Abs. 1 VVG; BGE 112 II 159, E. 1.; MAURER, Privatversicherungsrecht, S. 450 und Fn 1185.

[123] Vorbehalten ist indessen das Indossament bei der Übertragung von Namenpapieren; Art. 967 Abs. 2 ZGB; für Schenkungen unter Ehegatten eher von geringer praktischer Bedeutung dürfte das Erfordernis der Schriftlichkeit gemäss Art. 11 Waffengesetz (SR 514.54) sein.

[124] BGE 118 II 285 f.; hinten, Rz 08.31 mit Fn 55.

V. Grundzüge der Erbschafts- und Schenkungssteuern

05.67 Die verschiedenen Begünstigungsarten ziehen unterschiedliche Steuerfolgen nach sich. Deren Berücksichtigung im Rahmen der Vorsorgeplanung ist jedoch insofern nicht ganz einfach, als nicht nur die – inzwischen durch das Steuerharmonisierungsgesetz weitgehend vereinheitlichte – Einkommenssteuer in Frage steht, sondern auch die Erbschafts- bzw. Schenkungssteuer. Die *Steuerhoheit* für die Erbschafts- und Schenkungssteuern liegt ausschliesslich *bei den Kantonen*[125]. Mit Ausnahme der Kantone Schwyz und (voraussichtlich) ab dem 1.1.2002 Tessin erheben sämtliche Kantone eine Erbschaftssteuer und (ausgenommen der Kanton Luzern[126]) – in der Regel mit den gleichen Besteuerungsgrundsätzen – auch eine Schenkungssteuer. Die Steuer wird durch den *Wohnsitzkanton* des Erblassers oder Schenkers erhoben, ausgenommen ist allerdings das Grundeigentum, dessen Übergang vom Kanton der gelegenen Sache besteuert werden darf.

05.68 Nachfolgend sollen einige grundlegende Aspekte der Erbschafts- und Schenkungssteuer kurz erörtert werden. Die steuerlichen Konsequenzen der einzelnen Gestaltungsmöglichkeiten werden in den folgenden Kapiteln im Zusammenhang mit der Besprechung der jeweiligen Rechtsgeschäfte kurz dargelegt. Immerhin ist schon an dieser Stelle der Vorbehalt angebracht, dass es unter Umständen aufgrund der hohen Gesetzgebungsfrequenz und der Abhängigkeit der Gesetzesgrundlagen vom jeweiligen Wohnsitz risikoreich sein kann, die Vorsorgeplanung primär von steuerlichen Gesichtspunkten abhängig zu machen.

1. Grundzüge der Erbschaftssteuer

a) Gegenstand der Steuer

05.69 Gegenstand der Erbschaftssteuer sind *Vermögensübergänge, welche von Todes wegen erfolgen*. Solche liegen immer vor, wenn der *Rechtsgrund der Zuwendung im Erbrecht* liegt, unter Umständen treten aber weitere Sachverhalte hinzu[127]. Die meisten Kantone besteuern den *Erbanfall*, d.h. den Vermögensübergang auf den einzelnen Erben oder Vermächtnisnehmer. Es handelt sich dann um eine *Spezialeinkommenssteuer*[128]. Teilweise wird eine *Nachlasssteuer* erhoben[129], was bedeutet, dass der Übergang des Nachlasses als solcher auf die Gesamtheit der Erben Steuerobjekt ist[130].

05.70 Im Bereich der Erbschafts- und Schenkungssteuer gilt – anders als im Einkommens- und Vermögenssteuerrecht – der Grundsatz der Familienbesteuerung nicht, so

---

[125] In einigen Kantonen steht die Befugnis zur Erhebung der Erbschafts- und Schenkungssteuer auch den Gemeinden zu (LU, FR, GR und VD), mehrheitlich können sie jedoch nur am Ertrag der kantonalen Steuern partizipieren.

[126] Im Kanton Luzern werden allerdings Schenkungen, die in den letzten fünf Jahren vor dem Tod des Erblassers ausgerichtet wurden, als Erbschaften besteuert.

[127] HÖHN/WALDBURGER, § 27, Rz 21.

[128] Siehe dazu MONTEIL, S. 15 ff.

[129] Nämlich in den Kantonen GR (neben der allfälligen Nachlass- oder Erbanfallsteuer der Gemeinden), SO (als „Nachlasstaxe" neben der Erbanfallsteuer) und NE (neben der Erbanfallsteuer für bestimmte Erben).

[130] Eingehend dazu MONTEIL, S. 12 ff.

dass *Zuwendungen unter den Ehegatten* unter Umständen Steuerfolgen auslösen[131] und nicht als blosse Vermögensumschichtung qualifiziert werden. Die meisten Kantone befreien die direkten Nachkommen des Erblassers[132] und/oder den überlebenden Ehegatten[133] von der Erbschaftssteuer.

Der Vermögensanfall von Todes wegen löst – anders als der schenkungsweise Erwerb[134] – beim Erben oder Vermächtnisnehmer eine *Zwischenveranlagung* aus[135]. 05.71

b) Steuermass und Haftung

Das *Steuermass* ist in den meisten Kantonen progressiv ausgestaltet und richtet sich bei der Erbanfallsteuer nach den Faktoren Verwandtschaftsgrad und Höhe des Erbanfalls[136]. Massgebend sind regelmässig die Werte[137] bei Eröffnung des Erbganges[138]. In der Regel sehen die Kantone bestimmte, meist nach Verwandtschaftsgrad abgestufte *Vermögensfreibeträge* vor[139]. Bei der Nachlasssteuer kann dagegen der Verwandtschaftsgrad selbstverständlich keine Rolle spielen und es kommt auch zu keiner Brechung der Progression durch die Verteilung des Nachlasses auf mehrere Erben. 05.72

Wegen des Einflusses der Verwandtschaftsnähe auf den *Steuersatz* ist je nach Wohnsitzkanton unter Umständen darauf zu achten, dass *Verwandte* (Eltern, Geschwister, nichtgemeinsame Nachkommen usw.) durch die ihnen näher stehenden Ehegatten bedacht werden[140]. Wo die Besteuerung je nach 05.73

---

[131] MUSTER, S. 329.

[132] So AR, FR, LU (wo allerdings in den meisten Gemeinden eine kommunale Steuer erhoben wird), NE, NW, OW, SG, SH, SO (vorbehaltlich der Nachlasstaxe), TI, UR, VS, ZG und (seit 1.1.2000) ZH; in den Kantonen AG und GL erfolgt per 1.1.2001 eine Befreiung.

[133] So AG, AR, AI, BL, BS, BE, FR, GL, LU, NW, OW, SH, SG, TI, TG, UR, VS, ZG, ZH sowie SO – vorbehaltlich der Nachlasstaxe bzw. der kommunalen Steuer –; im Kanton NE wird die Steuer nur erhoben, wenn das Ehepaar keine Kinder hat. Im Kanton GR entfällt ab 1.1.2001 die Steuerpflicht des überlebenden Ehegatten und wird die auf ihn entfallende Nachlasssteuer nicht mehr erhoben.

[134] Bis zum Ablauf der Harmonisierungsfrist am 1.1.2001 erfolgt in gewissen Kantonen (z.B. LU) auch aufgrund einer Schenkung eine Zwischenveranlagung. Vgl. dazu den BGE vom 23.7.1999 in StR 1999, S. 701 = Pra 1999 Nr. 184.

[135] Art. 17 Bst. c StHG.

[136] Die Nachlasssteuer der Kantone SO, GR und NE ist ebenfalls progressiv abgestuft nach der Höhe des steuerbaren Nachlassvermögens. In den Kantonen OW, NW, FR, VS und NE wird die Höhe des Vermögensanfalls für das Steuermass nicht berücksichtigt; der Steuertarif ist lediglich nach Verwandtschaftsgrad abgestuft. – Für Einzelheiten zu den steuerfreien Beträgen in den einzelnen Kantonen siehe die Steuerinformationen der Interkantonalen Kommission für Steueraufklärung, Teil D, Erbschafts- und Schenkungssteuern, Ziff. 53 und 54 (Stand 1.7.1997).

[137] Grundsätzlich ist vom Verkehrswert auszugehen, wobei namentlich für Wertpapiere, Grundstücke sowie für Nutzniessungen, Renten u. dgl. abweichende Regeln gelten können.

[138] Anders verhält es sich lediglich bei Ersatzverfügungen, Nacherbeneinsetzung und bei Vorliegen von aufschiebenden Bedingungen. Hier tritt der steuerbare Erwerb zu einem späteren Zeitpunkt ein, der als Stichtag für die Bemessung gilt.

[139] Im Interesse der Einfachheit und Billigkeit der Steuererhebung werden regelmässig auch Heiratsgut, Hausrat und andere bewegliche Gegenstände bis zu einer bestimmten Summe von der Besteuerung ausgenommen.

[140] Für einen steuerbaren Erbanfall von Fr. 100'000.- hat beispielsweise ein Elternteil des Erblassers im Kanton Zürich keine Steuern zu entrichten, ein Nichtverwandter dagegen 19,2 %; im Kanton Genf betragen die Steuern 3 bzw. 49,9 %!

Zuwendungsempfänger unterschiedlich ausfällt, ist beispielsweise anstelle einer Erbeinsetzung der gegenseitigen Verwandten in einem Erbvertrag eine Nacherbeneinsetzung auf den Überrest in Betracht zu ziehen[141]. Analoges gilt, wenn eine güterrechtliche Begünstigung vereinbart wird und diese nach dem Tod des zweitversterbenden Ehegatten an die Nachkommen des zuerst Verstorbenen gelangen soll[142]. Das Steuermass richtet sich in diesem Fall nach dem Verwandtschaftsverhältnis zwischen dem zweitversterbenden Ehegatten und dem Erben[143].

05.74   Wird der Erbteil in irgend einer Form belastet – sei es durch eine Nutzniessung, eine Leibrente, eine Auflage oder eine Bedingung mit finanziellen Einbussen – müsste folgerichtig die *Besteuerung auf dem Nettozufluss* erfolgen und andererseits der durch die betreffenden Verfügungen Begünstigte seinerseits der Erbschaftssteuer unterliegen. Einige Kantone weichen allerdings von dieser Regel ab und lassen die Belastung überhaupt nicht oder jedenfalls dann nicht zum Abzug zu, wenn deren Empfänger steuerfrei ist[144].

05.75   Die *Erben haften* nach den meisten Gesetzen bis zur Höhe des Erbanfalls *solidarisch* für die gesamte, aufgrund des Erbanfalls geschuldete Steuer[145]. In gewissen Kantonen ist sogar die persönliche Haftung der Erben mit ihrem gesamten Vermögen vorgesehen[146].

2. *Grundzüge der Schenkungssteuer*

a)   Gegenstand der Steuer

05.76 Wie bereits gesagt, gelten für die Schenkungssteuer regelmässig dieselben Grundprinzipien wie für die Erbschaftssteuer, so insbesondere bezüglich des Steuermasses und der örtlichen Anknüpfung. Der *Begriff der Schenkung* wird im Steuerrecht teilweise unabhängig von der zivilrechtlichen Umschreibung gebraucht; die meisten kantonalen Gesetze definieren ihn eigenständig, wenn auch in Anlehnung an den Schenkungsbegriff des

---

[141] Vgl. etwa den BGE vom 9.10.1978, publ. in ASA 48 (1979/80), S. 656 ff. Das Bundesgericht schützte die kantonale Veranlagung, die von einer Erbeinsetzung zugunsten der Verwandten des vorverstorbenen Ehemannes der Erblasserin ausging. In BGE 102 Ia 418 war ein analoger Sachverhalt zu beurteilen (Gesamtgutszuweisung und Erbeinsetzung der vorehelichen Nachkommen des vorverstorbenen Ehemannes durch die Erblasserin), und auch hier erkannte das Bundesgericht mit ausführlicher Begründung, dass keine Nacherbeneinsetzung vorliege. Bei dieser ist das Verwandtschaftsverhältnis Erblasser-Nacherbe und nicht dasjenige zwischen Vor- und Nacherbe ausschlaggebend; vgl. dazu BGE 123 I 266.

[142] In zahlreichen Steuergesetzen werden die Stiefkinder den leiblichen Kindern des Erblassers allerdings gleichgestellt (so etwa im Kanton Bern, vgl. Art. 10 Abs. 1 Ziff. 1 ESchG BE; Art. 19 nEschG BE) oder doch weniger stark besteuert als Dritte.

[143] BGE vom 22.1.1964, publ. in ASA 33 (1964/65), S. 182 ff. Die Vorinstanz war hier zu Recht davon ausgegangen, dass das Steuerrecht – unter dem Vorbehalt von Ausnahmen – an das Zivilrecht anlehne und zivilrechtlich gerade keine Nacherbeneinsetzung vorliege.

[144] Vgl. hinten, Rzn 07.44 f.

[145] Dies trifft in AI, AR, BE, BL, GL, JU, NW, SG, SO (hier auch für die Nachlasssteuer), TG, TI, OW, ZH und ZG zu.

[146] So die Regelung in den Kantonen FR, BS, VD, NE und GE.

Zivilrechts[147]. Dabei sind die Begriffselemente der Vermögenszuwendung und der (teilweisen) Unentgeltlichkeit immer anzutreffen; umstritten ist dagegen, ob auf Seiten des Schenkers die *Absicht*, eine Schenkung vorzunehmen, vorausgesetzt werden muss[148]. Nach Auffassung des Bundesgerichts steht es dem kantonalen Gesetzgeber frei, für die Besteuerung einer Zuwendung – unabhängig von einem Schenkungswillen – am objektiven Missverhältnis zwischen Leistung und Gegenleistung anzuknüpfen[149].

Erbvorempfänge werden in der Regel als Schenkungen unter Lebenden besteuert[150]. Falls es später zu einer Realausgleichung (Art. 628 ZGB) oder einer Herabsetzung kommt, ist die ursprüngliche Veranlagung zu revidieren bzw. muss eine Steueranrechnung erfolgen[151]. Auch ein *Erbauskauf* kann eine Schenkung im steuerrechtlichen Sinn sein[152]. *Schenkungen auf den Todesfall* unterliegen dagegen der Erbschaftssteuer.   05.77

b) Steuermass und Haftung

Der *Steuertarif* entspricht bei der Schenkungssteuer demjenigen der Erbschaftssteuer[153], womit auch hier der Verwandtschaftsgrad und die Höhe des Vermögensanfalles für das Steuermass von Bedeutung sind. In gewissen Kantonen werden *mehrere Zuwendungen* unter denselben Beteiligten für die Bestimmung des Steuermasses *zusammengezählt*, damit nicht durch eine Stückelung der Schenkung die Progression gebrochen werden kann. Teilweise ist die Zusammenrechnung beschränkt auf Zuwendungen innerhalb einer bestimmten Zeitperiode oder auf Fälle der Steuerumgehung. Unter Umständen kann auch eine Zusammenrechnung mit Vermögensanfällen von Todes wegen erfolgen, so beispielsweise im Kanton Bern[154].   05.78

Für die Besteuerung ist im Übrigen *unmassgeblich, aus welcher Vermögensmasse die Schenkung unter Ehegatten erfolgt*. Werden Vermögenswerte aus der Errungenschaft übertragen, erfolgt eine Besteuerung auf dem ganzen Betrag, obschon der beschenkte Ehegatte ohne die Zuwendung im Überlebensfall von Gesetzes wegen Anspruch auf die Hälfte des Wertes gehabt hätte, und dieser hälftige Vor-   05.79

---

[147] Im Kanton Bern findet sich die Legaldefinition in Art. 3 ESchG bzw. Art. 8 nESchG BE. Vgl. dazu MUSTER, S. 293 ff., mit Hinweis auf die Definition im Mustergesetz der Konferenz der kantonalen Finanzdirektoren.

[148] HÖHN/WALDBURGER, § 27, Rzn 38 ff. Zu den einzelnen Begriffsmerkmalen siehe dies., § 27, Rzn 34 ff.

[149] BGE vom 20.10.1997 in StR 1998, S. 677 ff.; vgl. auch den Entscheid des VwGer BS vom 26.1.1999 in BStPr XV (2000), S. 37 ff.

[150] Vgl. BGE 96 I 413, wonach „eine unentgeltliche Zuwendung unter Lebenden als Schenkung zu besteuern ist, gleichgültig, ob es sich dabei um eine Zuwendung handelt, die sich der Bedachte an seinen Erbteil anrechnen lassen muss oder nicht." Zum bernischen Übergangsrecht für vor dem 1.1.1989 ausgerichtete Erbvorempfänge siehe SUTER, S. 182 f. Vgl. auch RAMSEIER, S. 70 ff.

[151] Zum bernischen Recht siehe Art. 1 Abs. 4 ESchG BE bzw. Art. 32 nESchG BE sowie MUSTER, S. 323 f. und 477 f. Allgemein zum Verhältnis der Schenkungs- zur Erbschaftssteuer BÖCKLI, Indirekte Steuern, S. 332 ff.

[152] BGE 102 Ia 418.

[153] Ausnahmen: GR und GE sehen einen speziellen Schenkungssteuertarif vor. In den übrigen Kantonen kann sich zufolge unterschiedlicher Abzüge und Steuerfreibeträge eine unterschiedliche Steuerlast ergeben je nachdem, ob eine Zuwendung unter Lebenden oder von Todes wegen ausgerichtet wird.

[154] HÖHN/WALDBURGER, § 27, Rz 59; Art. 11 Abs. 2 ESchG BE bzw. Art. 20 Abs. 1 nESchG BE.

schlagsanteil in der güterrechtlichen Auseinandersetzung nicht steuerpflichtig ist[155]. Das bedeutet praktisch, dass in den Kantonen, die den Ehegatten der Erbschafts- und Schenkungssteuer unterwerfen, wenn möglich Eigengut verschenkt werden sollte. Ist nicht genügend Eigengut vorhanden, ist allenfalls die Vorschlagszuweisung einer lebzeitigen Zuwendung vorzuziehen.

05.80 Der *Schenker haftet* in der Regel solidarisch mit dem steuerpflichtigen Beschenkten für die Steuerschuld[156]. Erfolgt eine Schenkung an mehrere Personen gemeinsam, so haften mehrheitlich auch die Beschenkten solidarisch untereinander bis zu dem ihnen zufallenden Wert für die Steuer, gelegentlich auch persönlich mit ihrem ganzen Vermögen.

3. Die Problematik der Querschenkungen

05.81 Für die *Erbschaftssteuerveranlagung* wird grundsätzlich auf die von Gesetzes wegen bestehenden oder die letztwillig verfügten Ansprüche der Erben im Zeitpunkt des Erbfalls abgestellt, während die später vollzogene *Teilung nicht mehr relevant* ist[157]. Wird der Steuertatbestand erst nachträglich durch gegenseitige Parteiübereinkunft rückgängig gemacht, beseitigt dies die bereits ausgelöste Besteuerung nicht. Weichen die Erben anlässlich der Teilung von der gesetzlichen oder letztwilligen Erbfolge ab, verzichtet aus steuerlicher Sicht ein Erbe auf seinen Anspruch zugunsten eines anderen, was den Steuertatbestand der Schenkung (man spricht hier von einer *Querschenkung*) erfüllen kann[158]. Konkret bedeutet dies, dass der verzichtende Erbe zunächst die Erbschaftssteuer auf seinem Anspruch zu entrichten hat und alsdann die Person, zugunsten derer er verzichtet, den betreffenden Betrag als Schenkung versteuern muss. Diese unerwünschte Doppelbesteuerung fällt besonders dann ins Gewicht, wenn aufgrund des Verwandtschaftsgrades bei der Querschenkung höhere Steuern zu entrichten sind, was namentlich im Verhältnis zwischen Erblasser – Nachkomme – Geschwister zutrifft oder bei Verzicht des Ehegatten zugunsten eines nichtgemeinsamen Nachkommen des Erblassers[159]. Die Rückabwicklung der Querschenkung (aufgrund der unerwarteten Steuerfolgen) kann erneut die Schenkungssteuer (sowie allenfalls Handänderungssteuern bzw. -gebühren) auslösen[160].

05.82 Grundsätzlich werden Willensäusserungen des Erblassers, die nicht in den gesetzlichen Formen Ausdruck gefunden haben, vom Steuerrecht nicht beachtet, so dass bereits eine Querschenkung vorliegen kann, wenn die Erben einem ausdrücklichen, aber *formungültigen Wunsch des Erblassers* nachkommen. Weil die Formungültigkeit nur auf erhobene Klage hin zur Unwirksamkeit der betreffenden Verfügung von Todes wegen führt, sind die Steuerbehörden jedoch gebunden, wenn der Wunsch wenigstens in

---

[155] Siehe auch hinten, Rz 08.48.

[156] Für den Kanton Bern siehe Art. 7 Abs. 3 ESchG BE (Mithaftung des Schenkers nur bei Wohnsitz des Beschenkten im Ausland) und demgegenüber Art. 30 Abs. 2 nEschG; vgl. auch BStPra 1999, S. 321 ff. zur Übernahme der Steuer durch den Schenker. Die solidarische Haftung setzt eine ausdrückliche formell-gesetzliche Grundlage voraus; BGE vom 11.12.1998 in Pra 88 (1999), Nr. 69, S. 371 ff.

[157] BStPra 1998, S. 182 ff.

[158] Vgl. etwa zur Praxis im Kt. ZH LUSTENBERGER, S. 64. Siehe auch BStPra, Bd. XIV, 1998, S. 182 ff. (VwGer BS; 28.10.1997).

[159] Illustrativ hiezu BGE 102 Ia 418.

[160] ZGB-SCHAUFELBERGER, N 10 zu Art. 607 ZGB.

Schriftform vorliegt und kein Erbe die Ungültigkeitsklage erhebt[161]. Ausserdem ist das Bundesgericht grosszügig, wenn es um die steuerliche Anerkennung von *Vergleichen unter den Erben* geht: Bestehen unter den Erben ernsthafte Zweifel an der erbrechtlichen Lage, ist ein getroffener Vergleich vom Fiskus grundsätzlich zu akzeptieren[162]. Ein richterliches Urteil, das die Übereinstimmung der Erbteilung mit der gesetzlichen oder letztwilligen Anspruchsgrundlage bestätigt, ist demzufolge nicht erforderlich[163]. Verletzt eine formgültige letztwillige Verfügung *Pflichtteile von Erben*, richtet sich die Steuerbehörde nach der unangefochten gebliebenen Verfügung oder, wenn die Herabsetzungsklage ergriffen wird oder die Erben aufgrund der Rechtslage einen (einigermassen vernünftigen) Vergleich schliessen, nach dem richterlichen Urteil bzw. dem Vergleich.

Analoges gilt im Übrigen auch bei anderen steuerrelevanten Vorgängen: Die *Rückabwicklung des Geschäfts hebt die Steuerpflicht grundsätzlich nicht auf*, allenfalls wird gar ein zusätzlicher Steuertatbestand verwirklicht[164]. Macht eine Partei bezüglich der Steuerfolge eines Geschäfts einen Willensmangel geltend – die Anfechtung wegen Grundlagenirrtums kann im Einzelfall durchaus zulässig sein – bedeutet das noch nicht, dass die Steuerbehörden den Hinfall des Steuertatbestandes akzeptieren[165]. 05.83

4. *Erbverzicht und Ausschlagung der Erbschaft*

Der Abschluss eines *Erbverzichtsvertrages* (beispielsweise zu Gunsten eines bestimmten Miterben) ist steuerlich neutral, da der Verzicht lediglich eine Anwartschaft betrifft. Erweist sich eine Begünstigung bzw. die gesetzliche Erbberechtigung erst beim Erbgang als unzweckmässig, ist es aus steuerlicher Sicht (wegen der Problematik der Querschenkung) vorteilhafter, bei klarer Rechtslage nicht im Teilungsverfahren zu verzichten bzw. einen „Vergleich" zu schliessen, sondern die *Erbschaft auszuschlagen*. Die Ausschlagung führt wie der vorgängige Verzicht dazu, dass der Anspruch beim betreffenden Erben als nicht entstanden gilt, womit auch der Steuertatbestand rückwirkend dahinfällt[166]. Es erhöht sich lediglich der Betrag, der den Miterben von Seiten des Erblassers anfällt. Hat der Erblasser dem betreffenden Erben nicht nur einen Erbteil, sondern gleichzeitig 05.84

---

[161] LUSTENBERGER, S. 52 f.

[162] Nach BÖCKLI, Indirekte Steuern, S. 369, ist diesbezüglich auf den Zuwendungswillen unter den Erben abzustellen: Wo es sich um eine Verschiebung handelt, die als Kompromisslösung in der Auseinandersetzung der Erben erscheint, liegt mangels Zuwendungswillen keine steuerbare Querschenkung vor.

[163] BGE 105 Ia 54. Zur bernischen Praxis betreffend freiwillige und unfreiwillige Veränderungen der Erbberechtigung unter den Erben siehe MUSTER, S. 268 ff.

[164] KOLLER, Wechselwirkungen, S. 334 f. Dazu ein Beispiel: Die Ehegatten gründen eine einfache Gesellschaft zwecks Erwerb der Familienwohnung. Stammt das Geld aus dem Verkauf der alten Familienwohnung, die im Eigentum nur des einen Ehegatten stand, fallen Vermögensgewinnsteuern an (siehe hinten, Rz 08.111). Zudem ist der Vorgang ggf. handänderungssteuerpflichtig. Die Rückabwicklung des Geschäfts löst eine weitere Handänderungssteuer (bzw. Grundbuchgebühr o. dgl.) aus, ohne dass die Vermögensgewinnbesteuerung aufgehoben würde.

[165] KOLLER, Wechselwirkungen, S. 335 f. Einlässlich zum steuerlich motivierten Grundlagenirrtum MARANTELLI, S. 513 ff. mit zahlreichen Hinweisen auf die Rechtsprechung. Illustrativ dazu ist der Entscheid des VwGer TG in StR 1998, S. 436 ff., wo der Irrtum über die Erhebung der Schenkungssteuer als objektiv nicht wesentlich qualifiziert wurde.

[166] MUSTER, S. 286 ff. Die Ausschlagung einer ehe- oder erbrechtlichen Begünstigung kann jedoch im Rahmen des Ergänzungsleistungs- und Sozialhilferechts eine Verzichtshandlung darstellen; vgl. hinten, Rz 11.39 mit Fn 52 und Rz 11.48.

ein oder mehrere Vermächtnisse zugewandt, kann die Ausschlagung auf die Erbquote oder auf einzelne Vermächtnisse beschränkt werden, was eine bessere Dosierung der Zuwendung erlaubt. Kann im Planungszeitpunkt noch nicht beurteilt werden, wie gross der Bedarf des überlebenden Ehegatten effektiv sein wird, kann aus steuerlicher Sicht somit dazu geraten werden, neben der gesetzlichen Erbfolge *Vorausvermächtnisse* zuzuwenden, die dann, ohne Schaden für die Erbenstellung, ausgeschlagen werden können[167]. Eine *teilweise Ausschlagung* der Erbenstellung ist dagegen steuerlich problematisch, obschon sie zivilrechtlich von der herrschenden Lehre anerkannt wird[168].

5. Ausschöpfung kantonaler Steuerunterschiede

05.85 Aus der Tatsache, dass die *kantonalen Unterschiede* in der Besteuerung von Erbschaften und Schenkungen ganz erheblich sind, kann unter Umständen in der Planung einiges gewonnen werden. Sind beispielsweise in einem Kanton die Nachkommen steuerbefreit, nicht aber der Ehegatte, sollte ein möglichst grosser Teil des Erbes direkt den Nachkommen zugewiesen werden. Im umgekehrten Fall – Besteuerung der Nachkommen, nicht aber des Ehegatten – kann die Besteuerung der Nachkommen zum Teil auf den Tod des zweitversterbenden Ehegatten verschoben werden, indem der überlebende Ehegatte maximal begünstigt wird. Analoges gilt, wenn die Besteuerung für die Nachkommen bzw. den überlebenden Ehegatten zwar nicht entfällt, aber die Steuersätze stark differieren.

05.86 Allenfalls kann durch den Erwerb von Liegenschaften die Besteuerung teilweise in einen steuergünstigen Kanton verlagert werden, da bezüglich *Grundeigentum* der Ort der gelegenen Sache für die Besteuerung massgeblich ist. Für den Steuersatz ist allerdings der gesamte Vermögensanfall massgeblich, auch wenn nur ein Teil des Nachlasses bzw. der Schenkung im betreffenden Kanton steuerpflichtig ist[169]. Die Nachlasspassiven werden dabei auf die beteiligten Kantone proportional verlegt, so dass es beispielsweise keinen Unterschied macht, welche von in verschiedenen Kantonen gelegenen Liegenschaften mit Hypotheken belastet wird[170]. Ebensowenig haben erbrechtliche Teilungsregeln einen Einfluss auf die Besteuerung der einzelnen Erben.

6. Weitere Planungsgesichtspunkte im Bereich der Steuern

05.87 In jenen Kantonen, die weder den Ehegatten noch die Nachkommen von der Erbschafts- und Schenkungssteuer ausnehmen, führt die Meistbegünstigung zu einer *„Doppelbesteuerung"* des Vermögensüberganges zuerst auf den überlebenden Ehegatten und hernach auf die Nachkommen. Für die Nachkommen ergibt sich (allerdings unabhängig von einer Besteuerung des überlebenden Ehegatten) zusätzlich die unerwünschte Folge, dass

---

[167] Siehe hinten, Rz 07.21.

[168] Vgl. MUSTER, S. 288, wonach die bernische Steuerverwaltung die teilweise Ausschlagung nicht anerkennt; zur zivilrechtlichen Betrachtungsweise siehe ZGB-SCHWANDER, N 11 zu Art. 570 ZGB.

[169] Sog. Progressionsvorbehalt; siehe HÖHN/MÄUSLI, § 24, Rz 3. Exemplarisch Art. 13 Abs. 3 Satz 1 ESchG BE bzw. Art. 20 Abs. 2 nESchG BE. Die kantonalen Steuerfreibeträge können nur nach Massgabe der kantonalen Quote an den Gesamtaktiven geltend gemacht werden; P. LOCHER, Interkantonales Steuerrecht, S. 140; a.M. MUSTER, S. 148.

[170] HÖHN/MÄUSLI, § 24, Rz 7.

der zweite Vermögensanfall erheblich höher ausfällt, als dies bei regulärer Erbfolge der Fall wäre, wodurch wegen der starken Progression der Erbschaftssteuergesetze ein höherer Steuersatz zur Anwendung gelangt. Durch eine Nacherbeneinsetzung lassen sich diese Nachteile nur teilweise beseitigen[171]. Falls Erbanfälle an Ehegatten bzw. an Nachkommen der kantonalen *Handänderungssteuer* (bzw. Grundbuchgebühren und anderen Abgaben) des Belegenheitskantons unterworfen sind, ist auch aus diesem Grund die direkte Übertragung der vom überlebenden Ehegatten nicht benutzten Liegenschaften[172] an die Nachkommen steuerlich vorteilhafter als der zweimalige Eigentümerwechsel beim Tod des ersten und des zweiten Ehegatten. Aus steuerlicher Sicht lohnt es sich deshalb, die Höhe der Begünstigung auf das effektiv Notwendige zu beschränken.

05.88 Bei grösserem Vermögen empfiehlt sich aufgrund des progressiven Steuersatzes allenfalls eine weitere *Spaltung des Vermögensanfalls* durch eine lebzeitige Übertragung auf den Ehegatten[173] oder – wenn das Vermögen von den Eltern nicht benötigt wird – auf die Nachkommen. In besonderem Mass trifft dies auf *Objekte mit Wertsteigerungspotential* zu, die zweckmässigerweise in einem Zeitpunkt übertragen werden, in dem der Steuerwert noch so gering als möglich ist[174].

05.89 Ertragreiche Objekte (Wertschriften, allenfalls Liegenschaften) sollten des progressiven *Einkommenssteuersatzes* wegen nicht in einer Hand (beispielsweise beim überlebenden Ehegatten) kumuliert werden. Soweit die kantonalen *Vermögenssteuern* ebenfalls progressiv ausgestaltet bzw. Steuerfreibeträge vorgesehen sind[175], empfiehlt sich auch unter diesem Gesichtspunkt eine gleichmässige Verteilung des Vermögens unter die Beteiligten durch Beibehalten der gesetzlichen Regelung oder – unter Vorbehalt ausreichender Sicherung des überlebenden Ehegatten – durch teilweise lebzeitige Zuwendung an die Nachkommen.

05.90 Die *güterrechtliche Begünstigung*, insofern sie nicht nur in der Wahl eines Güterstandes besteht, sondern darüber hinaus die Beteiligungsquoten der Art. 215 Abs. 1 und Art. 241 Abs. 2 ZGB berührt, stellt ebenfalls eine unentgeltliche Zuwendung auf den Tod dar[176], die der kantonalen Erbschaftssteuer unterliegen kann. Die Ansprüche des überlebenden Ehegatten aus der gesetzlichen Vorschlags- oder Gesamtgutsbeteiligung unterliegen dagegen keiner Besteuerung[177]. Wer die Gütertrennung wählt, in der Erwar-

---

[171] Zur Nacherbeneinsetzung hinten, Rzn 07.113 ff.; 07.124 ff.

[172] Oder, mit Vorbehalt eines Wohn- oder Nutzniessungsrechts, auch der vom Ehegatten benutzten Liegenschaften.

[173] Wobei dies die Problematik der „Absterbenslotterie" heraufbeschwört. Zu beachten sind ferner die Regeln betreffend die Zusammenrechnung der einzelnen Vermögensübergänge im betreffenden Kanton; dazu HÖHN/WALDBURGER, § 27, Rz 59.

[174] Anders kann es sich im Ausnahmefall bei *Liegenschaften* verhalten, deren amtlicher Wert der Anpassung unterliegt. Die günstige Anrechnung bei der Schenkungssteuer kann unter Umständen durch eine erhöhte Grundstückgewinnsteuer anlässlich einer späteren Veräusserung durch den Beschenkten mehr als aufgewogen werden; SUTER, S. 183.

[175] Was regelmässig der Fall ist; HÖHN/WALDBURGER, § 15, Rzn 24 f.

[176] SPORI, Steueraspekte, S. 394 f.; HAUSHEER/REUSSER/GEISER, N 34 zu Art. 216 ZGB und N 44 zu Art. 241 ZGB.

[177] Vgl. hinten, Rzn 06.36 und 06.86.

tung, der erwerbstätige Ehegatte werde den anderen überleben, und gleichzeitig erbvertraglich eine gegenseitige Erbeinsetzung auf die verfügbare Quote vereinbart, ist in der steuerlich denkbar ungünstigsten Position, wenn die *Absterbensreihenfolge* nicht den Erwartungen entspricht.

Zu den Steuerfolgen bei der Begründung von gemeinschaftlichem Eigentum siehe hinten, Rzn 08.110 ff.; zur Steuerplanung im Bereich der beruflichen und freien Selbstvorsorge siehe Rzn 09.33 f.; 09.59 ff. und 09.83 ff.

§ 6 Die güterrechtliche Begünstigung

I. Vorbemerkungen

Rechtsgeschäftliche Modifikationen des Güterrechts sind stets auch unter dem Gesichtspunkt des dem gelebten Ehetypus entsprechenden finanziellen Ausgleichs zwischen den Ehegatten zu betrachten. Mit der *rechtsgeschäftlichen Vorschlags- bzw. Gesamtgutsteilung* hat der Gesetzgeber bewusst ein Instrument geschaffen, das – unabhängig von der Rollenteilung des betroffenen Ehepaars – dessen *Sicherungs- und Vorsorgebedürfnis* Rechnung tragen soll und dementsprechend erst und (in der Regel) nur gerade im Falle des Todes eines Ehegatten überhaupt Wirkung entfaltet. Andere Formen der ehevertraglichen Modifikation wurden vom Gesetzgeber demgegenüber mit der Absicht zur Verfügung gestellt, eine verfeinerte *Anpassung des* betreffenden *Güterstandes an die konkreten Verhältnisse* der Ehegatten zu ermöglichen. Werden diese Institute dem ganz anderen Ziel der Vorsorge dienlich gemacht, besteht das Risiko, dass sich diese nur ungenügend dazu eignen, was sich insbesondere dann auswirken kann, wenn der Güterstand anders aufgelöst wird, als die Ehegatten geplant haben. Im Folgenden soll auf diese Möglichkeiten rechtsgeschäftlicher Modifikation[1] zwar der Vollständigkeit halber ebenfalls hingewiesen werden, dabei sind aber auch deren Grenzen aufzuzeigen.   06.01

Das Gesetz stellt sowohl bei der Errungenschaftsbeteiligung als auch bei der Gütergemeinschaft und bei der Gütertrennung bestimmte *Vermutungen* auf[2]. Diese betreffen einerseits das *Eigentum* am ehelichen Vermögen und andererseits die *Massenzugehörigkeit bestimmter Vermögenswerte*. Eheverträgliche Bestimmungen über die Berechtigung an den verschiedenen Sondervermögen sind im Ergebnis nur dann wirksam, wenn es dem überlebenden Ehegatten gelingt, über das Eigentum und die Massenzugehörigkeit *Beweis* zu führen. In der güterrechtlichen Vorsorgeplanung ist deshalb auch der *beweisrechtlichen Situation Rechnung zu tragen*. Dazu bieten sich insbesondere ein Inventar nach Art. 195a ZGB beim Abschluss des Ehevertrages an sowie die Aufbewahrung von Belegen bezüglich später vorgenommener, bedeutender Vermögenstransaktionen.   06.02

Freilich kann die mangelhafte Beweislage auch *zu Gunsten* des überlebenden Ehegatten bestehen, wenn beispielsweise Eigengut des vorverstorbenen Ehegatten aufgrund von Art. 200 Abs. 3 ZGB als Errungenschaft qualifiziert wird und als solche der (hälftigen oder vertraglich modifizierten) Vorschlagsteilung unterliegt. Eine undurchsichtige Beweislage ist jedoch in besonderem Mass dazu geeignet, das Misstrauen unter den Hinterbliebenen zu schüren und einem bereits bestehenden *Konfliktpotential* zusätzliche Nahrung zu geben.   06.03

---

[1] Es betrifft dies insbesondere Art. 199 und 206 Abs. 3 ZGB sowie unter Umständen die Wahl eines bestimmten Güterstandes, insbesondere die Gütertrennung.

[2] Vgl. zur Errungenschaftsbeteiligung schon vorne, Rzn 03.09 ff.

II. Von der gesetzlichen Regelung abweichende Vorschlagsteilung

1. Anwendungsbereich und Gestaltungsmöglichkeiten

06.04 Gemäss Art. 215 ZGB teilen beide Ehegatten bei Auflösung des Güterstandes ihre Nettoerrungenschaften hälftig mit dem anderen Ehegatten. Unter Vorbehalt eines bestimmten Pflichtteilsrechts[3] ist diese Regel dispositiv[4]. Den Ehegatten stehen in Abweichung von der gesetzlich vorgesehenen hälftigen Teilung des Vorschlages insbesondere die folgenden, nicht abschliessend aufgeführten ehevertraglichen *Gestaltungsmöglichkeiten* offen[5], die zur *finanziellen Besserstellung eines Ehegatten*[6] führen:

06.05 – *Festlegung abstrakter Wertquoten* und zwar für die (Netto-)Gesamterrungenschaft oder unterschiedlich für die beiden Errungenschaftssaldi.

Eine *materielle Begründung* kann beigefügt werden, ist aber nicht erforderlich. Die Ehegatten können damit beispielsweise einer Abweichung von der klassischen Einverdiener- bzw. Hausgattenehe angemessen Rechnung tragen, indem etwa festgelegt wird, dass jeder Ehegatte zwei Drittel seiner Errungenschaft behält.

06.06 – *Unterschiedliche Festlegung der Wertquoten* je nach dem, wie der Güterstand aufgelöst wird. Besonders wichtig ist die so genannte *Überlebensklausel*[7], wonach bei Auflösung durch Tod der überlebende Ehegatte die gesamte Errungenschaft erhalten soll (oder zwei Drittel usw.).

Diese Anordnung lässt sich zwar nicht mit einem bestimmten Ehetypus begründen, sondern nur mit dem Versorgungscharakter der Ehe, was aber die Zulässigkeit nicht in Frage stellt.

06.07 – Zuweisung eines *festen* – in Geld ausgedrückten – *Betrages* und zwar wiederum bezüglich der (Netto-)Gesamterrungenschaft oder der einen oder andern (Netto-)Errungenschaft.

Bsp.: „A erhält aus der Gesamterrungenschaft den Betrag von 200'000.-, der Rest fällt an B", oder: „A hat seine Errungenschaft mit B hälftig zu teilen und erhält seinerseits aus der Errungenschaft des B Fr. 100'000". Auslegungsschwierigkeiten können hier allerdings entstehen, wenn die tatsächlich aufzuteilende Errungenschaft nicht ausreicht, um die vereinbarten Beträge auszurichten[8].

06.08 – Anstatt eines in Geld ausgedrückten Betrages können die Ehegatten auch vereinbaren, dass ein Ehegatte ein *bestimmtes Vermögensobjekt* als Abgeltung seiner Vorschlagsbeteiligung erhalten soll.

Bsp.: „Der überlebende Ehegatte behält seinen eigenen Vorschlag und erhält in der güterrechtlichen Auseinandersetzung die (im Miteigentum stehende) Zweitwohnung, womit seine Ansprüche auf Beteiligung am Vorschlag des anderen abgegolten sind." Diese güterrechtliche Zuteilung wirkt

---

[3] Dazu hinten, Rzn 06.19 ff.

[4] Art. 216 Abs. 1 ZGB.

[5] Ergänzt aus ZGB-HAUSHEER, N 17 ff. zu Art. 216 ZGB; siehe auch HAUSHEER/AEBI-MÜLLER, Begünstigung, S. 8 ff.

[6] Die ehevertraglich vereinbarte Vorschlagsforderung räumt dem begünstigten Ehegatten ebenso wenig wie der gesetzliche Anspruch ein unmittelbares Recht an bestimmten Gegenständen ein; er ist lediglich obligatorischer Natur. Sachansprüche im Sinne von Zuweisungsrechten müssen mit separaten Teilungsvorschriften (dazu hinten, Rzn 06.107 ff.) begründet werden.

[7] Dazu hinten, Rz 06.134.

[8] HAUSHEER/REUSSER/GEISER, N 15 zu Art. 216 ZGB. Es ist zu prüfen, ob die Teilungsklausel ein *Schenkungsversprechen* beinhaltet, wonach der betreffende Betrag ohne Einschränkung, d.h. allenfalls auch aus dem Eigengut des Partners, geschuldet sein soll.

allerdings nicht dinglich. Der Ehegatte erhält einen *Wertanspruch* im Umfang des Vermögensobjektes sowie einen obligatorischen *Teilungsanspruch* gegenüber den Erben des Verstorbenen, womit er die Zuweisung des betreffenden Objektes auf Anrechnung an seinen Vorschlagsanspruch durchsetzen kann.

- Die Ehegatten können sich darauf beschränken, anstelle eines festen Betrages die 06.09 *Kriterien zu dessen Berechnung* ehevertraglich festzulegen.

  Beispielsweise soll der überlebende Ehegatte den kapitalisierten Wert einer lebenslänglichen Rente von bestimmter Höhe erhalten, oder den Betrag, den er zur Übernahme der ehelichen Wohnung benötigt (und der aufgrund möglicher künftiger Wertschwankungen noch nicht fix bestimmt werden kann). Damit sich später keine Auslegungsschwierigkeiten ergeben, ist die Klausel so zu formulieren, dass eine allfällige Vollstreckung später ohne weiteres möglich ist.

- Ebenso zulässig ist die Verbindung einer abstrakten *Wertquote mit* einem festen 06.10 *Minimal- oder Maximalbetrag.*

  Bsp.: „A (oder: der überlebende Ehegatte) erhält zwei Drittel der Gesamterrungenschaft, maximal jedoch Fr. 250'000." Dadurch kann einerseits auf die Bedürfnisse des überlebenden Ehegatten Rücksicht genommen und andererseits einer Überversorgung vorgebeugt werden.

  Wurden *Austrittsleistungen der beruflichen Vorsorge* (vorzeitig) bereits ausbezahlt und stirbt der 06.11 Vorsorgenehmer zuerst, bilden die Kapitalauszahlungen Errungenschaft des Vorsorgenehmers und müssen mit dessen Erben geteilt werden. Infolge der Auszahlung sind die Hinterlassenenansprüche des überlebenden Ehegatten aber beseitigt oder jedenfalls stark verringert worden[9]. In diesen Fällen rechtfertigt es sich unter Umständen, dem überlebenden Ehegatten die Austrittsleistung (soweit noch vorhanden) und die Hälfte des restlichen Vorschlags zuzuweisen. Analoges gilt bei einem Vorbezug von Vorsorgeleistungen für den Erwerb von Wohneigentum[10].

- *Verbindung einer Eigentumsquote mit einer Nutzniessungsquote* an der (Netto-) 06.12 Gesamterrungenschaft.

  Wird dem überlebenden Ehegatten die gesetzliche Errungenschaftshälfte zu Eigentum, die andere Hälfte lediglich zur Nutzniessung überlassen, stellt der vorversterbende Ehegatte sicher, dass diese zweite Errungenschaftshälfte nach dem Tod des anderen Ehegatten an seine eigenen Nachkommen fällt (und nicht an einen allfälligen zweiten Ehepartner des anderen oder dessen nichtgemeinsame Nachkommen)[11]. Anstatt auf eine Vorschlagsquote kann sich die Nutzniessung auch auf bestimmte *Vermögensobjekte* (beispielsweise eine eheliche Liegenschaft) beziehen.

- Einseitiger oder zweiseitiger *Verzicht auf eine Vorschlagsbeteiligung.* 06.13

  Trotz starker Annäherung an die Gütertrennung bleiben sowohl der Pflichtteilsschutz nach Art. 216 Abs. 2 ZGB als auch die Mehrwertbeteiligung nach Art. 206 ZGB sowie die Mehr- und Minderwertbeteiligung gemäss Art. 209 Abs. 3 ZGB unberührt. Erst wenn auch diese Besonderheiten der Errungenschaftsbeteiligung ehevertraglich ausgeräumt werden, stellt sich die Frage, ob

---

[9] Vgl. vorne, Rz 03.36.

[10] Siehe vorne, Rz 03.39 f.

[11] Mit Bezug auf die Noterben bleibt allerdings zu beachten, dass sich nichtgemeinsame Nachkommen des Erblassers nur insoweit eine Nutzniessung des Stiefelternteils gefallen lassen müssen, als dass deren kapitalisierter Wert ihre Pflichtteilsansprüche nicht verletzt; Art. 216 Abs. 2 ZGB; vgl. zum Ganzen hinten, Rzn 06.19 ff. – Zur (sachen- und steuerrechtlichen) Behandlung der Nutzniessung siehe im Einzelnen hinten, Rzn 07.38 f. sowie 07.44 ff.

eine Gütertrennung vorliegt[12]. Der Verzicht kann unentgeltlich erfolgen oder durch eine lebzeitige Abfindung „erkauft" werden[13].

06.14 – *Ausnahme bestimmter,* in der Errungenschaft befindlicher *Vermögensgegenstände* von der Vorschlagsbeteiligung dem Werte nach[14].

Der betreffende Vermögensgegenstand wird dann in der güterrechtlichen Auseinandersetzung faktisch wie Eigengut des betreffenden Ehegatten behandelt. Bsp: „A behält für den Fall seines Überlebens vorab die eheliche Wohnung, sein restlicher Vorschlag geht zur Hälfte an die Erben des B".

06.15 – *Bestimmung des anrechenbaren Wertes* bestimmter Vermögensgegenstände, unter Vorbehalt zwingenden Gesetzesrechts wie beispielsweise Art. 212 Abs. 2 ZGB.

Bsp.: „Die in der Errungenschaft des A befindliche Liegenschaft ist für die güterrechtliche Auseinandersetzung mit dem dannzumaligen amtlichen Wert zu berücksichtigen."

06.16 – *Zeitlich beschränkter Anfall von Errungenschaft.*

Beispielsweise kann ein bestimmter Teilungsschlüssel für die Zeit beidseitiger voller Erwerbstätigkeit gewählt werden und ein anderer nach ganzer oder teilweiser Aufgabe der Erwerbstätigkeit eines Ehegatten. Ohne ein entsprechendes Inventar nach Art. 195a ZGB dürfte eine solche Vereinbarung allerdings praktisch kaum vollstreckbar sein. Vermutungsweise gilt ein Ehevertrag betreffend die Vorschlagszuweisung für den gesamten, seit Beginn der Ehe entstandenen Vorschlag[15], weshalb ein gegenteiliger Wille der Ehegatten ausdrücklich festzuhalten ist.

06.17 – *Einräumung eines Wahlrechts* des überlebenden Ehegatten bezüglich der Höhe der Vorschlagsbeteiligung.

Dies ist beispielsweise dann von Interesse, wenn im Zeitpunkt des Vertragsabschlusses noch unsicher ist, ob der überlebende Ehegatte dereinst den Familienbetrieb selber weiterführen möchte und dementsprechend auf den ganzen Vorschlag angewiesen ist oder nicht. Allerdings ist hier eine gewisse Vorsicht am Platz: Das gute Einvernehmen in der Familie kann sich zum Schlechten entwickeln, oder der wahlberechtigte Ehegatte kann (etwa zufolge einer Krankheit) urteilsunfähig werden. Ob sich der überlebende Ehegatte im Zeitpunkt der güterrechtlichen Auseinandersetzung im Sinne der ursprünglichen Absichten der Ehegatten verhalten wird, oder ob er seine Stellung ungerechtfertigt ausnützt, lässt sich deshalb kaum abschätzen. Unzulässig ist sodann eine umfassende Wahlmöglichkeit, dem überlebenden Ehegatten müssen *verschiedene, konkrete Optionen* zur Verfügung gestellt werden, beispielsweise die Wahl zwischen einem gegenseitigen Verzicht an der Vorschlagsbeteiligung und der gesetzlichen Regelung der je hälftigen Beteiligung.

06.18 Bei der Umschreibung der Ansprüche ist insbesondere auch darauf Rücksicht zu nehmen, dass von Gesetzes wegen jedem Ehegatten nicht die Hälfte des Gesamtvorschlages, sondern die Hälfte des Vorschlages des andern Ehegatten zusteht. Das hat zur Folge, dass es einen Unterschied macht, ob nach der gewählten *Formulierung* „der überlebende Ehegatte den gesamten Vorschlag des anderen erhält" (womit er die Hälfte des eigenen Vorschlags immer noch dem Partner überlassen muss) oder ob ihm „der

---

[12] HAUSHEER/REUSSER/GEISER, N 18 zu Art. 216 ZGB, m.w.H. So nun auch NÄF-HOFMANN, Rz 1811; anders noch in der Vorauflage; Rzn 2188 ff.

[13] Vgl. dazu auch hinten, Rz 13.63 mit Fn 129, zum Verzichtsentgelt im Zusammenhang mit einer Familienunternehmung.

[14] So Art. 213 Abs. 2 des bundesrätlichen Gesetzesentwurfes, der durch Art. 199 ZGB nicht ausgeschlossen werden sollte: HAUSHEER/REUSSER/GEISER, N 16 zu Art. 216 ZGB; zustimmend STETTLER/WAELTI, Rz 433.

[15] BGE 100 II 276.

ganze Vorschlag des anderen zufallen soll und er den eigenen Vorschlag behalten darf"[16].

2. Die erbrechtliche Behandlung der Vorschlagsteilung

a) Problemstellung

Unter dem früheren Recht war die Frage der Pflichtteilsrelevanz und damit der Herabsetzbarkeit güterrechtlicher Zuwendungen kontrovers. Bis zum bekannten Entscheid Nobel (BGE 102 II 313 ff.) wurde die ehevertragliche Begünstigung vom Bundesgericht vollumfänglich geschützt und dem Nachlass nur das nach erfolgter güterrechtlicher Auseinandersetzung vorhandene Nettovermögen des Erblassers zugerechnet. Die Pflichtteile der Nachkommen, Eltern und der damals noch pflichtteilsgeschützten Geschwister berechneten sich auf dem durch die güterrechtliche Verfügung reduzierten Nachlass. Mit der neuen Rechtsprechung wurde die *Vorschlagszuweisung* als *Zuwendung von Todes wegen* der erbrechtlichen Herabsetzung unterstellt, wobei das Bundesgericht grundsätzlich nur die Nachkommen als klageberechtigt erklärte. Die Gesetzesrevision hat diesbezüglich nun für mehr Klarheit gesorgt, leider ohne allen diesbezüglichen Streitigkeiten definitiv ein Ende zu bereiten.

06.19

b) Die Vorschlagszuweisung als unentgeltliche Zuwendung

Art. 216 Abs. 2 ZGB bestimmt, dass vertragliche Beteiligungsansprüche am Vorschlag die Pflichtteilsansprüche der nichtgemeinsamen Kinder und deren Nachkommen[17] nicht beeinträchtigen dürfen. In Übereinstimmung mit der erwähnten Rechtsprechung des Bundesgerichts geht der Gesetzgeber damit implizit davon aus, dass in der Änderung von Teilungsvorschriften betreffend die Errungenschaft eine *unentgeltliche Zuwendung* liegt.

06.20

Dies trifft auch dann zu, wenn die Ehegatten die Vorschlagszuweisung damit begründen, die hälftige Teilung des Vorschlags sei angesichts der unterschiedlichen Beiträge zu dessen Bildung bzw. der speziellen Rollenverteilung nicht angemessen. Die Abgeltung von Ansprüchen, die aus besonderen Verhältnissen in der Familie herrühren, hat nicht über die Vorschlagsbeteiligung zu erfolgen, sondern über die Art. 164 und 165 ZGB[18]. Im Übrigen hat nach dem Willen des Gesetzgebers keine kleinliche Aufrechnung der erbrachten Leistungen stattzufinden, da der hälftigen Teilung des Vorschlags der Gedanke der Schicksalsgemeinschaft der Ehegatten zugrunde liegt[19].

06.21

---

[16] WISSMANN, S. 334.

[17] Mit dieser etwas umständlich anmutenden Formulierung werden auch die gemeinsamen Nachkommen zweier vor- oder ausserehelicher Kinder der Ehegatten einbezogen. Weil dieser Fall doch eher Seltenheitswert haben dürfte, wird nachfolgend nur von „nichtgemeinsamen Nachkommen" die Rede sein.

[18] Näheres zu diesen Bestimmungen und ihrem Anwendungsbereich im Rahmen der Ehegattenbegünstigung siehe hinten, Rzn 06.159 ff. und 06.167 ff.

[19] Vgl. zum Ganzen HAUSHEER/REUSSER/GEISER, N 40 zu Art. 216 ZGB. Vorbehalten bleibt der seltene Fall, in dem Eigengutsleistungen mit einer modifizierten Beteiligungsforderung abgegolten werden: HAUSHEER/REUSSER/GEISER, N 41 zu Art. 216 ZGB; siehe auch dies., N 47 zu Art. 241 ZGB.

c) Zuwendung unter Lebenden oder von Todes wegen

aa) „Gewöhnliche" Teilungsregeln

06.22 Wenn ein bestimmter Ehegatte unabhängig von den Gründen, die zur Güterstandsauflösung führen, über die gesetzliche Vorschlags- oder Gesamtgutsteilung hinaus am ehelichen Vermögen berechtigt wird, liegt eine *Zuwendung unter Lebenden* vor[20]. Fällig wird die Zuwendung allerdings erst im Zeitpunkt der Auflösung des Güterstandes, also insbesondere bei Tod eines Ehegatten, Scheidung oder Güterstandswechsel.

bb) Überlebensklauseln zugunsten des überlebenden Ehegatten

06.23 Mit einer *Überlebensklausel* können die Ehegatten vereinbaren, dass bei Auflösung des Güterstandes durch Tod eines Ehegatten der Überlebende den gesamten Vorschlag bzw. das ganze Gesamtgut zugewiesen erhält[21]. Die Qualifikation der Überlebensklausel ist umstritten. Ausgangspunkt ist wiederum die Rechtsprechung in BGE 102 II 313 ff. (Fall Nobel), wonach Überlebensklauseln materiell als *Schenkungen von Todes* wegen zu qualifizieren sind. Diese Auffassung verdient auch unter dem geltenden Recht Zustimmung, da der Ehevertrag hier erst auf den Zeitpunkt des Todes Wirkung entfaltet[22].

06.24 In zweierlei Hinsicht bilden die Überlebensklauseln allerdings ein *Sondererbrecht*: Sie bedürfen aufgrund von Art. 216 Abs. 1 ZGB nicht der erbrechtlichen Form, vielmehr können sie ehevertraglich vereinbart werden. Sodann finden sich in Art. 218 und 219 ZGB besondere Teilungsvorschriften.

cc) Überlebensklauseln zugunsten eines bestimmten überlebenden Ehegatten

06.25 Die Überlebensklausel kann auch *einseitig* nur zugunsten eines bestimmten überlebenden Ehegatten formuliert sein. Alsdann ist wiederum zu unterscheiden:

06.26 – Besteht die Begünstigung nur für den Fall der Auflösung des Güterstandes durch Tod des anderen Ehegatten, liegt aufgrund des aleatorischen Charakters der Vereinbarung wiederum eine *Schenkung von Todes wegen* vor[23].

06.27 – Falls die vertragliche Vorschlags- oder Gesamtgutszuweisung unabhängig von den Gründen Bestand hat, die zur Auflösung des Güterstandes führen, handelt es sich um eine unentgeltliche *Zuwendung unter Lebenden*[24].

06.28 Es bleibt anzufügen, dass die zivilrechtliche Qualifikation vom kantonalen Steuergesetzgeber nicht übernommen werden muss und güterrechtliche Zuwendungen unter Lebenden durchaus der *Erbschaftssteuer* unterworfen werden können. Das spielt allerdings wegen der regelmässig vorhandenen Kongruenz zwischen Erbschafts- und Schenkungssteuer und der verbreiteten Steuerbefreiung von Zuwendungen unter Ehegatten praktisch nur eine geringe Rolle.

---

[20] Die ehevertragliche Zuweisung belastet nämlich das Vermögen des Verzichtenden bereits zu Lebzeiten (vgl. allgemein zur Abgrenzung vorne, Rzn 05.07 ff.). DRUEY, Pflichtteil, S. 155; HAUSHEER/REUSSER/GEISER, N 39 zu Art. 216 ZGB, m.H. auf a.M.

[21] Vgl. hinten, Rz 06.134.

[22] Botschaft Revision Eherecht vom 11.7.1979, Ziff. 222.542.1; PIOTET, Libéralités, passim; HAUSHEER, Abgrenzung, S. 94 f.; HAUSHEER/REUSSER/GEISER, N 34 f. zu Art. 216 ZGB, m.w.H.; STETTLER/WAELTI, Rz 437; WILDISEN, S. 87 f.; DRUEY, Pflichtteil, S. 155; W. PORTMANN, S. 13; a.M. S. WOLF, S. 104 ff., sowie STEINAUER, Quotité disponible, S. 411 f.

[23] HAUSHEER/REUSSER/GEISER, N 38 zu Art. 216 ZGB.

[24] HAUSHEER/REUSSER/GEISER, N 39 zu Art. 216 ZGB.

d) Ausgleichung und Herabsetzung

Sofern eine Zuwendung unter Lebenden vorliegt, stellt sich die Frage einer allfälligen *Ausgleichungspflicht* gegenüber den Miterben. Diese ist allerdings bei der vorliegend interessierenden Sachlage kaum von Bedeutung, da die Ausgleichung bezüglich Zuwendungen an den überlebenden Ehegatten nicht vermutet wird und eine ausdrückliche Anordnung des Erblassers sachwidrig wäre[25]. 06.29

Wird die unter Lebenden erfolgte Zuwendung nicht im Erbgang durch Ausgleichung neutralisiert, ist zu prüfen, inwiefern durch die nichtgemeinsamen Nachkommen des Erblassers eine *Herabsetzung* verlangt werden kann. Als Rechtsgrundlage fallen grundsätzlich sowohl Art. 527 Ziff. 1 (Zuwendungen auf Anrechnung an den Erbteil) als auch Ziff. 3 (Schenkungen) in Betracht. Ob eine Zuwendung mit Ausstattungscharakter vorliegt[26], womit die Herabsetzbarkeit gemäss Art. 527 Ziff. 1 ZGB unabhängig vom Zeitpunkt der Vornahme der Schenkung gegeben wäre, muss allerdings insofern nicht geprüft werden, als die Fünfjahresfrist gemäss Art. 527 Abs. 3 ZGB erst mit der Auflösung des Güterstandes zu laufen beginnt[27], womit jedenfalls dieser Tatbestand regelmässig erfüllt ist[28]. Anders verhält es sich lediglich bei einem Güterstandswechsel während bestehender Ehe, anlässlich dessen eine rechtsgeschäftlich modifizierte Vorschlagsteilung zur Anwendung gelangt. 06.30

Soweit in der Vorschlagszuweisung eine Zuwendung von Todes wegen zu erblicken ist, erfolgt die allfällige Herabsetzung nach den allgemeinen Regeln, d.h. wie bei anderen letztwilligen Verfügungen. Besonderheiten sind lediglich mit Bezug auf die Herabsetzungsreihenfolge zu beachten[29]. 06.31

e) Insbesondere zur Berechnung der Pflichtteile

Im Zusammenhang mit Art. 216 Abs. 2 ZGB stellt sich ferner die Frage, ob die *Pflichtteilsmasse* für gemeinsame und nichtgemeinsame Nachkommen *einheitlich berechnet* wird, mit anderen Worten, ob Art. 216 Abs. 2 ZGB den Pflichtteil der gemeinsamen Nachkommen gegenüber den übrigen Nachkommen ändert oder ob erstere nur gerade von der klageweisen Geltendmachung ihres Anspruchs ausgeschlossen sind[30]. Trifft Letzteres zu, muss sich der überlebende Ehegatte seitens der gemeinsamen Nachkommen jedenfalls eine Reduktion seiner erbrechtlichen Ansprüche gefallen lassen. Die güterrechtliche Zuwendung wird durch die Teilung des Nachlasses ganz oder teilweise[31] 06.32

---

[25] Vgl. zum Ganzen hinten, Rzn 08.22 ff.; 08.29.

[26] Siehe zur Auslegung von Art. 527 Ziff. 1 ZGB hinten, Rzn 08.40 ff.

[27] HAUSHEER/REUSSER/GEISER, N 39 zu Art. 216 ZGB; vgl. auch EITEL, Lebzeitige Zuwendungen, § 30, Rz 17, m.w.H., wonach für die Fünfjahresfrist der Zeitpunkt des Vollzuges der Schenkung massgeblich ist.

[28] Vgl. zu Art. 527 Ziff. 3 ZGB im Einzelnen hinten, Rzn 08.61 ff., wo auch dargelegt wird, dass die Erfüllung einer sittlichen Pflicht an der Herabsetzbarkeit der Vorschlagszuweisung nichts zu ändern vermag.

[29] Vgl. hinten, Rzn 10.28 ff.

[30] STEINAUER, Quotité disponible, S. 403 ff.

[31] Zu einer vollständigen Kompensation kommt es dann, wenn verhältnismässig viel Eigengut des Erblassers vorhanden ist. Keine oder nur eine teilweise Auffüllung der Nachkommenpflichtteile findet

kompensiert. Diese Betrachtungsweise hat den Vorteil, dass von einheitlichen Pflichtteilen ausgegangen werden kann[32]. Folgt man der abweichenden Minderheitsmeinung[33], kann der Erblasser seinen Ehegatten erbrechtlich nochmals maximal begünstigen, d.h. die gemeinsamen Nachkommen auf den Pflichtteil setzen und ihnen nur gerade drei Achtel des – durch die güterrechtliche Begünstigung ohnehin beeinträchtigten – Nachlasses zukommen lassen. Das *Bundesgericht* hat die Frage bisher nicht entschieden.

06.33 Der herrschenden Lehre ist zuzustimmen. Es ist einfacher und klarer, von einer *einheitlichen Pflichtteilsberechnung* auszugehen, und es ist nicht einsichtig, warum Art. 216 Abs. 2 ZGB in die vom Erbrecht geregelte Pflichtteilsberechnung eingreifen soll[34]. Die ehegattenfreundlichere Auslegung, die gegenüber den gemeinsamen Nachkommen nebst dem Entzug der Errungenschaftsgüter auch den weit gehenden Ausschluss vom Eigengut des verstorbenen Elternteils ermöglicht, schiesst über das gesetzgeberische Ziel, die Stellung des Ehegatten zu verbessern, hinaus. Der Wortlaut von Art. 216 Abs. 2 ZGB lässt allerdings zugegebenermassen beide Auslegungsvarianten zu.

06.34 Es ist nicht ausser Acht zu lassen, dass die dem überlebenden Ehegatten zugewandten Vermögenswerte bei dessen Tod nur dann den gemeinsamen Nachkommen zukommen, wenn in diesem Zeitpunkt überhaupt noch etwas davon vorhanden ist. Der überlebende Ehegatte kann über den ihm zugewandten Vorschlag und seinen Erbteil frei verfügen, bei einer Wiederverheiratung zu einem grossen Teil dem zweiten Ehegatten vermachen oder bei einem Heim- oder Spitalaufenthalt innert kurzer Zeit vollständig aufzehren (wenn man von der Möglichkeit der absichtlichen Vermögensverschleuderung einmal absehen will). Während man dies bezüglich der Errungenschaft noch hinnehmen mag, ist doch immerhin zu verlangen, dass die Vorschlagszuweisung in der erbrechtlichen Auseinandersetzung so berücksichtigt wird, dass die gemeinsamen Nachkommen durch entsprechenden erbrechtlichen Ausgleich am Eigengut des erstversterbenden Elternteils – dabei handelt es sich möglicherweise um Vermögen, das sich schon längere Zeit in der Familie befindet – gebührend beteiligt sind.

06.35 Nach der hier vertretenen Auffassung liegt demnach die *Bedeutung von Art. 216 Abs. 2 ZGB* einzig darin, den Pflichtteilserben, mit Ausnahme der nichtgemeinsamen Kinder und deren Nachkommen, die Herabsetzungsklage gegen eine güterrechtliche Teilungsvereinbarung zu verwehren, obschon diese grundsätzlich einen erbrechtlichen Herabsetzungstatbestand bildet. Von diesem *Klageausschluss* abgesehen ist in der erbrechtlichen Auseinandersetzung die Vorschlagszuweisung an den überlebenden Ehegatten wie andere Schenkungen von Todes wegen vollumfänglich zu berücksichtigen.

---

dann statt, wenn kein oder nur geringes Eigengut existiert bzw. nachgewiesen werden kann, und somit nach erfolgter Vorschlagszuweisung praktisch kein Nachlass mehr vorhanden ist.

[32] Diese Auffassung wird namentlich vertreten von PIOTET, Libéralités, Rzn 384 ff.; GEISER, Bedürfnisse, S. 1158; HAUSHEER/REUSSER/GEISER, N 54 zu Art. 216 ZGB; HEGNAUER/BREITSCHMID, Rz 26.79; STETTLER/WAELTI, Rzn 444 ff.; S. WOLF, S. 157 f.; WILDISEN, S. 91 und 209 f.; DRUEY, Pflichtteil, S. 152 f., sowie GUINAND/STETTLER, Rz 260.

[33] Diese wird von STEINAUER, Quotité disponible, S. 412 f., sowie neuerdings von W. PORTMANN, S. 14, NÄF-HOFMANN, Rzn 1858a ff., sowie DESCHENAUX/STEINAUER/BADDELEY, Rz 1467, vertreten.

[34] WILDISEN, S. 210.

3. Die steuerliche Behandlung der Vorschlagszuweisung

Der *ehevertragliche (Teil-)Verzicht* auf die Beteiligungsforderung ist *vorerst steuerneutral*[35], da lediglich Anwartschaften in Frage stehen[36]. Erst *bei Auflösung des Güterstandes*, wenn sich die Anwartschaft des begünstigten Ehegatten zum Anspruch verdichtet hat, wird in der über den gesetzlichen Vorschlagsanteil hinausgehenden Begünstigung eine *Schenkung auf den Todesfall* erblickt, welche der Erbschaftssteuer unterliegt[37]. In der Lehre wird für die Besteuerung teilweise eine ausdrückliche Grundlage im kantonalen Recht gefordert[38]. Das Bundesgericht[39] hat auf dieses Erfordernis richtigerweise verzichtet: Die Vorschlagszuweisung ist schon unter zivilrechtlichen Gesichtspunkten eine Schenkung von Todes wegen[40] und untersteht als solche regelmässig ohne weiteres dem Begriff des Erbanfalls, wie ihn die Kantone umschreiben. Der – etwa im Hinblick auf eine Unternehmensnachfolge vereinbarte – ehevertragliche *Verzicht eines Ehegatten* auf die Vorschlagsbeteiligung (d.h. die Zuweisung des Vorschlages an den Erblasser bzw. dessen Erben) führt für die dadurch begünstigten Erben bei Auflösung des Güterstandes durch Tod des Erblassers zu einem höheren Erbanfall und damit zu einer Erhöhung der Erbschaftssteuer[41].

06.36

Erfolgt *nach Auflösung des Güterstandes* ein *Verzicht* auf die ehevertragliche Begünstigung, werden weder die Begünstigung noch der Verzicht zu Gunsten der Erben steuerlich erfasst, d.h. die Beurteilung erfolgt analog zur erbrechtlichen Ausschlagung[42]. Eine steuerbare Querschenkung an die Miterben[43] liegt nicht vor. Als steuerbare Schenkung ist demgegenüber der Verzicht auf die *gesetzliche Vorschlagsbeteiligung* anlässlich der Erbteilung zu qualifizieren[44].

06.37

---

[35] P. LOCHER, Steuerliche Behandlung, S. 242.

[36] HAUSHEER/REUSSER/GEISER, N 17 zu Art. 215 ZGB.

[37] Einlässlich MUSTER, S. 336 ff. Siehe zum Ganzen auch HAUSHEER/REUSSER/GEISER, N 28 zu Art. 216 ZGB, m.w.H. sowie YERSIN, S. 352. – Zur steuerlichen Relevanz des *Verzichtsentgelts* siehe SPORI, Steueraspekte, S. 396 f., wonach das Entgelt für einen Verzicht auf die Beteiligungsforderung wie eine antizipierte Vorschlagsauszahlung zu behandeln und damit steuerfrei ist.

[38] HÖHN/WALDBURGER, § 27, Rz 27.

[39] BGE vom 22.1.1964, publ. in ASA 33 (1964/65), S. 182 ff., insbes. S. 185 (betr. den Kt. Bern); vgl. auch BÖCKLI, Indirekte Steuern, S. 363, m.w.H.

[40] Jedenfalls bei Vorliegen einer Überlebensklausel; vorne, Rzn 06.23 ff. Liegt ein Rechtsgeschäft unter Lebenden vor (vorne, Rzn 06.22 und 06.27), handelt es sich um eine Schenkung, die bei Fälligkeit regelmässig unter steuerlichen Gesichtspunkten analog zum Erbanfall behandelt wird.

[41] SIMONEK, S. 314.

[42] So jedenfalls im Kanton Bern, siehe dazu NStP 37 (1983), S. 21 (= Mitteilung der Steuererwaltung des Kantons Bern). Die Lehre ist diesbezüglich allerdings kritisch: MUSTER, S. 342; P. LOCHER, Steuerliche Behandlung, S. 243. Wie das KGer SZ in einem Entscheid vom 12.12.1995 (im Zusammenhang mit einer Zivilrechtsstreitigkeit) festgestellt hat, liegt keine eigentliche Ausschlagung, sondern ein Forderungsverzicht gegenüber den Miterben vor, der im Übrigen der Schriftform bedarf; EGVSZ 1995, Nr. 32.

[43] Siehe dazu vorne, Rzn 05.81 ff.

[44] SIMONEK, S. 262 f.

4. Beurteilung im Hinblick auf die Ehegattenbegünstigung

06.38 Die von der Vorgabe des Gesetzes abweichende Aufteilung des Vorschlags wurde vom Gesetzgeber bewusst als Form der Begünstigung des überlebenden Ehegatten ermöglicht. Entsprechend eignet sich dieses Instrument, das sehr flexibel ausgestaltet werden kann[45], ausserordentlich gut zur wirtschaftlichen Sicherung des überlebenden Ehegatten. Da nur das während der Ehe gemeinsam errungene Vermögen in Frage steht, stehen der Zuweisung des Vorschlags an einen Ehegatten auch keine rechtspolitischen Bedenken im Wege.

06.39 Sind nichtgemeinsame Nachkommen vorhanden, könnte es nahe liegen, den Ehegatten mit höherer Überlebenswahrscheinlichkeit unabhängig von den Gründen der Auflösung des Güterstandes zu begünstigen, um nach Ablauf der Frist gemäss Art. 527 Ziff. 3 ZGB die Herabsetzungsklage der Stiefkinder auszuschliessen[46]. Die Begünstigung durch Zuwendung unter Lebenden birgt allerdings mit Bezug auf eine unplanmässige Auflösung der Ehe durch Scheidung und im Hinblick auf die Absterbensreihenfolge unverhältnismässig grosse Risiken.

III. Massenumteilung gemäss Art. 199 ZGB

1. Art. 199 Abs. 1 ZGB: Anwendungsbereich und Gestaltungsmöglichkeiten

06.40 Art. 199 Abs. 1 ZGB ermöglicht es den Ehegatten in beschränktem Umfang, Vermögen, das der *Errungenschaft* zugehören würde, *dem Eigengut* eines Ehegatten *zuzuordnen*. Es geht dabei um gegenwärtige und zukünftige Vermögenswerte der Errungenschaft, die für die Ausübung eines Berufes oder den Betrieb eines Gewerbes bestimmt sind[47]. Auf die Rechtsform des Berufes oder des Gewerbes kommt es dabei nicht an, ebenso wenig auf die Natur des Geschäftes[48]. Auch die ehevertragliche Widmung von *künftigem Errungenschaftsvermögen* zu Eigengut ist zulässig, allerdings unter Vorbehalt einer den Verhältnissen angemessenen Arbeitsentschädigung[49].

06.41 Im Hinblick auf die Begünstigung des überlebenden Ehegatten eröffnet die Zuteilung von Errungenschaft zum Eigengut zusätzliche Möglichkeiten, wenn der Ehegatte des Geschäftsinhabers *nichtgemeinsame Nachkommen* hat, deren Pflichtteile zu beachten sind, und der *Geschäftsinhaber* selber für den Fall seines Überlebens in besonderer Weise abgesichert werden soll. Die Pflichtteilsbestimmung von Art. 216 Abs. 2 ZGB, die dem Schutz dieser Nachkommen dient, kann durch die Verschiebung von Errungenschaftsvermögen in das Eigengut des Stiefelternteils mindestens teilweise umgangen

---

[45] Vgl. zur Zulässigkeit von Bedingungen und Auflagen hinten, Rzn 06.116 ff.

[46] Zu beachten blieben freilich Art. 527 Ziff. 1 und 4 ZGB, wonach Zuwendungen mit Ausstattungscharakter bzw. Umgehungsabsicht des Erblassers ohne Rücksicht auf den Zeitpunkt ihrer Ausrichtung der Herabsetzung unterliegen.

[47] Zur Begründung des Gesetzgebers für diese Umwidmungsmöglichkeit siehe HUWILER, S. 78.

[48] JENE-BOLLAG, S. 38, m.w.H. Zu den Voraussetzungen und Grenzen der Umwidmung siehe JENE-BOLLAG, S. 38 ff. sowie HAUSHEER/REUSSER/GEISER, N 6 ff. zu Art. 199 ZGB.

[49] Dazu hinten, Rzn 06.46 f.

werden⁵⁰. Zweck des Art. 199 Abs. 1 ZGB ist unter anderem gerade der Schutz des fortführungswilligen Unternehmerehegatten unter Inkaufnahme einer *Benachteiligung von Pflichtteilserben*.

Solange das Ziel der *Unternehmensfortführung* im Vordergrund steht und der Ehegatte des Geschäftsinhabers *keine nichtgemeinsamen Nachkommen* hat, genügt die Zuweisung des gesamten Vorschlages an den überlebenden bzw. an den Unternehmerehegatten. Aus der Sicht der *Ehegattenbegünstigung* ergibt sich mit der Eigengutszuweisung nach Art. 199 Abs. 1 ZGB eine gewisse Verbesserung zu Lasten der gemeinsamen Nachkommen, wenn auch der zuerst versterbende Nicht-Unternehmer über Eigengut verfügt. Die dem Eigengut des überlebenden Unternehmers zugeordneten Vermögenswerte fallen nämlich, anders die Vorschlagszuweisung⁵¹, auch bei der erbrechtlichen Auseinandersetzung ausser Betracht. Bei der Zuweisung der Unternehmung in sein Eigengut bleiben dem überlebenden Ehegatten seine erbrechtlichen Ansprüche auf das Eigengut seines Partners somit vollumfänglich erhalten, weil die Unternehmung endgültig aus der Pflichtteilsberechnung herausgenommen wird.

06.42

Für die gegenseitige Begünstigung ist die Frage von Bedeutung, ob die Eigentumszuweisung auch dann Bestand hat, wenn im Nachhinein die *Voraussetzungen des Art. 199 Abs. 1 ZGB entfallen*, also beispielsweise dann, wenn der Unternehmerehegatte zufolge fortgeschrittenen Alters seine selbständige Erwerbstätigkeit aufgibt. Solange das Vermögen weiterhin dem betreffenden Ehegatten erhalten bleibt – etwa bei Verpachtung des Betriebes oder Fortführung durch einen Nachkommen – bleibt unbestrittenermassen auch die Zuordnung zum Eigengut erhalten⁵². Für den Fall der entgeltlichen Veräusserung der Unternehmung befürworten einige Autoren einen Rückfall des Entgelts zur Errungenschaft⁵³, was m.E. Zustimmung verdient, weil mit der Veräusserung die innere Berechtigung für die Vermögensumschichtung entfällt und der gesetzgeberische Zweck der Bestimmung nicht mehr erfüllt werden kann. Für diesen Fall sind allenfalls güter- oder erbrechtliche *Ersatzverfügungen* zu treffen, wenn die Begünstigung des (ehemaligen) Unternehmers nach wie vor Planungsziel ist.

06.43

2. *Art. 199 Abs. 2 ZGB: Anwendungsbereich und Gestaltungsmöglichkeiten*

Eine weitere Gestaltungsmöglichkeit des ordentlichen Güterstandes ergibt sich aus Art. 199 Abs. 2 ZGB, wonach die Ehegatten vereinbaren können, dass Erträge aus dem Eigengut nicht in die Errungenschaft fallen. Das Begünstigungspotential ist hier zwar deutlich geringer als beim ersten Absatz dieses Artikels. Dennoch sollen hier zwei Aspekte kurz angeschnitten werden.

06.44

---

⁵⁰ Die Massenumteilung bildet an sich keine Zuwendung, die der erbrechtlichen Herabsetzungsklage unterstehen könnte, handelt es sich doch lediglich um die Verschiebung von Vermögenswerten innerhalb des Eigentums eines Ehegatten.

⁵¹ Siehe dazu vorne, Rzn 06.32 ff.

⁵² HAUSHEER/REUSSER/GEISER, N 14 zu Art. 199 ZGB, m.w.H.

⁵³ JENE-BOLLAG, S. 39, sowie HAUSHEER/REUSSER/GEISER, N 14 zu Art. 199 ZGB; a.M. DESCHENAUX/STEINAUER/BADDELEY, Rz 1044; STETTLER/WAELTI, Rz 244; SCHWAGER, S. 188; WISSMANN, S. 335; NÄF-HOFMANN, Rz 1801.

06.45   Art. 199 Abs. 2 ZGB ermöglicht eine gewisse *Kompensation* der Nachteile, die dem Ehegatten des Unternehmers daraus erwachsen, dass er im Sinne von Art. 199 Abs. 1 ZGB auf einen Teil von dessen Errungenschaft verzichtet. Er kann nämlich seinerseits die Erträge seines Eigenguts aus der zu teilenden Errungenschaft ausschliessen. Das hat zur Folge, dass diese Beträge nicht mit den Erben des anderen Ehegatten geteilt werden müssen, was auch hier wiederum vor allem dann von Bedeutung ist, wenn es sich bei diesen Erben um nichtgemeinsame Nachkommen handelt, so dass eine Vorschlagszuweisung an die Pflichtteilsgrenze stösst.

06.46   Art. 199 ZGB wurde unter anderem eingeführt, um die Weiterführung eines Familienbetriebes zu erleichtern, ohne dass die Ehegatten zum radikaleren Mittel der Gütertrennung greifen müssen[54]. Der bezweckte Schutz des Nicht-Unternehmerehegatten wird allerdings ins Gegenteil verkehrt, wenn man dem Unternehmerehegatten zugesteht, die *Einkünfte aus der Unternehmung* vollständig in sein Eigengut zu überführen, während umgekehrt sein Vorschlagsanteil auf die Errungenschaft seines Partners (inklusive dessen Eigengutserträge) gewahrt bleibt. Ein Grenzfall liegt dort vor, wo Art. 199 Abs. 2 ZGB mit Art. 199 Abs. 1 ZGB ehevertraglich derart gekoppelt wird, dass Erträge des dem Eigengut zugeordneten Unternehmens ebenfalls dem Eigengut angehören sollen. Bei dieser Sachlage muss unterschieden werden, was tatsächlich *Vermögensertrag im Sinne von Art. 199 Abs. 2 ZGB* darstellt und welcher Betrag als *Erwerbseinkommen* des Unternehmerehegatten anzusehen ist. Arbeitserwerb gehört zwingend der Errungenschaft an und bildet nicht Eigengutsertrag im Sinne von Art. 199 Abs. 2 ZGB[55].

06.47   Die Unterscheidung zwischen Geschäftsgewinn, der im Unternehmen investiert bleiben und dem Eigengut zugehören soll und dem Einkommen ist im Einzelnen heikel. HAUSHEER[56] schlägt vor, das Erwerbseinkommen nach dem Betrag zu bemessen, der einem Dritten, der dieselben Funktionen wie der Unternehmer ausübt, als Salär ausgerichtet würde. Nur was darüber hinaus geht, kann als Geschäftsgewinn ehevertraglich dem Eigengut zugewiesen werden. Diese Auffassung ist zwar nicht unumstritten[57], hat aber den Vorteil, dass bei der Festsetzung der angemessenen Entschädigung auf die Kriterien der Steuerbehörden hinsichtlich verdeckter Gewinnausschüttung zurückgegriffen werden kann, was eine gewisse Objektivierung erlaubt[58]. Während andere Berechnungsvorschläge durchaus diskutabel sind, verdient m.E. die Variante von FAVRE[59], die alle dem Geschäftsbetrieb zugehörigen Aktiven dem Eigengut zuordnen will, auch wenn diese aus reinvestiertem Arbeitserwerb des Unternehmers stammen, keine Zustimmung. Das von ihr zur Analogie angeführte Beispiel des Schmuckstückes, das aufgrund von Art. 198 Abs. 1 Ziff. 1 ZGB zu Eigengut wird, auch wenn es aus Errungenschaftsmitteln erworben wurde, geht fehl: Bei dieser Sachlage besteht nämlich eine (variable) Ersatzforderung zugunsten der Errungenschaft (Art. 209 Abs. 1 ZGB), womit der andere Ehegatte in seinem Beteiligungsanspruch geschützt

---

[54] Zu den Vorteilen des Art. 199 ZGB gegenüber der Gütertrennung siehe FAVRE, S. 137 f., 147 ff. und insbesondere S. 151 f.

[55] Art. 197 Abs. 2 Ziff. 1 ZGB; SCHWAGER, S. 189; WISSMANN, S. 335; NÄF-HOFMANN, Rz 1800; DESCHENAUX/STEINAUER/BADDELEY, Rz 1057; STETTLER/WAELTI, Rz 251, sowie HAUSHEER/REUSSER/GEISER, N 7 und 23 zu Art. 199 ZGB, m.w.H.

[56] HAUSHEER, Generationenwechsel, S. 217; ebenso P. LOCHER, Steuerliche Behandlung, S. 244 f.

[57] Siehe insbesondere FAVRE, S. 142 f., m.w.H.

[58] Vgl. dazu und zu den unterschiedlichen Lehrmeinungen HAUSHEER/REUSSER/GEISER, N 26 zu Art. 199 ZGB.

[59] FAVRE, S. 144.

ist. Bei einer Massenzuordnung nach Art. 199 Abs. 1 ZGB ist dies jedoch nicht der Fall, bei einer Güterstandsauflösung besitzt der Nicht-Unternehmer keinen Ausgleichsanspruch[60].

3. Verhältnis zum Pflichtteilsrecht

Nach dem bundesrätlichen Entwurf (Art. 213 Abs. 2 E ZGB) hätten Vereinbarungen über die Massenzuordnung nach Art. 199 ZGB ebenfalls dem Pflichtteilsvorbehalt unterstanden. Die Lösung, die schliesslich Gesetz wurde, lässt die ehevertragliche Massenzuordnung nur noch in beschränktem Mass zu, verzichtet aber auf einen Vorbehalt zugunsten der Noterben. Die Pflichtteilsberechtigten verlieren daher bei einer Massenumverteilung gestützt auf Art. 199 ZGB ihren Schutz, obschon dadurch indirekt die Vorschlagsteilung beeinflusst wird[61]. Vorbehalten bleibt Rechtsmissbrauch, der zu bejahen wäre, wenn eine Massenumteilung (im Hinblick auf die Überlebenswahrscheinlichkeit eines bestimmten Ehegatten) ohne sachliche Gründe nur gerade die Umgehung der Pflichtteilsregeln bezweckte[62].

06.48

4. Die steuerliche Behandlung der Massenumteilung

Die blosse ehevertragliche Umteilung bildet *keinen Steuertatbestand*, da vorläufig nur Anwartschaftsrechte betroffen sind[63]. Anders als bei der Vorschlagsmodifikation kommt hier allerdings auch bei Auflösung des Güterstandes keine Steuerpflicht in Betracht. Das gilt auch dann, wenn die Schaffung von Eigengut gegen Entgelt erfolgt, da es sich diesbezüglich um eine reine Vermögensumschichtung handelt[64]. Auch die Vereinbarung gemäss Art. 199 Abs. 2 ZGB bleibt nach der Meinung der Lehre ohne steuerliche Folgen. Insofern kann man sagen, dass die Eigengutszuweisung gegenüber der ehevertraglichen Vorschlagszuweisung steuerlich vorteilhafter ist, immer vorausgesetzt, dass der Wohnsitzkanton Zuwendungen unter Ehegatten überhaupt besteuert[65].

06.49

Indirekt können sich sowohl bei der Anwendung von Abs. 1 als auch bei Abs. 2 von Art. 199 ZGB dennoch Steuerfolgen ergeben: Stirbt nämlich der Unternehmerehegatte („planwidrig") zuerst, muss ein Ausgleich über das Erbrecht erfolgen und erhöht die Massenumteilung damit letztlich den steuerbaren Erbanfall zulasten der (steuerfreien) gesetzlichen Vorschlagsbeteiligung. Das Risiko der „planwidrigen" Absterbensreihenfolge[66] wird für den Nicht-Unternehmer durch diese steuerlichen Konsequenzen verschärft.

06.50

---

[60] Soweit der Arbeitserwerb des Unternehmerehegatten in ausserhalb des Betriebes liegende Vermögenswerte investiert wurde, befürwortet auch FAVRE (S. 146) eine Abgrenzung zwischen Geschäftsgewinn und Erwerbseinkommen.

[61] Anstatt aller: HAUSHEER/REUSSER/GEISER, N 15 ff. zu Art. 199 ZGB; STETTLER/WAELTI, Rz 248; JENE-BOLLAG, S. 41. Die Herabsetzbarkeit der Eigengutszuweisung (als Zuwendung unter Lebenden) wird demgegenüber von DRUEY, Pflichtteil, S. 156, ohne weitere Begründung bejaht.

[62] Vgl. auch NÄF-HOFMANN, Rz 1803.

[63] SPORI, Steueraspekte, S. 398 f.

[64] P. LOCHER, Steuerliche Behandlung, S. 244.

[65] SPORI, Steueraspekte, S. 399.

[66] Dazu sogleich, Rzn 06.51 ff.

5. Beurteilung im Hinblick auf die Ehegattenbegünstigung

06.51 Die ehevertragliche Umwidmung von Errungenschaftswerten begünstigt denjenigen Ehegatten, dessen Eigengut auf diese Weise vergrössert wird, und das muss (einer gewissen statistischen Lebenserwartung zum Trotz) nicht der überlebende Ehegatte sein. Die Anwendung von Art. 199 ZGB ist damit ein Beispiel für das bereits erwähnte *Risiko*, dass der „falsche" Ehegatte vorversterben oder die Ehe durch Scheidung aufgelöst werden könnte[67].

06.52 Für das Ehepaar, das vor allem die gegenseitige Begünstigung im Auge hat, stellt sich deshalb die Frage, ob auch eine nur *bedingte Eigengutszuweisung* – je nach Absterbensreihenfolge – gesetzlich zulässig ist. Dies würde jedoch dem Grundsatz widersprechen, dass der Güterstand die Rechtsverhältnisse während bestehender Ehe regeln soll und – abgesehen von Vereinbarungen über die Vorschlagsteilung – ehevertragliche Modifikationen nicht von der Art der Auflösung des Güterstandes abhängig gemacht werden dürfen[68]. Damit ist Art. 199 ZGB ein relativ *unflexibles Instrument*.

06.53 Die Umwidmung gemäss Art. 199 Abs. 1 ZGB ist für den Nicht-Unternehmer besonders dann problematisch, wenn er selber über eine umfangreiche Errungenschaft verfügt, die er bei Auflösung des Güterstandes mit seinem Partner teilen muss[69]. Allenfalls empfiehlt sich bei dieser Sachlage eine Gütertrennung[70].

IV. Änderung bzw. Ausschluss der Mehrwertbeteiligung (Art. 206 Abs. 3 ZGB)

1. Anwendungsbereich

06.54 Gemäss Art. 206 Abs. 3 ZGB können die Ehegatten den *Mehrwertanteil*, den das Gesetz für den Fall von Investitionen in Vermögensgegenstände[71] des anderen Ehegatten vorsieht, bezüglich bestimmter, konkreter Beträge durch schriftliche Vereinbarung *ausschliessen oder ändern*. Die herrschende Lehre geht davon aus, dass auch ein *genereller Verzicht* oder eine Anpassung des Mehrwertanteils im Hinblick auf alle bisherigen und

---

[67] Das ist vom Gesetzgeber im Hinblick auf Art. 199 Abs. 1 ZGB durchaus beabsichtigt, dient doch die Widmung des Unternehmens zu Eigengut vornehmlich dem Zweck der Unternehmensweiterführung, die regelmässig entweder durch den Unternehmer selber oder durch Nachkommen, seltener dagegen durch den überlebenden Nicht-Unternehmerehegatten erfolgt. Der Eigengutscharakter des Betriebes verhindert Liquiditätsengpässe des Unternehmerehegatten anlässlich der Güterstandsauflösung. Bei dessen Vorversterben ermöglicht Art. 199 Abs. 1 ZGB eine umfangreichere Begünstigung der Nachkommen unter Ausschluss des Ehegatten, der einen massgeblichen Teil der Unternehmung einem allfälligen zweiten Partner vererben könnte.

[68] Vgl. dazu HAUSHEER/REUSSER/GEISER, N 56 f. zu Art. 182 ZGB, sowie hinten, Rz 06.147.

[69] Beispiel: Der Ehemann ist Zahnarzt und weist seine gut gehende Praxis gemäss Art. 199 ZGB dem Eigengut zu; die Ehefrau ist ebenso erfolgreich als Oberärztin in einem Spital angestellt. In der güterrechtlichen Auseinandersetzung erhält der Ehemann die Hälfte der Errungenschaft der Ehefrau, umgekehrt bleibt die Praxis, die aus seiner Errungenschaft erworben wurde, vollständig in den Händen des Ehemannes.

[70] Vgl. FAVRE, S. 149. Allgemein zur Gütertrennung siehe hinten, Rzn 06.91 ff.

[71] Unter diesem Begriff sind nicht nur einzelne Vermögensobjekte zu verstehen, sondern ggf. auch Sachgesamtheiten; vgl. BGE 125 III 1 (Arztpraxis) zur parallelen Bestimmung von Art. 209 Abs. 3 ZGB und dazu HINDERLING, AJP 1999, S. 879 ff.

künftigen gegenseitigen Investitionen zulässig sind⁷². Da es sich dabei jedoch um eine *Modifikation des Güterstandes an sich* handelt, wird für die generelle Änderung bzw. den generellen Ausschluss allgemein die Einhaltung der *ehevertraglichen Form* vorausgesetzt.

Dieser Auffassung ist zuzustimmen. Die Ehegatten bleiben selbstverständlich frei, ob sie unter diesen Voraussetzungen überhaupt eine Investition „ohne Gegenleistung" tätigen wollen. Ausserdem können sie auch nach generellem ehevertraglichem Ausschluss der Mehrwertbeteiligung für die einzelne Investition eine solche wieder vereinbaren⁷³. *Unzulässig* sind demgegenüber sowohl die Vereinbarung einer Minderwertbeteiligung⁷⁴ als auch eine Erweiterung des Anspruchs über den anteilmässigen Wertzuwachs hinaus (überproportionale Beteiligung)⁷⁵.

06.55

2. *Verhältnis zum Pflichtteilsrecht*

Die variable Forderung des investierenden Ehegatten ist stets derjenigen Masse zuzuordnen, die den Beitrag erbracht hat⁷⁶. Ist bei der Investition das *Eigengut* eines oder beider Partner beteiligt, verändert ein Ausschluss oder eine Modifikation der Mehrwertanteile immer auch indirekt die Pflichtteilsmasse des erstversterbenden Ehegatten. Dennoch spricht sich die herrschende Lehre (zu Recht) dafür aus, dieses güterrechtliche Rechtsgeschäft *bei der Pflichtteilsberechnung nicht zu berücksichtigen*⁷⁷. Grundsätzlich soll es den Ehegatten freistehen, wie sie ihre Rechtsbeziehungen ordnen wollen. Ein unentgeltliches Darlehen könnten sie im Übrigen auch einem Dritten gewähren. *Rechtsmissbrauch* – d.h. ein Ausschluss der Mehrwertbeteiligung, der einzig der Umgehung der Pflichtteile dienen soll – ist jedoch auch hier vorzubehalten, wobei diese Fälle seltener sein dürften

06.56

---

⁷² PIOTET, Errungenschaftsbeteiligung, S. 32; SCHNYDER, S. 317 f.; HAUSHEER/REUSSER/GEISER, N 62 zu Art. 206 ZGB; R. MÜLLER, S. 83 f.; E. ESCHER, S. 67 f.; TUOR/SCHNYDER/SCHMID, S. 231; SCHULER, Rz 317; NÄF-HOFMANN, Rz 1340. Für die Zulässigkeit des generellen Ausschlusses spricht sich auch die Botschaft vom 11.7.1979, Ziff. 222.522, aus. Dem halten andere Autoren entgegen, dass eine generelle Änderung des Güterstandes nur in den vom Gesetz genannten Fällen zulässig sei, weshalb ein vorgängiger, allgemeiner Ausschluss bzw. eine generelle Änderung des Mehrwertanteils auch ehevertraglich nicht möglich sei; HEGNAUER/BREITSCHMID, Rz 26.61; SCHWAGER, S. 195; WISSMANN, S. 353; SANDOZ, S. 431; zurückhaltend auch JENE-BOLLAG, S. 47.

⁷³ Die Ehegatten sind grundsätzlich frei, beliebige Rechtsgeschäfte unter sich abzuschliessen, weshalb sie auch ein partiarisches Darlehen vereinbaren können. Die güterrechtliche Sondernorm von Art. 206 ZGB verpflichtet für Abweichungen von der gesetzlichen Normallösung zur Schriftlichkeit. Wird mittels Ehevertrag Art. 206 Abs. 1 ZGB generell wegbedungen oder abgeändert, muss aus Gründen der Beweisbarkeit und der Rechtssicherheit für die auf den Einzelfall bezogene Abweichung vom Ehevertrag wieder die Form der einfachen Schriftlichkeit verlangt werden.

⁷⁴ Eine solche Vereinbarung könnte freilich als gültige einfache Gesellschaft (allenfalls in der Form der blossen Innengesellschaft) verstanden werden.

⁷⁵ HAUSHEER/REUSSER/GEISER, N 60 und 61 zu Art. 206 ZGB.

⁷⁶ Investition und Mehrwertanteil bilden eine einheitliche Forderung. So die h.M.; anstatt vieler HAUSHEER/REUSSER/GEISER, N 47 zu Art. 206 ZGB, m.w.H.; nunmehr auch NÄF-HOFMANN, Rzn 1316 f.

⁷⁷ Gegen eine pflichtteilsrechtliche Berücksichtigung sprechen sich die folgenden Autoren aus: HAUSHEER/REUSSER/GEISER, N 63 zu Art. 206 ZGB sowie DESCHENAUX/STEINAUER/BADDELEY, Rz 1308; ebenso NÄF-HOFMANN in der 2. Aufl., Rz 1625. Die Gegenmeinung wird vertreten von SCHULER, Rzn 356 f.; R. MÜLLER, S. 88; W. PORTMANN, S. 15, sowie neuerdings von DRUEY, Pflichtteil, S. 156 f. HEGNAUER/BREITSCHMID, Rz 26.62, lassen die Frage offen.

als im Rahmen des Art. 199 ZGB. Bei einem generellen Ausschluss ist nämlich noch nicht klar, welcher Ehegatte davon letztlich profitieren wird, weil dies sowohl davon abhängt, wer mit welcher Vermögensmasse welche Investitionen in eine bestimmte Vermögensmasse des anderen Ehegatten tätigt, als auch von der Wertentwicklung der betroffenen Vermögensgegenstände. Denkbar ist immerhin der nachträgliche Verzicht hinsichtlich einer bestimmten Investition mit Blick auf die Überlebenswahrscheinlichkeit des Sacheigentümers, wobei ein solcher Schuldnerlass wiederum als herabsetzbare Zuwendung unter Lebenden pflichtteilsrelevant sein kann, ohne dass auf den Tatbestand des Rechtsmissbrauchs gegriffen werden müsste.

3. Steuerliche Behandlung der Mehrwertbeteiligung

06.57 Der Mehrwertanteil ist steuerlich als *Vermögensgewinn* zu qualifizieren. Die Grundstückgewinnsteuer bei der Veräusserung einer Liegenschaft ist jedoch ausschliesslich beim veräussernden Grundeigentümer zu erheben, der zwar die Ausrichtung des Gewinnanteils nicht vom Grundstückgewinn in Abzug bringen, den Gewinnanteil aber auf dem um die Steuer bereinigten Nettogewinn berechnen darf[78]. Mehrwertanteile bezüglich beweglicher Vermögensobjekte sind steuerlich ohne Belang, sofern es sich nicht um Geschäftsvermögen handelt[79].

06.58 Der unentgeltliche (ganze oder teilweise) *Verzicht* auf den bloss anwartschaftlichen Mehrwertanteil ist steuerrechtlich ebenso unbeachtlich wie die Vereinbarung einer abweichenden Vorschlagsteilung[80]. Es ist auch bei der späteren Auflösung des Güterstandes nicht von einer Schenkung auszugehen[81].

4. Beurteilung im Hinblick auf die Ehegattenbegünstigung

06.59 Wie die Bestimmung von Art. 199 ZGB ist auch Art. 206 Abs. 3 ZGB *nicht primär auf die Ehegattenbegünstigung zugeschnitten*. Beide Ehegatten riskieren, dass bei einer späteren Scheidung der Ausschluss der Mehrwertbeteiligung ihren Interessen zuwiderläuft[82]. Eine Begünstigung kann im Einzelfall dadurch erreicht werden, dass der aller Wahrscheinlichkeit nach überlebende Ehegatte davon befreit wird, seinem Partner Mehrwertanteile auszuzahlen, selber aber für eigene Investitionen in Vermögenswerte des anderen den Mehrwertanspruch behält. Solange der vermutlich vorversterbende

---

[78] HAUSHEER/REUSSER/GEISER, N 67 zu Art. 206 ZGB; YERSIN, S. 340; ausführlich KOLLER, Eherecht und Steuerrecht, S. 60 ff., m.w.H. Nach der neusten Rechtsprechung des Bundesgerichts (vgl. BGE 125 III 50) ist den *latenten Steuern* bei der güterrechtlichen Auseinandersetzung Rechnung zu tragen.

[79] Zur Ausgangslage, wenn sich die Mehrwertbeteiligung auf einen Gegenstand des *Geschäftsvermögens* bezieht, siehe KOLLER, Eherecht und Steuerrecht, S. 67 ff.; vgl. zum Ganzen ferner SIMONEK, S. 198 ff.

[80] HAUSHEER/REUSSER/GEISER, N 70 zu Art. 206 ZGB; P. LOCHER, Steuerliche Behandlung, S. 239; vgl. auch vorne, Rz 06.36.

[81] Vgl. immerhin SPORI, Eherecht und Steuern, S. 42 f., der ein *Verzichtsentgelt* der Schenkungssteuer unterwerfen will, und die diesbezügliche Kritik bei P. LOCHER, S. 239, Fn 49.

[82] Der ehevertragliche Ausschluss gilt auch bei Scheidung, Trennung, Ungültigerklärung der Ehe oder gerichtlicher Anordnung der Gütertrennung; Art. 217 ZGB ist nicht analog auf Art. 206 Abs. 3 ZGB anwendbar: HAUSHEER/REUSSER/GEISER, N 63 zu Art. 206 ZGB, m.w.H.

Ehegatte keine nichtgemeinsamen Nachkommen hat, lässt sich gegenüber der Vorschlagszuweisung nach Art. 216 Abs. 1 ZGB nur insofern eine Verbesserung erzielen, als die Mehrwertanteile in der Pflichtteilsberechnung nach der hier vertretenen Meinung ausser Betracht fallen.

Interessant wäre aus diesem Grund ein *suspensiv bedingter Ausschluss* der Mehrwertbeteiligung für den vorversterbenden Ehegatten, sofern der Güterstand durch Tod eines Ehegatten aufgelöst wird. Indessen muss die *Zulässigkeit* wohl auch hier – wie hinsichtlich Art. 199 ZGB – aus grundsätzlichen Überlegungen *verneint* werden, soll doch der Ehevertrag die güterrechtlichen Verhältnisse während bestehender Ehe regeln[83].

06.60

V. Die Gütergemeinschaft

1. Anwendungsbereich

a) Besserstellung des überlebenden Ehegatten in finanzieller Hinsicht

Ein ehevertraglicher Güterstandswechsel zur Gütergemeinschaft kann sich aus der Sicht der Vorsorge für den überlebenden Ehegatten insbesondere bei kinderloser Ehe sowie dann aufdrängen, wenn erhebliche Eigengüter vorhanden sind, über die mit der ehevertraglichen Vorschlagszuweisung nicht verfügt werden kann. Eine *maximale Begünstigung* erfolgt durch die *möglichst weite Umschreibung des Gesamtgutes* und dessen *vollständiger ehevertraglicher Zuweisung an den überlebenden Ehegatten* (Überlebensklausel). Damit wird die Erbmasse, die mit weiteren Erben zu teilen ist, auf ein absolutes Minimum reduziert, nämlich auf die Gegenstände zum ausschliesslich persönlichen Gebrauch und Genugtuungsansprüche[84].

06.61

Die Gesamtgutszuweisung bei der Gütergemeinschaft hat allerdings die *Pflichtteilsrechte aller Nachkommen* zu respektieren, was bewirkt, dass der Umfang der Begünstigung unter Umständen geringer ist als bei der Errungenschaftsbeteiligung mit Vorschlagszuweisung. Eine *Besserstellung* kann sich ergeben, wenn derjenige Ehegatte, der das grössere Eigengut im Sinne von Art. 198 ZGB besitzt, zuerst verstirbt. Hat der überlebende Ehegatte selber nichts oder wenig zum Gesamtgut beigetragen, ist für die Frage, ob mit Gütergemeinschaft oder mit Errungenschaftsbeteiligung die grössere Begünstigung erreicht werden kann, davon abhängig, ob das Vermögen des vorversterbenden Ehegatten vorwiegend aus Errungenschaft oder aber aus Eigengut im Sinne von Art. 198 ZGB besteht. Nur in letzterem Fall lohnt sich die Gütergemeinschaft[85]. Weil es nicht zulässig ist, die Wahl eines Güterstandes an die Art seiner Auflösung zu knüpfen[86], lässt sich das Risiko des Vorabsterbens des anderen Ehegatten nicht ausschliessen, was die Wahl der Gütergemeinschaft im Ergebnis jedenfalls dann *risikoreich* macht, wenn die Ehegatten für jeden möglichen Fall eine maximale Begünstigung des überlebenden Ehe-

06.62

---

[83] Siehe dazu schon vorne, Rz 06.52 und Fn 68.

[84] Art. 225 Abs. 2 ZGB.

[85] Vgl. DÜRR, S. 6, Fn 21. Die Eigengüter gemäss Art. 225 ZGB werden bei dieser vereinfachten Rechnung ausser Betracht gelassen. Die Berechnung der Pflichtteile erfolgt aufgrund der hälftigen Teilung des Gesamtgutes; dazu hinten, Rz 06.80.

[86] Zu den Grenzen der Gestaltung von Eheverträgen siehe hinten, Rzn 06.145 ff.

gatten wünschen. Ist dies nicht erforderlich, können die Ehegatten die Möglichkeit der umgekehrten Absterbensreihenfolge in Kauf nehmen und gegebenenfalls durch entsprechende erbrechtliche Vorkehren abfedern.

06.63 Sofern die Ehegatten zwar keine gemeinsamen Nachkommen haben, einer von ihnen aber *nichtgemeinsame Nachkommen* hat, ist schon unter dem ordentlichen Güterstand auf deren Pflichtteile Rücksicht zu nehmen. Je nach Zusammensetzung der Vermögensmassen kann sich die Begründung einer Gütergemeinschaft deshalb für den überlebenden Ehegatten häufiger lohnen als beim Vorhandensein von gemeinsamen *und* nichtgemeinsamen Nachkommen. Ob dies im Einzelfall zutrifft, kann nur unter Berücksichtigung aller massgeblicher Faktoren – Absterbenswahrscheinlichkeit, Anzahl der gemeinsamen und nichtgemeinsamen Nachkommen, Umfang und mutmassliche künftige Entwicklung von Eigengut und Errungenschaft beider Ehegatten – beurteilt werden.

06.64 Sofern *keine Nachkommen* vorhanden, jedoch Pflichtteilsrechte der Eltern eines Ehegatten zu berücksichtigen sind, ergibt sich durch die Wahl der Gütergemeinschaft mit Gesamtgutszuweisung auf jeden Fall eine Verbesserung gegenüber der Errungenschaftsbeteiligung, da die Eltern eines vorversterbenden Ehegatten von der Beteiligung an dessen eingebrachtem Gut ausgeschlossen werden können. Gegen eine Gesamtgutszuweisung ist den Eltern nämlich die Herabsetzungsklage verwehrt[87].

06.65 Dabei ist es durchaus zulässig, den gewählten Güterstand unter die *Resolutivbedingung* zu stellen, dass während der Dauer der Gütergemeinschaft entweder doch noch Nachkommen zur Welt kommen oder die Eltern beider Ehegatten vorversterben. Für diese Fälle kann vorgesehen werden, dass ohne weiteres der ordentliche Güterstand eintritt, und zwar, sofern das gewünscht wird, mit Rückwirkung auf den Eheschluss[88].

b) Sachenrechtliche Bedeutung der Gütergemeinschaft

06.66 Die Begünstigung durch Begründung einer Gütergemeinschaft mit Zuweisung des Gesamtgutes an den überlebenden Ehegatten hat den zusätzlichen Vorteil, dass der Ehegatte, dem das ganze Gesamtgut nach dem Tode des anderen zufällt, Alleineigentümer des bisherigen Gesamtgutes wird[89]. Die ehevertragliche Zuweisung hat damit zugleich *sachenrechtliche Wirkung* und schliesst die übrigen Erben von jeglicher Berechtigung am Gesamtgut aus[90]. Ist der überlebende Ehegatte einziger Erbe, erübrigt sich aufgrund der von Gesetzes wegen eintretenden Anwachsung eine güterrechtliche Auseinandersetzung[91].

06.67 Die Stellung als Alleinerbe kann dem überlebenden Ehegatten allenfalls durch entsprechende erbrechtliche Vorkehren verschafft werden, namentlich durch Erbvertrag oder durch lebzeitige Abfindung bzw. Vermächtnis unter letztwilliger Enterbung[92]. Geschieht dies nicht, steht den durch die Gesamtgutszuweisung in ihren Pflichtteilen verletzten Nachkommen lediglich ein obligatorischer Anspruch auf

---

[87] Art. 241 Abs. 3 ZGB.
[88] Sog. Rückwirkungsklausel; hinten, Rz 06.116. Vgl. allgemein zu Bedingungen im Zusammenhang mit dem Ehevertrag hinten, Rzn 06.117 ff.
[89] S. WOLF, S. 213 ff., m.w.H.
[90] S. WOLF, S. 215.
[91] BGE 111 II 113; HAUSHEER/PFÄFFLI, S. 42.
[92] Siehe dazu vorne, Rzn 05.20 ff.

Wiederherstellung des Pflichtteils zu[93], ohne dass sich am dinglichen Rechtserwerb des überlebenden Ehegatten etwas ändert[94].

2. Gestaltungsmöglichkeiten

a) Zuweisungsmöglichkeiten betreffend das Gesamtgut

Art. 241 ZGB sieht für die Auflösung des Güterstandes durch Tod eines Ehegatten die hälftige Teilung des Gesamtgutes vor, lässt aber die ehevertragliche Änderung dieser Regel zu, soweit die Pflichtteilsansprüche der Nachkommen gewahrt bleiben. Für den möglichen Inhalt vereinbarter Teilungsregeln kann weitgehend auf die Ausführungen zur Vorschlagszuweisung verwiesen werden[95]. Weil allerdings nicht zwei Gütermassen betroffen sind, sondern nur eine, das Gesamtgut, ergeben sich hier weniger Varianten. 06.68

Die *maximale Begünstigung* wird durch die *Überlebensklausel* erreicht, wonach dem überlebenden Ehegatten das ganze Gesamtgut zufällt. Eine zum voraus bestimmte, quotenmässige Aufteilung des Gesamtgutes (z.B. ein Drittel für den Ehemann, zwei Drittel für die Ehefrau) kann sich dann aufdrängen, wenn ein aufgrund der vorhandenen Eigengüter vorliegendes finanzielles Ungleichgewicht unter den Ehegatten ausgeglichen werden soll[96]. Eine vorwiegend bedürfnisorientierte Begünstigung des überlebenden Ehegatten kann beispielsweise durch Einräumung eines (auf bestimmte Varianten beschränkten) *Wahlrechts* erfolgen[97] oder durch die Gesamtgutsbeteiligung im Wert einer kapitalisierten Leibrente von bestimmter Höhe[98]. Möglich ist wiederum die Begünstigung nur eines bestimmten überlebenden Ehegatten, beispielsweise mit der Klausel, bei Vorabsterben der Ehefrau solle diese das ganze Gesamtgut erhalten, im umgekehrten Fall solle die güterrechtliche Auseinandersetzung nach den Regeln über die Errungenschaftsbeteiligung stattfinden[99]. 06.69

Soll dem überlebenden Ehegatten nur ein *Teil des Gesamtgutes* zufallen, ist zu bedenken, dass damit eine dingliche Anwachsung des ehelichen Vermögens zu Volleigentum verunmöglicht wird und so ein wesentlicher Begünstigungsvorteil der Gütergemeinschaft dahinfällt. Die Erben des vorverstorbenen Ehegatten werden Eigentümer zu gesamter Hand[100]. Das hat insbesondere zur Folge, dass eine güterrechtliche Auseinandersetzung stattfinden muss. 06.70

---

[93] BGE 110 II 232. WISSMANN (S. 352, 361 und 365 ff.) und HAUSHEER/REUSSER/GEISER (N 51 zu Art. 241 ZGB) empfehlen allerdings zu Recht, der Klarheit halber im Ehevertrag deutlich zu machen, ob den Nachkommen ein dinglicher oder nur ein obligatorischer Anspruch zukommen soll. Die allgemein übliche Formulierung „der überlebende Ehegatte erhält das ganze Gesamtgut, vorbehaltlich der Pflichtteile der Nachkommen" befriedigt insofern nicht. Vgl. hinten, Rz 06.71.

[94] S. WOLF, S. 215 f., m.w.H.

[95] Dazu vorne, Rzn 06.05 ff.

[96] Ein solches Ungleichgewicht kann auch gegen den Willen der Ehegatten beispielsweise bei einer Zuwendung Dritter in das Eigengut eines Ehegatten (Art. 225 Abs. 1 ZGB) oder durch den Erwerb von Genugtuungsansprüchen entstehen.

[97] Zu den damit verbundenen Schwierigkeiten vgl. vorne, Rz 06.17.

[98] Zur inhaltlichen Ausgestaltung der Teilung des Gesamtgutes siehe auch HAUSHEER/REUSSER/ GEISER, N 25 ff. zu Art. 241 ZGB.

[99] Vgl. auch Art. 242 ZGB. Allerdings kann eine solche Formel weder die Gesamtgutshaftung verhindern, noch das Risiko von Wertveränderungen während der Ehe. Die Pflichtteilsberechnung erfolgt weiterhin auf der hälftigen Teilung des Gesamtgutes, so dass die Auseinandersetzung entsprechend den Errungenschaftsregeln bereits gegen die Pflichtteile der Nachkommen verstossen kann.

[100] MASANTI-MÜLLER, S. 20. Vgl. auch BGE 119 II 119.

06.71 Insofern macht es einen Unterschied, ob der Ehevertrag festlegt: „Dem überlebenden Ehegatten soll das Gesamtgut unter Abzug der Pflichtteile der Nachkommen zukommen", oder ob es heisst: „Dem überlebenden Ehegatte wird das ganze Gesamtgut zugewiesen". Im ersten Fall wird der überlebende Ehegatte nicht Alleineigentümer des Gesamtgutes, im zweiten Fall dagegen schon. Die Pflichtteile sind zwar ebenfalls zu berücksichtigen, was im Ehevertrag auch erwähnt werden darf[101].

06.72 Im Übrigen gilt die ehevertragliche Teilungsvereinbarung betreffend das Gesamtgut nicht, wenn der Güterstand anders als durch Tod aufgelöst wird (Art. 242 ZGB), es sei denn, dies wäre ausdrücklich vereinbart.

b) Die allgemeine Gütergemeinschaft

06.73 Bei der allgemeinen Gütergemeinschaft umfasst das Gesamtgut sämtliche Vermögenswerte beider Ehegatten, ausgenommen diejenigen Gegenstände, die einem Ehegatten zum persönlichen Gebrauch dienen, sowie Genugtuungsansprüche[102]. Die allgemeine Gütergemeinschaft ist damit die *umfassendste von Gesetzes wegen zulässige Art der Gütergemeinschaft*. Rein rechnerisch und unter Berücksichtigung nur der Pflichtteile gemeinsamer Nachkommen lässt die allgemeine Gütergemeinschaft mit Überlebensklausel eine grössere Begünstigung des überlebenden Ehegatten zu als die Vorschlagszuweisung, wenn das Eigengut des zuerst Versterbenden im Sinne von Art. 198 ZGB grösser ist als die Errungenschaft[103].

c) Die Ausschlussgemeinschaft

06.74 Den Ehegatten steht es frei, ihr *Gesamtgut zu beschränken* und beliebige Vermögenswerte oder Arten von Vermögenswerten auszuschliessen. Die Aufzählung der verschiedenen Vermögenswerte in Art. 224 ZGB hat lediglich beispielhaften Charakter. Eine Neuumschreibung des Gesamtgutes kann auch während der Dauer des Güterstandes erfolgen[104]. Soweit die Ehegatten ihr Vermögen ehevertraglich den beiden Eigengütern zuordnen, wird der Umfang der möglichen Gesamtgutszuweisung und damit die Begünstigung des überlebenden Ehegatten eingeschränkt.

06.75 Weil die Pflichtteilsberechnung auf die konkret gewählte Form der Gütergemeinschaft Rücksicht nimmt und immer von der hälftigen Teilung des ehevertraglich festgelegten Gesamtgutes ausgeht[105], kann mittels einer Ausschlussgemeinschaft die *Begünstigung eines bestimmten Ehegatten* erweitert werden. Vereinbaren die Ehegatten nämlich (neben der Gesamtgutszuweisung an den überlebenden Ehegatten) den Ausschluss der Vermögenswerte des mutmasslich überlebenden Ehegatten aus dem Gesamtgut, partizipiert dieser an der Errungenschaft und dem Eigengut (im Sinne von Art. 197 f. ZGB) des

---

[101] WISSMANN (S. 361) schlägt folgende *Formulierung* vor: „Bei Auflösung der Ehe durch Tod fällt das ganze Gesamtgut ins Alleineigentum des überlebenden Ehegatten. Er kann Pflichtteilsansprüche von Nachkommen ganz oder teilweise durch Zuweisung von Vermögenswerten des Gesamtgutes abgelten."

[102] Art. 222 i.V.m. Art. 225 Abs. 2 ZGB. Zu den Zuwendungen Dritter ins Eigengut eines Ehegatten siehe ZGB-HAUSHEER, N 11 f. zu Art. 225 ZGB.

[103] Vorne, Rz 06.62.

[104] ZGB-HAUSHEER, N 5 zu Art. 223/224 ZGB.

[105] Hinten, Rz 06.80.

Vorversterbenden, ohne das eigene Vermögen in die Auseinandersetzung einwerfen zu müssen. Bei „planwidriger" Absterbensreihenfolge hat der überlebende Ehegatte allerdings das Nachsehen[106]. Eine unterschiedliche Umschreibung des Gesamtgutes je nach Auflösungsgrund des Güterstandes ist nicht zulässig, weshalb von einer unausgewogenen Beteiligung am Gesamtgut abzuraten ist, solange nicht sachliche Gründe dafür sprechen[107].

d) Die Errungenschaftsgemeinschaft

Beschränken die Ehegatten das Gesamtgut auf diejenigen Vermögenswerte, die unter dem ordentlichen Güterstand Errungenschaft bilden würden, liegt eine Errungenschaftsgemeinschaft (Art. 223 ZGB) vor. Im Prinzip handelt es sich um eine *spezielle Art der Ausschlussgemeinschaft*. Die Errungenschaftsgemeinschaft erweist sich aus der Sicht der Ehegattenbegünstigung als *denkbar ungünstige Form*, da Art. 241 Abs. 3 ZGB keine Modifikation des Teilungsanspruches zulässt, der die Pflichtteile der Nachkommen – auch der gemeinsamen – verletzt[108]. In der Literatur ist verschiedentlich vorgebracht worden, hier liege ein gesetzgeberisches Versehen vor, für die Errungenschaftsgemeinschaft müsse Art. 216 Abs. 2 ZGB analog zur Anwendung gelangen. Zwar ist diese Auffassung abzulehnen[109], selbst wenn man ihr aber zustimmen wollte, bleibt das Risiko, dass der dereinst zuständige Richter – mangels bundesgerichtlicher Präjudizien – die Gegenansicht vertritt.

06.76

e) Änderung bzw. Ausschluss der Mehrwertbeteiligung

Die Beteiligung desjenigen Ehegatten, der in einen Vermögenswert des anderen investiert, am konjunkturellen Mehrwert, ist auch im Rahmen der Gütergemeinschaft die Regel. Art. 239 ZGB verweist diesbezüglich auf die Bestimmungen der Errungenschaftsbeteiligung, womit auch der Ausschluss bzw. die Änderung der Mehrwertbeteiligung angesprochen sind. Die in diesem Zusammenhang gemachten Ausführungen gelten sinngemäss auch hier[110].

06.77

---

[106] Im Scheidungsfall gilt dagegen Art. 242 ZGB, so dass diesbezüglich kein zusätzliches Risiko besteht.

[107] Ein solcher könnte beispielsweise darin liegen, dass Familienerbstücke auf jeden Fall an den Stamm des betreffenden Ehegatten (d.h. an dessen Eltern, Geschwister oder Nachkommen) zurückfallen sollen und der Partner aus diesem Grund von einer dinglichen Berechtigung daran ausgeschlossen werden soll (vgl. allerdings schon Art. 243 ZGB, der in solchen Fällen einen gewissen Schutz bietet). Vgl. auch hinten, Rz 06.88, zur Haftungsproblematik bei der Ausschlussgemeinschaft.

[108] Die Begünstigungsmöglichkeit ist im Rahmen der Errungenschaftsbeteiligung deshalb immer mindestens gleich hoch, ohne dass gewisse Risiken der Gütergemeinschaft in Kauf genommen werden müssen.

[109] Ausführlich dazu und zur Gegenmeinung HAUSHEER/REUSSER/GEISER, N 50 zu Art. 241 ZGB. Siehe auch hinten, Rz 06.81.

[110] Vorne, Rzn 06.54 ff.

3. Verhältnis zum Pflichtteilsrecht

06.78 Der *Güterstandswechsel* als solcher bleibt erbrechtlich ohne Bedeutung, obschon es auch ohne Modifikationen des gewählten Güterstandes zu erheblichen Veränderungen des Nachlasses kommen kann. Die Frage der Pflichtteilsverletzung stellt sich vorab im Zusammenhang mit einer von der gesetzlichen Hälftenteilung abweichenden Zuweisung des Gesamtgutes bei Auflösung des Güterstandes.

a) Gesamtgutszuweisung

06.79 Die Gesetzesbestimmung von Art. 241 Abs. 3 ZGB unterscheidet sich von Art. 216 Abs. 2 ZGB nur darin, dass der Pflichtteilsschutz im Zusammenhang mit der Gütergemeinschaft *allen Nachkommen* zukommt und nicht auf die nichtgemeinsamen Nachkommen beschränkt bleibt. Die Erwägungen zur Vorschlagszuweisung gelten somit auch für Art. 241 ZGB. Soweit die Rechtsnatur von Überlebensklauseln und weiteren Begünstigungen unter Lebenden, die Berechnung des Pflichtteils für die Nachkommen sowie die Ansprüche der Eltern des erstverstorbenen Ehegatten in Frage stehen, kann auf die Bemerkungen zu Art. 216 ZGB verwiesen werden[111].

06.80 Auch bei der Gütergemeinschaft ist einer *einheitlichen Pflichtteilsberechnung* für Nachkommen und überlebenden Ehegatten der Vorzug zu geben[112], wobei die Pflichtteilsmasse hier aufgrund der gesetzlichen Hälftenteilung des Gesamtguts zu berechnen ist. Damit hat Art. 241 Abs. 3 ZGB lediglich die Bedeutung eines Klageausschlusses betreffend die pflichtteilsberechtigten Eltern des Erblassers.

06.81 Gemäss dem Wortlaut von Art. 241 Abs. 3 ZGB gilt die Bestimmung *für alle Gütergemeinschaften*. Das bedeutet, dass die gemeinsamen Kinder und deren Nachkommen bei der Errungenschaftsgemeinschaft einen Pflichtteilsschutz geniessen, der ihnen bei der Errungenschaftsbeteiligung nicht zusteht. Damit wirkt sich die Vereinigung der beiden Errungenschaften zum Nachteil des überlebenden Ehegatten aus[113]. In der Lehre wird teilweise vertreten, dass eine Gesetzeslücke vorliege[114]. Aufgrund der Entstehungsgeschichte kann davon allerdings keine Rede sein[115].

b) Beschränkte Gütergemeinschaften

06.82 Auch im Zusammenhang mit einer Ausschlussgemeinschaft lässt sich im Vergleich zur allgemeinen Gütergemeinschaft eine „Umgehung" der Pflichtteilsansprüche der Nachkommen erreichen, namentlich durch Ausschluss von Vermögenswerten des mutmasslich überlebenden Ehegatten aus der Gemeinschaft[116]. Für die Pflichtteilserben besteht diesbezüglich keine Klagemöglichkeit, sie müssen die ehevertragliche Regelung hinnehmen.

---

[111] Vorne, Rzn 06.19 ff.

[112] HAUSHEER/REUSSER/GEISER, N 59 zu Art. 241 ZGB; PIOTET, Libéralités, Rz 392.

[113] Vorne, Rz 06.76 mit Fn 108.

[114] HEGNAUER/BREITSCHMID, Rz 28.46; gefolgt von TUOR/SCHNYDER/SCHMID S. 247, und WILDISEN, S. 114; ebenso DESCHENAUX/STEINAUER/BADDELEY, Rz 1858.

[115] Siehe HAUSHEER/REUSSER/GEISER, N 50 zu Art. 216 ZGB, m.w.H.; ebenso WISSMANN, S. 351.

[116] Dazu vorne, Rz 06.75.

Vorbehalten ist wiederum *Rechtsmissbrauch*, der insbesondere dann praktische Relevanz erhält, wenn ein solcher Ehevertrag in erster Linie der Schädigung von Nachkommen dient[117]. Dabei ist namentlich zu prüfen, ob die Ehegatten sachliche Gründe[118] für die Ausschlussgemeinschaft vorweisen können. Der Zeitpunkt des Abschlusses des Ehevertrages kann ebenfalls auf einen Rechtsmissbrauch hinweisen[119].

06.83

c) *Der Ausschluss der Mehrwertbeteiligung*

Wird im Rahmen der Gütergemeinschaft die Mehrwertbeteiligung eines Ehegatten ausgeschlossen, gilt im Ergebnis dasselbe wie bei einer analogen Vereinbarung im Rahmen der Errungenschaftsbeteiligung (Rz 06.56), mit dem einzigen Unterschied, dass hier jede Modifikation der gesetzlichen Mehrwertbeteiligung den Umfang des Nachlasses beeinflusst. Somit ist – Rechtsmissbrauch vorbehalten – von einer Berücksichtigung einer entsprechenden Vereinbarung im Erbrecht abzusehen.

06.84

4. Steuerliche Behandlung der Gütergemeinschaft

Der *Güterstandswechsel* stellt in der Regel *keinen steuerbaren Sachverhalt* dar, es sei denn, er diene der Steuerumgehung[120]. Insbesondere gilt die gesamthänderische Berechtigung des Ehegatten am Vermögen des anderen nicht als ein im Sinne des Erbschafts- oder Schenkungssteuerrechts relevanter Vermögenszufluss. Das ist sachgerecht, erwerben doch die Ehegatten mit dem Güterstandswechsel lediglich Anwartschaften auf das Vermögen des Partners, die sich bei Vermögensverzehr oder Auflösung der Ehe durch Scheidung nicht realisieren[121]. Gehen infolge des Güterstandswechsels Liegenschaften

06.85

---

[117] HAUSHEER/REUSSER/GEISER, N 39 Vorbem. vor Art. 221 ZGB.

[118] Wie beispielsweise den Ausschluss bestimmter Vermögenswerte aus der Gesamtguthaftung.

[119] Vgl. BGE 53 II 97, wo die Parteien nur wenige Tage vor dem Ableben des schwerstkranken Ehemannes einen Ehevertrag errichteten. Das Bundesgericht argumentierte, der Güterstandsvertrag sei „nach seinem Sinn und Zweck zunächst und in der Hauptsache eben doch mit Rücksicht auf das eheliche Zusammenleben und Zusammenwirkenschaften, d.h. zur Regelung der ökonomischen Folgen des ehelichen Gemeinschaftslebens der beiden Ehegatten und nicht mit Rücksicht auf die Folgen bei Auflösung der Ehe vorgesehen," weshalb Rechtsmissbrauch vorliege, wenn „zwei Ehegatten – welche sich bisher nie veranlasst sahen, an eine vom gesetzlichen Güterstand abweichende vertragliche Regelung auch nur zu denken – in einem Zeitpunkt, wo die Auflösung der Gemeinschaft durch den Tod des einen Ehegatten offensichtlich unmittelbar bevorsteht und daher eine Regelung der ökonomischen Folgen des Gemeinschaftslebens gar nicht mehr in Frage kommt, einen anderen Güterstand vereinbaren (...)." Der Entscheid ist in der Lehre auf Kritik gestossen. Inzwischen hat das Bundesgericht seine Rechtsprechung eingeschränkt; siehe BGE 112 II 390, wonach Rechtsmissbrauch nunmehr erst bejaht wird, wenn der Ehevertrag mit dem einzigen Zweck abgeschlossen wird, andere Erben zu schädigen. Die zitierte Argumentation, dass die Wahl des Güterstandes hauptsächlich auf die Verhältnisse während bestehender Ehe gerichtet sei, ist aber auch heute noch ein durchaus taugliches Kriterium für die Feststellung eines allfälligen Rechtsmissbrauchs, obschon es nicht ausschlaggebend sein darf.

[120] SPORI, Steueraspekte, S. 394 f.; ders., Eherecht und Steuern, S. 34 f.; siehe ferner YERSIN, S. 352. Vgl. zum Rechtsmissbrauch den Fall „Vögeli", MBVR 55 (1957), S. 424 ff.; zusammengefasst bei MUSTER, S. 334, Fn 62.

[121] SPORI, Eherecht und Steuern, S. 35.

vom Eigentum eines Ehegatten ins Gesamtgut über, wird die Grundstückgewinnsteuer aufgeschoben[122].

06.86 Vereinbaren die Ehegatten eine *Gesamtgutszuweisung*, liegt in der Differenz zwischen dem hälftigen Gesamtgutsanteil nach Art. 241 Abs. 1 ZGB und dem vertraglichen Anspruch eine *unentgeltliche Zuwendung*, die im Zeitpunkt der Auflösung des Güterstandes als Schenkung auf den Todesfall der kantonalen Erbschaftssteuer unterliegen kann[123]. Umstritten ist allerdings, ob auch die blosse Rücknahme von in die Ehe eingebrachten Gütern, sofern deren Wert die Hälfte des Gesamtgutes übersteigt, der Steuer unterliegt[124]. Ob die Ausschlagung der Gesamtvorschlagszuweisung nach der Auflösung der Ehe eine (Quer-)Schenkung des überlebenden Ehegatten an die Miterben bedeutet, ist ebenfalls umstritten und aufgrund der kantonalen Gesetzgebung und Rechtsprechung zu entscheiden[125].

5. Beurteilung im Hinblick auf die Ehegattenbegünstigung

06.87 Abgesehen vom bereits erwähnten *Risiko der umgekehrten Absterbensreihenfolge*[126] wohnen der Gütergemeinschaft weitere Nachteile inne, die die Vorteile einer zusätzlichen Begünstigungsmöglichkeit unter Umständen bei weitem aufwiegen können[127]. Während bestehender Ehe birgt die Gütergemeinschaft eine gewisse *Schwerfälligkeit* in sich, die auf den besonderen Bestimmungen betreffend die Verwaltung und Verfügung beruht[128]. Solange zwischen den Ehegatten Einigkeit besteht, halten sich die Auswirkungen dieser Regelung allerdings in Grenzen. Andernfalls kann das Zerwürfnis aufgrund von Art. 185 Abs. 1 Ziff. 3 zur Gütertrennung führen, was dem nicht erwerbstätigen Ehegatten, der sich allenfalls von der Gütergemeinschaft besondere Vorteile erhoffte, zum Nachteil gereichen kann[129].

06.88 Unter dem neuen Recht ist es nicht mehr möglich, die Gütergemeinschaft als rein internen Güterstand zu begründen, unter Vermeidung der Haftung gegenüber Dritten. Die *Haftungsproblematik* ist denn auch der schwerwiegendste Nachteil der Gütergemeinschaft, die nur mit dem Ziel der maximalen Begünstigung begründet wird. Anders als unter dem ordentlichen Güterstand sind die Haftungsmassen nicht getrennt, sondern es haftet immer mindestens das hälftige, für Vollschulden sogar das ganze Gesamtgut (Art. 233 und 234 ZGB). Eine Haftungsbeschränkung liesse sich zwar durch eine Be-

---

[122] Art. 12 Abs. 3 Bst. b StHG.

[123] MUSTER, S. 340 f.; YERSIN, S. 352. Dagegen bildet bei der gesetzlichen Hälfteteilung die Tatsache, dass die Hälfte des Gesamtgutes unter Umständen wesentlich höher ist als das vom überlebenden Ehegatten seinerzeit eingebrachte Gut, keinen Anlass zur Besteuerung, selbst wenn die Gütergemeinschaft erst kurz vor dem Tod vereinbart wurde; MBVR 55 (1957), S. 424 ff. (VwGer BE).

[124] HAUSHEER/REUSSER/GEISER, N 39 zu Art. 241 ZGB. Für die steuerfreie Rücknahme spricht sich pointiert BÖCKLI, Indirekte Steuern, S. 362 f., aus.

[125] MUSTER, S. 342. Vgl. auch P. LOCHER, Steuerliche Behandlung, S. 242 f. Allgemein zur Querschenkung vorne, Rzn 05.81 ff.

[126] Vorne, Rzn 06.62 und 06.75.

[127] Siehe auch GEISER, Bedürfnisse, S. 1156.

[128] Art. 227 ff. ZGB. Ausführlich zur Problematik MASANTI-MÜLLER, passim.

[129] HAUSHEER/REUSSER/GEISER, N 38 Vorbem. vor Art. 221 ZGB.

schränkung der Gütergemeinschaft erreichen[130], die aber gleichzeitig das Ziel der maximalen Begünstigung des überlebenden Ehegatten in Frage stellt. Besondere Risiken ergeben sich zweifellos im Hinblick auf Geschäftsschulden nach Art. 233 Ziff. 2 ZGB. Eine Verschärfung der Haftung tritt für denjenigen Ehegatten ein, der in einer *Ausschlussgemeinschaft* mehr Vermögen in das Gesamtgut einwirft als der andere. Während der andere Ehegatte sein aus der Gemeinschaft ausgeschlossenes Eigengut den Gläubigern seines Partners entziehen kann, haftet dieser sowohl für Voll- als auch für Eigenschulden überproportional[131]. Die Haftungsproblematik bleibt im Übrigen bestehen, wenn der Güterstand später durch Eintritt des ordentlichen Güterstandes oder der Gütertrennung aufgelöst wird. Selbst eine ehevertragliche *Rückwirkungsklausel* steht dem nicht entgegen, müssen sich doch Dritte, die auf den Bestand der Gütergemeinschaft vertraut haben, eine solche nicht entgegenhalten lassen[132]. Die Rückwirkung hat insofern nur „internen" Charakter.

Nachteilig an der Gütergemeinschaft ist ferner, dass beide Ehegatten, also auch der wirtschaftlich schwächere, für sämtliche Vermögenswerte des Gesamtgutes das *Risiko der Wertverminderung* mittragen. Im Gegensatz dazu besteht in der Errungenschaftsbeteiligung bei gegenseitigen Investitionen eine Nennwertgarantie (Art. 206 Abs. 1 ZGB in fine) und ist eine Beteiligung am Rückschlag des anderen Ehegatten ausgeschlossen (Art. 216 Abs. 1 ZGB e contrario).

06.89

Zusammengefasst empfiehlt sich die Gütergemeinschaft – und zwar in der Regel als allgemeine Gütergemeinschaft – in den wenigen Konstellationen, in denen aufgrund der erwarteten Absterbensreihenfolge eine betragsmässig höhere Begünstigung des überlebenden Ehegatten erreicht werden kann, sowie zur Vermeidung der güterrechtlichen Auseinandersetzung und Begründung einer unmittelbar dinglichen Berechtigung des überlebenden Ehegatten am ganzen Gesamtgut[133].

06.90

VI. Die Gütertrennung

1. Anwendungsbereich

Unter der Gütertrennung entfällt jede güterrechtliche Beteiligung der Ehegatten am Vermögen des anderen, die Begünstigung wird deshalb mit *erbrechtlichen Vorkehren* erreicht. In einer einzigen Konstellation kann die Gütertrennung dem überlebenden Ehegatten finanzielle Vorteile bringen: Wenn der nicht (bzw. nur beschränkt) erwerbstätige Ehegatte vorverstirbt, kann mit der Gütertrennung die Beteiligung von dessen nichtge-

06.91

---

[130] DÜRR, S. 7.

[131] Soweit Eigenschulden zur Diskussion stehen, trifft ihn die Haftung deshalb verschärft, weil er das ganze oder doch den grösseren Teil des Gesamtgutes, das wertmässig zur Hälfte den Gläubigern verfangen ist, zur Verfügung gestellt hat. Der andere Ehegatte kann umgekehrt seine Eigenschulden teilweise aus dem zu Gesamtgut gewordenen Vermögen seines Partners decken.

[132] DESCHENAUX/STEINAUER/BADDELEY, Rz 834.

[133] Mit Bezug auf einzelne Vermögensobjekte kann dieses letztere Ziel freilich auch mit einer Ehegattengesellschaft erreicht werden, die jedoch ihrerseits einige Nachteile aufweist; vgl. hinten, Rzn 08.115 ff.; 08.123 f.

meinsamen Nachkommen am Vermögen des anderen, wirtschaftlich leistungsfähigeren Ehegatten ausgeschlossen werden. Unter dem ordentlichen Güterstand wäre demgegenüber bei dieser Sachlage der Pflichtteilsschutz nach Art. 216 Abs. 2 ZGB zu beachten. Ist das Eigengut (im Sinne von Art. 198 ZGB) des vorversterbenden Ehegatten grösser als das gesamte Vermögen (eingebrachtes Gut und Errungenschaft im Sinne von Art. 197 ZGB) des erwerbstätigen Ehegatten, ist allerdings auch in der beschriebenen Situation wiederum die Gütergemeinschaft vorteilhafter.

06.92 Zu beachten bleibt ferner die *Beweisregel* von Art. 248 ZGB, wonach ein bestimmter Vermögenswert als im Miteigentum beider Ehegatten stehend betrachtet wird, wenn der Beweis des Alleineigentums scheitert. Die Begünstigung des wirtschaftlich stärkeren Ehegatten setzt deshalb voraus, dass sich dessen Alleineigentum an bestimmten Objekten nachweisen lässt.

2. Verhältnis zum Erbrecht

06.93 Weil bei der Gütertrennung güterrechtlich weder Zuwendungen unter Lebenden noch solche von Todes wegen erfolgen, können die Ehegatten die *erbrechtlichen Möglichkeiten* der Ehegattenbegünstigung vollumfänglich ausschöpfen. Vorbehalten bleibt selbstredend die Qualifikation von anderen Rechtsgeschäften unter Lebenden als ausgleichungs- oder herabsetzungspflichtige Vorempfänge. Die Pflichtteile der Nachkommen bzw. Eltern berechnen sich auf dem ganzen Vermögen des verstorbenen Ehegatten und lassen sich güterrechtlich nicht einschränken.

3. Steuerliche Behandlung der Gütertrennung

06.94 Die *Begründung der Gütertrennung* am Anfang der Ehe bleibt ohne steuerliche Konsequenzen. Beim Übertritt vom ordentlichen Güterstand zur Gütertrennung ist über den Vorschlag abzurechnen[134]. Insbesondere ist darauf hinzuweisen, dass ein allfälliger Verzicht auf den Vorschlagsanteil die Schenkungssteuer auslösen kann[135]. Bei *Auflösung des Güterstandes* gilt es zu beachten, dass dem finanziell schwächeren Ehegatten keine Beträge unter dem Titel Güterrecht erbschaftssteuerfrei übertragen werden können. Soweit der betreffende Kanton Zuwendungen unter Ehegatten besteuert, lohnt sich die Gütertrennung dementsprechend nur bei Vorabsterben des weniger begüterten Ehegatten, was die „Absterbenslotterie"[136] zusätzlich akzentuiert.

---

[134] Zu den damit verbundenen Steuerfragen siehe SPORI, Steueraspekte, S. 390 ff. Die *Grundstückgewinnsteuer*, die bis anhin je nach kantonalem Recht bei der Übertragung einer Liegenschaft zur Tilgung güterrechtlicher Ansprüche geschuldet war, darf nach einer entsprechenden Änderung des StHG (die nahezu unbemerkt im Zuge der Scheidungsrechtsrevision beschlossen wurde) nach Ablauf der Harmonisierungsfrist am 1.1.2001 nicht mehr erhoben werden; vgl. Art. 12 Abs. 3 Bst. b StHG.

[135] SPORI, S. 393. Ein ausschlagungsähnlicher Tatbestand (vgl. vorne, Rz 06.37) kommt hier, beim Güterstandswechsel unter Lebenden, allerdings nicht in Frage.

[136] Vgl. sogleich, Rz 06.95.

4. Beurteilung im Hinblick auf die Ehegattenbegünstigung

Die Gütertrennung ist unter dem Gesichtspunkt der Ehegattenbegünstigung nur ausnahmsweise in Betracht zu ziehen[137]. Das Risiko der umgekehrten Absterbensreihenfolge liegt bei der Wahl der Gütertrennung auf der Hand, zudem lassen sich für den Scheidungsfall keine besonderen Vorkehren treffen, was den nichterwerbstätigen Ehegatten schwer benachteiligt. 06.95

Vereinbaren die Ehegatten eine *Ausschlussgemeinschaft* unter weitgehender Zuweisung der Vermögenswerte in die beiden Eigengüter und nur minimalem Gesamtgut[138], erreichen sie in finanzieller Hinsicht ein *ähnliches Ergebnis wie* mit der *Gütertrennung*, allerdings mit dem – angesichts heutiger Scheidungsstatistiken nicht unerheblichen – Unterschied, dass diesfalls für den Scheidungsfall von Gesetzes wegen vorgesorgt ist[139]. Im Zweifelsfall tun die Ehegatten deshalb gut daran, sich gegen eine Gütertrennung zu entscheiden. Auch Gründe der Unternehmensnachfolge erfordern die Gütertrennung nicht, kann doch sowohl bei der Errungenschaftsbeteiligung (insbesondere durch die Anwendung von Art. 199 ZGB) als auch bei der Gütergemeinschaft in Form der Ausschlussgemeinschaft ein entsprechender Schutz des Unternehmerehegatten bzw. von dessen Nachkommen unter gleichzeitiger Berücksichtigung der Interessen des anderen Ehegatten erfolgen. 06.96

Gerade bei der Wahl der Gütertrennung als vertraglichen Güterstand drängt sich auf, mit verschiedenen Rechtsinstituten eine gewisse *Korrektur* vorzunehmen. Dazu geeignet sind die Begründung von Mit- und Gesamteigentum (letzteres allenfalls in Form der einfachen Gesellschaft), entgeltliche Darlehen, die Begründung von Mehrwert- und eventuell Minderwertansprüchen bei gegenseitigen Investitionen (partiarische Darlehen), sowie die (grosszügige) Regelung von Ansprüchen gemäss Art. 164 ZGB (Betrag zur freien Verfügung) und 165 ZGB (Entschädigung für ausserordentliche Beiträge eines Ehegatten). 06.97

VII. Die altrechtlichen (beibehaltenen) Güterstände

1. Allgemeines

Die nicht ehevertraglich geänderten Güterverbindungen wurden am 1.1.1988 in den neuen ordentlichen Güterstand übergeleitet[140], soweit die Ehegatten innerhalb eines Jahres nach Inkrafttreten des neuen Rechts keine Beibehaltserklärung abgegeben haben. Hatten die Ehegatten unter dem alten Recht den ordentlichen Güterstand ehevertraglich modifiziert oder Gütergemeinschaft vereinbart, blieb der Güterstand grundsätzlich erhalten, wobei im ersten Fall die Unterstellung unter die Errungenschaftsbeteiligung durch 06.98

---

[137] Vgl. schon vorne, Rz 06.91.

[138] Ein vollständiger Ausschluss des Gesamtgutes ist im Rahmen der Gütergemeinschaft nicht möglich; vgl. HAUSHEER/REUSSER/GEISER, N 9 zu Art. 225 ZGB. Allerdings ist dies auch gar nicht nötig, es genügt, dass die Ehegatten zu gleichen Teilen ein möglichst wertbeständiges, leicht teilbares Gut erwerben, das alsdann ehevertraglich als einziger Gesamtgutsbestandteil gilt.

[139] Art. 242 Abs. 1 ZGB.

[140] Art. 9b Abs. 1 SchlT ZGB.

schriftliche Erklärung erreicht werden konnte[141]. Für Ehegatten, die am 1.1.1988 der Gütertrennung unterstanden, gelten seither die neuen Bestimmungen über die Gütertrennung[142]; die altrechtliche Gütertrennung kommt dementsprechend nicht mehr vor[143].

06.99 Ehegatten, die ihren bisherigen Güterstand (d.h. Güterverbindung oder Gütergemeinschaft) beibehalten haben, bleiben bei einem späteren Wechsel des Güterstandes – der inzwischen nur noch in ehevertraglicher Form erfolgen kann – ausschliesslich auf die Güterstände des neuen Rechts beschränkt. Innerhalb des bisherigen Güterstandes bleibt eine ehevertragliche Modifikation, beispielsweise eine Änderung im Rahmen der Vorschlagsteilung, möglich, sofern dabei der Charakter des bisherigen Güterstandes keine wesentliche Änderung erfährt[144]. Nachteilig an den alten Güterständen ist die Tatsache, dass es sich um altes Recht handelt, das durch Rechtsprechung und Praxis unter Umständen nur noch ungenügend den neuen Bedürfnissen angepasst wird[145].

2. Die beibehaltene Güterverbindung

a) Anwendungsbereich

06.100 Die Güterverbindung kann für die *erwerbstätige überlebende Ehefrau* – allerdings nur unter ganz besonderen Voraussetzungen – von Vorteil sein, weil ihr Arbeitserwerb nicht Errungenschaft bildet, sondern als *Sondergut* zum vornherein aus der güterrechtlichen Auseinandersetzung herausfällt. Angesichts der Möglichkeit der Vorschlagszuweisung bei der Errungenschaftsbeteiligung ergibt sich eine zusätzliche Begünstigung nur für den Fall, dass auf Seiten des Ehemannes im Sinne von Art. 216 Abs. 2 ZGB die *Pflichtteile nichtgemeinsamer Nachkommen* zu wahren sind. Besondere ehevertragliche Vorkehren sind zudem für den Scheidungsfall erforderlich. Als Alternative zur Güterverbindung bietet sich die *neurechtliche Ausschlussgemeinschaft* an[146], die ein ähnliches Ergebnis ermöglicht, im Scheidungsfall aber von Gesetzes wegen eine befriedigende Lösung bietet (vgl. Art. 242 ZGB).

b) Pflichtteilsrecht

06.101 Nachdem die Frage des Pflichtteilsschutzes bei der altrechtlichen Güterverbindung gesetzlich nicht geregelt war und durch das Bundesgericht entschieden werden musste[147], nahm der Reformgesetzgeber die Gelegenheit war, die Frage für Güterstandsauflösungen nach dem 31.12.1987 auch für den beibehaltenen Güterstand der Güterverbindung zu regeln. Art. 10 Abs. 3 SchlT ZGB legt fest, dass die Vereinbarungen über die Vor- und Rückschlagsbeteiligung bei der Güterverbindung die Pflichtteilsansprüche der nichtge-

---

[141] Art. 10 und Art. 10b SchlT ZGB.

[142] Art. 9f und 10c SchlT ZGB.

[143] Einlässlich zu den Übergangsbestimmungen siehe anstatt vieler die Kommentierung ZGB-GEISER zu Art. 9a ff. SchlT ZGB, mit zahlreichen weiteren Hinweisen.

[144] Siehe dazu REUSSER, Übergangsrecht, S. 154 sowie HAUSHEER/REUSSER/GEISER, N 28 zu Art. 182 ZGB, m.w.H.

[145] GEISER, Bedürfnisse, S. 1155.

[146] Die Errungenschaft der Ehefrau wird dabei vom Gesamtgut ausgeschlossen.

[147] Insbesondere BGE 102 II 313, Entscheid „Nobel".

meinsamen Kinder und deren Nachkommen nicht beeinträchtigen dürfen. Die Bestimmung ist bezüglich der Pflichtteilsberechnung grundsätzlich gleich auszulegen wie Art. 216 Abs. 2 ZGB[148], allerdings ist zu beachten, dass die für die Berechnung der Pflichtteilsmasse massgebliche gesetzliche Teilung der Errungenschaft hier im Verhältnis ein Drittel (Ehefrau) zu zwei Drittel (Ehemann) stattfindet. Stirbt die Ehefrau zuerst, resultiert eine zusätzliche Besserstellung des Ehemannes im Vergleich zum neuen Recht; bei umgekehrter Absterbensreihenfolge ergibt sich eine entsprechende Verschlechterung für die überlebende Ehefrau.

c) Steuerliche Ausgangslage

Eine gewisse Aufmerksamkeit ist der steuerlichen Behandlung der güterrechtlichen Auseinandersetzung zu widmen. Nachdem unter dem neuen ordentlichen Güterstand beide Ehegatten Anspruch auf die Hälfte der Errungenschaft haben, während der Ehemann früher zwei Drittel für sich beanspruchen konnte, stellt sich die Frage, ob für die Erbschaftssteuer auch bei der altrechtlichen Güterverbindung von einer gesetzlichen Hälftenteilung ausgegangen werden muss[149]. Das hätte eine Entlastung der begünstigten Ehefrau zur Folge; andererseits wäre zu prüfen, ob der überlebende Ehemann bei dieser Ausgangslage konsequenterweise auch ohne Änderung der Vorschlagsbeteiligung einen Sechstel des Vorschlags als unentgeltliche Zuwendung versteuern müsste[150].

06.102

3. Die altrechtliche Gütergemeinschaft

Die altrechtliche Gütergemeinschaft bringt gegenüber der neurechtlichen im Hinblick auf die Begünstigung des überlebenden Ehegatten an sich *keine Vorteile*. Grundsätzlich gilt, dass die Zulässigkeit der Gesamtgutszuweisung nach aArt. 226 ZGB dem Erbrecht (und damit Art. 527 ZGB) vorgeht. Anderen Erben als den in aArt. 226 Abs. 2 genannten Nachkommen des verstorbenen Ehegatten steht deshalb kein Herabsetzungsanspruch zu[151]. An die Stelle des erbrechtlichen Pflichtteils der Nachkommen von drei Achtel (berechnet nach der gesetzlichen Hälftenteilung des Gesamtgutes) tritt hier der *güterrechtliche Schutz* eines Viertels des Gesamtgutes[152].

06.103

Dieser Gesamtgutsviertel steht den Nachkommen netto zu, verteilt sich unter sie also unter Ausschluss der übrigen Erben[153]. Die Zuweisung des ganzen Gesamtgutes an den überlebenden Ehegatten kann aber unter Umständen durch eine *erbrechtliche Zuwendung* an die Nachkommen ausgeglichen werden[154]. Eine Pflichtteilsverletzung findet nur statt, wenn die Nachkommen dem Werte nach insgesamt

06.104

---

[148] Dazu vorne, Rzn 06.19 ff.

[149] So die Regelung im Kanton VD; vgl. Art. 13 Abs. 2 Bst a LMSD VD; YERSIN, S. 351 f.

[150] Vgl. zur Problematik SPORI, Steueraspekte, S. 389.

[151] BGE 77 I 3 f.; LEMP, N 19 zu aArt. 226 ZGB, m.w.H.

[152] aArt. 226 Abs. 2 ZGB; HAUSHEER/REUSSER/GEISER, N 63 zu Art. 241 ZGB, m.H. auf a.M. Der Pflichtteil beträgt, entgegen dem missverständlichen Gesetzeswortlaut, ein Viertel des *Gesamtgutes* (LEMP, N 32 zu aArt. 226 ZGB, m.w.H.); das Sondergut des verstorbenen Ehegatten verteilt sich nach den normalen (neuen) erbrechtlichen Regeln (SCHWAGER, S. 186, Fn 11).

[153] LEMP, N 33 zu aArt. 226 ZGB, m.w.H.

[154] LEMP, N 34 zu aArt. 226 ZGB.

weniger als ein Viertel des Gesamtgutes und drei Achtel des Eigengutes[155] des Erblassers erhalten. In diesem Fall müssen die erbrechtlichen Ansprüche des Ehegatten bis zu seinem Pflichtteil herabgesetzt werden, bevor sein güterrechtlicher Anteil am Gesamtgut eingeschränkt wird[156]. Ist aber aufgrund der Vermögensverhältnisse die Wiederherstellung der verletzten Pflichtteile aus dem Nachlass (d.h. aus dem Eigengut) des Erblassers nicht möglich, entsteht im Umfang des Mankos ein *dinglicher Gesamthandanteil der Nachkommen* am Gesamtgut[157]. Die vollständige Anwachsung des Gesamtgutes zu Alleineigentum des überlebenden Ehegatten wird dadurch verunmöglicht. Dies spricht gegen die altrechtliche und für die neurechtliche Gütergemeinschaft, bei der die in ihren Pflichtteilen verletzten Nachkommen lediglich einen obligatorischen, erbrechtlichen Herabsetzungsanspruch erwerben[158]. Eine Anwachsung entfällt auch (unabhängig von der Frage, ob Pflichtteile verletzt wurden) bei der *internen* altrechtlichen Gütergemeinschaft. Diese bewirkt nur gerade eine rechnungsmässige Änderung der Teilung des ehelichen Vermögens[159].

06.105   Im Hinblick auf eine zusätzliche erbrechtliche Begünstigung ist sodann festzuhalten, dass der güterrechtliche Pflichtteil der Nachkommen nicht mit der *Ehegattennutzniessung* nach Art. 473 ZGB belastet werden darf[160], während bei der neurechtlichen Gütergemeinschaft keine derartige Einschränkung besteht. Auch dies spricht gegebenenfalls für die Ablösung der altrechtlichen durch die neurechtliche Gütergemeinschaft.

06.106   Die *altrechtliche Errungenschaftsgemeinschaft* sieht – im Gegensatz zum neuen Recht – keinen Pflichtteilsschutz gegenüber Gesamtgutszuweisungen vor[161]. Allerdings ist Art. 10 Abs. 3 SchlT ZGB, der den Schutz nichtgemeinsamer Kinder und deren Nachkommen umschreibt, auch auf die altrechtliche Errungenschaftsgemeinschaft (analog) anwendbar[162]. Eine Verbesserung gegenüber der Vorschlagszuweisung unter dem neuen, ordentlichen Güterstand ergibt sich deshalb nicht, einzig die Privilegierung der Ehefrau im Falle eines Rückschlages und die Möglichkeit, die Beteiligung daran ehevertraglich zu regeln (aArt. 240 Abs. 2 und 3), kann in gewissen, seltenen Fällen vorteilhaft sein.

---

[155] Der erbrechtliche Pflichtteil berechnet sich nach dem neuen Recht.

[156] LEMP, N 34 zu aArt. 226 ZGB. Genauer ausgedrückt, sind vor der Herabsetzung des güterrechtlichen Anteils des überlebenden Ehegatten *alle* Verfügungen von Todes wegen im zulässigen Mass herabzusetzen: LEMP, N 40 ff. zu aArt. 226 ZGB. Im vorliegenden Zusammenhang interessieren jedoch vorwiegend die Zuwendungen an den überlebenden Ehegatten.

[157] LEMP, N 50 zu aArt. 226 ZGB; WISSMANN, S. 352; vgl. auch WILDISEN, S. 212 f., m.w.H.

[158] Vorne, Rzn 06.66 f.

[159] HAUSHEER/PFÄFFLI, S. 42 f.; vgl. BGE 73 I 273 ff. sowie ZR 93 (1994), S. 14 ff., und (mit abweichender Auffassung) den Entscheid des OGer ZH in ZBGR 69 (1988), S. 100 ff., mit kritischer Anmerkung der Redaktion.

[160] LEMP, N 46 zu Art. 226 ZGB; SCHWAGER, S. 186.

[161] aArt. 240 Abs. 3 ZGB; vgl. LEMP, N 48 zu aArt. 240 ZGB, sowie WISSMANN, S. 338.

[162] WISSMANN, S. 351; HAUSHEER/REUSSER/GEISER, N 64 zu Art. 241 ZGB.

VIII. Güterrechtliche Teilungsregeln

1. Im Rahmen der Errungenschaftsbeteiligung

a) Grundlagen und Anwendungsbereich

Grundsätzlich besteht der Beteiligungsanspruch jedes Ehegatten am Vorschlag des andern in einem *Wert-*, nicht in einem *Sachanspruch*. Die Lehre ist sich indessen unter dem neuen Recht weitgehend darüber einig, dass die Ehegatten ehevertraglich[163] über Art. 219 ZGB hinaus *Teilungsvorschriften* vorsehen und damit Ansprüche auf bestimmte Vermögenswerte begründen können[164]. Ob diese dem Eigengut oder der Errungenschaft angehören, spielt keine Rolle. Den Ehegatten steht es damit frei, nicht nur den Umfang, sondern auch den *Inhalt* der Beteiligungsforderung ihren Bedürfnissen entsprechend zu regeln. Darüber hinaus steht m.E. auch einer Klausel nichts im Wege, die dem überlebenden Ehegatten *ohne Bezugnahme auf bestimmte Objekte* das Recht einräumt, seine Vorschlagsforderung nach seiner Wahl mit beliebigen Vermögenswerten des Verstorbenen zu befriedigen. Damit wird eine *Wahlobligation* (mit Wahlrecht des überlebenden Gläubiger-Ehegatten) begründet. Da sich der Schutz der Noterben auf einen Wertanspruch beschränkt und sich nicht auf bestimmte Nachlasswerte bezieht[165], sind Teilungsvereinbarungen bezüglich bestimmter Sachwerte nie pflichtteilsrelevant.

06.107

Die Teilungsvorschriften begründen einen *obligatorischen* Anspruch[166] auf Zuteilung des bezeichneten Vermögensgegenstandes. Ohne Güterstandswechsel (zur Gütergemeinschaft) können die Ehegatten nur über den Umweg einer Ehegattengesellschaft und Vereinbarung einer so genannten Anwachsungsklausel eine unmittelbar *dinglich* wirkende Zuordnung von Vermögensgegenständen an den überlebenden Ehegatten erreichen[167].

06.108

Ob der Ehegatte durch die ehevertragliche Teilungsregel auch *verpflichtet* wird, das ihm zugewiesene Objekt auf Anrechnung an seinen Vorschlagsanteil zu übernehmen, ist

06.109

---

[163] SCHWAGER, S. 191, und S. WOLF, S. 55, plädieren sogar für Formfreiheit in Analogie zur Vereinbarung von Zahlungsmodalitäten. Aus Gründen der Rechtssicherheit und Beweisbarkeit ist der herrschenden Lehre, die (in Analogie zu Art. 219 ZGB) auf der ehevertraglichen Form beharrt, der Vorzug zu geben; vgl. dazu HUWILER, S. 115. Versteht man die Zuweisungsvereinbarungen als „andere Beteiligung am Vorschlag" gemäss Art. 216 Abs. 1 ZGB, ist die Form des Ehevertrags zwingend. Meist werden die Änderung des Vorschlagsanteils und die Zuweisungsansprüche zusammen vereinbart, so dass die ehevertragliche Form auf der Hand liegt.

[164] Dafür: HUWILER, S. 110 f., HEGNAUER/BREITSCHMID, Rz 26.78; HAUSHEER/REUSSER/GEISER, N 26 zu Art. 216 ZGB; ZGB-HAUSHEER, N 26 zu Art. 216 ZGB; SCHWAGER, S. 191; NÄF-HOFMANN, Rzn 1899 f.; WILDISEN, S. 212, sowie S. WOLF, S. 52 ff. (mit ausführlicher Begründung und m.w.H.). Dagegen: SCHMID, S. 58, sowie WISSMANN, S. 334, der für die verbindliche Zuteilung von Gegenständen des ehelichen Vermögens nur erbrechtliche Teilungsvorschriften zulassen will. Werden die Teilungsvorschriften in einem kombinierten Ehe- und Erbvertrag festgehalten, müssten ungültige güterrechtliche Teilungsvorschriften jedenfalls als gültige Verfügung von Todes wegen Wirkung entfalten, und zwar auch insoweit, als die Tilgung der güterrechtlichen Forderung in Frage steht. Siehe dazu hinten, Rz 07.82.

[165] Siehe vorne, Rz 05.15.

[166] HUWILER, S. 110 sowie S. WOLF, S. 52 f.

[167] Ausführlich zur Ehegattengesellschaft hinten, Rzn 08.115 ff.

durch *Auslegung des Vertrags* zu entscheiden. Sowohl für die Verpflichtung als auch für die blosse Berechtigung zur Übernahme können gute Gründe sprechen[168].

06.110   Gilt der Ehevertrag indessen nur bei Auflösung der Ehe durch Tod eines Ehegatten und bestimmt eine güterrechtliche Zuweisungsregel, dass der überlebende Ehegatte[169] Anspruch auf bestimmte Objekte hat, ist diese Vereinbarung *vermutungsweise* als *reine Begünstigung* (im Sinne einer Befugnis, den Vorschlagsanspruch ganz oder teilweise durch Übereignung der genannten Vermögensgegenstände einzufordern) aufzufassen, auf die der berechtigte Ehegatte auch verzichten kann. Die ehevertragliche Überlebensklausel will regelmässig den Ehegatten nicht an bestimmte Werte binden, sondern ihm ein Vorzugsrecht einräumen, solange nicht das Gegenteil (d.h. Übernahme*pflicht*) mit hinreichender Deutlichkeit aus dem Vertrag hervorgeht. Dennoch empfiehlt es sich, die güterrechtlichen Teilungsregeln zugunsten des überlebenden Ehegatten ausdrücklich als *Wahlmöglichkeit* zu formulieren.

06.111   Eine gewisse praktische Umsetzungsschwierigkeit güterrechtlicher Teilungsvorschriften liegt darin begründet, dass sie nur dann zur Anwendung kommen können, wenn der überlebende Ehegatte über einen *Vorschlagsanteil in entsprechender Höhe* verfügt. Ist dies nicht der Fall, muss zu erbrechtlichen Vorkehrungen bzw. einer Kombination von güter- und erbrechtlichen Massnahmen geschritten werden. Solange kein kombinierter Ehe- und Erbvertrag abgeschlossen wurde, ist es dagegen unzulässig, güterrechtliche Teilungsregeln, die mangels Vorschlagssubstrat nicht zur Anwendung gelangen, in erbrechtliche Teilungsanordnungen umzudeuten, da die Formvorschriften des Erbvertrags bzw. des öffentlichen Testaments über diejenigen des Ehevertrages hinausgehen.

b)   Steuerliche Aspekte

06.112   Die güterrechtliche *Teilung* hat als reine Vermögensumschichtung *keine steuerlichen Auswirkungen*. Die Übertragung von *Geschäftsvermögen* an den überlebenden Ehegatten zur Abfindung der güterrechtlichen Forderungen führt allerdings zu einer Realisierung und Besteuerung der darauf haftenden stillen Reserven[170]. Werden zur Erfüllung der güterrechtlichen Forderungen *Liegenschaften* übertragen, wird unter Umständen ein steuerbarer Vermögensgewinn realisiert. Neuerdings sieht Art. 12 Abs. 3 Bst. b StHG vor, dass ein Eigentumswechsel im Zusammenhang mit dem Güterrecht zu einem Aufschub der

---

[168] Beispiel: Die Ehegatten vereinbaren, dass der überlebende Ehegatte das im Miteigentum stehende Segelboot auf Anrechnung an den güterrechtlichen Anspruch übernehmen darf. Bei Auflösung der Ehe durch Tod des einen Ehegatten ist der Überlebende nicht mehr gewillt oder nicht mehr in der Lage, das Boot zu benutzen. Er darf auf die Begünstigung verzichten und sich aus den restlichen Vermögenswerten befriedigen. Anders ist beispielsweise zu entscheiden, wenn der überlebende Ehegatte zur Übernahme (und Pflege) des geliebten Reitpferdes des anderen Ehegatten verpflichtet werden soll; bei der Formulierung der Teilungsregel ist hier auf die Übernahme*pflicht* (die als *Auflage* zu verstehen ist) hinzuweisen.

[169] Die Zuweisung eines Vermögensobjekts an den überlebenden Ehegatten muss ebenso zulässig sein wie die Vorschlagszuweisung an den Überlebenden. Es handelt sich um eine an das Erfordernis des Überlebens geknüpfte Bedingung (S. WOLF, S. 38, m.w.H.). Siehe zur Überlebensklausel hinten, Rz 06.134.

[170] Vgl. zum Ganzen hinten, Rzn 13.64 f. und 13.68 mit Fn 147. Wird der Geschäftsbetrieb vom überlebenden Ehegatten weitergeführt und entsprechend eine Abfindung an die Nachkommen ausbezahlt, führt dies ebenfalls zu einer Realisierung der stillen Reserven.

Besteuerung führt[171]. Weil Schenkungen und erbrechtliche Übergänge ebenfalls zu einem Steueraufschub führen[172], ist die Übertragung einer Liegenschaft auch dann unproblematisch, wenn der Wert der Liegenschaft den gesetzlichen Vorschlagsanteil übersteigt und auf die rechtsgeschäftliche Vorschlagszuweisung angerechnet wird. Allerdings ist der latenten Steuerlast bei der Festsetzung des Anrechnungswertes Rechnung zu tragen[173].

Interessant ist ein Steueraufschub insbesondere dann, wenn infolge der längeren anrechenbaren Besitzesdauer ein tieferer Steuerfuss zur Anwendung gelangt[174] oder doch wenigstens ein „Spekulationszuschlag" für besonders kurzfristig realisierte Grundstückgewinne entfällt (vgl. Art. 12 Abs. 5 StHG). Mit dem Aufschub der Steuer, verbunden mit einer Verzögerung der Veräusserung lässt sich auch eine Zusammenrechnung mehrerer Grundstückgewinne (mit entsprechenden Folgen hinsichtlich des progressiv ausgestalteten Steuersatzes) vermeiden. 06.113

2. Im Rahmen der Gütergemeinschaft

Von Gesetzes wegen kann sich der überlebende Gütergemeinschafts-Ehegatte auf die Bestimmungen von Art. 243 ff. ZGB sowie auf Art. 612a ZGB berufen. Art. 243 ZGB schützt den überlebenden Ehegatten davor, Vermögenswerte, die unter dem ordentlichen Güterstand Bestandteil des Eigenguts gewesen wären, den Erben des Verstorbenen überlassen zu müssen. Der Gesetzgeber geht davon aus, dass diese Objekte für den überlebenden Ehegatten von besonderer Bedeutung sind[175]. Die Bestimmung hat daneben gerade auch im Zusammenhang mit nichtgemeinsamen Nachkommen des vorverstorbenen Ehegatten Bedeutung, indem sie erlaubt, ererbtes Familienvermögen in der gleichen Verwandtschaftslinie zu behalten. Art. 244 ZGB ermöglicht dem überlebenden Ehegatten ferner, das Haus oder die Familienwohnung sowie Hausratsgegenstände, die sich im Gesamtgut befinden, auf Anrechnung an sich zu ziehen. Dabei kann er regelmässig die Einräumung von Eigentum verlangen. Nur wo besondere Umstände vorliegen, kann auf das Verlangen des überlebenden Ehegatten oder der Miterben an dessen Stelle ein beschränktes dingliches Recht eingeräumt werden[176]. Zu Art. 612a ZGB siehe schon vorne, Rzn 03.15. 06.114

Ausserhalb dieser gesetzlichen Regeln können die Ehegatten analog zur Errungenschaftsbeteiligung ehevertraglich weitere Teilungsansprüche begründen oder die gesetz- 06.115

---

[171] Die Bestimmung wurde im Zuge der Scheidungsrechtsreform eingefügt. Gewisse Kantone kannten eine analogen Aufschubstatbestand schon früher; vgl. etwa Art. 80a Bst. f StG BE sowie Art. 134 Bst. b nStG BE.

[172] Art. 12 Abs. 3 Bst. a StHG.

[173] BGE 125 III 50 (Praxisänderung). Danach sind Belastungen eines Vermögensgegenstandes, die sich erst künftig realisieren könnten, bei dessen Bewertung als wertvermindernde Faktoren stets zu berücksichtigen, wobei der Unsicherheit über deren Höhe und Fälligkeit durch einen angemessenen Abzug Rechnung zu tragen ist.

[174] Besitzesdauerabzug; vgl. HÖHN/WALDBURGER, § 22, Rz 55; siehe auch etwa Art. 90 und 90a StG BE bzw. Art. 144 und 147 nStG BE.

[175] Dazu HAUSHEER/REUSSER/GEISER, N 5 zu Art. 243 ZGB.

[176] Vgl. dazu SCHLEISS, S. 122 ff.; HAUSHEER/REUSSER/GEISER, N 46 f. zu Art. 244 ZGB.

lichen Ansprüche aufheben bzw. abändern. Letztere sind nicht zwingend[177]. Soweit Vermögenswerte der Ehegatten Bestandteile des Gesamtguts bilden und dieses ungeteilt dem überlebenden Ehegatten zugewiesen wird, erübrigen sich allerdings zusätzliche Teilungsregeln zu dessen Gunsten[178]. Diese sind nur erforderlich, soweit es um Eigengut des verstorbenen Ehegatten geht oder das Gesamtgut nur teilweise dem überlebenden Ehegatten zugewiesen wird.

IX. Weitere Gestaltungsmittel der güterrechtlichen Begünstigung

1. Die Rückwirkungsklausel

06.116 Schliessen die Ehegatten einen Ehevertrag, der den Wechsel des Güterstandes vorsieht, erst während bestehender Ehe ab, erfolgt die güterrechtliche Auseinandersetzung vom Datum des Eheschlusses bis zum Wechsel des Güterstandes grundsätzlich nach dem ordentlichen Güterstand[179] bzw. dem bis zu diesem Zeitpunkt geltenden Güterstand. Die Abrechnung muss in solchen Fällen zweistufig – zuerst Auseinandersetzung des ersten Güterstandes, dann für die weitere Ehedauer nach den Regeln des neuen Güterstandes – erfolgen. Praktisch setzt dies voraus, dass die Ehegatten im Zeitpunkt des Güterstandswechsels ein Inventar nach Art. 195a ZGB aufgenommen haben. In den meisten Fällen wird die zweistufige güterrechtliche Auseinandersetzung im Hinblick auf eine maximale Begünstigung jedoch unerwünscht sein. Dem Ehevertrag kann deshalb eine *Rückwirkungsklausel* beigefügt werden, wonach die *gesamte güterrechtliche Auseinandersetzung einheitlich nach dem neu gewählten Güterstand* erfolgen soll. Wird die Rückwirkung im Ehevertrag nicht ausdrücklich angeordnet, kann sich ein entsprechender Wille der Ehegatten aus den konkreten Umständen ergeben[180]. Zu beachten bleibt, dass die Rückwirkung des neuen Güterstandes lediglich intern zwischen den Ehegatten Wirkung entfaltet und frühere, unter dem bisherigen Güterstand abgeschlossene Rechtsgeschäfte mit Dritten unberührt lässt[181].

---

[177] So die ganz überwiegende Lehre; vgl. etwa HAUSHEER/REUSSER/GEISER, N 9 zu Art. 243 ZGB, sowie N 10 zu Art. 244 ZGB, je m.w.H.

[178] Wie bereits ausgeführt, spielt es in diesem Zusammenhang keine Rolle, ob die Gesamtgutszuweisung Pflichtteile verletzt, hat doch der Herabsetzungsanspruch lediglich obligatorischen Charakter. Das bedeutet, dass der überlebende Ehegatte mit dem Tod des anderen eo ipso Alleineigentümer sämtlicher Objekte des Gesamtgutes wird, allenfalls aber Ausgleichszahlungen an die geschützten Pflichtteilserben zu leisten hat. Vgl. dazu schon vorne, Rzn 06.66 f.

[179] Das gilt in der Regel auch dann, wenn die Ehegatten noch vor dem 1.1.1988 geheiratet haben; vgl. Art. 9d Abs. 1 SchlT ZGB. Mit einer schriftlichen Erklärung an den anderen Ehegatten konnte allerdings vor Inkrafttreten des neuen Rechts jeder Ehegatte verlangen, dass der bisherige Güterstand nach den Bestimmungen des früheren Rechts aufgelöst werden müsse (Abs. 2 desselben Artikels). Vgl. hiezu im Einzelnen ZGB-GEISER, N 4 ff. zu Art. 9d SchlT ZGB.

[180] BGE 100 II 276.

[181] HAUSHEER/REUSSER/GEISER, N 52 zu Art. 182 ZGB.

2. Bedingungen und Auflagen

a) Allgemeines und Abgrenzung

Durch ehevertragliche Anordnungen mit Bedingungen und Auflagen können die Ehegatten unterschiedlichen *künftigen Entwicklungen Rechnung tragen*, ohne dass bei jeder Veränderung der Umstände ein neuer Ehevertrag verurkundet werden muss. Sind Bedingungen und Auflagen an ein Rechtsgeschäft unter Lebenden geknüpft, gelten grundsätzlich die diesbezüglichen *Regeln des Obligationenrechts*, allerdings unter Einhaltung der besonderen Schranken des Güterrechts. 06.117

Im Zusammenhang mit dem Zweck bedingter Begünstigungen ist zu beachten, dass die *Art. 152 und 156 OR nicht ohne weiteres anwendbar* sind. Vereinbaren die Parteien beispielsweise, dass im Falle der Geburt von Nachkommen die Gesamtgutszuweisung an den überlebenden Ehegatten hinfällig werden soll, kann die Einnahme empfängnisverhütender Mittel nicht als Verstoss gegen Treu und Glauben und damit (fiktiv) als Eintritt der Suspensivbedingung gemäss Art. 156 OR ausgelegt werden. Zweck der Vereinbarung ist es ja lediglich, für den – mehr oder weniger erwünschten – Fall der Geburt von Kindern deren finanzielle Absicherung zu gewährleisten[182] bzw. während bestehender Kinderlosigkeit die Pflichtteile der Eltern auszuschalten. 06.118

Die *Unterscheidung zwischen Bedingung und Auflage* ist aus verschiedenen Gründen von Bedeutung. Zunächst hat die Resolutivbedingung (und diese ist im vorliegenden Kontext – als Rückfallklausel – vor allem angesprochen) insoweit dingliche Wirkung, als der Rechtsgrund für den bedingten Erwerb einer Rechtsstellung mit dem Bedingungseintritt unmittelbar dahinfällt[183]. Die resolutiv bedingte ehevertragliche Zuwendung fällt zu diesem Zeitpunkt eo ipso in den Nachlass des Verstorbenen. Das hat wiederum zur Folge, dass bei der Verteilung dieses „hinzugetretenen" Nachlasswertes die ordentlichen erbrechtlichen Teilungsregeln zur Anwendung gelangen, womit insbesondere der überlebende Ehegatte mit berechtigt ist[184]. 06.119

Betrifft die auflösende Bedingung eine bestimmte Quote des zugewiesenen Vorschlags bzw. Gesamtgutes, führt der Bedingungseintritt dazu, dass im Rahmen einer (zweiten) güterrechtlichen Auseinandersetzung festgelegt werden muss, welche Vermögenswerte im Eigentum des überlebenden Ehegatten verbleiben und welche Objekte oder Ausgleichszahlung an die Miterben fallen. Da diese Ausscheidung aufgrund des sachenrechtlichen Spezifikationsprinzips unumgänglich ist, tritt mit dem Bedingungseintritt nicht eine dingliche Berechtigung der Erben an bestimmten Nachlassgegenständen ein, sondern es entsteht lediglich ein obligatorischer, im Streitfall vom Richter zu konkretisierender Herausgabeanspruch gegenüber dem zur teilweisen Rückleistung verpflichteten Ehegatten[185]. 06.120

Von gewisser Bedeutung ist ferner der Unterschied in der *Durchsetzung:* Während mit dem Bedingungseintritt die suspensiv berechtigten Personen ein subjektives Recht 06.121

---

[182] Abgesehen davon berührt die Empfängnisverhütung die Persönlichkeitssphäre des betreffenden Ehegatten, so dass eine Vereinbarung, die eine ungehinderte Schwangerschaft bezwecken würde, im Lichte von Art. 27 ZGB ohnehin kaum Bestand hätte.

[183] OR-EHRAT, N 6 zu Art. 154 ZGB, m.w.H.

[184] Hinten, Rz 06.137.

[185] HAUSHEER/REUSSER/GEISER, N 24 zu Art. 216 ZGB; vgl. auch SCHWAGER, S. 201, der nur mit Bezug auf Grundstücke eine dingliche Wirkung ablehnt, was EITEL, Bedingtes Eigentum, S. 261 ff. (mit Bezug auf die Nacherbeneinsetzung, die ebenfalls als Bedingung zu verstehen ist) demgegenüber zulassen will. Zur Problematik im Zusammenhang mit dem Wegfall einer Ehegattennutzniessung siehe ferner AEBI-MÜLLER, Grenzbereich, S. 431 f., m.w.H.

auf Vollzug besitzen, das sie gerichtlich durchsetzen können, begründet die Auflage keine Forderung auf Erfüllung, sondern nur ein Klagerecht auf Vollziehung[186].

06.122 Anzumerken bleibt, dass selbstverständlich die ehevertragliche Auflage ihrerseits unter eine Bedingung gestellt werden kann. Beispielsweise soll der überlebende Ehegatte aus dem ihm zugewiesenen Vorschlag des anderen einem Nachkommen ein Stipendium von Fr. 10'000.- gewähren, falls dieser im Zeitpunkt der Auflösung des Güterstandes das Studium noch nicht abgeschlossen hat[187].

b) Bedingung und Befristung

06.123 Mit der *Bedingung* wird eine Rechtsfolge vom Eintritt oder Nichteintritt eines bestimmten, ungewissen künftigen Ereignisses abhängig gemacht. Der Ehevertrag kann sowohl mit Suspensiv- als auch mit Resolutivbedingungen versehen werden. Die Bedingung ist von der *Befristung* zu unterscheiden, bei der der Eintritt der Tatsache, von der eine bestimmte Rechtsfolge abhängig gemacht wird, gewiss ist[188]. Auch eine Befristung ist im Rahmen des Ehevertrages durchaus zulässig, es gelten weitgehend dieselben Regeln wie für die Bedingung.

06.124 Im Rahmen der noch näher zu erläuternden Grenzen der Gestaltung[189] können grundsätzlich sowohl die *Wahl des Güterstandes* als auch *rechtsgeschäftliche Modifikationen* des gesetzlichen oder gewählten Güterstandes an Bedingungen geknüpft werden. Im Einzelnen:

06.125 – Der Wechsel des Güterstandes darf nicht durch die Art seiner Auflösung bedingt werden[190]. Dagegen ist es durchaus zulässig, die *Fortwirkung des gewählten Güterstandes* an ein bestimmtes, ungewisses Ereignis während der Dauer der Ehe zu knüpfen.

Der Ehevertrag kann beispielsweise vorsehen, dass beim Tod der Eltern der kinderlosen Ehegatten oder bei der Geburt von gemeinsamen Nachkommen der Güterstand der Errungenschaftsbeteiligung (allenfalls rückwirkend auf den Eheschluss) an die Stelle der Gütergemeinschaft treten soll. Damit lässt sich das Erbrecht der Eltern ausschliessen[191], und gleichzeitig werden die unerwünschten Folgen einer Gütergemeinschaft[192] wenigstens zeitlich beschränkt. Ein resolutiv bedingter Güterstandswechsel kann sich etwa auch dann aufdrängen, wenn in einer Doppelverdienerehe zwar zunächst Gütertrennung vereinbart wird, die Ehegatten aber damit rechnen, dass die Ehefrau später ihren Beruf zugunsten von Kindern aufgibt, und ab diesem Zeitpunkt der ordentliche Güterstand eintreten soll.

---

[186] Vgl. hinten, Rz 06.129.

[187] Bedingung ist hier das nicht abgeschlossene Studium. Es handelt sich vorliegend um eine bedingte *Auflage*, weil nicht die Vorschlagszuweisung (oder deren Umfang) als solche unter eine (resolutive) Bedingung gestellt wird, diese vielmehr unberührt bleibt. Anders wäre zu entscheiden, wenn der Erbvertrag eine Bestimmung enthalten würde, wonach der überlebende Ehegatte zusätzlich zur gesetzlichen Vorschlagsbeteiligung Fr. 10'000.- aus dem Vorschlag des Verstorbenen erhalten solle, ausser der Nachkomme befinde sich im Todeszeitpunkt noch im Studium.

[188] Vgl. dazu S. WOLF, S. 43.

[189] Hinten, Rzn 06.145 ff.; zu Art. 199 ZGB sowie 206 ZGB siehe bereits vorne, Rzn 06.52 sowie 06.60.

[190] Dazu hinten, Rz 06.145.

[191] Nämlich durch Gesamtgutszuweisung an den überlebenden Ehegatten.

[192] Dazu vorne, Rzn 06.87 ff.

- Die von der gesetzlichen Regelung abweichende *Vorschlags- oder Gesamtguts-* 06.126
  teilung lässt sich beispielsweise unter die Bedingung stellen, dass die Ehe durch
  Tod aufgelöst wird[193]. Die Überlebensklausel macht die Begünstigung eines bestimmten Ehegatten davon abhängig, dass dieser den anderen überlebt.
  Als weiteres Beispiel kann der Ehevertrag die gesetzliche Vorschlagsteilung beibehalten, dem überlebenden Ehegatten jedoch einen erweiterten Anspruch für den Fall einräumen, dass der Beteiligungsanspruch unter einem bestimmten Betrag bleibt[194]. Ferner kann die Teilungsvereinbarung an bestimmte Ereignisse während der Ehe geknüpft werden. Die Vorschlagszuweisung an den überlebenden Ehegatten wird beispielsweise davon abhängig gemacht, dass keine (weiteren) Kinder zur Welt kommen.
- Von grosser praktischer Relevanz ist die *Verknüpfung eines Ehevertrages mit ei-* 06.127
  nem Erbvertrag in der Weise, dass der Fortbestand des vertraglichen Güterstandes oder einer bestimmten Güterstandsmodifikation vom unveränderten Bestand eines bestimmten Erbvertrages abhängig gemacht wird[195].
- Die Bedingung kann als Potestativbedingung – in den Schranken von Art. 27 ZGB 06.128
  – auch dazu dienen, den bedingt begünstigten Ehegatten zu einem bestimmten Verhalten zu veranlassen[196]. Das auf diese Weise aufgezwungene Verhalten lässt sich zwar nicht direkt durchsetzen, die mit ihr verknüpfte Zuwendung fällt jedoch gegebenenfalls dahin (Resolutivbedingung) bzw. entsteht gar nicht erst (Suspensivbedingung).

c) Auflagen

Die Auflage verpflichtet den Begünstigten, eine Leistung – die allerdings keine echte 06.129
Gegenleistung ist, da kein Synallagma besteht – zu erbringen. Diese kann in der Verwendung der zugewandten Vermögenswerte für einen bestimmten Zweck, in der Erbringung von Dienstleistungen oder in einer Unterlassung bestehen[197]. Die Auflage ist nur im Zusammenhang mit *unentgeltlichen Rechtsgeschäften* von Bedeutung[198]. Eine Auflage kann somit beispielsweise mit einer von der gesetzlichen Teilung abweichenden Vorschlagszuweisung verbunden werden. Sie räumt dem Begünstigten zwar *kein direktes Forderungsrecht* ein, zwingt den Auflagebelasteten aber zu einem bestimmten Verhal-

---

[193] Dies wird von Gesetzes wegen sogar vermutet: Art. 217 und 242 Abs. 3 ZGB. Zur Überlebensklausel siehe sogleich, Rz 06.134.

[194] Vgl. zu weiteren Möglichkeiten auch vorne, Rzn 06.05 ff.

[195] Vgl. auch vorne, Rz 05.50. Zum umgekehrten Fall, in dem ein Testament bzw. ein Erbvertrag nur im Zusammenhang mit einem bestimmten Ehevertrag Gültigkeit erlangen soll, siehe hinten, Rz 07.102.

[196] Beispiel: Die Vorschlagsteilung wird so modifiziert, dass die Ehefrau für diejenige Ehedauer am Vorschlag des Ehemannes partizipiert, in der sie die gemeinsamen Kinder betreut. Nimmt sie wieder eine Erwerbstätigkeit auf, fällt für diesen Zeitraum eine Vorschlagsbeteiligung dahin. Dies schafft für die Ehefrau einen Anreiz, sich vollumfänglich der Kindererziehung zu widmen.

[197] OR-VOGT, N 1 zu Art. 246 OR. Mittels Auflage können sich die Ehegatten etwa gegenseitig zu bestimmten Zuwendungen an eine Drittperson verpflichten. Oder eine eheverträgliche Teilungsregel sieht vor, dass eine Liegenschaft, die der Nicht-Eigentümer für den Fall seines Überlebens übernehmen darf, später einem bestimmten Zweck zugeführt werden soll.

[198] UFFER-TOBLER, S. 2 ff. Bei entgeltlichen Rechtsgeschäften ist die als „Auflage" bezeichnete Verpflichtung als normale *vertragliche Nebenabrede* zu verstehen, die mit den Mitteln des Vertragsrechts durchgesetzt werden kann.

ten, das nötigenfalls gerichtlich durchgesetzt werden kann[199]. Eine besondere Bedeutung kommt der Auflage zu, wenn die Bedingung, die nur über die Wirksamkeit oder Unwirksamkeit einer bestimmten ehevertraglichen Bestimmung entscheidet, nicht genügt, um den Bedürfnissen der Ehegatten Rechnung zu tragen.

06.130   Dies ist insbesondere im Zusammenhang mit dem Verbot des rückwirkenden Güterstandswechsels nach dem Tod eines Ehegatten von Bedeutung: Die Ehegatten können beispielsweise nicht gültig vereinbaren, dass je nach Absterbensreihenfolge entweder die Gütergemeinschaft oder aber die Errungenschaftsbeteiligung gelten soll[200]. Ebenso wenig ist es zulässig, die Zuweisung von Vermögenswerten zum Eigengut nach Art. 199 ZGB oder den Ausschluss der Mehrwertbeteiligung nach Art. 206 ZGB von einer bestimmten Art der Auflösung des Güterstandes abhängig zu machen. Mit der (bedingten) Auflage können diese Einschränkungen teilweise kompensiert werden. Gegenüber Dritten gilt jedoch, namentlich für die Frage der Haftung der Gütermassen, der gewählte Güterstand. Insofern könnte man von einer bloss *internen Wirkung* der Auflage sprechen[201].

d) Verhältnis zum Erbrecht

06.131 Bedingungen und Auflagen im Ehevertrag sind im Hinblick auf das Erbrecht so auszugestalten, dass die Pflichtteile der Nachkommen als unbedingte und in wirtschaftlicher Hinsicht unbelastete Ansprüche gewahrt bleiben[202]. Andernfalls drängt sich der Abschluss eines Ehe- und Erbvertrages unter Einbezug der betroffenen Pflichtteilserben auf.

e) Steuerliche Aspekte

06.132 Die Behandlung eines Vermögensrückfalls aufgrund einer ehevertraglichen Bedingung oder Auflage in Bezug auf Erbschafts- und Schenkungssteuern fristet in der Steuerrechtsliteratur ein Schattendasein. Sachgerecht dürfte eine *Behandlung analog zu den entsprechenden erbrechtlichen Instituten* sein[203].

06.133   Erfolgt die Zuwendung resolutiv *bedingt,* drängt sich eine Parallele zur Nacherbeneinsetzung auf[204]. Das bedeutet einerseits, dass für suspensiv begünstigte Personen hinsichtlich des anwendbaren Steuersatzes das Verwandtschaftsverhältnis zum vorverstorbenen Ehegatten massgeblich sein muss, und nicht dasjenige zum rückerstattungs-

---

[199] Zur Durchsetzung von Auflagen siehe OR-VOGT, N 6 Art. 246 OR, m.w.H.; vgl. auch HAUSHEER/REUSSER/GEISER, N 25 zu Art. 216 ZGB, wonach bei schuldhafter Nichterfüllung der Auflage durch den verpflichteten Ehegatten kein Anspruch auf Schadenersatz entsteht. Zur erbrechtlichen Auflage, die vorliegt, wenn die auflagebelastete Zuwendung materiell eine Verfügung von Todes wegen ist (Art. 245 Abs. 2 OR), siehe hinten, Rz 07.105.

[200] Durch eine bedingte ehevertragliche Auflage bzw. ein bedingtes Vermächtnis lassen sich die finanziellen Auswirkungen im Einzelfall jedenfalls im Rahmen des Pflichtteilsrechts dennoch einer veränderten Sachlage anpassen.

[201] Ein Beispiel zu Art. 199 Abs. 1 ZGB findet sich hinten, Rz 13.55.

[202] Vgl. schon vorne, Rz 05.14. Die in Rz 06.122 angeführte Verfügung, wonach der überlebende Ehegatte den gesamten Vorschlag erhält, dem Nachkommen des Erblassers jedoch einen bestimmten Betrag ausrichten muss, wenn dieser im Zeitpunkt des Erbganges noch studiert, wäre deshalb herabsetzbar, wenn es sich um einen nichtgemeinsamen Nachkommen des Erblassers handelt und dessen Pflichtteilsrechte durch das vorhandene Eigengut nicht gedeckt werden können.

[203] Zur Auflage, bestimmten Dritten eine Zuwendung aus dem güterrechtlichen Anteil auszurichten, siehe hinten, Rzn 06.135 f.

[204] SPORI, Eherecht und Steuern, S. 38.

pflichtigen Ehegatten. Bei der Steuerveranlagung des überlebenden Ehegatten ist der Tatsache Rechnung zu tragen, dass der Erwerb möglicherweise nachträglich wieder entfällt, was gegebenenfalls einen Revisionsvorbehalt rechtfertigt. Da in den einzelnen Kantonen betreffend die Nacherbschaft verschiedene Modelle zur Anwendung gelangen[205], dürfte auch hier die Praxis unterschiedlich sein. Allerdings wäre es ungerechtfertigt, beide Vermögensübergänge voll zu besteuern, da der Ehegatte im Hinblick auf den Bedingungseintritt kein umfassendes Verfügungsrecht besitzt.

3. Insbesondere zur Überlebensklausel

Bei der bereits mehrfach erwähnten *Überlebensklausel* handelt es sich um *zwei gegenseitige, bedingte Zuwendungen*[206]. Besonders oft wird die Überlebensklausel im Zusammenhang mit Gesamtguts- oder Vorschlagszuweisungen vereinbart. Jeder Ehegatte verspricht dabei für den Fall der Güterstandsauflösung durch sein Vorversterben dem anderen den ganzen eigenen Vorschlag (unter Verzicht auf den Gegenanspruch) respektive den eigenen Gesamtgutsanteil[207]. Bereits unter der Herrschaft des alten Rechts erfreuten sich derartige Verfügungen grosser Beliebtheit, weil auf diese Weise die Risiken des Vorabsterbens des „falschen" Ehegatten, der Scheidung und des Güterstandswechsels ausgeschaltet werden können. Gegen die Zulässigkeit von Überlebensklauseln ist nichts einzuwenden[208], allerdings ist zu beachten, dass aufgrund des aleatorischen Elements regelmässig keine Zuwendung unter Lebenden, sondern eine solche von Todes wegen vorliegt[209], was sich auf die Herabsetzungsreihenfolge auswirkt[210].

06.134

4. Insbesondere zur Rückfallklausel

In der Praxis häufig anzutreffen sind ehevertragliche Klauseln, wonach das über den gesetzlichen Anspruch Hinausgehende bei Tod oder Wiederverheiratung des Begünstigten an den anderen Ehegatten oder an dessen Erben (oder allenfalls an weitere Dritte) fallen soll[211]. Solche Bestimmungen betreffen nicht mehr die güterrechtliche Auseinandersetzung, sondern die Verhältnisse danach, weshalb es sich um *Resolutivbedingungen oder Auflagen besonderer Art* handelt. Eine Resolutivbedingung liegt dann vor, wenn die Begünstigung lediglich hinfällig wird, so dass die über den gesetzlichen Anteil zugewiese-

06.135

---

[205] Dazu hinten, Rzn 07.124 ff.

[206] S. WOLF, S. 38.

[207] Vgl. den Formulierungsvorschlag in den Musterverträgen des Verbandes bernischer Notare, Familienrecht, Ziff. 421: „In Anwendung von Art. 216 Abs. 1 ZGB vereinbaren wir, dass – unter Vorbehalt der Pflichtteilsansprüche der nichtgemeinsamen Nachkommen – der Vorschlag jedes Ehegatten ganz dem Überlebenden zugewiesen wird." Eine analoge Formulierung wäre im Zusammenhang mit der Gütergemeinschaft möglich, wobei hier die Pflichtteile aller Nachkommen zu berücksichtigen wären.

[208] Die Zulässigkeit von Überlebensbedingungen war bereits unter dem alten Recht praktisch einhellig anerkannt. Vgl. die ausführlichen Hinweise bei S. WOLF, S. 35, Fn 168.

[209] Vorne, Rzn 06.23 ff.

[210] Dazu hinten, Rzn 10.28 ff.

[211] Allenfalls betrifft der Rückfall auch nur die im Zeitpunkt des Bedingungseintritts noch vorhandene Bereicherung; vgl. HAUSHEER/REUSSER/GEISER, N 24 zu Art. 216 ZGB.

nen Vermögenswerte nunmehr an die nach der gesetzlichen güter- und erbrechtlichen Ordnung berechtigten Personen fallen. Sind darüber hinaus beim Eintritt eines bestimmten Ereignisses Leistungen an Dritte zu erbringen, liegt eine (suspensiv bedingte) Auflage vor[212].

06.136   Da die Leistung nicht freiwillig erbracht wird, liegt sowohl aus zivilrechtlicher Sicht, d.h. im Hinblick auf die Frage einer Ausgleichung oder Herabsetzung, wie auch aus steuerlicher Sicht, d.h. hinsichtlich des massgeblichen Verwandtschaftsverhältnisses zum Zuwendungsempfänger, eine Zuwendung des zuerst verstorbenen Ehegatten vor und nicht eine solche des Auflageverpflichteten[213].

06.137   Mit dem *Eintritt der auflösenden Bedingung* fällt die bedingte Zuwendung (z.B. der über die gesetzliche Beteiligung zugewiesene Vorschlags- oder Gesamtgutsanteil) nachträglich in den Nachlass und ist nach den Regeln der erbrechtlichen Auseinandersetzung unter den Erben – zu denen auch der überlebende Ehegatte gehört – zu verteilen. Sieht die Rückfallklausel (als Auflage) demgegenüber ausdrücklich vor, dass die ganze Zuwendung an die Nachkommen gelangen und der überlebende Ehegatte von der Teilung ausgeschlossen werden soll, ist die erbvertragliche Form zu wählen, sofern die Anordnung dessen Pflichtteil beeinträchtigt[214].

5. Insbesondere zur Wiederverheiratungsklausel

a) Zweck und Anwendungsbereich

06.138 Die Wiederverheiratungsklausel, wonach bei einem neuen Eheschluss des überlebenden Ehegatten dessen Begünstigung bzw. ein Teil davon an die Erben des vorverstorbenen Partners zurückgelangt, ist ein besonders beliebter *Anwendungsfall der Rückfallklausel*.

06.139   Die Ehegatten wollen mit einer Wiederverheiratungsklausel insbesondere verhindern, dass das gemeinsam erwirtschaftete Vermögen aus güter- oder erbrechtlichen Gründen an den zweiten Partner des überlebenden Ehegatten gelangt, wenn letzterer in der zweiten Ehe vorverstirbt. Die Ansprüche der gemeinsamen Nachkommen würden damit nicht nur für eine gewisse Zeit – nämlich bis zum Tod des zweiten Elternteils – sondern endgültig und unter Umständen ganz erheblich reduziert. Mit der Wiederverheiratung sinkt der Pflichtteil der gemeinsamen Nachkommen aus erster Ehe gewissermassen von drei Vierteln auf drei Achtel, zudem sind am Nachlass allenfalls weitere Nachkommen aus zweiter Ehe beteiligt. Wird in der zweiten Ehe wiederum Gütergemeinschaft vereinbart, fällt die Hälfte des eingebrachten, aus der ersten Ehe stammenden Vermögens bereits kraft Güterrecht an den unbegüterten zweiten Ehegatten, dem erbrechtlich weitere fünf Achtel des Nachlasses zugewiesen werden können. Den Nach-

---

[212] Zum Unterschied zwischen Resolutivbedingung und Auflage siehe auch SCHWAGER, S. 201 f.

[213] A.M. offenbar S. BURCKHARDT, S. 7 mit Fn 34, der nur bei Vorliegen einer bedingten Zuwendung davon ausgeht, dass das Vermögen durch den zuerst verstorbenen Ehegatten ausgerichtet wurde. Diese Auffassung ist m.E. unzutreffend, da der überlebende Ehegatte, der mittels Auflage zur Ausrichtung einer bestimmten Summe verpflichtet ist, keine freiwillige Zuwendung macht, sondern eine (ggf. rechtlich durchsetzbare) Verpflichtung erfüllt.

[214] Die Zulässigkeit einer Bestimmung, die den Pflichtteil des Ehegatten verletzt, kann fraglich sein, wenn sie dazu geeignet ist, ein bestimmtes, persönlichkeitsrelevantes Verhalten des Rückleistungspflichtigen zu sanktionieren. Dies ist insbesondere bei den sog. *Vidualitätsbedingungen* der Fall (dazu sogleich, Rz 06.144), wäre aber auch in anderen Sachlagen zu prüfen. – Nur mit *Erbvertrag* kann die genannte Auflage ferner durchgesetzt werden, wenn die Bedingung sich mit dem Tod des zweitversterbenden Ehegatten verwirklicht, weil dann nur noch dessen Nachlass in Frage steht; vgl. hinten, Rz 06.148.

kommen aus erster Ehe bleiben in diesem Fall gerade noch (allenfalls mit hinzugetretenen Halbgeschwistern zu teilende) drei Sechzehntel des Vermögens ihres vorverstorbenen Elternteils[215].

Auch die Wiederverheiratungsklausel lässt sich als Resolutivbedingung oder als Auflage ausgestalten[216]. Eine in verschiedenen Kantonen im Zusammenhang mit einer Überlebensklausel verwendete und als *Auflage* zu verstehende Formel lautet[217]: „Falls sich der überlebende Ehegatte wieder verheiraten sollte, hat er den Nachkommen des verstorbenen Ehegatten einen Viertel der erhaltenen Gesamtsumme beider Vorschläge entsprechend dem erbrechtlichen Prinzip für gesetzliche Erben auszubezahlen. Die Ansprüche der Nachkommen werden fällig mit dem Tag der Wiederverheiratung und sind bis zu diesem Tag weder zu verzinsen noch sicherzustellen." Der Verband bernischer Notare schlägt dagegen in seiner Musterurkundensammlung eine *Resolutivbedingung* vor[218]: „Sobald sich der überlebende Ehegatte wieder verheiratet, fällt derjenige Betrag an die gemeinsamen Nachkommen zurück, den sie nach Gesetz beim Tode des ersten Ehegatten erhalten hätten, wenn dieser Ehevertrag nicht abgeschlossen worden wäre, unter Anrechnung des bereits bezogenen Erbteils." Einfacher wäre folgende Formulierung: „Die Zuwendung des Vorschlages (bzw. des Gesamtgutes) an den überlebenden Ehegatten über die hälftige Beteiligung hinaus entfällt bei einer Wiederverheiratung." 06.140

Der rückwirkende Entzug einer ehevertraglichen Begünstigung kann indessen nicht nur die Vorschlags- oder Gesamtgutszuweisung betreffen – obschon diese sicher den wichtigsten Anwendungsfall der Wiederverheiratungsklauseln bilden – sondern auch *Teilungsregeln*[219]. 06.141

Haben die Ehegatten *Gütergemeinschaft* vereinbart, bleibt eine weitere Besonderheit zu beachten. Weil ein *rückwirkender Güterstandswechsel nach Auflösung der Ehe unzulässig* ist, verbleibt dem überlebenden Ehegatten trotz einer Wiederverheiratungsklausel, wonach die Gesamtgutszuweisung unter eine entsprechende Resolutivbedingung gestellt wird, beim Abschluss einer neuen Ehe unter Umständen mehr, als er unter dem Güterstand der Errungenschaftsbeteiligung erhalten hätte. Aus diesem Grund ist allenfalls auf eine maximale Begünstigung zu verzichten, oder es ist wenigstens mit ensprechenden Auflagen ein teilweiser Ausgleich zu schaffen. 06.142

Schliesslich ist zu bedenken, dass die Wiederverheiratung dem überlebenden Ehegatten nicht zwingend finanzielle Vorteile verschafft. Allenfalls ist deshalb eine Rückerstattung erst auf den Tod hin – die allerdings erbrechtliche Vorkehren voraussetzt – vorzuziehen[220]. 06.143

b) Zulässigkeit

Gelegentlich werden gegenüber Wiederverheiratungsklauseln *Bedenken* geäussert, weil sie den Entscheid des überlebenden Ehegatten zur Wiederheirat beeinflussen und damit 06.144

---

[215] Vgl. zur Problematik hinten, Rzn 12.07 ff.
[216] Dazu vorne, Rzn 06.135 f.
[217] Zitiert aus NÄF-HOFMANN, Rz 1894.
[218] Musterurkunden, Familienrecht, Ziff. 421.
[219] Dazu hinten, Rzn 12. 24 f. sowie 12.28.
[220] Vgl. zum Ganzen hinten, Rzn 12.11 ff.

einen *Eingriff in die Ehefreiheit* bilden. Allerdings sieht das Gesetz selber in Art. 473 Abs. 3 ZGB eine ähnliche Wiederverheiratungsklausel vor. Mit der herrschenden Lehre ist deshalb davon auszugehen, dass die Wiederverheiratungsklausel zulässig ist, wenn der Rückfall nur die über den gesetzlichen Anspruch des gewählten Güterstandes hinaus zugewiesenen Vermögenswerte betrifft und wenn ihr kein Strafcharakter innewohnt[221]. Unzulässig wäre demgegenüber eine Klausel, die bei Wiederverheiratung die Einschränkung der gesetzlichen güterrechtlichen Ansprüche des betreffenden Ehegatten bewirkt[222].

6. Grenzen der ehevertraglichen Gestaltung

a) Typengebundenheit der Güterstände

06.145 Der Grundsatz der *Typengebundenheit der Güterstände* bedeutet, dass ehevertraglich geschaffene *Mischformen* zwischen den verschiedenen Güterständen *unzulässig* sind und zudem nur diejenigen Modifikationen innerhalb der verschiedenen Güterstände vereinbart werden können, die gesetzlich vorgesehen sind[223].

b) Beschränkung auf den Güterstand während der Ehe

06.146 Ehevertragliche Vorkehren haben sich auf den Güterstand während bestehender Ehe zu beschränken[224]. *Bedingungen und Befristungen*, die mit einer Rückwirkungsklausel verbunden sind, dürfen deshalb nicht dazu führen, dass ein bestimmter Güterstand zwischen den Parteien gar nie gewollt war, obschon er gegenüber Dritten Wirkung entfaltet hat. Damit verbietet sich beispielsweise eine Vereinbarung, wonach die Gütergemeinschaft zu einem bestimmten Zeitpunkt rückwirkend zur Errungenschaftsbeteiligung werden soll[225]. Ebenso unzulässig sind Klauseln, wonach die Art der Güterstandsauflösung über den während der Ehe oder während eines Teils der Ehe geltenden Güterstand entscheidet. Das bedeutet unter anderem, dass sich eine Gütergemeinschaft nicht nur für den Fall der Auflösung der Ehe durch Tod eines Ehegatten vereinbaren lässt.

06.147 Im Allgemeinen unproblematisch ist dagegen die Befristung oder Bedingung ehevertraglicher *Modifikationen innerhalb eines bestimmten Güterstandes*[226]. Die Massenumteilung nach Art. 199 ZGB und die generelle Änderung der Mehrwertbeteiligung nach Art. 206 ZGB dürfen allerdings nicht von der Art der Auflösung des Güterstandes abhängig gemacht werden[227], da dadurch einzig die güterrechtliche Auseinandersetzung beeinflusst wird, was ausschliesslich für die Vorschlags- und Gesamtgutsteilung und damit zusammenhängenden ehevertraglichen Teilungsregeln zulässig ist.

---

[221] Vgl. HAUSHEER/REUSSER/GEISER, N 22 f. zu Art. 216 ZGB; zustimmend NÄF-HOFMANN, Rz 1888.
[222] Zur Wiederverheiratungsklausel im Erbrecht siehe sodann hinten, Rzn 07.145.
[223] REUSSER, Güterrecht, S. 38; HAUSHEER/REUSSER/GEISER, N 7 zu Art. 182 ZGB, m.w.H.
[224] HAUSHEER/REUSSER/GEISER, N 56 f. zu Art. 182 ZGB.
[225] Zulässig ist es dagegen, den rückwirkenden Eintritt eines anderen Güterstandes an ein *ungewisses, künftiges Ereignis* (z.B. die Geburt von Nachkommen) zu knüpfen.
[226] So schon Art. 217 sowie Art. 242 Abs. 3 ZGB.
[227] HAUSHEER/REUSSER/GEISER, N 57 zu Art. 182 ZGB; zustimmend NÄF-HOFMANN, Rz 520.

Sollen Vermögenswerte des überlebenden Ehegatten bei dessen Tod an die Verwandtschaft des Erstverstorbenen zurückfallen, steht lediglich noch das Schicksal des Nachlasses des zweitversterbenden Ehegatten in Frage, weshalb der Rückfall nicht mehr ehevertraglich, sondern nur mittels *Erbvertrag* vereinbart werden kann[228]. 06.148

X. Exkurs: Eherechtliche Vereinbarungen mit Begünstigungscharakter

1. Vorbemerkungen

Das Eherecht von 1984 schreibt den Ehegatten *keine bestimmte Rollenverteilung* mehr vor. Diese haben sich vielmehr über ihren Beitrag zum Unterhalt der Familie zu einigen. Sie können sodann in gewissen Fällen wählen, ob eine bestimmte Leistung eines Ehegatten als Beitrag an die eheliche Gemeinschaft oder aufgrund eines obligationenrechtlichen Rechtsverhältnisses erbracht werden soll. Unter dem Begriff *eherechtliche Vereinbarung* werden nachfolgend Vereinbarungen der Ehegatten über den Unterhalt der Familie im Allgemeinen (Art. 163 ZGB), den Betrag zur freien Verfügung (Art. 164 ZGB) und über Entschädigungen für ausserordentliche Beiträge an den Unterhalt (Art. 165 ZGB) zusammengefasst. 06.149

Vereinbarungen über die allgemeinen Wirkungen der Ehe können mündlich, schriftlich oder auch nur durch konkludentes Verhalten erfolgen, sind jedoch wegen ihrer *zwingenden Abänderbarkeit*[229] nicht in einen Ehevertrag aufzunehmen. Geschieht dies dennoch, kann dies die Gültigkeit des gesamten Vertrages in Frage stellen, wenn der Eindruck entsteht, dass die güterrechtlichen Anordnungen in Abhängigkeit zu den übrigen Vereinbarungen stehen, und diese zufolge veränderter Umstände einer Anpassung unterliegen[230]. 06.150

Der Gesetzgeber geht davon aus, dass es primär Sache der Ehegatten ist, sich über Bestand und Höhe der Ansprüche gemäss Art. 163-165 ZGB zu einigen. Kommt es zu einer Vereinbarung zwischen den Ehegatten, so ist diese deshalb grundsätzlich zu respektieren. Nun ist es aber denkbar, dass die genannten Bestimmungen zweckentfremdet und unangemessene Leistungen festgesetzt werden. Werden dadurch güterrechtliche Bestimmungen umgangen – insbesondere das Verbot der Massenumteilung beim ordentlichen Güterstand – entstehen *Ersatzforderungen zwischen den Gütermassen*, wodurch die betreffenden Unterhaltsvereinbarungen güterrechtlich „neutralisiert" werden. In anderen Fällen liegt in der Vereinbarung zwischen den Ehegatten eine unentgeltliche Zuwendung, die zwar güterrechtlich nicht ausgeglichen wird, aber den allgemeinen erbrechtlichen Regeln über die Herabsetzung unterliegt[231]. Eine *Begünstigung* durch Vereinbarungen über die Unterhaltspflicht bzw. die Entschädigung für ausserordentliche Beiträge ist damit *nur in begrenztem Rahmen* möglich. 06.151

---

[228] HAUSHEER/REUSSER/GEISER, N 57 zu Art. 182 ZGB; a.M. SCHWAGER, S. 200.
[229] HEGNAUER, Wirkungen, S. 14.
[230] SCHNYDER, S. 311.
[231] Siehe dazu hinten, Rzn 08.39 ff.

06.152 Da es unzulässig ist, die Vereinbarungen davon abhängig zu machen, dass die Ehe durch Tod eines bestimmten Ehegatten aufgelöst wird, bergen Vermögensverschiebungen mittels Unterhaltsvereinbarungen im Hinblick auf eine Scheidung bzw. eine unerwartete Absterbensreihenfolge ein erhebliches *Risiko*.

2. Der Unterhalt nach Art. 163 Abs. 2 ZGB

06.153 Nach Art. 163 ZGB einigen sich die Ehegatten über den Beitrag, den jeder von ihnen zum Unterhalt der Familie zu leisten hat, wobei keineswegs erforderlich ist, dass die Beiträge der beiden Ehegatten materiell gleichwertig sind[232]. Vorliegend interessiert namentlich die Geldzahlung als mögliche Form des Unterhaltsbeitrages.

a) Im Rahmen der Errungenschaftsbeteiligung

06.154 Der Gesetzgeber geht dabei davon aus, dass der Unterhalt der Familie in erster Linie aus dem Einkommen bestritten wird[233]. Grundsätzlich werden deshalb unter dem *ordentlichen Güterstand* die laufenden Bedürfnisse des Haushalts aus der Errungenschaft finanziert[234]. Zu einer Verschiebung der Gütermassen und damit zu einer Begünstigung eines Ehegatten kommt es dann, wenn sich die Ehegatten darauf einigen, dass ein Teil der Unterhaltskosten der Familie aus dem Eigengut eines Ehegatten bestritten wird. Dadurch erhöht sich die Sparquote der Errungenschaft, an der beide Ehegatten im Rahmen der güterrechtlichen Auseinandersetzung hälftig beteiligt sind. Es resultiert eine „Zuwendung" an den Partner des sein Eigengut anzehrenden Ehegatten in der Höhe der Hälfte des für den Unterhalt verwendeten Betrages[235]. Ein solches Vorgehen ist jedoch angesichts des zwingenden Charakters[236] von Art. 209 Abs. 2 ZGB nicht unproblematisch[237]. Zu einer Vermehrung der Errungenschaft sollte es grundsätzlich nur kommen, wenn das Einkommen die Bedürfnisse der Familie übersteigt oder wenn besondere Verhältnisse vorliegen, welche den Einbezug des Eigengutes eines Ehegatten rechtfertigen[238]. Andernfalls entsteht eine *Ersatzforderung* des angezehrten Eigenguts gegenüber der Errungenschaft, deren Unterhaltsschuld bezahlt wurde (Art. 209 Abs. 1 ZGB).

06.155 Unbedenklich ist es jedoch in der Regel, gelegentlich Eigengüter für andere als die laufenden Bedürfnisse der Familie beizuziehen. Finanziert ein Ehegatte beispielsweise die Familienferien aus einem

---

[232] ZGB-HASENBÖHLER, N 3 zu Art. 163 ZGB.

[233] Vgl. Botschaft vom 11.7.1979, Ziff. 214.122; BGE 114 II 24.

[234] HAUSHEER/REUSSER/GEISER, N 24 zu Art. 209 ZGB.

[235] Die „Zuwendung" steht ausserhalb des Pflichtteilsrechts, weil die Vorschlagsbeteiligung der gesetzlichen Ordnung entspricht. Haben die Ehegatten ehevertraglich eine andere Vorschlagsteilung vereinbart, verringert oder erhöht sich die Zuwendung entsprechend, wobei jedoch für die Pflichtteilsberechnung stets die Hälftenteilung ausschlaggebend bleibt.

[236] ZGB-HAUSHEER, N 18 zu Art. 209 ZGB.

[237] Grosszügiger BURCKHARDT, S. 5 f.

[238] Bsp.: Die Ehefrau, die über ein erhebliches Eigengut verfügt, zieht es vor, sich aus dem Erwerbsleben zurückzuziehen und sich einer wirtschaftlich nicht lukrativen, künstlerischen oder politischen Tätigkeit zuzuwenden; sie entnimmt deshalb fortan ihren Beitrag an den ehelichen Unterhalt aus dem Eigengut. Vgl. zum Ganzen auch HAUSHEER/REUSSER/GEISER, N 57 zu Art. 198 ZGB.

Genugtuungsanspruch, ist dagegen nichts einzuwenden[239]. Ebenso wenig ist es zu beanstanden, wenn Gegenstände des Eigenguts der Familie ersatzlos zur Nutzung zur Verfügung gestellt werden[240]. Aus der Sicht der Ehegattenbegünstigung kann es deshalb zum Beispiel von Vorteil sein, wenn das in die Ehe eingebrachte Auto künftig den Bedürfnissen der Familie dient[241], anstatt dass aus Errungenschaft ein neues Fahrzeug geleast wird. Zur Begünstigung durch Unterhaltszahlungen aus Eigengut mittels *Erwerb einer Leibrente* (zwecks Altersvorsorge) siehe DESCHENAUX/STEINAUER/BADDELEY, Rzn 481 f., sowie hinten, § 9.

b) Im Rahmen der Gütergemeinschaft

Haben die Ehegatten Gütergemeinschaft vereinbart, gilt Ähnliches wie mit Bezug auf die Errungenschaftsbeteiligung. Leistet ein Ehegatte aus seinem Eigengut Zahlungen an den laufenden Unterhalt, profitiert davon das Gesamtgut, das bei Güterstandsauflösung unter den Ehegatten aufgeteilt wird. Ob dadurch die gesetzliche Massenzuordnung unterlaufen wird, lässt sich weniger deutlich beurteilen als beim ordentlichen Güterstand, da die Ehegatten hier weitgehend frei sind, durch Ehevertrag bestimmte Vermögensbestandteile den Eigengütern oder dem Gesamtgut zuzuweisen[242]. Weil auch bei der Gütergemeinschaft die Deckung des ehelichen Unterhalts im Regelfall vorab aus Erwerbseinkommen erfolgen sollte, hat das Gesamtgut für den laufenden Unterhalt aufzukommen, wenn die Einkommen der beiden Ehegatten diesem gemäss Ehevertrag angehören. Andernfalls ist der Unterhalt demjenigen Eigengut zu belasten, dem das Erwerbseinkommen zufliesst, solange diese Gütermasse dazu ausreicht[243]. Eine anders lautende Vereinbarung zwischen den Ehegatten im Rahmen von Art. 163 ZGB ist allerdings in einem gewissen Rahmen auch hier denkbar. Erfolgt der Familienunterhalt trotz ausreichendem Einkommen jedoch ganz oder teilweise aus einem von diesem Einkommen nicht gespiesenen Eigengut, entsteht eine Ersatzforderung der beeinträchtigten Eigengutsmasse nach Art. 238 Abs. 1 ZGB. Im Güterstand der Gütergemeinschaft ist das beschriebene Vorgehen allerdings ohnehin wenig zweckmässig, da es den Ehegatten weitgehend freisteht, einen finanziellen Ausgleich zwischen ihnen durch entsprechende Umschreibung des Gesamtgutes zu erzielen[244], namentlich durch Einbezug der eingebrachten Vermögenswerte des wirtschaftlich stärkeren Ehegatten. Gegenüber der Bestreitung von Unterhaltskosten aus Eigengut weist diese zweite Variante den Vorteil auf, dass die Begünstigung im Scheidungsfall dahinfällt (Art. 242 ZGB).

06.156

---

[239] Vgl. NÄF-HOFMANN, Rzn 1207 f.

[240] Das neue Eherecht kennt den Zweckersatz gemäss aArt. 196 Abs. 2 ZGB nicht mehr; HAUSHEER/REUSSER/GEISER, N 55 ff. zu Art. 198 ZGB.

[241] Weniger effizient – dafür aber aus güterrechtlicher Sicht unproblematisch – ist dagegen das Zurverfügungstellen einer dem Eigengut zugehörigen *Wohnliegenschaft*: Wohl sparen die Ehegatten damit aus der Errungenschaft aufzubringende Mietzinse, gleichzeitig gehen sie aber entsprechenden Mietzinsforderungen gegenüber Dritten verlustig, die als Eigengutsertrag wiederum der Errungenschaft gutzuschreiben wären.

[242] HAUSHEER/REUSSER/GEISER, N 26 zu Art. 238 ZGB.

[243] HAUSHEER/REUSSER/GEISER, N 31 zu Art. 238 ZGB.

[244] Vorne, Rz 06.74.

c) Im Rahmen der Gütertrennung

06.157 Am einfachsten ist die Ausgangslage zweifelsohne dann, wenn die Ehegatten *Gütertrennung* vereinbart haben. Das Vermögen desjenigen Ehegatten, der aufgrund einer Unterhaltsvereinbarung entsprechende Leistungen erbracht hat, wird zu Gunsten des anderen Ehegatten geschmälert. Obschon auch hier regelmässig der Unterhalt aus dem Einkommen finanziert wird, sieht der Gesetzgeber keinen güterrechtlichen Ausgleich vor, wenn der nichterwerbstätige Ehegatte Beiträge an den laufenden Unterhalt aus seinem Vermögen leistet. Eine Berücksichtigung der Unterhaltsleistungen im Erbrecht durch Einbezug der geleisteten Beträge in die Pflichtteilsmasse dürfte ebenfalls ausgeschlossen sein[245]. Die Miteigentumsvermutung des Art. 248 ZGB verbessert die Stellung des finanziell schwächeren Ehegatten zudem für diejenigen Investitionen, die nicht laufend verbraucht wurden. Übersteigen die Einnahmen die Bedürfnisse der Familie in nennenswertem Mass und verfügen nicht beide Ehegatten über ein ungefähr gleichwertiges Erwerbseinkommen, ist indessen regelmässig die Errungenschaftsbeteiligung aufgrund der Vorschlagsbeteiligung für den minderbemittelten Ehegatten vorteilhafter als die Gütertrennung[246].

d) Steuerliche Aspekte

06.158 Aus der Sicht der *Einkommenssteuer* ist die Leistung von geldwerten Beiträgen an den gemeinsamen Unterhalt unbeachtlich, da wegen dem Grundsatz der Familienbesteuerung Vermögensverschiebungen unter Ehegatten steuerlich irrelevant sind[247]. Eine steuerbare *Schenkung* gegenüber dem dadurch entlasteten Ehegatten wird man nicht leichthin bejahen dürfen. Selbst wenn die Steuerbehörden bei ungewöhnlichen Leistungen von deren Schenkungscharakter ausgehen möchten, liegen die betreffenden Zuwendungen in der Regel unter den geltenden kantonalen Freibeträgen für Ehegatten.

3. Der Betrag zur freien Verfügung gemäss Art. 164 ZGB

06.159 Art. 164 ZGB bestimmt, dass demjenigen Ehegatten, der den Haushalt führt oder im Beruf oder Gewerbe des anderen mithilft, ein angemessener Betrag zur freien Verfügung zusteht. Zweck der Bestimmung ist es, dem anspruchsberechtigten Ehegatten eine gewisse wirtschaftliche Selbständigkeit einzuräumen, die über die Deckung der grundlegenden persönlichen Bedürfnisse hinausgeht. Von der Gesetzessystematik her handelt es sich beim Betrag zur freien Verfügung um Familienunterhalt[248]. In steuerrechtlicher Hinsicht gilt das zum Unterhalt Gesagte[249].

---

[245] Jedenfalls solange nicht ein Fall von Art. 527 Ziff. 4 ZGB – d.h. eine absichtliche Entäusserung von Vermögenswerten zwecks Umgehung der Pflichtteilsansprüche – vorliegt. Die Finanzierung des Familienunterhalts ist jedenfalls nicht eine Schenkung im Sinne von Art. 527 Ziff. 3 ZGB.

[246] Siehe zur Bewertung der Gütertrennung für die Ehegattenbegünstigung auch vorne, Rzn 06.95 ff.

[247] SPORI, Eherecht und Steuern, S. 24 f., m.w.H.

[248] BGE 114 III 86; HAUSHEER/REUSSER/GEISER, N 9 zu Art. 164 ZGB, m.w.H.

[249] Rz 06.158; STAMM, S. 169; vgl. auch YERSIN, S. 354 ff.

a) Im Rahmen der Errungenschaftsbeteiligung

Die im Sinne von Art. 164 ZGB ausgerichteten Beträge bilden Teil der Errungenschaft des anspruchsberechtigten Ehegatten[250]. Da der Betrag zur freien Verfügung Bestandteil des Familienunterhaltes ist, hat ihn der pflichtige Ehegatte seiner Errungenschaft zu entnehmen. Diese ist nach dem Willen des Gesetzgebers primäre Quelle zur Befriedigung des laufenden Unterhalts[251]. Für den Betrag zur freien Verfügung gilt dies sogar in besonderem Masse, da dieser nur insoweit geschuldet ist, wie die Einkünfte des erwerbstätigen Ehegatten (unter Berücksichtigung der Vorsorgebedürfnisse) dazu ausreichen[252]. Eine Anzehrung des Eigengutes kommt deshalb grundsätzlich nicht in Frage. Geschieht dies trotzdem, entsteht eine Ersatzforderung des belasteten Eigengutes gegenüber der Errungenschaft (Art. 209 Abs. 1 ZGB).

06.160

Mithin kommt es, wenn die Zahlungen angespart werden, in der Regel nur zu einer Verschiebung von einer Errungenschaft zur anderen und damit infolge Vorschlagsbeteiligung zu keiner (definitiven) Begünstigung des berechtigten Ehegatten. Der berechtigte Ehegatte darf die Gelder selbstverständlich auch für die Befriedigung seiner persönlichen Bedürfnisse verwenden und damit auch *Gegenstände zu seinem persönlichen Gebrauch* – beispielsweise Schmuck – erwerben. In diesem Fall gelangt der Vermögenswert ins Eigengut (Art. 198 Ziff. 1 ZGB), ohne dass eine Ersatzforderung entsteht[253], so dass im Ergebnis der betreffende Ehegatte einen finanziellen Vorteil erwirbt. Daran ist auch aus pflichtteilsrechtlicher Sicht nichts einzuwenden, hätte der Hausgatte die Gelder doch auch nach Belieben zur Befriedigung seiner privaten Bedürfnisse aufzehren dürfen und handelt es sich beim Betrag nach Art 164 ZGB nicht um eine unentgeltliche Zuwendung[254].

06.161

b) Im Rahmen der Gütergemeinschaft und der Gütertrennung

Bei der *allgemeinen Gütergemeinschaft* gehören sowohl das Erwerbseinkommen, aus dem der Betrag zur freien Verfügung bezahlt wird, als auch die angesparten Beträge zum Gesamtgut der Ehegatten. Somit hat Art. 164 ZGB nur die Bedeutung aufzuzeigen, dass der berechtigte Ehegatte über das dem Gesamtgut angehörende Einkommen auch für

06.162

---

[250] HAUSHEER/REUSSER/GEISER, N 40 zu Art. 164 ZGB; STAMM, S. 158, je m.w.H.

[251] Siehe schon vorne, Rz 06.154.

[252] HEGNAUER, Wirkungen, S. 19; HAUSHEER/REUSSER/GEISER, N 9 zu Art. 164 ZGB. Die Anzehrung der Vermögenssubstanz kommt nur dann in Betracht, wenn das Vermögen dem Unterhalt dient, etwa nachdem die Arbeitsunfähigkeit mit einem Kapitalbetrag abgegolten wurde (HAUSHEER/REUSSER/GEISER, N 19 zu Art. 164 ZGB). Allerdings handelt es sich bei einer derartigen Abfindung ebenfalls um Errungenschaft (Art. 197 Abs. 2 Ziff. 3 ZGB).

[253] Keine Ersatzforderung der Errungenschaft gegenüber dem Eigengut entsteht, wenn sich der Gegenstand, der mit Errungenschaftsmitteln erworben wurde und der wegen des ausschliesslich persönlichen Gebrauchs eines Ehegatten dessen Eigengut zugeordnet wird, im Rahmen des angemessenen Unterhalts hält (HAUSHEER/REUSSER/GEISER, N 18 zu Art. 198 ZGB). Dies trifft immer zu, wenn der Erwerb mit Beträgen nach Art. 164 ZGB stattgefunden hat, die ja Bestandteil des „angemessenen Unterhalts" bilden.

[254] STAMM, S. 158.

seine erweiterten persönlichen Bedürfnisse verfügen darf, ohne dafür abrechnungspflichtig zu sein[255].

06.163 Bildet in der *Ausschlussgemeinschaft* das Einkommen gemäss Ehevertrag nicht Teil des Gesamtgutes, ist es vom erwerbstätigen Gatten dem anderen auszurichten und gehört alsdann in dessen Eigengut, d.h. es kommt zu einer für die Ehegattenbegünstigung relevanten Verschiebung zwischen den beiden Eigengütern. Ähnlich verhält es sich bei der *Gütertrennung*, wo die ausbezahlten Beträge zur Schmälerung des Vermögens des Schuldner-Ehegatten und zu einer entsprechenden Vermögensvermehrung des Gläubiger-Ehegatten führen.

c) *Beurteilung für die Ehegattenbegünstigung*

06.164 Weil die Ehegatten in der Festsetzung des Betrages zur freien Verfügung frei sind, lässt sich unter Umständen eine *lebzeitige Besserstellung* des einen Ehegatten erreichen, die auch bei Auflösung der Ehe Bestand hat. Die Begünstigung des *erwerbstätigen Ehegatten* erfolgt – allerdings nach dem Gesagten nur bei der Ausschlussgemeinschaft und der Gütertrennung[256] – durch Verzicht des Hausgatten auf die Einforderung der einzelnen, fällig gewordenen Beträge. Da nicht ausbezahlte Beträge zur freien Verfügung nicht vererblich sind[257], muss der pflichtige überlebende Ehegatte keine entsprechenden Forderungen der Erben seines Partners fürchten. Die Beträge sind allerdings auch insofern auf Dauer verwirkt, als nicht vertraglich vereinbarte oder durch Urteil festgelegte Unterhaltsforderungen gemäss Art. 173 Abs. 3 ZGB rückwirkend nur für das Jahr vor Einreichung einer entsprechenden Klage gefordert werden können. Im Scheidungsfall lässt sich ein entsprechender stillschweigender Verzicht auf die Einforderung des Anspruchs deshalb nicht rückgängig machen.

06.165 Eine *Begünstigung des Hausgatten* wird dadurch erreicht, dass der Betrag nach Art. 164 ZGB vertraglich grosszügig bemessen und – durch Investition der Gelder in Gegenstände zum persönlichen Gebrauch, durch Vereinbarung einer Ausschlussgemeinschaft oder durch Gütertrennung – dafür gesorgt wird, dass bei Auflösung der Ehe der pflichtige Ehegatte an den angesparten Beträgen nicht wiederum güterrechtlich partizipiert.

06.166 *Zusammenfassend* gesagt, kann zwar mittels Art. 164 ZGB eine gewisse Verschiebung zwischen den Gütermassen erzielt werden, diese hält sich jedoch in bescheidenem Rahmen und birgt die bekannten Risiken der „falschen" Absterbensreihenfolge und der Scheidung in sich.

---

[255] HAUSHEER/REUSSER/GEISER, N 41 zu Art. 164 ZGB.

[256] Im Rahmen der Errungenschaftsbeteiligung wird lediglich die eine Errungenschaft zu Gunsten der anderen geschont, was im Rahmen der Vorschlagsteilung wiederum zu einem Ausgleich führt.

[257] STAMM, S. 155 f.

4. Ausserordentliche Beiträge gemäss Art. 165 ZGB

a) Grundlagen

Art. 165 ZGB räumt dem Ehegatten, der einen *ausserordentlichen Beitrag* an den ehelichen Unterhalt geleistet hat, unter gewissen Voraussetzungen einen Anspruch auf eine *angemessene Entschädigung* ein. Der ausserordentliche Beitrag kann einerseits in der Mitarbeit im Beruf oder Gewerbe des anderen Ehegatten bestehen und andererseits in Geldleistungen an den Unterhalt der Familie, sofern die jeweils erbrachten Leistungen erheblich über das nach Art. 163 ZGB Geschuldete hinausgehen[258]. Die Entstehung einer Entschädigungsforderung ist ausgeschlossen, wenn der ausserordentliche Beitrag im Rahmen eines Arbeits-, Auftrags-, Darlehens- oder eines anderen Rechtsverhältnisses zwischen den Parteien geleistet wurde (Art. 165 Abs. 3 ZGB).   06.167

Ob überhaupt eine abzugeltende Mehrleistung vorliegt, richtet sich primär nach der *Unterhaltsvereinbarung* der Ehegatten im Sinne von Art. 163 ZGB. Hält sich die Leistung in diesem Rahmen, führt sie nicht zu einer Entschädigung nach Art. 165 ZGB, auch wenn der betreffende Ehegatte objektiv mehr geleistet hat, als ihm hätte zugemutet werden dürfen. Nur wenn eine Einigung nach Art. 163 ZGB fehlt, ist die Frage einer allfälligen Mehrleistung nach Art. 165 ZGB nach objektiven Kriterien zu beurteilen[259].   06.168

Können sich die Ehegatten diesbezüglich einigen, liegt es in ihrer Hand, die *Höhe der Entschädigung* nach Art. 165 ZGB festzusetzen[260]. Besteht der Anspruch aufgrund der Ehegattenmitarbeit im Beruf oder Gewerbe des anderen Ehegatten, stellt die Entschädigung Errungenschaft dar, bzw. Gesamtgut, wenn gemäss Ehevertrag der Arbeitserwerb ins Gesamtgut fällt[261]. Abgeltungen für ausserordentliche finanzielle Beiträge an den Familienunterhalt (Abs. 2) sind dagegen entsprechend der Herkunft der eingesetzten Mittel dem Eigengut oder der Errungenschaft bzw. dem Gesamtgut zuzuordnen[262].   06.169

b) Steuerliche Aspekte

Steuerrechtlich sind die Leistungen nach Art. 165 ZGB grundsätzlich *unbeachtlich*[263]. Ein *Verzicht* auf die Entschädigung kann als steuerlich relevante *Schenkung* aufgefasst werden, wenn sich die Mehrleistung nicht mehr im Rahmen der ehelichen Beistandspflicht (Art. 159 Abs. 3 ZGB) hält[264].   06.170

---

[258] Im Einzelnen G. HUBER, S. 149 ff.; HAUSHEER/REUSSER/GEISER, N 12 und 20 ff. zu Art. 165 ZGB.
[259] HAUSHEER/REUSSER/GEISER, N 12 und N 33 zu Art. 165 ZGB.
[260] G. HUBER, S. 145.
[261] Im Einzelnen HAUSHEER/REUSSER/GEISER, N 45 zu Art. 165 ZGB.
[262] G. HUBER, S. 318 ff.
[263] SPORI, Eherecht und Steuern, S. 27.
[264] P. LOCHER, S. 233 f. Heikler ist dagegen das Verhältnis zum *Sozialversicherungsrecht*; vgl. hiezu ZK-BRÄM, N 98 ff. zu Art. 165 ZGB, m.w.H.

c) Beurteilung für die Ehegattenbegünstigung

06.171 Für die Ehegattenbegünstigung gilt Analoges wie bei Art. 164 ZGB. Der Verzicht auf die Entschädigung[265] führt zu einer Begünstigung des verpflichteten Ehegatten. Güterrechtlich wirksam wird der Verzicht im Ergebnis allerdings nur dann, wenn der Entschädigungsanspruch dem Eigengut des berechtigten Ehegatten zugestanden hätte. Der Verzicht auf die Entschädigung beinhaltet sodann als Schulderlass eine nach Art. 527 Ziff. 3 bzw. Ziff. 4 ZGB *herabsetzbare Schenkung*, so dass eine zusätzliche Verbesserung zur Vorschlagszuweisung nicht erzielt werden kann. Umgekehrt wird der Gläubiger-Ehegatte durch eine grosszügige Festsetzung der Entschädigung unter dem ordentlichen Güterstand nicht begünstigt, da diese in seine (der Vorschlagsteilung unterworfene) Errungenschaft fällt[266].

06.172 Die *rückwirkende Einforderung* der Entschädigung gemäss Art. 165 ZGB ist zeitlich nicht beschränkt. Mangels ausdrücklichem Verzicht, kann diese während bestehender Ehe nach Belieben nachgefordert werden; nach Beendigung der Ehe ist die mögliche *Verjährung* zu beachten[267]. Mit dem vorläufigen Verzicht, die Entschädigung einzufordern, begibt sich der Gläubiger-Ehegatte deshalb grundsätzlich nicht der Möglichkeit der späteren Einforderung im Falle der Scheidung oder der Auflösung der Ehe durch das (unerwartete) Vorabsterben des Schuldner-Ehegatten. Sofern kein Verzicht stattgefunden hat, ist der Anspruch passiv vererblich[268], womit der Abgeltungsanspruch des überlebenden Ehegatten den Ansprüchen der Erben vorgeht.

5. Mögliche Gestaltungsmittel

a) Im Zusammenhang mit Unterhaltsbeiträgen

06.173 Unproblematisch ist es, wenn die Ehegatten ihre Unterhaltsbeiträge von einer bestimmten *tatsächlichen Lebenssituation* abhängig machen, in der sie sich im Zeitpunkt des Abschlusses der Vereinbarung befinden oder in Zukunft befinden werden. Derartige Vereinbarungen sind sowohl für die Gegenwart als auch für die Zukunft möglich, allerdings unter dem Vorbehalt einer zulässigen einseitigen Abänderung aus wichtigem Grund[269].

---

[265] Allerdings ist nur ein nachträglicher Verzicht auf einen Einzelanspruch zulässig, nicht jedoch auf das Stammrecht als solches; HAUSHEER/REUSSER/GEISER, N 49 zu Art. 165 ZGB; G. HUBER, S. 291 ff.

[266] Eine Entschädigung für ausserordentliche Geldleistungen aus dem Eigengut, die wiederum dem Eigengut zuzuordnen wäre, ist nur in der Höhe des Geleisteten geschuldet, weshalb eine „grosszügige Bemessung" zum vornherein entfällt.

[267] Im Einzelnen G. HUBER, S. 276 ff.; vgl. auch (teilweise a.M.) HAUSHEER/REUSSER/GEISER, N 51 zu Art. 165 ZGB, wonach nach Auflösung der Ehe die zehnjährige, bei periodisch erfolgter Mehrleistung die fünfjährige Verjährungsfrist gilt. Bei Scheidung muss die Forderung spätestens im Rahmen des Scheidungsprozesses geltend gemacht werden: BGE 123 III 435 ff., E. 4.

[268] ZK-BRÄM, N 103 zu Art. 165 ZGB, die demgegenüber – anders als HAUSHEER/REUSSER/GEISER, N 51a zu Art. 165 ZGB – die *aktive Vererblichkeit* wegen der besonderen Natur des Anspruchs ablehnen.

[269] Vgl. HAUSHEER/REUSSER/GEISER, N 46 zu Art. 163 ZGB. Beispiel: Der Ehemann leistet seinen Unterhaltsbeitrag in Form einer Geldzahlung, so lange er erwerbstätig ist; bzw. die Ehefrau erfüllt ihren Unterhaltsbeitrag durch Haushaltführung und Kindererziehung, bis die Kinder mündig sind (Resolutivbedingungen).

Vorteilhafter wäre aus der Sicht der Ehegattenbegünstigung die Vereinbarung von 06.174
Bedingungen, wonach beim Eintritt eines bestimmten Ereignisses *rückwirkend* die beidseitigen Unterhaltsleistungen abgeändert würden. Solche Klauseln stehen allerdings in Widerspruch zu den gesetzlich vorgegebenen allgemeinen Wirkungen der Ehe und den damit verbundenen zwingenden Ansprüchen der Ehegatten und sind damit unzulässig.

Der Zweck der Vereinbarungen über die beidseitigen Unterhaltsleistungen ist nicht die Begünstigung eines Ehegatten, sondern eine angemessene Verteilung der Aufgaben und Geldmittel unter den Ehegatten. Die für die Vergangenheit wirksame Umverteilung der Lasten kann diesem Zweck nicht entsprechen: Entweder entspricht die resolutiv bedingte Unterhaltsaufteilung nicht den Vorgaben von Art. 163 und 164 ZGB (Berücksichtigung der Kräfte beider Ehegatten und der Bedürfnisse der ehelichen Gemeinschaft, Angemessenheit) oder aber die zurückwirkende Umverteilung der (in Geld zu erbringenden) Unterhaltsleistungen widerspricht der im massgeblichen Zeitraum gelebten Aufgabenverteilung zwischen den Ehegatten. 06.175

b) Im Zusammenhang mit der Entschädigung nach Art. 165 ZGB

Das soeben Gesagte gilt weitgehend auch im Bereich von Art. 165 ZGB. Das bedeutet, dass über die Qualifikation eines Beitrages als ordentlicher oder ausserordentlicher Unterhaltsbeitrag nicht rückwirkend (bei Eintritt einer Bedingung) befunden werden kann. Ob eine Ersatzforderung entsteht, ist ausschliesslich aufgrund der unbedingten Vereinbarung nach Art. 163 ZGB zu entscheiden, die sich mit einer gewissen Objektivität an den Kräften beider Ehegatten und den Bedürfnissen der ehelichen Gemeinschaft orientiert. 06.176

Da es sich beim einmal entstandenen Anspruch nach Art. 165 ZGB trotz seiner eherechtlichen Entstehungsgrundlage an sich um eine weitgehend reguläre obligatorische Forderung handelt[270], ist es indessen zulässig, einen allfälligen *nachträglichen Forderungsverzicht* unter die Bedingung des eigenen Vorversterbens zu stellen. Es handelt sich dabei um eine gewöhnliche – und als Zuwendung von Todes wegen[271] pflichtteilsrelevante – Schenkung. Anwendbar ist insbesondere auch Art. 247 Abs. 1 OR, wonach der Schenker den Rückfall der geschenkten Sache (bzw. hier: das Wiederaufleben der erlassenen Forderung) für den Fall ausbedingen kann, dass der Beschenkte vor ihm sterben sollte. 06.177

Erfolgen die ausserordentlichen Beiträge aufgrund eines *besonderen Rechtsverhältnisses* (Art. 165 Abs. 3 ZGB), beurteilt sich die Zulässigkeit von Bedingungen und Auflagen nach den allgemeinen Regeln des betreffenden Vertrages. 06.178

---

[270] Botschaft vom 11.7.1979, Ziff. 214.34; G. HUBER, S. 269.

[271] Aufgrund des aleatorischen Moments (der Verzicht betrifft erst den Nachlass des Betroffenen) kann nicht von einer Verfügung unter Lebenden ausgegangen werden; vgl. dazu vorne, Rzn 05.07 ff. und (zur Überlebensklausel bei der Vorschlagszuweisung) Rzn 06.23 ff.

§ 7 DIE ERBRECHTLICHE BEGÜNSTIGUNG

I. Zulässigkeit erbrechtlicher Verfügungen im Allgemeinen

07.01 Verfügungen von Todes wegen weisen – im Vergleich zu Verfügungen unter Lebenden – einige Besonderheiten auf. Einerseits können die Dispositionen einseitig erlassen werden, d.h. ohne die Mitwirkung Dritter. Andererseits werden sie erst aktuell, wenn der Verfasser nicht mehr lebt und zu deren Auslegung nichts mehr beitragen kann[1]. Aus diesem Grund bestehen einige spezifische gesetzliche Schranken, die im Folgenden kurz anzusprechen sind[2].

1. Mangelhaftigkeit letztwilliger Verfügungen

07.02 Eine Verfügung von Todes wegen kann an unterschiedlichen Ungültigkeitsgründen leiden[3]. Dazu gehören hauptsächlich *Mängel in deren personellen Grundlagen* – Verfügungsunfähigkeit[4] oder Willensmängel – sowie *Verstösse gegen die Formvorschriften*. Daneben bewirken – wie bei allen Rechtsgeschäften – *Rechts- und Sittenwidrigkeit* die Ungültigkeit der Verfügung.

07.03 Die *Rechtswidrigkeit* umfasst den Verstoss sowohl gegen spezifische Normen des Erbrechts als auch gegen zwingende Bestimmungen der übrigen Rechtsordnung. Schwieriger zu erfassen ist der Begriff der *Sittenwidrigkeit*. Der klassische Fall der Sittenwidrigkeit im Zusammenhang mit letztwilligen Verfügungen war früher das Geliebtentestament, das im vorliegenden Zusammenhang allerdings nicht weiter interessiert[5]. Wichtig sind sodann Klauseln, die einen Erben oder Vermächtnisnehmer mittels einer bedingten Zuwendung oder (Teil-)Enterbung zu einem bestimmten Verhalten bestimmen wollen, namentlich *privatorische Klauseln* sowie *Wiederverheiratungsklauseln*[6].

07.04 Eine praktisch wichtige Schranke ergibt sich aus dem Erfordernis der *materiellen Höchstpersönlichkeit* einer letztwilligen Verfügung, wonach deren Inhalt vom Erblasser selber bestimmt sein soll. Das bedeutet unter anderem, dass der Erblasser *keine materiellen Entscheidbefugnisse delegieren* kann[7].

07.05 Räumt die Erblasserin beispielsweise ihrem Ehemann die Befugnis ein, nach ihrem Tod nach seinem Gutdünken den Nachlass zu verteilen, ist das Testament als nichtig zu betrachten, womit die Erblasserin das Gegenteil von dem erreicht hat, was sie eigentlich wollte. *Unproblematisch* sind dagegen Wahl-

---

[1] DRUEY, Grundriss, § 8, Rz 6.

[2] Siehe zur Notwendigkeit einer Abgrenzung schon vorne, Rz 05.07.

[3] Vgl. Art. 519 ff. ZGB.

[4] Z.B. Testierunfähigkeit infolge Geistesschwäche; vgl. dazu die Zusammenfassung der Rechtsprechung in BGE 124 III 5.

[5] Siehe neuerdings auch BGE vom 28.1.1999, besprochen in AJP 1999, S. 882 ff., zur Widerrechtlichkeit bzw. Unsittlichkeit einer Verfügung von Todes wegen, durch welche eine Stiftung mit dem Zweck der Förderung eines revisionistischen Geschichtsbildes errichtet wurde.

[6] Dazu hinten, Rz 07.147 sowie Rz 07.145; allgemein zu den rechtlichen Schranken betreffend *Bedingungen und Auflagen* siehe hinten, Rzn 07.143 ff.

[7] Vgl. dazu ZBGR 26 (1945), S. 96 f., wonach keine Nacherbeneinsetzung (sondern ein blosser formloser Wunsch des Erblassers) vorliegt, wenn die Bestimmung des „Nacherben" im Wesentlichen dem Gutdünken des Erben überlassen wird. Für Einzelheiten vgl. die Diss. SCHÄRER. Die Verfügung, die den Grundsatz der materiellen Höchstpersönlichkeit missachtet, ist *nichtig*; GUINAND/STETTLER, Rz 136, m.w.H.; BGE 81 II 22.

rechte betreffend die (objektmässige) Teilung des Nachlasses, die Vorgabe von bestimmten Kriterien, nach denen die Teilung dereinst erfolgen soll sowie die Anordnung von Bedingungen, an die die Verfügung oder Teile davon geknüpft sind[8]. Die Zulässigkeit eines beschränkten Wahlrechts des überlebenden Ehegatten, wonach dieser zwischen verschiedenen, inhaltlich bestimmten Begünstigungsformen (z.B. Ehegattennutzniessung oder eine bestimmte Erbquote) wählen darf, wird ebenfalls nicht angezweifelt.

2. Ungültigkeits- und Herabsetzungsklage

Ein Mangel in einer Verfügung von Todes wegen muss von den interessierten Personen regelmässig mit *Ungültigkeitsklage* geltend gemacht werden. Dem gutheissenden richterlichen Entscheid kommt Gestaltungswirkung zu. In gewissen, seltenen Fällen greift eine eigentliche Nichtigkeit Platz[9], die von Amtes wegen und in jedem gerichtlichen Verfahren zu beachten ist. Dagegen liegt bei Überschreitungen der Verfügungsbefugnis eine besondere Art der Rechtswidrigkeit vor, weshalb nicht die Ungültigkeits-, sondern die *Herabsetzungsklage* ergriffen werden muss[10]. 07.06

Sowohl Ungültigkeits- wie auch Herabsetzungsurteil entfalten nur *Wirkung zwischen den beteiligten Parteien*. Gegenüber denjenigen Erben, die die Verfügung von Todes wegen nicht angefochten haben und auch nicht auf der Beklagtenseite am Prozess beteiligt waren, entfaltet die Verfügung von Todes wegen volle Wirkung. Das führt zu einer relativ komplizierten, unterschiedlichen Berechnung der Quoten für die verschiedenen Erben. 07.07

Hat beispielsweise nur einer von zwei im Pflichtteil verletzten Nachkommen das Testament angefochten, erhält nur dieser seinen Pflichtteil, für den anderen bleibt es beim letzten Willen des Erblassers. Das bedeutet, dass ein über das zulässige Mass hinaus begünstigter Ehegatte auch dann noch von den Zuwendungen profitiert, wenn von mehreren Nachkommen nicht alle die Herabsetzungs- oder Ungültigkeitsklage ergreifen. Die daraus resultierende faktische *Ungleichbehandlung der gemeinsamen Nachkommen* – diese haben beim Tod des zweiten Elternteils wiederum alle dieselben gesetzlichen Ansprüche, so dass die „kämpferischen" im Ergebnis mehr erhalten – kann dadurch beseitigt werden, dass der überlebende Ehegatte seinerseits in einer eigenen Verfügung von Todes wegen diejenigen Nachkommen begünstigt, die ihre Pflichtteilsverletzung hingenommen haben. 07.08

---

[8] DRUEY, Grundriss, § 8, Rz 26. Zur (zu) strengen Praxis des Bundesgerichts siehe ebenfalls DRUEY, Grundriss, § 8, Rzn 28 ff., m.w.H. Vgl. zum Ganzen auch PIOTET, SPR 1, S. 85 f. Siehe ferner zur (unzulässigen) Einsetzung des Nacherben durch den Vorerben FamRZ 45 (1998), S. 1261 f.

[9] Dazu einlässlich RIEMER, Nichtige Testamente, S. 245 ff. Nach der bundesgerichtlichen Rechtsprechung führen fehlende Willenserklärungen oder qualifizierte inhaltliche Rechtswidrigkeit zur Nichtigkeit der Verfügung; siehe insbesondere BGE 89 II 284; 96 II 273; 113 II 274. Dabei kann auch eine blosse *Teilnichtigkeit* eintreten; vgl. BGE 119 II 211.

[10] Vgl. auch hinten, Rzn 07.149 f. Bei Unsicherheit betreffend die Gültigkeit der pflichtteilsverletzenden Verfügung ist eine Verbindung der beiden Klagen – Ungültigerklärung als Haupt-, Herabsetzung als Eventualantrag – möglich. Dringt der Erbe mit seinem Hauptantrag durch, erlangt er nicht nur seinen Pflichtteil, sondern vielmehr seinen gesetzlichen Erbteil; BGE 119 II 208.

II. Zuweisung des Nachlasses unter Vorbehalt der Pflichtteile

07.09 Die *einfachste Form der erbrechtlichen Begünstigung* besteht in der letztwilligen Zuweisung der ganzen Erbschaft an den überlebenden Ehegatten, abzüglich der Pflichtteile anderer Erben.

07.10 — Sind keine (gemeinsamen oder nichtgemeinsamen) Nachkommen vorhanden und leben die *Eltern des Erblassers* noch, beträgt deren Pflichtteil $^1/_8$ der Erbmasse (Art. 462 Ziff. 2 i.V.m. Art. 471 Ziff. 2 ZGB). Der Erblasser darf seinem Ehegatten somit maximal $^7/_8$ des Nachlasses zuweisen[11].

07.11 — Ist der Nachlass mit *Nachkommen des Erblassers* zu teilen, beträgt deren Pflichtteil $^3/_8$ der Erbschaft, während die verbleibenden $^5/_8$ dem Ehegatten zugewandt werden können.

07.12 Die Pflichtteile müssen *nicht* notwendigerweise in der Form von *Erbquoten* ausgerichtet werden[12]. Sofern der Betrag des Pflichtteils durch Vorempfänge und/oder Vermächtnisse gedeckt ist, ist den Noterben die Herabsetzungsklage verwehrt[13]. Wurden dem überlebenden Ehegatten herabsetzbare Zuwendungen unter Lebenden ausgerichtet[14] oder wurde die Vorschlags- bzw. Gesamtgutsteilung zu seinen Gunsten modifiziert, reduziert sich die erbrechtlich verfügbare Quote entsprechend.

07.13 Die Erbeinsetzung führt zu einer rein *wirtschaftlichen Begünstigung* des überlebenden Ehegatten. Seine Stellung in sachenrechtlicher Hinsicht wird davon grundsätzlich nicht betroffen. Nur durch Ausschluss aller anderen gesetzlichen Erben von der Erbschaft, beispielsweise durch Abfindung mittels Vorempfang oder Vermächtnis, entstehen dingliche (Allein-)Ansprüche des überlebenden Ehegatten auf den Nachlass. Andernfalls hat eine erbrechtliche Auseinandersetzung stattzufinden. Zu den verschiedenen Gestaltungsmöglichkeiten, die sich im Zusammenhang mit einer Erbeinsetzung ergeben, siehe hinten, Rzn 07.91 ff.

III. Vermächtnis

1. Begriff und Abgrenzung

07.14 Mit dem Vermächtnis wendet der Erblasser einer Person einen *bestimmten Vermögenswert* zu[15]. Der Vermächtnisnehmer erhält dadurch einen *obligatorischen Anspruch* auf Ausrichtung des Vermächtnisses. Beschwert sind entweder bestimmte, vom Erblasser bezeichnete Erben oder Vermächtnisnehmer, oder aber, mangels einer entsprechenden

---

[11] Lebt nur noch ein Elternteil und hat der andere Nachkommen hinterlassen, beträgt der verbleibende elterliche Pflichtteil $^1/_{16}$ des Nachlasses.

[12] Zum Inhalt des Pflichtteilsrechts siehe bereits vorne, Rzn 05.14 f.

[13] Art. 522 Abs. 1 ZGB. Zur rechtlichen Stellung des abgefundenen Noterben siehe vorne, Rzn 05.20 ff., sowie AEBI-MÜLLER, Grenzbereich, S. 429 ff. Die Abfindung mit Vorempfängen bzw. Vermächtnissen und anschliessende „Enterbung" kann unter Umständen vorteilhaft sein; siehe dazu, hinten, Rzn 07.19 sowie 08.53 ff.

[14] Siehe hinten, Rzn 08.39 ff.

[15] Art. 483 ZGB.

Verfügung des Erblassers, die Erbengemeinschaft insgesamt[16]. Im Unterschied zum Erben ist der Vermächtnisnehmer nur *Singularsukzessor*. Er wirkt somit weder in der Erbengemeinschaft noch an der erbrechtlichen Teilung mit, und ist weder am Nachlass berechtigt, noch unterliegt er der Erbenhaftung. Den beschwerten Erben gegenüber nimmt er die Stellung eines aussenstehenden Gläubigers ein[17].

Das Vermächtnis kann jede Leistung zum Inhalt haben, die Gegenstand einer Schuldverpflichtung sein kann. In der Regel geht das Vermächtnis auf die *Ausrichtung eines festgesetzten Betrages oder eines bestimmten Nachlassobjektes*[18]. Die letztwillige Zuwendung einer bestimmten *Quote* des Nachlasses ist vermutungsweise eine Erbeinsetzung (Art. 483 Abs. 1 ZGB); will der Erblasser damit ein Legat (d.h. ein so genanntes Quotenvermächtnis[19]) ausrichten, muss er sich dazu klar äussern. 07.15

Findet sich der vermachte Gegenstand nicht im Nachlass, fällt die Verpflichtung der Erben vermutungsweise dahin (Art. 484 Abs. 3 ZGB), was der Erblasser dadurch verhindern kann, dass er die Zuwendung ausdrücklich als *Verschaffungsvermächtnis* bezeichnet[20]. Allerdings empfiehlt es sich, stets *Ersatzverfügungen* für den Fall vorzusehen, dass der Gegenstand des Vermächtnisses im Zeitpunkt des Erbfalls nicht mehr im Eigentum des Erblassers steht, da zwischen der Niederschrift der letztwilligen Verfügung und dem Eintritt des Erbganges längere Zeit verstreichen kann und eine regelmässige Anpassung der Anordnungen oft unterlassen wird. 07.16

Sind *hypothekarisch belastete Liegenschaften* Gegenstand eines Vermächtnisses, werden die Erben zu persönlichen Schuldnern des Kreditgebers[21], während dem Vermächtnisnehmer die Sache unbelastet zusteht[22]. Weil dies der Absicht des Erblassers in der Regel widersprechen dürfte, sollte die letztwillige Verfügung eine Pflicht des Vermächtnisnehmers zur Übernahme der Belastung enthalten. In der Sache stellt diese Verfügung wiederum ein *Liberationsvermächtnis* zugunsten der Erben dar[23]. 07.17

Das Vermächtnis ist von blossen *Teilungsregeln* des Erblassers abzugrenzen. Beim (Voraus-)Vermächtnis erhält der Begünstigte das Objekt zusätzlich zu seinem Erbteil, während bei der Teilungsregel eine *Anrechnung auf den Erbteil* erfolgt. Im Zweifelsfall handelt es sich bei der Verfügung gemäss Art. 608 Abs. 3 und Art. 522 Abs. 2 ZGB um eine blosse Teilungsvorschrift[24]. 07.18

---

[16] Art. 562 Abs. 1 ZGB; ZGB-HUWILER, N 35 ff. zu Art. 484 ZGB.

[17] ZGB-HUWILER, N 1 ff. zu Art. 484 ZGB.

[18] Zu den verschiedenen zulässigen Vermächtnisinhalten siehe ZGB-HUWILER, N 40 ff. zu Art. 484 ZGB.

[19] Vgl. etwa FamRZ 45 (1998), S. 1264 (BayObLG), wonach die Bestimmung, die Tochter solle ihren gesetzlichen Erbteil erhalten, nachdem dem Sohn mit dem elterlichen Anwesen ein wesentlicher Teil des Nachlasses zugewandt wurde, als Quotenvermächtnis verstanden werden kann, weshalb die Tochter lediglich einen obligatorischen Anspruch erwarb.

[20] Ausführlich TUOR, N 20 ff. zu Art. 484 ZGB.

[21] BGE 104 II 338; 115 II 326; vgl. auch TUOR, N 9 zu Art. 485 ZGB.

[22] Dieselbe Problematik ergibt sich beim Fahrnispfand, das aber praktisch eine untergeordnete Rolle spielt.

[23] TUOR, N 9 zu Art. 485 ZGB.

[24] Vgl. zur Abgrenzung auch BGE 115 II 323.

2. Anwendungsbereich

a) Abfindung von Pflichtteilserben

07.19 Die Aussetzung eines Vermächtnisses ermöglicht dem Erblasser, eine Person von Todes wegen zu begünstigen, ohne sie in den Kreis der Erben einzubeziehen. Im vorliegenden Zusammenhang von grösserer Bedeutung ist die andernorts bereits erwähnte Variante, einen Pflichtteilserben mit einem (Quoten-)Vermächtnis abzufinden und im Übrigen von der Teilhabe am Nachlass auszuschliessen. Nach der hier vertretenen Auffassung verliert der Pflichtteilserbe dadurch seine Erbenstellung[25]. Liegt der Ausschluss aus der Erbengemeinschaft im Interesse des Pflichtteilsberechtigten, ist eine letztwillige Enterbung nicht erforderlich: Der Vermächtnisnehmer (etwa der mit einem grosszügigen, lediglich die anderen Pflichtteilsansprüche respektierenden Vermächtnis bedachte Ehegatte) kann bei dieser Sachlage die Erbschaft ausschlagen und „nur" das Vermächtnis entgegennehmen (Art. 486 Abs. 3 ZGB). Er entgeht dadurch allfälligen Streitigkeiten im Zusammenhang mit der Verwaltung und Teilung des restlichen Nachlasses und der solidarischen Erbenhaftung[26]. Der Legatar kann die Stellung des Betroffenen zusätzlich verbessern, indem er ihm ein *Wahlvermächtnis* gewährt, d.h. mehrere Gegenstände alternativ vermacht und dem Bedachten (oder allenfalls dem Beschwerten) die Wahl anheim stellt[27].

07.20 Sofern der überlebende Ehegatte bereits aufgrund der ehelichen Gemeinschaft Gewahrsam an den Nachlassobjekten hat, berührt ihn die Tatsache, dass er als Vermächtnisnehmer nur einen obligatorischen Herausgabeanspruch gegenüber den Erben besitzt, kaum. Die Einsetzung eines Willensvollstreckers, der die Übereignung der nicht im Besitz des Vermächtnisnehmers befindlichen Vermögensobjekte durchsetzt, kann in schwierigen Familienverhältnissen ebenfalls hilfreich sein.

b) Bedürfnisgerechte Begünstigung

07.21 Wurde ein Erbe gleichzeitig als Vermächtnisnehmer eingesetzt, steht es ihm frei, auf bestimmte Vermächtnisse zu verzichten, ohne gleichzeitig den gesetzlichen oder testamentarischen Erbteil auszuschlagen, und umgekehrt die Erbenstellung auszuschlagen und nur das Vermächtnis zu fordern[28]. Aus diesem Grund kann es zweckmässig sein,

---

[25] Im Einzelnen dazu vorne, Rzn 05.20 ff., m.w.H.

[26] Analog verhält es sich bei einem Vorempfang bzw. einer güterrechtlichen Zuwendung verbunden mit einer Ausschlagung oder letztwilligen Enterbung oder auch bei einem entgeltlichen Erbverzicht. Siehe dazu hinten, Rzn 08.53 ff. Je nach kantonaler Regelung entgeht der Vermächtnisnehmer sodann der solidarischen Haftung für die Erbschaftssteuerschulden, hinten, Rz 07.28 f.

[27] Dazu ZGB-HUWILER, N 89 ff. zu Art. 484 ZGB. Beispielsweise darf sich der überlebende Ehegatte entweder für die Ferienliegenschaft oder die Eigentumswohnung entscheiden oder nach seinem Gutdünken einen entsprechenden Geldbetrag (z.B. in der Höhe des amtlichen Wertes plus 20 %) von der Erbengemeinschaft fordern. Das Wahlvermächtnis verstösst nicht gegen das Verbot der Delegation erblasserischer Erklärungen an Dritte, da nicht offen bleibt, ob eine Verpflichtung entsteht, sondern nur, mit welchem von mehreren Leistungsgegenständen die Obligation erfüllt wird; ZGB-HUWILER, N 93 zu Art. 485 ZGB, m.w.H.

[28] Umstritten ist demgegenüber, ob eine lediglich *teilweise Ausschlagung* der Erbschaft zulässig sei; grosszügig zu Recht TUOR/PICENONI, N 11 zu Art. 570 ZGB; ZK-ESCHER, N 12 f. zu Art. 570 ZGB; PIOTET, SPR 2, S. 584, m.w.H., sowie ZGB-SCHWANDER, N 11 zu Art. 570 ZGB, m.H. auf a.M. Lässt man die teilweise Ausschlagung mit der herrschenden Lehre zu, könnte beispielsweise der pri-

bestimmte Vermögensobjekte, von denen im Planungszeitpunkt nicht sicher ist, ob sie dem überlebenden Ehegatten dienlich sein werden, diesem als *Vorausvermächtnisse* zuzuwenden und allenfalls eine *Ersatzverfügung*[29] zu treffen für den Fall, dass er auf das Vermächtnis verzichtet.

Eine weitere Anpassung der Begünstigung an die *Bedürfnisse* des überlebenden Ehegatten erreicht der Erblasser, indem er anstelle einer Erbquote eine *lebenslängliche Rente* aussetzt[30]. Eine verwandte Form ist das *Alimentenvermächtnis*[31], das Vermächtnis des Lebensunterhalts, dessen korrekte Erfüllung allerdings ein gutes Einvernehmen unter den Erben voraussetzt. 07.22

Das *Vermächtnis einer Leibrente*[32] weist den besonderen Vorteil auf, dass das Stammrecht nach Art. 92 Ziff. 7 SchKG unpfändbar ist[33], wobei allerdings bezüglich des Pflichtteils der Schutz der Erbengläubiger vorgeht[34]. Dem betagten überlebenden Ehegatten wird damit eine Zuwendung gewährt, die vor unbedachten Vermögensverfügungen geschützt ist und mit der er zugleich gegen das „Risiko hohes Alter" gesichert wird. Weil er sich jedoch im Rahmen des Pflichtteils die Abfindung mit einer Rente nicht gefallen lassen muss, ist entweder ein entsprechender *Erbvertrag* abzuschliessen oder nur der den Pflichtteil übersteigende Erbteil als Rente zu vermachen. Ob die Miterben selber die Rente ausrichten sollen, oder ob sie verpflichtet werden, bei einem Privatversicherer eine *Leibrenten-Versicherung mit Einmalprämie* zugunsten des überlebenden Ehegatten zu erwerben, kann der Erblasser ebenfalls festlegen. Richten die Miterben das Rentenvermächtnis selber aus, bleibt Art. 530 ZGB zu beachten, wonach sich die Erben gegen Überlassung der verfügbaren Quote von einer ihren Pflichtteil belastenden Rente loskaufen können. Ob eine Pflichtteilsverletzung vorliegt, hängt nicht nur von der Rentenhöhe, sondern auch vom Alter des überlebenden Ehegatten im Zeitpunkt des Erbganges ab und lässt sich deshalb im 07.23

---

mär eingesetzte Erbe den gesetzlichen Erbteil in Anspruch nehmen und die Ausschlagung auf die testamentarische Begünstigung beschränken. Vgl. auch BGE 101 II 222, wo eine verspätete teilweise Ausschlagungserklärung durch Uminterpretation in einen Abtretungsvertrag „gerettet" wurde, welcher allerdings als steuerbare Querschenkung (vorne, Rzn 05.81 ff.) aufgefasst werden kann. Unbestrittenermassen unzulässig wäre – abgesehen vom Vermächtnis – eine Teilausschlagung, die sich auf bestimmte Nachlasswerte bezieht.

[29] Dazu hinten, Rzn 07.137 ff.

[30] Mit der Leibrente wird der Rentenschuldner verpflichtet, dem Berechtigten eine periodisch wiederkehrende Leistung auf Lebenszeit zu erbringen. Leibrenten bestehen aus einem Stammrecht (dem Leibrentenanspruch als solchen) und den in regelmässigen Abständen fällig werdenden einzelnen Rentenleistungen.

[31] Dieses legt die sinngemässe Anwendung der Bestimmungen über den Verpfründungsvertrag nahe; ZGB-HUWILER, N 67 zu Art. 484 ZGB.

[32] Analog anwendbar sind die Bestimmungen des OR über den Leibrentenvertrag, soweit der Erblasser keine anderen Anordnungen trifft; ZGB-HUWILER, N 66 zu Art. 484 ZGB.

[33] Vgl. ZGB-BREITSCHMID, N 5 zu Art. 563 ZGB.

[34] Zur Problematik ZGB-BREITSCHMID, N 6 ff. zu Art. 564 ZGB. Vgl. auch den Entscheid der Aufsichtsbehörde von BS in BJM 1998, S. 36 ff., wo es allerdings nicht um ein Vermächtnis, sondern um ein Erbschaftsguthaben ging, das vom Erblasser mit der *Auflage* versehen worden war, es sei damit eine unpfändbare Leibrente zu erwerben. Weil die Leibrente im Pfändungszeitpunkt noch nicht erworben worden war und der Nachlass dem Alleinerben zur Verfügung stand, erkannte das Gericht, dass mindestens ein Willensvollstrecker hätte eingesetzt werden müssen, um die Verwendung des Nachlasses entsprechend dem Willen des Erblassers sicherzustellen.

Planungszeitpunkt regelmässig nicht beurteilen. Zweckmässigerweise ist die Rente deshalb in der Höhe so zu beschränken, dass ihr kapitalisierter Wert die verfügbare Quote zum vornherein nicht übersteigt[35].

c) Weitere Anwendungsmöglichkeiten

07.24 Kann – insbesondere im Rahmen der Zuweisung einer Familienunternehmung – die Gleichbehandlung der Erben wegen fehlender freier Nachlassmittel nicht verwirklicht werden, lässt sich ein gewisser Ausgleich durch das Vermächtnis eines *Gewinnanteilsrechts* erzielen[36].

07.25 Eine weitere Form des Legats besteht in der Zuwendung eines Anspruchs auf eine *persönliche Leistung* des Beschwerten[37]. Inhalt dieser Leistung können alle auftrags- oder werkvertragsrechtlichen Ansprüche sein. Die Ehegatten können einander beispielsweise verpflichten, die im gleichen Haushalt lebenden nichtgemeinsamen Kinder auch nach dem Tod des Elternteils weiterhin zu betreuen. Oder umgekehrt wird demjenigen Nachkommen, der das Haus übernehmen darf, die Pflicht zur Pflege des überlebenden Elternteils auferlegt. Da die Durchsetzung persönlicher Leistungen problematisch ist[38], empfiehlt sich unter Umständen die *Sicherung mittels einer Resolutivbedingung*, wonach der mit dem Vermächtnis beschwerte Erbe, der seinen Pflichten nicht nachkommt, auf den Pflichtteil gesetzt wird. Die Verpflichtung zu persönlichen Leistungen setzt überdies ein gutes Einvernehmen unter den Erben voraus[39].

07.26 Auch *beschränkte dingliche Rechte*, etwa eine Nutzniessung oder ein Wohnrecht[40], können Inhalt des Legats sein und als Ergänzung zu den erblasserischen Teilungsregeln dienen[41]. Als Vermächtnis – allerdings mit gewissen Besonderheiten – ist auch die Nutzniessung des überlebenden Ehegatten nach Art. 473 ZGB aufzufassen[42].

07.27 Das Vermächtnis kann *aufgeschoben*, *bedingt* und *befristet* werden. Beispiel: Der überlebende Ehegatte wird verpflichtet, der vorehelichen Tochter des vorverstorbenen

---

[35] „Der überlebende Ehegatte erhält als Vermächtnis eine lebenslängliche Rente, deren Kapitalwert (berechnet nach den Tafeln 44 bzw. 45 von STAUFFER/SCHAETZLE) fünf Achtel des Nettonachlasses beträgt." Damit wird das Lösungsrecht der Erben nach Art. 530 ZGB ausgeschaltet.

[36] Vgl. GUINAND/STETTLER, Rz 166.

[37] TUOR, N 14 zu Art. 484 ZGB.

[38] Dazu Ch. BURCKHARDT, S. 63. Dieser Autor vertritt die Auffassung, der mit einer persönlichen Leistung Beschwerte habe stets von Gesetzes wegen die Möglichkeit, sich durch Leistung einer Geldsumme an Erfüllungsstatt zu befreien (S. 58 ff.). Diese Auffassung ist wohl unzutreffend; jedoch wird bei fehlender Vollstreckbarkeit das Gericht als ultima ratio eine Umwandlung in Schadenersatz vornehmen; ZGB-HUWILER, N 52 zu Art. 484 ZGB.

[39] Denkbar ist allerdings, dass die Verfügung von Todes wegen eine konkrete *Ablösungsmöglichkeit* des Vermächtnisnehmers oder des Beschwerten vorsieht.

[40] Möglich ist auch die Überlassung einer Wohnung gegen ein angemessenes Entgelt; sodann handelt es sich um eine blosse Natural-, anstelle einer Wertzuweisung. Vgl. BGE 103 II 225.

[41] Zu den Besonderheiten von Nutzniessung und Wohnrecht siehe hinten, Rzn 07.55 ff. und 07.61 ff.

[42] WILDISEN, S. 267 f.; siehe zur Ehegattennutzniessung hinten, Rzn 07.35 ff.

Ehegatten bei deren erfolgreichem Studienabschluss ein bestimmtes „Startkapital" auszuzahlen (Suspensivbedingung)[43]. Zum *Nachvermächtnis* siehe hinten, Rzn 07.135 ff.

3. Steuerliche Aspekte

a) Im Allgemeinen

In steuerlicher Hinsicht wird das Vermächtnis regelmässig gleich behandelt wie der *Erbanfall*[44], d.h. dass der Vermächtnisnehmer grundsätzlich steuerpflichtig ist. Die Steuerpflicht der Erben wird entsprechend um den Wert des Vermächtnisses reduziert. Wo nicht die Vermögensübertragung, sondern das hinterlassene Vermögen als solches der Steuer unterliegt (sog. Nachlasssteuer)[45], wird dem Vermächtnisnehmer das Vermächtnis unbelastet ausgerichtet und er entgeht der Auseinandersetzung mit den Steuerbehörden. Auch in den anderen Kantonen haften die Erben für die Steuer auf den Vermächtnissen[46]. Möglich ist auch, dass der Vermächtnisnehmer zwar Steuersubjekt ist, jedoch im Veranlagungsverfahren von den Erben vertreten wird, so dass diese die Steuer zu entrichten haben und vom Vermächtnis in Abzug bringen können[47]. Allerdings ist es zulässig, dass der Erblasser ein *Nettovermächtnis* verfügt, womit der beschwerten Person bzw. der Erbengemeinschaft die Steuertraglast überbunden wird, was indessen als Steuervermächtnis wiederum eine Erbschaftssteuerpflicht auslösen kann. 07.28

Ist der Vermächtnisnehmer nicht zugleich auch Erbe, profitiert er in gewissen Kantonen davon, dass er für die Steuerschulden *nicht solidarisch mithaftet*[48], wie dies teilweise für die Erbengemeinschaft vorgesehen ist. Wichtig ist sodann der Unterschied zwischen einem bloss *formlos geäusserten Wunsch* des Erblassers und einem gültigen Vermächtnis: Kommen die Erben einem blossen Wunsch des Erblassers nach, wird der entsprechende Vermögenswert unter Umständen *zweifach besteuert*, nämlich als Erbanfall bei den Erben und sodann als Querschenkung der Erben an den „Vermächtnisnehmer"[49]. 07.29

---

[43] Die Tochter erwirbt das Vermächtnis zivil- und steuerrechtlich direkt vom Erblasser, was unter Umständen steuerlich günstiger ist als eine (auf einem formlosen Wunsch beruhende) Schenkung durch den Stiefelternteil.

[44] BÖCKLI, Indirekte Steuern, S. 350 f.; einlässlich zu den einzelnen Vermächtnisformen MONTEIL, S. 106 ff.

[45] Vgl. zu den Besteuerungssystemen in den einzelnen Kantonen vorne, Rz 05.69.

[46] In den Kantonen ZH, OW, NW, GL, ZG, SG, GR, TG und VD haften zudem die Vermächtnisnehmer bis zum Betrag ihres Vermächtnisses selbst für die Steuer.

[47] Sog. Steuersubstitution; den Erben steht hier gegenüber dem Vermächtnisnehmer ein gesetzliches Rückforderungsrecht für die bezahlte Steuer zu, das sie mit der Vermächtnisforderung verrechnen können. Siehe zum Ganzen MUSTER, S. 158 ff.

[48] So auch die Regelung im Kanton Bern, in Art. 8 ESchG BE bzw. Art. 30 Abs. 1 nESchG e contrario. Siehe dazu MUSTER, S. 163.

[49] Siehe MUSTER, S. 283, mit Hinweis auf die bernische Rechtsprechung, sowie den aktuellen Entscheid des VwGer ZH in ZStP 1999, S. 265 ff. Siehe zur Problematik sodann vorne, Rzn 05.81 ff.

b) Besteuerung von Rentenvermächtnissen

07.30 Bildet eine *Leibrente* Gegenstand des Vermächtnisses, hat der Berechtigte auf der kapitalisierten Rente[50] regelmässig eine *Erbschaftssteuer* zu entrichten[51]. Umgekehrt ist für den Rentenschulder die Rentenschuld (Stammrecht) bei der Erbschaftssteuer vom ihm zugewandten Erbteil abzugsfähig[52]. Allerdings ist den *kantonalen Besonderheiten* Rechnung zu tragen. Ist der Rentenempfänger nämlich steuerbefreit, ist der Abzug der kapitalisierten Rentenstammschuld vom steuerbaren Erbanfall unter Umständen unzulässig, was sich steuerlich äusserst ungünstig auswirkt[53].

07.31 Die einzelnen Rentenzahlungen müssen sodann vom Berechtigten mit Inkrafttreten der Änderungen gemäss Stabilisierungsprogramm 1998[54] künftig zu 40 % als *Einkommen* versteuert werden[55]. Der Rentenschuldner kann demgegenüber 40 % der einzelnen ausgerichteten Renten von seinem Einkommen abziehen[56], was aufgrund der Progression je nach Kanton erhebliche Steuereinsparungen bewirkt. Das Stammrecht der laufenden Rente wird auf Seiten des Rentengläubigers bei der *Vermögenssteuer* nicht erfasst[57] und kann entsprechend auch vom Rentenschuldner nicht in Abzug gebracht werden[58]. Unter Umständen liegt nach (noch geltendem) kantonalem Recht ein – infolge des Abzuges bei der Erbschaftssteuer noch nicht versteuerter – Vermögenszugang vor, wenn der Ren-

---

[50] Die Berechnung des Rentenbarwertes erfolgt in den verschiedenen Kantonen unterschiedlich, woraus sich erhebliche Steuerdifferenzen ergeben können. Zahlreiche Kantone stützen sich auf die Tafeln von STAUFFER/SCHAETZLE. Diese Grundlage wird auch im Kanton Bern verwendet, hier wird im Übrigen mit einem festen Kapitalisierungszinsfuss von 4 % gerechnet.

[51] BGE 68 I 1 ff. sowie BGE vom 31.10.1956, ASA 26 (1958), S. 240 ff.; P. LOCHER, Renten, S. 183; MAUTE/BEERLI-LOOSER, S. 279; zur allenfalls konfiskatorischen Besteuerung siehe den BGE vom 10.5.1985 in ASA 56 (1987/88), S. 439 ff. Dagegen ist der unentgeltliche Erwerb des Stammrechts konsequenterweise von der *Einkommenssteuer* befreit: Art. 24 Bst. a DBG sowie Art. 7 Abs. 4 Bst. c StHG; für das bernische Recht siehe zum Ganzen MUSTER, S. 400 ff.

[52] Siehe für den Kanton Bern Art. 14 Abs. 1 i.V.m. Art. 19 ESchG BE bzw. Art. 16 Abs. 1 nESchG BE.

[53] Vgl. dazu auch die Ausführungen zur Ehegattennutzniessung, hinten, Rz 07.45.

[54] Vgl. BBl 1999 V 2570 ff.

[55] nArt. 22 Abs. 3 DBG sowie nArt. 7 Abs. 2 StHG; für das bernische Recht vgl. Art. 32a Abs. 1 StG BE bzw. Art. 27 nStG BE. Nach zurzeit noch geltendem kantonalen Recht bestehen verschiedene Besteuerungsmodelle; vgl. P. LOCHER, Renten, S. 182 ff. Die Besteuerung zu 40 % soll die Ertragskomponente erfassen. Der noch bis am 1.1.2001 gültige Prozentsatz von 60 % (gemäss aArt. 22 Abs. 3 DBG sowie aArt. 7 Abs. 2 StHG) ist in den hier interessierenden Fällen der Ehegattenbegünstigung wegen des tendenziell relativ hohen Alters der Rentengläubiger deutlich zu hoch und führt dazu, dass ein Anteil Kapital nochmals besteuert wird. Vgl. zu dieser Problematik P. LOCHER, Renten, S. 183 f. Bisher konnte der Rentenschuldner allerdings seine Zahlungen vom Einkommen in Abzug bringen; vgl. Art. 33 Abs. 1 Bst. b DBG sowie Art. 9 Abs. 2 Bst. b StHG; ebenso die Regelung in zahlreichen Kantonen.

[56] Vgl. nunmehr nArt. 33 Abs. 1 Bst. b DBG sowie nArt. 9 Abs. 2 Bst. b StHG; beide i.K. ab 1.1.2001. Siehe auch P. LOCHER, Renten, S. 184. Für den Kt. Bern siehe zum (noch) geltenden Recht den illustrativen Entscheid des VGer in NStP 1994, S. 23 ff., und nunmehr Art. 38 Abs. 1 Bst. b StG BE.

[57] BLUMENSTEIN/LOCHER, S. 151.

[58] HÖHN/WALDBURGER, § 15, Rz 22. Im bernischen Recht ergibt sich das Fehlen der Abzugsfähigkeit ausdrücklich aus Art. 59 Abs. 1 StG BE bzw. Art. 62 Abs. 2 nStG BE.

tengläubiger vor Tilgung der ganzen Rentenstammschuld stirbt[59]. Für die Besteuerung eines *Nutzniessungsvermächtnisses* siehe hinten, Rzn 07.44 ff., für das *Wohnrecht* siehe Rzn 07.64 f.

4. Beurteilung im Hinblick auf die Ehegattenbegünstigung

Aufgrund der zahlreichen Gestaltungsmöglichkeiten eignet sich das Vermächtnis besonders gut zur Begünstigung des überlebenden Ehegatten, was allgemein noch zu wenig bekannt sein dürfte. Durch die Möglichkeit des Vermächtnisnehmers, das Vermächtnis bzw. einzelne von mehreren Vermächtnissen unabhängig von einer allfälligen Erbenstellung auszuschlagen, ergibt sich gegenüber der Erbeinsetzung eine deutliche Flexibilisierung[60]. 07.32

Zu Schwierigkeiten kann das Verhältnis zu den (Mit-)Erben führen, und zwar insbesondere dann, wenn der überlebende Ehegatte im Zeitpunkt des Erbganges nicht im Besitz der Vermächtnisgegenstände ist und diese von der Erbengemeinschaft bzw. der belasteten Person herausverlangen muss. Gegenüber den *Erbengläubigern* geniesst der Vermächtnisnehmer jedenfalls den Vorrang, so lange der Nachlass ungeteilt ist; zur Rechtslage nach Verschmelzung des Nachlasses mit dem Vermögen des beschwerten Erben ist die Lehre geteilter Auffassung[61]. Durch Einsetzung eines Willensvollstreckers, der mit der Ausrichtung der Vermächtnisse beauftragt wird, lässt sich das Problem allerdings umgehen. 07.33

IV. Nutzniessung und Wohnrecht

Sowohl die Nutzniessung als auch das Wohnrecht sind, soweit sie durch Verfügung von Todes wegen bestellt werden, besonders geartete *Vermächtnisse* zu Gunsten des Dienstbarkeitsberechtigten. 07.34

1. Ehegattennutzniessung nach Art. 473 ZGB

a) Begriff und Gestaltungsmöglichkeiten

Bei der Nutzniessung handelt es sich nach der Definition des Bundesgerichts um „das inhaltlich umfassende (dingliche) Nutzungs- und Gebrauchsrecht an einem fremden 07.35

---

[59] So die Regelung im Kanton Bern: Art. 33 Abs. 1 StG BE und 28 Abs. 2 nStG BE.

[60] Bei der *Ausschlagung eines Vermächtnisses* handelt es sich allerdings nicht um eine Ausschlagung im technischen Sinn, sondern um einen Forderungsverzicht; DRUEY, Grundriss, § 15, Rz 23 sowie ZGB-SCHWANDER, N 2 zu Art. 577 ZGB. Der Vermächtnisnehmer kann auch einfach darauf verzichten, das (nicht in seinem Besitz befindliche) Vermächtnis von den belasteten Erben heraus zu verlangen (ZGB-BESSENICH, N 2 zu Art. 577 ZGB); im Vergleich zur ausdrücklichen „Ausschlagungserklärung" können sich jedoch steuerliche Nachteile ergeben, wenn der stillschweigende Verzicht als Querschenkung qualifiziert wird (vgl. vorne, Rzn 05.81 f.)

[61] Siehe zum Stand der Lehre ZGB-BREITSCHMID, N 7 f. zu Art. 564 ZGB, der zu Recht – in Übereinstimmung mit dem Erblasserwillen – für einen Vorrang des Vermächtnisnehmers gegenüber den anderen Erbengläubigern eintritt.

Vermögensobjekt"[62]. Damit hat der Nutzniesser den vollen Genuss an der betreffenden Sache bzw. am Nutzniessungsvermögen.

07.36 Art. 473 ZGB ermöglicht eine besondere Form der erbrechtlichen Begünstigung des überlebenden Ehegatten. Gegenüber den gemeinsamen und den während der Ehe gezeugten nichtgemeinsamen Kindern und deren Nachkommen kann dem überlebenden Ehegatten die Nutzniessung am ganzen ihnen zufallenden Teil der Erbschaft zugewandt werden. Nicht zulässig ist die Nutzniessung gegenüber vorehelichen Nachkommen des Erblassers. Der kapitalisierte Wert der Nutzniessung darf deren Pflichtteil nicht beeinträchtigen; ihnen gegenüber ist mit anderen Worten nur eine normale Nutzniessung zulässig[63].

07.37 Als Vermächtnis kann die Ehegattennutzniessung auch ohne entsprechende Anordnung des Erblassers vom überlebenden Ehegatten ausgeschlagen werden. Umstritten ist jedoch, ob dem Ehegatten nach *Ausschlagung* der Nutzniessung nunmehr sein gesetzlicher Erbteil oder nur noch der Pflichtteil zusteht[64]. Mit einer ausdrücklichen Einräumung eines *Wahlrechts* durch den Erblasser[65] lassen sich diesbezügliche Konflikte vermeiden.

07.38 Für die *rechtliche Stellung* des Ehegatten-Nutzniessers gelten die Bestimmungen von Art. 745 ff. ZGB[66]. Das bedeutet unter anderem, dass der Nutzniesser die Kosten für den gewöhnlichen Unterhalt und die Bewirtschaftung der Nutzniessungsobjekte sowie die Steuern und allfällige Hypothekarzinsen zu tragen hat[67]. Allenfalls hat er die Nutzniessungsgegenstände auch zu versichern[68]. Der Nutzniesser ist befugt, die Ausübung der Nutzniessung einem anderen zu übertragen. Somit kann er die Gegenstände vermieten, verpachten, verleihen usw.[69] Soweit verbrauchbare Sachen Gegenstand der Nutzniessung sind, wird der Nutzniesser Eigentümer, muss jedoch deren Wert bei Beginn der Nutzniessung den Eigentümer-Erben erstatten[70].

07.39 Selbstverständlich kann sich gemäss erblasserischer Anordnung die Ehegattennutzniessung anstatt auf den ganzen Erbteil der Nachkommen auch lediglich auf einen Teil davon erstrecken[71]. Die *Nutzniessung* kann beispielsweise auf gewisse ertragreiche oder dem überlebenden Ehegatten aus persönlichen Gründen besonders wertvolle Vermö-

---

[62] BGE 122 V 401.

[63] Zur Berechnung der zulässigen Belastung siehe WILDISEN, S. 251 ff.

[64] Zur Kontroverse WILDISEN, S. 273 ff.; ZGB-STAEHELIN, N 18 zu Art. 473 ZGB.

[65] Beispiel: „Bei meinem Tod hat A die Wahl zwischen der Ehegattennutzniessung gemäss Art. 473 ZGB zuzüglich $1/8$ des Nachlasses zu Eigentum oder der unbeschwerten Erbquote von $5/8$ meines Nachlasses."

[66] Siehe zum Ganzen SIMONIUS/SUTTER II, § 3 Rzn 32 ff.; STEINAUER, Droits réels, § 70; sowie die Kommentierung von ZK-BAUMANN. Das Nutzniessungsvermächtnis entfaltet mit Eintritt des Erbfalls *nicht direkt dingliche Wirkung*, sondern verschafft dem überlebenden Ehegatten lediglich einen obligatorischen Anspruch auf Einräumung der Nutzniessung; vgl. ZBGR 67 (1986), S. 25 ff. (OGer ZH) m.H. auf a.M.

[67] Art 765 Abs 1 ZGB; vgl. ZK-BAUMANN, N 17 ff. zu Art. 764-765 ZGB.

[68] Art. 767 ZGB.

[69] Art. 758 Abs. 1 ZGB; anstatt vieler: ZGB-MÜLLER zu Art. 758 ZGB.

[70] Sog. Quasinutzniessung; Art. 772 Abs. 1 ZGB.

[71] WILDISEN, S. 231, m.w.H.

gensobjekte *beschränkt* werden, während die Nachkommen einen Teil ihrer Erbschaft bereits zu unbeschwertem Eigentum zugewiesen erhalten. Bei derartigen Sachlagen empfiehlt sich der Klarheit halber die Ergänzung der letztwilligen Verfügung mit Teilungsregeln[72]. Daneben ist es durchaus auch zulässig, nur die Erbteile einzelner Nachkommen mit der Ehegattennutzniessung zu belasten[73] oder die Erbteile gemeinsamer Nachkommen ganz, diejenigen vorehelicher Nachkommen nur teilweise (nämlich soweit ohne Pflichtteilsverletzung zulässig) mit einer Nutzniessung zu beschweren.

Wird die Ehegattennutzniessung dermassen eingeschränkt, dass die Pflichtteile der Nachkommen nicht mehr berührt werden, liegt nicht mehr eine Nutzniessung im Sinne von Art. 473 ZGB vor, sondern ein *gewöhnliches Nutzniessungsvermächtnis*[74]. Das ist, abgesehen von letztwilligen Beschränkungen der Ehegattennutzniessung, immer auch dann der Fall, wenn im Zeitpunkt des Erbfalls der begünstigte Ehegatte ein bestimmtes Alter erreicht hat, so dass der Wert der kapitalisierten Nutzniessung[75] die Nachkommenspflichtteile nicht mehr beeinträchtigt. 07.40

Dagegen ist es unvorteilhaft, den Pflichtteil der vorehelichen Nachkommen durch die Nutzniessung zu verletzen, da diesen sonst gemäss Art. 530 ZGB die Möglichkeit offen steht, die gänzliche *Ablösung* der Nutzniessung zu verlangen. Der im Verfügungszeitpunkt bestehenden Unsicherheit über den kapitalisierten Wert der Nutzniessung, der vom Zeitpunkt des Erbfalls abhängt, kann dadurch Rechnung getragen werden, dass dem vorehelichen Nachkommen sein Erbteil zu Eigentum zugewandt wird, unter Belastung mit einer Nutzniessung zu Gunsten des überlebenden Ehegatten „soweit dadurch sein Pflichtteil nicht verletzt wird". Die Beschränkung der Nutzniessung auf das zulässige Mass kann sowohl in sachlicher (Beschränkung auf eine Quote des Erbteils) als auch in zeitlicher Hinsicht (Beschränkung der Nutzniessung auf eine bestimmte Maximaldauer) erfolgen. 07.41

b) Verfügbare Quote neben der Nutzniessung

Weil die Nutzniessung gemäss Art. 473 Abs. 2 ZGB an die Stelle des gesetzlichen Erbrechts des überlebenden Ehegatten tritt, kann diesem zusätzlich die *verfügbare Quote zu Eigentum* zugewandt werden. Freilich ist umstritten, ob diese ein, zwei oder gar drei Achtel beträgt. Diese Frage wurde in der Lehre bereits ausführlich diskutiert. Es wird deshalb darauf verzichtet, an dieser Stelle die Argumentation nochmals aufzugreifen[76]. Letztlich wird man wohl zugeben müssen, dass der Gesetzgeber dieses Problem nicht ausdrücklich geregelt hat. Angesichts der weit gehenden Begünstigung, die unter dem neuen Eherecht in güterrechtlicher Hinsicht möglich ist, wird hier eher der gemässigten Variante von einem Achtel beigepflichtet[77]. 07.42

---

[72] Dazu hinten, Rzn 07.71 ff.

[73] WILDISEN, S. 231.

[74] WILDISEN, S. 235 ff; ZGB-STAEHELIN, N 3 zu Art. 473 ZGB.

[75] Die Kapitalisierung erfolgt dabei nach den Tabellen von STAUFFER/SCHAETZLE. Fraglich ist allerdings, zu welchem Zinsfuss kapitalisiert werden soll.

[76] Ausführlich etwa WILDISEN, S. 245 ff. und WEIMAR, Disponible Quote, S. 453 ff.; siehe auch die Übersichten über den Stand der Lehre bei ZGB-STAEHELIN, N 6 ff. zu Art. 473 ZGB, sowie ZK-BAUMANN, N 8 ff. zu Art 746 ZGB.

[77] Ebenso BREITSCHMID, Grenzfragen, S. 154.

07.43 Dem Rat verschiedener Autoren, dem Ehegatten bis zur höchstrichterlichen Klärung des Achtelstreits die „verfügbare Quote" zuzuwenden, ist entgegenzuhalten, dass damit die Auseinandersetzung lediglich bis zur Erbteilung verschoben wird, was dem Planungsgesichtspunkt Konfliktvermeidung widerspricht. Vorsichtiger ist es allemal, die Eigentumszuwendung auf einen Achtel zu beschränken oder aber, wenn sich eine grössere Begünstigung unter den gegebenen Verhältnissen als unumgänglich erweist, mit den Nachkommen einen Erbvertrag abzuschliessen, in dem die Angelegenheit allseitig verbindlich geregelt wird. Auch hier bleibt im Übrigen zu beachten, dass die verfügbare Quote bereits durch güterrechtliche Zuwendungen erschöpft sein kann. Dann ist nur noch die Ehegattennutzniessung auf dem (Rest-)Nachlass zulässig, und es bleibt überhaupt kein Raum für eine Eigentumsquote an den überlebenden Ehegatten.

c) Steuerliche Aspekte

aa) Erbschafts- und Schenkungssteuer

07.44 Die erbschaftssteuerliche Beurteilung der Nutzniessung erfolgt in den einzelnen Kantonen nach verschiedenen Systemen[78]. Am stärksten verbreitet ist die auch vom Kanton Bern[79] gewählte Lösung, die als einzige sachgerecht erscheint: Die unentgeltliche Zuwendung einer Nutzniessung unterliegt hier – analog zum Stammrecht einer Rente[80] – im *Wert der kapitalisierten Nutzniessungserträge* der kantonalen *Erbschaftssteuer*[81]. Dies kann für den berechtigten Ehegatten – sofern der betreffende Kanton ihn besteuert – zu Liquiditätsschwierigkeiten führen, wenn er nicht gleichzeitig einen Erbanteil zu Eigentum zugewiesen erhält und die kantonale Regelung nicht vorsieht, dass die Steuer aus dem Nutzniessungsvermögen zu entrichten ist. Die *nutzniessungsbelasteten Nachkommen* haben im Gegenzug nur das *nackte Eigentum* als Vermögenszufluss zu versteuern, können also den Kapitalwert der Nutzniessung vom Wert der ihnen zugeflossenen Erbschaft bei der Erbschaftssteuer in Abzug bringen[82].

07.45 In gewissen Kantonen gilt die *Sonderregel*, dass die Belastung eines Erbteils mit einer Nutzniessung beim Eigentumserben dann nicht in Abzug gebracht werden kann, wenn der Nutzniesser steuerfrei bleibt[83]. Dies hat bei der Befreiung des überlebenden Ehegatten von der Erbschaftssteuer zur Folge, dass

---

[78] Vgl. dazu HÖHN/WALDBURGER, § 27, Rzn 51 ff.

[79] Zur Besteuerung von Nutzniessungsverhältnissen im Kanton Bern siehe die Praxisfestlegung der kant. Steuerverwaltung in NStP 1991, S. 17 ff. Dieselbe Regelung gilt in den Kantonen AR, JU, NE, SH, SG, SO, OW, UR und ZH; mit weiteren Differenzierungen sodann in AG, AI, BL, BS (wo der Nutzniesser auch für einejährige Besteuerung optieren kann), GL (ausser für die Ehegattennutzniessung), VD, VS und ZG.

[80] Vgl. vorne, Rz 07.30.

[81] HÖHN/WALDBURGER, § 27, Rz 51; vgl. auch VON ERLACH, S. 70; RAMSEIER, S. 78; für das bernische Recht Art. 19 ESchG BE und dazu MUSTER, S. 400 ff., bzw. Art. 12 nESchG BE. Anderes gilt selbstverständlich im System der Nachlasssteuer. Zur Berechnung des Steuersubstrates siehe VON ERLACH, S. 81 f.

[82] Steuerbefreit ist der Nutzniesser in den Kantonen FR, LU und NW, wobei hier der Eigentümer die Steuer vom gesamten Vermögensanfall schuldet; in FR gilt zusätzlich die Sonderregelung, dass der Nutzniesser die Steuer auf dem kapitalisierten Wert der Nutzniessung schuldet, wenn der Eigentümer nicht der Erbschaftssteuer unterliegt. Eine kompliziertere Aufteilung zwischen Nutzniesser und belastetem Erben sehen die Kantone GE und TI vor.

[83] Diese Regelung gilt in den Kantonen AI, BL und ZH (wobei für ZH die Problematik durch den Wegfall der Nachkommenbesteuerung per 1.1.2000 weitgehend entschärft wurde). Etwas weniger weit geht § 11 Abs. 2 ESchG TG, wonach der Abzug des Kapitalwertes der Nutzniessung zur Hälfte ent-

die Nachkommen den ganzen Nachlass ohne Berücksichtigung der Nutzniessung als Erbanfall zu versteuern haben, was – auch zufolge der progressiven Ausgestaltung des Steuermasses – zu einer *überhöhten Belastung der Nachkommen* führt. Kann die Steuer nicht aus dem Nachlass beglichen werden, kommt es überdies zu Liquiditätsschwierigkeiten der Nachkommen[84].

Der *vorzeitige Verzicht auf die Nutzniessung* gilt als Schenkung und ist als solche zu versteuern[85]. 07.46

bb) Einkommens- und Vermögenssteuer

Mit dem Inkrafttreten des Stabilisierungsprogrammes 1998 per 1.1.2001 kommt es in naher Zukunft zu einer Vereinheitlichung der Besteuerung. Danach hat der Nutzniesser (unabhängig vom Entstehungsgrund der Nutzniessung) die *gesamten Erträge als Einkommen zu versteuern*[86]. Die Schuldzinsen und Unterhaltskosten betreffend das Nutzniessungsvermögen können in der Regel von derjenigen Person in Abzug gebracht werden, die sie tatsächlich aufgewendet hat (vgl. Art. 764 ff. ZGB)[87]. 07.47

Im heutigen Zeitpunkt erfolgt die steuerliche Bewertung der Nutzniessung in der Einkommens- und Vermögenssteuer nach *verschiedenen Konzepten*[88]. Zahlreiche Kantone besteuern allerdings die Erträge der unentgeltlich eingeräumten Nutzniessung bereits jetzt zu 100 %[89]. 07.48

Das Nutzniessungsvermögen wird hinsichtlich der *Vermögenssteuer* vollständig und ausschliesslich dem Nutzniesser zugerechnet[90]. Dieser kann auch die auf dem Nutzniessungsvermögen lastenden Schulden in Abzug bringen[91]. Entsprechend hat der Eigentümer-Erbe das nackte Eigentum nicht als Vermögen zu versteuern. 07.49

d) Beurteilung im Hinblick auf die Ehegattenbegünstigung

Die Ehegattennutzniessung bedeutet nicht in jedem Fall eine Verbesserung der finanziellen Stellung des betroffenen Ehegatten. Je nach dessen Alter und der Zusammensetzung des Vermögens kann sie ihm sogar empfindlich schaden. Tendenziell lohnt sich die Ehegattennutzniessung nur dann, wenn der Nachlass ertragreich angelegt ist, der Ver- 07.50

---

fällt, sofern der Leistungsempfänger steuerbefreit ist; vgl. dazu MAUTE/BEERLI-LOOSER, S. 280 f.; kritisch VON ERLACH, S. 109 ff.

[84] Der Kanton ZH sieht ausdrücklich vor, dass die Steuertraglast das Nutzniessungsgut treffen soll. Das wiederum hat zur Folge, dass der Nutzniesser-Ehegatte nicht in den vollen Genuss seiner Steuerbefreiung gelangt, da die Bezahlung der Steuer eine Schmälerung des Nutzniessungsgutes und damit seines daraus fliessenden Ertrages bewirkt (RAMSEIER, S. 87).

[85] VON ERLACH, S. 75; vgl. für den Kanton Bern NStP 1991, S. 22; in den Kantonen VS und AG hat der Eigentümer auch beim ordentlichen Wegfall der Nutzniessung deren Kapitalwert zu versteuern.

[86] Vgl. nArt. 22 Abs. 3 DBG und nArt. 7 Abs. 2 StHG.

[87] Praxisfestlegung der bernischen Steuerverwaltung in NStP 1991, S. 21.

[88] Zum Ganzen P. LOCHER, Renten, S. 188 ff.

[89] Zum bernischen Konzept der Nutzniessungsbesteuerung siehe Art. 32a StG BE, der von einer vollen Besteuerung ausgeht, sowie die Praxisfestlegung in NStP 1991, S. 17 ff. und Art. 24 Abs. 1 Bst. d sowie 25 Abs. 1 Bst. a nStG BE. Demgegenüber werden die Erträge der Nutzniessung von einigen Kantonen zurzeit nur zu 60 % erfasst; vgl. auch aArt. 22 Abs. 3 DBG sowie aArt. 7 Abs. 2 StHG.

[90] Siehe BGE 75 I 318; neuerdings auch Art. 13 Abs. 2 StHG; dazu ZIGERLIG/JUD, N 15 zu Art. 13 StHG; HÖHN/ATHANAS, S. 59, Ziff. 1.22.1. Für den Kanton Bern siehe Art. 5 Abs. 3 StG BE bzw. Art. 11 und 46 Abs. 2 nStG BE.

[91] ZIGERLIG/JUD, N 12 und 15 zu Art. 13 StHG.

mögensertrag zusammen mit den sonstigen Einkünften (etwa öffentlich-rechtliche Hinterlassenenrenten) für den Lebensunterhalt ausreicht und der Ehegatte noch jung ist. Insofern genügt eine schematische Kapitalisierung, wie sie sich etwa bei NÄF-HOFMANN findet[92], nicht zum Entscheid darüber, ob die Nutzniessung für den überlebenden Ehegatten vorteilhaft ist. Immerhin kann sich daraus ergeben, ob eine Nutzniessung für das betreffende Ehepaar überhaupt in Frage kommt[93].

07.51 Bei *Wiederverheiratung* des nutzniessungsberechtigten Ehegatten reduziert sich die Nutzniessung in dem Umfang, wie sie ohne die Sonderbestimmung von Art. 473 Abs. 1 ZGB zulasten der Nachkommenpflichtteile nicht hätte angeordnet werden dürfen[94]. Dies bedeutet gegenüber einer maximalen Begünstigung mittels Erbquote (sofern die verfügbare Quote nicht *zusätzlich* zur Nutzniessung dem überlebenden Ehegatten überlassen wird) einen verstärkten Schutz der Nachkommen. Die Reduktion erfolgt eo ipso, muss von den Nachkommen also nicht gerichtlich verlangt werden[95]. Abgesehen von dieser gesetzlichen Resolutivbedingung steht es dem Erblasser frei, die Ehegattennutzniessung unter weitere Bedingungen zu stellen oder mit Auflagen zu verbinden.

07.52 Bei ausreichendem Ertrag oder sonstigem (Renten)Einkommen hat die Ehegattennutzniessung gegenüber der Pflichtteilslösung den *Vorteil*, dass der überlebende Ehegatte seine *bisherige Lebensweise* weitestgehend beibehalten kann und nicht zwecks Auszahlung der Noterben Gegenstände des ehelichen Vermögens veräussern muss. Aus der Sicht der Nachkommen besteht ein weiterer Vorteil darin, dass diese letztlich in den Genuss des gesamten Nachlasses gelangen und bezüglich des von der Nutzniessung umfassten Familienvermögens keinen Vermögensverzehr befürchten müssen. Im Hinblick auf allfällige Ergänzungsleistungen und Fürsorgeansprüche ist vorteilhaft, dass dem Betroffenen kein Vermögensverzehr zugemutet bzw. angerechnet werden kann[96].

07.53 Die Nutzniessung bringt jedoch auch *Nachteile* mit sich: Je nach Alter und Gesundheitszustand des überlebenden Ehegatten kann die Vermögensverwaltung zu einer Belastung werden, insbesondere dann, wenn sich Liegenschaften oder gar ein Unternehmen im Nachlass befinden. Problematisch kann auch die unter Umständen jahrzehntelange Bindung zwischen dem Ehegatten und den Nutzniessungsbelasteten sein, die in der Praxis nicht selten zu Streitigkeiten führen dürfte. Bei jüngeren überlebenden Ehegatten, denen die Nutzniessung besondere wirtschaftliche Vorteile bietet, erweist sich die

---

[92] NÄF-HOFMANN, Rzn 2516 ff.

[93] Tabellen zu den Altersschwellen bei verschiedenen Zinsfüssen finden sich bei NÄF-HOFMANN, Rzn 2584 ff. Praktisch dürfte es relativ häufig vorkommen, dass der effektive Ertrag unter 3,5 % liegt (z.B. wenn sich im Nachlass eine selbstbewohnte Liegenschaft oder ein Ferienhaus, Schmuck, antike Möbel, eine Bildersammlung u. dgl. befinden).

[94] Zur Berechnung der Reduktion siehe ZK-BAUMANN, N 45 f. zu Art. 748-749 ZGB; ZGB-STAEHELIN, Rzn 22 f. zu Art. 473 ZGB. Die Parteien können sich anstelle einer Reduktion der Nutzniessung auch darauf einigen, die bisher unentgeltliche Nutzniessung als teilweise entgeltliche weiterzuführen; ZK-BAUMANN, N 47 zu Art. 748-749 ZGB.

[95] Zur Frage der obligatorischen oder dinglichen Berechtigung nach erfolgter Reduktion siehe AEBI-MÜLLER, Grenzfragen, S. 431 f., m.w.H.; vgl. sodann den Entscheid des OGer ZH in ZR 68 (1969), S. 200 ff. (Frage offen gelassen).

[96] BGE 122 V 394.

Wiederverheiratungsklausel von Art. 473 Abs. 3 ZGB als hinderlich. Schliesslich kann der überlebende Ehegatte – auch ohne Wiederverheiratung – das Bedürfnis haben, sich noch einmal ganz neu zu orientieren, gewisse Vermögenswerte zu veräussern und den Erlös anders zu investieren oder zu verbrauchen. Besteht ein Bedarf an Barvermögen, kann der Nutzniesser diesen nicht durch eine hypothekarische Belastung der in Nutzniessung befindlichen Liegenschaft befriedigen. Besonders wenn es sich beim Nachlass vorab um Errungenschaft handelt, will sich der überlebende Ehegatte kaum von den Nachkommen vorschreiben lassen, welche Verfügungen er vornehmen darf und welche nicht. Diesen Unsicherheiten bezüglich der Zweckmässigkeit einer Nutzniessung ist – sofern die Ehegattennutzniessung als Begünstigungsform im konkreten Fall überhaupt zur Diskussion steht – mit der Einräumung eines Wahlrechts[97] zu begegnen. Ungeeignet ist die Ehegattennutzniessung ferner im Rahmen einer Rekombinationsfamilie, vgl. hinten, Rzn 12.62 f.

Das Nutzniessungsvermächtnis von Art. 473 ZGB wirft zahlreiche *weitere Fragen* 07.54 auf, deren Besprechung den vorliegenden Rahmen sprengen würde. Ungelöste Probleme stellt beispielsweise – wie die Vermächtnisforderung ganz allgemein – die Sicherung der Nutzniessung vor den Erbengläubigern (vgl. Art. 564 Abs. 2 ZGB)[98]. Dessen ungeachtet scheint sich die Ehegattennutzniessung in der Praxis grosser Beliebtheit zu erfreuen[99].

2. *Gewöhnliche Nutzniessung*

a) *Anwendungsbereich*

Anstelle der Ehegattennutzniessung nach Art. 473 ZGB kann dem überlebenden Ehe- 07.55 gatten auch eine gewöhnliche Nutzniessung als Vermächtnis ausgerichtet werden. Dies ist insbesondere dann zweckmässig, wenn nur *einzelne Vermögensobjekte* zur Nutzniessung überlassen werden sollen, und der überlebende Ehegatte daneben eine nennenswerte Eigentumsquote erhalten soll. Bei den betroffenen Gegenständen kann es sich entweder um solche mit grossem Ertrag handeln oder aber um Werte, die nach dem Tod des Zweitversterbenden einem bestimmten Nachkommen zukommen sollen, wie beispielsweise eine Liegenschaft oder eine Familienunternehmung. Die Zuwendung einer Nutzniessung übernimmt in diesem zweiten Fall dann eine ähnliche Funktion wie die Einsetzung des Betroffenen als (blosser) Vorerbe[100]. Von Gesetzes wegen lässt sich die Nutzniessung „an beweglichen Sachen, an Grundstücken, an Rechten oder an einem Vermögen" bestellen[101].

Auch auf die gewöhnliche Nutzniessung sind die Bestimmungen von Art. 745 ff. 07.56 ZGB anwendbar[102]. Im Zusammenhang mit der Nutzniessung des überlebenden Ehegat-

---

[97] Vorne, Rz 07.37 mit Fn 65.
[98] Einlässlich damit beschäftigt hat sich WILDISEN, S. 298 ff. Vgl. zur Problematik auch vorne, Rz 07.33 mit Fn 61.
[99] ZK-BAUMANN, N 63 ff. Vorbem. Art. 745-778 ZGB.
[100] Zur Nacherbeneinsetzung siehe hinten, Rzn 07.113 ff.
[101] Art. 745 ZGB; vgl. zum Gegenstand der Nutzniessung auch ZK-BAUMANN, N 14 ff. zu Art. 745 ZGB.
[102] Siehe dazu schon vorne, Rz 07.38.

ten ist insbesondere zu beachten, dass gemäss BGE 116 II 281 an *Teilen einer Liegenschaft* nur dann eine Nutzniessung bestellt werden kann, wenn dieser Liegenschaftsteil zu Stockwerkeigentum ausgeschieden wurde[103]. Ansonsten ist auf das Wohnrecht auszuweichen.

07.57 Weil sich ein Pflichtteilserbe nicht gefallen lassen muss, im Umfang seines Noterbrechts mit einer Nutzniessung abgefunden zu werden[104], ist ein *Erbverzichtsvertrag* erforderlich, wenn der überlebende Ehegatte neben der Nutzniessung nicht noch mindestens seinen Pflichtteil in Form von Eigentum erhalten soll. Bei Fehlen eines Erbverzichts oder eines ausdrücklichen Wahlrechts ist der Vermächtnisnehmer befugt, das Nutzniessungsvermächtnis auszuschlagen und stattdessen seinen Pflichtteil – und nur diesen! – zu Eigentum zu verlangen.

b) Steuerliche Aspekte

07.58 Die gewöhnliche Nutzniessung wird in steuerlicher Hinsicht behandelt wie die Ehegattennutzniessung nach Art. 473 ZGB. Es kann deshalb auf die diesbezüglichen Ausführungen in Rzn 07.44 ff. verwiesen werden.

c) Beurteilung im Hinblick auf die Ehegattenbegünstigung

07.59 Die Einräumung eines Nutzniessungsrechts anstelle des unbeschränkten Eigentums kann sich in verschiedener Hinsicht als vorteilhaft erweisen. Weil sich der überlebende Ehegatte in der Erbteilung nur den Wert der kapitalisierten Nutzniessung anrechnen lassen muss, kann er Objekte „behalten", deren Wert seine Erbquote übersteigt und die er deshalb nicht zu Volleigentum an sich ziehen könnte. Das kann insbesondere bei Liegenschaften zutreffen[105], aber auch bei einer Familienaktiengesellschaft[106]. Ein weiterer Vorteil liegt darin, dass die nutzniessungsbelasteten Erben (d.h. regelmässig die Nach-

---

[103] Siehe zu diesem Entscheid die Besprechung von SUTTER/SCHÖBI in recht 1991, S. 139 ff.; vgl. auch AEBI-MÜLLER, Grenzfragen, S. 433 f.

[104] Vorne, Rz 05.14.

[105] Beispiel: Die überlebende Ehefrau ist 65 Jahre alt. Der Nachlass des Verstorbenen, der mit einem Nachkommen zu teilen ist, beträgt Fr. 1'200'000, wovon Fr. 1'000'000 in eine Liegenschaft investiert sind. Der Pflichtteil des Nachkommen beträgt $^3/_8$, somit Fr. 450'000. Mit den restlichen Fr. 750'000 (der verfügbaren Quote) kann die Ehefrau die Liegenschaft nicht übernehmen, sie müsste dazu (sofern ihr überhaupt ein entsprechender Teilungsanspruch zusteht) den Nachkommen aus eigenem Vermögen auszahlen. Anders verhält es sich, wenn ihr die Nutzniessung an der Liegenschaft vermacht wird. Geht man von einem jährlichen Nutzniessungswert der Liegenschaft von Fr. 40'000 aus, beträgt die kapitalisierte Nutzniessung Fr. 588'400 (vgl. STAUFFER/SCHAETZLE, Tafel 45); der Ehefrau stehen also in der Erbteilung neben der Nutzniessung an der Liegenschaft noch Fr. 161'600 aus dem Barnachlass zu, sofern der Nachkomme des Erblassers auf den Pflichtteil gesetzt wurde. Dieser muss sich mit dem nackten Eigentum an der Liegenschaft (im Wert von Fr. 411'600) und den restlichen Fr. 38'400 Barnachlass begnügen.

[106] Der Nutzniesser hat gemäss Art. 690 Abs. 2 OR das Recht, die Aktien in der GV zu vertreten, wobei er allerdings den Interessen des Eigentümers angemessen Rechnung tragen muss. Zur Interessenkollision zwischen dem Nutzniesser, der naturgemäss eine hohe Dividende befürwortet, und dem Eigentümer interessiert, der an Reservenbildung interessiert ist, siehe anstatt vieler LÄNZLINGER, N 14 ff. zu Art. 690 OR, m.w.H. Der überlebende Ehegatte kann sich so zu Lebzeiten die Kontrolle der Unternehmung sichern, ohne sich in der Erbteilung deren ganzen Wert der Aktien anrechnen lassen zu müssen. Siehe zum Ganzen auch hinten, Rzn 13.58 ff.

kommen des Erblassers) bei Wegfall des überlebenden Ehegatten automatisch zu Volleigentümern werden. Das Hinzutreten weiterer (Pflichtteils)Erben des überlebenden Ehegatten – etwa zufolge Wiederverheiratung – schadet ihnen deshalb nicht. Der überlebende Ehegatte muss sich andererseits – anders als bei der Ehegattennutzniessung – im Falle seiner Wiederverheiratung keine Reduktion der Nutzniessung gefallen lassen. Die gewöhnliche Nutzniessung eignet sich deshalb in besonderem Mass für (angehende) Rekombinationsfamilien.

Nachteilig an der Nutzniessung ist der bereits im Zusammenhang mit der Ehegattennutzniessung erwähnte Aspekt der Konfliktträchtigkeit und der langdauernden Bindung zwischen den Beteiligten. Immerhin ist diese Problematik weniger schwerwiegend, wenn die Nutzniessung auf einen Gegenstand oder wenige bestimmte (und damit leichter überschaubare) Objekte beschränkt bleibt. Der Nutzniesser hat sodann keine Möglichkeit, den Nutzniessungsgegenstand zu veräussern, sollte er auf einen grösseren Barbetrag angewiesen sein. Auch wenn ihm das betreffende Objekt überflüssig wird, ist er auf Kooperation mit den Eigentümern angewiesen, um die Nutzniessung allenfalls ablösen zu können. Zu erinnern ist schliesslich an die bereits erwähnte Stellung der Erbengläubiger[107]. 07.60

3. Wohnrecht

a) Begriff

Gemäss der Legaldefinition von Art. 776 Abs. 1 ZGB besteht das Wohnrecht in der Befugnis, in einem Gebäude oder einem Teil eines solchen Wohnung zu nehmen. Dabei ist zu unterscheiden zwischen dem blossen *Mitbenutzungsrecht* und dem *ausschliesslichen Wohnrecht*, bei welchem der Wohnberechtigte alleiniger Nutzungsberechtigter ist. 07.61

Der Wohnberechtigte hat im Gegensatz zum Nutzniesser nicht für die Verzinsung der auf dem Grundstück lastenden Schulden aufzukommen und auch die Verwaltung der Liegenschaft ist grundsätzlich Sache des Eigentümers. Dasselbe gilt für die das Grundstück betreffenden Gebühren und Versicherungen. Einzig der *gewöhnliche Unterhalt* der Wohnung ist vom Wohnberechtigten zu tragen, soweit ihm daran ein ausschliessliches Recht zusteht[108]. Auch beim „unentgeltlichen Wohnrecht" sind die mit der gewöhnlichen Ausübung des Rechts verbundenen Lasten (Elektrizität, Heizung, Wasser, Telefonanschluss usw.) durch den Berechtigten zu bezahlen[109]. 07.62

Im Gegensatz zur Nutzniessung darf die Ausübung des Wohnrechts *nicht übertragen* werden, weshalb eine Vermietung nicht in Frage kommt[110]. Immerhin darf der Berechtigte gemäss Art. 777 Abs. 2 ZGB in der Regel seine Familienangehörigen und Hausgenossen zu sich in die Wohnung aufnehmen, was insbesondere mit Blick auf einen zweiten Ehe- oder einen Konkubinatspartner[111] von Bedeutung ist[112]. In der Lehre ist 07.63

---

[107] Vorne, Rz 07.33 mit Fn 61.

[108] Art. 778 ZGB.

[109] BGE 115 II 344; auch hier könnte eine andere Regelung durch erbrechtliche Auflage erfolgen.

[110] Man spricht in diesem Zusammenhang von der *Höchstpersönlichkeit des Wohnrechts*; vgl. hierzu ZK-BAUMANN, N 26 ff. zu Art. 776 ZGB, m.w.H.

[111] So die neuere Lehre; vgl. ZK-BAUMANN, N 12 ff. zu Art. 777 ZGB.

umstritten, ob sich der ausschliesslich Wohnberechtigte die natürlichen Früchte des Grundstücks aneignen (d.h. etwa das Obst ernten oder den Garten bestellen) darf[113]. Die letztwillige Verfügung, mit der das Wohnrecht eingeräumt wird, sollte diese Frage gegebenenfalls klären.

b) Steuerliche Aspekte

07.64 Wie mit Bezug auf die Nutzniessung unterliegt der kapitalisierte Wert des Wohnrechts[114] beim Berechtigten in der Regel der *Erbschafts- bzw. Schenkungssteuer*, während der Eigentümer-Erbe diesen Betrag von seinem steuerbaren Vermögenszufluss in Abzug bringen kann[115]. Auch hier sind indessen die kantonalen Regelungen zu konsultieren.

07.65 Der Ertragswert des Wohnrechts ist ab 1.1.2001 vollumfänglich als *Einkommen* zu versteuern[116]. Die Auffassungen in der Lehre und Praxis darüber, ob der Wohnberechtigte sich das betreffende Wohnobjekt – analog zur Nutzniessung – als *steuerbares Vermögen* anrechnen lassen muss, gehen auseinander[117].

c) Beurteilung im Hinblick auf die Ehegattenbegünstigung

07.66 Die *Vorteile des Wohnrechts* entsprechen grösstenteils jenen der Nutzniessung. Der Berechtigte muss sich in der Erbteilung nicht den Wert des unbeschwerten Eigentums anrechnen lassen, weshalb auch der Verbleib in relativ teuren Liegenschaften leichter möglich ist. Der Verbleib der Liegenschaft im Stamm des Erblassers wird gesichert, unabhängig vom Hinzutreten weiterer Pflichtteilserben auf Seiten des Wohnberechtigten. Ein zusätzlicher Vorteil gegenüber der Nutzniessung besteht darin, dass die Verwaltung und der grösste Teil des Unterhalts zu Lasten des Eigentümers gehen, der Wohnberechtigte deshalb von den damit verbundenen Kosten und Umtrieben befreit ist. Das Wohnrecht ist zudem – wiederum im Gegensatz zur Nutzniessung – *absolut unpfändbar*[118], so dass der Berechtigte auch in der Zwangsvollstreckung geschützt ist.

07.67 Die Einräumung eines Wohnrechts weist für den überlebenden Ehegatten allerdings verschiedene *Nachteile* auf. Die *fehlende Veräusserbarkeit* wirkt sich negativ auf die Liquidität des Berechtigten aus. Die Tragung eines Grossteils der Unterhaltskosten durch den Eigentümer führt dazu, dass zwischen ihm und dem Wohnberechtigten ein intensive-

---

[112] Der von Art. 777 Abs. 2 ZGB angesprochene Personenkreis kann sich gemäss der h.L. im Laufe der Zeit verändern und richtet sich nach der jeweiligen Situation des Wohnberechtigten; siehe ZGB-MOOSER/IZZO, N 10 zu Art. 777 ZGB.

[113] Siehe dazu ZGB-MOOSER/IZZO, N 4 zu Art. 777 ZGB, wonach ein Nutzungsrecht zwischen den Parteien eigens vereinbart werden muss; siehe auch ZK-BAUMANN, N 20 zu Art. 777 ZGB. Im Rahmen einer Verfügung von Todes wegen kann die Einräumung eines entsprechenden Rechts zur Fruchtziehung durch entsprechende *Auflage* zu Lasten des Eigentümer-Erben erfolgen.

[114] Kapitalisiert wird in der Regel der Mietwert eines vergleichbaren Objekts; VON ERLACH, S. 82.

[115] VON ERLACH, S. 70; RAMSEIER, S. 77 f.; vgl. auch vorne, Rzn 07.44 ff.

[116] Vgl. vorne, Rz 07.47.

[117] ZIGERLIG/JUD, N 16 zu Art. 13 StHG, m.w.H.; VON ERLACH, S. 115 f. und 140 ff. Für den Kanton Bern vgl. den älteren Entscheid MBVR 1961, Nr. 53, wonach der Eigentümer das kapitalisierte Wohnrecht vom Vermögen in Abzug bringen kann (entsprechend ist das Wohnrecht vom Berechtigten zu versteuern); dies entspricht auch der aktuellen Praxis.

[118] ZK-BAUMANN, N 32 zu Art. 776 ZGB.

rer Kontakt erforderlich ist als bei der Nutzniessung, was in einem belasteten Klima die *Gefahr von Spannungen* erhöhen kann. Ist der überlebende Ehegatte nicht mehr in der Lage, das Wohnrecht selber auszuüben, kann er nicht durch eine Vermietung weiterhin den Nutzen daraus ziehen. Besteht die Unmöglichkeit der Ausübung auf Dauer (beispielsweise wenn ein Umzug in ein Alters- oder Pflegeheim unumgänglich geworden ist und keine Aussicht auf Rückkehr in die Wohnung besteht) endet das Wohnrecht[119]. Die Familienangehörigen und Hausgenossen, die gemäss Art. 777 Abs. 2 ZGB in die Wohnung aufgenommen wurden (beispielsweise ein zweiter Ehegatte) haben dann die Wohnung ebenfalls zu verlassen.

V. Erbrechtliche Teilungsvorschriften

1. Gesetzliche Teilungsregeln

Die einzige erbrechtliche Teilungsregel, die sich spezifisch mit dem überlebenden Ehegatten befasst, ist Art. 612a ZGB, der diesem ein Zugsrecht betreffend *Wohnung und Hausrat*[120] einräumt. Ein ähnlicher, allerdings güterrechtlicher Zuweisungsanspruch betreffend Wohnung und Hausrat ist gesetzlich sowohl bei der Errungenschaftsbeteiligung als auch bei der Gütergemeinschaft vorgesehen (Art. 219 und 244 ZGB). Während dieser bei der Errungenschaftsbeteiligung unabhängig davon besteht, welcher Vermögensmasse des Verstorbenen die Liegenschaft angehört hat, hat der überlebende Ehegatte bei der Gütergemeinschaft nur einen erbrechtlichen Anspruch auf Zuweisung der Eigengutsliegenschaft des Verstorbenen. 07.68

Im Gegensatz zur Gütergemeinschaft, wo eine Zuweisung zu Eigentum im Vordergrund steht, kann der überlebende Ehegatte bei der Errungenschaftsbeteiligung gestützt auf das eheliche Güterrecht regelmässig nur die Nutzniessung oder ein Wohnrecht beanspruchen, sofern er nicht schon während der Ehe sachenrechtlich (gesamthänderisch mittels einer Ehegattengesellschaft oder durch Begründung von Miteigentum) an der Liegenschaft berechtigt war[121]. Er ist deshalb auf den erbrechtlichen Zuweisungsanspruch angewiesen. Dies gilt auch für den Gütertrennungs-Ehegatten, dem aus Güterrecht höchstens bei Miteigentum ein Zuweisungsanspruch zusteht, sofern er ein überwiegendes Interesse nachzuweisen vermag. 07.69

Im Einzelnen ist umstritten, ob Art. 612a ZGB dem überlebenden Ehegatten ein Wahlrecht bezüglich mehrerer Wohnungen einräumt, in denen die Ehegatten gewohnt haben oder ob sogar die Zuteilung mehrerer Wohnungen verlangt werden kann[122]. Weitgehend anerkannt ist dagegen der dispositive Charakter von Art. 612a ZGB[123]. 07.70

---

[119] ZK-BAUMANN, N 18 zu Art. 776 ZGB; vgl. auch BGE 107 II 331, E 3.

[120] Zum Begriff des Hausrats siehe vorne, Rz 03.07 mit Fn 7.

[121] Siehe schon vorne, Rzn 03.08.

[122] Letzteres geht doch wohl zu weit und ist mit dem Zweck von Art. 612a ZGB (wonach dem überlebenden Ehegatten die *Familienwohnung* gesichert werden soll) kaum mehr zu vereinbaren. Vgl. dazu SEEBERGER, S. 149 ff., sowie (zu grosszügig) WILDISEN, S. 350.

[123] BGE 119 II 323; vgl. zur Kontroverse WILDISEN, S. 324 ff. Ausführlich zu Art. 612a ZGB KAUFMANN, S. 129 ff.

2. Letztwillige Teilungsregeln

07.71 Die Befugnis des Erblassers, über die Teilung seines Nachlasses zu verfügen, ergibt sich aus Art. 608 Abs. 1 ZGB. Der Grundsatz der Gleichberechtigung aller Erben an den Nachlassgegenständen wird damit durchbrochen. Der Erblasser kann sowohl *materielle Teilungsregeln* erlassen, mit denen er bestimmte Nachlassgegenstände einzelnen Erben zuteilt, als auch reine *Verfahrensvorschriften*[124], beispielsweise betreffend die Losbildung, Wahlrechte eines Erben[125] oder Einsetzung eines Willensvollstreckers. Die folgenden Ausführungen beziehen sich hauptsächlich auf die im vorliegenden Zusammenhang wichtigeren materiellen Teilungsregeln.

a) Erbrechtliche Einordnung

07.72 Die Ansprüche, die sich aus den testamentarischen Teilungsanordnungen ergeben, haben *obligatorischen Charakter*, räumen dem Berechtigten also *kein dingliches Recht* auf den Nachlassgegenstand ein[126].

07.73 Zu bezweifeln ist die vereinzelt geäusserte Ansicht, es handle sich um erbrechtliche Auflagen[127]. Die Teilungsregeln begründen – anders als Auflagen – einen obligatorischen Anspruch des betreffenden Erben, der von diesem notfalls gerichtlich durchgesetzt werden kann[128]. Eine Auflage, deren Durchsetzung jeder Erbe verlangen kann, liegt nur vor, wenn der Erblasser eine allseitig verpflichtende Anordnung erlassen wollte, was in der Regel aber nicht der Fall ist. Richtigerweise handelt es sich bei der Teilungsregel im Normalfall um eine *letztwillige Verfügung eigener Art*, die in gewisser Hinsicht dem Vermächtnis nahe steht[129].

07.74 Soweit nichts anderes aus der letztwilligen Verfügung hervorgeht, stellen die erblasserischen Zuweisungsregeln *blosse Teilungsvorschriften* dar und handelt es sich dabei nicht um Vermächtnisse, die dem Berechtigten zusätzlich zu seinem Erbteil zukommen (Art. 608 Abs. 3 ZGB)[130]. Die Festlegung eines Anrechnungswertes, der unter dem Verkehrswert eines zugeteilten Objektes liegt, begründet demgegenüber ein so genanntes *Quotenvermächtnis* in der Höhe der Differenz zwischen Anrechnungs- und Verkehrswert[131].

b) Gestaltungsmöglichkeiten

07.75 Dem Erblasser steht es, wie soeben erwähnt, frei, für bestimmte Nachlassgegenstände einen *Anrechnungswert* festzulegen, und zwar unabhängig davon, ob das betreffende Objekt einem bestimmten Erben zugeteilt wird oder nicht. So kann er beispielsweise den Wert einer voraussichtlich von allen Erben begehrten Liegenschaft *über* dem objektiven

---

[124] Dazu PFAMMATTER, S. 5 f.
[125] Dazu hinten, Rzn 07.86 ff.
[126] PFAMMATTER, S. 7, m.w.H.; vgl. auch BGE 101 II 36.
[127] UFFER-TOBLER, S. 69; DRUEY, Grundriss, § 11, Rz 24.
[128] ZGB-STAEHELIN, N 20 zu Art. 482 ZGB, m.w.H.
[129] ZK-ESCHER, N 1 zu Art. 608 ZGB.
[130] Zur Abgrenzung siehe auch vorne, Rz 07.18.
[131] ZGB-SCHAUFELBERGER, N 4 zu Art. 608 ZGB.

Verkehrswert ansetzen, was zur Folge hat, dass diejenigen Erben wirtschaftlich entschädigt werden, die auf die Zuweisung der Liegenschaft verzichten.

Eine ähnliche Art der Verfügung besteht darin, dass der Erblasser zwar ebenfalls auf die Zuteilung der Nachlassobjekte an bestimmte Erben verzichtet, aber mit letztwilliger Verfügung – als formelle Teilungsregel – die *Lose* bildet (vgl. Art. 608 ZGB), die unter die Erben aufzuteilen sind. Damit kann er zum Beispiel verhindern, dass in einem grösseren Nachlass ein Erbe gleichzeitig mehrere Liegenschaften an sich zieht. Ebenso kann auf diese Weise die Aufteilung einer Unternehmung oder eines Wertschriftenpakets usw. veranlasst werden[132]. Eine vom Erblasser unbeabsichtigte Ungleichheit der Teile ist auszugleichen[133]. 07.76

Materielle Teilungsregeln, die einem bestimmten Erben einen Zuteilungsanspruch bezüglich ein bestimmtes Nachlassobjekt einräumen, kann der Erblasser mit *Auflagen und Bedingungen* kombinieren[134]. 07.77

Beispielsweise soll der überlebende Ehegatte das Familienunternehmen weiterführen, bis er das Pensionierungsalter erreicht hat (Resolutivbedingung). Alsdann soll der Sohn gegen entprechende Ausgleichszahlung[135] das Unternehmen übernehmen dürfen, sofern er zu diesem Zeitpunkt sein Studium als Betriebswirtschafter abgeschlossen hat (Suspensivbedingung). Der bisherige Manager X ist bis zu seinem freiwilligen Rücktritt weiter im Betrieb zu beschäftigen (Auflage). 07.78

c) Bindung der Erben an die Teilungsregeln

Ob die Teilungsregeln nur als Recht oder auch als Pflicht zur Übernahme der bezeichneten Nachlassobjekte zu verstehen sind, ergibt sich aus der Auslegung der letztwilligen Verfügung[136]. Regelmässig wird nur ein *Übernahmerecht* (und nicht eine entsprechende Pflicht) dem erblasserischen Willen entsprechen[137]. Die Teilungsregel begründet dann ein *Gestaltungsrecht* des betreffenden Erben, durch Erklärung gegenüber der Erbengemeinschaft den obligatorischen Anspruch auf Übernahme des Nachlassgegenstandes zu begründen. Der vom Erblasser verfügte Zuweisungsanspruch kann deshalb *analog zum Vermächtnis ausgeschlagen* werden[138], womit die gesetzlichen Teilungsregeln wieder in Kraft treten. Weil sich die Bedürfnisse des überlebenden Ehegatten zwischen Nieder- 07.79

---

[132] Bei Einstimmigkeit der Erben nützen allerdings auch Losbildungsregeln nichts, da niemand für ihre Durchsetzung sorgt und umstritten ist, ob der Willensvollstrecker dazu befugt ist (vgl. Rz 07.80).

[133] Art. 608 Abs. 2 ZGB.

[134] PFAMMATTER, S. 6, mit Beispielen.

[135] Muss der Sohn keine Ausgleichszahlung leisten, liegt ein Nachvermächtnis vor.

[136] DRUEY, Teilung, S. 30 f.; ders., Grundriss, § 16, N 63. Zur ehevertraglichen Teilungsregel schon vorne, Rz 06.109 f.

[137] Ist die Teilungsregel verpflichtend gemeint, kann sich ihr der überlebende Ehegatte nur entziehen, wenn sich die Erben betreffend der Teilung einig sind. Ansonsten kann jeder Erbe auf der Durchsetzung der letztwilligen Verfügung bestehen.

[138] ZK-ESCHER, N 1 zu Art. 608 ZGB.

schrift der letztwilligen Verfügung und Tod des Erstversterbenden verändern können, empfiehlt sich, die Zuteilungsregeln ausdrücklich als reine Zugs*rechte* auszugestalten[139].

07.80 Besteht unter den Erben diesbezüglich Einigkeit, können sie frei über ihre Anteile und über Teilungsansprüche verfügen[140]. Zwar kann der Erblasser die Einhaltung der Teilungsvorschriften zur Bedingung für die Gültigkeit seiner Verfügung machen[141], was aber meist nicht zweckmässig ist und zudem die Pflichtteile der Noterben nicht ausser Kraft setzt. Ob ein *Willensvollstrecker* auch gegen den einstimmigen Beschluss aller Erben die erblasserischen Teilungsregeln durchsetzen kann, ist umstritten. Nach der herrschenden Lehre geht die Erbenvereinbarung auch diesfalls dem Willen des Erblassers vor[142], die ältere Lehre sowie das Bundesgericht vertreten die Gegenansicht[143].

d) Verhältnis zum Pflichtteilsrecht

07.81 Die Teilungsvorschriften als solche verletzen die Pflichtteile nie, da die Stellung als Noterbe nur eine bestimmte Quote – und nicht die Mitwirkung bei der Teilung oder gar Sachansprüche – gewährleistet[144]. Die Vermögensobjekte, die der Erblasser dem überlebenden Ehegatten zuteilt, dürfen deshalb den Wert der verfügbaren Quote übersteigen, der überlebende Ehegatte kann allerdings seine Teilungsansprüche nur durch Aufzahlung retten. Auch das durch Festlegung eines zu tiefen Anrechnungswertes ausgesetzte Quotenvermächtnis darf die Pflichtteile der Miterben – die aufgrund der Verkehrswerte berechnet werden[145] – nicht verletzen.

e) Verhältnis zur güterrechtlichen Teilung

07.82 Genügen weder die güter- noch die erbrechtliche Quote je für sich zur aufpreisfreien Zuweisung eines bestimmten Vermögensobjekts, kann der Erblasser anordnen, das Zugsrecht dürfe teilweise auf *Anrechnung an die güterrechtliche Forderung* ausgeübt werden. Da bei der Errichtung der letztwilligen Verfügung die Höhe des Nachlasses noch nicht bekannt ist, empfiehlt es sich, den Teilungsregeln stets eine Klausel beizufügen, wonach der überlebende Ehegatte sich die ihm zugewiesenen Gegenstände nach Belieben an die *güter- oder an die erbrechtliche Quote* anrechnen lassen darf. Für den überlebenden Ehegatten ist diese Anordnung nicht bindend, da eine Abänderung der güterrechtlichen

---

[139] Vgl. BGE 67 II 105, wo das Bundesgericht erkannte, bei letztwilliger Zuweisung einer Ehegattennutzniessung (= Vermächtnis) habe die Ehefrau kein Wahlrecht zwischen Nutzniessung und Eigentum.

[140] PFAMMATTER, S. 9 f.; ZGB-SCHAUFELBERGER, N 10 zu Art. 608 ZGB.

[141] TUOR, N 9 zu Art. 608 ZGB.

[142] DRUEY, Grundriss, § 16, Rz 61; BREITSCHMID, Willensvollstrecker, S. 145, m.w.H.; PIOTET, SPR 2, S. 866; vgl. sodann die Hinweise bei ZGB-SCHAUFELBERGER, N 11 zu Art. 608 ZGB.

[143] ZK-ESCHER, N 17 zu Art. 518 ZGB sowie N 3 zu Art. 608 ZGB; TUOR, N 1 und 16 zu Art. 518 ZGB; ebenso TUOR/SCHNYDER/SCHMID, S. 545 f., sowie dem Grundsatz nach BECK, S. 181; BGE 108 II 537 E. 2. b). Dieser Auffassung ist zuzustimmen, da der Erblasser sonst wesentlicher Verfügungsbefugnisse betreffend seinen Nachlass beraubt würde.

[144] DRUEY, Teilung, S. 26 f.

[145] Art. 537 Abs. 2 ZGB.

Teilungsregeln der ehevertraglichen Form bedürfte[146]. Weil auf diese Weise auch keine obligatorischen Ansprüche begründet werden können, sind letztwillige Teilungsregeln, die die güterrechtliche Auseinandersetzung betreffen, lediglich als *Auflagen zulasten der Miterben* des Ehegatten anzusehen, in der güterrechtlichen Auseinandersetzung mit dem überlebenden Ehegatten zu einer entsprechenden Teilung Hand zu bieten.

f) Steuerliche Aspekte der Teilung

Die *Teilung der Erbschaft* löst grundsätzlich *keine Steuerfolgen* aus, sofern die Erben dabei keine Querschenkungen vornehmen, d.h. von den gesetzlichen Ansprüchen oder der letztwilligen Verfügung abweichen[147]. Immerhin führt bei der Übertragung oder Liquidation einer *Unternehmung* die Abfindung von Erben zu einer Realisation der stillen Reserven auf dem Geschäftsvermögen[148]. Befinden sich Liegenschaften im Nachlass, sind ferner die *Grundstückgewinnsteuern* zu berücksichtigen. Die Besteuerung wird bei einer Erbteilung zwar aufgeschoben (Art. 12 Abs. 3 Bst. a StHG), was aber bewirkt, dass der Übernehmer der Liegenschaft eine *latente Steuerlast* mit übernimmt. Diese muss bei der Festsetzung des Anrechnungswertes in Abzug gebracht werden[149].

07.83

g) Beurteilung im Hinblick auf die Ehegattenbegünstigung

Die rechtsgeschäftlichen erbrechtlichen Teilungsregeln eignen sich – wie auch die entsprechenden güterrechtlichen Vereinbarungen – zur Besserstellung des überlebenden Ehegatten, aber auch weiterer Erben, in objektmässiger Hinsicht. Sie ergänzen damit die rein wirtschaftliche Begünstigungsformen. Materielle Teilungsregeln beziehen sich allerdings noch stärker als jene auf einen Nachlass in bestimmter Höhe und Zusammensetzung, so dass entweder die regelmässige Überprüfung der Verfügung angezeigt, oder mindestens die Freiwilligkeit der Zuteilung für den betreffenden Erben festzulegen ist.

07.84

Formelle und materielle Teilungsregeln können – insbesondere unter dem Aspekt der Konfliktvermeidung – auch dann sinnvoll sein, wenn damit nicht die Begünstigung eines bestimmten Erben bezweckt wird, liefert doch das Gesetz selber nur verhältnismässig wenige Anhaltspunkte zur Teilung.

07.85

3. Einräumung von Wahlrechten

Da sich vielfach erst nach Eintritt eines Todesfalles endgültig beurteilen lässt, welche Art der Begünstigung für den überlebenden Ehegatten sich als die Vorteilhafteste erweist, kann sich die Einräumung von Wahlrechten aufdrängen. Diese können insbesondere die materielle *Teilung* des Nachlasses betreffen, was dem berechtigten Erben er-

07.86

---

[146] Anders stellt sich die Rechtslage dar, wenn der Ehegatte in einem Erbvertrag einer derartigen Klausel zustimmt, umfasst doch die Form des Erbvertrags auch jene des Ehevertrags.

[147] Siehe dazu vorne, Rz 05.81 ff.

[148] Zum Ganzen hinten, Rzn 13.64 f. und 13.68 f.

[149] Vgl. zur Berücksichtigung latenter Lasten neuerdings BGE 125 III 50 (Praxisänderung; betr. güterrechtliche Auseinandersetzung), wonach Belastungen eines Vermögensgegenstandes, die sich erst künftig realisieren könnten, bei dessen Bewertung als wertvermindernde Faktoren stets zu berücksichtigen sind.

laubt, auf Anrechnung an seine Erbschaft die Zuteilung von beliebigen Gegenständen des Nachlasses oder eines der vom Erblasser gebildeten Lose[150] zu verlangen.

07.87 Zweckmässigerweise wird dem überlebenden Ehegatten auch ausdrücklich das Recht eingeräumt, gegen Aufzahlung auch Vermögenswerte zu übernehmen, die den Wert seiner Erbquote übersteigen. Auch einer letztwilligen Verfügung, die dem überlebenden Ehegatten die *Befugnis* einräumt, *sämtliche Nachlassobjekte zum Verkehrswert gegen Anrechnung und Aufpreis an sich zu ziehen,* steht nichts entgegen. Alsdann müssen sich die übrigen Erben mit Geldforderungen bzw. den übrig gebliebenen Nachlassobjekten begnügen[151]. Haben die Ehegatten keinen Ehevertrag abgeschlossen oder diese Frage dort nicht geregelt, kann der Erblasser das Wahlrecht auch auf die *güterrechtliche Quote* erstrecken[152].

07.88 Eine andere Spielart des Wahlrechts besteht darin, den Ehegatten des Erblassers zwischen *verschiedenen Formen der Zuwendung* – beispielsweise Nutzniessung, Eigentum, Rentenvermächtnis – auswählen zu lassen. Die einzelnen zur Verfügung stehenden Wahlmöglichkeiten sind dabei allerdings präzis zu umschreiben. Gegen das *Prinzip der materiellen Höchstpersönlichkeit* der Verfügung[153] würde dagegen eine Anordnung des Erblassers verstossen, einer seiner Erben oder ein Willensvollstrecker habe umfassend über die Zuteilung der Nachlasswerte zu bestimmen[154].

07.89 Die nahe liegendste Variante ist die Befugnis des überlebenden Ehegatten, zwischen der Gesamtnutzniessung nach Art. 473 ZGB zuzüglich der verfügbaren Quote zu Eigentum einerseits und dem Nachlass abzüglich der Pflichtteile der Miterben zu Eigentum andererseits zu wählen. Ob die Wahl der Nutzniessung gewinnbringend ist, lässt sich nämlich regelmässig erst im Zeitpunkt des Erbfalls feststellen[155].

07.90 Weil das Gesetz keine *Frist* vorsieht, innert der sich der überlebende Ehegatte für diese oder jene Alternative entscheiden muss, empfiehlt sich aus Praktikabilitätsgründen – die Ungewissheit kann sonst jahrelang anhalten[156] – eine solche in die letztwillige Verfügung aufzunehmen und das Wahlrecht nach deren unbenutztem Ablauf an die Nachkommen übergehen zu lassen. Das hat bei einem urteilsunfähigen Ehegatten den Vorteil, dass die Nachkommen die im konkreten Fall günstigere Variante wählen können.

---

[150] Vorne, Rz 07.76.

[151] Auch einer derartigen Teilungsregel wohnt nur *obligatorische Wirkung* inne, weshalb eine Auseinandersetzung unter den Erben nicht umgangen werden kann. Bis zum Abschluss des Teilungsvertrages bleiben die Erben Gesamteigentümer des Nachlasses. Die Teilung wird aber im Verhältnis zum überlebenden Ehegatten insofern erleichtert, als praktisch nur noch der Verkehrswert der Nachlassobjekte bestimmt werden muss.

[152] DRUEY, Teilung, S. 31; WILDISEN, S. 212. Vgl. schon vorne, Rz 07.82.

[153] Dazu vorne, Rzn 07.04 f.

[154] DRUEY, Teilung, S. 31.

[155] Zur Berechnung siehe vorne, Rz 07.50.

[156] Vgl. etwa den Fall BGE 103 II 88, wo das Bundesgericht nicht beanstandete, dass die überlebende Ehefrau sich erst 17 Jahre (!) nach dem Erbanfall für die Eigentumsquote entschied. Diese Rechtsprechung zum altrechtlichen gesetzlichen Wahlrecht ist auch auf letztwillig eingeräumte Wahlmöglichkeiten anwendbar.

VI. Gestaltungsmittel der erbrechtlichen Begünstigung

1. Bedingungen

a) Begriff

Mittels einer Bedingung wird eine letztwillige Verfügung (d.h. eine Erbeinsetzung, ein Vermächtnis, eine Teilungsregel oder eine Auflage) vom Eintritt eines ungewissen Ereignisses abhängig gemacht. Wie im übrigen Schuldrecht sind auch im Erbrecht sowohl *Suspensiv- als auch Resolutivbedingungen* möglich. Knüpft die Verfügung an ein künftiges, sicher eintretendes Ereignis an, handelt es sich um eine *Befristung*[157], die aber grundsätzlich dieselben Wirkungen zeitigt, nämlich Aufschub oder Hinfall der letztwilligen Verfügung. Eine reine Potestativbedingung ist die Widerrufsklausel in einem Erbvertrag[158]. Die rechtliche Behandlung erbrechtlicher Bedingungen richtet sich grundsätzlich nach den Art. 151-157 OR[159].

07.91

Im Zusammenhang mit einer Resolutivbedingung empfiehlt sich, die Stellung des bedingten Zuwendungsempfängers sowie die Folgen des Hinfalls der letztwilligen Verfügung ausdrücklich zu klären, wenn nicht die Regeln über die Nacherbeneinsetzung bzw. das Nachvermächtnis zur Anwendung kommen sollen[160]. Regelungsbedürftig sind die allfällige Inventaraufnahme, Sicherstellungspflichten, die Nutzung während der Schwebezeit und die Frage, ob das ganze zugewandte Vermögen der Rückerstattungspflicht unterliegt oder nur das, was bei Bedingungseintritt noch vorhanden ist.

07.92

b) Abgrenzung zur Auflage[161]

Während bei der Bedingung der Vollzug einer letztwilligen Verfügungen von bestimmten Gegebenheiten abhängig gemacht wird, fällt bei der Auflage der eigene Anspruch des Beschwerten mit der Nichterfüllung der Anordnung nicht dahin[162]. Der Hauptunterschied liegt also darin, dass die *Bedingung nicht erzwingbar* ist, deren *Nichterfüllung aber* (durch Hinfall der bedingten Verfügung) *sanktioniert* ist, während es sich bei der Auflage genau umgekehrt verhält[163]. Ob der Erblasser das eine oder das andere gewollt hat, ist im Einzelfall durch Auslegung zu ermitteln.

07.93

c) Anwendungsbereich

Mittels Bedingungen lassen sich einerseits Anpassungen an mögliche künftige Entwicklungen, die noch *vor dem Erbgang* eintreten, vornehmen. Ob ein Anspruch überhaupt bzw. in welchem Umfang er entsteht, wird dabei von Ereignissen abhängig gemacht, die noch zu Lebzeiten des Erblassers eintreten und deshalb an sich auch durch eine neue

07.94

---

[157] TUOR, N 11 zu Art. 482 ZGB; ZGB-STAEHELIN, N 4 zu Art. 482 ZGB.
[158] Siehe vorne, Rz 05.47
[159] TUOR, N 2 zu Art. 482 ZGB.
[160] Dazu hinten, Rzn 07.113 ff.
[161] Vgl. zur Auflage und zur Abgrenzung gegenüber der Bedingung auch vorne, Rzn 06.117 ff. und 06.129 f., im Zusammenhang mit dem Ehevertrag.
[162] BGE 120 II 182.
[163] Vgl. im Einzelnen UFFER-TOBLER, S. 33 ff.; siehe auch hinten, Rz 07.105.

Verfügung von Todes wegen geregelt werden könnten. Die Bedingung erleichtert die Anpassung an die veränderten Umstände insbesondere bei erbvertraglichen Verfügungen sowie bei späterer Urteilsunfähigkeit des Erblassers.

07.95 So kann der Erblasser beispielsweise bestimmen, der verfügbare Teil seines Nachlasses solle seinem Kind aus erster Ehe zukommen, wenn aber (in der zweiten Ehe) noch weitere Nachkommen geboren würden, sei er gleichmässig unter alle Nachkommen zu verteilen. Oder der Erblasser ordnet an, die Witwe solle die disponible Quote erhalten, wenn ihr nicht aus anderer Quelle (z.B. von einer Unfallversicherung oder einem Haftpflichtigen) ein Betrag in einer bestimmten Mindesthöhe zufliesse, ansonsten solle die gesetzliche Erbfolge eintreten. Die Beispiele liessen sich beliebig vermehren.

07.96 Besonders vorteilhaft sind andererseits, wie beim Ehevertrag, *Rückfallklauseln*, d.h. resolutiv bedingte Zuwendungen. Dadurch wird *nach Eröffnung des Erbganges* der bereits entstandene Anspruch nachträglich hinfällig. Soll der Nachlass alsdann einem bestimmten anderen Erben zufallen, liegt eine *Nacherbeneinsetzung* vor[164].

07.97 Mittels Bedingungen kann ferner die *Höhe der Zuwendung* entsprechend den Bedürfnissen des überlebenden Ehegatten gesteuert werden. Das ist deshalb von besonderem Interesse, weil eine übermässige Begünstigung nachteilig sein kann[165].

07.98 Dazu wiederum einige Beispiele: Der überlebende Ehegatte soll den Pflichtteil und die verfügbare Quote erhalten; letztere wird an die Resolutivbedingung eines allfälligen Eintritts in ein Alters- oder Pflegeheim geknüpft. Oder der überlebende Ehegatte soll, wenn sein Einkommen aus Vorsorge nicht einen bestimmten Minimalbetrag erreicht, von der verfügbaren Quote einen Kapitalbetrag erhalten, der diesem Manko, kapitalisiert nach der mutmasslichen Lebenserwartung, entspricht[166].

07.99 Die Bedingung kann sodann dazu verwendet werden, von den Erben oder Vermächtnisnehmern indirekt ein *bestimmtes Verhalten* zu erzwingen, was allerdings nur zulässig ist, wenn weder der Pflichtteil betroffen noch die Persönlichkeit der Zuwendungsempfänger beeinträchtigt wird[167]. Der Erblasser kann damit, soweit es um seinen Nachlass geht, für die Zeit nach seinem Tod Einfluss nehmen. Unproblematisch ist es demgegenüber, ein bestimmtes Verhalten der Erben nur gerade zum Anlass einer Zuwendung zu machen[168]. Die Bedingung hat dann nicht finalen, sondern lediglich *konditionalen Charakter*. Wegen der Möglichkeit unvorhergesehener Entwicklungen ist indessen eine gewisse Zurückhaltung geboten.

07.100 Eine weitere, beliebte Bedingung ist die *privatorische Klausel*: Der Erblasser trifft eine letztwillige Verfügung und bestimmt, wer diese anfechte, werde auf den Pflichtteil gesetzt bzw. gehe der letztwilligen Zuwendung verlustig (Resolutivbedingung). Über die grundsätzliche Zulässigkeit der privatorischen Klausel besteht heute Einigkeit[169]. Mittels einer privatorischen Klausel kann somit beispielsweise die Durchsetzungskraft einer

---

[164] Dazu im Einzelnen hinten, Rzn 07.113 ff.; zur Abgrenzung auch BGE 68 II 155.

[165] Vgl. dazu hinten, § 11.

[166] Bei einer derartigen Verfügung handelt es sich um ein bedingtes *Vermächtnis*. Möglich wäre auch, die übrigen Erben zur Ausrichtung einer Rente in entsprechender Höhe zu verpflichten. Auch dabei handelt es sich um ein bedingtes (Renten-)Vermächtnis. Dazu vorne, Rzn 07.22 f.

[167] Vgl. dazu hinten, Rzn 07.143 ff.

[168] Beispiel: Der überlebende Ehegatte soll das Haus für sich beanspruchen können, wenn er im Zeitpunkt der Erbteilung noch in der Lage ist, dort selbständig zu wohnen (bedingte Teilungsanordnung).

[169] BGE 117 II 246.

Auflage oder Teilungsvorschrift verstärkt werden. Ungültig ist die Klausel jedoch dann, wenn sie dazu dienen soll, eine rechtswidrige Verfügung zu schützen[170].

Entscheiden sich die Ehegatten für eine Begünstigung mittels *gegenseitiger Testamente*, können die Verfügungen zugunsten des überlebenden Ehegatten an die Bedingung geknüpft werden, dass der andere Partner seinerseits ebenfalls eine entsprechende Begünstigung vorsieht[171]. Ebenso kann mittels Resolutivbedingung bestimmt werden, dass die Zuwendung dahinfällt, wenn der überlebende Ehegatte sein eigenes Testament nach Eintritt des ersten Todesfalls (z.B. zuungunsten gemeinsamer oder nichtgemeinsamer Nachkommen) ändert. Wird mit dieser Resolutivbedingung die Einsetzung eines neuen Zuwendungsempfängers verknüpft, liegt materiell eine Nacherbeneinsetzung vor. 07.101

Eine letztwillige Verfügung kann mittels Bedingungen auch mit einem bestimmten *Ehevertrag* verbunden werden. Dadurch lässt sich beispielsweise ein teilweiser, bedingter Ausgleich bestimmter güterrechtlicher Zuwendungen erreichen. Nützlich ist dies insbesondere dort, wo die entsprechenden Bedingungen nicht im Ehevertrag selber angebracht werden dürfen[172]. 07.102

d) Steuerliche Aspekte

Der Steuertatbestand des Erbschafts- oder Vermächtniserwerbs wird erst mit *Eintritt der Suspensivbedingung* verwirklicht, weshalb eine vorzeitige Besteuerung verfassungswidrig wäre[173]. Die *Resolutivbedingung* führt demgegenüber zu einem Schwebezustand, während dem ungewiss bleibt, ob der Zuwendungsempfänger der endgültige Rechtsträger ist[174]. Der Bedingungseintritt bewirkt den nachträglichen Wegfall des Steuertatbestandes, was eine *Revision der Veranlagung* und eine – unter Berücksichtigung einer zwischenzeitlichen Nutzung mindestens teilweise[175] – Rückerstattung der Erbschafts- bzw. Schenkungssteuer[176] nach sich ziehen muss. Inwiefern das anwendbare kantonale Recht diesen Grundsatz berücksichtigt, ist im Einzelfall zu prüfen[177]. Je nach Ausge- 07.103

---

[170] Dazu hinten, Rz 07.147.

[171] Zur Unterscheidung dieser zulässigen Verknüpfung vom ungültigen korrespektiven Testament siehe vorne, Rzn 05.57.

[172] Dazu vorne, Rz 06.145 ff.

[173] BGE 50 I 10; BÖCKLI, Indirekte Steuern, S. 379.

[174] BÖCKLI, Indirekte Steuern, S. 379.

[175] Vgl. BÖCKLI, Indirekte Steuern, S. 379.

[176] Im Bereich der *Einkommens- und Vermögenssteuer* ergeben sich durch Resolutivbedingungen keine Probleme; besteuert wird das während der Schwebezeit tatsächlich geflossene Einkommen aus Nutzniessung, Wohnrecht oder Rente; dem Nutzniesser wird in derselben Zeitperiode das Nutzniessungsvermögen zugerechnet.

[177] Im bernischen Recht wird dieses Ergebnis durch eine grosszügige Interpretation von Art. 32 Abs. 1 ESchG BE erreicht, der in der Praxis gewissermassen zum Revisionstatbestand geworden ist. Vgl. dazu MUSTER, S. 476 und 478 f. Im neuen ESchG BE fehlt eine entsprechende Bestimmung allerdings. Siehe zur Problematik bedingter Zuwendungen auch RAMSEIER, S. 99 f.; LUSTENBERGER, S. 56; MAUTE/BEERLI-LOOSER, S. 272.

staltung der Resolutivbedingung sind die Bestimmungen betreffend die Nacherbeneinsetzung bzw. das Nachvermächtnis anwendbar[178].

07.104 Ist ein Vermächtnis auf *wiederkehrende Leistungen* mit einer Resolutivbedingung verknüpft, geht die bernische Praxis davon aus, dass die Bedingung bei der Steuerfestsetzung zunächst nicht zu beachten ist und bei deren Eintritt ein Revisionsanspruch nach Art. 32 ESchG BE entsteht[179]. Anders wird vorgegangen, wenn ein bewertbares Stammrecht vorliegt[180].

2. Auflagen

a) Begriff

07.105 Lehre und Rechtsprechung[181] verstehen unter der erbrechtlichen Auflage eine mit einer unentgeltlichen Zuwendung verbundene Verfügung von Todes wegen, die einen Erben oder Vermächtnisnehmer zu einem bestimmten Verhalten – d.h. zu einem Tun oder Unterlassen – verpflichtet. Diese Verpflichtung begründet indessen *kein obligatorisches Forderungsrecht* eines bestimmten Berechtigten, sondern lediglich einen Vollziehungsanspruch[182]. Immerhin hat jedermann, der am Vollzug der Auflage interessiert ist, ein entsprechendes Klagerecht[183], wenn auch keinen Anspruch auf Schadenersatz bei schuldhafter Nichterfüllung durch den Verpflichteten[184]. Unter Umständen empfiehlt sich die Einsetzung eines Willensvollstreckers, um den Vollzug der Auflagen zu sichern.

b) Abgrenzung zum Vermächtnis

07.106 Das *Vermächtnis* ist ein *Vermögensvorteil*, der einem klar bestimmten Begünstigten vom Erblasser selber zugewiesen wird. Der Begriff des Vermächtnisses ist somit enger gefasst als jener der Auflage. Sind diese engeren Kriterien erfüllt, ist die Zuwendung im Zweifelsfall als Vermächtnis aufzufassen[185]; mit anderen Worten „was ein Vermächtnis sein kann, ist im Zweifel ein Vermächtnis"[186].

c) Anwendungsbereich

07.107 Innerhalb der gesetzlichen Schranken sind *beliebige Verpflichtungen vermögensrechtlicher oder ideeller Natur* zulässig, beispielsweise betreffend die Anlage des Erbschaftskapitals oder die Nichtveräusserung eines Grundstücks. Auch die Verpflichtung, mit ei-

---

[178] Dazu hinten, Rzn 07.124 ff.

[179] MBVR 41 (1943), S. 39 ff. betr. Rente, die an die auflösende Bedingung der Wiederverheiratung geknüpft ist. Im neuen ESchG BE fehlt eine analoge Gesetzesbestimmung.

[180] Vgl. Art. 19 ESchG BE bzw. Art. 12 nESchG BE; siehe auch vorne, Rz 07.30.

[181] Der Begriff der erbrechtlichen Auflage wird im Gesetz zwar verwendet (vgl. Art. 482 ZGB), jedoch nicht definiert.

[182] BGE 99 II 379; F. MÜLLER, S. 202 f. und 247 ff.; einlässlich zu den Begriffselementen UFFER-TOBLER, S. 17 ff.

[183] BGE 108 II 286, wonach ein ideelles Interesse genügt. Vgl. zur Durchsetzung der Auflage auch ZGB-STAEHELIN, N 25 f. zu Art. 482 ZGB, m.w.H.

[184] ZGB-STAEHELIN, N 28 zu Art. 482 ZGB, m.w.H.

[185] BGE 101 II 27 f.; einlässlich zur Abgrenzung auch Ch. BURCKHARDT, S. 103 ff.

[186] DRUEY, Grundriss, § 11, Rz 30.

nem Dritten einen Vertrag mit einem zum voraus bestimmten Inhalt abzuschliessen, ist ohne weiteres gültig[187]. Damit kann der Erblasser unter anderem auch ganz gezielte Anordnungen zu Gunsten seines Ehepartners treffen.

Die Ehegatten kommen beispielsweise überein, den verfügbaren Teil des Nachlasses beim Tod des einen von ihnen den Nachkommen zuzuwenden. Sie verbinden damit die Auflage, die Nachkommen hätten dafür zu sorgen, dass der überlebende Ehegatte im Alter (etwa in einem bestimmten Pflegeheim) angemessene Betreuung und Pflege erhalte. Die Nachkommen können, wenn ihnen zufolge der Auflage Aufwendungen entstehen, die den Wert der verfügbaren Quote übersteigen, die Auflage herabsetzen lassen[188]. 07.108

Ferner kann die Auflage – ähnlich wie Bedingungen – dazu dienen, mögliche künftigen Entwicklungen durch *Einräumung von Vorkaufs- und Kaufsrechten* an Miterben Rechnung zu tragen, beispielsweise betreffend Objekte mit besonderem Affektionswert. Auch ein *Teilungsaufschub* des Erblassers ist als Auflage zu verstehen. Ein solcher kann etwa dann zweckmässig sein, wenn kleine Kinder vorhanden sind, deren Interessen an bestimmten Gegenständen des Nachlasses (wie Liegenschaften oder Geschäft) sich erst noch entwickeln müssen[189]. 07.109

Die Auflage lässt sich mit *Bedingungen* verknüpfen oder befristen, womit sich weitere Gestaltungsmöglichkeiten eröffnen. 07.110

Beispiel: Dem überlebenden Ehegatten, wird das Familienunternehmen zugewiesen unter der Auflage, dieses innerhalb der folgenden 15 Jahre nicht ausserhalb der Familie zu veräussern (Befristung). Oder ein Erbe wird verpflichtet, das ihm zugewiesene Wohnhaus zu gleich bleibenden Bedingungen den bisherigen Mietern weiter zu überlassen, solange diese den Mietvertrag nicht von sich aus kündigen (Resolutivbedingung). 07.111

d) Steuerliche Aspekte

Wenn sich die Auflage in finanziellen Aufwendungen niederschlägt, so dass der Wert der erbrechtlichen Zuwendung beeinträchtigt wird, fragt sich, wie dies in steuerlicher Hinsicht berücksichtigt werden soll[190]. Obschon der durch die Auflage Begünstigte kein direktes Forderungsrecht besitzt, ist es sachgerecht und entspricht dem Leistungsfähigkeitsprinzip, dem belasteten Erben einen *Abzug* vom erworbenen Vermögen im Wert der Belastung zu gewähren, sofern er die Auflage vollzieht[191]. Folgerichtig ist der aus der Auflage *Begünstigte* für den Erwerb ebenfalls *erbschaftssteuerpflichtig*, wobei die Erfüllung der Auflage wegen der mangelnden Freiwilligkeit nicht als Zuwendung des 07.112

---

[187] BGE 99 II 381, wo das wenig zeitgemässe Beispiel des Dieners genannt wird, der zu bisherigen Anstellungsbedingungen weiter zu beschäftigen ist. Die Fortführung von Angestelltenverhältnissen kann heute allerdings unter Umständen im Zusammenhang mit Familienunternehmen von Bedeutung sein.

[188] Vgl. dazu UFFER-TOBLER, S. 158 ff.

[189] Dagegen sind erblasserische Teilungsvorschriften keine Auflagen, es sei denn, der Erblasser wolle die Zuweisungsregeln nicht als Rechte, sondern als Pflichten der Erbengemeinschaft verstanden wissen. Dazu vorne, Rz 07.73. Zur Zulässigkeit des Teilungsaufschubs siehe hinten, Rz 07.149.

[190] BÖCKLI, Indirekte Steuern, S. 378.

[191] RAMSEIER, S. 97. So ausdrücklich Art. 14 Abs. 2 EschG BE; siehe dazu den Entscheid des VwGer BE in BVR 1993, S. 1 ff. (Auflage betr. Familiengrab); vgl. auch Art. 16 Abs. 1 nEschG BE.

Auflagebeschwerten, sondern als solche des Erblassers gelten muss[192]. Als massgeblicher Zeitpunkt für die Besteuerung der begünstigten Person wird die Erfüllung der Auflage vorgeschlagen[193]. Das bedeutet, dass der belastete Erbe zunächst voll steuerpflichtig ist. Weil es sich bei der Auflage nicht um eine neue Tatsache handelt, eine solche aber in der Regel Voraussetzung einer Revision ist, sollte die Erbschaftssteuerverfügung einen Revisionsvorbehalt enthalten[194], sofern nicht die kantonale Praxis in dieser Hinsicht grosszügig entscheidet.

3. Nacherbeneinsetzung

a) Allgemeines

07.113 Die Nacherbeneinsetzung besteht in der *Verknüpfung einer resolutiv bedingten mit einer suspensiv bedingten Erbeinsetzung*[195]. Mit dem Bedingungseintritt verliert der Vorerbe seine Erbenstellung, während der Nacherbe diese erwirbt. Die juristische Konstruktion der Nacherbschaft als bedingter Erwerb hat sachenrechtlich die Konsequenz, dass Vorerbe und Nacherbe resolutiv respektive suspensiv bedingt Eigentum erwerben[196]. Mit dem Eintritt des Nacherbfalls erwirbt der Nacherbe deshalb unmittelbar Eigentum am Nachlass[197]. Besteht Sicherheit über den Eintritt des Nacherbfalls[198], liegt nicht eine Bedingung, sondern eine Befristung vor.

07.114 Die Nacherbeneinsetzung kann auf einen Teil des dem Vorerben zufallenden Erbanteils *beschränkt* werden, etwa in der Weise, dass der überlebende Ehegatte seinen Pflichtteil als ordentlicher Erbe erhält und die verfügbare Quote als Vorerbschaft.

07.115 Die Nacherbeneinsetzung ist zu unterscheiden vom Erbvertrag, mit dem die Ehegatten sich gegenseitig begünstigen und gleichzeitig einen Dritten als gemeinsamen Erben des Zweitversterbenden bestimmen (sog. *Schlusserbeneinsetzung*). In dieser letzteren Vereinbarung erwirbt der überlebende Ehegatte die gesamte Erbschaft ohne Auslieferungspflicht und es ist nicht ausgeschlossen, dass der Nachlass teilweise an dessen neu hinzugetretene Pflichtteilserben (zweiter Ehegatte und/oder Nachkommen) fällt[199]. Dagegen ist bei der Nacherbfolge der Nachlass des vorversterbenden Ehegatten grundsätzlich vollständig dem Nacherben auszuliefern, und nur bezüglich des Nachlasses des überlebenden Ehegatten besteht die Möglichkeit, dass dieser an weitere Personen ge-

---

[192] LUSTENBERGER, S. 57. Für das bernische Recht siehe MUSTER, S. 285 f.; BÖCKLI, Indirekte Steuern, S. 378.

[193] MONTEIL, S. 124; RAMSEIER, S. 96.

[194] MAUTE/BEERLI-LOOSER, S. 272.

[195] Vgl. zum Begriff der Nacherbeneinsetzung TUOR, N 1 ff. vor Art. 488-493 ZGB.

[196] EITEL, Bedingtes Eigentum, S. 262.

[197] Im Unterschied dazu ist die ehevertragliche Rückfallklausel, wonach Dritte bei Eintritt eines bestimmten Ereignisses eine Zuwendung erhalten sollen, lediglich als Auflage ohne dingliche Wirkung zu verstehen, was unter Umständen von Nachteil sein kann (vgl. Rzn 06.129 f. und 06.135). Vgl. zur erbrechtlichen Auflage auch vorne, Rz 07.105.

[198] Wenn der Nacherbe beispielsweise ein Gemeinwesen ist, bei dem keine Gefahr des Vorversterbens besteht: EITEL, Anwartschaft, S. 33, Fn 69.

[199] Siehe zur Problematik BGE 95 II 519 und einlässlich dazu EITEL, Anwartschaft, S. 91 ff.

langt. Die *sicherste* – und gleichzeitig die unflexibelste – *Variante* zum Schutz des gewünschten Erbverlaufs liegt deshalb in einer *Kombination der beiden Verfügungsarten*. Die Ehegatten setzen sich gegenseitig zu Vorerben ein und bestimmen einen Nacherben, wobei dieser Nacherbe gleichzeitig zum Erben des dannzumal verfügbaren Nachlasses des zweitversterbenden Ehegatten eingesetzt wird.

b) Zeitpunkt des Nacherbfalls

Der *Zeitpunkt der Auslieferung* der Erbschaft oder eines Teils davon an den Nacherben lässt sich *beliebig bestimmen*. Häufigster Zeitpunkt dürfte der Eintritt des Todes des Vorerben sein. Andere Beispiele wären etwa die Wiederverheiratung des überlebenden Ehegatten, die Mündigkeit der Nachkommen oder, wenn das Familienunternehmen vorläufig vom überlebenden Ehegatten weitergeführt wurde, dessen Geschäftsaufgabe[200]. Wurde der überlebende Ehegatte im Zusammenhang mit einer maximalen Begünstigung als Vorerbe eingesetzt, kann es unter Umständen sinnvoll sein, den Nacherbfall auf den Zeitpunkt eines allfälligen Eintritts in ein Alters- oder Pflegeheim zu verfügen[201], nämlich dann, wenn die Nachkommen lediglich Nacherben auf den Überrest sind und erbvertraglich einer Vorerbeneinsetzung auch auf ihrem Pflichtteil zugestimmt haben.

07.116

c) Anwendungsbereich

Mit der Nacherbeneinsetzung lässt sich ein ähnliches Ergebnis erreichen wie mit einer Nutzniessung, wobei dem Erblasser hinsichtlich der inhaltlichen Ausgestaltung der Befugnisse des Vorerben zahlreiche Modifikationsmöglichkeiten zur Verfügung stehen[202]. Die Nacherbeneinsetzung eignet sich damit beispielsweise dann, wenn der vermutlich vorversterbende Ehegatte nichtgemeinsame Nachkommen hat, die mit den gemeinsamen Nachkommen erbrechtlich möglichst gleichgestellt werden sollen[203]. Das Institut der Nacherbfolge kann auch dazu verwendet werden, einer noch nicht geborenen Person eine letztwillige Zuwendung zu machen (sog. *konstruktive Nacherbfolge*; vgl. Art. 545 ZGB). Der Nacherbfall tritt hier in der Regel mit der Geburt der betreffenden Person ein[204].

07.117

Als Grenze der Nacherbeneinsetzung ist wiederum das *Noterbrecht* zu beachten; es ist insbesondere unzulässig, einen Pflichtteil mit der Auslieferungspflicht zu belasten

07.118

---

[200] Weitere Beispiele bei EITEL, Anwartschaft, S. 31 f.

[201] Womit verhindert wird, dass dem überlebenden Ehegatten aufgrund eines Sozialtarifs der Höchstbetrag verrechnet wird, ohne dass den höheren Zahlungen bessere Leistungen gegenüberstehen. Dazu hinten, Rz 11.25.

[202] Beispielsweise durch Nacherbeneinsetzung auf den Überrest, Auflagen betreffend die Verfügung über die Vorerbschaft, Befreiung von der Sicherstellungspflicht usw.

[203] Siehe dazu auch hinten, Rz 12.50 ff.

[204] Wird als Nacherbfall ein anderer Zeitpunkt bestimmt – beispielsweise der Tod des Vorerben – muss der Nacherbe zu diesem Zeitpunkt mindestens gezeugt sein und in der Folge lebend geboren werden; Art. 544 Abs. 2 ZGB; SPIRIG, S. 211.

(vgl. Art. 531 ZGB)[205]. Umgekehrt dürfen die Pflichtteile der Nachkommen nicht nur als Nacherbschaft ausgerichtet werden, so dass im Ergebnis dem überlebenden Ehegatten weniger zugewendet werden kann als mit der Ehegattennutzniessung nach Art. 473 ZGB.

07.119   WEIMAR[206] empfiehlt die Einsetzung des überlebenden Ehegatten auf der gesamten Erbschaft als Vorerben und der Nachkommen als Nacherben unter Einfügung einer *privatorischen Klausel*: Die Nacherbeneinsetzung wird davon abhängig gemacht, dass die Nachkommen nicht mittels Herabsetzungsklage ihren Pflichtteil verlangen. Diese stehen also vor der Wahl, sofort den Pflichtteil einzuklagen oder den Tod des anderen Ehegatten abzuwarten und auch das über den Pflichtteil hinausgehende Nachlassvermögen zu erwerben. Diese Form der Ehegattenbegünstigung könnte – anders als die Ehegattennutzniessung nach Art. 473 ZGB – auch gegenüber nichtgemeinsamen Nachkommen verfügt werden. Weil sich auch der überlebende Ehegatte die Nacherbeneinsetzung auf seinem Pflichtteil nicht gefallen lassen muss, wäre auch zu seinen Lasten eine privatorische Klausel zu verfügen oder ein Erbvertrag abzuschliessen[207]. Allerdings sind privatorische Klauseln, die der Absicherung unzulässiger (hier: den Pflichtteil verletzender) Anordnungen dienen sollen, selber ungültig[208]. Der anfechtende Nachkomme erhält, weil mit der ungültigen Bedingung auch die damit verbundene Verfügung hinfällig wird, nicht nur seinen Pflichtteil, sondern den gesetzlichen Erbteil, womit der überlebende Ehegatte im Ergebnis weniger als die verfügbare Quote erhält. Vorzuziehen ist es allemal, die Pflichtteilserben erbvertraglich in die letztwillige Verfügung einzubinden oder ihnen testamentarisch ein Wahlrecht einzuräumen zwischen dem Pflichtteil zu unbeschwertem Eigentum und der verfügbaren Quote unter Nacherbeneinsetzung. Entscheiden sich die Erben für die zweite Variante, erreicht der Erblasser, dass auch bei einer Wiederverheiratung des überlebenden Ehegatten[209] seine eigenen Nachkommen letztlich in den Genuss seines gesamten Nachlasses gelangen.

d)   Stellung des Vorerben

07.120   Der Vorerbe erwirbt die Erbschaft zwar als voller Erbe, aber beschränkt durch die Anwartschaft des Nacherben. Das Eigentum, die dingliche Berechtigung, Forderungsrechte, die Verwaltungs- und Nutzungsbefugnis und die Mitwirkung in der Erbengemeinschaft stehen dem Vorerben zu[210]. Bei Eintritt des Nacherbfalls trifft ihn eine Auslieferungs-

---

[205] Entgegen dem missverständlichen Wortlaut von Art. 531 ZGB ist die Nacherbeneinsetzung allerdings bei Verletzung der Pflichtteile nicht insgesamt ungültig, sondern lediglich auf die dem Vorerben zugewandte, den Pflichteil übersteigende Quote herabsetzbar; GUINAND/STETTLER, Rz 312.

[206] WEIMAR, Versorgung, S. 274 f.

[207] WEIMAR, Versorgung, S. 275.

[208] Siehe hinten, Rz 07.147. Derartige Klauseln dürften im Übrigen – auch soweit sie unangefochten bleiben – dem Klima unter den Erben kaum förderlich sein.

[209] Der *Nacherbfall* kann im Prinzip alternativ auf den Zeitpunkt der Wiederverheiratung oder des Todes des Vorerben (oder einen beliebigen anderen Zeitpunkt) festgesetzt werden. Besteht die Nacherbeneinsetzung allerdings auf dem gesamten Nachlass, wäre eine Wiederverheiratungsklausel, mit der der überlebende Ehegatte seinen gesamten Erbteil verliert (wenn er sich nicht innerhalb eines Jahres seit dem Erbanfall dazu entschliesst, den Pflichtteil zu unbeschwertem Eigentum herauszuverlangen), als sittenwidrig zu betrachten; vgl. dazu auch hinten Rz 07.145. Weil die zweite Heirat die Interessen der Nachkommen in keiner Weise gefährdet – diese erhalten in jedem Fall beim Versterben des zweiten Elternteils die ganze Erbschaft ausgeliefert – findet sich im Übrigen kein vernünftiges Motiv für die Wiederverheiratungsklausel.

[210] Im Einzelnen SPIRIG, S. 206 ff. Zum Verhältnis zwischen dem Nacherben und den Gläubigern des Vorerben siehe EITEL, Anwartschaft, S. 347 ff., 353 f., wonach der Auslieferungsanspruch des Ersteren vorgeht.

pflicht, weshalb anlässlich des Erbganges grundsätzlich ein Inventar aufzunehmen und die Erbschaft sicherzustellen ist[211]. Vom wirtschaftlichen Ergebnis her nimmt der Vorerbe praktisch die Stellung eines Nutzniessers ein[212]. Im Unterschied zu diesem wird der Vorerbe jedoch seiner Auslieferungspflicht ledig, wenn der Nacherbe den Nacherbfall nicht erlebt. Während bei der Nutzniessung die Eigentümerstellung an die Erben der nutzniessungsbelasteten Eigentümer gelangt, kann bei vorzeitigem Tod der Nacherben der Vorerbe frei und auch von Todes wegen über die Vorerbschaft verfügen, wenn nicht der Erblasser eine Ersatzanordnung[213] getroffen hat[214]. Einer allfälligen diesbezüglichen Verschiebung des Verlaufs der Erbfolge ist bei der Nachlassplanung Rechnung zu tragen.

Beispiel: Der Erblasser setzt seine Ehefrau als Vorerbin ein und die beiden Kinder als Nacherben je zur Hälfte. Stirbt eines der Kinder, wird die Vorerbin betreffend diese Nachlasshälfte von der Auslieferungspflicht befreit und darf fortan frei darüber verfügen. Wäre eine Ehegattennutzniessung verfügt worden, ginge das (vorerst nackte) Eigentum an die Erben des vorverstorbenen Kindes. Der Erblasser kann jedoch der Nacherbeneinsetzung die Ersatzverfügung beifügen, dass bei Vorversterben eines der beiden Kinder das andere bzw. die Nachkommen des Vorverstorbenen Nacherbe des ganzen Nachlasses werden solle. 07.121

Allenfalls kann die Verpflichtung, die Erbschaft dereinst so auszuliefern, wie sie übernommen wurde, auch unbefriedigend sein. Diese Folge lässt sich durch eine *Nacherbeneinsetzung auf den Überrest* vermeiden (dazu sogleich). Daneben ist an die Möglichkeit der (ganzen oder teilweisen) *Befreiung von der Pflicht zur Sicherstellung* zu denken[215]. 07.122

Ferner kann unerwünscht sein, dass den Vorerben eine Pflicht zur *Auslieferung der Erbschaftsgegenstände* (allenfalls deren Surrogate) trifft[216]. Mit Eintritt des Nacherbfalls wird der Nacherbe Eigentümer der einzelnen Nachlassgegenstände[217]. Das ist zwar nützlich, wenn Familienvermögen unverändert weitergeleitet werden soll, in den meisten Fällen behindert diese Regel aber die Stellung des überlebenden Ehegatten, weil sie seine Verfügungsbefugnis erheblich einschränkt. M.E. steht einer Anordnung des Erblas- 07.123

---

[211] Art. 490 ZGB.
[212] EITEL, Anwartschaft, S. 87, m.w.H.
[213] Dazu hinten, Rzn 07.137 ff.
[214] Art. 492 Abs. 2 ZGB. Anders als der Nutzniesser wird der Vorerbe überdies Eigentümer des Nachlasses und er haftet für die Erbschaftsschulden; vgl. zum Ganzen PIOTET, SPR 1, S. 104.
[215] Art. 490 Abs. 2 ZGB. Die Inventaraufnahme gemäss Art. 490 Abs. 1 ZGB ist demgegenüber – anders als bei der Nutzniessung, wo ein Inventar nur auf Begehren der Erben erstellt wird – absolut zwingend und eine anders lautende Verfügung des Erblassers damit ungültig; ZGB-BESSENICH, N 1 zu Art. 490 ZGB, m.w.H.; a.M. SPIRIG, S. 217 ff.
[216] ZK-ESCHER, N 10 f. zu Art. 492 ZGB. Eine allfällige *Wertsteigerung* oder auch eine durch ordnungsgemässe Abnutzung entstandene *Wertverminderung* trifft damit den Nacherben. Nicht herauszugeben sind die während der Schwebezeit gezogenen Früchte, die dem Vorerben entschädigungslos verbleiben.
[217] EITEL, Bedingtes Eigentum, S. 262, m.w.H.

sers nichts entgegen, der Vorerbe habe nur den seinerzeit empfangenen *Wert* der Erbschaft herauszugeben, könne aber über die Gegenstände des Nachlasses frei verfügen[218].

e)   Steuerliche Aspekte

07.124 Aus steuerlicher Sicht hat die Nacherbeneinsetzung gegebenenfalls den Vorteil, dass für die Erbschaftssteuer für den Nacherben das verwandtschaftliche Verhältnis zum Erblasser und nicht dasjenige zum Vorerben massgeblich ist[219]: *Vorerbe und Nacherbe sind beide unmittelbare Erben desselben Erblassers*[220]. Verpflichtet sich dagegen der zweitversterbende Ehegatte erbvertraglich zur Einsetzung Dritter als Erben (Schlusserbeneinsetzung), ist das Verwandtschaftsverhältnis zum zweitversterbenden Ehegatten (Stiefvater oder -mutter) für die Erbschaftssteuer entscheidend, was aufgrund unterschiedlicher Steuersätze spürbare Auswirkungen haben kann[221]. Im Zusammenhang mit der Besteuerung des Nacherbfalls ist weiter zu beachten, dass, weil der Nacherbe zivilrechtlich direkt vom Erblasser erwirbt, die *Steuerhoheit* am letzten Wohnsitz des Erblassers und nicht an demjenigen des Vorerben liegt[222], was aufgrund der unterschiedlichen kantonalen Ausgestaltung der Erbschaftssteuern ebenfalls von Bedeutung ist.

07.125 Beispiel: Wohnt der Ehemann im Kanton Bern, während dessen Frau auf Dauer in einem Pflegeheim im Kanton Schwyz untergebracht ist, empfiehlt sich keine Nacherbeneinsetzung: Wird nämlich der Ehefrau das ganze Vermögen zugewiesen, bleibt dieser Vorgang nach bernischem Recht steuerfrei (Steuerbefreiung des überlebenden Ehegatten). Der spätere Vermögensanfall von Seiten der in Schwyz wohnhaften Mutter an den Sohn bleibt ebenso steuerfrei, da der Kanton Schwyz überhaupt keine Erbschafts- und Schenkungssteuer kennt. Bei Nacherbschaft wäre dagegen – aufgrund des Wohnsitzes des Erblassers – wieder der Kanton Bern zur Besteuerung zuständig, womit der Sohn erbschaftssteuerpflichtig würde.

07.126 Zivilrechtlich liegen bei der Nacherbschaft *zwei aufeinander folgende Erbanfälle* vor. Daran knüpfen auch die meisten kantonalen Steuergesetze an[223], so dass Vor- und Nacherbe je für die an sie gelangenden Erbanfälle steuerpflichtig sind. Da in den meisten Kantonen der überlebende Ehegatte von der Erbschaftssteuer befreit ist, ergibt sich durch

---

[218] Soweit sich *verbrauchbare Sachen* im Nachlass befinden, erwirbt der Vorerbe auch ohne entsprechende letztwillige Anordnung das unbedingte Eigentum daran, und wird nur für deren Wert ersatzpflichtig; SPIRIG, S. 207, m.w.H.

[219] Eine Ausnahme bildet der Kanton NE, der auf das Verwandtschaftsverhältnis zwischen Vor- und Nacherbe abstellt. Im Kanton AG ist das Verwandtschaftsverhältnis zum Erblasser dann massgeblich, wenn es günstiger ist.

[220] BGE 123 I 266; CHRISTEN, S. 261.

[221] BGE 102 Ia 418. Das Bundesgericht legte in diesem Entscheid dar, dass eine erbvertragliche Verpflichtung der Ehefrau, im Fall des Vorversterbens des Ehemannes für ihren Nachlass die Nachkommen des Ehemannes als Erben einzusetzen, regelmässig nicht als Nacherbeneinsetzung zu verstehen sei. Entsprechend war für die Besteuerung der Verwandtschaftsgrad zwischen den beiden Töchtern des Ehemannes und der Stiefmutter massgeblich. Vgl. auch den Entscheid des BGer in Pra 88 (1999) Nr. 31, S. 189 ff.

[222] BGE 123 I 264.

[223] So auch der Kanton Bern, Art. 9 ESchG BE; siehe dazu MUSTER, S. 166 ff.; vgl. auch Art. 4 Abs. 1 Bst. a nESchG BE. Die Kantone FR, VD und JU erheben die Steuer nur einmal, wobei allerdings im Ergebnis der höhere Steuersatz nach dem Verwandtschaftsverhältnis zwischen Erblasser einerseits, Vorerben und Nacherben andererseits zur Anwendung gelangt.

die Vorerbeneinsetzung im Vergleich zur direkten Übertragung der Vermögenswerte an die Nachkommen des Erblassers kein steuerlicher Nachteil. Die Verpflichtung, den Nachlass später an den Nacherben auszuliefern, führt beim steuerpflichtigen Vorerben allerdings in gewissen Kantonen nicht zu einer Steuerermässigung, womit dessen wirtschaftlicher Situation nicht genügend Rechnung getragen wird[224]. Für den Zeitpunkt der Besteuerung des Nacherben ist der Eintritt der Suspensivbedingung – in der Regel also der Tod des Vorerben – massgeblich.

Im Kanton Bern wird der Vorerbe, sofern er zur Substanzerhaltung verpflichtet ist, nur für den kapitalisierten Ertrag des Nachlasses besteuert, woraus sich im Ergebnis eine in der Sache gerechtfertigte Gleichstellung mit dem Nutzniesser ergibt[225]. In anderen Kantonen ist die Frage der Besteuerung unter Umständen ausschlaggebendes Kriterium für die Wahl des einen oder anderen erbrechtlichen Instituts.

07.127

f)   Beurteilung im Hinblick auf die Ehegattenbegünstigung

Die Nacherbeneinsetzung eröffnet, wie aus den bisherigen Ausführungen deutlich hervorgeht, ein breites Feld individueller Begünstigungsmöglichkeiten und eignet sich damit besonders gut zur Ehegattenbegünstigung. Immerhin bleibt zu beachten, dass die dem Nutzniesser ähnliche Stellung des Vorerben, insbesondere die Fragen der Verfügungsbefugnis und der Lastentragung, unter Umständen mehr Konfliktpotential bietet als eine gewöhnliche Erbeinsetzung.

07.128

Gegenüber einer blossen ehevertraglichen oder erbrechtlichen Rückfallklausel (Resolutivbedingung) hat die Einsetzung eines Nacherben den *Vorteil*, dass beim Eintritt des betreffenden Ereignisses (Wiederverheiratung, Geschäftsaufgabe durch den überlebenden Ehegatten usw.) nicht der gesetzliche Erbverlauf eintritt, sondern ein gewillkürter. Dies kann bei einer Geschäftsnachfolge durch einen Nachkommen von Interesse sein, oder im bereits genannten Fall nichtgemeinsamer Nachkommen des erstversterbenden Ehegatten.

07.129

Ein weiterer Vorteil der Nacherbeneinsetzung kann darin bestehen, dass, ähnlich der Nutzniessung, die *Anzehrung der Nachlasssubstanz nicht zulässig* ist. Die Nacherben sind deshalb bei der ordentlichen Nacherbeneinsetzung gegen eine Vermögensverschleuderung oder Misswirtschaft des Vorerben geschützt. Bei der Berechnung von Ergänzungsleistungen und Fürsorgeansprüchen des Vorerben können ausserdem nur die mit dem konkreten Nachlass erzielbaren Erträge berücksichtigt werden[226], der Nachlass selber fällt dereinst unangetastet an die Nacherben.

07.130

---

[224] CHRISTEN, S. 267 f. Zu den verschiedenen kantonalen Besteuerungssystemen ders., S. 261 ff. Vgl. auch den Entscheid des VwGer GR in PVG 1983, S. 146 f., wo in Ermangelung einer ausdrücklichen gesetzlichen Grundlage zur Nacherbeneinsetzung von der Auslieferungspflicht als wertvermindernder Auflage ausgegangen wurde.

[225] Art. 9 Abs. 2 ESchG BE bzw. Art. 13 nESchG BE. Erfolgt die Nacherbeneinsetzung allerdings auf den Überrest, haben Vor- und Nacherbe das gesamte ihnen zufallende Vermögen zu versteuern. Vom gleichen, richtigen Grundgedanken gehen die Gesetze der Kantone BL, SO und ZG (hier: Besteuerung analog zur Nutzniessung) aus; vgl. ferner die Regelung im Kanton TI: Die Nacherbeneinsetzung bewirkt eine Reduktion des Steuerbetrages auf ein Drittel, wenn der Nachlass nicht zur freien Verfügung überlassen wurde.

[226] Betreffend der Ergänzungsleistungen ist allerdings Vorsicht geboten: Gibt sich der überlebende Ehegatte mit der Stellung als Vorerbe zufrieden und verzichtet er dem Werte nach auf seinen Pflichtteil,

4. Insbesondere zur Nacherbeneinsetzung auf den Überrest

a) Begriff

07.131 Die Nacherbeneinsetzung auf den Überrest unterscheidet sich von der normalen Nacherbeneinsetzung dadurch, dass der Vorerbe berechtigt ist, die *Substanz des Nachlasses anzuzehren,* und nur das beim Eintritt des Nacherbfalls Verbliebene an die Nacherben herausgeben muss. Dies ist insbesondere dann von Vorteil, wenn die Erträgnisse den standesgemässen Lebensunterhalt nicht zu decken vermögen. Die Ehegatten können damit eine ausreichende gegenseitige Versorgung unter gleichzeitiger Sicherstellung des gewünschten Erbverlaufs erzielen. Umgekehrt müssen die Nacherben mit einer Beeinträchtigung ihrer Anwartschaft rechnen.

b) Die Verfügungsbefugnis des Vorerben

07.132 Die Stellung des Vorerben richtet sich vorab nach dem ausdrücklichen oder mutmasslichen Willen des Erblassers. Gewisse Schranken der Verfügungsbefugnis sind dem Institut der Nacherbschaft auf den Überrest implizit und müssen vom Erblasser nicht eigens aufgeführt werden. So sind Verfügungen von Todes wegen über den Nachlass nicht zulässig. Im Zweifelsfall dürfen auch keine unentgeltlichen Verfügungen zugunsten Dritter aus der Erbschaft getätigt werden[227]; ausgenommen sind Gelegenheitsgeschenke, kleinere Spenden und Schenkungen, die durch den Anstand oder eine sittliche Pflicht geboten sind[228]. Zulässig bleiben selbstredend auch unentgeltliche Zuwendungen an die Nacherben. Dagegen widerspricht ein verschwenderischer Umgang mit dem Nachlass dem mutmasslichen Willen des Erblassers[229] und führt deshalb zu Ersatzansprüchen der Nacherben. Dasselbe gilt, wenn der Vorerbe seine Stellung missbraucht und damit gegen Art. 2 ZGB verstösst[230]. Besitzt der Vorerbe ausreichendes eigenes Vermögen, hat er nach Treu und Glauben das eigene Vermögen in gleicher Weise anzugreifen wie die Erbschaftswerte; er darf also nicht das eigene, frei verfügbare Vermögen auf Kosten des Nacherben schonen[231]. Die Befreiung von der Sicherstellungspflicht gemäss Art. 490 Abs. 2 ZGB ist bei der Nacherbeneinsetzung auf den Überrest nach Auffassung des Bundesgerichts[232] zwingender Natur, während ein Teil der Lehre den Dispens lediglich vermuten will[233].

---

kann ihm das – unabhängig von der verfolgten Absicht – als *Verzichtshandlung* ausgelegt werden, was zur Aufrechnung eines fiktiven Vermögens und Vermögensertrags führt. Vgl. dazu hinten, Rzn 11.35 ff.

[227] ZK-ESCHER, N 11 zu Art. 487 ZGB.

[228] SCHMUKI, S. 82; SCHERRER, S. 130 f., 132 f.

[229] Vgl. SCHERRER, S. 131, der auf die Möglichkeit der Entmündigung des Vorerben nach Art. 370 ZGB hinweist. Gemäss der grosszügigen Auffassung des Bundesgerichts in BGE 100 II 92 erscheint nur eine eigentliche Verschwendung oder eine böswillige Zerstörung der Erbschaftswerte als unzulässig.

[230] Zu den Implikationen von Art. 2 ZGB im Einzelnen vgl. SCHMUKI, S. 84 ff.

[231] SCHERRER, S. 131.

[232] BGE 100 II 92 = Pra 63 (1974) Nr. 279, S. 796 ff., Anders verhält es sich im Falle rechtsmissbräuchlichen Verhaltens des Vorerben.

[233] Vgl. die Übersicht bei ZGB-BESSENICH, N 9 zu Art. 491 ZGB. Im Einzelfall empfiehlt sich diesbezüglich eine ausdrückliche Regelung.

Die Nacherbeneinsetzung auf den Überrest bzw. die damit verbundene Erweiterung der Verfügungsbefugnis kann wiederum mit einer resolutiven oder suspensiven *Bedingung* versehen werden, so dass beispielsweise bei Wiederverheiratung, bei Erreichen einer bestimmten Altersgrenze oder bei einem allfälligen Heimeintritt die erweiterte Verfügungsbefugnis auf den für die Nacherbschaft gesetzlich vorgesehenen Umfang reduziert wird. Eine entsprechende Resolutivbedingung impliziert die Erstellung eines zweiten Inventars und eine Sicherstellungspflicht für die noch vorhandene Erbschaft bei Eintritt dieser Bedingung. 07.133

Weil der Vorerbe ein weit gehendes Verfügungs- und Verbrauchsrecht über die Erbschaft hat, ist es hier – anders als bei der ordentlichen Nacherbeneinsetzung – sachlich gerechtfertigt, *beide Vermögensübergänge steuerlich voll zu erfassen*[234]. Im Übrigen gilt das zur Nacherbeneinsetzung Gesagte. 07.134

5. Nachvermächtnis

Im Unterschied zur Nacherbschaft lautet das Nachvermächtnis nicht auf eine bestimmte Erbschaftsquote, sondern auf *bestimmte Nachlassgegenstände oder* auf eine bestimmte *Summe*. Im Übrigen sind die Bestimmungen über die Nacherbschaft analog anwendbar[235]. Mit dem Nachvermächtnis können beispielsweise bei fehlenden Nachkommen bestimmte Teile des Eigengutes, die mittels Gütergemeinschaft dem elterlichen Stamm des Erblassers entzogen und dem überlebenden Ehegatten zugehalten wurden, wieder an die erblasserische Verwandtschaft zurückgeleitet werden. Betreffend Erbschaftssteuern gilt für das Nachvermächtnis dem Grundsatz nach ebenfalls analoges wie für die Nacherbschaft[236]. 07.135

Das Nachvermächtnis ist zu unterscheiden vom (suspensiv) *bedingten oder befristeten Vermächtnis*, das ebenfalls zulässig ist[237]. Der Eintritt der Suspensivbedingung führt hier zur Auslieferungspflicht des belasteten Erben. Beispielsweise verfügt der Erblasser, die als Erbin eingesetzte Ehefrau habe den gemeinsamen Nachkommen bei deren Verheiratung eine bestimmte Summe auszuzahlen. 07.136

6. Ersatzverfügungen

a) Begriff und Anwendungsbereich

Tritt ein *eingesetzter Erbe* seine Erbschaft nicht an – wegen Ausschlagung, Vorabsterben, Erbunwürdigkeit oder Verzicht – geht dessen Anteil gemäss der Vermutung von Art. 572 Abs. 2 ZGB an die nächsten gesetzlichen Erben des Erblassers[238]. Die Ausschlagung eines *gesetzlichen Erben* hat demgegenüber zur Folge, dass sich sein Anteil vererbt, wie wenn er den Erbfall nicht erlebt hätte (Art. 572 Abs. 1 ZGB). Schlägt ein Vermächtnisnehmer das Vermächtnis aus, fällt dieses gemäss Art. 577 ZGB – vorbehaltlich einer anders lautenden Verfügung des Erblassers – zu Gunsten des Beschwerten weg. 07.137

---

[234] Vgl. etwa Art. 9 Abs. 2 ESchG BE bzw. Art. 13 Abs. 3 nESchG BE. Siehe auch RAMSEIER, S. 112 f.
[235] TUOR, N 29 Vorbem. vor Art. 488-493 ZGB.
[236] Nunmehr ausdrücklich Art. 4 Abs. 1 und Art. 13 nESchG BE.
[237] Vgl. dazu TUOR, N 28 Vorbem. vor Art. 488-493 ZGB.
[238] PIOTET, SPR 1, S. 96 f.

07.138　Die genannten Bestimmungen sind indessen dispositiver Natur. Gemäss Art. 487 ZGB kann der Erblasser mit einer *Ersatzverfügung* diejenigen Personen bezeichnen, die im Falle einer Ausschlagung oder des Vorabsterbens den Erbteil oder das Vermächtnis erhalten sollen. Dabei ist sowohl die Anordnung einer *Anwachsung* zugunsten der anderen eingesetzten Erben als auch die Bestimmung eines *Ersatzerben* denkbar[239]. Im Gegensatz zur Nacherbeneinsetzung findet *nur ein Vermögensübergang* statt, dieser ist bedingt durch den Nichtantritt der Erbenstellung durch den primär Begünstigten. Der Ersatzerbe erwirbt *alternativ* zum primär Begünstigten, der Nacherbe sukzessiv[240]. Eine Kombination von Nach- und Ersatzerbeneinsetzung in dem Sinne, dass der Nacherbe bei Wegfall des Vorerben direkt die Erbenstellung erlangen soll, ist allerdings durchaus denkbar[241].

07.139　Eine Ersatzanordnung kann – abgesehen vom Fall der Ausschlagung – auch im Zusammenhang mit einer *bedingten Verfügung* getroffen werden. Damit wird sichergestellt, dass bei Ausfall der Bedingung nicht die gesetzliche Erbfolge eintritt, sondern wiederum eine gewillkürte[242]. Als weitere Spielart lässt sich selbstredend die Ersatzverfügung ihrerseits unter eine Bedingung stellen[243].

07.140　Der Erblasser, der betreffend der Verfügungsfreiheit oder weiterer Modalitäten unsicher ist, kann die *Ersatzverfügung* dazu benutzen, für den Fall der (Teil)Ungültigkeit seiner primären Verfügung ersatzweise Anordnungen zu treffen.

07.141　Ersatzanordnungen sind auch gegenüber gesetzlichen Erben zulässig und können *auch Vermächtnisse und Teilungsanordnungen* betreffen[244], beispielsweise in der Art, dass die Ehefrau die Liegenschaft erhalten soll, oder aber, wenn sie auf diesen Zuweisungsanspruch verzichtet, der älteste Sohn des Erblassers. Die Anzahl der Ersatzberufenen ist – anders als bei der Nacherbschaft bzw. dem Nachvermächtnis[245] – nicht limitiert. Ferner können mehrere Personen gleichzeitig als Ersatzerben eingesetzt werden, die den Erbteil oder den Nachlassgegenstand alsdann unter sich zu teilen haben[246]. Auch für einen Nacherben oder Nachvermächtnisnehmer lässt sich ein Ersatzbegünstigter bestellen. Die Ersatzerbeneinsetzung ist ein weiteres Instrument, mit dem der Erbanfall besser „dosiert" werden kann.

---

[239] PIOTET, SPR 1, S. 97 sowie 102 f.

[240] ZGB-BESSENICH, N 2 Vorbem. zu Art. 488-492 ZGB. Vgl. zur Abgrenzung von Nachvermächtnis und Ersatzverfügung auch BGE 83 II 436 ff.

[241] GUINAND/STETTLER, Rz 181; vgl. auch Art 492 Abs. 3 ZGB.

[242] Beispiel: Der überlebende Ehegatte soll die verfügbare Quote (oder ein bestimmtes Vermächtnis) erhalten, wenn dem Ehepaar keine gemeinsamen Kinder geboren werden; andernfalls geht die verfügbare Quote (bzw. das Vermächtnis) an diese.

[243] Beispiel: Schlägt der überlebende Ehegatte das Vorausvermächtnis der Bibliothek des Erblassers aus, geht dieses an die Tochter der Ehegatten, sofern sie im Zeitpunkt des Erbganges ihr Geschichtsstudium abgeschlossen hat (andernfalls entfällt der Anspruch).

[244] ZGB-BESSENICH, N 2 zu Art. 487 ZGB.

[245] Vgl. hinten, Rz 07.146.

[246] Beispielsweise werden die Aktien der Familienaktiengesellschaft primär dem überlebenden Ehegatten vermacht, bei dessen Ausschlagung jedoch zu je einem Drittel den drei Nachkommen.

b) Steuerliche Aspekte

Weil der erste eingesetzte Erbe bzw. Vermächtnisnehmer die Erbschaft nicht erwirbt (oder nach einer erfolgreichen Herabsetzungsklage rückwirkend wieder verliert), wird die *Erbschaftssteuer nur beim Ersatzberechtigten* erhoben[247]. Der *Ersatzerbe erwirbt direkt vom Erblasser*, so dass sich – anders als bei einer von der testamentarischen Ordnung abweichenden Teilung[248] – nur *ein* steuerpflichtiger Vorgang ereignet und das Verwandtschaftsverhältnis zum Erblasser massgeblich ist. 07.142

7. Grenzen der Zulässigkeit von Bedingungen und Auflagen

a) Sittenwidrigkeit persönlichkeitsrelevanter Verfügungen

Im Zusammenhang mit Bedingungen und Auflagen ergeben sich besondere Fallgruppen, in denen die Frage der Zulässigkeit eine Rolle spielt, und zwar insbesondere mit Bezug auf die Sittenwidrigkeit[249]. Klassische Fälle der Sittenwidrigkeit betreffen alle Arten von Anordnungen, die vom Begünstigten ein bestimmtes, persönlichkeitsrelevantes Verhalten erzwingen wollen. Neben in unserem Zusammenhang nicht interessierenden Zuwendungen, durch die eine Fortsetzung ehewidriger Beziehungen veranlasst werden soll[250], geht es beispielsweise um Beeinträchtigungen der Entschlussfreiheit in Zusammenhang mit der Konfessions- oder Parteizugehörigkeit, der Partnerwahl, der Anzahl der zu gebärenden Kinder, der Berufswahl usw.[251] 07.143

Voraussetzung der Sittenwidrigkeit ist allerdings, dass die letztwillige Verfügung von Form und Umfang der Zuwendung her geeignet ist, einen Druck zu erzeugen, der den Betroffenen in seiner Entscheidungsfreiheit beeinträchtigt. Die Lehre spricht in diesem Zusammenhang von einem *finalen Charakter* der Zuwendung[252]. Objektiv gerechtfertigte Interessen auf Seiten des Erblassers können die Zulässigkeit der Auflage oder Bedingung bewirken, weshalb der *Zweck der Verfügung* bei der Frage der Sittenwidrigkeit mitzuberücksichtigen ist[253]. Ist ein bestimmtes Verhalten lediglich *Anlass* der Zuwendung, ist diese im Regelfall unbedenklich. 07.144

Ein praktisch wichtiger Anwendungsfall der Beeinträchtigung der freien Willensentscheidung ist die *Vidualitätsbedingung*, die den Rückfall der Begünstigung bei Wie- 07.145

---

[247] LUSTENBERGER, S. 54 f.; MONTEIL, S. 80 ff.

[248] Dazu vorne, Rzn 05.81 f.

[249] Zu den allgemeinen gesetzlichen Besonderheiten und Schranken letztwilliger Verfügungen siehe schon vorne, Rzn 07.01 ff.

[250] Vgl. zum sog. Geliebtentestament etwa BGE 93 II 165 ff., E 2.

[251] ZGB-STAEHELIN, N 37 zu Art. 482 ZGB.

[252] HASENBÖHLER, S. 13. Unbedenklich ist beispielsweise das Vermächtnis von Fr. 10'000.-, das der Tochter des Hauses bei ihrer Heirat ausgerichtet werden soll: Die Tochter soll damit nicht zur Heirat bestimmt werden, sondern für den Fall ihrer Heirat eine Zuwendung erhalten. Die Bedingung hat nicht finalen Charakter und verstösst insofern nicht gegen die guten Sitten; TUOR, N 28a zu Art. 482 ZGB.

[253] Soll der Sohn im Teilungsverfahren nur dann das Familienunternehmen an sich ziehen können, wenn er eine kaufmännische Ausbildung mit Erfolg absolviert hat, dient diese Verfügung dem Schutz der Familienunternehmung und nicht dem Zweck, den Sprössling zu einer entsprechenden Berufswahl zu bestimmen. Weitere Beispiele bei HASENBÖHLER, S. 13 f.

derverheiratung des Ehegatten vorsieht[254]. Sittenwidrig ist diese Anordnung nur, wenn sie der Eifersucht des Erblassers entspringt[255]. Der Rückfallklausel, die sogar vom Gesetz selber in Art. 473 Abs. 3 vorgesehen ist, können durchaus auch ehrenwerte Motive zugrunde liegen. Geht es dem Erblasser darum, die gemeinsamen oder nichtgemeinsamen Nachkommen vor einem dauernden Entzug des Nachlasses zu schützen, ist gegen die Wiederverheiratungsklausel nichts einzuwenden[256]. Problematisch ist die Verfügung allerdings auch bei „tadelloser" Absicht des Erblassers immer dann, wenn nicht nur die Begünstigung hinfällig werden soll, sondern auch der gesetzliche Erbteil ganz oder teilweise belastet wird. Auch erbvertraglich kann sich der überlebende Ehegatte nicht zur Rückgabe verpflichten, soweit dadurch sein *gesetzliches Erbrecht* eingeschränkt wird, da es den guten Sitten und wohl auch Art. 27 Abs. 2 ZGB widerspricht, die Entscheidung zur Heirat von ökonomischen Vorteilen abhängig zu machen[257]. Zur allfälligen Übernahmeverpflichtung im Zusammenhang mit einer Familienunternehmung siehe ferner hinten, Rz 13.08.

b) Schranken der langfristigen Vermögensbindung

07.146 Mit Blick auf die Nacherbschaft und die damit verbundenen längerfristigen Vermögensbindung ist sodann auf das *Verbot der Errichtung von Familienfideikommissen* (Art. 335 Abs. 2 ZGB) hinzuweisen[258]. Ferner kann der Nacherbe, aufgrund des *Verbots der mehrfachen Nacherbensubstitution*, seinerseits nicht mehr verpflichtet werden, die Erbschaft wiederum einem nächsten Erben auszuliefern (Art. 488 Abs. 2 ZGB)[259].

c) Die privatorische Klausel

07.147 Eine besondere Form der Bedingung ist die *privatorische Klausel*, mittels derer ein Erblasser denjenigen enterbt oder auf den Pflichtteil setzt, der eine bestimmte letztwillige Verfügung gerichtlich anficht. Grundsätzlich sind derartige Verwirkungsklauseln zulässig[260], sie können mithin beispielsweise dazu verwendet werden, eine bestimmte Auflage

---

[254] Zur Wiederverheiratungsklausel im Ehevertrag, die eine analoge Problematik aufwirft, siehe vorne, Rzn 06.144 ff.

[255] Enger demgegenüber OFTRINGER, S. 205 ff., der sämtliche Bedingungen im Zusammenhang mit einer Heirat des Zuwendungsempfängers als ungültig erachtet.

[256] TUOR, N 28a zu Art. 482 ZGB.

[257] Hat der überlebende Ehegatte beispielsweise die resolutiv bedingte Zuwendung bereits verbraucht, oder ist er dringend auf diese Mittel angewiesen, verhindert die Rückfallklausel faktisch den Eheschluss. Aber auch bei anderen Sachlagen könnte der Entscheid zur Wiederverheiratung in unzulässiger Weise von der finanziellen Folge beeinflusst sein.

[258] Beim Familienfideikommiss handelt es sich um ein Sondervermögen ohne eigene Rechtspersönlichkeit, welches innerhalb einer Familie nach zum vornherein festgesetzten Regeln auf die weiteren Generationen übergehen soll. Der erbrechtliche Übergang ist durch Auflage so geregelt, dass nur einer der möglichen Erben (z.B. der Erstgeborene des jeweiligen Inhabers des Sondervermögens) berechtigt wird.

[259] Zur Umgehung von Art. 488 Abs. 2 und zur mehrfachen Nacherbensubstitution auf der gleichen Familienstufe MERZ, S. 1 ff., m.w.H.; allgemein zu Art. 488 ZGB siehe ZGB-BESSENICH.

[260] BGE 117 II 239, 246. Soweit ersichtlich wird die Zulässigkeit privatorischer Klauseln an sich in der schweizerischen Lehre nirgends in Frage gestellt.

an die Erben zusätzlich zu sichern. Soll die Klausel dagegen dazu dienen, eine rechts- oder sittenwidrige Verfügung zu schützen, ist sie ungültig[261], was grundsätzlich zum Hinfall der gesamten Verfügung – und damit zur gesetzlichen Erbfolge – führt[262]. Mit anderen Worten tritt die Verwirkungsfolge nur dann ein, wenn die damit zu schützende Verfügung selber weder aus formeller noch aus materieller Sicht zu beanstanden ist[263].

d) *Rechtsfolge: Ungültigkeit bzw. Herabsetzbarkeit der Verfügung*

Gemäss Art. 482 Abs. 2 ZGB bewirken *unsittliche oder rechtswidrige Auflagen und Bedingungen* die *Ungültigkeit der Verfügung*. Diese Folge – Wegfall nicht nur der Nebenbestimmung, sondern der ganzen Verfügung – ist in gewissen Fällen unbillig, weshalb die Doktrin nach Lösungen gesucht hat, um die Hauptverfügung aufrecht zu erhalten. Eine erste Konstellation betrifft unsittliche bzw. rechtswidrige Auflagen, die einen *gesetzlichen Erben* belasten; hier fällt die betreffende Auflage dahin, ohne dass der gesetzliche Erbteil berührt wird[264]. Der Erblasser kann ferner von sich aus die Bedingung oder Auflage an die Voraussetzung knüpfen, dass diese sich nicht als rechts- oder sittenwidrig erweist. Für Auflagen – nicht aber für Bedingungen – schlägt TUOR überdies vor, diese könnten wegen Irrtums oder einer Täuschung des Erblassers ohne Schaden für die Restverfügung angefochten werden[265]. Ob es dagegen bereits genügt, dass die Aufrechterhaltung der Zuwendung ohne die rechts- oder sittenwidrige Auflage bzw. Bedingung dem hypothetischen Willen des Erblassers entspricht, ist umstritten[266]. Probleme ergeben sich diesbezüglich nach der traditionellen Andeutungstheorie[267], wenn der hypothetische Erblasserwille nicht formgerecht ausgedrückt oder doch wenigstens „angedeutet" worden ist. M.E. ist der neueren Auffassung, die einer ergänzenden Auslegung breiteren Raum einräumt, zuzustimmen, soweit zweifelsfrei erkennbar ist, was der Erblasser bei Kenntnis der Mangelhaftigkeit seiner Anordnungen gewollt hätte. Geschickter verhält

07.148

---

[261] BGE 85 II 380: „Mais si ce droit est celui de faire consater le caractère illicite ou immoral d'un acte, toute mesure qui tend à en restreindre l'exercice favorise ou maintient une situation illicite ou immorale; elle est donc elle-même illicite ou immorale." Vgl. auch BGE 117 II 239 (betr. Formmangel) und dazu NÜTZI, S. 195 ff.; ebenso PIOTET, SPR 1, S. 91; BREITSCHMID, Privatorische Klauseln, S. 115; DRUEY, Grundriss, § 12, Rz 34; ZGB-STAEHELIN, N 40 zu Art. 482 ZGB; HAUSHEER, Erbrechtliche Probleme, S. 53 f.; dieser Ansicht ist zuzustimmen. A.M. offenbar WEIMAR; Versorgung, S. 275.

[262] Das ist für den mit der Klausel Belasteten dann unbefriedigend, wenn die mit einer unwirksamen Bedingung verbundene Verfügung ihm mehr als den gesetzlichen Erbteil zugedacht hätte. In der Lehre wird in Betracht gezogen, diesfalls auf den hypothetischen Erblasserwillen abzustellen: NÜTZI, S. 201; vgl. auch unten, Rz 07.148.

[263] BREITSCHMID (Privatorische Klauseln, S. 116 ff.) vertritt demgegenüber die Ansicht, Zulässigkeit im beschriebenen Sinn an sich bedeute noch nicht Wirksamkeit der Klausel. In Fällen (aufgrund der unsicheren Rechslage) „berechtigter" – wenn auch erfolgloser – Anfechtung der durch die privatorische Klausel geschützten Verfügung bleibe diese in Kraft, wie wenn die Klausel nicht bestehen würde.

[264] TUOR, N 26 zu Art. 482 ZGB.

[265] TUOR, N 27b zu Art. 482 ZGB.

[266] Vgl. die Übersicht bei ZGB-STAEHELIN, N 34 zu Art. 482 ZGB, wonach mit der h.L. Abs. 2 von Art. 482 auf eine widerlegbare Vermutung reduziert wird.

[267] Vgl. dazu vorne, Rz 05.31 mit Fn 46; sowie die Übersicht zur Doktrin und Rechtsprechung bei DRUEY, Grundriss, § 12, Rzn 15 ff.

sich aber allemal der Erblasser, der zweifelhafte Nebenverfügungen ganz vermeidet oder wenigstens mit einer Ersatzanordnung versieht.

07.149   Nicht zur Ungültigkeit, jedoch zur *Herabsetzbarkeit* der Verfügung führen Auflagen und Bedingungen, die den Pflichtteil eines Erben mit finanziellen Aufwendungen belasten. Dazu gehört unter anderem die Nacherbeneinsetzung, und zwar auch eine solche auf den Überrest. Der Pflichtteil steht dem Noterben zu unbeschwertem Eigentum zu, er darf darüber auch von Todes wegen frei verfügen. Aus diesem Grund kann der Erblasser im Bereich des Pflichtteils auch keinen gültigen Teilungsaufschub anordnen[268].

07.150   Die Herabsetzungsklage bewirkt den *Wegfall der übermässigen Belastung*, so dass der Pflichtteil durch Reduktion (bzw., falls eine Reduktion nicht ausreicht, durch Aufhebung) der betreffenden Verfügung wiederhergestellt wird[269]. Die Herabsetzungsreihenfolge bestimmt sich nach Art. 532 ZGB[270].

07.151   Der in seinem Pflichtteil verletzte Noterbe, der zugleich an der Gültigkeit der Verfügung zweifelt – etwa weil diese mit einer privatorischen Klausel „gesichert" wurde – kann vor Gericht in erster Linie die Ungültigerklärung der Verfügung und eventualiter deren Herabsetzung verlangen. Dringt er mit dem Hauptantrag durch, erhält er nicht nur seinen Pflichtteil, sondern seinen gesetzlichen Erbteil[271].

---

[268] Dazu ZK-ESCHER; N 8 zu Art. 604 ZGB; ZGB-SCHAUFELBERGER, N 10 zu Art 604 ZGB, m.w.H.
[269] Art. 522 Abs. 1 ZGB.
[270] Dazu im Einzelnen hinten, Rzn 10.23 ff.
[271] BGE 119 II 208.

§ 8 Begünstigung durch Rechtsgeschäfte unter Lebenden

I. Grundlagen

1. Motive für Rechtsgeschäfte unter Lebenden zwischen Ehegatten

Die Begünstigung des überlebenden Ehegatten kann – abgesehen von den erläuterten Möglichkeiten des Güter-, Ehe- und Erbrechts – durch (andere) Rechtsgeschäfte unter Lebenden angestrebt werden, wobei zu beachten ist, dass diese Möglichkeiten nicht auf die Vorsorge zugeschnitten sind[1]. Dem überlebenden Ehegatten können aus lebzeitigen Zuwendungen[2] in dreierlei Hinsicht Vorteile erwachsen: 08.01

– Vermögensverschiebungen unter Ehegatten führen dazu, dass der weniger vermögende Ehegatte noch während bestehender Ehe über einen eigenen finanziellen Spielraum verfügt. Damit wird dem betreffenden Ehegatten eine grössere Unabhängigkeit eingeräumt. 08.02

– Das Gesagte wirkt sich insbesondere auch beim Vorabsterben des vermögenderen Ehegatten aus. Die wirtschaftliche Selbständigkeit, die der überlebende Hausgatte gegenüber dem erwerbstätigen Ehegatten erlangt hat, drückt sich nun in einer stärkeren Stellung gegenüber der Erbengemeinschaft aus, was zur Überbrückung bis zur definitiven güter- und erbrechtlichen Auseinandersetzung von Bedeutung sein kann. 08.03

– Geldwerte Leistungen unter Lebenden können unter bestimmten Voraussetzungen zu einem Vermögensübergang führen, der den überlebenden Ehegatten in wirtschaftlicher Hinsicht dauerhaft begünstigt. Allerdings ist der Spielraum hierfür sehr gering, wenn die güter- und erbrechtlichen Begünstigungsformen bereits ausgereizt wurden und die lebzeitige Zuwendung mit den zwingenden Bestimmungen des Ehegüterrechts und mit dem Pflichtteilsrecht in Konflikt gerät. 08.04

Lebzeitige Vermögensübergänge können daneben aus anderen als Vorsorgegründen gerechtfertigt sein. Ein wichtiges Motiv liegt gegebenenfalls in der *Rollenverteilung*, wie sie in der konkreten Ehe gelebt wird. Tragen nicht beide Ehegatten ungefähr gleichwertig zum Familienunterhalt bei, kann sich in gewissen Fällen ein finanzieller Ausgleich für besondere Unterhaltsleistungen aus dem Eigengut eines Partners aufdrängen[3]. Ein möglicher Anlass für finanzielle Ausgleichsleistungen liegt ferner in einem allfälli- 08.05

---

[1] Vgl. hinten, Rzn 08.80 ff., 08.123 f. und 08.126 ff. zu den Problemen, die mit der Begünstigung durch Rechtsgeschäfte unter Lebenden verbunden sind.

[2] Der Begriff wird hier (noch) nicht in seinem technischen Sinn gebraucht, er dient lediglich dazu, alle geldwerten Formen der zwischen Ehegatten fliessenden Beiträge unabhängig von ihrer rechtlichen Qualifikation zusammenzufassen.

[3] Dies trifft immerhin nur dann zu, wenn Art. 165 ZGB, der eine angemessene Entschädigung für ausserordentliche Beiträge eines Ehegatten an den Unterhalt der Familie vorsieht, der konkreten Sachlage nicht genügend Rechnung trägt. Weil ein absolut gleichwertiges Zusammenwirken über längere Zeit unrealistisch und die Ehe auch zu einem wesentlichen Teil eine Schicksalsgemeinschaft ist, drängt sich ein finanzieller Ausgleich allerdings nur auf, wenn ein deutliches Ungleichgewicht besteht.

gen *vorehelichen Zusammenwirken* der Ehegatten. So kann sich beispielsweise nach mehrjährigem Konkubinat mit „traditioneller Rollenverteilung" eine Beteiligung des haushaltführenden Partners am aus der Zeit des vorehelichen Zusammenlebens stammenden und in die Ehe eingebrachten Erwerbseinkommen des anderen rechtfertigen[4]. Lebzeitige Zuwendungen können daneben der *Entschädigung für Eingeständnisse güterrechtlicher Art* – etwa durch eine Vereinbarung über die Vorschlags- bzw. die Gesamtgutsteilung oder die Anwendung von Art. 199 ZGB – dienen.

2. Formen geldwerter Leistungen unter Lebenden

08.06 Geldwerte Leistungen unter Ehegatten können – abgesehen von güter- und erbrechtlichen Zuwendungen – rechtlich folgendermassen zugeordnet werden:

08.07 – Zunächst einmal besteht ein gewisser Spielraum bei *Vereinbarungen eherechtlicher Art*, insbesondere betreffend die beidseitigen Unterhaltsleistungen (vorne, Rzn 06.149 ff.). Die güterrechtlichen Ansprüche und die finanzielle Stellung der Ehegatten lassen sich durch Unterhaltsvereinbarungen allerdings nur in ganz beschränktem Mass beeinflussen.

08.08 – Eine andere Form der Begünstigung unter Lebenden besteht im Abschluss von *obligationen- und sachenrechtlichen Verträgen*, die ein wirtschaftliches Ungleichgewicht beinhalten. Wichtigstes Beispiel ist die Schenkung (hinten, Rzn 08.56 ff.). Aber auch die verschiedenen Möglichkeiten des gemeinsamen Eigentums können insofern zu einer Begünstigung des überlebenden Ehegatten zur Folge haben, als einerseits dingliche Rechte bzw. Teilungsansprüche begründet werden und andererseits beide Ehegatten an einer Wertsteigerung oder -verminderung teilhaben (hinten, Rzn 08.94 ff.).

08.09 Der Abschluss von Rechtsgeschäften des Obligationen- und Sachenrechts schafft zwischen den Ehegatten eine *weitere Ebene der rechtlichen Beziehungen* neben den allgemeinen Wirkungen der Ehe und dem Ehegüterrecht. Von Bedeutung ist das insbesondere deshalb, weil die obligationenrechtliche Ebene vom Grundsatz der *Vertragsfreiheit* beherrscht wird und den Ehegatten deshalb einen grösseren Handlungsspielraum belässt als das Ehe- und Güterrecht. In vielen Fällen können die Ehegatten selber wählen, ob sie eine bestimmte Leistung als Beitrag an die eheliche Gemeinschaft oder als Verpflichtung aufgrund eines obligationen- oder sachenrechtlichen Vertrags betrachten wollen[5].

3. Insbesondere Rechtsgeschäfte des Obligationenrechts

08.10 Gemäss Art. 168 ZGB sind die Ehegatten frei, unter sich und mit Dritten *beliebige Rechtsgeschäfte* abzuschliessen, sofern das Gesetz nichts anderes bestimmt[6]. Aus den persönlichen Ehewirkungen sowie den güterrechtlichen Bestimmungen fliessen gewisse Sondernormen (z.B. die Gewährung von Erfüllungsfristen, Art. 203 Abs. 2 und Art. 250

---

[4] Für die Mitarbeit im Betrieb des Konkubinatspartners ist demgegenüber unter Umständen eine arbeitsrechtliche Entlöhnung geschuldet; vgl. neuerdings BGE 4C.89/1999 vom 23.8.1999.

[5] SCHWAGER, S. 210 f.; HAUSHEER/REUSSER/GEISER, N 15 zu Art. 168 ZGB; KOBEL, Rz 1.02.

[6] Zu den gesetzlichen Beschränkungen von Rechtsgeschäften zwischen Ehegatten siehe HAUSHEER/REUSSER/GEISER, N 16 ff. zu Art. 168 ZGB.

Abs. 2 ZGB), weitere Besonderheiten sind unter anderem im Schuldbetreibungs- und Konkursrecht zu beachten. Die nachstehenden Ausführungen beschränken sich indessen auf den Aspekt der Ehegattenbegünstigung[7].

Im Zusammenhang mit den folgenden Ausführungen bleibt zu beachten, dass zwischen Ehegatten oft nicht klar zwischen „Mein und Dein" unterschieden wird, was für die Frage, ob aufgrund eines Missverhältnisses zwischen Leistung und Gegenleistung eine Begünstigung eines Vertragspartners vorliegt, von Bedeutung ist. Eine Vermögenszuwendung setzt nämlich voraus, dass sich zwei Vermögensbereiche abgrenzen lassen, zwischen denen der *Vermögensübergang* stattfindet. Beispielsweise kann die Qualifikation eines Rechtsgeschäfts als Schenkung am fehlenden Bewusstsein der Ehegatten von der Existenz zweier getrennter Vermögenssphären scheitern[8]. Dienstleistungen und das Zurverfügungstellen von Gegenständen können oft ebenso gut als Beitrag an den Unterhalt der Familie zu qualifizieren sein wie als Auftrag bzw. Werkvertrag oder Gebrauchsleihe, womit wiederum keine unentgeltliche Zuwendung vorliegt. Bei einer Arbeitsleistung fehlt unter Ehegatten allenfalls das Bewusstsein, dass diese entgeltlich sein könnte. Für die – namentlich im Pflichtteilsrecht bedeutsame – Frage, ob überhaupt eine unentgeltliche Zuwendung vorliegt, ist deshalb unter Umständen *entscheidend*, ob diesbezüglich auf die *subjektive Ansicht* der Parteien *oder auf eine objektive Betrachtungsweise* abzustellen ist[9].

08.11

4. Einfluss des Güter- und Erbrechts

Obschon die hier zu besprechenden Formen der Ehegattenbegünstigung nicht güterrechtlicher Natur sind und unter Lebenden erfolgen, erstrecken sich ihre *Auswirkungen auch auf die güterrechtliche Auseinandersetzung sowie auf das Erbrecht*. Konkret geht es dabei um güterrechtliche Ausgleichsmechanismen, die erbrechtliche Ausgleichungspflicht sowie die Herabsetzbarkeit von Zuwendungen. Je nachdem, ob und wie sie später in Anschlag gebracht wird, ist eine geldwerte Leistung unter Lebenden auch aus dem Blickwinkel der finanziellen Begünstigung sinnvoll oder eben nicht. Weil die diesbezüglichen güter- und erbrechtlichen Bestimmungen dem Grundsatz nach für alle Formen der Zuwendungen unter Lebenden Gültigkeit entfalten, wird deren Erörterung den Ausführungen zu den verschiedenen Rechtsgeschäften vorangestellt. Dabei ist zunächst ein Blick auf die *güterrechtliche Bedeutung der lebzeitigen Zuwendungen* zu werfen (Rzn 08.17 ff.). Daneben geht die *Ausgleichung* (Rzn 08.22 ff.), die dem mutmasslichen Willen des Erblassers folgt, der *Herabsetzung* vor. Diese kommt nur subsidiär zum Zuge, wenn die Ausgleichungspflicht verneint wird und es aus diesem Grund zu Pflichtteilsverletzungen kommt (Rzn 08.39 ff.). Nur Zuwendungen unter Lebenden, die güterrechtlich wirksam und weder ausgleichungspflichtig noch herabsetzbar sind, verbleiben

08.12

---

[7] Zu den weiteren Besonderheiten von Rechtsgeschäften unter Ehegatten siehe HAUSHEER/REUSSER/GEISER, N 10 ff. zu Art. 168 ZGB; ZK-HASENBÖHLER, N 22 ff. zu Art. 168 ZGB, sowie eingehend die Diss. KOBEL.

[8] ZK-HASENBÖHLER, N 29 zu Art. 168 ZGB.

[9] Vgl. zu dieser Problematik ZK-HASENBÖHLER, N 29 f. zu Art. 168 ZGB. Zur Definition der Zuwendung im Pflichtteilsrecht siehe hinten, Rzn 08.61 ff.

dem begünstigten Ehegatten unbelastet und entfalten damit aus der Sicht der Ehegattenbegünstigung ihre volle Wirkung.

II. Güter- und erbrechtliche Berücksichtigung lebzeitiger Zuwendungen

1. Begriff der Zuwendung

08.13   Der im Güter- und Erbrecht verwendete Begriff der *Zuwendung* ist weiter gefasst als der obligationenrechtliche Schenkungsbegriff. In der hier bevorzugten Terminologie von PIOTET[10] ist darunter ein *Akt freiwilliger, unentgeltlicher oder teilweise unentgeltlicher Leistung* zu verstehen, wobei im vorliegenden Zusammenhang lediglich Leistungen unter Lebenden interessieren. Die Leistung kann in der *Übertragung von Vermögenswerten* zu Eigentum (bzw. Mit- oder Gesamteigentum) bestehen, aber auch in einer *Gebrauchsüberlassung*[11]. Keine Unentgeltlichkeit liegt vor, wenn die Leistung in Erfüllung einer gesetzlichen Pflicht erfolgt[12]. Im Verhältnis unter Ehegatten ist dies insbesondere mit Blick auf Unterhaltsleistungen gemäss Art. 163 und 164 ZGB von Bedeutung[13]. Zu lebhaften Diskussionen hat die Frage geführt, ob Leistungen, die in Erfüllung einer *sittlichen Pflicht* erfolgen, als Zuwendungen im Sinn des Güter- und Erbrechts[14] zu verstehen sind. In der neueren Rechtsprechung wird dies – in Übereinstimmung mit einem Teil der neueren Lehre – bejaht[15].

08.14   Umstritten ist ferner die rechtliche Qualifikation *unentgeltlicher Arbeitsleistungen*[16]. In der neueren Literatur wird mehrheitlich die Meinung vertreten, dass sich der Erblasser durch eine unentgeltliche Dienstleistung einer Erwerbsmöglichkeit entäussert und damit sein Vermögen wirtschaftlich negativ beeinflusst habe. Das Vorliegen einer Zuwendung an den Empfänger der Dienstleistung wird deshalb bejaht. Allerdings ist zu differenzieren: Unbestrittenermassen kann das Erbringen von unentgeltlichen Dienstleis-

---

[10] PIOTET, SPR 1, S. 300 ff., 442. Vgl. auch HAUSHEER/REUSSER/GEISER, N 20 zu Art. 208 ZGB, wonach unter der (bezüglich Art. 208 und 527 ZGB gleich auszulegenden) Zuwendung eine Handlung zu verstehen ist, „durch welche jemand einem anderen einen Vermögensvorteil verschafft".

[11] So jedenfalls die heute wohl herrschende Lehre; siehe dazu EITEL, Lebzeitige Zuwendungen, § 8, Rz 22.

[12] PIOTET, SPR 1, S. 304; teilweise abweichend EITEL, Lebzeitige Zuwendungen, § 9, Rzn 38 ff., der darauf hinweist, dass betreffend der Ausgleichung unter Umständen auch gesetzliche Pflichtzuwendungen an Nachkommen in Betracht kommen.

[13] EITEL, Lebzeitige Zuwendungen, § 9, Rz 47.

[14] Die Frage, welche Zuwendungen güterrechtlich aufzurechnen sind, ist im Güter- und Erbrecht gleich zu entscheiden; HAUSHEER/REUSSER/GEISER, N 22 zu Art. 208 ZGB.

[15] BGE 102 II 325 f., bestätigt in 116 II 245 ff., E. 4. So auch WIDMER, S. 36 f. sowie ZGB-FORNI/PIATTI, N 12 zu Art. 626 ZGB, m.w.H. mit Bezug auf die Ausgleichung und N 7 zu Art. 527 ZGB, mit Bezug auf die Herabsetzung. Vgl. ferner EITEL, Lebzeitige Zuwendungen, § 9, Rzn 1 ff. sowie § 31, der bezüglich der Herabsetzungspflicht die Auffassung des Bundesgerichts ablehnt; vgl. auch (zusammenfassend) ders., Ausgleordnung, S. 755 f.

[16] Dazu EITEL, Lebzeitige Zuwendungen, § 8, Rzn 24 ff., sowie PIOTET, Rapport successoral, S. 57 ff., je m.w.H.

tungen in grösserem Umfang schenkungsähnlichen Charakter annehmen[17]. Mit SEEBERGER[18] ist aber beizufügen, dass dem Richter bei der Qualifikation einer Arbeitsleistung als erbrechtlich relevante Zuwendung ein grosses Ermessen zustehen muss. Eine Arbeitsleistung ist danach höchstens als Zuwendung zu qualifizieren, wenn sie üblicherweise selbst unter Verwandten nur gegen Entgelt zu erwarten wäre[19]. Das gilt namentlich auch für Dienstleistungen, die zwischen Ehegatten erbracht werden, soweit nicht ohnehin eine Unterhaltsleistung (und damit keine Unentgeltlichkeit) vorliegt.

Das Problem wird teilweise durch *Art. 165 ZGB* entschärft, da für Dienstleistungen, die erheblich über die eheliche Unterhaltspflicht hinausgehen, ein *Entschädigungsanspruch ex lege* entsteht, dessen Erlass selbstverständlich eine Zuwendung darstellt. Sind sich die Ehegatten darüber einig, dass die Leistung als Unterhaltsanspruch erbracht werden soll, entsteht demgegenüber keine Entschädigungsforderung und dabei hat es auch in erbrechtlicher Hinsicht sein Bewenden. Im Übrigen geht nicht an, zwischen Ehegatten erbrachte Dienstleistungen im Erbgang kleinlich abzurechnen. Die Missbrauchsgefahr in Bezug auf die Pflichtteile ist schon deshalb gering, weil die Ehegatten das Risiko der Scheidung und die Ungewissheit über die Absterbensreihenfolge in ihren Entscheid über die Frage der Unentgeltlichkeit der Arbeitsleistung einbeziehen werden. Im weitaus häufigsten Fall, nämlich wenn die Ehegatten der Errungenschaftsbeteiligung unterstehen, zeitigt die Ausrichtung eines Arbeitsentgelts sodann aus güterrechtlicher Sicht keine Auswirkungen, wenn der zahlende Ehegatte das Entgelt aus der Errungenschaft begleicht[20]. Würde man die Arbeitsleistung als Zuwendung der erbrechtlichen Herabsetzung unterwerfen – wie dies EITEL[21] grundsätzlich befürwortet – müsste der überlebende Ehegatte, dem die Arbeitsleistung gewidmet wurde, einen Betrag in die Erbmasse einwerfen bzw. sich anrechnen lassen, während er bei rechtzeitiger Entlöhnung seines Ehegatten mit Errungenschaftsgut zufolge Vorschlagsteilung keine derartige Vermögenseinbusse erlitten hätte.

08.15

Noch ein weiterer Grund spricht für die hier vertretene Auffassung, dass unentgeltlich erbrachte Dienstleistungen nur mit grosser Zurückhaltung als Zuwendungen im Sinne des Ausgleichungs- oder gar des Herabsetzungsrechts anzusehen sind. Die gegenteilige Auffassung stösst nämlich dann auf Schwierigkeiten, wenn der einen Dienstleistung eine Dienstleistung der anderen Person gegenübersteht, ohne dass ein direktes Austauschverhältnis vorliegt. Dazu ein Beispiel: Die Ehefrau besorgt jahrelang die Buchhaltung des Architekturbüros ihres Ehemannes. Als sie ein unüberbautes Grundstück erbt, erbringt

08.16

---

[17] EITEL, Lebzeitige Zuwendungen, § 8, Rzn 24 und 26, weist darauf hin, dass der Vater, der seinem Sohn Architekturleistungen erbringt, danach Rechnung stellt und anschliessend die Forderung erlässt, offensichtlich eine Zuwendung erbringt. Eine Unterscheidung dieses Sachverhalts und der von allem Anfang an unentgeltlichen Ausführung derselben Arbeiten ist deshalb seiner Ansicht nach nicht gerechtfertigt. Dem ist zuzustimmen.

[18] SEEBERGER, S. 252.

[19] Für WEIMAR, Ausgleichung, S. 847 f., ist die Vorstellung, Arbeitsleistungen unter Art. 626 Abs. 2 ZGB zu subsumieren „abwegig", da man damit unterstelle, dass der Erblasser sonst dem Erwerb nachgegangen wäre und dass er das dadurch erlangte Extra-Einkommen als Sparkapital angelegt hätte. Vgl. dazu auch EITEL, Lebzeitige Zuwendungen, § 8, Rz 30, wonach die unentgeltlich erbrachte Dienstleistung eine Vermögenseinbusse auf Seiten des Zuwendenden bewirkt haben muss. Siehe auch DRUEY, Pflichtteil, S. 154, wonach das Eherecht eine völlige Verrechtlichung des Gebens und Nehmens zwischen Ehegatten bewusst vermeidet, weswegen nicht pflichtteilsrechtlich relevant sein kann, was nicht einen ausserordentlichen Beitrag nach Art. 165 ZGB darstellt.

[20] Beim Zahlungsempfänger ist die Entschädigung stets als Errungenschaft zu behandeln, weshalb sich aufgrund der gegenseitigen Vorschlagsbeteiligung im Ergebnis (jedenfalls bei beidseitig positivem Vorschlag) ebenso wenig ändert wie bei einer „Verschiebung" innerhalb des Gesamtgutes von Gütergemeinschafts-Ehegatten.

[21] EITEL, Lebzeitige Zuwendungen, § 8, Rzn 24 ff. und § 30, Rz 23.

der Ehemann unentgeltliche Architekturarbeiten in erheblichem Umfang. Stirbt nun der Ehemann zuerst, wäre die Ehefrau für die unentgeltlich empfangenen Architekturarbeiten zwar herabsetzungspflichtig[22], könnte aber die von ihr erbrachten Buchhaltungsarbeiten nicht zur Verrechnung stellen[23]. Bei umgekehrter Absterbensreihenfolge ergäbe sich die spiegelbildliche Problematik[24].

2. Güterrechtliche Behandlung der Zuwendungen

a) Errungenschaftsbeteiligung

08.17 Unter dem Güterstand der Errungenschaftsbeteiligung setzt eine wirksame Begünstigung wegen der gesetzlichen Beteiligung am Vorschlag des Ehepartners voraus, dass nicht bloss eine Verschiebung von Vermögenswerten von einer Errungenschaft zur andern erfolgt. Wird eine Zuwendung aus der Errungenschaft an das Eigengut des Partners geleistet, reduziert die Beteiligung des Zuwendenden am Vorschlag des Zuwendungsempfängers die Leistung – wirtschaftlich betrachtet[25] – immer noch auf die Hälfte[26]. In den vollen Genuss der Zuwendung gelangt der Ehegatte nur bei einer Leistung, die aus dem Eigengut seines Partners stammt und seinem eigenen Eigengut gutgeschrieben wird. Dies gilt weitgehend auch dann, wenn die Ehegatten ehevertraglich eine andere als die hälftige Teilung des Vorschlags vereinbart haben, sofern dadurch die verfügbare Quote ausgeschöpft wurde, da für die Pflichtteilsberechnung in jedem Fall die gesetzliche Hälftenteilung ausschlaggebend ist[27].

08.18 *Unentgeltliche Zuwendungen* eines Ehegatten an den anderen fallen unter dem ordentlichen Güterstand stets in das *Eigengut* des Zuwendungsempfängers (Art. 198 Ziff. 2 ZGB)[28]. Grundsätzlich gelangt für lebzeitige Leistungen zwischen Ehegatten *kein güter-*

---

[22] Zur fehlenden Ausgleichungspflicht des Ehegatten siehe hinten, Rz 08.26.

[23] Und zwar selbst dann nicht, wenn die Architekturarbeiten aus Dankbarkeit für die jahrelange Treue der Ehefrau erbracht wurden, kommt doch auf das Motiv der Zuwendung nichts an, vgl. hinten, Rz 08.64.

[24] Dasselbe gilt übrigens immer, wenn sich Leistung und Gegenleistung gegenüberstehen, ohne dass eine vertragliche Verpflichtung besteht. Wohnt der Sohn nach seiner Mündigkeit unentgeltlich in einem Dachstudio im elterlichen Haus, ist er für die unentgeltliche Gebrauchsüberlassung ausgleichungspflichtig. Hat er „dafür" regelmässig den betagten Eltern die Einkäufe besorgt und den Garten gejätet, kann er das nicht in Anschlag bringen. Anders aber, wenn zwischen den Eltern und dem Sohn eine Art „Hauswartsvertrag" bestand, wonach die Wohnungsmiete durch Arbeitsleistung abgegolten wurde.

[25] „Wirtschaftlich betrachtet" deshalb, weil der Anspruch auf Vorschlagsbeteiligung ein Wertanspruch und kein Sachanspruch ist. Eine Begünstigung ergibt sich somit auch insofern, als durch die Zuwendung ein dingliches Recht an der betreffenden Sache übergeht.

[26] Schenkt der Ehemann seiner Gattin einen Vermögenswert aus seiner Errungenschaft, ändert sich zwar die Eigentümerstellung. Wirtschaftlich gesehen hat der Ehemann allerdings nur die ihm selber zustehende Hälfte des Errungenschaftswertes aus der Hand gegeben, d.h. die Hälfte des übertragenen Vermögenswertes hätte er ohne die Zuwendung anlässlich der Vorschlagsteilung der Ehefrau übertragen müssen. Anderes gilt jedoch dann, wenn die Errungenschaft des Zuwendenden überschuldet ist; vgl. Art. 210 ZGB.

[27] Dazu vorne, Rzn 06.32 ff.

[28] Für Einzelheiten siehe die Diss. ZEHNTNER.

rechtlicher Ausgleichsmechanismus zur Anwendung[29]. Ein Vorbehalt ist dort angebracht, wo eine Gütermasse die Schuld einer anderen Gütermasse bezahlt hat und es deshalb zu einer Ersatzforderung kommt[30], was insbesondere bei Unterhaltsleistungen aus der „falschen" Gütermasse der Fall sein kann[31]. Die Zuwendung verbleibt somit – soweit sie zufolge Vorschlagsteilung überhaupt wirksam ist – ihrem Empfänger aus güterrechtlicher Sicht unangetastet.

b) Gütergemeinschaft

Die Sachlage bei der Gütergemeinschaft stellt sich in gewisser Hinsicht analog zur Errungenschaftsbeteiligung dar: Fliesst die Leistung aus dem Eigengut eines Ehegatten in das Gesamtgut, so ist deren Empfänger aufgrund der gesetzlichen Teilung des Gesamtgutes bei Auflösung der Ehe durch Tod eines Ehegatten nur zur Hälfte daran berechtigt; die Zuwendung kann keine volle Wirksamkeit entfalten[32]. Nur eine Zuwendung aus dem Eigengut des Schenkers, die ins Eigengut des Ehepartners gelangt, ist somit voll wirksam. 08.19

Unentgeltliche Zuwendungen aus dem Eigengut eines Ehegatten an den anderen fallen unter dem Güterstand der Gütergemeinschaft in das Gesamtgut, wenn sie nicht ausdrücklich für das Eigengut bestimmt sind oder diesem als Gegenstände zum ausschliesslich persönlichen Gebrauch von Gesetzes wegen angehören (Art. 225 Abs. 1 und 2 ZGB) oder der Ehevertrag etwas anderes vorsieht (Art. 224 Abs. 1 ZGB). *Schenkungen an einen Ehegatten aus Mitteln des Gesamtgutes* sind dagegen *nicht möglich*: der Ausschluss des Vermögenswertes aus dem Gesamtgut kann nur ehevertraglich erfolgen[33]. Verschiebungen innerhalb des Gesamtgutes sind selbstverständlich unzulässig, da dieses eine einheitliche Gütermasse bildet. 08.20

c) Gütertrennung

Weil die Vermögensmassen der beiden Ehegatten unter dem Güterstand der Gütertrennung vollständig getrennt sind und keine gegenseitigen güterrechtlichen Beteiligungs- oder Ausgleichsansprüche bestehen, entfalten *sämtliche Leistungen*, die von einem Ehegatten zum anderen fliessen, *volle Wirksamkeit*. 08.21

---

[29] Eine Hinzurechnung nach Art. 208 ZGB ist ausgeschlossen, weil die Schenkung mit Zustimmung des anderen Ehegatten erfolgte: Bekanntlich bedarf die Schenkung der Annahmeerklärung durch den Empfänger, worin gleichzeitig eine Zustimmung nach Art. 208 Abs. 1 Ziff. 1 ZGB liegt.
[30] Art. 209 Abs. 1 und – bei Gütergemeinschaft – Art. 238 Abs. 1 ZGB.
[31] Vgl. dazu Rzn 06.154 ff. (zu Art. 163 ZGB) bzw. Rz 06.161 (zu Art. 164 ZGB).
[32] Wird die Ehe durch Scheidung aufgelöst, kann der begünstigte Ehegatte dagegen die ganze Zuwendung als Eigengut aussondern (Art. 242 Abs. 1 ZGB). Dies lässt sich nur durch eine entsprechende Resolutivbedingung im zugrundeliegenden Rechtsgeschäft (für die Schenkung siehe Art. 245 Abs. 1 OR) vermeiden.
[33] GEISER, Güterstände, S. 115.

3. Erbrechtliche Ausgleichung

a) Grundlagen

08.22 Die Ausgleichung bezweckt, eine durch lebzeitige Zuwendungen erfolgte Ungleichbehandlung der Erben im Erbgang zu korrigieren. Dies geschieht durch Anrechnung der Zuwendung an den Erbteil[34], wobei der betroffene Zuwendungsempfänger der Anrechnung (sog. Idealkollation) dadurch entgehen kann, dass er den Vorempfang in Natur einwirft (sog. Realkollation)[35]. Während bei der Einwerfung die Sache zum Bestandteil des Nachlasses wird, als ob der Vorempfang gar nie stattgefunden hätte, modifiziert die Idealkollation die Teilungsansprüche der Erben, so als wäre der Zuwendungsgegenstand als Bestandteil des Nachlasses dem Zuwendungsempfänger im Rahmen einer partiellen Erbteilung zugewiesen worden und dessen Teilungsanspruch insofern erloschen bzw. geschrumpft[36].

08.23 Ein Teil der Lehre unterscheidet den (kraft vertraglicher Vereinbarung der Ausgleichung unterliegenden) Vorempfang von der (nie ausgleichungspflichtigen) Schenkung[37]. Dem ist entgegenzuhalten, dass auch die Schenkung als unentgeltliche Zuwendung par exellence der Ausgleichung unterliegen kann. Die ausgleichungspflichtige Zuwendung weist insofern eine „Doppelnatur" auf, als zwischen dem Rechtsgeschäft unter Lebenden und dessen erbrechtlicher Bedeutung zu unterscheiden ist[38]. Davon zu unterscheiden ist die Frage, inwiefern der Erblasser, der anlässlich der Zuwendung oder später eine vertragliche Bindung bezüglich der Ausgleichung eingegangen ist, darauf später einseitig zurückkommen darf. Vgl. dazu hinten, Rz 08.32.

08.24 Da die Ausgleichung im Rahmen der Erbteilung stattfindet, liegt auf der Hand, dass ihr der Zuwendungsempfänger entgeht, wenn er – insbesondere zufolge Ausschlagung[39] – nicht zur Erbengemeinschaft gehört. Immerhin stellt sich dann die Frage, ob die lebzeitige Zuwendung allenfalls der Herabsetzung unterliegt[40].

b) Gesetzliche Vermutungen

08.25 Der Gesetzgeber geht von der Gleichbehandlungsabsicht des Erblassers bezüglich der gesetzlichen Erben aus[41]. Da betreffend lebzeitige Zuwendungen oftmals keine ausdrücklichen Anordnungen hinsichtlich ihrer erbrechtlichen Behandlung getroffen werden, wird dem mutmasslichen Willen des Erblassers durch ein nuanciertes System von

---

[34] Zum *Anrechnungswert* siehe Art. 630 ZGB, wonach grundsätzlich Wertveränderungen bis zum Zeitpunkt des Erbganges berücksichtigt werden; vgl. dazu ZGB-FORNI/PIATTI m.w.H.

[35] Art. 628 Abs. 1 ZGB; wobei der Erblasser befugt ist, die Anrechnung anzuordnen und dem Zuwendungsempfänger damit die Wahlmöglichkeit zu nehmen. Da umgekehrt die Anordnung einer Restitution in Natur einem nachträglichen Widerruf der Zuwendung gleichkommt, ist eine solche nur zulässig, wenn die Parteien sich vertraglich darüber geeinigt haben; vgl. auch hinten, Rz 08.32.

[36] WEIMAR, Ausgleichung, S. 840; vgl. auch ZGB-FORNI/PIATTI, N 3 und 4 zu Art. 628 ZGB.

[37] Vgl. WEIMAR, Ausgleichung, S. 833 ff.; ZOLLER, S. 11 ff., m.w.H.

[38] EITEL, Auslegeordnung, S. 735, m.w.H.; DRUEY, Grundriss, § 7, Rzn 31 f.

[39] Dazu eingehend WIDMER, S. 72 ff.

[40] Anstatt vieler DRUEY, Grundriss, § 7, Rz 19.

[41] Ausführlich zum Gleichbehandlungsgedanken WIDMER, S. 21 ff.

Vermutungen Rechnung getragen[42]. Im vorliegenden Zusammenhang interessiert insbesondere die Behandlung des überlebenden Ehegatten und der Nachkommen des Erblassers.

Gemäss Art. 626 Abs. 1 ZGB sind die gesetzlichen Erben gegenseitig zur Ausgleichung dessen verpflichtet, was sie zu Lebzeiten des Erblassers auf Anrechnung an ihren Erbanteil erhalten haben. Eine bestimmte Zuwendung ist der Ausgleichungspflicht somit grundsätzlich nur dann unterworfen, wenn der Erblasser sich in dieser Hinsicht geäussert hat. Für *gewisse Zuwendungen* an Nachkommen[43] – Heiratsgut, Ausstattung, Vermögensabtretung, Schulderlass u. dgl. – wird die *Ausgleichung* demgegenüber *vermutet* (Art. 626 Abs. 2 ZGB), die Befreiung davon bedarf der ausdrücklichen Anordnung des Erblassers, was zu einer Umkehr der Beweislast im Vergleich zu den sonstigen Zuwendungen führt. 08.26

Umstritten ist in diesem Zusammenhang unter anderem die Frage, welche Zuwendungen von Art. 626 Abs. 2 ZGB erfasst werden[44]. Nach dem Gesetzeswortlaut handelt es sich um Zuwendungen mit Ausstattungscharakter, die der Existenzbegründung, -sicherung oder -verbesserung bzw. der „Familienfürsorge" dienen. An dieser so genannten *Versorgungskollation* halten das Bundesgericht und die herrschende Lehre[45] fest. Demgegenüber wird in der Literatur auch vertreten, sämtliche Grosszuwendungen unterlägen der Ausgleichung nach Art. 626 Abs. 2 ZGB (womit einer *Schenkungskollation* das Wort gesprochen wird)[46]. 08.27

Weitere gesetzliche Vermutungen betreffen die Erziehungs- und Ausbildungskosten, die nur insoweit der Ausgleichung unterworfen sind, als sie das übliche Mass übersteigen, sowie „übliche Gelegenheitsgeschenke", die ohne gegenteilige Anordnung des Erblassers nicht unter der Ausgleichungspflicht stehen[47]. Ferner vermutet der Gesetzgeber, dass Zuwendungen unter Lebenden, soweit sie den Betrag eines Erbanteiles übersteigen, nicht auszugleichen sind, sofern der Erblasser nachweisbar den betreffenden Erben begünstigen wollte. Von einer solchen Begünstigungsabsicht ist bei Heiratsausstattungen im üblichen Umfang auszugehen[48]. 08.28

Die Nachkommen sind auch in den Fällen der gesetzlich vermuteten Ausgleichungspflicht nach Art. 626 Abs. 2 ZGB nicht nur unter sich, sondern auch gegenüber 08.29

---

[42] Eine gesetzliche Ausgleichung im eigentlichen Sinn ist dem schweizerischen Recht unbekannt; insofern handelt es sich bei den Art. 626 ff. ZGB genau genommen auch nicht um dispositives Recht, sondern lediglich um tatsächliche Vermutungen betreffend den Erblasserwillen, durch dessen gegenteilige Anordnung beseitigt werden; WEIMAR, Ausgleichung, S. 842 f.

[43] Nicht aber dann, wenn derartige Zuwendungen (ausnahmsweise) dem überlebenden Ehegatten ausgerichtet werden.

[44] Für eine aktuelle Übersicht über die Kontroversen im Zusammenhang mit Art. 626 Abs. 2 ZGB siehe GUINAND/STETTLER, Rzn 332 ff.

[45] Vgl. zuletzt BGE 116 II 673 f., E. 3a; PIOTET, Rapport légal, S. 51 ff., 56; Übersicht über die Lehrmeinungen bei EITEL, Lebzeitige Zuwendungen, § 12, Rzn 11 ff.; ders., Auslegeordnung, S. 736, Fn 53; vgl. auch ZGB-FORNI/PIATTI, N 14 ff. zu Art. 626 ZGB, m.w.H.

[46] Übersicht bei EITEL, Lebzeitige Zuwendungen, § 12, Rzn 32 ff.

[47] Vgl. Art. 631 f. ZGB und dazu ZGB-FORNI/PIATTI m.w.H.

[48] Art. 629 Abs. 1 und 2 ZGB, dazu ebenfalls ZGB-FORNI/PIATTI m.w.H.

dem überlebenden Ehegatten ausgleichungspflichtig[49] und müssen sich in der Erbteilung die genannten Vorbezüge anrechnen lassen. Mit anderen Worten ist der *überlebende Ehegatte* wie ein Nachkomme *ausgleichungsberechtigt*, wenn entweder die Ausgleichungspflicht ausdrücklich angeordnet wurde oder es sich um Zuwendungen mit Ausstattungscharakter an Nachkommen handelt, muss selber aber nur das zur Ausgleichung bringen, was er von seinem Partner ausdrücklich auf Anrechnung an seinen Erbteil empfangen hat[50].

c) Insbesondere Zuwendungen an eingesetzte Erben

08.30 Eingesetzte Erben unterstehen vermutungsweise *keiner Ausgleichungspflicht*[51]. Es ist in der Regel davon auszugehen, dass der Erblasser, der in einer letztwilligen Verfügung ausdrücklich über die Teilung seines Nachlasses entscheidet, sich der ausgerichteten Vorempfänge bewusst ist und sie in seine Planung einbezieht. Der Erblasser, der mittels letztwilliger Verfügung auch seine Nachkommen begünstigt, muss die Ausgleichungspflicht für die erfolgten lebzeitigen Zuwendungen deshalb ausdrücklich (wenn auch ohne Einhaltung einer bestimmten Form) anordnen[52]. Umgekehrt ist ein eingesetzter Erbe in der Regel auch *nicht ausgleichungsberechtigt*[53], weil wiederum davon auszugehen ist, der Erblasser habe bei der Festsetzung von dessen Erbteil die an andere Erben ausgerichteten Vorempfänge berücksichtigt. Wird der überlebende Ehegatte testamentarisch begünstigt, muss seine Ausgleichungsberechtigung gegenüber den Nachkommen deshalb ebenfalls ausdrücklich festgehalten werden.

d) Anordnungen des Erblassers betreffend die Ausgleichung

08.31 Weil die Ausgleichung dem mutmasslichen Willen des Erblassers folgen soll, ist in jedem Fall die *Anordnung einer Ausgleichungspflicht* bzw. ein *Dispens* davon zulässig,

---

[49] BGE 77 II 228; gl.M. die jüngere Lehre, namentlich PIOTET, SPR 1, S. 313; ders., Rapport légal, S. 57 ff.; DRUEY, § 7, Rzn 27 f.; TUOR/SCHNYDER/SCHMID, S. 582 f.; WILDISEN, S. 193 f.; a.M. die Kommentatoren und insbes. EITEL, Lebzeitige Zuwendungen, § 20, Rzn 46 ff.; ders., Auslegeordnung, S. 744 f., m.w.H., die dem überlebenden Ehegatten in der gesetzlichen Ausgleichung keine Gläubigerstellung zuerkennen wollen (anders aber wiederum, wenn der Erblasser die Ausgleichung zugunsten des überlebenden Ehegatten ausdrücklich angeordnet hat). SEEBERGER, S. 259, schlägt vor, bei *Zweitehen* dem Ehegatten die Gläubigerstellung nur dann zuzugestehen, wenn es um die Berücksichtigung einer Zuwendung geht, die dem Nachkommen in einem Zeitpunkt ausgerichtet wurde, in welchem der Erblasser mit dem überlebenden Ehegatten verheiratet war. Kritisch dazu EITEL, Lebzeitige Zuwendungen, § 20, Rz 36. Siehe zur Problematik auch hinten, Rz 12.67.

[50] BGE 107 II 128 f.

[51] BGE 124 III 102; vgl. dazu GUINAND/STETTLER, Rz 339.

[52] Dies gilt auch, wenn die betroffenen Zuwendungen an sich der Vermutung von Art. 626 Abs. 2 ZGB unterstehen würden. Die Ausgleichungspflicht des eingesetzten Erben wird auch als „uneigentliche Ausgleichung" bezeichnet.

[53] So die h.L.; vgl. die Hinweise bei ZOLLER, S. 54, Fn 413; siehe ferner EITEL, Lebzeitige Zuwendungen, § 24, Rzn 28 ff. Dabei ist zu präzisieren, dass diese Vermutung dann nicht gelten kann, wenn der Erblasser lediglich die gesetzliche Ordnung testamentarisch wiederholt; anstatt vieler DRUEY, Grundriss, § 7, Rz 24. A.M. WEIMAR, Ausgleichung, S. 853 ff., der mit Blick auf den Wortlaut des Art. 626 Abs. 1 ZGB gar von einem „Redaktionsversehen" spricht, sowie ZOLLER, S. 57 ff.

womit die erläuterten gesetzlichen Vermutungen umgestossen werden[54]. Im Zweifelsfall sollte der Erblasser deshalb ausdrücklich Klarheit zu schaffen. Eine entsprechende Verpflichtung oder ein Dispens kann – obschon materiell als Verfügung von Todes wegen zu qualifizieren – ohne Einhaltung einer bestimmten Form erfolgen[55], wobei sich allerdings aus Beweisgründen die Schriftform aufdrängt.

Probleme können sich unter anderem ergeben, wenn eine Schenkung zunächst vorbehaltlos ausgerichtet wurde, der Erblasser diese jedoch zu einem späteren Zeitpunkt der Ausgleichungspflicht unterwerfen möchte. Sofern die Ausgleichungsfrage nicht im Rahmen des Schenkungsvertrages abgesprochen wurde, darf der Zuwendungsempfänger nicht darauf vertrauen, dass die Begünstigung im Nachlass unberücksichtigt bleibt, womit einer nachträglichen Anordnung der Ausgleichung[56] nichts im Wege steht. Dagegen ist es unzulässig, eine ausdrücklich als nicht ausgleichungspflichtig bezeichnete Schenkung nachträglich einseitig der Ausgleichung zu unterstellen[57]. 08.32

Der Erblasser ist nach dem Gesagten auch befugt, Zuwendungen unter Lebenden der Ausgleichung zu unterstellen, die dieser von Gesetzes wegen nicht unterworfen wären. Das Bundesgericht[58] rechnet auch die nur kraft erblasserischer Anordnung – also nicht von Gesetzes wegen – der Ausgleichung unterliegenden Zuwendungen, die so genannten Erbvorbezüge, zur Pflichtteilsmasse, was im Ergebnis zu einer vom Erblasser bestimmten Erhöhung der Pflichtteilsmasse führt[59]. 08.33

e)   Die Stellung des überlebenden Ehegatten

Die von Gesetzes wegen vermutete Befreiung des Ehegatten von der Ausgleichungspflicht[60] bleibt bei einer Überschreitung der Pflichtteilsschranke wirkungslos: Nach der Rechtsprechung des Bundesgerichts[61] – die allerdings nicht unangefochten geblieben 08.34

---

[54] BGE 124 III 102, S. 107: „Les art. 626 à 633 CC n'entendent nullement restreindre la liberté de disposer à cause de mort, le de cujus n'étant à cet égard limité que par les règles relatives à la quotité disponible et aux réserves fixées à l'art. 471 CC."

[55] BGE 118 II 285 f.; zum Stand der Lehre siehe ZGB-FORNI/PIATTI, N 18 zu Art. 626 ZGB, m.w.H. Geht der Erblasser im Zusammenhang mit einem formbedürftigen Geschäft eine vertragliche Verpflichtung bezüglich der Ausgleichung ein, bedarf die Vereinbarung allerdings, sofern sie wesentlichen Vertragsinhalt bildet, ebenfalls der entsprechenden Form; DRUEY, Grundriss, § 7, Rz 50.

[56] Die Lehre spricht in diesem Zusammenhang von einem *Ausgleichungsvermächtnis* (zu Gunsten der Miterben); BREITSCHMID, Vorweggenommene Erbfolge, S. 79 ff., insbes. S. 82, m.w.H.; siehe sodann DRUEY, Grundriss, § 7, Rzn 50 und 55 f.

[57] Immerhin bleibt es dem Erblasser – vorbehaltlich des Pflichtteilsrechts – unbenommen, durch letztwillige Verfügung und ohne weitere Begründung die gesetzliche Berechtigung eines (durch Schenkung begünstigten) Erben einzuschränken.

[58] BGE 76 II 192 f.

[59] Vgl. Art. 475 i.V.m. Art. 527 Ziff. 1 ZGB. Für die Zulässigkeit der Integration der „uneigentlichen" Ausgleichungen in die Erbmasse spricht sich u.a. EITEL (Lebzeitige Zuwendungen, § 36, Rzn 18 ff.) aus. Diese einseitig subjektive Konzeption der ausgleichungspflichtigen Zuwendung wird von einem Teil der Lehre kritisiert; vgl. etwa WIDMER, S. 102 ff., m.w.H.

[60] Vorne, Rz 08.29.

[61] Für den Ehegatten siehe insbesondere BGE 107 II 130 f.

ist[62] – unterliegen gemäss Art. 527 Ziff. 1 ZGB alle Zuwendungen unter Lebenden der Herabsetzung, welche ihrer Natur nach der Ausgleichung unterstünden, ihr aber durch eine gegenteilige Verfügung des Erblassers entzogen worden sind. Betroffen sind also nicht nur „Zuwendungen auf Anrechnung an den Erbteil" (d.h. Zuwendungen, deren Ausgleichspflicht ausdrücklich angeordnet wurde), sondern – im Sinne einer objektiven Auslegung – alle „Ausstattungen", auch solche an den überlebenden Ehegatten. Damit sind diese Zuwendungen bei der *Berechnung der Pflichtteilsmasse* mit einzubeziehen (Art. 475 ZGB) und gegebenenfalls herabsetzbar.

08.35 Erblasserische Anordnungen über die Ausgleichung können allerdings – abgesehen von der Beseitigung einer unsicheren Rechtslage – insofern eine Verbesserung der Stellung des überlebenden Ehegatten zur Folge haben, als sie den *Umfang der Pflichtteilsmasse* zu beeinflussen vermögen. Soweit nämlich Leistungen an die Nachkommen, die nicht im Sinne von Art. 527 Ziff. 1 ZGB der Ausgleichungspflicht unterworfen sind, durch Verfügung des Erblassers der Ausgleichungspflicht unterstellt werden, erhöht sich die Pflichtteilsmasse als solche[63], was wiederum den Umfang der verfügbaren Quote vergrössert.

08.36 Das grösste Potential für eine gewillkürte Ausgleichung der Nachkommen dürfte heute regelmässig bei den *Ausbildungskosten* liegen. Kosten für die berufliche Ausbildung gehören nicht zur „Ausstattung" und werden deshalb weder von Art. 527 Ziff. 1 ZGB noch von Art. 626 Abs. 2 ZGB umfasst[64]. Von Gesetzes wegen ausgleichungspflichtig sind nur diejenigen Aufwendungen für die Erziehung von Nachkommen, die das „übliche Mass" übersteigen (Art. 631 ZGB), was sehr unbestimmt ist. Nach verschiedenen (älteren) Autoren kann der Erblasser seinen Kindern ausschliesslich bezüglich derjenigen Ausbildungskosten eine Ausgleichungspflicht auferlegen, die seine gesetzliche Unterhaltspflicht (Art. 276 f. ZGB) übersteigen[65]. Unter die gesetzliche Unterhaltspflicht kann allerdings auch eine universitäre Ausbildung fallen, obschon eine solche das „Übliche" in der Regel auch heute noch übersteigt und eine Ausgleichung gegenüber Geschwistern, die beispielsweise eine Berufslehre absolviert haben, als Gebot der Gerechtigkeit erscheint. Es ist deshalb EITEL[66] zuzustimmen, der dafür eintritt, gemäss Art. 631 ZGB alle Ausbildungskosten der gesetzlichen Ausgleichung zu unterwerfen, die das überschreiten, was unter „normalen Umständen" notwendig ist, um dem Kind ein eigenes Fortkommen zu ermöglichen. Art. 631 Abs. 1 ZGB lässt sich entnehmen, dass der Erblasser die Ausgleichung auch für diejenigen Aufwendungen ausdrücklich anordnen kann, die das übliche Mass nicht übersteigen. Allerdings ist diesbezüglich eine gewisse Zurückhaltung am Platz[67].

---

[62] Zustimmend der überwiegende Teil der Lehre (zusammengefasst in BGE 116 II 671 ff.); a.M. insbesondere PIOTET, SPR 1, S. 449 ff. Es geht dabei um die Kontroverse zwischen der subjektiven und der objektiven Auslegung von Art. 527 Ziff. 1 ZGB. Zu den Argumenten beider Seiten und für einen Überblick über den Stand der Lehre siehe EITEL, Lebzeitige Zuwendungen, § 33, Rzn 6 ff.

[63] Vgl. vorne, Rz 08.33.

[64] TUOR/PICENONI, N 39a zu Art. 626 ZGB.

[65] Vgl. dazu EITEL, Lebzeitige Zuwendungen, § 9, Rz 13, m.w.H.; ders., Auslegeordnung, S. 737 ff. Zu beachten ist, dass für die das übliche Mass übersteigenden Erziehungskosten wohl eine gesetzliche Ausgleichungsvermutung (Art. 631 ZGB), jedoch keine Herabsetzung nach Art. 527 Ziff. 1 ZGB erfolgt; die ausdrückliche Anordnung einer Ausgleichungspflicht ist deshalb im Hinblick auf einen Einbezug in die Pflichtteilsmasse unerlässlich.

[66] EITEL, Lebzeitige Zuwendungen, § 9, Rzn 21 ff.

[67] Vgl. BGE 76 II 212 (= Pra 40, Nr. 3, S. 4 f.) Das Bundesgericht erkannte, dass nur die nach Erreichen des Mündigkeitsalters bezahlten Ausbildungskosten (in casu ging es um Studienkosten zweier

Tritt die *Ausgleichungspflicht für Erziehungskosten* bereits *kraft Gesetzes* ein – d.h. die Ausbildungskosten übersteigen das „übliche Mass" gemäss Art. 631 ZGB – ist zu beachten, dass der überlebende Ehegatte nach der Rechtsprechung des Bundesgerichts[68] diesbezüglich nicht ausgleichsberechtigt ist. Eine *erblasserische Anordnung* ist deshalb auch dann unumgänglich, wenn der nach Art. 631 Abs. 1 ZGB ausgleichungspflichtige Betrag nicht modifiziert, sondern nur der Ehegatte in den Kreis der ausgleichungsberechtigten Erben einbezogen werden soll[69]. 08.37

Zusammenfassend ist festzuhalten, dass sich die Begünstigung des überlebenden Ehegatten mit Bezug auf lebzeitige Zuwendungen durch Ausgleichsanordnungen hinsichtlich des Ausgleichungsrechts (des überlebenden Ehegatten) und hinsichtlich des Umfangs der Ausgleichungspflicht (der Nachkommen) rechtsgeschäftlich anpassen lässt. Die Erweiterung von Ausgleichspflichten anderer Erben führt sodann zur Vergrösserung der Pflichtteilsmasse und damit der – zwar nicht quotalen, jedoch wertmässigen – Verfügungsbefugnis des Erblassers. 08.38

4. Herabsetzung von Zuwendungen unter Lebenden

a) Die herabsetzbaren Zuwendungen im Allgemeinen

Kommt eine unter Lebenden erfolgte Zuwendung an den überlebenden Ehegatten nicht zur Ausgleichung, weil sie dieser nicht unterworfen ist oder der Ehegatte ihr zufolge seiner Stellung als blosser Nutzniessungs-Vermächtnisnehmer oder durch Ausschlagung, Enterbung oder Erbunwürdigkeit entgeht und nicht in Anwendung von Art. 627 ZGB vertreten wird[70], können die Miterben die Herabsetzung verlangen, soweit die Voraussetzungen von Art. 527 ZGB erfüllt sind[71]. 08.39

b) Insbesondere die Herabsetzung nach Art. 527 Ziff. 1 ZGB

Gemäss Art. 527 Ziff. 1 ZGB unterliegen der Herabsetzung unter anderem „die Zuwendungen auf Anrechnung an den Erbteil (...) soweit sie nicht der Ausgleichung unterworfen sind." Damit ist allerdings nicht gemeint, dass ausgleichungspflichtige Vorempfänge von einer Hinzurechnung ausgenommen sind, vielmehr geht das Gesetz davon aus, zufolge der Ausgleichung sei diesbezüglich gar keine Herabsetzung mehr erforderlich. Die entsprechenden Zuwendungen sind aber der Pflichtteilsmasse zuzurechnen und, wenn die Ausgleichung nicht stattfindet, soweit erforderlich auch herabzusetzen[72]. Nach der so genannten „objektiven Theorie", die vom Bundesgericht und der herrschenden Lehre vertreten wird, gilt dies auch dann, wenn der Erblasser ausdrücklich einen Ausglei- 08.40

Söhne) auszugleichen seien, obschon die Erblasserin die Ausgleichung für die gesamten Studienkosten angeordnet hatte. Vor Erreichen der Mündigkeit habe die Mutter die Kosten in Erfüllung ihrer Unterhaltspflicht getragen. Vgl. dazu auch WIDMER, S. 134 f.

[68] BGE 77 II 233 in Bestätigung von BGE 51 II 374. Mit guten Gründen a.M. PIOTET, SPR 1, S. 339.

[69] Die Anordnung ist auch durchaus zulässig: Die Ausgleichsanordnung führt dazu, dass die betreffenden Aufwendungen auf Anrechnung an den Erbteil i.S. von Art. 626 Abs. 1 ZGB gelten, was die Ausgleichungspflicht auch gegenüber dem überlebenden Ehegatten zur Folge hat: BGE 51 II 374.

[70] Vgl. SCHWARZ, S. 50 ff.

[71] Zur Herabsetzung von Schenkungen gemäss Art. 527 Ziff. 3 ZGB siehe hinten, Rzn 08.61 ff.

[72] Anstatt vieler ZGB-STAEHELIN, N 4 zu Art. 475 ZGB, m.w.H.

chungsdispens angeordnet hat, die Zuwendungen aber aufgrund der Vermutungen von Art. 626 ff. ZGB der Ausgleichung unterliegen würden[73].

08.41 Zu beachten ist bei der Auslegung von Art. 527 Ziff. 1 ZGB ferner, dass nach der bundesgerichtlichen Rechtsprechung der überlebende Ehegatte nicht nur dann herabsetzungspflichtig ist, wenn die ihm ausgerichtete Zuwendung ausdrücklich als Vorempfang ausgerichtet wurde, sondern auch dann, wenn es sich bei der Zuwendung um einen Beitrag zur „Familienfürsorge", d.h. eine *Zuwendung mit Ausstattungscharakter* handelt[74]. Begründet wird dies damit, dass in Art. 527 Ziff. 1 ZGB – anders als in Art. 626 Abs. 2 ZGB – keine Unterscheidung zwischen den Nachkommen und anderen Erben erfolge[75] und der Grundsatz der Gleichbehandlung der Erben zu beachten sei.

08.42 Das bedeutet, dass die Herabsetzung (vorbehaltlich Ziff. 3 und 4 von Art. 527 ZGB, d.h. Schenkung innerhalb der Fünfjahresfrist bzw. Umgehungsabsicht) zwar entfällt, wenn der Ehefrau Luxusgeschenke – beispielsweise in der Form teuren Schmuckes – gemacht werden, aber in den hier besonders interessierenden Fällen der Begüstigung zum Zweck der Vorsorge für den Witwenstand die Herabsetzung möglich ist. Dieses Ergebnis ist offensichtlich fragwürdig[76]. Die Unterscheidung zwischen Zuwendungen, die der „Existenzbegründung, -sicherung oder -verbesserung" (BGE 76 II 196) dienen, und anderen Zuwendungen wird gegenstandslos, wenn man sich mit einem Teil der Lehre am Prinzip der Schenkungskollation (anstelle der Versorgungskollation) orientiert[77].

c) Erbabfindungen und Auskaufsbeträge (Art. 527 Ziff. 2 ZGB)

08.43 Hat der Erblasser mit einem Erben einen Erbverzichtsvertrag oder einen Erbauskauf abgeschlossen und dabei Leistungen erbracht, die den verfügbaren Teil seiner Erbschaft übersteigen, unterliegen diese der Herabsetzung, allerdings maximal bis zum Betrag des Pflichtteils des Verzichtenden[78]. Die Bestimmung kann im vorliegenden Zusammenhang von Interesse sein, wenn dem überlebenden Ehegatten anstelle einer erbrechtlichen Begünstigung lebzeitige Zuwendungen ausgerichtet wurden, um ihm die Auseinandersetzung mit den Miterben zu ersparen.

d) Absichtliche Umgehung der Pflichtteile (Art. 527 Ziff. 4 ZGB)

08.44 Spezielle Erwähnung verdient im vorliegenden Zusammenhang schliesslich die Bestimmung von Art. 527 Ziff. 4 ZGB, wonach Vermögensentäusserungen, die in der offenkundigen[79] *Absicht der Pflichtteilsumgehung* vorgenommen wurden, unabhängig vom Zeitpunkt ihrer Vornahme der Herabsetzung unterliegen. Zur Beurteilung der Umgehungsabsicht ist auf die Verhältnisse im Zuwendungszeitpunkt abzustellen, d.h. auf das Alter und das Vermögen des Erblassers zu diesem Zeitpunkt und auf die Vermögens-

---

[73] Siehe vorne, Rz 08.34; vgl. ferner EITEL, Auslegeordnung, S. 751 ff.

[74] BGE 107 II 119, S. 130 f., dem die Übereignung einer Liegenschaft an die überlebende Ehefrau zugrunde lag.

[75] Kritisch dazu GUINAND, Libéralités, S. 65.

[76] Vgl. dazu SCHWARZ, S. 78 f.

[77] Vgl. dazu bereits vorne, Rz 08.27.

[78] ZGB-FORNI/PIATTI, N 6 zu Art. 527 ZGB; vgl. auch EITEL, Lebzeitige Zuwendungen, § 29, Rzn 5 ff.

[79] Das Kriterium der Offenkundigkeit bringt eine gewisse Beschränkung des richterlichen Ermessens mit sich; vgl. dazu EITEL, Lebzeitige Zuwendungen, § 32, Rzn 7 f.

entwicklung, wie sie damals vernünftigerweise zu erwarten war. Der Erblasser muss wissen, dass seine Verfügung nach menschlichem Ermessen die Pflichtteile verletzen wird[80]. Unter dem Begriff der *Vermögensentäusserung* versteht das Gesetz sowohl *Schenkungen* und *gemischte Schenkungen*, die der Erblasser mehr als fünf Jahre vor seinem Tod ausgerichtet hat, als auch – über den traditionellen Schenkungsbegriff[81] hinaus – sämtliche gegenseitigen Rechtsgeschäfte, bei denen ein Missverhältnis zwischen der Leistung des Erblassers und jener der Gegenpartei besteht, und zwar unabhängig davon, ob der Mitkontrahent um dieses Missverhältnis weiss[82]. Daneben erfasst der Begriff *auch einseitige Rechtsgeschäfte*, wie der Verzicht auf eine Dienstbarkeit oder das Verjährenlassen einer Forderung[83].

e) *Berücksichtigung der güterrechtlichen Ansprüche für die Herabsetzung?*

Vermögenswerte, die der Erblasser seinem Ehepartner aus der Errungenschaft zuwendet, 08.45 wären diesem ohne die Zuwendung im Rahmen der güterrechtlichen Vorschlagsteilung ohnehin zur Hälfte zugefallen[84]. Es stellt sich deshalb die Frage, ob aus der Errungenschaft erfolgte Zuwendungen an den überlebenden Ehegatten bei der Berechnung der Pflichtteilsmasse und des herabsetzbaren Betrages ganz oder nur zur Hälfte einzubeziehen sind. Das Bundesgericht hat sich in BGE 107 II 119 – allerdings unter der Herrschaft des alten Eherechts und ohne auf Problematik im Einzelnen einzugehen – auf den Standpunkt gestellt, die Erbvorbezüge seien bei der Ermittlung des Vorschlags nicht zum ehelichen Vermögen hinzuzuzählen, sondern erst im Nachlass zum vollen Betrag zu berücksichtigen. Begründet wird dies damit, dass güter- und erbrechtliche Auseinandersetzung vollständig zu trennen seien.

Das Ergebnis ist bei einer lebzeitigen Schenkung an den Ehegatten offensichtlich 08.46 stossend, weil auf diese Weise der – vom Pflichtteilsrecht grundsätzlich nicht betroffene – gesetzliche Vorschlagsanspruch des überlebenden Ehegatten durch eine lebzeitige Zuwendung verkürzt und damit die Verfügungsfreiheit des Erblassers beschränkt wird[85]. Der Ehegatte, der seinen Partner bereits zu Lebzeiten an seiner Errungenschaft beteiligen

---

[80] TUOR, N 15 zu Art. 527 ZGB; Eventualabsicht genügt; vgl. PIOTET, SPR 1, S. 443.

[81] Zum Schenkungsbegriff im Erbrecht siehe auch Rzn 08.61 ff.

[82] TUOR, N 19 zu Art. 527 ZGB. PIOTET, SPR 1, S. 444, bringt das Beispiel des Erblassers, der weiss, dass er an einer unheilbaren Krankheit leidet, der er innert Kürze erliegen wird, und der sein Grundstück der zu begünstigenden Person gegen eine Leibrente abtritt, deren kapitalisierter Wert nach den normalen Sterblichkeitstabellen dem Wert des Grundstücks entspricht.

[83] PIOTET, SPR 1, S. 444.

[84] Siehe schon vorne, Rz 08.17.

[85] Beispiel: Betragen Errungenschaft und Eigengut des Erblassers je Fr. 200'000 und erfolgt aus der Errungenschaft eine Zuwendung mit Ausstattungscharakter im Werte von Fr. 100'000 an die überlebende Ehefrau (Annahme: diese verfügt über keine Errungenschaft), beträgt nach der Auffassung des Bundesgerichts die Pflichtteilsmasse Fr. 350'000 (200'000 Eigengut, 50'000 Vorschlagsanteil Ehemann, 100'000 Hinzurechnung nach Art. 475 ZGB). Ohne die Schenkung würde die Pflichtteilsmasse dagegen nur Fr. 300'000 betragen (200'000 Eigengut, 100'000 Vorschlagsanteil Ehemann). Dementsprechend verbleiben der Ehefrau von der Zuwendung nur $^5/_8$ (die verfügbare Quote), während sie ohne diese vorab aus Güterrecht (wertmässig) die Hälfte der Zuwendung und von der anderen Hälfte nochmals $^5/_8$ für sich hätte beanspruchen können.

will, erreicht anstelle einer Begünstigung letztlich eine *Verschlechterung* von dessen Stellung[86]. An sich sollte es für die Berechnung der Pflichtteile keinen Unterschied machen, ob die Zuwendung an den überlebenden Ehegatten vor oder mit dem Tod des Erblassers erfolgt[87]. In Anbetracht des erwähnten höchstrichterlichen Entscheides dürfte es jedoch einem Gebot der Vorsicht entsprechen, lebzeitige Zuwendungen an den Ehegatten ausschliesslich aus dem Eigengut vorzunehmen[88], wobei dies aus Beweisgründen (vgl. Art. 200 Abs. 3 und 209 Abs. 2 ZGB) ausdrücklich festzuhalten ist[89].

08.47   Das Gesagte gilt nicht nur im Bereich von Art. 527 Ziff. 1 ZGB, der im angesprochenen Entscheid Anwendung fand, sondern auch für Schenkungen im Sinne von Art. 527 Ziff. 3 ZGB: Werden sie dem Ehegatten aus Errungenschaftsvermögen ausgerichtet, dürfen sie nur zur Hälfte in die Pflichtteilsberechnung einbezogen werden. Ausgangspunkt dieser Wertung ist nicht die – unbestrittene – Abfolge von güter- und erbrechtlicher Auseinandersetzung, sondern eine *einschränkende Auslegung des Schenkungsbegriffs* des Art. 527 Ziff. 3 ZGB. Selbstredend muss dieselbe Betrachtungsweise sodann auch für Ziff. 4 dieser Bestimmung gelten: Eine offenkundige Umgehung der Pflichtteile liegt demnach insoweit nicht vor, als die übereigneten Vermögenswerte dem überlebenden Ehegatten ohne die betreffende Verfügung güterrechtlich zugefallen wären.

08.48   Das *Schenkungssteuerrecht* legt im Übrigen ebenfalls ein vorsichtiges Vorgehen nahe. Sofern Schenkungen unter Ehegatten im betroffenen Kanton[90] besteuert werden, kommt es für die Besteuerung nicht darauf an, aus welcher Gütermasse die Zuwendung erbracht wurde. Demgegenüber ist der gesetzliche Vorschlagsanteil erbschafts- und schenkungssteuerfrei. Die lebzeitige Zuwendung aus Errungenschaft ist somit voll steuerpflichtig, während bei einer entsprechenden Zuwendung von Todes wegen nur die Hälfte davon – nämlich das über den gesetzlichen Anteil Hinausgehende – besteuert würde[91].

08.49   Noch etwas komplizierter wird die Rechtslage, wenn die Ehegatten eine von Art. 215 ZGB abweichende *Teilung des Vorschlags* vereinbart haben. Die aus Errungenschaft erfolgte lebzeitige Zuwendung wäre diesfalls dem überlebenden Ehegatten im Extremfall (Überlebensklausel) vollständig in der güterrechtlichen Auseinandersetzung zugefallen, weshalb er sich gegen eine erbrechtliche Hinzurechnung zur Wehr setzen wird. Dazu ist festzuhalten, dass güterrechtliche „Zuwendungen" im Sinn von Art. 216 Abs. 1 ZGB immer der erbrechtlichen Hinzurechnung – entweder als (Versorgungs-)Zuwendungen unter

---

[86] Möglich – in unserem Zusammenhang aber weniger von Interesse – wäre auch die absichtliche Verschlechterung der Stellung des überlebenden Ehegatten mittels lebzeitiger Abfindung durch Errungenschaftsvermögen und nachfolgende letztwillige Enterbung. Der Ehegatte müsste sich – bei konsequenter Weiterverfolgung der Rechtsprechung des Bundesgerichts – den ganzen erhaltenen Betrag auf seinen Pflichtteil anrechnen lassen, weshalb er auf diese Weise schlechter gestellt wird, als wenn ihn sein Partner lediglich auf den Pflichtteil gesetzt hätte (und er güterrechtlich an den für die Abfindung verwendeten Vermögenswerten zur Hälfte beteiligt gewesen wäre).

[87] PIOTET, Questions nouvelles, S. 210 f.; GUINAND, Libéralités, S. 65 f. Kritisch zum erwähnten Entscheid auch HAUSHEER/REUSSER/GEISER, N 58 f. zu Art. 208 ZGB; ZGB-STAEHELIN, N 12 zu Art. 475 ZGB.

[88] Zur Frage, wann eine unentgeltliche Zuwendung die Errungenschaft und wann das Eigengut belastet, siehe HAUSHEER/REUSSER/GEISER, N 17 zu Art. 208 ZGB.

[89] Vgl. BGE 107 II 125.

[90] D.h. im Wohnsitzkanton des Zuwendenden bzw. bei Liegenschaften im Belegenheitskanton.

[91] Siehe dazu vorne, Rz 06.36.

Lebenden oder als solche von Todes wegen[92] – unterstehen. Freilich ist die Herabsetzungsklage auf eine bestimmte Erbengruppe – nämlich die nichtgemeinsamen Kinder und deren Nachkommen – beschränkt. Das rechtfertigt jedoch nicht, den Umfang der Hinzurechnung lebzeitiger Zuwendungen nach Art. 527 ZGB davon abhängig zu machen, ob in casu ein gemeinsamer Nachkomme bzw. die Eltern oder ein nichtgemeinsamer Nachkomme die Herabsetzungsklage ergreift. Eine solche Lösung würde zu einer unterschiedlichen Berechnung der Pflichtteilsmasse je nach Erbenkategorie führen, was bereits vorne[93] in anderem Zusammenhang abgelehnt wurde. Das bedeutet mit anderen Worten, dass sich eine maximale Begünstigung gegenüber gemeinsamen Nachkommen und pflichtteilsberechtigten Eltern nach wie vor nur über eine Teilungsregel nach Art. 216 Abs. 2 ZGB erreichen lässt, während lebzeitige Zuwendungen aus der Errungenschaft stets (bzw. jedenfalls wenn es sich um Zuwendungen mit Ausstattungscharakter handelt) zur Hälfte (nach dem Bundesgericht vollständig) der Pflichtteilsmasse zuzurechnen sind.

f) Umfang der Herabsetzung

Gemäss Art. 537 Abs. 2 ZGB ist für lebzeitige Zuwendungen, denen – beispielsweise für die Herabsetzung – erbrechtliche Bedeutung zukommt, der *Stand im Zeitpunkt des Todes des Erblassers* massgeblich. Die Bestimmung betrifft sowohl Bestand (existiert die Sache überhaupt noch?) und Wert (Berücksichtigung von Wertveränderungen zwischen Zuwendungszeitpunkt und Todestag) der zugewandten Sache. Das hat zur Folge, dass es einen Unterschied macht, ob der Erblasser dem überlebenden Ehegatten eine Sache mit Wertsteigerungspotential oder ein nicht wertbeständiges Objekt zuwendet. Die *Schenkung einer nicht wertbeständigen Sache* ist für diesen günstiger. Bei der Frage, ob der zu begünstigende Ehegatte mit einem Bild (mit Wertsteigerungspotential) oder mit einem eigenen Auto beschenkt werden soll, wäre somit – im Hinblick auf das Pflichtteilsrecht – zu Gunsten des Autos zu beantworten. Nicht wertbeständige Sachen weisen zudem in der Regel nicht Ausstattungscharakter auf, womit eine Hinzurechnung nach Art. 527 Ziff. 1 ZGB entfällt und die Schenkung nach Ablauf der Fünfjahresfrist des Art. 527 Ziff. 3 ZGB – abgesehen von Fällen nachgewiesener Umgehungsabsicht – nicht mehr berücksichtigt werden muss.

08.50

Freilich ist zu beachten, dass *aus steuerlicher Sicht unter Umständen anderes gilt*, weil eine allfällige Schenkungssteuer nach dem Wert im Zeitpunkt der Schenkung berechnet wird. Bei lebzeitiger Übertragung von Objekten mit Wertsteigerungspotential können deshalb gegebenenfalls – im Vergleich zum späteren Erbanfall der inzwischen wertvolleren Sache – Steuern eingespart werden.

08.51

g) Beweislast

Der Herabsetzungskläger[94] hat – so die allgemeine Beweislastregel von Art. 8 ZGB – sowohl seine gesetzliche Erbberechtigung zu beweisen als auch die Überschreitung der verfügbaren Quote und die Verletzung seines Pflichtteils. Bezüglich Zuwendungen unter Lebenden bedeutet das konkret, dass es Sache des klagenden Noterben ist, die Tatsache der Zuwendung durch den Erblasser zu beweisen, sodann deren Unentgeltlichkeit (d.h. insbesondere weder wirtschaftliche Gegenleistung noch Erfüllung der vereinbarten Unterhaltspflicht), sowie die Voraussetzungen der einzelnen Herabsetzungstatbestände ge-

08.52

---

[92] Zur Abgrenzung vorne, Rzn 05.07 ff.
[93] Rz 06.32 ff.
[94] Zur Relativität des Herabsetzungsurteils siehe bereits vorne, Rz 07.07.

mäss Art. 527 Ziff. 1-4, beispielsweise Ausstattungscharakter einer Zuwendung (Ziff. 1), freie Widerrufbarkeit bzw. Fünfjahresfrist (Ziff. 3) oder die Umgehungsabsicht (Ziff. 4).

h) Abfindung des Ehegatten oder von Miterben

08.53 Die erbrechtliche „Wirksamkeit" lebzeitiger Zuwendungen kann auch dazu genutzt werden, gewisse Erben durch *Abfindung und* anschliessende letztwillige *„Enterbung"* aus der Erbengemeinschaft auszuschliessen. Möglich ist dies deshalb, weil Art. 522 Abs. 1 ZGB die Herabsetzungsklage nur demjenigen Erben zugesteht, der nicht „dem Werte nach" seinen Pflichtteil erhalten hat[95]. Bei den von dieser Bestimmung betroffenen Zuwendungen unter Lebenden, die sich der Noterbe anrechnen lassen muss, handelt es sich um die herabsetzungs- und ausgleichungspflichtigen Vorempfänge, d.h. um alle Vermögenswerte, die bei der Berechnung der Pflichtteilsmasse berücksichtigt werden[96].

08.54 Die Abfindung kann einerseits der *Begünstigung des Abgefundenen* dienen, sofern die Absterbensreihenfolge mit einiger Sicherheit feststeht[97]. Die betreffende lebzeitige Zuwendung kann nämlich durchaus die ganze verfügbare Quote erfassen.

08.55 Andererseits kann die lebzeitige Abfindung eines Noterben, beispielsweise eines renitenten Nachkommen, auch mit dem umgekehrten Ziel erfolgen, den Rest der *Erbengemeinschaft zu schützen*, weil der ausbezahlte und letztwillig enterbte Pflichtteilserbe nicht Teil der Erbengemeinschaft und somit von der Verwaltung und Teilung des Nachlasses ausgeschlossen ist. Liegt die Abfindung allerdings unter dem Wert des Pflichtteils (massgeblich ist der Wert der Zuwendung im Zeitpunkt des Erbganges; Art. 474 ZGB), kann der Enterbte die letztwillige Verfügung erfolgreich anfechten. Allenfalls ist der Vorempfang deshalb zu ergänzen, wenn sich das Vermögen des Erblassers nach erfolgter Zuwendung vermehrt.

III. Schenkung

1. Begriff und Gegenstand der Schenkung

08.56 Nach der *Legaldefinition von Art. 239 Abs. 1 OR* gilt als Schenkung jede Zuwendung unter Lebenden[98], womit jemand aus seinem Vermögen einen andern ohne entsprechende Gegenleistung, d.h. (mindestens teilweise) unentgeltlich, bereichert[99]. Möglicher Gegenstand der Schenkung als Veräusserungsvertrag können – wie beim Kaufvertrag – bewegliche und unbewegliche Sachen und Rechte sein[100]. Insbesondere stellt auch der ohne Gegenleistung erfolgende Erlass einer gegenüber dem Beschenkten bestehenden Forde-

---

[95] Vorne, Rz 05.15; zur „virtuellen Erbenstellung" des vollständig enterbten Herabsetzungsklägers siehe Rzn 05.20 ff.

[96] ZGB-FORNI/PIATTI, N 2 zu Art. 522 ZGB.

[97] Vorsichtshalber ist die Schenkung allerdings an die Resolutivbedingung des Vorabsterbens des Schenkers zu knüpfen, vgl. Art. 247 OR sowie hinten, Rzn 08.72 ff.

[98] Schenkungen auf den Todesfall unterstehen nach Art. 245 Abs. 2 OR dem Erbrecht.

[99] Zur entsprechenden Absicht des Schenkers, dem animus donandi, siehe hinten, Rz 08.69.

[100] Im Einzelnen: OR-VOGT, N 6 ff. zu Art. 239 ZGB, m.w.H. Vgl. zum Schenkungscharakter einer *Abfindungsklausel* im Gesellschaftsvertrag BGE 113 II 270 ff. sowie hinten, Rz 08.120.

rung eine Schenkung dar[101], ebenso die Errichtung eines Bankkontos im Namen eines Dritten und mit dessen Einverständnis[102]. (Teilweise) Unentgeltlichkeit liegt nach BGE 121 III 251 (in Bestätigung der Rechtsprechung) vor, „(...) wenn keine oder eine im Wert geringere Gegenleistung erbracht worden ist, der Zuwendung also das *ökonomische Äquivalent fehlt*. Ob und wieweit eine Zuwendung als unentgeltlich zu qualifizieren ist, beurteilt sich aufgrund der Verhältnisse im Zeitpunkt ihrer Vornahme (...)."[103] Weil die Leistung des Schenkers aus dessen Vermögen stammen muss und die Schenkung auf Übereignung gerichtet ist, stellen unentgeltliche Dienstleistungsverträge (unentgeltliche Arbeits- oder Auftragsleistung[104]) sowie die unentgeltliche Gebrauchsüberlassung und das unverzinsliche Darlehen keine Schenkungen im Sinne von Art. 239 Abs. 1 OR dar. Nicht unter den Schenkungsbegriff fallen ferner die Erfüllung einer unvollkommenen Obligation (Naturalobligation) sowie die Erfüllung einer sittlichen Pflicht[105].

Ebenfalls keine Schenkung liegt im *Verzicht auf ein noch nicht erworbenes Recht* (Art. 239 Abs. 2 OR). Danach macht es einen Unterschied, ob die Ehegatten für eine bestimmte Leistung zunächst eine Gegenleistung vereinbaren und deren Gläubiger hernach auf sein Recht verzichtet – diesfalls liegt eine Schenkung vor – oder ob die Leistung (z.B. das Zurverfügungstellen einer Sache oder ein Darlehen) von allem Anfang an ohne Aequivalent erfolgen soll und beispielsweise als Beitrag zum ehelichen Unterhalt nach Art. 163 ZGB aufgefasst wird. Treffen die Ehegatten keine Vereinbarung über eine allfällige Gegenleistung, und übersteigt die primäre Leistung den Rahmen des vereinbarten Unterhalts, entsteht allenfalls von Gesetzes wegen eine Entschädigungsforderung nach Art. 165 ZGB, deren Erlass eine Schenkung darstellt. 08.57

2. *Besonderheiten der Schenkung zwischen Ehegatten*

Eine Handschenkung wird nicht dadurch ausgeschlossen, dass der Schenker weiterhin die Möglichkeit hat, die geschenkte Sache zu benutzen[106]. Damit ist namentlich Mitbesitz der beiden Ehegatten an der geschenkten Sache zulässig. Voraussetzung der Schenkung als Vertrag ist allerdings ein *Konsens der Parteien*, der einerseits den *Schenkungswillen* des Schenkers (animus donandi) und andererseits die Annahme durch den Beschenkten voraussetzt[107]. Da zwischen Ehegatten oft eine klare Grenzziehung zwischen den Vermögenssphären beider Partner fehlt, liegt unter Umständen *kein Schenkungswille* 08.58

---

[101] HONSELL, S. 185.

[102] BGE 64 II 359; vgl. auch BGE 89 II 87 für den Fall, dass die Bank ein Sparheft ausstellt bzw. sich der Einleger das alleinige Verfügungsrecht bis zu seinem Tode vorbehält.

[103] Hervorhebung durch Verfasserin.

[104] Nach der Auffassung des Bundesgerichts (BGE 64 II 10) und der h.L. ist ein Werkvertrag zwingend entgeltlich bzw. liegt bei Unentgeltlichkeit Auftrag vor; (kritisch) HONSELL, S. 280 f.

[105] ZGB-VOGT, N 32 und 35 zu Art. 239 ZGB; Art. 239 Abs. 3 ZGB. Bezüglich der Herabsetzbarkeit von Zuwendungen im Sinne von Art. 527 Ziff. 3 ZGB gilt allerdings anderes; vgl. hinten, Rzn 08.62 f.

[106] BGE 63 II 395 ff. Bei Mitbesitz der beiden Ehegatten genügt die ausdrückliche oder stillschweigende Äusserung des Schenkungswillens seitens des Schenkers für den Eigentumsübergang, ohne dass eine traditio erforderlich wäre; VOGT, S. 108; ZK-OSER/SCHÖNENBERGER, N 39 zu Art. 239 ZGB. Vgl. zum Ganzen auch KOBEL, Rz 4.58.

[107] BGE 114 II 38. Die Annahme kann auch stillschweigend erfolgen; BGE 64 II 360; 110 II 161.

vor, weil die Ehegatten sich gar nicht bewusst sind, dass eine Vermögensverschiebung stattgefunden hat[108].

08.59 Schwierigkeiten können sich ferner in *beweisrechtlicher Hinsicht* ergeben, insbesondere wegen den Mit- bzw. Gesamteigentumsvermutungen der Art. 200 Abs. 2, 226 und 248 Abs. 2 ZGB[109]. Der gesetzlichen Vermutung von Art. 930 ZGB zugunsten von Alleineigentum kommt unter Ehegatten insofern lediglich eine beschränkte Tragweite zu, als nur der Alleinbesitz eines Ehegatten die Vermutung begründet, dieser Ehegatte sei ausschliesslicher Eigentümer einer beweglichen Sache, und dies auch nur dann, wenn der Alleinbesitz nicht nur durch die Aufhebung des gemeinsamen Haushaltes oder durch das Versterben des anderen Ehegatten entstanden ist[110].

08.60 Selbst wenn ein Ehegatte Alleinbesitz an einer Sache nachweisen kann, die zuvor im Eigentum des anderen Ehegatten gestanden hat, bleibt unklar, ob der Alleinbesitz aufgrund einer Schenkung oder nur aufgrund einer Gebrauchsüberlassung bzw. eines Darlehens begründet wurde. Die *Schenkung wird grundsätzlich nicht vermutet* und ist daher von demjenigen nachzuweisen, der aus ihr Rechte ableitet[111]. Wie dieser Beweis geführt werden kann, ist hier nicht weiter zu erörtern[112], immerhin liegt auf der Hand, dass sich für den begünstigten Ehegatten ein *schriftlicher Schenkungsvertrag* als hilfreich erweisen kann.

3. Die erbrechtliche Herabsetzung nach Art. 527 Ziff. 3 ZGB

a) Der Schenkungsbegriff im Pflichtteilsrecht

08.61 Der Begriff der Schenkung, wie er im Pflichtteilsrecht verwendet wird, stimmt zwar mit dem Schenkungsbegriff des OR weitgehend überein, zu beachten sind allerdings folgende *Besonderheiten*:

aa) Erweiterung des Schenkungsbegriffs gegenüber Art. 239 OR

08.62 Gemäss Art. 239 Abs. 3 OR liegt in der *Erfüllung einer sittlichen Pflicht* keine Schenkung im Rechtssinne. Diese Einschränkung gilt jedoch gemäss bundesgerichtlicher Rechtsprechung[113] nicht für den Schenkungsbegriff des Erbrechts, da der Pflichtteilsschutz ebenfalls auf einer sittlichen Grundlage beruht. Mit anderen Worten wird für die

---

[108] Vgl. auch DRUEY, Pflichtteil, S. 154, wonach von der völligen Verrechtlichung der Beziehungen unter Ehegatten abzusehen ist und eine pflichtteilsrelevante Zuwendung nur vorliegt, wenn ein ausserordentlicher Beitrag nach Art. 165 ZGB geleistet wurde.

[109] Dazu schon vorne, Rzn 03.09 ff. Immerhin kann die Schenkung von Liegenschaften mittels Grundbucheintrag jederzeit nachgewiesen werden kann.

[110] Für Einzelheiten siehe ZGB-HAUSHEER, N 12 ff. zu Art. 200 ZGB, sowie die Diss. von CERESOLI; vgl. ferner vorne, Rz 03.09.

[111] Vgl. HAUSHEER, Ehegattengesellschaft, S. 627 f., sowie CERESOLI, S. 267 ff., m.w.H. Siehe auch BGE 85 II 70, wo es um die Frage ging, ob Familienschmuck, den der Ehemann seiner Frau anlässlich der Eheschliessung übergeben hatte, nur leihweise oder aber schenkungshalber übertragen worden war.

[112] Vgl. dazu insbesondere CERESOLI, S. 270 ff., ZK-HASENBÖHLER, N 30 zu Art. 168 ZGB, sowie OR-VOGT, N 44 f. zu Art. 239 OR.

[113] Vgl. BGE 102 II 325 f.; bestätigt in BGE 116 II 246, m.H. auf die (kontroverse) Lehre.

Frage der Ausgleichungspflicht bzw. der Herabsetzbarkeit nicht darauf abgestellt, aus welchen Gründen eine Zuwendung gemacht worden ist, und es spielt insbesondere keine Rolle, ob die gute Sitte einen Ehepartner dazu verpflichtet, für den anderen vorzusorgen.

Anderer Auffassung als das Bundesgericht ist insbesondere EITEL[114], der sich pointiert dafür ausspricht, Zuwendungen in Erfüllung sittlicher Pflichten der Herabsetzung nach Art. 527 Ziff. 3 ZGB zu entziehen. Folgt man dieser Auffassung, ist für die Begünstigung des überlebenden Ehegatten zweifelsohne einiges gewonnen. Allerdings ist der Begriff der sittlichen Pflicht gemäss Art. 239 Abs. 3 ZGB objektiv zu verstehen, unmassgeblich ist die Auffassung des Erblassers oder des Zuwendungsempfängers. Die Privilegierung des überlebenden Ehegatten gegenüber den anderen Pflichtteilserben mittels lebzeitiger Zuwendung wäre demnach nur zulässig, wenn sie sich auf ein objektiv bestehendes sittliches Gebot stützen könnte, d.h. wenn das Unterlassen der Zuwendung geradezu als unanständig, bzw. deren Ausrichtung als moralisch geboten erscheinen würde[115]. Angesichts der ausgebauten Ansprüche des überlebenden Ehegatten im Sozialversicherungs-, Güter- und Erbrecht dürfte diese Voraussetzung bei Zuwendungen, die der Ehegattenvorsorge dienen, eher selten zutreffen, wenn man nicht davon ausgehen will, die gesetzliche Ordnung verstosse an sich schon gegen die guten Sitten. Der Auffassung des Bundesgerichts, das einer allfällig bestehenden sittlichen Pflicht zur Ausrichtung der Zuwendung (in unserem Kontext: an einen Ehegatten) die Pflicht zur Erhaltung der Pflichtteile gegenüberstellt, ist aus diesen Gründen – jedenfalls mit Bezug auf die den erwähnten Entscheiden konkret zugrunde liegenden Sachlagen – beizupflichten. 08.63

Dass die Gründe, die der Schenkung zugrunde liegen, unbeachtlich sind, gilt auch für die so genannte *remuneratorische Schenkung*[116], die somit hinsichtlich der Herabsetzbarkeit keine besonderen Vorteile bietet. Das *Verjährenlassen einer Forderung* stellt zwar wiederum keine Schenkung im Sinne des Obligationenrechts dar, ist aber herabsetzungsrechtlich von Belang[117]. Zur Pflichtteilsrelevanz weiterer unentgeltlicher Rechtsgeschäfte siehe hinten, Rzn 08.84 ff. 08.64

bb) Einschränkung mit Bezug auf Gelegenheitsgeschenke

Art. 527 Ziff. 3 ZGB nimmt die *„üblichen Gelegenheitsgeschenke"* ausdrücklich von der Herabsetzung aus, was gegenüber dem Schenkungsbegriff des OR eine Einschränkung bedeutet. Als Gelegenheitsgeschenk werden Zuwendungen bezeichnet, die anlässlich einer besonderen Gelegenheit (Geburtstag, Hochzeitstag, Weihnachten usw.) ausgerichtet werden und die üblich sind, sowohl in Bezug auf die Tatsache der Beschenkung selbst als auch bezüglich ihres Wertes für eine Person in der finanziellen Stellung des Schenkers[118]. 08.65

Umstritten ist die Frage der erbrechtlichen Behandlung von „zu teuren" Gelegenheitsgeschenken. Ein Teil der Lehre will diese vollständig der Ausgleichung unterstellen mit der Begründung, es handle 08.66

---

[114] EITEL, Lebzeitige Zuwendungen, § 31, Rzn 1 ff. Vgl. auch DRUEY, Pflichtteil, S. 160 f.

[115] Einzelheiten und Hinweise bei EITEL, Lebzeitige Zuwendungen, § 31, Rzn 73 f.

[116] BGE 50 II 447.

[117] Vgl. PIOTET, SPR 1, S. 308. Problematisch – jedenfalls in beweisrechtlicher Hinsicht – ist allerdings die Auffassung von PIOTET (a.a.O., S. 302 und 308), wonach das *unabsichtliche Verjährenlassen* keine Zuwendung sei, weil der Begriff der Zuwendung Freiwilligkeit voraussetze. Der Herabsetzungskläger müsste demnach auch beweisen, dass der Erblasser die Verjährung absichtlich hat eintreten lassen. Diesbezüglich a.M. WIDMER, S. 39 f.

[118] Einzelheiten bei TUOR/PICENONI, N 3 f. zur Parallelnorm von Art. 632 ZGB, sowie bei EITEL, Lebzeitige Zuwendungen, § 7, Rzn 1 ff.

sich nun eben nicht mehr um ein Gelegenheitsgeschenk im Sinne von Art. 632 ZGB. Dagegen wird zu Recht vorgebracht, es sei – vorausgesetzt eine besondere Gelegenheit hat vorgelegen – nur der Überschuss über das Übliche ausgleichungspflichtig, da der zu grosszügig Beschenkte im Ergebnis sonst zu schlecht gestellt würde[119]. Die Argumentation ist ohne weiteres auch auf die Herabsetzung übertragbar, liegt doch die Parallele zum Recht der Ausgleichung unbestrittenermassen auf der Hand[120]. Nach der hier vertretenen Auffassung schadet es somit nicht, dem überlebenden Ehegatten relativ grosszügige Gelegenheitsgeschenke auszurichten: Werden diese vom Herabsetzungsrichter angesichts der finanziellen Verhältnisse des Schenkers als unüblich grosszügig qualifiziert, unterliegt nur die Differenz zum Üblichen der Herabsetzung nach Art. 527 Ziff. 3 ZGB.

b) Zeitliche Begrenzung der Herabsetzbarkeit

08.67 Der Herabsetzung nach Art. 527 Ziff. 3 ZGB unterliegen nur die innerhalb der letzten *fünf Jahre* vor dem Tod des Erblassers ausgerichteten sowie die frei widerrufbaren Schenkungen. Unter letzteren versteht das Gesetz nur Schenkungen, deren Widerrufbarkeit im freien Belieben des Erblassers steht und von diesem anlässlich der Schenkung ausbedungen wurde[121]. Für die Berechnung der Fünfjahresfrist gilt eine Schenkung dann als ausgerichtet, wenn sie vollzogen wurde, womit das Verfügungsgeschäft – in der Regel die Besitzübertragung – gemeint ist[122]. Nach Ablauf der Frist kann immer noch eine Herabsetzung gemäss Ziff. 1 oder 4 (Zuwendung mit Ausstattungscharakter bzw. Umgehung der Pflichtteilsschranken) von Art. 527 ZGB in Betracht kommen; vgl. vorne, Rzn 08.40 ff. und 08.44.

c) Insbesondere die gemischte Schenkung

08.68 *Besteht zwischen Leistung und Gegenleistung ein Missverhältnis*, so dass das Vermögen des künftigen Erblassers infolge der Zuwendung eine merkliche Einbusse erlitten hat, liegt eine gemischte Schenkung (negotium mixtum cum donatione)[123] vor, und die Differenz zum angemessenen Wert der Leistung unterliegt unter den gleichen Voraussetzungen der Herabsetzung wie eine gewöhnliche Schenkung[124]. Das Entgelt muss allerdings so erheblich unter dem Verkehrswert liegen, dass der Zuwendungsempfänger nicht annehmen konnte, es handle sich um einen blossen Freundschaftspreis[125].

08.69 Voraussetzung dafür, dass eine (gemischte) Schenkung vorliegt, ist wiederum der animus donandi, der *Schenkungswille* des Schenkers[126]. Dessen Absicht muss auf die

---

[119] Zum Stand der Lehre EITEL, Lebzeitige Zuwendungen, § 7, Rz 5.

[120] EITEL, Lebzeitige Zuwendungen, § 30, Rz 20.

[121] TUOR, N 12 zu Art. 527 ZGB.

[122] TUOR, N 11 zu Art. 527 ZGB; EITEL, Lebzeitige Zuwendungen, § 30, Rz 17.

[123] Eingehend dazu EITEL, Lebzeitige Zuwendungen, § 9, Rzn 61 ff.

[124] Ob ein Missverhältnis vorliegt, ist Auslegungsfrage. Zum Ausmass des Wertunterschieds in der (älteren) kantonalen und bundesgerichtlichen Rechtsprechung und Literatur siehe F.G. MOSER, S. 7 f. Danach dürften Wertunterschiede bis 10 % des Wertes noch unbeachtlich sein, ein erhebliches Missverhältnis zwischen Leistung und Gegenleistung liegt dagegen bei einem Wertunterschied von 30 % und mehr vor. Dazwischen liegende Abweichungen sind aufgrund der gesamten Umstände und nach richterlichem Ermessen zu beurteilen.

[125] HONSELL, S. 184.

[126] BGE 98 II 357 ff., E. 3b.; BREITSCHMID, Vorweggenommene Erbfolge, S. 67.

Zuwendung eines Vermögenswerts ohne wirtschaftlich äquivalente Gegenleistung gerichtet sein. Nach einhelliger Lehre und Rechtsprechung „liegt deshalb eine gemischte Schenkung nur vor, wenn die Parteien eine unentgeltliche Zuwendung in dem Sinne beabsichtigten, dass sie den Preis *bewusst* unter dem wahren Wert des Kaufgegenstandes ansetzten, um die Differenz dem Käufer unentgeltlich zukommen zu lassen."[127] Eine nach Art. 527 Ziff. 3 ZGB herabsetzbare Schenkung setzt deshalb voraus, dass zur Zeit des Vertragsabschlusses das Missverhältnis zwischen Leistung und Gegenleistung dem Erblasser nicht bloss erkennbar gewesen, sondern von ihm auch tatsächlich erkannt worden ist. Nicht erforderlich ist dagegen, dass die Parteien den Umfang des Wertunterschiedes genau kennen.

Seit BGE 98 II 352 wendet das Bundesgericht zur Berechnung des herabsetzbaren Betrages bei gemischten Geschäften in ständiger Rechtsprechung[128] die so genannte *Quoten- oder Proportionalmethode* an. Danach wird vom Wert des übertragenen Gegenstandes zur Zeit des Erbganges jener Bruchteil, der dem zur Zeit des Vertragsabschlusses bestehenden Verhältnis zwischen dem unentgeltlichen und dem entgeltlichen Teil des Geschäftes entspricht, der Herabsetzung unterstellt. Wertsteigerungen und Wertverluste werden in diesem Verhältnis zwischen dem Erwerber und den Erben aufgeteilt[129]. Eine Wertsteigerung zwischen dem Schenkungszeitpunkt und dem Erbgang kommt demgemäss – wie bei der Ausgleichung, vgl. Art. 630 Abs. 1 ZGB – allen Erben zugute. 08.70

Die *Beweislast* bezüglich der Frage, ob in concreto eine (gemischte) Schenkung vorliegt oder ob eine (angemessene) Gegenleistung erfolgt ist, liegt beim Noterben, der das Vorliegen einer Schenkung geltend machen will. Der Herabsetzungskläger hat sowohl nachzuweisen, dass ein Vermögensübergang stattgefunden hat, als auch die Tatsache einer fehlenden oder ungenügenden Gegenleistung[130]. 08.71

4. *Gestaltungsmittel*

a) *Zulässigkeit und Anwendungsbereich*[131]

Die unter Lebenden erbrachte Zuwendung soll regelmässig nur dem betreffenden Ehegatten für den Fall seines Überlebens zugute kommen und in der Regel auch nur unter der Voraussetzung, dass die Ehe nicht durch Scheidung aufgelöst wird. Art. 245 OR erlaubt es, Schenkungen mit *Bedingungen* zu verbinden. Die Ehegattenbegünstigung interessiert sich hauptsächlich für (kasuelle) Resolutivbedingungen, wonach beim Eintritt eines bestimmten Ereignisses (Tod des Beschenkten, Scheidung, Wiederverheiratung, Geburt eines Nachkommen usw.) die Schenkung nachträglich dahinfällt[132]. Damit lassen 08.72

---

[127] BGE 98 II 358; bestätigt in BGE 116 II 674.
[128] Vgl. BGE 116 II 676 sowie BGE 120 II 417.
[129] Vgl. die mathematische Formel bei ZGB-FORNI/PIATTI, N 3 zu Art. 630 ZGB.
[130] ZK-ESCHER, N 22 zu Art. 527 ZGB. Dies entspricht der ordentlichen Beweislastverteilung von Art. 8 ZGB. Siehe dazu auch vorne, Rz 08.52.
[131] Siehe auch die allgemeinen Ausführungen zu Bedingungen und Auflagen vorne, Rzn 06.117 f. und 06.129.
[132] Durch Eintritt der Resolutivbedingung entfällt die causa der Übereignung, so dass dem Schenker die Vindikation offen steht, bzw. bei der Schenkung von Geld, die Kondiktion (OR-VOGT, N 4 zu

sich die Risiken, die mit einer lebzeitigen Zuwendung verbunden sind, auf ein vernünftiges Mass reduzieren. Da eine Resolutivbedingung für den Scheidungsfall in der Regel nicht vermutet wird[133], und eine dahingehende mündliche Vereinbarung kaum nachzuweisen ist, sollte die – bei beweglichen Sachen an sich formlos gültige – Bedingung schriftlich vereinbart werden. Das gilt in besonderem Mass für Bedingungen, die gegenüber den Erben des Beschenkten geltend gemacht werden müssen[134]. Bei der gemischten Schenkung ist aufgrund des Vertrages zu entscheiden, ob die Sache bei Bedingungseintritt gegen Erstattung des (günstigen) Preises zurückzuerstatten oder die Differenz zum objektiven Wert nachzuzahlen ist.

08.73 Als *Spezialnorm* zur allgemeinen Zulässigkeit von bedingten Schenkungen besagt Art. *247 OR*, dass sich der Schenker den Rückfall der geschenkten Sache an sich selbst vorbehalten kann für den Fall, dass der Beschenkte vor ihm sterben sollte. Nur bei dieser Sachlage ist die Vormerkung des Rückfalls im Grundbuch zulässig (Art. 247 Abs. 2 OR)[135].

08.74 Unabhängig von rechtsgeschäftlichen Bedingungen sehen die Art. 249 f. OR für bestimmte Situationen die *Aufhebung der Schenkung* vor. In unserem Zusammenhang ist von Bedeutung, dass gemäss bundesgerichtlicher Rechtsprechung eine Ehescheidung in der Regel nicht zum Widerruf der Schenkung berechtigt, so lange der Beschenkte seine familienrechtlichen Pflichten nicht auf das Schwerste verletzt hat[136].

08.75 An Zuwendungen dürfen ferner *Auflagen* geknüpft werden (vgl. Art. 245 OR), die den Beschwerten zu einer bestimmten Leistung – beispielsweise die Verwendung der schenkungshalber zugewandten Sache zu einem bestimmten Zweck – verpflichten. Von Bedeutung sind im vorliegenden Zusammenhang unter anderem auch bedingte Auflagen[137].

b) Verhältnis zum Erbrecht

08.76 Wird eine Schenkung an Bedingungen oder Auflagen geknüpft, liegt unter Umständen eine *Verfügung von Todes wegen* vor. Dies trifft immer dann zu, wenn durch das Rechtsgeschäft erst der Nachlass des Schenkers belastet werden soll, dessen Vermögen zu Lebzeiten aber zu seiner freien Verfügung bleibt[138]. Zieht es der Schenker vor, sich das *freie Widerrufsrecht* vorzubehalten, liegt eine (potestative) Resolutivbedingung vor,

---

Art. 245 OR, m.w.H.; vgl. auch EITEL, Bedingtes Eigentum, S. 262 f., wo der Grundsatz der Zulässigkeit bedingten Eigentums in Bezug auf Grundstücke zu Recht eingeschränkt wird; a.M. D. STAEHELIN, S. 20 f., wonach bei Bedingungseintritt immer nur ein vertraglicher Rückabwicklungsanspruch entsteht).

[133] BGE 113 II 255.

[134] Etwa die Resolutivbedingung des Vorabsterbens eines Ehegatten.

[135] Die Vormerkung ist allerdings nur bei reinen Schenkungen möglich, vgl. BN 1998, S. 341, Nr. 36.

[136] BGE 85 II 70 sowie 113 II 252. Vgl. zum Ganzen KOBEL, Rzn 4.74 ff.

[137] So kann der Ehemann beispielsweise seiner Ehefrau das Einfamilienhaus überschreiben mit der Auflage, sie habe dieses bei einer späteren Wiederverheiratung (= Bedingung) zu bestimmten Konditionen dem ältesten Sohn zu verkaufen.

[138] Siehe zur Abgrenzung zwischen Schenkung unter Lebenden und Verfügung von Todes wegen vorne, Rzn 05.07 ff.

die nicht nur der Rechtssicherheit unter den Parteien abträglich ist, sondern auch – unabhängig vom Zeitpunkt der Ausrichtung der Schenkung – die Pflichtteilsrelevanz der Zuwendung auslöst[139].

5. Steuerliche Behandlung der Schenkung

In gewissen Kantonen ist die Belastung des Ehegatten durch die *Schenkungssteuer* zu berücksichtigen. Es ist ferner zu beachten, dass der kantonale Gesetzgeber für die Besteuerung einer Zuwendung als Schenkung nicht verpflichtet ist, den Schenkungsbegriff des Zivilrechts zum Ausgangspunkt zu nehmen, er kann vielmehr – unabhängig von einem allfälligen Schenkungswillen – an das objektive Missverhältnis zwischen Leistung und Gegenleistung anknüpfen[140]. Immerhin ist der Begriff der Schenkung im steuerrechtlichen Sinn regelmässig enger umschrieben, als dies im Pflichtteilsrecht der Fall ist. Ob die unentgeltliche Zuwendung, die in Erfüllung einer sittlichen Pflicht erfolgt, der Schenkungssteuer unterliegt, ist wiederum aufgrund der kantonalen Bestimmungen zu beurteilen[141]. Zur steuerlichen Behandlung von Bedingungen und Auflagen siehe vorne, Rzn 07.103 f. und 07.112. 08.77

Eine Verteilung der Zuwendungen auf lebzeitige Zuwendungen einerseits und solche von Todes wegen andererseits führt bei der kantonalen *Erbschafts- und Schenkungssteuer* – sofern nicht innerhalb einer bestimmten Frist eine Zusammenrechnung Platz greift[142] – zur *Brechung der Progression* und damit zu einer *Steuerersparnis*. Im Unterschied zum Vermögensanfall von Todes wegen führt die Schenkung nicht zu einer Zwischenveranlagung[143]. 08.78

Bei der Schenkung einer Liegenschaft wird die *Grundstückgewinnsteuer* aufgeschoben[144], indessen ist die latente Steuerlast sowohl hinsichtlich der Ausgleichung als auch im Rahmen einer Herabsetzung zu beachten. Die Schenkung von Geschäftsvermögen führt als *Privatentnahme* zur Realisierung der darauf haftenden stillen Reserven, die beim Geschäftsinhaber der Einkommens- bzw. Gewinnsteuer unterliegen. Zudem kann ein *mehrwertsteuerpflichtiger Eigenverbrauchstatbestand* vorliegen[145]. 08.79

---

[139] Vgl. Art. 527 Ziff. 3 ZGB und dazu vorne, Rz 08.67.

[140] BGE vom 20.10.1997 in StR 1998, S. 677 ff.; vorne, Rz 05.76.

[141] Für den Kanton Bern wurde im noch geltenden Recht ausdrücklich festgehalten, dass die Gründe der Zuwendung unmassgeblich sind; vgl. Art. 3 Abs. 3 ESchG BE. Damit ist auch die sittlich gebotene Zuwendung steuerpflichtig; MUSTER, S. 296 und 306. Vgl. nunmehr Art. 8 nESchG BE.

[142] Vgl. etwa Art. 11 Abs. 2 ESchG BE bzw. Art. 20 Abs. 1 nESchG BE (allerdings ist im Kt. Bern der überlebende Ehegatte nicht Subjekt der Erbschafts- und Schenkungssteuer).

[143] Siehe schon vorne, Rz 05.71 mit Fn 135.

[144] Art. 12 Abs. 3 Bst. a StHG. Bei einer gemischten Schenkung können sich dennoch Steuerfolgen ergeben; vgl. zu Art. 90a Abs. 2 StG BE den Entscheid des BGer in BVR 1999, S. 550 ff.

[145] Vgl. Art. 8 Abs. 1 Bst. c und Abs. 3 MWSTV bzw. Art 9 Abs 1 Bst. c und Abs. 3 des per 1.1.2001 in Kraft tretenden MWSTG.

6. Beurteilung für die Ehegattenbegünstigung

08.80 Durch Schenkungen unter Ehegatten ist zwar eine dauerhafte und wirkungsvolle Vermögensverschiebung je nach Güterstand und beteiligten Gütermassen möglich. Die Begünstigung räumt dem Ehegatten nicht nur einen wirtschaftlichen Anspruch ein, sondern ein dingliches Recht an bestimmten Vermögensobjekten. Dennoch ist die Schenkung nicht vorbehaltlos geeignet, um eine Begünstigung des überlebenden Ehegatten herbeizuführen. Vorab sind die restriktiven Regeln des Pflichtteilsrechts zu beachten, die bewirken können, dass die Zuwendung dem überlebenden Ehegatten letztlich zum Schaden gereicht[146]. Ferner sind die verschiedenen Gestaltungsmittel für Rechtsgeschäfte – Bedingung und Auflage – gezielt einzusetzen, um wenigstens den wichtigsten Risiken der lebzeitigen Zuwendungen, nämlich der „planwidrigen" Absterbensreihenfolge und der Scheidung – wirkungsvoll zu begegnen.

08.81 Wichtig ist ferner im Hinblick auf eine allfällige maximale Begünstigung, dass Zuwendungen an den Ehegatten nicht der Ausgleichung zu unterwerfen sind, während sich bei Zuwendungen an die Nachkommen eine ausdrückliche Unterwerfung unter die Ausgleichungspflicht (auch gegenüber dem überlebenden Ehegatten) jedenfalls dort aufdrängt, wo nicht schon das Gesetz klar eine Ausgleichungspflicht vorsieht. Die Zuwendung an den überlebenden Ehegatten ist sodann, soweit möglich, aus Eigengut zu leisten, und nicht aus Errungenschaft. Reicht das Eigengutsvermögen nicht aus, empfiehlt es sich[147], aus der Errungenschaft nicht der „Familienfürsorge" dienende Leistungen zu erbringen, sondern Luxusobjekte ohne Ausstattungscharakter zu übereignen. Allerdings ist dabei auf die Herabsetzungsbestimmungen von Art. 527 Ziff. 3 und 4 ZGB Rücksicht zu nehmen.

08.82 Sind nur gemeinsame Nachkommen vorhanden, ist schliesslich mit Blick auf Art. 216 Abs. 2 ZGB zu beachten, dass eine grössere Begünstigung durch eine Vorschlagszuweisung möglich ist als durch eine lebzeitige Zuwendung aus Errungenschaftsgut, die der Herabsetzung nach Art. 527 Ziff. 1, 3 oder 4 ZGB unterliegen kann.

08.83 Ein zusätzlicher Anwendungsbereich der Schenkung ergibt sich – unabhängig von einer Vorsorge für den überlebenden Ehegatten – wenn diese aus immateriellen Gründen[148] sowie aus dem Anliegen erfolgt, beiden Ehegatten für den Fall ihres Überlebens durch die wirtschaftliche Selbständigkeit einen gewissen Rückhalt zu geben.

IV. Hinweis auf weitere Rechtsgeschäfte des Obligationenrechts

1. Darlehen

08.84 Beim Darlehensvertrag stellt der Darleiher dem Borger Geld oder eine vertretbare Sache zur Verfügung, wobei Letzteren eine Rückerstattungspflicht trifft[149]. Ein zinsloses bzw. zinsgünstiges Darlehen an den Ehegatten führt zu dessen Besserstellung im Vergleich

---

[146] Vorne, Rzn 08.39 ff., insbes. Rzn 08.45 ff.

[147] Angesichts des bisher nicht korrigierten BGE 107 II 119.

[148] Gleichstellung des Ehegatten, Aufwertung der Hausgattenarbeit, u. dgl.

[149] Vgl. zum Ganzen HONSELL, S. 246 ff.

zur Aufnahme von Geld auf dem Kapitalmarkt. Der *Verzicht auf die Vereinbarung eines Darlehenszinses* stellt keine Schenkung im Sinne von Art. 239 OR dar. Hingegen fragt sich, ob dennoch eine im Sinne von Art. 527 Abs. 3 oder 4 ZGB herabsetzbare Zuwendung vorliegt, obschon das Gesetz im nichtkaufmännischen Verkehr die Zinslosigkeit vermutet[150].

Angesichts der extensiven, in Anlehnung an das Ausgleichsrecht erfolgenden Auslegung von Art. 527 ZGB wäre dies wohl grundsätzlich zu bejahen[151]. Mit Blick auf Investitionen eines Ehegatten in Vermögenswerte des anderen sieht Art. 206 ZGB indessen eine Mehrwertbeteiligung vor. Der rechtsgeschäftliche Ausschluss dieser Mehrwertbeteiligung ist nach h.L., der auch hier gefolgt wird, nicht pflichtteilsrelevant[152]. Es mutet deshalb eigenartig an, wenn die Vereinbarung der Zinsfreiheit eines Darlehens, die unter Umständen auch als Erklärung nach Art. 206 Abs. 3 ZGB aufgefasst werden könnte, der Herabsetzung unterliegt. Aus diesem Grund ist die Pflichtteilsrelevanz eines zinslosen Darlehens nur zu bejahen, wenn entweder die *Umgehungsabsicht* offenbar ist (dann aber nicht in extensiver Auslegung des Schenkungsbegriffs nach Art. 527 Ziff. 3 ZGB, sondern in Anwendung des Umgehungstatbestandes von Art. 527 Ziff. 4 ZGB und entsprechend ohne Beschränkung auf die letzten fünf Jahre vor dem Erbgang), oder wenn aufgrund der Umstände ein zinsloses Darlehen auch unter Familienmitgliedern unüblich wäre[153]. Von Bedeutung ist ferner, ob die unentgeltliche Gewährung eines Darlehens überhaupt zu einer Vermögenseinbusse auf Seiten des Darleihers geführt hat[154]. 08.85

Schwierigkeiten kann die Abgrenzung des Darlehens zur Schenkung bereiten, bei der die Rückerstattungspflicht für das hingegebene Geld entfällt. Weder für das eine noch für das andere Rechtsgeschäft spricht eine Vermutung[155]. 08.86

2. Leihe und Miete

Unter der Leihe versteht der Gesetzgeber die (zwingend) unentgeltliche Überlassung einer Sache zum Gebrauch, wobei der Entlehner zur Rückgabe derselben Sache verpflichtet ist[156]. Bereits vorne (Rz 08.13) wurde erwähnt, dass die *unentgeltliche Überlassung von beweglichen und unbeweglichen Sachen zum Gebrauch* dem erbrechtlichen Begriff der Zuwendung untersteht[157] und gemäss Art. 527 ZGB in Bezug auf die Herabsetzbarkeit der Schenkung gleichzustellen ist. 08.87

---

[150] Vgl. Art. 313 Abs. 1 OR.

[151] Vgl. EITEL, Lebzeitige Zuwendungen, § 8, Rzn 38 ff. und § 30, Rzn 22 ff.

[152] Vorne, Rz 06.56.

[153] Beispielsweise dann, wenn das Darlehen Geschäftszwecken des anderen Ehegatten dienen soll. Allerdings ist auch hier aus güterrechtlicher Sicht Vorsicht geboten: Fällt der Geschäftsgewinn in die Errungenschaft des Unternehmer-Ehegatten, was regelmässig zutrifft, ist der Darleiher zufolge Vorschlagsbeteiligung an den mittels dem Darlehen erwirtschafteten Gewinn beteiligt, was eine Herabsetzung des „geschenkten" Zinses bei seinem Vorabsterben als ungerechtfertigt erscheinen lässt. Dies trotz der vorne (Rzn 08.45 ff.) erörterten bundesgerichtlichen Rechtsprechung, wonach güter- und erbrechtliche Auseinandersetzung vollständig voneinander getrennt zu behandeln sind.

[154] Was nicht zutrifft, wenn dieser die Summe andernfalls unter seiner Matratze aufbewahrt hätte; EITEL, Lebzeitige Zuwendungen, § 8, Rz 38 mit Fn 124.

[155] Zu den damit zusammenhängenden Beweisfragen siehe vorne, Rz 08.60; siehe ferner EITEL, Lebzeitige Zuwendungen, § 8, Rz 41.

[156] Vgl. zum Ganzen HONSELL, S. 244 ff.

[157] Siehe EITEL, Lebzeitige Zuwendungen, § 2, Rzn 28 ff. sowie § 30, Rz 23.

08.88 Im Gegensatz zur Leihe erfolgt die Gebrauchsüberlassung einer bestimmten Sache bei der Miete notwendigerweise entgeltlich[158]. Die Vermietung zu einem markant unter dem Üblichen liegenden Mietzins entspricht von ihrem Charakter her der *gemischten Schenkung* und ist herabsetzungsrechtlich auch so zu behandeln. Auch hier sind jedoch die *Besonderheiten der ehelichen Gemeinschaft* in Rechnung zu stellen. Die Gebrauchsüberlassung, die unter den Unterhalt der Familie im weitesten Sinn fällt, ist zum vornherein pflichtteilsrechtlich irrelevant[159]. Analoges gilt beim unüblich günstigen Abschluss eines Pachtvertrages (Art. 275 ff. OR).

3. *Dienstleistungsverträge (Arbeitsvertrag, Werkvertrag, Auftrag)*

08.89 Für die Besonderheiten der einzelnen Dienstleistungsverträge kann auf die entsprechenden Bestimmungen des Obligationenrechts und die diesbezügliche Literatur verwiesen werden. Unter dem Gesichtspunkt der Ehegattenbegünstigung ist erneut entscheidend, ob der Verzicht auf ein angemessenes Entgelt in pflichtteilsrechtlicher Hinsicht relevant ist oder nicht. Diese Problematik wurde bereits vorne (Rzn 08.13 ff.) aufgegriffen. Wird eine bestimmte Leistung weder aufgrund eines obligationenrechtlichen Vertrages noch als Beitrag zum Familienunterhalt, ist der Beitrag gegebenenfalls nach Art. 165 ZGB entschädigungspflichtig, und ein Erlass der Entschädigung gilt als Schenkung[160]. Unter Umständen kommt die Anwendung von Art. 206 ZGB in Frage, so dass eine mehrwertberechtigte Investition vorliegt[161].

08.90 Renoviert beispielsweise der handwerklich versierte Ehemann die im Eigengut der Ehefrau stehende Familienwohnung, können die Ehegatten diese Leistung als nicht weiter zu entschädigenden Beitrag zum Familienunterhalt qualifizieren (Art. 163 ZGB), als entschädigungspflichtige Mehrleistung nach Art. 165 ZGB, als Beitrag zur Verbesserung von Vermögensgegenständen des anderen Ehegatten im Sinne von Art. 206 ZGB oder als (nach h.L. zwingend entgeltlichen) Werkvertrag. Unterschiede ergeben sich namentlich bezüglich der Haftung bei Mängeln und bei Auflösung des Güterstandes. Der Hauseigentümer in unserem Beispiel wird dann optimal begünstigt, wenn die Leistung als Unterhaltsbeitrag angesehen wird: Sein Eigengut erfährt eine Wertvermehrung, ohne dass eine Ersatzpflicht besteht, und dies unabhängig von der Art der Auflösung des Güterstandes. Umgekehrt ist diese Vorgehensweise im Scheidungsfall oder bei Vorabsterben des Hauseigentümers die ungünstigste für den anderen Ehegatten.

---

[158] HONSELL, S. 198.

[159] Beispiel: Die Ehefrau stellt die geerbte Segeljacht gratis ihrem Ehemann zur Verfügung, der darauf seine Freizeit verbringt und gelegentlich auch die beiden Söhne auf einen Törn mitnimmt. Es liegt ein Beitrag zum Familienunterhalt vor, den die Ehegatten offenbar in Übereinkunft (Art. 163 ZGB) getroffen haben. Anders, wenn der Ehemann eine Segelschule betreibt, an deren Erträgen er alleine beteiligt ist (Art. 199 ZGB oder bei Gütertrennung): Dient die Segeljacht vorab dem Geschäft, ist das unentgeltliche Zurverfügungstellen durch die Ehefrau weder Familienunterhalt noch üblich, so dass die Herabsetzbarkeit m.E. jedenfalls dann zu bejahen wäre, wenn der Geschäftsgewinn (zufolge einer Zuweisung nach Art. 199 ZGB) dem Eigengut des Ehemannes zufliesst.

[160] Siehe bereits vorne, Rzn 06.167 ff.; insbes. 06.171.

[161] Der Verzicht auf eine Mehrwertbeteiligung, nicht aber auf die Rückforderung der Investition an sich, entgeht nach der hier vertretenen Auffassung der Herabsetzung; vgl. vorne, Rz 06.56.

4. Steuerliche Aspekte

Wegen dem *Grundsatz der Familienbesteuerung* spielt es im Bereich der Einkommenssteuer i.d.R. keine Rolle, ob eine bestimmte Leistung zwischen Ehegatten entgeltlich oder unentgeltlich erbracht wird. Gewisse Unterschiede können sich allerdings hinsichtlich eines Arbeitsvertrages ergeben, nämlich bezüglich der Möglichkeit des Doppelverdienerabzuges, wenn der im Geschäft mitarbeitende Ehegatte formell angestellt wird[162]. 08.91

In Bezug auf die Schenkungssteuer ist die Voraussetzung einer Zuwendung *aus dem Vermögen* des Schenkers zentrales Merkmal, weshalb unentgeltliche Dienstleistungen unter Ehegatten, aber auch das unentgeltliche Darlehen und die Gebrauchsleihe, schenkungssteuerrechtlich unbeachtlich sind[163]. 08.92

5. Gestaltungsmittel

Das zur Schenkung Gesagte gilt analog für andere, ganz oder teilweise unentgeltliche Rechtsgeschäfte[164]. So kann etwa beim Darlehen die Zinsforderung oder beim Dienstleistungsvertrag die Höhe des Entgelts mit einer Bedingung verbunden werden[165]. Auflagen könnten beispielsweise die Verwendung eines Darlehens oder einer unentgeltlich zur Verfügung gestellten Wohnung betreffen. 08.93

V. Begründung von gemeinschaftlichem Eigentum

1. Grundlagen

Beim Erwerb von Gütern stehen den Ehegatten drei Möglichkeiten der Eigentumszuordnung offen, nämlich Alleineigentum, Mit- und Gesamteigentum. 08.94

a) Alleineigentum eines Ehegatten

Die Sache kann zu *Alleineigentum eines Ehegatten* erworben werden. Wird der Kaufpreis nur von einem Ehegatten und nur aus einer Gütermasse geleistet, ergeben sich keinerlei Schwierigkeiten. Bei Beteiligung beider Gütermassen des ordentlichen Güterstandes entstehen Ersatzforderungen, die einem allfälligen Mehr- oder Minderwert der Sache Rechnung tragen (Art. 209 Abs. 3 ZGB). Hat der Nicht-Eigentümer ebenfalls Mittel zum Erwerb beigesteuert, besteht gegenüber dem Eigentümer-Ehegatten eine einseitig variable Ersatzforderung (Art. 206 Abs. 1 ZGB). Unter dem Güterstand der Gütergemeinschaft ist Alleineigentum eines Ehegatten nur bezüglich Eigenguts-Vermögen denkbar. 08.95

---

[162] Zu beachten sind ausserdem die Folgen eines Arbeitsvertrages für das Sozialversicherungsrecht.

[163] Allenfalls kann aber (beispielsweise im Zusammenhang mit Arbeiten an einem Grundstück durch eine steuerpflichtige Person) ein mehrwertsteuerpflichtiger Eigenverbrauchstatbestand vorliegen; vgl. dazu Art. 8 Abs. 2 Bst. b MWSTV und dazu die Broschüre Nr. 29 der EStV, Ziff. 3.2.3., sowie Art. 9 Abs. 2 Bst. b MWSTG.

[164] Siehe vorne, Rzn 08.72 ff.

[165] Die Ehegatten können beispielsweise den Verzicht auf eine Verzinsung oder auf ein Arbeitsentgelt an die Resolutivbedingung der Auflösung der Ehe durch Scheidung knüpfen, was allerdings unzulässig erscheint, wenn die betreffende Leistung als Beitrag zum Familienunterhalt erfolgt ist.

Die Investition des anderen Ehegatten oder des Gesamtguts in die betreffende Sache nimmt ebenfalls an einem allfälligen Mehrwert teil (Art. 239 ZGB).

08.96 Auch ohne dingliche Berechtigung des anderen Ehegatten und unabhängig von dessen allfälligen mehrwertberechtigten Investitionen kann unter dem ordentlichen Güterstand auf den Zeitpunkt der Auflösung des Güterstandes hin insofern eine Begünstigung des Nicht-Eigentümerehegatten erfolgen, wenn Objekte mit Wertsteigerungspotential aus der Errungenschaft, nicht wertstabile Sachen dagegen aus Eigengut erworben werden. Der andere Ehegatte partizipiert im Rahmen der Vorschlagsteilung an der Wertsteigerung wie ein Mit- oder Gesamteigentümer (vorausgesetzt, es tritt beim Eigentümer kein Rückschlag ein), trägt allerdings auch ein Verlustrisiko mit.

b) Miteigentum beider Ehegatten

08.97 Wollen die Ehegatten das Vermögensobjekt zu gemeinschaftlichem Eigentum erwerben, steht ihnen einerseits das Miteigentum offen, das sich unter dem Güterstand der Errungenschaftsbeteiligung oder der Gütertrennung empfiehlt. Die Anteile der Ehegatten können entsprechend der wirtschaftlichen Beteiligung festgelegt werden oder davon abweichen. Sodann ist auch hier denkbar, dass die Mittel zum Erwerb von einem Ehegatten allein zur Verfügung gestellt werden. Es stellt sich in diesen Fällen die – vorab beweisrechtliche – Frage, ob zwischen den Ehegatten ein Darlehen oder eine Schenkung vereinbart wurde[166].

c) Gesamteigentum beider Ehegatten

08.98 Die andere Form des gemeinschaftlichen Eigentumserwerbs ist derjenige zu *Gesamteigentum*. Diesem liegt stets ein besonderes Rechtsverhältnis zugrunde. Bei Gütergemeinschaft ist dies der Güterstand als solcher; unterstehen die Ehegatten dagegen dem ordentlichen Güterstand oder der Gütertrennung, ist in aller Regel eine einfache Gesellschaft zu gründen[167]. Aus diesem Grundverhältnis ergibt sich, ob beiden Ehegatten derselbe interne Anteil zusteht und ob bei ungleichen Beiträgen zum Erwerb der Sache zwischen den Ehegatten Ersatzforderungen bestehen.

2. Begründung von Mit- und Gesamteigentum im Allgemeinen

a) Verhältnis von Güter- und Sachenrecht

08.99 Die sachenrechtliche Ordnung des gemeinschaftlichen Eigentums in den Art. 646 ff. ZGB wird bei Ehegatten durch die speziellen Regeln des Güterrechts überlagert. Das Miteigentum ist unter dem *ordentlichen Güterstand* und bei *Gütertrennung* die herkömmliche Form des gemeinschaftlichen Eigentums, sofern nicht durch Gesetz oder

---

[166] Vgl. vorne, Rzn 08.60 und 08.86.

[167] Es besteht ein numerus clausus der nach Art. 652 ZGB möglichen Gemeinschaftsverhältnisse, auf denen das Gesamteigentum beruhen kann, nämlich eheliche Gütergemeinschaft, Erbengemeinschaft, Gemeinderschaft, einfache Gesellschaft, Kollektiv- und Kommanditgesellschaft.

Vertrag eine andere Ordnung Platz greift[168]. Lässt sich kein Alleineigentum nachweisen, wird unter den Ehegatten Miteigentum vermutet[169].

Unter dem Güterstand der *Gütergemeinschaft* ist dagegen das Gesamtgut die übliche Form gemeinschaftlichen Eigentums, für die bei Mitbesitz beider Ehegatten eine gesetzliche Vermutung spricht[170]. Ein besonderes Rechtsverhältnis neben dem Güterstand ist zur Begründung von Gesamteigentum nicht erforderlich, die Ehegatten werden Gesamteigentümer infolge Gütergemeinschaft. Dagegen bedarf die Begründung von Miteigentum hier der Form des Ehevertrages. 08.100

Mit anderen Worten können die Ehegatten zwar unter jedem Güterstand grundsätzlich bei jedem einzelnen Vermögenserwerb zwischen Mit- und Gesamteigentum *frei wählen*. Von einer Parallelität zwischen Mit- und Gesamteigentum ist jedoch abzuraten. Ehegatten unter Errungenschaftsbeteiligung oder Gütertrennung sollten sich deshalb an die Form des Miteigentums halten, Gütergemeinschafts-Ehegatten an das Gesamteigentum. Damit werden unnötige Komplizierungen vermieden[171], die sich namentlich durch die Beweisvermutungen ergeben können. Wird trotzdem ein Eigentumstyp gewählt, der dem betreffenden Güterstand nicht entspricht, ist darauf zu achten, dass die Vertragsgestaltung für den Erwerb von Gesamteigentum besonders sorgfältig erfolgt, weil die Regelung der einfachen Gesellschaft (Art. 530 ff. OR) nur sehr rudimentär ist. Umgekehrt bedarf der Erwerb von Miteigentum durch Gütergemeinschafts-Ehegatten zwar eines entsprechenden ehevertraglichen Vorbehalts, die vertragliche Grundlage kann sich dagegen angesichts der ausführlichen Gesetzesbestimmungen betreffend das Miteigentum (Art. 646 ff. ZGB) kürzer halten. 08.101

Bei der *Auflösung des gemeinschaftlichen Eigentums* sind die Anteile am betreffenden Vermögensobjekt güterrechtlich zuzuordnen. *Miteigentumsanteile* sind dabei unter dem ordentlichen Güterstand je derjenigen Vermögensmasse der Ehefrau und des Ehemannes zuzuordnen, die den grösseren Beitrag zum Erwerb geleistet hat, wobei der anderen beteiligten Gütermasse eine variable Ersatzforderung zusteht. Ein allfälliger konjunktureller Mehrwert, aber auch ein Minderwert, kommt somit den einzelnen Vermögensmassen stets proportional zu ihrer Beteiligung am Erwerb zu. Bei Gütertrennung gilt analoges, mit der Vereinfachung, dass nur zwei Gütermassen beteiligt sind. Erwerben Gütergemeinschafts-Ehegatten eine Sache zu Miteigentum, müssen sie diese ehevertraglich aus dem Gesamtgut ausschliessen. Die Miteigentumsanteile inklusive einer allfälligen Wertsteigerung sind den beiden Eigengütern entsprechend ihrer wirtschaftlichen Beteiligung zuzuweisen. Zur güterrechtlichen Zuordnung von *Gesamteigentum* siehe hinten, Rzn 08.116 f. 08.102

---

[168] Vgl. BGE 94 II 99.
[169] Art. 200 Abs. 2 und 248 Abs. 2 ZGB; vgl. BGE 117 II 124.
[170] Art. 226 ZGB.
[171] SCHUMACHER, S. 639 f.

b)   Annäherung von Mit- und Gesamteigentum unter Ehegatten

08.103 Ohne auf die *Unterschiede zwischen Mit- und Gesamteigentum* im Einzelnen einzugehen[172], ist im vorliegenden Zusammenhang zu erwähnen, dass ein wichtiger Unterschied, nämlich die beim Miteigentum (im Gegensatz zum Gesamteigentum) bestehende Verfügungsbefugnis über den Eigentumsanteil, unter Errungenschaftsbeteiligungs-Ehegatten wegfällt. Art. 201 Abs. 1 ZGB bestimmt nämlich, dass bei Miteigentum beider Ehegatten keiner ohne die Zustimmung des anderen über seinen Anteil verfügen kann[173]. Dadurch kommt es zu einer Annäherung des Miteigentums unter Ehegatten an die (gesellschaftsrechtlich geordneten) Folgen des Gesamteigentums[174]. Unter dem ordentlichen Güterstand entfällt damit ein echtes Bedürfnis nach der Gründung einer Ehegattengesellschaft, soweit diese nur der gemeinschaftlichen Beteiligung und Verfügungsbeschränkung dienen soll.

3.   *Begünstigung durch gemeinschaftliches Eigentum?*

a)   Verbesserung der Sachansprüche

08.104 Die Begründung von gemeinschaftlichem Eigentum verbessert einerseits die Stellung des an der Sache berechtigten Ehegatten in der güter- und erbrechtlichen Teilung. Gemäss Art. 205 Abs. 2 und Art. 251 ZGB kann bei Miteigentum beider Ehegatten derjenige, der ein überwiegendes Interesse nachweist, bei Auflösung des Güterstandes die ungeteilte Zuweisung dieses Vermögenswertes gegen Entschädigung verlangen. Das Interesse des überlebenden Ehegatten gegenüber der Erbengemeinschaft ist „überwiegend", wenn dieser einen besonderen Bezug zur Sache hat[175]. Allerdings kommt diesem Aspekt des Zuweisungsspruches infolge gemeinschaftlichen Eigentums angesichts der übrigen gesetzlichen Teilungsregeln des Güterrechts (Art. 219 und 243 ff. ZGB) und der Zulässigkeit umfassender ehe- und erbvertraglicher Teilungsvorschriften nur eine beschränkte Bedeutung zu.

b)   Verbesserung der wirtschaftlichen Stellung

08.105 Daneben kann die Begründung von gemeinschaftlichem Eigentum auch zur *Verbesserung der finanziellen Stellung* eines Ehegatten verwendet werden. Insbesondere gilt dies bei *nicht wertbeständigen Sachen*, wo sich zufolge Gesamt- oder Miteigentum das Risiko der Wertverminderung auf beide Ehegatten verteilt. Dies ist dann von Vorteil, wenn der zu begünstigende Ehegatte dieses Risiko im Falle von Alleineigentum alleine tragen müsste[176].

---

[172] Die in der Praxis wichtigsten Unterschiede legt etwa SCHUMACHER, S. 634 ff., dar. Siehe sodann, ebenfalls mit Bezug auf Ehegatten, B. BRÄM, S. 162 ff. und 194. Allgemein zu den Unterschieden zwischen Mit- und Gesamteigentum ZGB-BRUNNER/WICHTERMANN, N 3 ff. Vorbem. zu Art. 646-654a ZGB.

[173] Im Einzelnen HAUSHEER/REUSSER/GEISER, N 27 ff. zu Art. 201 ZGB.

[174] CERESOLI, S. 261 ff.

[175] Dazu schon vorne, Rz 03.08, m.w.H.

[176] Die (teilweise) Schenkung einer nicht wertbeständigen Sache ist ausserdem aus pflichtteilsrechtlicher Sicht günstig, weil für die Berechnung der Pflichtteilsmasse und für die allfällige Herabsetzung auf

Beispiel: Die (zu begünstigende) Ehefrau ist leidenschaftliche Reiterin und wünscht sich ein eigenes Pferd. Der Ehemann ist zwar kein Pferdenarr, aber mit dem Unterfangen einverstanden, er möchte das Pferd gelegentlich auch selber für einen Ausritt benützen. Anstatt dass die Ehefrau das teure Tier aus ihrem Eigengut erwirbt, begründen die Ehegatten Mit- oder Gesamteigentum. Wenn das Pferd (altershalber) abgetan werden muss, tragen beide Ehegatten denselben Anteil am Wertverlust, was für die Ehefrau, die diesen sonst alleine hätte tragen müssen, von Vorteil ist. Von einer unentgeltlichen Zuwendung kann man nicht sprechen, solange der Ehemann wenigstens gelegentlich ebenfalls reitet, andernfalls wäre der vom Ehemann hingegebene Betrag unter Umständen als Schenkung zu qualifizieren. 08.106

Bei *Objekten mit Wertsteigerungspotential* ergibt sich für Ehegatten unter dem *ordentlichen Güterstand* sowie bei der Gütergemeinschaft durch die Begründung von gemeinschaftlichem Eigentum *keine Verbesserung* der finanziellen Stellung des investierenden Ehegatten, da diesem ohnehin ein Anspruch auf eine einseitig variable Ersatzforderung zusteht. Anders verhält es sich bei der *Gütertrennung*, wo vorbehaltlich anderer Abrede bei gegenseitigen Investitionen nur der Nominalwert der Forderung zurückzuerstatten ist. Hier erscheint die Position des gemeinschaftlichen Eigentümers im Vergleich zum Darlehensgeber zwar als vorteilhafter, zugleich aber auch als risikoreicher. Verliert der Gegenstand entgegen den Erwartungen der Ehegatten an Wert, besteht gewissermassen eine *„Minderwertbeteiligung"* beider Ehegatten[177]. Dadurch kann das Ziel der Ehegatten, den wirtschaftlich schwächeren Ehegatten zu begünstigen, ins Gegenteil verkehrt werden. Nicht von Bedeutung ist diese Konsequenz dagegen dann, wenn ein Ehegatte selber keinen eigenen Beitrag leistet, sondern schenkungshalber beteiligt wird. 08.107

c) Schenkung eines Beteiligungsanspruchs

Entspricht der Beitrag eines Ehegatten nicht seiner rechtsgeschäftlich vereinbarten Beteiligung an der gemeinsam erworbenen Sache, kann eine *Schenkung* vorliegen. Der wirtschaftlich schwächere Ehegatte, dem ein Mit- oder Gesamtgutsanteil unentgeltlich zugewandt wird, nimmt dann zusätzlich an der Wertsteigerung des Objektes teil. Dies nützt ihm allerdings im Hinblick auf die erbrechtliche Auseinandersetzung deshalb nichts, weil bei der Herabsetzung auf den Wert der geschenkten Sache (bzw. vorliegend des Sachanteils) im Zeitpunkt des Erbganges – nicht demjenigen der Schenkung – abgestellt wird (Art. 537 Abs. 2 ZGB). Eine Besserstellung des betreffenden Ehegatten ergibt sich somit nur, soweit keine herabsetzungsrechtliche Berücksichtigung der Zuwendung erfolgt. Dies ist besonders im Zusammenhang mit der Schenkung eines Grundstücks- oder Unternehmensanteils zu beachten, denen regelmässig Ausstattungscharakter gemäss Art. 527 Ziff. 1 ZGB zukommt[178]. Besonders unbefriedigend ist diese Rechtslage, wenn die Mittel zum Erwerb aus der Errungenschaft des schenkenden Ehegatten stammen[179]. 08.108

---

den Wert der Sache im Zeitpunkt des Erbganges abgestellt wird; Art. 537 Abs. 2 ZGB; dazu bereits vorne, Rz 08.50.

[177] Demgegenüber ist der Ehegatte, der ohne Einräumung eines Mit- oder Gesamteigentumsanteils Geld in das Vermögensobjekt des andern investiert, durch Art. 206 ZGB geschützt und partizipiert nur an einer allfälligen Wertsteigerung. Der Darleiher hat ebenfalls Anspruch auf die Nominalforderung, allenfalls auch auf Zins.

[178] Vorne, Rzn 08.41 f.

[179] Vgl. dazu vorne, Rzn 08.45 ff.: Es wird die ganze Zuwendung der Herabsetzung unterstellt, obschon ohne eine solche der überlebende Ehegatte Anspruch auf die Hälfte der Errungenschaft (und damit auch des geschenkten Betrages) gehabt hätte.

Weil auch die Verfügungsbefugnis bzw. -beschränkung beider Ehegatten nicht von der Höhe der beidseitigen Anteile abhängig ist, besteht in der Regel kein Grund, einem Ehegatten eine grössere Beteiligung einzuräumen, als seinem finanziellen Beitrag entspricht.

08.109 Wird das betreffende Objekt aus Errungenschaftsvermögen erworben, ist ferner zu beachten, dass – sofern kein Rückschlag eintritt – schon aufgrund der Vorschlagsteilung nach Art. 215 ZGB stets beide Ehegatten an einer Wertsteigerung beteiligt sind. Findet eine Schenkung aus Errungenschaft des einen Ehegatten statt, bildet der geschenkte Anteil Eigengut des anderen Ehegatten, was in der güterrechtlichen Auseinandersetzung die unter Umständen (namentlich im Scheidungsfall) unerwünschte Konsequenz hat, dass der beschenkte Ehegatte zwar über die Errungenschaftsbeteiligung an der Wertsteigerung des Anteils des Schenkers teilnimmt, dieser aber umgekehrt nicht an der Wertsteigerung auf dem geschenkten (Eigenguts-)Anteil des Beschenkten partizipiert.

4. Steuerliche Aspekte

08.110 In Bezug auf die *Steuern* ist die Begründung von gemeinschaftlichem Eigentum unter Ehegatten in der Regel unproblematisch, so lange die Anteile der Ehegatten ihrem Finanzierungsbeitrag entsprechen. Trifft dies nicht zu, kann eine *steuerbare Schenkung* vorliegen.

08.111 Beim *Erwerb von Grundeigentum* ist ferner darauf zu achten, dass das Eigentum von beiden Ehegatten gleichzeitig erworben wird. Erwirbt nämlich zuerst ein Ehegatte die Liegenschaft und veräussert hernach einen Anteil an den anderen Ehegatten, zieht dies für den veräusserten Anteil die Realisierung eines *steuerbaren Grundstückgewinns* nach sich (Art. 12 StHG). Analoges gilt für den Fall, dass ein Ehegatte die bisherige, in seinem Alleineigentum stehende Familienwohnung veräussert und eine neue Liegenschaft zusammen mit seinem Ehepartner erwirbt. Der bei Reinvestition gewährte Steueraufschub (Art. 12 Abs. 3 Bst. e StHG) wird dann nur teilweise gewährt, nämlich für den vom bisherigen Eigentümer erworbenen Anteil. Soweit der Kaufpreis für diesen Anteil die Gestehungskosten der veräusserten Liegenschaft nicht übersteigt, besteht gar kein Raum für einen Steueraufschub[180]. Das gilt sogar dann, wenn die Mittel zum Erwerb des neuen Grundeigentums ausschliesslich vom bisherigen Alleineigentümer stammen[181], zusätzlich ist in diesem Fall gegebenenfalls die Schenkungssteuer für den dem anderen Ehegatten übertragenen Anteil zu entrichten[182]. Das Gesagte gilt nicht nur für den Erwerb zu Miteigentum; das *Einbringen einer Liegenschaft in eine einfache Gesellschaft* hinsichtlich der abgetretenen Anteile stellt ebenfalls eine Veräusserung im Sinne der

---

[180] BVR 1997, S. 212 ff.; Urteil des VwGer BE. Die Verweigerung des Steueraufschubs ist auch deshalb besonders ärgerlich, weil bei einer späteren Besteuerung aufgrund des Besitzesdauerabzugs (vgl. Art. 12 Abs. 5 StHG sowie Art. 90 und 90a StG BE bzw. Art. 144 und 147 nStG BE) eine zusätzliche Steuererleichterung gewährt würde.

[181] BVR 1995, S. 439 ff.; Urteil des VwGer BE.

[182] Erwerben die Ehegatten die Liegenschaft zu Gesamteigentum und stammen die Mittel von nur einem Ehegatten, ist ein Steueraufschub auf der Basis der ganzen Einlage zu gewähren, wenn die Ehegatten *kein ausdrückliches Beteiligungsverhältnis* festlegen (B. BRÄM, S. 216). Allerdings liegt dann auch gar keine Schenkung eines Anteils vor: Im internen Verhältnis gilt derjenige als wirtschaftlich berechtigt, der das Grundstück finanziert hat.

Vermögensgewinnsteuer dar. Keine Veräusserung liegt in dem Umfange vor, in welchem der Einbringer am Gesellschaftsvermögen beteiligt ist[183]. Auch aus steuerlicher Sicht lohnt sich demnach die (schenkungsweise) Verschiebung von Gesellschaftsanteilen nicht[184]. Hinzuweisen ist schliesslich auf allfällige *kantonale Handänderungssteuern* oder ähnliche Steuern und Gebühren, die bei der (Teil-)Veräusserung von Liegenschaften anfallen können[185].

Aus *steuerlicher Sicht* ist deshalb Folgendes zu empfehlen: Ist ein Ehegatte bereits Alleineigentümer einer Liegenschaft, die den Ehegatten als Eigenheim dient, ist bei der Begründung von gemeinschaftlichem Eigentum durch Schenkung eines Anteils auf die kantonale Schenkungssteuer Rücksicht zu nehmen. Eine Grundstückgewinnsteuer fällt (wegen Unentgeltlichkeit) nicht an. Abzuraten ist von einer nachträglichen entgeltlichen Beteiligung des anderen Ehegatten (d.h. Teilveräusserung); allfällige Investitionen sind güterrechtlich oder mittels (verzinslichem oder partiarischem) Darlehen abzugelten. Soll die bisherige Wohnliegenschaft veräussert und ein *neues Grundstück erworben* werden, ist vorab der gesamte Verkaufserlös in die neue Liegenschaft zu reinvestieren, während eine Veränderung der Beteiligungsverhältnisse nur im Ausmass eines allfälligen Aufpreises und entsprechend den tatsächlichen Investitionen der Ehegatten erfolgen sollte. Auch wenn die Ehegatten bisher keine Wohnliegenschaft besassen, ist die Beteiligung entsprechend den finanziellen Beiträgen zum Erwerb auszugestalten. 08.112

Im Gegensatz zur Veranlagung der Einkommens- und Vermögenssteuer werden bei der Vermögensgewinnsteuer *beide Ehegatten selbständig veranlagt*[186]. Wird die Liegenschaft noch während bestehender Ehe wieder veräussert, verteilt sich bei gemeinschaftlichem Eigentum somit der Vermögensgewinn auf beide Ehegatten, womit die Progression gebrochen und eine Steuerersparnis erreicht wird, was bei einer mehrwertberechtigten Investition nicht zutrifft[187]. 08.113

Für Selbständigerwerbende ist der *Abgrenzung von Privat- und Geschäftsvermögen* Rechnung zu tragen, da Gewinne bei der Veräusserung von beweglichen Gegenständen des Geschäftsvermögens ebenfalls besteuert werden. Es ergibt sich somit auch bei be- 08.114

---

[183] ZUPPINGER, S. 315, Fn 29.

[184] Ergänzend ist darauf hinzuweisen, dass ein Steueraufschub bei der Abtretung auf Rechnung güterrechtlicher Ansprüche (bis Ablauf der Harmonisierungsfrist am 1.1.2001) je nach kantonaler Regelung auch bei Erfüllung noch nicht fälliger güterrechtlicher Forderungen in Frage kommt; vgl. Art. 80a Bst. f StG BE und dazu LANGENEGGER, S. 219; vgl. ferner Art. 134 Bst. b nStG BE. Der im Zuge der ZGB-Revision neu eingeführte, am 1.1.2000 in Kraft getretene Steueraufschubstatbestand von Art. 12 Abs. 3 Bst. b StHG betrifft (gemäss den Ausführungen des Kommissionssprechers; vgl. Amtl. Bull. SR 1996, S. 776) nur den Steueraufschub im Rahmen einer güterrechtlichen Auseinandersetzung, hilft also regelmässig nicht weiter.

[185] Vgl. etwa das HPG BE, das immerhin für Handänderungen unter Ehegatten eine auf die Hälfte ermässigte Steuer von 0,9 % vorsieht; Art. 11 Abs. 2 HPG BE.

[186] BVR 1995, S. 442; B. BRÄM, S. 221.

[187] Auch wenn eine mehrwertberechtigte Investition des anderen Ehegatten vorliegt, wird der Eigentümer-Ehegatte nach der h.L. für ganzen Gewinn alleine veranlagt; kritisch dazu KOLLER, Eherecht und Steuerrecht, S. 61 ff., m.w.H.

weglichem Vermögen eine analoge Problematik wie bei der Veräusserung von Grundstücken durch Privatpersonen[188].

5. Insbesondere zur Ehegattengesellschaft

a) Grundlagen und güterrechtliche Behandlung

08.115 In der Praxis erfreut sich offenbar die Begründung von Gesamteigentum zwischen Ehegatten unter dem ordentlichen Güterstand – jedenfalls im Kanton Bern – zunehmender Beliebtheit[189]. Wie bereits erwähnt setzt sie die Gründung einer einfachen Gesellschaft voraus. Diese hat als *Vermögenszuordnungsgesellschaft* den einzigen Zweck, gemeinschaftliches Eigentum insbesondere an einer ehelich genutzten Liegenschaft, möglicherweise auch an weiterem Vermögen der Ehegatten, herbeizuführen. Im Unterschied zum Ehevertrag sind für die einfache Gesellschaft keine besonderen Formvorschriften zu beachten, der Wille zum gemeinsamen Gesellschaftszweck kann auch konkludent geäussert werden[190].

08.116 Beim Ableben eines Ehegatten vollzieht sich aufgrund der erwähnten Überlagerung von Gesellschafts- und ehelichem Güterrecht die *Auseinandersetzung* unter den Ehegatten bzw. den Erben des Erstverstorbenen *in drei Schritten*, nämlich zunächst *Auflösung der einfachen Gesellschaft*, sodann *güterrechtliche Auseinandersetzung* und schliesslich *erbrechtliche Teilung*[191]. Bei der Liquidation der einfachen Gesellschaft ist ein allfälliger Gewinn, der nach der Begleichung der Schulden und dem Ersatz von Auslagen und Aufwendungen sowie nach der Rückerstattung der Sacheinlagen (nach ihrem ursprünglichen Wert) verbleibt, auf beide Ehegatten je zur Hälfte zu verteilen (Art. 549 OR)[192]. Die Ehegatten können allerdings abweichend von dieser Ordnung im Gesellschaftsvertrag die *Anwachsung* des ganzen Gesellschaftsvermögens *zu Alleineigentum* des überlebenden Gesellschafters vereinbaren (dazu sogleich, Rz 08.120).

08.117 Das *Liquidationsergebnis*, das an die Stelle der bisherigen Gesellschaftsanteile tritt, ist güterrechtlich zuzuordnen[193]. Bei Ehegatten unter Errungenschaftsbeteiligung handelt es sich dabei um einen *Surrogationstatbestand* (Art. 197 Abs. 2 Ziff. 5 und Art. 198 Ziff. 4 ZGB)[194], womit die Herkunft der Mittel ausschlaggebend ist. Analoges gilt im Rahmen der Gütertrennung.

---

[188] Vgl. zum Ganzen SCHUMACHER, S. 642 f. sowie hinten, Rzn 13.64 f., m.w.H.

[189] HAUSHEER, Ehegattengesellschaft, S. 618.

[190] In der Praxis wird offenbar die Zulässigkeit der Ehegattengesellschaft, deren Zweck sich in der Innehabung, Verwaltung und Nutzung der ehelichen Wohnung erschöpft, nicht in Zweifel gezogen. Vgl. demgegenüber etwa REY, S. 327 f. sowie MEIER-HAYOZ/FORSTMOSER, § 12, Rz 20.

[191] HAUSHEER/AEBI-MÜLLER, Begünstigung, S. 36.

[192] Die hälftige Beteiligung erfolgt ungeachtet allfälliger unterschiedlicher Beiträge der Ehegatten, es sei denn, die Ehegatten hätten eine abweichende Gewinnverteilung ausdrücklich vereinbart; vgl. MEIER-HAYOZ/FORSTMOSER, § 12, Rz 44; zu abweichenden Lehrmeinungen siehe I. HOHL, S. 149 ff.

[193] Dazu B. BRÄM, S. 171 ff.

[194] HAUSHEER, Ehegattengesellschaft, S. 623, m.w.H.; B. BRÄM, S. 173.

b) Begünstigung eines Ehegatten

Eine *Begünstigung des weniger leistungsfähigen Ehegatten* kann mittels schenkungsweiser Finanzierung des Gesellschaftsanteils durch den anderen Ehegatten erfolgen[195]. Der Liquidationsanteil des Beschenkten bildet dann vollumfänglich Eigengut, was auch bedeutet, dass ein darauf entfallender Gewinnanteil zu Eigengut wird[196]. Der Ehegatte, der den Erwerb seines Anteils und die Schenkung ganz oder teilweise aus Errungenschaft finanziert hat, muss dagegen seinen Gewinnanteil, der seiner Errungenschaft zuzuordnen ist, in der güterrechtlichen Auseinandersetzung nochmals mit seinem Ehepartner teilen[197].

08.118

Eine allfällige *Schenkung* im Zusammenhang mit der einfachen Gesellschaft ist aus Beweisgründen *schriftlich festzuhalten*. Der Grundbucheintrag als solcher, der bei einseitiger Finanzierung beide Ehegatten als Gesamteigentümer ausweist, genügt zur Annahme einer Schenkung nicht; ausschlaggebend ist das interne Verhältnis zwischen den Gesellschaftern[198]. Zudem sind bei Schenkung eines Gesamtgutanteils besondere gesellschaftsvertragliche Vorkehren zu treffen, um dem Risiko einer Auflösung der Ehegattengesellschaft durch Scheidung oder vorzeitigen Tod des an sich zu begünstigenden Ehegatten zu begegnen.

08.119

c)   Insbesondere zur Anwachsungs- und Abfindungsklausel

Bereits erwähnt wurde die Möglichkeit, anstelle der Liquidation der Gesellschaft die *Anwachsung* des Gesamteigentums zu Alleineigentum des überlebenden Gesellschafters zu vereinbaren. Es handelt sich dabei um ein *Rechtsgeschäft unter Lebenden*[199], das (formlos) im Gesellschaftsvertrag enthalten sein kann. Bei der Auflösung der Gesellschaft zufolge Tod eines Gesellschafters findet alsdann eine „Gesellschaftsliquidation durch Anwachsung" statt, das Entstehen einer Liquidationsgesellschaft wird verhindert[200]. Die *Anwachsungsklausel* hat für den überlebenden Ehegatten den Vorteil, dass er mit dem Tod des erstversterbenden Ehepartners ohne weitere Formalitäten zum Allein-

08.120

---

[195] Vgl. schon vorne, Rzn 08.108 f.

[196] Zur – nicht unumstrittenen – güterrechtlichen Zuordnung des Gewinnanteils siehe B. BRÄM, S. 177 ff. Solange es sich – was die Regel ist – nur um konjunkturelle Mehrwerte handelt, ist das Surrogationsprinzip unbeschränkt anwendbar. Das Liquidationsergebnis, bestehend aus Einlage und Mehrwert, fällt somit in diejenige Masse, welche die betreffende Einlage finanziert hat. Siehe zur Kontroverse auch HAUSHEER, Ehegattengesellschaft, S. 629, sowie I. HOHL, S. 161 ff.

[197] Siehe dazu HAUSHEER, Ehegattengesellschaft, S. 625; vgl. auch schon vorne, Rz 08.109.

[198] Stimmt der Grundbucheintrag nicht mit der Herkunft der Mittel überein, liegt zwischen den Ehegatten ein Rechtsgeschäft vor. Ob es sich dabei um eine unentgeltliche Zuwendung handelt oder um ein Darlehen, bleibt aber aufgrund des Eintrags unklar. Eine Schenkung ist dabei nicht zu vermuten. Wird Wert darauf gelegt, dass im Grundbuch die Eigentumsverhältnisse entsprechend der Herkunft der Mittel zum Ausdruck gelangen – was das Entstehen von Ersatzforderungen verhindert und überdies die Auseinandersetzung mit der Erbengemeinschaft erleichtert – ist der Eintrag zu Miteigentum mit entsprechenden Quoten vorzuziehen. Vgl. FRIEDRICH, S. 188 ff. und S. 201.

[199] HAUSHEER, Abgrenzung, S. 95.

[200] B. BRÄM, S. 82.

eigentümer des betreffenden Vermögenswertes wird und sich infolgedessen nicht mit den anderen Erben auseinander zu setzen braucht[201].

08.121 Im Gesellschaftsvertrag kann sodann in einer *Abfindungsklausel* die Höhe der den Erben zu leistenden Abfindung festgelegt werden. Beispielsweise wird vereinbart, dass der ausscheidende Gesellschafter lediglich Anspruch auf seine Einlage ohne Gewinnanteil habe. Gilt diese Regelung nur für den Fall des Ausscheidens eines Gesellschafters durch Tod und untersteht das Ausscheiden eines Gesellschafters zu dessen Lebzeiten (insbesondere durch Scheidung) anderen Regeln, beinhaltet die Abfindungsklausel eine formbedürftige *Verfügung von Todes* wegen[202]. Gleichzeitig ist zu beachten, dass auch die Abfindungsklausel nichts an der Pflichtteilsmasse zu ändern vermag; diesbezüglich ist immer vom Verkehrswert des Gesellschaftsanteils auszugehen. Ein vom Erblasser festgelegter, zu niedriger Verkehrswert stellt ein – bei Pflichtteilsverletzung herabsetzbares – Vermächtnis dar[203].

d) Ehegattengesellschaft im Zusammenhang mit Bankgeschäften

08.122 Die Gründung einer einfachen Gesellschaft ist selbstverständlich nicht nur im Zusammenhang mit dem Erwerb einer Liegenschaft zulässig. Die Ehegatten können beispielsweise auch gemeinsam Wertschriften verwalten und dazu ein Sonderverhältnis in Form einer einfachen Gesellschaft begründen. Bedienen sich die Ehegatten für die Zwecke ihrer Gesellschaft eines *Gemeinschaftskontos* oder -depots, ist eine allfällige, intern vereinbarte Anwachsungsklausel zweckmässigerweise mit einer *Erbenausschlussklausel* im Verhältnis zur Bank zu verbinden[204]. Die Erben werden damit vom Gesellschaftsvermögen und von Gesellschaftsbeschlüssen ausgeschlossen und müssen sich mit einem Abfindungsanspruch begnügen[205]. Weil die Bank sich um die internen Verhältnisse (d.h. einen allfälligen Gesellschaftsvertrag mit Anwachsungsklausel) zwischen den Inhabern des Gemeinschaftskontos nicht zu kümmern braucht, besteht ohne Ausschlussklausel die Gefahr, dass sie die Erbengemeinschaft – trotz Anwachsungsklausel – als mit anspruchsberechtigt ansieht.

e) Bewertung im Hinblick auf die Ehegattenbegünstigung

08.123 Die Ehegattengesellschaft ist – wie die Begründung von Miteigentum – insofern eine *Alternative zur Gütergemeinschaft*, als sie im Rahmen des ordentlichen subsidiären Güterstandes oder im Rahmen der Gütertrennung für einen Teil des Ehegattenvermögens zu gemeinschaftlichem Eigentum führt. Die dadurch ausgelöste *verstärkte materielle Gleichberechtigung* gilt (im Unterschied zu Begünstigungen auf den Zeitpunkt der Ab-

---

[201] Ohne entsprechende Abrede findet dagegen keine Anwachsung statt, die Erben des Verstorbenen treten in die zu liquidierende Gesellschaft ein und erwerben Gesamteigentum am Vermögen der einfachen Gesellschaft; BGE 119 II 119 (Bestätigung der Rechtsprechung). Dementsprechend sind sie in die Liquidation der Gesellschaft mit einzubeziehen.

[202] BGE 113 II 270; vgl. dazu BÄR in ZBJV 125 (1989), S. 238 ff.

[203] ZGB-SCHAUFELBERGER, N 4 zu Art. 608 ZGB; siehe auch vorne, Rz 07.81.

[204] Dazu hinten, Rz 08.140.

[205] BAUMGARTNER, S. 56 ff.

rechnung eines Güterstandes) schon während bestehender Ehe. Das hat allerdings zur Folge, dass der wirtschaftlich weniger leistungsfähige Ehegatte auch ein im Vergleich zur Nennwertgarantie in Art. 206 ZGB *erhöhtes Verlustrisiko* mitzutragen hat, was sich im Zusammenhang mit dem Preiszerfall auf dem Liegenschaftenmarkt in den letzten Jahren wiederholt und sehr stark bemerkbar gemacht hat[206]. Aufgrund der erbrechtlichen Herabsetzbarkeit gemäss Art. 527 ZGB – die beim Erwerb einer Liegenschaft als Familienwohnung regelmässig unabhängig vom Zeitpunkt der Vornahme der Schenkung gegeben ist[207] – ergibt sich in der Regel keine wirtschaftliche Verbesserung der Rechtsstellung des überlebenden Ehegatten im Vergleich zu einer güter- oder erbrechtlichen Begünstigung.

In die Planung einzubeziehen sind auch die *steuerrechtlichen Konsequenzen*, wie sie bereits im Zusammenhang mit dem gemeinschaftlichen Eigentum geschildert wurden[208]. Gesamtgutsanteile werden im Rahmen der Grundstückgewinnsteuer grundsätzlich wie Miteigentumsanteile besteuert[209]. Die *Anwachsung* zu Alleineigentum eines Ehegatten aufgrund einer entsprechenden gesellschaftsvertraglichen Klausel stellt aus grundstückgewinnsteuerlicher Sicht eine Teilveräusserung dar[210]. Da sie bei Auflösung der Gesellschaft durch Tod eines Ehegatten unentgeltlich erfolgt, findet ein Steueraufschub statt (Art. 12 Abs. 3 Bst. a StHG). Allenfalls ist jedoch die kantonale Erbschaftssteuer zu entrichten[211]. Die Vereinbarung der Gütergemeinschaft dagegen löst, obschon die Liegenschaften ins Gesamteigentum übergehen, keine Grundstückgewinnsteuer aus[212]. Auf die mögliche Steuerersparnis beim Verkauf der Liegenschaft vor der Auflösung der Ehe wurde vorne ebenfalls bereits hingewiesen[213].

08.124

6. *Gestaltungsmittel*

Die Rechtsgeschäfte, die zu gemeinschaftlichem Eigentum führen (namentlich Kauf und Schenkung), können regelmässig an *Bedingungen und Auflagen* geknüpft werden. Fraglich ist allerdings bei entgeltlichen Geschäften, ob die Vereinbarung einer Resolutivbe-

08.125

---

[206] HAUSHEER/AEBI-MÜLLER, Begünstigung, S. 38.

[207] Es handelt sich um einen Beitrag zur Familienfürsorge, wie er von der bundesgerichtlichen Rechtsprechung zu Art. 527 Ziff. 1 ZGB definiert wird; dazu vorne, Rz 08.41.

[208] Vorne, Rzn 08.110 ff.

[209] B. BRÄM, S. 213. Das gilt auch für die bernische Handänderungsabgabe, vgl. Art. 10 Abs. 1 HPG BE. Dabei wird bei unbekannten Anteilsverhältnissen vermutet, dass die Anteile der Gesamteigentümer gleich gross seien (Art. 10 Abs. 2 HPG BE).

[210] Es handelt sich dabei zunächst um eine Veränderung im Bestand von Personengesellschaften, die zweifellos hinsichtlich der dadurch bewirkten Verschiebung der Gesellschaftsanteile eine Veräusserung darstellt; ZUPPINGER, S. 315. Zur Besteuerung des durch eine Abfindungsklausel Begünstigten, wenn ein Anrechnungswert aufgrund der Buchwerte festgelegt wird, siehe BGE 98 Ia 258, wonach je nach den konkreten Umständen eine erbschaftssteuerpflichtige Schenkung von Todes wegen vorliegen kann.

[211] Beim erbrechtlichen oder schenkungsweisen Übergang von Grundstücken in Gesamteigentum – bzw. eines entsprechenden Gesellschaftsanteils – ist zu beachten, dass nicht der Wohnsitz des Schenkers oder Erblassers, sondern der Liegenschaftskanton zur Erhebung der Steuer berechtigt ist.

[212] Art. 12 Abs. 3 Bst. b StHG.

[213] Vorne, Rz 08.113.

dingung überhaupt sinnvoll ist. In der Regel genügen während bestehender Ehe die gesetzlichen Möglichkeiten zur Auflösung des gemeinschaftlichen Eigentums[214]. Erfolgt die Eigentumsübertragung aufgrund einer (gemischten) Schenkung, kann der Schenkungsvertrag an eine (Resolutiv)Bedingung geknüpft werden, wonach beim Eintritt bestimmter Ereignisse die Schenkung hinfällig wird[215]. Auch eine *Anwachsungs- bzw. Abfindungsklausel* im Rahmen der einfachen Gesellschaft lässt sich mit bestimmten (Suspensiv)Bedingungen oder Auflagen verbinden[216].

7. Beurteilung für die Ehegattenbegünstigung

08.126 Die Begründung von gemeinschaftlichem Eigentum kann zwar aus immateriellen Gründen gerechtfertigt sein. Im Übrigen birgt allerdings der Erwerb eines Vermögensobjektes zu Alleineigentum eines Ehegatten keine nennenswerten Nachteile, da der Gesetzgeber im Rahmen des Ehe- und Güterrechts weitgehend vorgesorgt hat.

08.127 Zu erwähnen ist der Schutz der Familienwohnung (Art. 169 ZGB), wonach ein Ehegatte nur mit der ausdrücklichen Zustimmung des anderen das Haus oder die Wohnung der Familie veräussern oder durch andere Rechtsgeschäfte die Rechte an den Wohnräumen der Familie beschränken kann. Dem Schutz des weniger finanzkräftigen Ehegatten dient auch das Auskunftsrecht nach Art. 170 ZGB. Investiert ein Ehegatte in einen Vermögenswert des anderen, ist er unter dem Güterstand der Errungenschaftsbeteiligung durch eine variable Ersatzforderung an einem allfälligen Mehrwert beteiligt (Art. 206 ZGB), ohne gleichzeitig eine Minderwertbeteiligung fürchten zu müssen. Bei Gütertrennung kann durch die formlos gültige Vereinbarung eines partiarischen Darlehens[217] nahezu dasselbe Ergebnis erreicht werden. Die Zuweisungsregeln des Güter- und Erbrechts ersetzen weitgehend die Zugsrechte des Mit- bzw. Gesamteigentümers, darüber hinaus ist die Vereinbarung von Teilungsansprüchen mittels Ehevertrag und letztwilliger Verfügung unbeschränkt zulässig. Dass die verfügbare Quote durch gemeinschaftliches Eigentum nicht erweitert werden kann, wurde ebenfalls erläutert.

08.128 Entschliessen sich die Ehegatten dennoch für eine Form gemeinschaftlichen Eigentums *ausserhalb der Gütergemeinschaft*, sind Mit- und Gesamteigentum im Ergebnis etwa gleichwertig. Die Ehegattengesellschaft, die zum Erwerb von Gesamteigentum zu gründen ist, weist den Vorteil grosser Flexibilität auf, etwa was Vereinbarungen betreffend die Höhe der Einlagen und der Gewinnbeteiligung angeht. Ein weiterer Vorteil ist die Zulässigkeit der Anwachsungsklausel, welche die sachenrechtliche Stellung des überlebenden Ehegatten gegenüber der Erbengemeinschaft stärkt. Nachteilig ist die Komplizierung der güterrechtlichen Verhältnisse. Zudem vermag die gesetzliche Ordnung des Gesamteigentums im Rahmen der einfachen Gesellschaft den Bedürfnissen der Ehegatten oft nicht zu genügen, so dass sich eine ausführliche vertragliche Regelung aufdrängt. Bei der Schenkung eines Gesamtgutsanteils ergeben sich sodann bei Errungenschaftsbeteiligung unter Umständen eine unerwünschte Verschiebung der Gewinn-

---

[214] Zur Auflösung der einfachen Gesellschaft aus wichtigem Grund siehe Art. 545 Abs. 2 OR; zur Auflösung des (nicht auf dem Güterstand beruhenden) Miteigentums Art. 650 ZGB (daneben bleibt die Möglichkeit, den eigenen Anteil gemäss Art. 646 Abs. 2 ZGB zu veräussern).

[215] Vgl. schon vorne, Rz 08.72 mit Fn 132.

[216] Beispielsweise soll die Anwachsung des Einfamilienhauses zu Alleineigentum eines Ehegatten nur stattfinden, wenn im Zeitpunkt der Auflösung der einfachen Gesellschaft keine gemeinsamen Nachkommen vorhanden sind.

[217] Vgl. OR-SCHÄRER, N 37 ff. zu Art. 312 OR.

beteiligung²¹⁸ sowie eine Besteuerung des Grundstückgewinns. Bei *Gütergemeinschafts-Ehegatten* ist dagegen die Zugehörigkeit eines Vermögensobjektes zum Gesamtgut das Übliche, während Miteigentum der ehevertraglichen Regelung bedarf und zu unnötigen Komplizierungen führt.

Von der Begründung gemeinschaftlichen Eigentums ist insbesondere dann abzuraten, wenn die *Beteiligungsverhältnisse* der beiden Ehegatten sehr unterschiedlich sind. Wenigstens ist in einem solchen Fall – schon aus Rücksicht auf die Steuern und eine mögliche „planwidrige" Auflösung der Ehe – der unterschiedlichen wirtschaftlichen Beteiligung beider Ehegatten mit zur jeweiligen Einlage proportionalen Miteigentumsanteilen bzw. internen Anteilen an der einfachen Gesellschaft Rechnung zu tragen²¹⁹. 08.129

VI. Exkurs: Bankrechtliche Vorkehren

Bei den zum Schluss dieses Kapitels noch kurz zu erläuternden bankrechtlichen Vorkehren handelt es sich nicht um eigenständige Rechtsgeschäfte mit Begünstigungscharakter. Ein gemeinsames Konto der Ehegatten oder eine über den Tod des Kontoinhabers gültige Vollmacht des Ehegatten sind in der Praxis zwar nützliche Instrumente, beinhalten aber an sich *keine Gestaltungsfunktion*. Immerhin ermöglichen sie die *erleichterte Abwicklung bestimmter Rechtsgeschäfte*, beispielsweise der einfachen Gesellschaft. Daneben eröffnen sie allerdings auch ein gewisses *Missbrauchspotential*. Diesbezüglich ist BREITSCHMID²²⁰ zuzustimmen: „Die an sich nützlichen Mittel heiligen nicht alle Zwecke." 08.130

1. Vollmacht über den Tod hinaus

Durch die Einräumung einer Bankvollmacht ermächtigt der Bankkunde einen Dritten, ihn gegenüber der Bank zu vertreten²²¹. Welches *Innenverhältnis zwischen Vollmachtgeber und Bevollmächtigtem* der Vollmacht zugrunde liegt, hat die Bank nicht zu interessieren²²². Unter Ehegatten kann es beispielsweise eine *Unterhaltsvereinbarung* sein, wonach die Ehefrau zur Befriedigung der Bedürfnisse der Familie Zugriff auf das Lohnkonto des Ehemannes erhält. Oder es liegt der Vollmacht eine *wirtschaftliche Berechtigung* des anderen Ehegatten zugrunde, etwa aufgrund von Ansprüchen nach Art. 164 oder 165 ZGB. Die Vollmachtserteilung kann auch lediglich Ausdruck eines zwischen den Ehegatten bestehenden *Vertrauensverhältnisses* sein oder sie soll, bei einer über den 08.131

---

²¹⁸ Vorne, Rz 08.118.

²¹⁹ Eine Zusammenstellung weiterer Empfehlungen, denen beim Erwerb zu gemeinschaftlichem Eigentum gefolgt werden sollte, findet sich bei B. BRÄM, S. 225 f. Es geht dabei insbesondere um das laufende Festhalten von Beiträgen (Einlagen) beider Ehegatten, Regelungen für den Fall der Auflösung des gemeinschaftlichen Eigentums anders als durch Tod eines Ehegatten und Regelungen betreffend die beidseitige Gewinn- und Verlustbeteiligung.

²²⁰ BREITSCHMID, Grenzfragen, S. 157.

²²¹ Vgl. CAPITANI, S. 69. Einlässlich zur Bankvollmacht die Diss. von ERB.

²²² GUGGENHEIM, S. 198 f.

Tod des Kontoinhabers hinausgehenden Vollmacht, dem Ehegatten ermöglichen, im Todesfall ohne weitere Formalitäten über dringend benötigte Barmittel zu verfügen.

08.132 Gemäss Art. 35 Abs. 1 OR erlischt die Vollmacht mit dem Tod des Vollmachtgebers. Diese Bestimmung ist indessen dispositiver Natur, und in der Bankpraxis wird regelmässig die Geltung der *Vollmacht über den Tod* des Kunden *hinaus* vereinbart[223]. Die Vollmacht ändert nichts an der materiellen Berechtigung am Vermögen des Kontoinhabers[224]. Bei dessen Tod treten – ungeachtet einer allfälligen Vollmacht – die Forderungsrechte gegenüber der Bank auf die Erbengemeinschaft über[225]. Die bevollmächtigte Person ist der Erbengemeinschaft gegenüber auskunfts- und gegebenenfalls ersatzpflichtig für Vermögensverschiebungen, die sie nach dem Tod des Kontoinhabers vorgenommen hat[226].

08.133 Die betroffene Bank wird beim Tod des Kontoinhabers zuhanden der Erbengemeinschaft eine *Kontoabrechnung inklusive Marchzins per Todestag* erstellen, so dass nachträgliche Bezüge durch den überlebenden Ehegatten zu Tage treten. Den Ehegatten trifft dann nicht nur eine Ersatzpflicht, er riskiert zudem, dass sein Verhalten als *Einmischung* im Sinne von Art. 571 Abs. 2 ZGB qualifiziert wird und die – allenfalls erwünschte – Ausschlagungsmöglichkeit verwirkt ist. Zudem hat jeder Erbe (allein) das Recht, die vom Erblasser erteilte postmortale Vollmacht jederzeit zu widerrufen[227]. Aus diesen Gründen verfügen vorzugsweise beide Ehegatten über ein eigenes Konto – wenn nötig mit gegenseitiger Vollmacht – damit sie im Todesfall nicht darauf angewiesen sind, vor der güter- und allenfalls sogar der erbrechtlichen Auseinandersetzung für ihre privaten Bedürfnisse Mittel des Verstorbenen anzugreifen[228]. Werden die Mittel der Ehegatten darüber hinaus in wirtschaftlicher Hinsicht entflechtet, d.h. die bestehenden gegenseitigen Ansprüche (aus Eherecht, Güterrecht oder Vertrag) regelmässig abgerechnet, verbessert dies die (vorab beweismässige) Stellung des überlebenden, insbesondere des nicht erwerbstätigen Ehegatten, erheblich.

08.134 Um einen Missbrauch der Vollmacht zu Lebzeiten des Konto- oder Depotinhabers zu verhindern, wird in der Praxis gelegentlich die Vollmacht vorläufig nur *gegenüber der Bank* erteilt. Das unterzeichnete Vollmachtsformular bleibt bis zum Tod des Kunden beim betreffenden Kundenberater, der den Bevollmächtigten dann über die „längst bestehende" Vollmacht informiert. Dieses Vorgehen ist jedoch insofern problematisch, als nach geltender Rechtsordnung die „interne Vollmacht" zwischen Vollmachtgeber und Vertreter als einzig gültige Form der Vollmachterteilung gilt[229] und eine „externe", d.h. nur dem Dritten gegenüber bekannt gegebene Vollmacht lediglich den Schutz dieses

---

[223] GUGGENHEIM, S. 205. Die Bank entledigt sich damit der Pflicht, bei jeder Handlung des Bevollmächtigten überprüfen zu müssen, ob der Kontoinhaber noch lebt.

[224] Die nachfolgenden Ausführungen beziehen sich ebenso auf den Inhaber bzw. Bevollmächtigten eines *Depots*.

[225] Der Vertreter erhält durch die Vollmacht keine materiellen Rechte am Nachlass des Vollmachtgebers; Semjud 117 (1995), S. 217.

[226] Zur Ersatzpflicht des Bevollmächtigten vgl. AUBERT/HAISSLY/TARRACINA, S. 142. Zur Verantwortlichkeit der Bank bei ungewöhnlichen Kontobewegungen durch den Bevollmächtigten siehe dies., S. 142 f., sowie AUBERT, S. 289 ff.

[227] Art. 34 Abs. 2 OR, vgl. ZR 97 (1998) Nr. 19, S. 58 und Nr. 24, S. 74, sowie CAPITANI, S. 70, m.w.H.

[228] Bezüge für *Todesfallkosten* darf der überlebende Ehegatte wohl ohne weiteres im Sinne einer Geschäftsführung ohne Auftrag für die Erbengemeinschaft tätigen.

[229] GAUCH/SCHLUEP/SCHMID, Rzn 1407 f., m.w.H.

gutgläubigen Dritten bewirkt. Wegen der Zurückbehaltung der Vollmachtsurkunde bei der Bank ist diese jedoch nicht mehr gutgläubig, sondern weiss um die fehlende interne Vollmacht. Es liesse sich nur noch argumentieren, die Vollmacht trete erst im Zeitpunkt der Information des Bevollmächtigten durch die Bank – also nach dem Tod des Vollmachtgebers – in Kraft. Will man diese zweifelhafte Konstruktion[230] gelten lassen, liegt faktisch eine Vollmacht auf den Tod vor; dazu sogleich.

Eine Variante der Vollmachtserteilung, die offensichtlicher als die Vollmacht über den Tod hinaus missbrauchsanfällig ist, besteht in der *Vollmacht auf den Tod* des Vollmachtgebers[231]. Dabei wird das Inkrafttreten der Vollmacht (mittels Suspensivbedingung) auf den Zeitpunkt des Todes des Kontoinhabers hinausgeschoben[232]. Zu dessen Lebzeiten ist der Bevollmächtigte noch nicht verfügungsberechtigt, was in der Regel Ausdruck eines gewissen Misstrauens ist. Einerseits lässt sich auf diese Weise erreichen, dass die bevollmächtigten Erben ohne weitere Formalitäten über das Vermögen des Verstorbenen verfügen können, was für den überlebenden Ehegatten, der selber über keine flüssigen Mittel verfügt, eine gewisse Erleichterung bedeutet. Die Vollmacht auf den Tod kann allerdings auch der Umgehung der erbrechtlichen Bestimmungen dienen[233]. Dennoch ist ihre Zulässigkeit in der Lehre weitgehend anerkannt[234]. Die schweizerischen Banken sind gegenüber der Vollmacht auf den Todesfall (wohl zu Recht) zurückhaltend.

08.135

2. *Compte-Joint (Gemeinschaftskonto)*

Beim Compte-Joint[235] stehen der Bank mehrere Kunden als Inhaber eines Kontos gegenüber. Gemeinschaftskonten können einerseits – unjuristisch ausgedrückt – eine „Und-Abrede" beinhalten, wonach die Kontoinhaber nur gemeinsam handeln können. Es liegt eine hier nicht weiter interessierende Gesamthandschaft vor[236]. Aus der Sicht der Ehegattenbegünstigung wesentlich interessanter ist die „Oder-Abrede", die bewirkt, dass im Sinne einer *aktiven Solidarität* (Art. 150 OR)[237] jeder einzelne Kontoinhaber unabhängig von den anderen berechtigt ist, über das ganze Kontoguthaben zu verfügen[238].

08.136

Das *Innenverhältnis* zwischen den Kontoinhabern kann auf verschiedenen Grundlagen beruhen. Leben die Ehegatten unter Gütergemeinschaft, ist das Gemeinschaftskonto bezüglich des Gesamtguts geeigneter Ausdruck des zwischen ihnen bestehenden

08.137

---

[230] Die Konstruktion muss davon ausgehen, dass der Kontoinhaber die Bank bevollmächtigt hat, an seiner Stelle dem Vollmachtnehmer die interne Vollmacht mitzuteilen und ihn dadurch zu bevollmächtigen, der Bank gegenüber als sein Vertreter zu handeln.

[231] Zu weiteren Formen mit ähnlicher Wirkung ERB, S. 298, Fn 1.

[232] ERB, S. 296; CAPITANI, S. 71.

[233] AUBERT/HAISSLY/TERRACINA, S. 144; ERB, S. 303 f.

[234] ZÄCH, N 47 ff. zu Art. 35 OR; vgl. ders., N 70 zu Art. 35, wonach die Vollmacht auf den Todesfall als Verfügung von Todes wegen formbedürftig ist; ebenso AUBERT/HAISSLY/TERRACINA, S. 143.

[235] Auch hier gilt analoges für das gemeinsame Depot (Depot-Joint). Zu den Begriffen Depot-Joint und Compte-Joint siehe BAUMGARTNER, S. 1 und 4 ff.

[236] Siehe dazu RUSCA, S. 57.

[237] CAPITANI, S. 73.

[238] RUSCA, S. 63.

güterrechtlichen Verhältnisses. Das Compte-Joint kann auch lediglich dazu dienen, beiden Ehegatten den Zugang zum Bankkonto – an dem wirtschaftlich nur *ein* Ehegatte beteiligt ist – offen zu halten; bezüglich der (internen) wirtschaftlichen Berechtigung besteht dann kein Unterschied zur Vollmacht[239]. Dem Gemeinschaftskonto kann ferner ein gewöhnliches, obligatorisches Rechtsverhältnis zugrunde liegen, etwa eine einfache Gesellschaft, ein Auftragsverhältnis oder eine Schenkung. Entsprechend kann die wirtschaftliche Berechtigung am Konto Miteigentum, Gesamteigentum oder Alleineigentum eines Ehegatten, verbunden mit einem Treuhandverhältnis, sein[240].

08.138   Die *Begünstigung des überlebenden Ehegatten* kann mit einem Gemeinschaftskonto auf drei Arten erreicht werden. Erstens kann eine Begünstigung durch *materielle Berechtigung* an den Vermögenswerten des Gemeinschaftskontos erfolgen (hinten, Rzn 08.141 f.). Zweitens kann der Ehegatte gegenüber den anderen Erben in formeller Hinsicht besser gestellt werden, indem er, unter Ausschluss der Erbengemeinschaft, ohne weitere Formalitäten auch nach dem Tod des anderen Kontoinhabers *unmittelbaren Zugriff* auf das Gemeinschaftskonto hat (siehe sogleich, Rz 08.139 f.). Und schliesslich ist auf die am wenigsten elegante Möglichkeit hinzuweisen, nämlich die Schaffung einer (für die Miterben und Steuerbehörden) unklaren *Beweislage* (hinten, Rz 08.144).

a)   Erweiterung der Verfügungsmacht des überlebenden Ehegatten

08.139   Das Vertragsverhältnis zwischen den Kontoinhabern und der beteiligten Bank überdauert den Tod eines Mitinhabers. Das gemeinsame Bankkonto fällt beim Tod des einen Partners in der Höhe von dessen (internen) Anteil in den Nachlass. Die Erbengemeinschaft tritt in die Rechtsstellung des Verstorbenen ein[241], was aber nichts daran ändert, dass der überlebende Mitkontrahent weiterhin allein über das Konto verfügen kann[242]. Eine Sperrung dieser Verfügungsberechtigung durch die Erben des Kontomitinhabers ist unzulässig[243].

08.140   In der Praxis wird der Eintritt der Erbengemeinschaft in die Rechtsstellung des verstorbenen Kontomitinhabers mit der so genannten *Erbenausschlussklausel* zu verhindern versucht. Dabei wird mit der Bank vereinbart, bei Versterben eines Kontoinhabers werde das Vertragsverhältnis allein mit dem überlebenden Inhaber fortgesetzt, der ausschliesslich verfügungsberechtigt sei[244], und zwar unabhängig von seiner materiellen Rechtsposition. Den Erben des verstorbenen Mitinhabers wird damit der Zugang zum Konto versperrt. Die herrschende Lehre erachtet die Erbenausschlussklausel ungeachtet ihrer Wir-

---

[239] Allerdings ist, anders als bei der Vollmachtserteilung, ein *einseitiger Widerruf nicht zulässig*, an der Aufhebung oder auch nur einer Sperrung/Sistierung des Compte-Joint müssen beide Mitinhaber mitwirken.

[240] RUSCA, S. 42 f. Zu den Motiven für ein Compte-Joint zwischen Ehegatten siehe BAUMGARTNER, S. 62.

[241] Und zwar unabhängig vom zwischen den Parteien bestehenden Innenverhältnis, das die Bank – analog zur Vollmacht – nicht zu kümmern braucht; BGE 94 II 170 ff., E. 4; AUBERT/HAISSLY/TERRACINA, S. 144 f.

[242] BGE 94 II 317, E. 5; CAPITANI, S. 73 f.

[243] FRÜH, S. 140; GUGGENHEIM, S. 222. Kritisch CAPITANI, S. 74 f.

[244] GUGGENHEIM, S. 215.

kung, die einer Verfügung von Todes wegen nahe kommt, als zulässig. Kritik an dieser Auffassung, die auch vom Bundesgericht vertreten wird[245], ist allerdings nicht ausgeblieben[246]. Die Rechte der Erben aus dem Innenverhältnis werden auch durch eine gültige Ausschlussklausel nicht berührt[247], deren Durchsetzbarkeit wird allerdings unter Umständen erheblich erschwert[248]. Weil die Erben auch hier Anspruch auf Auskunft über den Stand des Kontos beim Erbfall haben[249], bringt die Erbenausschlussklausel – wie die über den Tod hinaus gültige Vollmacht – dem überlebenden Ehegatten *kaum zusätzliche Vorteile*: Da er selber gesetzlicher Erbe ist, muss er in keinem Fall befürchten, dass die Erbengemeinschaft ohne ihn über das Konto verfügt. Andererseits bleibt er auch ohne Ausschlussklausel selbstverständlich Mitinhaber, so dass er weiterhin ohne weitere Formalitäten die nach dem Todesfall notwendig werdenden Aufwendungen aus dem Gemeinschaftskonto decken kann[250].

b) Schenkung mittels Gemeinschaftskonto

Im Zusammenhang mit der *Schenkung*, die über ein Gemeinschaftskonto abgewickelt wird, ergeben sich verschiedene Unsicherheiten, die darauf beruhen, dass die interne Berechtigung der beteiligten Kontoinhaber nicht ersichtlich ist. In der Errichtung eines Gemeinschaftskontos selber liegt noch keine Schenkung, es kann sich ja beispielsweise auch lediglich um ein Treuhandverhältnis ohne jede materielle Berechtigung des einen Ehegatten handeln. Tatsache und Zeitpunkt einer allfälligen Schenkung treten deshalb nach aussen nicht offen zutage, weshalb ganz grundsätzlich *fraglich* ist, ob ohne Manifestation des animus donandi überhaupt die Möglichkeit einer *gültigen Schenkung* besteht[251]. Selbst wenn man dies bejaht, dürfte es für den Zuwendungsempfänger kein Leichtes sein die Schenkung gegenüber den Miterben zu beweisen. Der blosse Mitbesitz an einer Sache begründet nämlich keine Eigentumsvermutung eines Besitzers gegenüber dem anderen (bzw. dessen Erben), die Vermutung des Eigentums gilt nur nach aussen[252].

08.141

---

[245] BGE 94 II 318.

[246] Kritisch E. WOLF, S. 356 f.; vgl. dazu die Entgegnung von FRÜH, S. 137 ff. Siehe sodann RUSCA, S. 86 ff. (für Zulässigkeit) sowie GUGGENHEIM, S. 216 (unentschieden); kritisch wiederum HAUSHEER, Abgrenzung, S. 97 f.

[247] AUBERT/HAISSLY/TERRACINA, S. 145.

[248] FRÜH, S. 139.

[249] Zum Informationsanspruch der Erben gegenüber der Bank siehe AUBERT/HAISSLY/TERRACINA, S. 139 f.

[250] Das gegen die Erbenausschlussklausel angeführte Argument, eine solche diene vorab der Umgehung des Erbrechts, namentlich der Erschwerung der Durchsetzung bestehender Erbansprüche, dürfte deshalb zutreffen.

[251] Es geht darum, ob eine blosse Willenseinigung zwischen den Parteien für eine Handschenkung bezüglich der Berechtigung am Gemeinschaftskonto genügt. Der Schenkungswille muss nämlich in der Regel klar und eindeutig zum Ausdruck kommen. Vgl. zur Problematik BAUMGARTNER, S. 74 f.

[252] Vgl. Art. 931 ZGB. Siehe zum Ganzen den illustrativen Entscheid des Appellationsgerichts BS vom 22.1.1993 in BJM 1994, S. 231 ff. Die auf das Konto einbezahlten Beträge stammten in casu vom Verstorbenen, die Mitinhaberin E. machte Schenkung geltend. Das Gericht hielt gestützt auf sachenrechtliche Überlegungen fest, E. könne aus den Eigentumsvermutungen von Art. 930 f. ZGB gegenüber der Erbengemeinschaft des Verstorbenen nichts ableiten, namentlich stelle die blosse Tatsache

08.142　Andererseits hat der Schenker – unterstellt man die Zulässigkeit einer gültigen Schenkung – durch ein Gemeinschaftskonto die Möglichkeit der kontinuierlichen *Dosierung der Schenkung*: solange der Beschenkte über die ihm in interner Abrede zugewandten Beträge auf dem Gemeinschaftskonto nicht verfügt hat, kann der Schenker auch jederzeit wieder selber darüber disponieren. Wirtschaftlich betrachtet liegt zudem immer dann, wenn einer der Ehegatten mit dem Einverständnis des anderen mehr Geld für eigene Zwecke[253] abhebt, als er zuvor selbst einbezahlt hat, eine Schenkung vor. Für die Begünstigung des Ehegatten ergeben sich grundsätzlich keine Unterschiede zu einer normalen Schenkung von Hand zu Hand. Im Todesfall ist es an den Erben, zu beweisen, dass die Schenkung weniger als fünf Jahre vor dem Erbfall ausgerichtet wurde (Art. 527 Ziff. 3 ZGB) – bei einem länger bestehenden Konto praktisch ein Ding der Unmöglichkeit, dem sich nur mit Rückgriff auf den Missbrauchstatbestand von Art. 527 Ziff. 4 ZGB beikommen lässt.

08.143　Eine geeignete Sicherung für den Fall des Scheiterns der Ehe oder Vorabsterbens des Schenkers ist das Gemeinschaftskonto im Übrigen nicht, weil eben auch der Beschenkte nach Belieben – und zwar auch absprachewidrig – über das Konto verfügen kann[254]. Von einer Schenkung über ein Compte-Joint ist aus diesem Grund abzuraten.

c)　Herbeiführen einer unklaren Beweislage

08.144　Während sich ihre Ansprüche beim Compte-Joint auf Forderungsrechte gegenüber der Bank beschränken, haben die Mitinhaber bei einem Depot-Joint Mitbesitz an den in Verwahrung gegebenen Wertschriften. Gegen aussen ist allerdings bei beiden Sachlagen unklar, wer an den Vermögenswerten wirtschaftlich berechtigt ist. Es greift deshalb die *güterrechtliche Vermutung für Miteigentum bzw. Gesamtgut*, was (solange über das zugrundeliegende Innenverhältnis nicht Beweis geführt wird) im Ergebnis bereits unter Lebenden zu einer je hälftigen Berechtigung beider Ehegatten führt, ungeachtet der materiellen Rechtslage, die sich aufgrund der güterrechtlichen Bestimmungen ergäbe. Diese *Beweislage* verbessert im Ergebnis die Situation desjenigen Ehegatten, der an das Konto weniger beigetragen hat. Unter dem Gesichtspunkt des Planungsziels Konfliktvermeidung ist allerdings nicht zu einem solchen Vorgehen zu raten, ganz abgesehen davon, dass die unklare Berechtigung beim Scheitern der Ehe oder Vorabsterben des wirtschaftlich schwächeren Partners dem vermögenderen Ehegatten zum Verhängnis werden kann.

---

　　der Kontoeröffnung keine Schenkung dar. Weil sie sodann keine genügenden Beweise für die behauptete Schenkung beizubringen vermochte, hatte sie das einbezahlte Geld nach Ansicht des Gerichts ohne gültigen Rechtsgrund erhalten, weshalb den Erben ein Rückforderungsanspruch aus Art. 62 ff. OR zustand.

[253]　D.h. insbesondere nicht für die Bedürfnisse der ehelichen Gemeinschaft.

[254]　Im Verhältnis zur Bank, die sich um das Innenverhältnis der Kontoinhaber nicht kümmert, gilt des Müllers Grundsatz: Wer zuerst kommt, mahlt zuerst. Hat der Schenker zuerst Geld abgehoben, ist es am Beschenkten, ein gültiges Schenkungsversprechen oder die vollzogene Schenkung nachzuweisen. Ist dagegen der Beschenkte rascher, muss der Schenker einen Rechtstitel vorlegen, auf den er seine Rückforderungsklage stützt. Vgl. BAUMGARTNER, S. 75 f.

d) Risiken des Gemeinschaftskontos

Die Errichtung eines Gemeinschaftskontos ist für beide Seiten mit grösseren *Risiken* behaftet als die Erteilung einer Bankvollmacht. Weil das Innenverhältnis auch hier unbekannt bleibt[255], kann die Forderung gegenüber der Bank im *Betreibungsverfahren* gegen jeden der Kontoinhaber vollständig verarrestiert, gepfändet oder zur Konkursmasse gezogen werden. Dem Mitinhaber steht nur das Widerspruchsrecht nach Art. 106 ff. SchKG als Rechtsbehelf zur Verfügung[256]. Fraglich ist die Zulässigkeit einer Ausschlussklausel betreffend die Konkursverwaltung, die verhindert, dass diese über die hinterlegten Werte verfügen kann[257]. Der Mitinhaber des Kontos kann alsdann nur insoweit belangt werden, als der Gemeinschuldner im Innenverhältnis dinglich berechtigt war.

08.145

Auf das Risiko der absprachewidrigen Verfügung über das Konto wurde im Zusammenhang mit der Schenkung bereits hingewiesen[258]. Die *Missbrauchsgefahr* lässt sich etwas entschärfen, wenn mit der betreffenden Bank vereinbart wird, dass einer der Ehegatten (oder jeder von ihnen, wenn er alleine handelt) nur einen bestimmten Maximalbetrag beziehen kann, und für darüber hinausgehende Verfügungen die Mitwirkung des anderen erforderlich ist[259]. Freilich dürfte das in der Praxis selten vorkommen: Solange nämlich die Ehe harmoniert, will keiner der beiden Ehegatten einen derartigen Vorschlag machen, und sobald es zu Unstimmigkeiten kommt, werden die Ehegatten wohl kein Gemeinschaftskonto mehr eröffnen bzw. sich nicht mehr über eine nachträgliche Beschränkung der eigenen Verfügungsbefugnis einigen können.

08.146

---

[255] Die Bank hat sich um die Rechtsbeziehungen zwischen den Kontoinhabern auch dann nicht zu kümmern, wenn sie ihr ausnahmsweise bekannt sein sollten: GUGGENHEIM, S. 213.

[256] BGE 110 III 24, bestätigt in BGE 112 III 98 f., E. 5. Siehe zur Rechtslage auch GUGGENHEIM, S. 217.

[257] So aber GUGGENHEIM, S. 217.

[258] Vorne, Rz 08.143 und Fn 254.

[259] BRON, S. 56 f.

§ 9 BEGÜNSTIGUNG DURCH BERUFLICHE UND SELBSTVORSORGE SOWIE DURCH FREIE VERSICHERUNGEN

I. Einleitung

09.01 Der obligatorische, minimale Schutz im Rahmen der Drei-Säulen-Konzeption der Vorsorge wurde bereits erläutert[1]. Im vorliegenden Kapitel ist nun noch auf die *freiwillige, rechtsgeschäftliche Erweiterung der gesetzlichen Vorsorge* einzugehen. Dabei geht es einerseits um die freiwillige berufliche Vorsorge Selbständigerwerbender, die weitergehende berufliche Vorsorge obligatorisch Versicherter (sog. Säule 2b), sowie die gebundene, steuerprivilegierte Selbstvorsorge (sog. Säule 3a). Die gänzlich freie Vermögensanlage, d.h. der Bereich der Säule 3b, ist sodann insoweit von Interesse, als es sich um Versicherungen zu Gunsten des überlebenden Ehegatten handelt, die güter- und erbrechtlich anders einzuordnen sind als die übrigen, freien Vermögenswerte (wie Bankguthaben, Depots u.dgl.).

09.02 Ob die in den vorangehenden Kapiteln beschriebenen güter- und erbrechtlichen Vorkehren überhaupt durch Vorsorgevereinbarungen und Versicherungslösungen ergänzt werden sollten, ist ein Entscheid, der nicht allein mit Blick auf die Versorgung des überlebenden Ehegatten getroffen werden darf. *Massgebliche Faktoren* sind unter anderem das persönliche *Bedürfnis nach Sicherheit*, die *Einkommensverhältnisse*, die *Höhe und Zusammensetzung des Vermögens*, die *Gesundheit* und der *Altersunterschied der Ehegatten*. Die Möglichkeit einer erweiterten Begünstigung des überlebenden Ehegatten ist dabei nur einer von vielen Gesichtspunkten. Es ist dabei unter anderem zu beachten, dass die berufliche Vorsorge sowie die gebundene Selbstvorsorge nicht nur die Hinterbliebenen im Auge haben, sondern auch – und sogar primär – den *Vorsorgenehmer* selber für das Risiko der Invalidität und insbesondere des Alters absichern wollen.

09.03 Für die Wahl eines *bestimmten Vorsorgeinstruments* dürfen sodann nicht nur einzelne Gesichtspunkte, wie beispielsweise die Steuerbelastung, massgeblich sein. Wichtiger ist eine gesamthafte Berücksichtigung der im Einzelfall massgeblichen Kriterien, namentlich die Interessen des überlebenden Ehegatten an einem Kapital- bzw. Rentenzufluss, die Risikoabsicherung bei frühem Tod oder Invalidität eines Ehegatten, die Nettorendite einer Vermögensanlage sowie die güter- und erbrechtliche Behandlung der Anwartschaften und Leistungen. Die nachstehenden Ausführungen wollen allerdings nicht eine umfassende Vermögens- und Anlageplanung ermöglichen, sondern lediglich die verschiedenen, spezifisch auf die Ehegattenbegünstigung ausgerichteten Vorsorge- bzw. Versicherungsinstrumente aufzeigen und auf deren güter- und erbrechtliche Einordnung sowie gewisse steuerliche Aspekte hinweisen.

---

[1] Vorne, Rzn 02.01 ff.

II. Der Ausbau der beruflichen Vorsorge

1. Obligatorische bzw. freiwillige berufliche Vorsorge

Die Unterscheidung zwischen freiwilliger und obligatorischer beruflicher Vorsorge erfolgt nach einem *persönlichen* und nach einem *quantitativen Kriterium*: 09.04
– Der obligatorischen Versicherung unterstehen alle *Arbeitnehmer* ab einem bestimmten *Minimallohn*[2]. Zudem kann der Bundesrat die Versicherung für bestimmte Berufsgruppen Selbständigerwerbender als obligatorisch erklären[3].
– Von der obligatorischen Versicherung ist nur das sog. *koordinierte Einkommen*, d.h. das Einkommenssegment zwischen zurzeit Fr. 24'120.- und Fr. 72'360.- erfasst[4].

Ausserdem sind die Vorsorgeeinrichtungen nur zu bestimmten *minimalen Leistungen* verpflichtet.

Auf die obligatorische berufliche Vorsorge, die bereits vorne besprochen wurde, ist hier nicht weiter einzugehen[5]. In diesem Bereich ergeben sich grundsätzlich keine Gestaltungsmöglichkeiten für die Ehegatten[6].

2. Weitergehende berufliche Vorsorge

a) Arten der weitergehenden beruflichen Vorsorge

Aus den genannten Kriterien im Anwendungsbereich der obligatorischen beruflichen 09.05
Vorsorge ergeben sich folgende *Möglichkeiten der freiwilligen bzw. weitergehenden Vorsorge*[7]:
– Die freiwillige Versicherung *Selbständigerwerbender*[8]; 09.06
– Die *vorobligatorische* Versicherung, d.h. Vorsorgeversicherungen, die vor Inkrafttreten des gesetzlichen Obligatoriums am 1.1.1985 begründet wurden.
– Die *unterobligatorische* Vorsorge für das gesetzlich nicht versicherte, unter dem koordinierten Einkommen liegende Lohnsegment bzw. für Personen, deren Lohn die Minimalgrenze für das Obligatorium nicht erreicht.

---

[2] Dieser beträgt das Doppelte der minimalen jährlichen AHV-Rente; seit 1.1.1999 somit Fr. 24'120.-. Die obligatorische Versicherung setzt voraus, dass der Grenzbetrag bei *einem* Arbeitgeber erzielt wird. Zum Begriff des Arbeitnehmers BRÜHWILER, N 49.

[3] Art. 3 BVG; BRÜHWILER, N 51 f.

[4] Die obere Grenze des koordinierten Lohnes beträgt das Dreifache der maximalen jährlichen AHV-Rente.

[5] Vorne, Rzn 02.47 ff.

[6] Veränderungen im Umfang der obligatorischen Vorsorge wären zwingend mit einem Berufswechsel (vom Angestelltenverhältnis zur selbständigen Erwerbstätigkeit oder umgekehrt) bzw. mit einem Aus- oder Abbau der Erwerbstätigkeit verbunden. Bei diesen Entscheiden dürften aber andere Gründe ausschlaggebend sein.

[7] RIEMER, Verträge der beruflichen Vorsorge, S. 234 f.; BRÜHWILER, N 15. Der weitergehenden Vorsorge sind alle Vorsorgeleistungen zuzurechnen, welche ausserhalb der in den Art. 13-41 BVG definierten Pflichtleistungen liegen. Zur (teilweise uneinheitlichen) Terminologie siehe KIESER, Berufliche Vorsorge, S. 301.

[8] Art. 4 und 44 f. BVG.

- Die *überobligatorische* Versicherung für Lohnbestandteile, die das gesetzlich versicherte Lohnsegment übersteigen.
- Die *ausserobligatorische* Versicherung für Leistungen, die in sachlicher Hinsicht über das gesetzliche Minimum hinausgreifen, d.h. Risiken abdecken, welche von der obligatorischen Versicherung nicht erfasst werden (z.B. Witwerrente).
- Neben diesen reglementarischen Vorsorgeleistungen kann die weitergehende Vorsorge auch freiwillige Vorsorgeleistungen umfassen, die im Sinne von *Ermessens- bzw. besonderen Härtefall-Leistungen* ohne reglementarische Grundlage ausgerichtet werden[9]. Diesbezüglich ist eine Vorsorgeplanung offensichtlich nicht möglich.

09.07 Die *steuerrechtlichen Rahmenbedingungen* zwingen die Vorsorgeeinrichtungen faktisch zu einer bestimmten Ausgestaltung der Vorsorgeverhältnisse. Damit umschreibt in einem gewissen Sinn nicht das Vorsorgerecht, sondern das Steuerrecht, was unter der beruflichen Vorsorge zu verstehen ist[10]. Im Einzelnen geht es um folgende Einschränkungen[11]:

09.08 Die berufliche Vorsorge umfasst lediglich die Deckung der Risiken Alter, Invalidität und Tod sowie gewisse Unterstützungsleistungen. Die Vorsorgeleistungen müssen ferner angemessen sein, wodurch praktisch eine Begrenzung der möglichen Leistungshöhe (inklusive die Anwartschaften der 1. Säule) auf maximal 100 % des letzten Nettolohnes eingeführt wird[12]. Zu beachten sind sodann die Grundsätze der Planmässigkeit und der Kollektivität der Vorsorge, die eine freie Wahl des Vorsorgeplans durch den einzelnen Versicherten ausschliessen. Schliesslich hat sich auch der Kreis der begünstigten Personen im steuerrechtlich umschriebenen Rahmen zu halten[13].

b) Weitergehende berufliche Vorsorge angestellter Vorsorgenehmer

09.09 Für Arbeitnehmer ist der Abschluss einer weitergehenden Versicherung regelmässig *mit dem Arbeitsverhältnis* als solchem *gekoppelt* und somit nicht eigentlich freiwillig; der Arbeitnehmer hat häufig nur die Wahl, das Arbeitsverhältnis mit der vom Arbeitgeber vorgesehenen Vorsorge abzuschliessen oder auf die Anstellung ganz zu verzichten[14]. Vor allem aus diesem Grund vertritt die Lehre überwiegend die Auffassung, dass die Säulen 2a und 2b weitgehend nach einheitlichen Kriterien zu behandeln sind[15].

09.10 Das Rechtsverhältnis zwischen einer Vorsorgeeinrichtung und dem Vorsorgenehmer wird im Bereich der weitergehenden beruflichen Vorsorge durch den *Vorsorgevertrag* begründet, der den Innomi-

---

[9] WALSER, N 135.
[10] WALSER, N 176.
[11] WALSER, N 177 ff.
[12] Vgl. auch JAQUET, S. 37 f., wonach Angemessenheit in der Praxis bejaht wird, wenn das Leistungsziel der beruflichen Vorsorge (d.h. ohne 1. Säule) 60-70 % des letzten Erwerbseinkommens beträgt. Im Rahmen der 1. BVG-Revision sieht die Botschaft des Bundesrates vom 1.3.2000 eine Beschränkung des versicherbaren Einkommens vor; vgl. Ziff. 28.
[13] Dazu hinten, Rzn 09.19 ff.
[14] So schon BLAUENSTEIN, Prévoyance, S. 38; siehe auch vorne, Rzn 02.49 f.
[15] Vgl. zur erbrechtlichen Einordnung etwa IZZO, S. 314 ff. Die Gleichstellung bezieht sich namentlich auf die steuer-, güter- und erbrechtliche Behandlung der beruflichen Vorsorge.

natsverträgen (eigener Art) zuzuordnen ist. Als solcher untersteht er in erster Linie den allgemeinen Bestimmungen des Obligationenrechts. Das Reglement stellt den vorformulierten Inhalt des Vorsorgevertrages bzw. dessen Allgemeine Bedingungen (AGB) dar, denen sich der Versicherte ausdrücklich oder durch konkludentes Verhalten unterzieht[16]. Einzelabreden sind nur zulässig, wenn sie nicht den Grundsatz der Gleichbehandlung der Destinatäre verletzen, d.h. sachlich gerechtfertigt sind[17].

Im Hinblick auf die Vorsorgeplanung ist von Bedeutung, dass die gesetzlichen Bestimmungen des BVG nur für den obligatorischen Bereich der Versicherung uneingeschränkt gelten. Insbesondere im überobligatorischen Bereich sind die Vorsorgeeinrichtungen in der Ausgestaltung der Vorsorgeansprüche weitgehend frei. Insofern ist eine Konsultation der *Statuten und Reglemente* der betreffenden Vorsorgeeinrichtung zur Feststellung eines allfälligen zusätzlichen Vorsorgebedarfs unumgänglich[18]. Die Auslegung des Reglements als vorformulierter Inhalt des Vorsorgevertrages geschieht nach dem Vertrauensprinzip, wobei die den Allgemeinen Vertragsbedingungen innewohnenden Besonderheiten zu beachten sind, namentlich die Unklarheits- und Ungewöhnlichkeitsregeln[19]. 09.11

Schwierigkeiten bei der Berechnung künftiger Vorsorgeleistungen ergeben sich aus dem Umstand, dass die Reglemente der Vorsorgeeinrichtungen regelmässig einen *Abänderungsvorbehalt* enthalten, der – entgegen der privatrechtlichen Natur der weitergehenden Vorsorge – die einseitige Abänderung des Reglements durch das zuständige Verwaltungsorgan zulässt[20]. 09.12

c)   *Freiwillige Versicherung Selbständigerwerbender*

Der Grundsatz der Gleichbehandlung mit der obligatorischen beruflichen Vorsorge gilt auch für die freiwillige *berufliche Vorsorge Selbständigerwerbender*, da es nicht angeht, Selbständigerwerbende in dieser Hinsicht schlechter zu stellen als Arbeitnehmer[21]. Die berufliche Vorsorge Selbständigerwerbender richtet sich sinngemäss ebenfalls nach den Bestimmungen des BVG[22], insbesondere gelten die Einkommensgrenzen (Versicherung des koordinierte Lohnes) auch für sie[23]. 09.13

Gestaltungsmöglichkeiten im Bereich der beruflichen Vorsorge ergeben sich für Selbständige insofern, als es in ihrem Belieben steht, ob sie sich bei der Vorsorgeeinrichtung ihres Berufes (Verbandsvorsorgeeinrichtung) oder ihrer Arbeitnehmer versichern lassen[24]. Stehen diese Möglichkeiten nicht offen, können sie sich der Auffangein- 09.14

---

[16] BGE 122 V 145.
[17] RIEMER, Verträge der beruflichen Vorsorge, S. 237; BGE 122 V 145 E. 4b.
[18] GEISER, Planung, S. 108 f. Gemäss einem aktuellen Entscheid des EVG vom 29. September 1998 begründet allerdings der Umstand, dass der Rentenanspruch für die Nachlassplanung von ausschlaggebender Bedeutung ist, kein Feststellungsinteresse für einen entsprechenden gerichtlichen Entscheid; vgl. SZS 43 (1999), S. 156 ff.; mit (zu Recht) kritischer Anmerkung von RIEMER. Dies erschwert die Vorsorgeplanung, sofern das anwendbare Reglement in bestimmten Punkten unklar ist. – Zur BVG-konformen Auslegung reglementarischer Leistungsversprechen siehe u.a. BGE 119 V 293 E. 6.
[19] BGE 122 V 146; siehe auch Geiser in SZS 44 (2000), S. 104 ff. m.H. auf a.M.
[20] WALSER, N 189; vgl. auch N 190 zur Beschränkung der Änderungsmöglichkeit im Bereich wohlerworbener Rechte, insbesondere mit Bezug auf laufende Renten.
[21] GEISER, Planung, S. 96 f.
[22] BRÜHWILER, N 52.
[23] Art. 4 Abs. 2 BVG; nicht anwendbar sind jedoch beispielsweise die Gesetzesvorschriften über das grundsätzliche Verbot der Barauszahlung von Freizügigkeitsleistungen; vgl. BGE 117 V 160.
[24] Art. 44 Abs. 1 BVG.

richtung anschliessen[25]. Verzichten sie auf eine berufliche Vorsorge nach BVG, besteht aus steuerlicher Sicht die Alternative einer *erweiterten gebundenen Selbstvorsorge*[26].

d) Freizügigkeitsguthaben

09.15 Die versicherten Personen sollen auch bei einem Austritt aus der Vorsorgeeinrichtung (insbesondere durch Stellenwechsel) ihren Vorsorgeschutz ungeschmälert weiterführen können. Zu diesem Zweck gewährt das Freizügigkeitsgesetz sowohl im Bereich der obligatorischen als auch der erweiterten berufliche Vorsorge eine *Austrittsleistung*. Der Anspruch entsteht, wenn ein Versicherter die Vorsorgeeinrichtung verlässt, bevor ein Vorsorgefall eingetreten ist (sog. Freizügigkeitsfall). Die Austrittsleistung wird allerdings in der Regel nicht bar ausbezahlt[27], sondern steht dem Vorsorgenehmer vor Eintritt eines Vorsorgefalles nur zum Einkauf in eine andere Einrichtung der beruflichen Vorsorge, zum Erwerb von Wohneigentum für den Eigenbedarf sowie zum Ausgleich vorsorgerechtlicher Ansprüche bei Ehescheidung[28] zur Verfügung. Im Übrigen kann die versicherte Person zwischen der Erhaltung des Vorsorgeschutzes in Form einer *Freizügigkeitspolice* bei einer Versicherungseinrichtung oder in Form eines *Freizügigkeitskontos* bei einer Stiftung wählen[29]. Die Höhe der Austrittsleistung berechnet sich, sofern das anwendbare Reglement nicht eine grosszügigere Lösung vorsieht, nach Massgabe von Art. 15 ff. FZG[30].

3. Die Begünstigtenordnung der beruflichen Vorsorge

a) Gesetzliche Ordnung

09.16 Nach Art. 18 ff. BVG haben folgende Personen Anspruch auf Hinterlassenenleistungen[31]:
– Die *Witwe*, sofern sie für den Unterhalt eines oder mehrerer Kinder aufkommen muss, oder das 45. Altersjahr zurückgelegt hat und die Ehe mindestens fünf Jahre gedauert hat[32].
– Die *Waisen* des Versicherungsnehmers bis zur Vollendung des 18. Lebensjahres bzw. bei längerdauernder Ausbildung oder Invalidität bis maximal zum 25. Altersjahr.

---

[25] Art. 44 Abs. 2 BVG.
[26] Hinten, Rz 09.59.
[27] Vgl. allerdings die Barauszahlungstatbestände in Art. 5 FZG; von Bedeutung ist vorliegend insbesondere die Aufnahme einer selbständigen Erwerbstätigkeit.
[28] Vgl. dazu GEISER, Berufliche Vorsorge, S. 55 ff.
[29] Art. 10 f. FZV.
[30] Vgl. dazu TH. LOCHER, Grundriss, § 43, Rzn 24 ff. Bei gleich bleibendem Vorsorgeschutz in einer neuen Vorsorgeeinrichtung entspricht die Austrittsleistung demjenigen Betrag, den der Vorsorgenehmer zum Einkauf in die neue Vorsorgeeinrichtung benötigt.
[31] Zur gesetzlichen Regelung BRÜHWILER, N 76 ff.
[32] Der Anspruch der geschiedenen Ehefrau interessiert im vorliegenden Zusammenhang nicht. Siehe dazu BRÜHWILER, N 78.

- *Pflegekinder*, für deren Unterhalt der Verstorbene aufzukommen hatte, unter denselben Voraussetzungen wie eigene Kinder des Verstorbenen.

Die Leistungen, die den genannten Hinterlassenen zustehen, sind ebenfalls gesetzlich geordnet. Es handelt sich in der Regel um *Renten*[33], die sich in Prozent der dem Verstorbenen zustehenden Altersrente berechnen[34]. Immerhin kann die Vorsorgeeinrichtung nach Art. 37 Abs. 3 BVG der Witwe reglementarisch die Möglichkeit einräumen, anstelle der Rente eine *Kapitalabfindung* zu verlangen[35].

09.17

Sind keine der genannten Hinterlassenen vorhanden, findet keine Auszahlung der Austrittsleistung an den Nachlass bzw. die übrigen Erben statt, der Anspruch verfällt im Sinne eines Risikoausgleichs der Vorsorgeeinrichtung[36]. Hier liegt ein entscheidender Unterschied zum steuerbegünstigten Versicherungs- oder Banksparen der freiwilligen Vorsorge.

09.18

b)   Zulässigkeit von Änderungen der Begünstigtenordnung

Nach Art. 50 Abs. 1 Bst. a i.V.m. Art. 49 Abs. 2 BVG sind die Vorsorgeeinrichtungen grundsätzlich frei, *weiter gehende Leistungen* auszurichten. Denkbar ist beispielsweise die Ausrichtung von Witwerrenten oder die Vereinbarung einer „Prämienrückgewähr", aufgrund derer das Altersguthaben, soweit es nicht für die gesetzlichen Hinterlassenenleistungen verwendet wird, weiteren Begünstigten zugewendet werden kann[37].

09.19

Die *Ausweitung des Adressatenkreises* der beruflichen Vorsorge ist allerdings aufgrund der ratio legis *nur beschränkt zulässig*[38]. Aus der Bindung an den Zweck der „Vorsorge", d.h. der materiellen Sicherung des Vorsorgenehmers und seiner Hinterlassenen gegen die Risiken Tod, Invalidität und Alter[39], ergibt sich, dass die Möglichkeit einer rein willkürlichen Bezeichnung von Begünstigten im Todesfall ausgeschlossen sein muss. Die Vorsorgeeinrichtung ist dabei gehalten, eine Begünstigtenordnung mit bestimmter Reihenfolge reglementarisch festzulegen und nur in begründeten Fällen eine abweichende individuelle Begünstigung zuzulassen[40]. Sanktioniert wird die Beschränkung der weitergehenden Vorsorge auf den eigentlichen Vorsorgezweck durch die Bestimmungen des Steuerrechts, wonach die Steuerbefreiung an bestimmte Voraussetzun-

09.20

---

[33] Eine Kapitalabfindung ist von Gesetzes wegen nur für Witwen vorgesehen, die die gesetzlichen Voraussetzungen für eine Witwenrente nicht erfüllen; vgl. Art. 19 Abs. 2 BVG.

[34] Siehe dazu schon vorne, Rzn 02.53 ff. Auch wenn das Vorsorgereglement für den Vorsorgenehmer ein über dem koordinierten Lohn liegendes Einkommensegment versichert, ist es denkbar, dass die Hinterlassenenrente sich auf die obligatorische Versicherung beschränkt oder einen darüber hinausgehenden Betrag von zusätzlichen Voraussetzungen abhängig macht; GEISER, Planung, S. 108.

[35] Im Bereich der erweiterten beruflichen Vorsorge sowie bei sehr bescheidenen Rentenansprüchen (Art. 37 Abs. 2 BVG) darf das Reglement auch nur eine Kapitalabfindung vorsehen.

[36] Vgl. BGE 113 V 287.

[37] M. MOSER, Zweite Säule, S. 167, Fn 173.

[38] Siehe KOLLER, Gutachten, S. 10 f., m.w.H.

[39] Vgl. Art. 1 BVG sowie Art. 113 BV.

[40] Dazu im Einzelnen M. MOSER, Zweite Säule, S. 169 ff., m.w.H.

gen geknüpft wird. So führt die eidgenössische Steuerverwaltung aus[41]: „Aus dem (...) Erfordernis, dass die Mittel der Vorsorgeeinrichtung 'dauernd und ausschliesslich der beruflichen Vorsorge dienen' müssen (...) ergibt sich auch, dass der aus dem Vorsorgeverhältnis begünstige Personenkreis auf den Vorsorgenehmer und im Fall seines Ablebens (...) auf den überlebenden Ehegatten, auf die nahen Verwandten und auf die von ihm wirtschaftlich abhängigen Personen zu beschränken ist."

09.21   Dementsprechend können neben dem überlebenden Ehegatten und den minderjährigen bzw. in Ausbildung befindlichen Waisen auch *Personen* begünstigt werden, die vom Vorsorgenehmer im Zeitpunkt seines Todes oder in den letzten Jahren vor seinem Tod *in erheblichem Masse unterstützt* worden sind[42] sowie *Nachkommen, Eltern, Geschwister und Geschwisterkinder*. Fehlen Personen dieser Kategorien, können entweder die vom Vorsorgenehmer einbezahlten Beträge oder 50 % des Vorsorgekapitals an die übrigen gesetzlichen Erben unter Ausschluss des Gemeinwesens ausgerichtet werden. Fehlen solche Erben, hat das Vorsorgekapital auch im Bereich der weitergehenden beruflichen Vorsorge vollumfänglich an die Vorsorgeeinrichtung zu fallen.

09.22   Für den *einzelnen Vorsorgenehmer* bietet sich nach dem Gesagten nur insofern ein gewisser *Gestaltungsspielraum*, als ihm ein solcher durch das betreffende *Reglement* eröffnet wird, so dass der Planungshorizont hier relativ bescheiden ist. Bleibt der Vorsorgenehmer allerdings aller Voraussicht nach bis zum Eintritt des Vorsorgefalles beim gleichen Arbeitgeber – beispielsweise bei einem beamteten Vorsorgenehmer in fortgeschrittenem Alter – lohnt es sich, das anwendbare Reglement auf allfällige Gestaltungsmöglichkeiten hin zu überprüfen und gegebenenfalls die nötigen Schritte zu ergreifen. Dies gilt auch für die Frage, ob an Stelle einer Altersrente eine Kapitalabfindung verlangt werden kann, die sich nach der Auszahlung aufgrund der güter- und erbrechtlichen Bestimmungen übertragen lässt. Mehr Freiheit – jedenfalls in Bezug auf den Abschluss eines Vorsorgevertrages als solchen – geniessen *Selbständigerwerbende*, die sich freiwillig der Vorsorgeeinrichtung ihres Berufes oder ihrer Arbeitnehmer oder aber bei der Auffangeinrichtung versichern lassen können (Art. 44 BVG). Nochmals grösser ist der Planungsspielraum, wenn der Selbständigerwerbende anstelle der beruflichen Vorsorge von den erweiterten Möglichkeiten[43] der gebundenen Selbstvorsorge Gebrauch macht.

---

[41] KS Nr. 1a vom 30.01.1986, publ. in ASA 54 (1985/86), S. 501 ff., S. 503; vgl. auch ASA 55 (1986/87), S. 200.

[42] Zum Begriff der erheblichen Unterstützung einlässlich M. MOSER, Begünstigungsabreden, S. 274 ff., sowie BSV, Der Begriff der „Unterstützung in erheblichem Masse", in ZAK 1987, S. 284 f. Der Vorsorgenehmer muss gegenüber der begünstigten Person eine faktische Versorgerfunktion wahrgenommen haben, was nach vorherrschender Auffassung erst dann zu bejahen ist, wenn er für mehr als die Hälfte von deren Unterhalt aufgekommen ist. Der Bundesrat will im Rahmen der 1. BVG-Revision bei nicht verheirateten Lebenspartnern unter gewissen Voraussetzungen auf das Kriterium der massgeblichen Unterstützung verzichten; vgl. Botschaft vom 1.3.2000, Ziff. 296.3.

[43] Wer keiner Vorsorgeeinrichtung der zweiten Säule angehört, kann wesentlich höhere Beiträge an die gebundene Selbstvorsorge von den direkten Steuern in Abzug bringen, so dass hier eine echte Alternative zur beruflichen Vorsorge besteht (vgl. Art. 7 Abs. 1 BVV3). Nachteile ergeben sich jedoch mit Blick auf das Güterrecht und den Pflichtteilsschutz.

c) Die Begünstigtenordnung bei Freizügigkeitsguthaben

Hat der Vorsorgenehmer eine Austrittsleistung seiner früheren Vorsorgeeinrichtung in Form eines Freizügigkeitskontos oder einer Freizügigkeitspolice angelegt, bestimmt sich die Begünstigtenordnung nach Art. 15 FZV. Erlebt der Vorsorgenehmer den Vorsorgefall nicht, gelten in folgender Reihenfolge als Begünstigte: 09.23

- Die *Hinterlassenen nach BVG*[44] *sowie der Witwer*.
- Natürliche *Personen, die von den Versicherten in erheblichem Masse unterstützt* worden sind[45].
- *Übrige gesetzliche Erben*[46], unter Ausschluss des Gemeinwesens.

Nach Art. 15 Abs. 2 FZV können der ersten Begünstigtenkategorie gleichrangig Personen zur Seite gestellt werden, die vom Versicherten in erheblichem Masse unterstützt worden sind. Ferner kann der Vorsorgenehmer (bzw. das anwendbare Reglement) die Ansprüche der Begünstigten einer Kategorie näher bezeichnen. 09.24

4. Güter- und erbrechtliche Einordnung der beruflichen Vorsorge (Hinweise)

Die güter- und erbrechtliche Einordnung der Leistungen der obligatorischen und weitergehenden beruflichen Vorsorge wurde bereits besprochen[47]. Zusammenfassend gilt folgendes: 09.25

a) Güterrecht

Nach Eintritt eines Vorsorgefalls ausgerichtete und angesparte (Renten-)Leistungen sind der Errungenschaft des Vorsorgenehmers zuzurechnen. Soweit sie als Kapitalleistungen[48] für die künftige Vorsorge bestimmt sind, sind sie (anteilmässig) dem Eigengut zuzurechnen[49]. Ansprüche, die erst nach der Auflösung des Güterstandes ausgerichtet werden (insbesondere auch Hinterlassenenleistungen) sind in der güterrechtlichen Auseinandersetzung als reine Anwartschaften[50] nicht zu berücksichtigen. Dasselbe gilt für Vor- 09.26

---

[44] Siehe vorne, Rz 09.16.
[45] Zum Begriff der massgeblichen Unterstützung siehe vorne, Fn 42.
[46] Dabei verdrängt – wie im Erbrecht – die näher stehende Parentel die weiter entfernte (zweifelnd KOLLER, Begünstigtenordnung, S. 742); so dass beispielsweise bei Vorhandensein eines (nicht bereits nach BVG berechtigten) Nachkommen die Geschwister des Erblassers vom Freizügigkeitsguthaben ausgeschlossen sind. Die gegenteilige Auffassung, wonach sämtliche Personen, die als gesetzliche Erben in Frage kommen (d.h. neben den Nachkommen auch Geschwister und Geschwisterkinder, Eltern und Grosseltern sowie deren Nachkommen), auf gleicher Stufe berechtigt sind, würde dem Vorsorgegedanken, der Art. 15 FZV zugrunde liegt, klar zuwiderlaufen.
[47] Vorne, Rzn 03.16 ff. und 03.42 ff.
[48] Dies betrifft namentlich Bezüge für Wohneigentum, die infolge Eintritt des Vorsorgefalls frei verfügbar werden. Kapitalleistungen können daneben von der weitergehenden beruflichen Vorsorge reglementarisch vorgesehen sein.
[49] Art. 207 Abs. 2 ZGB: „Die Kapitalleistung (...) wird im Betrag des Kapitalwertes der Rente, die dem Ehegatten bei Auflösung des Güterstandes zustünde, dem Eigengut zugerechnet." Zur Berechnung im Einzelnen HAUSHEER/REUSSER/GEISER, N 42 ff. zu Art. 207 ZGB.
[50] Zum Begriff der Anwartschaft vorne, Rz 03.16 mit Fn 28. Weil im Bereich der beruflichen Vorsorge bis zum Eintritt eines Vorsorgefalles nicht sicher ist, ob der Anspruch auf Leistungen überhaupt zum Entstehen kommt (sind keine Begünstigten nach Art. 18 ff. BVG bzw. nach Reglement vorhanden,

bezüge zum Erwerb von Wohneigentum, die noch einer Rückerstattungspflicht unterliegen.

b)   Erbrecht

09.27 Die *Hinterlassenenleistungen* der beruflichen Vorsorge stehen dem Anspruchsberechtigten direkt und aus eigenem Recht zu[51]. Der Anspruch gegenüber der Vorsorgeeinrichtung ist von den güter- und erbrechtlichen Ansprüchen der begünstigten Person vollständig unabhängig, so dass diese die Leistung auch beanspruchen kann, wenn sie die Erbschaft ausschlägt. Die Hinterlassenenleistungen bilden somit auch *nicht Teil des Nachlasses* und werden bei dessen Teilung nicht berücksichtigt. Ferner erfolgt keine Anrechnung der Leistungen auf den Pflichtteil, d.h. die Art. 476 und 529 ZGB sind nicht anwendbar[52].

c)   Freizügigkeitsguthaben

09.28 Auch die Ansprüche der Begünstigten aus einem Freizügigkeitskonto oder einer Freizügigkeitspolice sind aus der güterrechtlichen Auseinandersetzung auszuklammern. Ferner bilden sie nicht Teil des Nachlasses und sind im Hinblick auf die Pflichtteilsbestimmungen nicht zu berücksichtigen[53].

5.   *Die steuerliche Behandlung der beruflichen Vorsorge*[54]

a)   Grundlagen der Besteuerung

09.29 Im Bereich der beruflichen Vorsorge gilt seit dem 1.1.1987 (wie auch mit Bezug auf die erste Säule[55]) grundsätzlich die *Vollbesteuerung* mit vollem Prämienabzug. Dabei unterscheidet die Steuergesetzgebung nicht zwischen der obligatorischen und der überobligatorischen beruflichen Vorsorge[56]. Das bedeutet, dass der Arbeitnehmer alle gesetzlichen, statutarischen und reglementarischen Beiträge an die berufliche Vorsorge von seinem laufenden Einkommen in Abzug bringen darf[57]. Vor dem Eintritt der Fälligkeit bleiben die Vorsorgeguthaben dem steuerlichen Zugriff entzogen, da es sich auch nach der steu-

---

fällt die Austrittsleistung beim Tod des Vorsorgenehmers an die Pensionskasse) handelt es sich bei Ansprüchen gegenüber der zweiten Säule bis zum Eintritt des Vorsorgefalls stets um Anwartschaften.

[51]   Vorne, Rz 03.46.

[52]   Vorne, Rzn 03.47 ff., m.H. auf a.M. insbesondere im Bereich der weitergehenden beruflichen Vorsorge.

[53]   Vorne, Rzn 03.21 f. und 03.52 ff., m.H. auf a.M.

[54]   Für Einzelheiten siehe die umfangreiche Spezialliteratur; insbes. JAQUET, MAUTE/STEINER und KONFERENZ STAATLICHER STEUERBEAMTER/KOMMISSION BVG (vgl. Literaturverzeichnis) sowie die Standardliteratur zum Steuerrecht.

[55]   Ausgenommen von der Besteuerung sind allerdings die Ergänzungsleistungen (Art. 24 Bst. h DBG sowie Art. 7 Abs. 4 Bst. k StHG).

[56]   Vgl. WALSER, N 174 ff.

[57]   Art. 33 Abs. 1 Bst. d DBG; Art. 9 Abs. 2 Bst. d StHG; vgl. Art. 34 Abs. 1 Bst. i StG BE bzw. Art. 38 Abs. 1 Bst. d nStG BE.

ergesetzlichen Konzeption lediglich um Anwartschaften handelt[58]. Das bedeutet konkret, dass weder das in der Vorsorge angelegte Vermögen noch der sukzessive anfallende Vermögensertrag zu versteuern sind. Die Besteuerung erfolgt mit der Fälligkeit, d.h. grundsätzlich mit Eintritt des versicherten Ereignisses (Tod, Invalidität oder Erreichen der Altersgrenze)[59].

Wird das Vorsorgeverhältnis aufgelöst, ohne dass es zu einer Barauszahlung kommt – d.h. es erfolgt eine Übertragung des Vorsorgeguthabens an eine *Freizügigkeitseinrichtung* – liegt in diesem Zeitpunkt noch keine Fälligkeit im Sinne des Steuerrechts vor[60]. Keinen Steuertatbestand bildet sodann die Übertragung einer Freizügigkeitsleistung an die Vorsorgeeinrichtung des neuen Arbeitgebers oder ein Freizügigkeitskonto bzw. eine Freizügigkeitspolice. Die Bindung des Vorsorgeguthabens an die zweite Säule wird steuerlich respektiert, so dass eine Besteuerung nur im Falle einer Barauszahlung erfolgt[61]. Anders verhält es sich hingegen bei einem *Vorbezug für Wohneigentum*[62]. 09.30

Die Umstellung auf die Vollbesteuerung bedurfte für diejenigen Rentenverhältnisse einer *Übergangsregelung*, bei denen die (vor dem 1.1.1987 geleisteten) Beiträge noch nicht zum Abzug zugelassen waren. Die vollumfängliche Besteuerung findet deshalb im Bereich der direkten Bundessteuer keine Anwendung auf BVG-Renten und -Kapitalabfindungen, die entweder vor dem 1.1.1987 oder innerhalb von 15 Jahren seit diesem Zeitpunkt (d.h. vor dem 1.1.2002) zu laufen beginnen oder fällig werden, sofern das Vorsorgeverhältnis am 1.1.1987 bereits bestand[63]. 09.31

Während die Alters- und Hinterlassenenrenten der beruflichen Vorsorge zusammen mit dem übrigen Einkommen des Berechtigten zu versteuern sind, ist für *Kapitalleistungen* eine *gesonderte Besteuerung* vorgesehen. Im Bundessteuerrecht werden sie getrennt vom übrigen Einkommen mit einer vollen Jahressteuer belegt. Die Steuer berechnet sich dabei zu einem Fünftel des ordentlichen Tarifs (Art. 38 DBG). Das Steuerharmonisierungsgesetz hält ebenfalls fest, dass Kapitalleistungen aus Vorsorge grundsätzlich steuerbar sind und die Besteuerung gesondert vom übrigen Einkommen und mit einer Jahressteuer zu erfolgen hat[64]. 09.32

---

[58] Art. 84 BVG: „Vor ihrer Fälligkeit sind die Ansprüche aus Vorsorgeeinrichtungen [Säule 2a] und Vorsorgeformen nach den Art. 80 und 82 [Säulen 2b und 3a] von den direkten Steuern des Bundes, der Kantone und der Gemeinden befreit." Zur anwartschaftlichen Konzeption siehe die Botschaft zum BVG vom 19.12.1975, in BBl 1976 I 159, S. 215.

[59] Zum Zeitpunkt der Fälligkeit und damit der Besteuerung siehe im Einzelnen RICHNER, Zeitpunkt, S. 513 ff., sowie JAQUET, S. 86 ff.

[60] RICHNER, Zeitpunkt, S. 531 ff., 534 f.

[61] JAQUET, S. 71 f.

[62] Bei einem Bezug im Rahmen der *Wohneigentumsförderung* erfolgt die Besteuerung im Zeitpunkt der Auszahlung (Art. 83a Abs. 1 BVG); RICHNER, Besteuerung, S. 178; siehe zum Ganzen auch das KS 23 der EStV vom 5.5.1995, publ. in ASA 64 (1995/96), S. 127 ff., sowie, teilweise abweichend, den Entscheid des VwGer BS in StR 1998, S. 292 ff.

[63] Vgl. Art. 98 Abs. 4 BVG sowie Art. 204 DBG; dazu StE 2000, B 26.12, Nr. 4; ähnlich Art. 231b StG BE, wobei die kantonale Übergangsregelung aus dem Jahre 1956 inzwischen wohl obsolet geworden ist.

[64] Art. 7 Abs. 1 und Art. 11 Abs. 3 StHG. Im Kanton Bern findet sich die massgebliche Regelung in Art. 47a StG BE bzw. Art. 44 nStG BE, wonach ein besonderer Steuersatz Anwendung findet.

b) Möglichkeiten der Steuerplanung

09.33 Beiträge und Leistungen sind in der beruflichen Vorsorge durch das Gesetz und durch das betreffende Reglement weitgehend vorgegeben, so dass nur ein relativ bescheidener Gestaltungsspielraum verbleibt[65]. Neben der Möglichkeit einer allfälligen *freiwilligen Kadervorsorge* sind insbesondere *Einkaufs- und Erhöhungsbeiträge* von Bedeutung. Gemäss Art. 9 Abs. 2 FZG muss jede Vorsorgeeinrichtung ihren Versicherten zumindest beim Neueintritt die Möglichkeit geben, sich in die vollen reglementarischen Leistungen einzukaufen[66]. Analoges muss bei einer Erhöhung des Beschäftigungsgrades gelten. Diese Eintrittsleistungen sind, sofern sie statuten- und reglementskonform erbracht werden und angemessen sind[67], ungeachtet ihrer Höhe[68] wie ordentliche Beiträge vollumfänglich vom steuerbaren Einkommen absetzbar[69]. Dadurch wird die Spitze der Progression gebrochen, was zu erstaunlich hohen Steuereinsparungen führt. Der *Einkauf* kann anstatt mit einer Einmaleinlage auch *in Raten* amortisiert werden, was die steuerlichen Vorteile zusätzlich erhöht[70]. Die spätere Besteuerung der Rente oder Kapitalabfindung erfolgt ausserdem zu tieferen Steuersätzen[71]. Für *Selbständigerwerbende*, die sich entweder der Vorsorgeeinrichtung ihres Personals, der Vorsorgeeinrichtung ihres Berufs (Verbandsvorsorgeeinrichtung) oder der Auffangeinrichtung anschliessen können[72], bestehen weiter gehende Wahlmöglichkeiten.

09.34 Steuerplanungsmöglichkeiten bestehen nicht nur auf der Beitrags-, sondern auch auf der Leistungsseite. Weil die Besteuerung der Rente oder Kapitalabfindung erst bei Fälligkeit erfolgt und sich die Steuerhoheit nach dem steuerlichen Wohnsitz zu diesem Zeitpunkt richtet, kann unter Umständen durch *Verlagerung des Wohnsitzes* in einen steuergünstigen Kanton bzw. eine steuergünstige Gemeinde eine erhebliche Steuerersparnis erzielt werden[73]. Die Wahl zwischen Kapitalabfindung und Rente – wo dies

---

[65] Ausführlich dazu JAQUET, S. 105 ff.

[66] Sieht das Reglement ein flexibles Rücktrittsalter vor, ist für den Einkauf von Beitragsjahren das späteste ordentliche Rücktrittsalter massgebend; VwGer ZH in StE 1999, B 27.1, Nr. 22.

[67] Zum Kriterium der Angemessenheit siehe schon vorne, Rz 09.08, sowie JAQUET, S. 37 ff.

[68] Mit der am 19.3.1999 verabschiedeten, am 1.1.2001 in Kraft tretenden Gesetzesrevision (BBl 1999 V 2577) wird die Einkaufsmöglichkeit allerdings beschränkt; vgl. nArt. 79a BVG; dazu NEUHAUS S. 284 ff. sowie das Rundschreiben vom 30.3.1999 in ASA 68 (1999/2000), S. 160 ff.

[69] Art. 81 Abs. 2 BVG und Art. 33 Abs. 1 Bst. d DBG, Art. 9 Abs. 2 Bst. d StHG sowie im Kanton Bern Art. 34 Abs. 1 Bst. i StG BE bzw. Art. 38 Bst. d nStG BE. Nicht abzugsfähig sind allerdings gemäss den kantonalen Bestimmungen regelmässig Einkäufe, die unter die Übergangsregelung fallen, d.h. bei Fälligkeit der Leistungen nicht voll besteuert werden könnten; vgl. im Einzelnen MAUTE/STEINER, S. 144 ff. Siehe zum Ganzen auch GUGGENHEIM/BOSSHARD, S. 6 ff. Eine Übersicht über die Bestimmungen in den einzelnen Kantonen findet sich in StR 1998, S. 458 ff. – Zum Einkauf während der Bemessungslücke beim Übergang von der Vergangenheits- zur Gegenwartsbemessung siehe KOLLER/KISSLING in ZBJV 135 (1999), S. 113 ff.

[70] Art. 10 FZG; JAQUET, S. 125 f.

[71] Vgl. auch hinten, Rz 09.62.

[72] Art. 44 BVG; für den Alleinaktionär einer AG vgl. BGE 120 Ib 199, der in der Literatur auf Kritik gestossen ist.

[73] Beispiel (vgl. StR 1998, S. 292 ff.): Der Vorsorgenehmer löst sein Arbeitsverhältnis vorzeitig auf, begründet Wohnsitz in den USA und lässt sich daraufhin das Vorsorgeguthaben bar auszahlen: In der

überhaupt möglich ist – führt ebenfalls zu einer unterschiedlichen Steuerbelastung[74]. Schliesslich kann – sofern die Auszahlung der beruflichen Vorsorge in Form einer Kapitalleistung möglich und erwünscht ist – die Steuerprogression durch den *Vorbezug einer Austrittsleistung* gebrochen werden, da auf diese Weise der insgesamt ausbezahlte Betrag auf verschiedene Bemessungsperioden verteilt wird[75]. Allenfalls sieht das Reglement der Vorsorgeeinrichtung ein vorzeitiges Rücktrittsalter vor. Umgekehrt lässt sich bei einer Erwerbstätigkeit, die über das ordentliche AHV-Alter hinaus andauert, der Bezug der Rente gemäss dem anwendbaren Reglement[76] bis zum effektiven Rücktrittsalter *aufschieben* und können bis zu diesem Zeitpunkt steuerlich abziehbare Beiträge an die berufliche Vorsorge entrichtet werden.

III. Die gebundene Selbstvorsorge

1. Grundlagen

Die steuerlich privilegierte Selbstvorsorge bildet nicht Gegenstand eines gesonderten Erlasses. Der Bund ist seinem verfassungsmässigen Auftrag zur Förderung der Selbstvorsorge[77] mit einer Vielzahl von Massnahmen nachgekommen. Ein Hauptbereich dieser Massnahmen stellen die Steuervergünstigungen dar, die sich auf Art. 82 BVG stützen. Diese steuerbegünstigte, gebundene Vorsorge bildet die Säule 3a, während die übrigen freien Formen der Vorsorge als Säule 3b bezeichnet werden. Auch diese Sparformen bringen unter Umständen Steuervorteile mit sich[78]. 09.35

Die gesetzliche Grundlage der Steuerbegünstigung in der gebundenen Selbstvorsorge liegt in Art. 82 BVG, wonach Arbeitnehmer und Selbständigerwerbende auch Beiträge für weitere, ausschliesslich und unwiderruflich der „beruflichen Vorsorge" dienende, anerkannte Vorsorgeformen vom Erwerbseinkommen abziehen können. Art. 82 BVG räumt dem Bundesrat die Kompetenz ein, in Zusammenarbeit mit den Kantonen (neben der beruflichen Vorsorge) weitere anerkannte Vorsorgeformen und die Abzugsberechtigung für entsprechende Beiträge festzulegen. Die Ausführungsbestimmungen zu 09.36

Schweiz ist keine Besteuerung mehr zulässig; vgl. zum Ganzen TANNER, SPV 1988, S. 369 ff. – Zur Qualifikation des Wohnsitzwechsels als Steuerumgehung siehe sodann JAQUET, S. 240.

[74] Eingehend JAQUET, S. 128 ff. Mit der 1. BVG-Revision soll ein beschränkter Anspruch auf Auszahlung in der Form der Kapitalabfindung eingeführt werden; vgl. Botschaft vom 1.3.2000, Ziff. 253. Zu weiteren Aspekten der Steuerplanung, die jedoch im Zusammenhang der Begünstigung des überlebenden Ehegatten nur von beschränktem Interesse sind, siehe GUGGENHEIM/BOSSHARD, S. 10 f.

[75] Vgl. JAQUET, S. 164 f.; vgl. auch S. 237 f. zur analogen Möglichkeit im Bereich der Säule 3a.

[76] Nach Art. 13 Abs. 2 BVG können die reglementarischen Bestimmungen vorsehen, dass der Anspruch auf Altersleistungen (erst) mit der Beendigung der Erwerbstätigkeit entsteht. Nach Auffassung der Eidg. Steuerverwaltung sind die Leistungen spätestens mit Erreichen des 70. Altersjahres steuerbar; MAUTE/STEINER, S. 159, m.w.H. Demgegenüber ist bei *Freizügigkeitseinrichtungen* ein gesetzliches Höchstalter vorgesehen, wonach die Altersleistungen spätestens fünf Jahre nach Erreichen des ordentlichen AHV-Rentenalters ausbezahlt werden müssen; Art. 16 Abs. 1 FZV. Siehe zur Flexibilisierung des Rentenalters im BVG die Botschaft zur 11. AHV-Revision vom 2.2.2000 (BBl 2000 I S. 1865 ff.), Ziff. 3.1.3.4.

[77] Art. 111 Abs. 4 BV.

[78] Siehe hinten, Rzn 09.83 ff.

Art. 82 BVG finden sich in der am 1. Januar 1987 in Kraft getretenen Verordnung über die steuerliche Abzugsberechtigung für Beiträge an anerkannte Vorsorgeformen (BVV3). Nach Art. 1 BVV3 gelten als anerkannte Vorsorgeformen gebundene (d.h. ausschliesslich und unwiderruflich der Vorsorge dienende) Vorsorge*versicherungen* bei Versicherungseinrichtungen sowie gebundene Vorsorge*vereinbarungen* mit Bankstiftungen.

09.37 Im Einzelnen sind folgende *Vorsorgeformen* bzw. Kombinationen davon denkbar, die als gleichwertig zu betrachten sind[79]:
– Vorsorgevereinbarung mit einer Bankstiftung für das Alterssparen.
– Vorsorgevereinbarung mit einer Bankstiftung für das Alterssparen und die Risikoabsicherung für den Fall des vorzeitigen Todes und/oder Invalidität mittels der Bankstiftung durch eine Versicherungseinrichtung.
– Vorsorgeversicherung mit ausschliesslicher Risikoabsicherung vorzeitiger Tod und Invalidität.
– Vorsorgeversicherung mit ausschliesslicher Risikoabsicherung Invalidität.
– Vorsorgeversicherung mit ausschliesslicher Versicherung des Risikos vorzeitiger Tod.

09.38 Die einzelnen Vertragsmodelle werden von der Eidgenössischen Steuerverwaltung auf ihre Konformität mit den gesetzlichen Bestimmungen geprüft und gegebenenfalls genehmigt[80]. Die gebundene Selbstvorsorge beruht deshalb auf bewilligungspflichtigen Vertragsmodellen[81]. Der Aufbau einer gebundenen Selbstvorsorge setzt eine Erwerbstätigkeit voraus, der Vorsorgenehmer darf zudem das AHV-Alter noch nicht erreicht haben[82]. Ohne weiteres zulässig ist der Abschluss mehrerer Vorsorgeversicherungen bzw. -vereinbarungen, die steuerliche Abzugsfähigkeit bleibt allerdings auf bestimmte jährliche Maximalbeiträge begrenzt[83].

09.39 Wichtig ist die Feststellung, dass die Ansprüche des Vorsorgenehmers und weiterer Begünstigter, die sich aus der gebundenen Selbstvorsorge ergeben, in keiner Weise durch die BVV3 gesetzlich geregelt sind[84]. Das Rechtsverhältnis – inklusive Begünstigtenordnung und beschränkte Rückkaufsfähigkeit bzw. aufgeschobene Fälligkeit – wird von den Parteien *vertraglich* („parteiautonom") geregelt[85]. Die Verordnung ist lediglich in steuerrechtlicher Hinsicht von Bedeutung, da die Abzugsfähigkeit der geleisteten Beiträge nur dann gewährt wird, wenn die Parteivereinbarung den darin enthaltenen Rah-

---

[79] NUSSBAUM, S. 203.
[80] Art. 1 Abs. 4 BVV3. Über die Anerkennung eines Vertragsmodells als Vorsorgeversicherung oder Vorsorgevereinbarung der Säule 3a hat die Eidg. Steuerverwaltung mit beschwerdefähiger Verfügung zu entscheiden; BGE 124 II 383.
[81] MAURER, Bundessozialversicherungsrecht, S. 236.
[82] Zu den (weiteren) persönlichen Voraussetzungen des Vorsorgenehmers im Einzelnen JAQUET, S. 177 ff.
[83] Dazu hinten, Rz 09.59.
[84] Zum Erlass materiellrechtlicher Vorschriften war der Bundesrat gar nicht ermächtigt; deutlich KOLLER, Vorsorge, S. 26 f.
[85] KOLLER, Privatrecht und Steuerrecht, S. 196.

menbestimmungen entspricht. Für die materiellrechtliche Situation gelten deshalb im Wesentlichen das OR sowie (bezüglich Vorsorgeversicherungen) das VVG[86].

2. Die Begünstigtenordnung

Art. 2 BVV3 legt – im Einklang mit dem Zweck der dritten Säule als Alters- und Hinterlassenenvorsorge – eine Begünstigtenordnung fest. Danach dürfen vertraglich die folgenden Personen als Empfänger von Hinterlassenenleistungen bezeichnet werden: 09.40
– In erster Linie der *überlebende Ehegatte* (Witwe oder Witwer) und
– in zweiter Linie die *direkten Nachkommen*[87] sowie Personen, für deren Unterhalt der Verstorbene in massgeblicher Weise aufgekommen ist[88]. Das bedeutet – im Gegensatz zum Erbrecht – dass die Nachkommen nur bei Fehlen eines überlebenden Ehegatten anspruchsberechtigt sind und andernfalls leer ausgehen.
– Die *Eltern, Geschwister und die übrigen Erben*[89] gelangen subsidiär in den Genuss der Hinterlassenenleistungen[90], wobei der Vorsorgenehmer bei diesen die *Reihenfolge* der Begünstigten *ändern* und deren Ansprüche näher bezeichnen kann.

Die *Begünstigtenordnung* ist insofern *zwingend*, als bei einer rechtsgeschäftlichen Abweichung keine steuerliche Abzugsfähigkeit besteht. Ob *Renten oder Kapitalleistungen* ausgerichtet werden, richtet sich einzig nach der gewählten Vorsorgeform bzw. dem konkreten Vertrag, so dass der Vorsorgenehmer diesbezüglich frei wählen kann. 09.41

Beim Vergleich der Begünstigtenordnung mit derjenigen der beruflichen Vorsorge[91] fällt auf, dass kein zwingender Verfall des Sparkapitals an die Vorsorgeeinrichtung 09.42

---

[86] Gestützt auf Art. 99 VVG war der Bundesrat immerhin befugt, den in Art. 98 Abs. 1 VVG zugunsten des Versicherungsnehmers oder des Anspruchsberechtigten als zwingend erklärten Normen des VVG den Charakter dispositiver Bestimmungen zu geben, was für Beschränkung der Rückkaufsfähigkeit von Lebensversicherungen (vgl. Art. 90 Abs. 2 VVG) im Rahmen der gebundenen Selbstvorsorge von Bedeutung ist. Nicht betroffen davon sind Vorsorgevereinbarungen mit Bankstiftungen, auf die das VVG – und damit die genannte Delegationsnorm – zum vornherein nicht anwendbar sind; siehe KOLLER, Privatrecht und Steuerrecht, S. 195 f., m.w.H.

[87] Dem Wortlaut der Bestimmung lässt sich nicht entnehmen, ob der Begriff der „direkten Nachkommen" auch Enkel und Urenkel erfasst; vgl. dazu (kritisch) KOLLER, Privatrecht und Steuerrecht, S. 205, Fn 364 sowie S. 206, Fn 365. Gemäss dem KS 02 der EStV vom 31.1.1986 (publ. in ASA 54 [1985/86] S. 519 ff.), Ziff. 3 sind darunter leibliche Kinder und Adoptivkinder des Vorsorgenehmers zu verstehen.

[88] Zum Begriff der massgeblich unterstützten Person siehe BVG-Mitteilungen des BSV, Nr. 3, Ziff. 19. Danach muss die begünstigte Person wirtschaftlich vom Vorsorgenehmer abhängig sein. „Dies trifft dann zu, wenn dem Anspruchsberechtigten [durch den Tod des Vorsorgenehmers] eine wesentliche Beeinträchtigung seiner bisherigen Lebensweise droht." Ebenso der Entscheid des KGer JU in RJJ 1992, S. 262 f. Siehe auch vorne, Fn 42.

[89] Der Begriff der „Erben" umfasst sowohl gesetzliche als *auch testamentarische Erben;* vgl. die Mitteilung des BSV in ASA 54 (1985/86), S. 371 ff., 373. Das bedeutet, dass der Vorsorgenehmer, der weder auf einen überlebenden Ehegatten noch auf Nachkommen Rücksicht nehmen muss, durch Testament oder Erbvertrag einen Erben einsetzen und sodann gemäss Art. 2 Abs. 2 BVV3 in einer letztwilligen Verfügung bestimmen kann, dass dieser Erbe (unter Ausschluss der Eltern und der Geschwister) in den alleinigen Genuss der Hinterlassenenleistungen gelangen soll.

[90] In Abweichung von den erbrechtlichen Regeln gehen somit nicht nur die Nachkommen und der überlebende Ehegatte, sondern auch „massgeblich unterstützte Personen" den Eltern des Vorsorgenehmers vor.

[91] Vorne, Rzn 09.16 ff.

beim Fehlen bestimmter Begünstigter vorgesehen ist. In Bezug auf das Ob der Leistung besteht für den Vorsorgenehmer keine Unsicherheit, sofern nicht nur eine temporäre Risikoversicherung vereinbart wurde.

3. Güterrechtliche Einordnung der Selbstvorsorge (Hinweis)

Bereits vorne[92] wurde auf die güterrechtliche Behandlung der gebundenen Selbstvorsorge hingewiesen. Hier sind nur noch die wichtigsten Ergebnisse zu rekapitulieren.

09.43 Anders als im Bereich der beruflichen Vorsorge ist der Eintritt des versicherten Ereignisses und die Auszahlung der Versicherungssumme bzw. des Sparkapitals im Bereich der gebundenen Selbstvorsorge immer gewiss[93], weshalb auch vor Eintritt der Fälligkeit nicht von blossen Anwartschaften, sondern von *festen Ansprüchen* gesprochen werden muss. Als feste Vermögensbestandteile sind diese in der güterrechtlichen Auseinandersetzung zu berücksichtigen. Die güterrechtlichen Sonderbestimmungen von Art. 197 Abs. 2 Ziff. 2 und Art. 207 Abs. 2 ZGB sind nicht anwendbar. Somit bleibt es bezüglich der Säule 3a beim *Surrogationsprinzip*, was bedeutet, dass sowohl bereits ausgerichtete als auch erst künftige, noch nicht fällige Ansprüche aus der gebundenen Selbstvorsorge nach der Herkunft der dafür eingesetzten Mittel güterrechtlich zuzuordnen sind.

09.44 Anders verhält es sich einzig mit reinen, *temporären Risikoversicherungen*, die keinen Rückkaufswert aufweisen. Da der Eintritt des versicherten Ereignisses ungewiss ist, handelt es sich um Anwartschaften, die vor Fälligkeit in der güterrechtlichen Auseinandersetzung nicht berücksichtigt werden dürfen. Nach Eintritt des Versicherungsfalles sind die ausbezahlten Leistungen güterrechtlich zuzuordnen. Soweit sie lediglich den Ersatz von Verdienstausfall bezwecken, rechtfertigt sich (in Abweichung vom Surrogationsprinzip) eine Zuordnung zur Errungenschaft gemäss Art. 197 Abs. 2 Ziff. 2 ZGB bzw. eine anteilmässige Ausscheidung zu Eigengut gemäss Art. 207 Abs. 2 ZGB[94].

09.45 Verstirbt der Vorsorgenehmer zuerst, sind die fällig werdenden *Hinterlassenenleistungen* aus gebundener Vorsorgeversicherung an den überlebenden Ehegatten güterrechtlich nicht mehr zu berücksichtigen. Dies gilt allerdings nicht für Ansprüche aus gebundener Vorsorgevereinbarung[95], die in der güterrechtlichen Auseinandersetzung Vermögen des verstorbenen Vorsorgenehmers bilden und die in den Nachlass fallen[96].

4. Gebundene Selbstvorsorge und Erbrecht

a) Überblick[97]

09.46 Für die *Anspruchsberechtigung* gilt bei der *Vorsorgeversicherung* dasselbe wie im Bereich der beruflichen Vorsorge: Die vertraglich begünstigte hinterlassene Person, d.h. in

---

[92] Rzn 03.23 ff., 03.30 f. und 03.33 ff.
[93] Vgl. Rz 09.42.
[94] Vorne, Rzn 03.34 und 03.37.
[95] Genau genommen handelt es sich hier nicht um Hinterlassenenansprüche im versicherungstechnischen Sinn.
[96] Vorne, Rzn 03.31 und 03.61.
[97] Vgl. schon vorne, Rzn 03.56 ff.

erster Linie wiederum der überlebende Ehegatte, ist direkt gegenüber der Versicherungsgesellschaft forderungsberechtigt[98]. Eine allfällige Erbschaftsausschlagung ist ohne Bedeutung für den Hinterlassenenanspruch.

Handelt es sich um eine *gemischte Versicherung* mit Sparanteil[99], bildet deren Rückkaufswert gemäss Art. 476 und 529 ZGB Bestandteil der Pflichtteilsmasse und ist herabsetzbar. Die *temporäre Todesfallversicherung ohne Sparanteil* steht demgegenüber schon mangels eines hinzurechenbaren Rückkaufswertes jedenfalls dann ausserhalb des Pflichtteilsrechts, wenn keine Umgehung von Verfügungsbeschränkungen vorliegt[100].   09.47

Bei der gebundenen *Vorsorgevereinbarung* fällt der gesamte Anspruch des Begünstigten zunächst in den Nachlass. Die Ausschlagung der Erbschaft führt somit zum Wegfall der Hinterlassenenansprüche, wenn diese nicht als Vermächtnis aufgefasst werden können. Von einer Ermächtigung der Bank zur direkten Auszahlung des Sparkapitals an die begünstigte Person darf wohl nicht ausgegangen werden[101].   09.48

b) Verfügungen unter Lebenden oder von Todes wegen?

Gemäss Art. 532 ZGB sind in erster Linie die Verfügungen von Todes wegen und sodann die Zuwendungen unter Lebenden herabzusetzen, und bei Letzteren werden die späteren Zuwendungen vor den früheren herabgesetzt, bis der Pflichtteil hergestellt ist[102]. Entscheidend für die Herabsetzungsreihenfolge ist somit im vorliegenden Zusammenhang die Frage, ob die verschiedenen Zuwendungsformen im Bereich der gebundenen Selbstvorsorge als Verfügungen unter Lebenden oder als solche von Todes wegen zu qualifizieren sind.   09.49

aa) Gebundene Vorsorgeversicherung

Mit der Begünstigung überträgt der Versicherungsnehmer den Versicherungsanspruch auf einen Dritten, der alsdann gegenüber dem Versicherer ein eigenes Recht geltend machen kann[103]. Bei der gemischten Lebensversicherung ist dieser Anspruch an die doppelte Bedingung geknüpft, dass der Versicherungsnehmer vor dem Erreichen einer bestimmten Altersgrenze[104] stirbt und dass die begünstigte Person den Versicherungsnehmer überlebt. Die Begünstigtenordnung nach Art. 2 BVV3 ist im Bereich der gebundenen Selbstvorsorge notwendigerweise bereits im Versicherungsvertrag festzulegen, da andernfalls die steuerliche Privilegierung dahinfallen müsste.   09.50

---

[98] Art. 78 VVG; vorne, Rz 03.58.

[99] Zum Begriff der gemischten Versicherung siehe MAURER, Privatversicherungsrecht, S. 436: „Der Versicherer hat die Versicherungsleistung auf jeden Fall, mit Sicherheit, einmal zu erbringen, nämlich wenn der Versicherte ein bestimmtes Alter erreicht oder wenn er bereits vorher stirbt. Die gemischte Versicherung ist regelmässig mit einem Sparvorgang verbunden."

[100] Vorne, Rzn 03.06.

[101] Vorne, Rz 03.61.

[102] Einzelheiten dazu hinten, Rzn 10.23 ff.

[103] MAURER, Privatversicherungsrecht, S. 448.

[104] Gemäss Art. 3 Abs. 1 BVV3 dürfen Altersleistungen frühestens fünf Jahre vor Erreichen des Rentenalters gemäss Art. 13 Abs. 1 BVG ausgerichtet werden.

09.51 Die rechtliche Würdigung der *widerruflichen Begünstigung* gemäss Art. 76 VVG ist umstritten[105]. Nach Auffassung der herrschenden Lehre und des Bundesgerichts liegt, weil die begünstigte Person gegenüber der Versicherungsgesellschaft ein eigenes Recht geltend machen kann, kein Rechtsgeschäft von Todes wegen vor[106]. Betrachtet man die Begünstigung aus diesem Grund als *Rechtsgeschäft unter Lebenden*, ist für die Herabsetzungsreihenfolge auf den Zeitpunkt der Bezeichnung des Begünstigten abzustellen[107]. Das gilt ohne weiteres auch dann, wenn die begünstigte Person mit Rücksicht auf Art. 2 BVV3 bestimmt wird, um die entsprechenden Steuervorteile zu realisieren.

09.52 Nach einer anderen Lehrmeinung[108] handelt es sich bei der widerruflichen Begünstigung stets um ein Rechtsgeschäft von Todes wegen, da der Versicherungsnehmer bis zu seinem Tod über den Anspruch verfügen kann und umgekehrt der Begünstigte erst mit dem Tod des Versicherungsnehmers ein direktes Forderungsrecht gegen den Versicherer erwirbt. Bei einer *unwiderruflichen Begünstigung* kann demgegenüber kaum ein Zweifel daran bestehen, dass eine Verfügung unter Lebenden vorliegt[109]. Art. 79 Abs. 2 VVG bringt klar zum Ausdruck, dass der Versicherungsanspruch zu Lebzeiten in das Vermögen des Begünstigten übergegangen ist. Da die gebundene Selbstvorsorge voraussetzt, dass die Bindung an den Vorsorgezweck (und damit die Begünstigtenordnung) unwiderruflich erfolgt[110], fragt sich, ob im Bereich der gebundenen Vorsorgeversicherung nicht immer eine unwiderrufliche Begünstigung vorliegt. Die Problematik bedürfte noch vertiefter Diskussion[111].

bb) Gebundene Vorsorgevereinbarung

09.53 Noch etwas komplexer stellt sich die Sachlage im Bereich der *gebundenen Vorsorgevereinbarung* dar. Die gesetzlichen Sondervorschriften des VVG betreffend die Begünstigung gelten hier offenkundig nicht, weshalb es bei den gesetzlichen Bestimmungen des OR und des ZGB sein Bewenden hat. Dogmatisch lässt sich die Begünstigung der Hinterlassenen mittels einer Vorsorgevereinbarung entweder als ein mit der Bank unter Lebenden abgeschlossener Vertrag zugunsten Dritter (Art. 112 OR) auffassen oder als Verfügung von Todes wegen[112].

09.54 Beim Vertrag zugunsten Dritter besteht zwischen dem Vorsorgenehmer und der Bankstiftung das so genannte Deckungsverhältnis und zwischen dem Vorsorgenehmer und dem Begünstigten das Valutaverhältnis, wobei letzteres Aufschluss über die Art der

---

[105] Eingehend dazu IZZO, S. 81 ff.

[106] DRUEY, Grundriss, § 8, Rz 49, sowie § 13, Rzn 27 ff.; MAURER, Privatversicherungsrecht, S. 449, der von einer *versicherungsrechtlichen Verfügung* spricht, ähnlich HAUSHEER, Abgrenzung, S. 98 f. Vgl. auch BGE 112 II 159 ff.

[107] BGE 71 II 152; TUOR, N 5 zu Art. 532 ZGB; sowie (im Ergebnis) KOLLER, Vorsorge, S. 28. Vgl. sodann die bei IZZO, S. 83 ff. zitierte Literatur. A.M. DESCHENAUX/STEINAUER/BADDELEY, Rz 1118, Fn 74, die eine widerrufbare Begünstigung eine „logische Sekunde" vor dem Tod in das Vermögen des Begünstigten übergehen lassen wollen.

[108] IZZO, S. 88 ff., m.w.H.; vgl. auch ZGB-BREITSCHMID, N 40 vor Art. 467-536 ZGB.

[109] Vgl. die Hinweise bei IZZO, S. 98 f.

[110] Vgl. Art. 1 Abs. 2 Bst. b. BVV3.

[111] Die unwiderrufliche Begünstigung setzt nach Art. 77 Abs. 2 VVG an sich voraus, dass der Versicherungsnehmer auf den Widerruf in der Police unterschriftlich verzichtet und die Police dem Begünstigten übergeben hat. Letzteres trifft jedenfalls bei gemischten Lebensversicherungen nicht zu.

[112] KOLLER, Privatrecht und Steuerrecht, S. 209.

Zuwendung gibt. Unbestrittenermassen liegt im Vertrag zwischen Vorsorgenehmer und Bankstiftung ein (entgeltliches) Rechtsgeschäft unter Lebenden. Dagegen erfolgt die Zuwendung im Valutaverhältnis unentgeltlich[113]. Der Anspruch des Begünstigten im Rahmen der Vorsorgevereinbarung ist nun aber an die doppelte Bedingung geknüpft, dass der Vorsorgenehmer (bevor für diesen selber ein Vorsorgefall – Erreichen der Altersgrenze oder Invalidität – eintritt) stirbt, und dass der Begünstigte ihn überlebt. Die Begünstigung belastet somit offensichtlich nicht das lebzeitige Vermögen des Vorsorgenehmers, sondern erst dessen Nachlass. Wendet man die Kriterien des Bundesgerichts zur Abgrenzung von Verfügungen von Todes wegen gegenüber Rechtsgeschäften unter Lebenden an[114], gelangt man naheliegenderweise zum Schluss, dass in der Begünstigung eine *Zuwendung von Todes wegen* liegt[115]. Das entspricht der heute herrschenden Lehrmeinung[116].

Wenn feststeht, dass die Zuwendung aus gebundener Vorsorgevereinbarung in den Nachlass einzubeziehen ist, stellt sich die Anschlussfrage, welche Folgen sich aus der Bezeichnung einer begünstigten Person ergeben. Zunächst ist zweifelhaft, ob die Bank berechtigt ist, die Leistung direkt an die begünstigte Person zu erbringen[117]. Ferner kann die Begünstigungsklausel als Verfügung von Todes wegen – Einhaltung der Formvorschriften vorausgesetzt – erbrechtlich betrachtet entweder ein Vermächtnis oder eine blosse Teilungsanordnung sein. Liegt ein Vorausvermächtnis vor (das nach Art. 608 Abs. 3 ZGB allerdings nicht vermutet wird), kann es vom Begünstigten zusätzlich zum gesetzlichen Erbteil beansprucht werden, soweit keine Pflichtteile verletzt werden. Ist aufgrund der Umstände auf eine blosse Teilungsregel zu schliessen, erfolgt die Zuteilung des Bankguthabens auf Anrechnung an den (gesetzlichen oder testamentarischen) Erbteil des Begünstigten.

c)   Verhältnis zu güterrechtlichen Ansprüchen (Hinweis)

An dieser Stelle ist nochmals auf die Problematik des vollumfänglichen Einbezugs von aus Errungenschaft finanzierten Vorsorgevermögen in die Pflichtteilsmasse des Vorsorgenehmers zu erinnern. Siehe dazu bereits vorne, Rzn 03.63 f.

5.   Die steuerliche Behandlung der gebundenen Selbstvorsorge[118]

a)   Grundlagen der Besteuerung

Gemäss Art. 7 BVV3 können die Arbeitnehmer und Selbständigerwerbenden bei den direkten Steuern von Bund, Kantonen und Gemeinden Beiträge an die gebundene

---

[113] KOLLER, Privatrecht und Steuerrecht, S. 213.
[114] Siehe vorne, Rzn 05.08 ff.
[115] Einzelheiten bei KOLLER, Privatrecht und Steuerrecht, S. 213 ff. Die Qualifikation als Verfügung von Todes wegen hat zur Folge, dass die entsprechenden Formvorschriften eingehalten werden müssen; vgl. dazu bereits vorne, Rz 05.59.
[116] Siehe die Hinweise bei KOLLER, Vorsorge, S. 30, Fn 265.
[117] Vgl. schon vorne, Rz 03.61.
[118] Siehe die Literaturhinweise vorne, Fn 54, sowie die Hinweise bei HÖHN/WALDBURGER, § 45, vor Rz 1.

Selbstvorsorge in begrenztem Umfang von ihrem steuerbaren Einkommen abziehen[119]. Das angelegte Vermögen und der darauf anfallende Ertrag bleiben – wie im Bereich der beruflichen Vorsorge – während der ganzen Ansparduer steuerfrei.

09.58 Analog zur zweiten Säule unterliegen die Vorsorgeleistungen bei Eintritt der Fälligkeit einer Vollbesteuerung. Dabei ist zu beachten, dass bei der gebundenen Selbstvorsorge Altersleistungen bis zu fünf Jahre vor Erreichen des AHV-Alters ausgerichtet werden können[120]. Das hat zur Folge, dass ab diesem Zeitpunkt die Altersleistungen dann fällig werden, wenn der Versicherte das Leistungsbegehren stellt[121]. *Renten*[122] werden ebenso wie bei der beruflichen Vorsorge zusammen mit dem übrigen laufenden Einkommen besteuert[123], während *Kapitalleistungen* einer gesonderten Besteuerung unterworfen sind[124]. Bei vorzeitigen Barauszahlungen sowie Vorbezüge zum Erwerb von Wohneigentum erfolgt eine sofortige Besteuerung der entsprechenden Leistungen[125].

b) Möglichkeiten der Steuerplanung

09.59 Bezüglich der *Steuerplanung*[126] gilt im Wesentlichen das zur beruflichen Vorsorge Gesagte (vorne, Rzn 09.33 f.), allerdings mit folgenden Abweichungen: Die Abzugsfähigkeit von Beiträgen an anerkannte Vorsorgeformen ist nur bis zu einem *jährlichen Maximalbetrag* zulässig, der für Personen, die bereits im Rahmen der zweiten Säule versichert sind, derzeit Fr. 5'789.- beträgt[127]. Nicht in der beruflichen Vorsorge versicherte Personen können jährlich bis 20 % ihres Erwerbseinkommens, maximal jedoch (zurzeit) Fr. 28'944.-[128] vom steuerbaren Einkommen abziehen[129].

09.60 In seinem Entscheid, überhaupt eine gebundene Selbstvorsorge aufzubauen, ist der Erwerbstätige völlig frei. Ebenso kann er innerhalb der Bestimmungen der BVV3 aufgrund seiner spezifischen Bedürfnisse und unter Berücksichtigung steuerlicher Aspekte selber entscheiden, in welcher Form (Banksparen, Versicherungssparen, Kapital- oder Rentenanspruch) er seine Vorsorge abschliessen will. Sogar ein späterer Wechsel der

---

[119] Art. 33 Abs. 1 Bst. e DBG, Art. 9 Abs. 2 Bst. e StHG sowie für den Kanton Bern Art. 34 Abs. 1 Bst. i StG bzw. Art. 38 Abs. 1 Bst. e nStG BE.

[120] Art. 3 Abs. 1 BVV3.

[121] Einzelheiten bei RICHNER, Zeitpunkt, S. 538 ff., sowie JAQUET, S. 204 ff.

[122] Nicht als Renten im technischen Sinn gelten *Zeitrenten*, die steuerrechtlich als eine Sonderform von Kapitalzahlungen betrachtet werden. Siehe dazu RICHNER, Zeitpunkt, S. 518 f., m.w.H.

[123] Art. 22 Abs. 1 DBG; Art. 7 Abs. 1 StHG.

[124] Art. 38 DBG; Art. 11 Abs. 3 StHG; Art. 47a StG BE bzw. Art. 44 nStG BE. Im Einzelnen dazu JAQUET, S. 199 ff.

[125] Vgl. dazu JAQUET, S. 213 ff.

[126] Vgl. im Einzelnen JAQUET, S. 217 ff.

[127] Vgl. Art. 7 BVV3; der abzugsfähige Betrag beträgt für in der beruflichen Vorsorge versicherte Personen 8 % des oberen Grenzbetrages des koordinierten Lohnes. Siehe für Einzelheiten das KS der EStV vom 31.1.1986, publ. in ASA 54 (1985/86), S. 519 ff, Ziff. 5.

[128] 40 % des oberen Grenzbetrages nach Art. 8 Abs. 1 BVG.

[129] Dazu im Einzelnen JAQUET, S. 183 ff.

Vorsorgeform ist grundsätzlich zulässig[130], dürfte jedoch aufgrund der konkreten Vorsorgeverträge jedenfalls im Versicherungsbereich nur selten durchsetzbar sein[131].

Eine zusätzliche Planungsmöglichkeit besteht in Bezug auf den Zeitpunkt der Auszahlung, der, wie bereits erwähnt, innerhalb der letzten fünf Jahre vor Erreichen des AHV-Alters beliebig bestimmt werden kann. Auf diese Weise lässt sich beispielsweise verhindern, dass mehrere Kapitalleistungen (z.B. Ansprüche beider Ehegatten oder eine zusätzliche Kapitalleistung aus der beruflichen Vorsorge) in der gleichen Bemessungsperiode anfallen und den Steuersatz erhöhen[132]. Optimieren lässt sich die steuerliche Belastung beispielsweise durch Abschluss mehrerer Vorsorgevereinbarungen, deren Fälligkeit auf unterschiedliche Bemessungsperioden verteilt wird[133].

09.61

Eine *Steuerentlastung* erfolgt durch den Aufbau einer gebundenen Selbstvorsorge aus zwei Gründen: Die Abzugsfähigkeit der Beiträge führt einerseits zu einem *Steueraufschubeffekt*; der Vorsorgenehmer erhält dadurch, dass er erst bei Fälligkeit der Vorsorgeleistungen Steuern bezahlen muss, gewissermassen ein zinsloses Darlehen. Andererseits kommt es durch den Steueraufschub und durch den günstigen Tarif bei der Besteuerung von Kapitalleistungen zu einem *Tarifeffekt*, der umso mehr ins Gewicht fällt, je höher der massgebende Grenzsteuersatz auf dem laufenden Erwerbseinkommen im Verhältnis zur steuerlichen Erfassung der Altersleistungen ist. Schliesslich ergibt sich eine spürbare Entlastung im Bereich der (kantonalen) Vermögenssteuer. Die Steuerersparnis kann insgesamt ein erhebliches Ausmass annehmen[134].

09.62

IV. Weitere Versicherungen mit Vorsorgezweck

1. *Möglichkeiten*

Die Vorsorge für den überlebenden Ehegatten kann auch mittels ungebundener Lebensversicherungen verbessert werden[135]. Nachstehend sollen verschiedene, für diesen Zweck besonders geeignete Versicherungsformen kurz beschrieben werden.

09.63

---

[130] Art. 3 Abs. 2 Bst. b BVV3.

[131] Zu prüfen wäre immerhin, ob von der Vorsorgeversicherung bzw. Bankstiftung ein Einkauf mit in der Säule 3a gebundenen Mitteln in die berufliche Vorsorge ermöglicht werden müsste, wenn der Vorsorgevertrag aufgrund ungenügender Beratung und in Unkenntnis der güter- und erbrechtlichen Konsequenzen abgeschlossen wurde.

[132] Bei gemeinsam veranlagten Ehegatten können Kapitalleistungen aus Einrichtungen der beruflichen Vorsorge und der gebundenen Selbstvorsorge, die im gleichen Kalenderjahr anfallen, für die Besteuerung zusammengerechnet werden. Vgl. dazu BStPra XIV (1999), S. 385 ff. (Steuerrekurskommission BL).

[133] JAQUET, S. 224 f. Aus steuerlicher Sicht unzulässig ist demgegenüber eine gestaffelte Auszahlung eines einzelnen Vorsorgeguthabens; BStPra XIV (1999), S. 408 ff.

[134] Siehe etwa die eindrücklichen Berechnungen bei GURTNER, Vermögensbildung, S. 308 ff., 314 ff. Allerdings sind diesbezüglich die Änderungen mit dem Wechsel zum DBG zu beachten; vgl. hiezu RICHNER, Besteuerung, S. 175 ff.

[135] Zum Begriff der Lebensversicherung vgl. MAURER, Privatversicherungsrecht, S. 434; allgemein zum Begriff des Versicherungsvertrages siehe IZZO, S. 6 ff.

a) Todesfallversicherung

09.64 Bei der Todesfallversicherung besteht das versicherte Ereignis ausschliesslich im Tod des Versicherten. Während bei der *einfachen Todesfallversicherung* die vereinbarte Kapitalsumme unabhängig vom Zeitpunkt ausbezahlt wird, in dem die versicherte Person stirbt, ist der Versicherer im Fall einer *temporären Todesfallversicherung* nur beim Todesfall innerhalb der vereinbarten Frist leistungspflichtig. Die temporäre Todesfallversicherung eignet sich deshalb dazu, den überlebenden Ehegatten während einer zeitlich begrenzten, besonders risikoreichen Zeitspanne abzusichern, beispielsweise wenn die Ehedauer noch nicht für eine Hinterlassenenleistung der ersten und zweiten Säule ausreicht[136] oder wenn kleine Kinder zu betreuen sind. Der Ehegatte des Versicherungsnehmers wird bei dieser Sachlage als begünstigte Person nach Art. 76 ff. VVG bezeichnet. Die Auszahlung der Versicherungsleistung erfolgt je nach Vereinbarung als Kapitalbetrag oder als Leibrente.

09.65 Die Todesfallrisikoversicherung mit Begünstigung des überlebenden Ehegatten kann grundsätzlich auch als Bestandteil der Säule 3a abgeschlossen werden. Der Abschluss im Rahmen der freien Selbstvorsorge erfolgt vorzugsweise nur dann, wenn eine gebundene, steuerlich privilegierte Selbstvorsorge nicht möglich ist – beispielsweise bei einem (aus steuerlicher Sicht) nicht erwerbstätigen Versicherungsnehmer oder wenn der maximal zulässige Beitragsabzug[137] bereits anderweitig ausgeschöpft wurde.

b) Gemischte Lebensversicherung

09.66 Die gemischte Lebensversicherung besteht in der Kombination einer temporären Todesfallversicherung mit einer Erlebensfallversicherung[138]. Der Versicherer hat die Leistung auf jeden Fall einmal zu erbringen, nämlich wenn die versicherte Person ein bestimmtes Alter erreicht oder aber wenn sie vorher stirbt. Aus diesem Grund ist die gemischte Lebensversicherung immer mit einem Sparvorgang verbunden. Die mit der reinen Todesfallversicherung verbundene „Absterbenslotterie" wird insofern reduziert, als auch der Versicherungsnehmer selber vor dem wirtschaftlichen Risiko des langen Lebens geschützt wird. Wie bei der Todesfallversicherung lässt sich die Versicherungsleistung als Kapital oder in Rentenform vereinbaren[139].

09.67 Besonderer Beliebtheit erfreut sich offenbar derzeit die relativ junge Form der Lebensversicherung mit variabler Sparprämie, die auch im Rahmen der gebundenen Selbstvorsorge abgeschlossen werden kann. Hier wird eine feste Risikoprämie mit einem Sparanteil verbunden, der jederzeit neu bestimmt werden kann[140]. Von den Versicherungsgesellschaften werden sodann Zwischenformen angeboten, die bei einer fixen Risikoprämie und festem Sparanteil nach Belieben des Versicherungsnehmers „Einkaufsmöglichkeiten", d.h. das Einbringen von zusätzlichem Sparkapital, gewähren.

---

[136] Vgl. vorne, Rzn 02.09 und 02.51.
[137] Vorne, Rz 09.59.
[138] IZZO, S. 15.
[139] Betreffend die Möglichkeit, die gemischte Lebensversicherung als Säule 3a auszugestalten, gilt das zur Todesfallversicherung Gesagte; Rz 09.65.
[140] IZZO, S. 17.

c) Leibrentenversicherung nach Eintritt des Rentenalters

Wählt der Vorsorgenehmer für Ansprüche der beruflichen und gebundenen Selbstvor- 09.68
sorge die Form der Kapitalabfindung, ist eine *Reinvestition in eine Leibrente* unter Umständen von Vorteil. Der Vorsorgenehmer erkauft sich damit einen Anspruch auf periodische, lebenslänglich garantierte Leistungen, die entweder sofort oder nach Erreichen eines bestimmten Alters zu laufen beginnen. Der Betrag der Rente bestimmt sich in erster Linie nach der Höhe der Einmalprämie, nach dem Alter der Versicherten sowie danach, ob die Versicherung auf ein oder auf zwei Leben abgeschlossen wird, und ob das nicht verzehrte Restkapital im Todesfall des Versicherten zur Auszahlung gelangen soll[141].

Für die *Ehegattenbegünstigung* kann sich die Leibrentenversicherung insbesondere 09.69
dann anbieten, wenn der mutmasslich überlebende Ehegatte nicht Vorsorgenehmer der zweiten Säule ist und gegen das Risiko der hohen Lebenserwartung abgesichert werden soll. Da die berufliche Vorsorge dem überlebenden Ehegatten – soweit dieser überhaupt anspruchsberechtigt ist – nur 60 % der Rente des Vorsorgenehmers zugesteht[142], lässt sich auf diese Weise eine namhafte Verbesserung erreichen. Ist allerdings der Ehegatte, der auf diese Weise geschützt werden soll, erheblich jünger als der Vorsorgenehmer, kann die Rente, bei deren Berechnung auf das Leben des jüngeren Versicherten abgestellt wird, tiefer ausfallen als die Hinterlassenenrente der beruflichen Vorsorge[143]. Ob es vorteilhaft ist, die berufliche Vorsorge als Kapital zu beziehen und eine Leibrentenversicherung auf zwei Leben abzuschliessen, lässt sich deshalb nur mit Blick auf den Einzelfall beurteilen.

2. Güterrechtliche Einordnung der Anwartschaften und Leistungen[144]

a) Noch nicht fällige Versicherungsansprüche

Sofern der Versicherungsfall mit Sicherheit eintritt, was sowohl bei der gemischten Le- 09.70
bensversicherung als auch bei der einfachen Todesfallversicherung zutrifft, liegen – wie bei der gebundenen Selbstvorsorge[145] – feste, vom Güterrecht beherrschte Ansprüche vor. Der Rückkaufswert der Versicherungen ist deshalb im Vermögen des Versicherungsnehmers nach dem Surrogationsprinzip zuzuordnen.

Die reine Risikoversicherung ohne Sparanteil stellt demgegenüber eine Anwart- 09.71
schaft dar, die mangels eines Rückkaufswertes[146] vor Fälligkeit dem Güterrecht entzogen bleibt[147].

---

[141] JAQUET, S. 135; vgl. S. 135 ff. zu den einzelnen Arten der Leibrentenversicherungen.
[142] Vorne, Rz 02.56.
[143] Zum Ganzen JAQUET, S. 152 ff., mit Rechnungsbeispielen und unter Einbezug der steuerlichen Faktoren.
[144] Zu den güterrechtlichen Grundlagen siehe vorne, Rzn 03.16 ff.
[145] Vorne, Rzn 03.23 und 03.25.
[146] Zur Behandlung eines allfälligen konventionalen Rückkaufswertes siehe IZZO, S. 205 ff., der die güterrechtliche Berücksichtigung zu Recht ablehnt.
[147] HAUSHEER/REUSSER/GEISER, N 77 f. zu Art. 197 ZGB.

b) Während des Güterstandes fällig gewordene Versicherungsansprüche

09.72 Versicherungsleistungen, die während des Güterstandes fällig geworden sind – d.h. Leistungen aus einer Leibrentenversicherung oder Kapitalzahlungen aus einer gemischten Lebensversicherung – sind als feste Vermögensbestandteile der versicherten Person nach dem Surrogationsprinzip zuzuordnen[148]. Weist die betreffende Versicherung noch einen Rückkaufswert auf, ist dieser güterrechtlich ebenfalls zu berücksichtigen[149].

c) Ansprüche der begünstigten Person

09.73 Versicherungsleistungen, die dem überlebenden Ehegatten aufgrund der versicherungsrechtlichen Begünstigung zustehen, befinden sich im Zeitpunkt der Auflösung des Güterstandes durch Tod des anderen Ehegatten nicht mehr im Vermögen des Versicherungsnehmers. Sie verbleiben dem begünstigten Ehegatten als unentgeltliche Zuwendung und damit als Eigengut gemäss Art. 198 Ziff. 2 ZGB[150].

3. Erbrechtliche Behandlung der Anwartschaften und Leistungen

a) Rechtsnatur des Anspruchs

09.74 Die aus Versicherungsvertrag begünstigte Person erwirbt den Leistungsanspruch aus eigenem Recht, die Versicherungssumme fällt nicht in den Nachlass[151].

09.75 Anders verhält es sich lediglich für den praktisch relativ seltenen Fall, dass der Erblasser den Versicherungsanspruch weder gemäss Art. 73 VVG abgetreten noch nach Art. 76 VVG einer begünstigten Person zugewandt hat. Die Versicherungssumme fällt bei dieser Sachlage in den Nachlass. Der Erblasser kann allerdings mittels Vermächtnis über den Versicherungsanspruch verfügen, wodurch der Vermächtnisnehmer gemäss Art. 563 Abs. 2 ZGB einen direkten Forderungsanspruch gegenüber dem Versicherer erhält. Dies ändert indessen nichts an der erbrechtlichen Natur der Zuwendung[152], was für den Vermächtnisnehmer im Vergleich zur versicherungsrechtlich begünstigten Person gewisse Nachteile[153] mit sich bringt. Im Rahmen der Ehegattenbegünstigung ist vom Versicherungsvermächtnis deshalb regelmässig abzusehen und stattdessen die versicherungsrechtliche Begünstigung zu wählen[154].

---

[148] HAUSHEER/REUSSER/GEISER, N 78 zu Art. 197 ZGB; vorne Rzn 03.33 f., m.w.H.

[149] IZZO, S. 199.

[150] Vgl. vorne, Rz 03.30, m.w.H.

[151] Art. 78 VVG; vgl. auch vorne, Rz 09.46.

[152] ZGB-BREITSCHMID, N 6 zu Art. 563 ZGB.

[153] So können die Gläubiger des Erblassers auch auf das Versicherungsvermächtnis greifen (Näheres bei ZGB-BREITSCHMID, N 8 zu Art. 563 ZGB). Umstritten ist die Frage, ob für die Pflichtteilsberechnung die ganze ausgerichtete Versicherungsleistung einzubeziehen ist, oder ob nur der Rückkaufswert der Versicherung in Betracht fällt (vgl. hinten, Rzn 09.76 f.; in letzterem Sinne IZZO, S. 375, sowie ZGB-STAEHELIN, N 10 zu Art. 476 ZGB, m.H. auf a.M.).

[154] Anders ist ausnahmsweise zu entscheiden, wenn bei der einfachen Todesfall- oder der gemischten Versicherung mit Blick auf die Herabsetzungsreihenfolge eine Zuwendung von Todes wegen vorteilhaft ist, beispielsweise weil die Gefahr einer Pflichtteilsverletzung bzw. Herabsetzungsklage im Zeitpunkt des Vertragsschlusses noch nicht abgeschätzt werden kann. Zu den Unterschieden zwischen Begünstigung und Versicherungslegat siehe auch IZZO, S. 372 ff.

b) Hinzurechnung und Herabsetzbarkeit der Leistungen

Nachdem der gebundenen Vorsorge eine Sonderstellung in Bezug auf das Erbrecht abgesprochen wurde, liegt auf der Hand, dass die im Bereich der Säule 3a vertretenen Lösungen erst recht für die *freie Selbstvorsorge* Geltung beanspruchen. 09.76

Bei *Versicherungslösungen* mit Rückkaufswert gelten – wie im Bereich der gebundenen Vorsorge – die Art. 476 und 529 ZGB, wonach ein auf den Tod des Erblassers gestellter Versicherungsanspruch mit dem Rückkaufswert im Todeszeitpunkt zur Pflichtteilsmasse zu rechnen und herabsetzbar ist. Davon betroffen sind sowohl gemischte Versicherungen[155] als auch einfache Todesfallversicherungen[156], die notwendigerweise über einen Rückkaufswert verfügen. Umstritten ist die Rechtslage, wenn nicht eine Kapitalleistung, sondern eine Rente geschuldet ist. Da jedes Kapital in eine Rente umgewandelt werden kann und umgekehrt, rechtfertigt sich eine Ausnahme von der Hinzurechnung nicht[157], sofern vertraglich ein Rückkaufswert vereinbart wurde[158]. 09.77

Reine *Risikoversicherungen* (d.h. temporäre Todesfallversicherungen) unterliegen demgegenüber der Hinzurechnung bzw. Herabsetzung nicht[159]. Sie sind mit keinem Sparvorgang verbunden und weisen keinen hinzurechenbaren Rückkaufswert auf. 09.78

Gewisse Besonderheiten sind bei der *sofort fällig werdenden Leibrentenversicherung* zu beachten. Schliesst der Versicherungsnehmer eine solche Versicherung ab, die auf seinen eigenen Namen lautet, bei seinem Ableben dem Ehegatten ausgerichtet werden soll und bei der vertraglich eine *Rückgewähr ausgeschlossen* wird, sind nach der einen Lehrmeinung die Bestimmungen von Art. 476 und 529 ZGB nicht anwendbar[160]. Die Rentenversicherung ist nach dieser Auffassung nicht auf den Tod des Erblassers gestellt, weil die Leistungen bereits früher fällig sind und an ihn selber ausgerichtet werden. Dem ist entgegenzuhalten, dass der Leistungsanspruch des anderen (begünstigten) Ehegatten durch den Tod des Versicherungsnehmers bedingt ist, so dass aus der Sicht von Art. 476 ZGB ohne weiteres von einer Todesfallversicherung gesprochen werden kann. Allerdings fehlt es bei der gewählten Versicherungsart an einem hinzurechenbaren Rückkaufswert, da die Prämienrückgewähr ausgeschlossen wurde. Erfolgt die Vereinbarung der sofort fällig werdenden, auf zwei Leben gestellten Rentenversicherung *mit* 09.79

---

[155] Dazu DRUEY, Grundriss, § 13, Rz 35, m.w.H.; IZZO, S. 285 ff.

[156] Bei einfachen Todesfallversicherungen besteht nach der Laufzeit von 3 Jahren zwingend ein Rückkaufswert; Art. 90 Abs. 2 VVG. Vor diesem Zeitpunkt unterliegt nur ein allfälliger konventionaler Rückkaufswert der Hinzurechnung/Herabsetzung; IZZO, S. 276 f., m.w.H.

[157] ZGB-STAEHELIN, N 26 zu Art. 476 ZGB, m.w.H.

[158] Zum Kauf einer sofort beginnenden Rente für den Begünstigten siehe ZGB-STAEHELIN, N 27 zu Art. 476 ZGB, der (m.E. richtigerweise) je nach Zeitpunkt der Zuwendung und dem Zweck der Rente eine Hinzurechnung nach Art. 527 Ziff. 1, 3 oder 4 vorschlägt.

[159] Vgl. dazu vorne, Rz 03.60, m.w.H.

[160] Siehe dazu KUHN, S. 196, Ziff. 2.2 sowie S. 201 ff. Für eine analoge Anwendung dieser Bestimmungen allerdings ZGB-STAEHELIN, N 28 zu Art. 476 ZGB.

Prämienrückgewähr, so weist die Versicherung einen Rückkaufswert auf[161]. Hier muss deshalb eine Hinzurechnung nach Art. 476 ZGB stattfinden[162].

09.80 Die beschriebene Rentenversicherung ist – auch wenn sich durch Verzicht auf eine Prämienrückgewähr die Möglichkeit der Umgehung von Pflichtteilsschranken ergibt – in verschiedener Hinsicht *unzweckmässig*: Die Fälligkeit der Renten noch vor dem Tod des Erblassers ist bei verhältnismässig jungem Alter des Versicherungsnehmers wirtschaftlich und steuerlich nicht sinnvoll, namentlich wenn die Finanzierung über eine Einmaleinlage erfolgt[163]. Bei umgekehrter Absterbensreihenfolge oder Auflösung der Ehe durch Scheidung kann sich die fehlende Rückkaufsmöglichkeit als besonderes Hindernis erweisen. Wird trotz diesen praktischen Nachteilen eine derartige Rentenversicherung abgeschlossen, liegt es nahe, den *Umgehungstatbestand* von Art. 527 Ziff. 4 ZGB anzuwenden und beim Tod des Erblassers den Betrag einer kapitalisierten Rente an den überlebenden Ehegatten der Pflichtteilsmasse hinzuzurechnen. Dann allerdings erweist sich die übertragene Rente für den Begünstigten als Bumerang, weil er die Miterben in der Höhe ihrer Pflichtteilsverletzung bar auszahlen muss, ohne im Zeitpunkt des Todes des Erblassers über die nötige Liquidität zu verfügen.

c) *Rechtsgeschäft unter Lebenden*

09.81 Die Ausführungen zur Qualifikation der gebundenen Vorsorgeversicherung[164] gelten ohne weiteres auch für Versicherungsverträge der freien Vorsorge. Mit der herrschenden Lehre ist von einem *Rechtsgeschäft unter Lebenden* auszugehen, so dass für die Reihenfolge der Herabsetzung der Zeitpunkt massgebend ist, in dem der Begünstigte gemäss Art. 76 VVG bezeichnet wurde[165]. Dies gilt auch für die Übertragung des Versicherungsanspruches durch *Zession*[166].

09.82 Die Begünstigung nach Art. 76 VVG kann auch in eine Verfügung von Todes wegen, z.B. in ein Testament, aufgenommen werden. Sie wird dadurch allerdings nicht selber zu einer Verfügung von Todes wegen im technischen Sinn und unterscheidet sich in keiner Weise von der unter Lebenden formlos vorgenommenen Begünstigung. Daneben besteht auch die Möglichkeit, den Versicherungsanspruch mittels *Verfügung von Todes wegen* (Erbeinsetzung oder Vermächtnis) einer Drittperson zu übertragen[167]. Was im Einzelfall vorliegt – Begünstigung oder Übertragung von Todes wegen – ist mittels Auslegung zu bestimmen[168]. Liegt (was praktisch selten der Fall ist) eine Verfügung von Todes wegen vor, hat dies zur Folge, dass der Anspruch gegen die Versicherung in gleichem Rang mit weiteren Verfügungen von Todes wegen steht und somit proportional

---

[161] IZZO, S. 278; die Erben erhalten im Falle des frühzeitigen Todes des (zweiten) Rentenbezügers den in diesem Zeitpunkt verbleibenden Rückkaufswert.

[162] Einzelheiten und weitere Hinweise bei IZZO, S. 278 ff. Keine Hinzurechnung findet selbstverständlich dann statt, wenn der Versicherungsnehmer „planwidrig" den anderen Ehegatten überlebt. Da er die Einmaleinlage selber finanziert hat, liegt keine Vermögensentäusserung vor.

[163] Vgl. Art. 20 Abs. 1 Bst. a DBG.

[164] Vgl. Rzn 09.50 ff.

[165] Zu den Konsequenzen für die Ehegattenbegünstigung siehe hinten, Rzn 10.36 ff.

[166] Vgl. Art. 73 VVG; ZK-ESCHER, N 8 zu Art. 476 ZGB.

[167] Vgl. Art. 77 Abs. 1 VVG.

[168] ZK-ESCHER, N 6 ff. zu Art. 476 ZGB.

herabzusetzen ist[169]. Ausserdem fällt bei einer Übertragung durch Verfügung von Todes wegen der Anspruch in den Nachlass[170].

4. Die steuerliche Behandlung ungebundener Versicherungen

a) Vorbemerkungen

Die Vorsorge wird auch ausserhalb der beruflichen Vorsorge und der gebundenen Selbstvorsorge steuerlich privilegiert behandelt[171]. Allerdings gilt nicht jedes Produkt, das als Lebensversicherung angeboten wird, auch unter steuerrechtlichen Gesichtspunkten als Versicherung. Eine solche liegt nur vor, wenn der Versicherer ein *Risiko* übernimmt, d.h. wenn hinsichtlich Eintritt bzw. Zeitpunkt des Eintritts des versicherten Ereignisses und damit des Leistungsumfangs eine Ungewissheit besteht[172]. 09.83

b) Steuerrechtliche Behandlung der Prämien und des Versicherungskapitals

Einlagen, Prämien und Beiträge für Lebensversicherungen sind nur im Rahmen des betragsmässig begrenzten allgemeinen *Abzugs für Prämien* für Lebens-, Kranken- und nichtobligatorische Unfallversicherung und Sparzinsen vom Einkommen abziehbar[173]. Der begrenzte Abzug gilt auch für Einmalprämien[174]. Auf Prämienzahlungen für bestimmte Lebensversicherungen mit Einmalprämie wird eine *Stempelabgabe* von 2,5 % erhoben[175]. 09.84

Der Rückkaufswert von Lebensversicherungen[176] unterliegt regelmässig der kantonalen *Vermögenssteuer*, bei Rentenversicherungen allerdings nur bis zum Eintritt des versicherten Ereignisses. Dank der eher zurückhaltenden Festsetzung des steuerlich 09.85

---

[169] Vgl. dazu Fn 154. Siehe auch Rz 10.40 zu den Auswirkungen auf die Begünstigung des überlebenden Ehegatten.

[170] ZGB-STAEHELIN, N 5 zu Art. 476 ZGB, m.w.H. Zur Frage, ob die Versicherungssumme oder gemäss Art. 476 ZGB nur der Rückkaufswert der Pflichtteilsmasse zuzurechnen ist, vgl. vorne, Fn 153. Zum direkten Anspruch des Vermächtnisnehmers gegenüber der Versicherung siehe Art. 563 Abs. 2 ZGB.

[171] Vgl. Art. 24 Bst. b und Art. 20 Abs. 1 Bst. a DBG sowie Art. 7 Abs. 4 Bst. d StHG.

[172] HÖHN/WALDBURGER, § 45, Rzn 21 f.; MAUTE, S. 404 f.

[173] Art. 33 Abs. 1 Bst. g DBG; Art. 9 Abs. 2 Bst. g StHG; Art. 39 Abs. 2 Ziff. 6 StG BE bzw. Art. 38 Abs. 2 Bst. g nStG BE. Da dieser Abzug regelmässig bereits durch die Krankenversicherungsprämien ausgeschöpft werden dürfte, ergibt sich hier keine Steuereinsparung; HÖHN/WALDBURGER, § 45, Rz 31. Die Pauschalabzüge differieren in den einzelnen Kantonen indessen ganz erheblich.

[174] HÖHN/WALDBURGER, § 45, Rz 32, m.H. zur Problematik der Fremdfinanzierung und dazu den Entscheid des VerwGer SG in StR 1999 A 12 Nr. 7, wonach – in Abweichung von der bisherigen Praxis – bei darlehensfinanzierter Einmalprämie keine Steuerumgehung vorliege. Siehe dazu ferner BStPra XIV (1999), S. 581 ff.

[175] Art. 22 Bst. a und 24 Abs. 1 StG i.V.m. Art. 26a und 26b StV.

[176] In der Steuerpraxis gilt nicht alles als rückkaufsfähig, was von den Versicherern so genannt wird. Ein Rückkaufswert muss steuerrechtlich nur bei den nach Art. 98 VVG zwingend rückkaufsfähigen Versicherungen berücksichtigt werden; HÖHN/WALDBURGER, § 45, Rz 25. Lebensversicherungen ohne (steuerrechtlichen) Rückkaufswert stellen kein steuerbares Vermögen dar.

massgeblichen Rückkaufswertes ergibt sich eine vergleichsweise günstige Steuerbelastung[177].

c) *Steuerrechtliche Behandlung der Versicherungsleistungen*[178]

aa) *Rentenleistungen*

09.86 Der *Erwerb eines Rentenstammrechts aus Todesfall* unterliegt in der Höhe des Kapitalwerts der Rente – nach Massgabe des kantonalen Rechts[179] – der Erbschaftssteuer[180].

09.87 Die einzelnen *Rentenleistungen* setzen sich aus der Rückzahlung der einbezahlten Prämien und den Kapitalerträgen sowie Gewinnbeteiligungen zusammen. Eine Einkommensbesteuerung des Versicherungsnehmers bzw. der begünstigten Person rechtfertigt sich nur für die Ertragsquote. Diese wird nach geltendem Recht pauschal auf 60 % des Renteneinkommens festgelegt[181]. Im Rahmen des Stabilisierungsprogrammes 1998[182], mit Inkrafttreten der massgeblichen Gesetzesänderungen am 1.1.2001, ist eine Reduktion der steuerbaren Quote auf 40 % vorgesehen[183]. Für den überlebenden Ehegatten ergeben sich dadurch spürbare Steuererleichterungen[184].

bb) *Kapitalleistungen*

09.88 Die Besteuerung von Kapitalversicherungen erfolgt unterschiedlich, je nachdem, ob diese rückkaufsfähig sind oder nicht. Im Bereich der direkten Bundessteuer sowie gemäss StHG ist der *Vermögensanfall aus rückkaufsfähiger privater Kapitalversicherung* grundsätzlich steuerfrei[185].

09.89 Besonderheiten gelten immerhin mit Bezug auf Lebensversicherungen, welche mit *Einmalprämien*[186] finanziert wurden. Die Erträge aus solchen Versicherungen (d.h. der Betrag, um welchen die Kapitalleistung die Einmaleinlage übersteigt) sind als Einkommen steuerbar, wenn die betreffende Versicherung nicht der Vorsorge dient. Nach dem noch geltenden Gesetzeswortlaut trifft dies dann zu, wenn die Auszahlung vor dem 60. Altersjahr des Versicherten erfolgt oder wenn das Vertragsverhältnis nicht

---

[177] HÖHN/WALDBURGER, § 45, Rz 34.

[178] Vgl. auch die Darstellung nach den versicherten Ereignissen bei HÖHN/WALDBURGER, § 45, Rzn 65 ff.

[179] Je nach Kanton finden unterschiedliche Kapitalisierungsgrundlagen und -zinssätze Anwendung; im Kanton Bern beruht die Berechnung des Rentenbarwertes auf den Tafeln von STAUFFER/SCHAETZLE und gilt ein genereller Kapitalisierungszinssatz von 4 %.

[180] Art. 24 Bst. a DBG und Art. 7 Abs. 4 Bst. c StHG schliessen eine Besteuerung als Einkommen aus.

[181] Eine volle Besteuerung der Leibrente greift Platz, wenn die Leistungen nicht ausschliesslich selbstfinanziert wurden. Der schenkungsweise Erwerb wird einkommenssteuerrechtlich der Selbstfinanzierung gleichgestellt; vgl. Art. 22 Abs. 3 DBG; Art. 7 Abs. 2 StHG sowie Art. 32a Abs. 1 StG BE. Vgl. zum Ganzen HÖHN/WALDBURGER, § 45, Rzn 52 ff. Bei älteren Rentenberechtigten ist der pauschale Ertragswert von 60 % deutlich zu hoch; vgl. zur Problematik P. LOCHER, Renten, S. 183 f.

[182] Vgl. BBl 1999 V 2570 ff.

[183] nArt. 22 Abs. 3 DBG; nArt. 7 Abs. 2 StHG; Art. 27 nStG BE.

[184] Vgl. zur Besteuerung von Leibrentenversicherungen auch JAQUET, S. 140 ff.

[185] Art. 7 Abs. 4 Bst. d StHG; die meisten Kantone (so auch der Kanton Bern) erheben bereits jetzt keine Einkommenssteuer.

[186] Zum steuerrechtlichen Begriff der Einmalprämie siehe MAUTE, S. 407.

mindestens fünf Jahre gedauert hat[187]. Nach der am 19.3.1999 verabschiedeten, am 1.1.2001 in Kraft tretenden Gesetzesrevision gilt die Kapitalversicherung künftig nur noch dann als der Vorsorge dienend, wenn die Auszahlung nach dem 60. Altersjahr des Versicherten aufgrund eines mindestens fünfjährigen Vertragsverhältnisses erfolgt, das vor Vollendung des 66. Altersjahres begründet wurde[188]. Im StHG fehlt zurzeit noch ein Vorbehalt für mit Einmalprämie finanzierte Kapitalversicherungen; durch die am 19.3.1999 verabschiedete Revision erfolgt nunmehr eine Anpassung an die revidierte Regelung des DBG[189].

Liegt eine *nicht rückkaufsfähige Kapitalversicherung* vor, werden Todesfallleistungen unabhängig von einer Begünstigungsklausel von der direkten Bundessteuer erfasst[190]. Die Besteuerung erfolgt allerdings zu einem reduzierten Satz, so dass lediglich mit einer Belastung von 2 bis 3 % zu rechnen ist[191]. In den meisten Kantonen unterliegen die Versicherungsleistungen dagegen nicht der Einkommenssteuer, werden im Todesfall aber von der *Erbschaftssteuer* erfasst[192]. Ist der überlebende Ehegatte diesbezüglich steuerbefreit (oder durch den Steuersatz privilegiert) ergibt sich eine sehr tiefe Steuerbelastung[193]. Nachteilig ist die Versicherungslösung demgegenüber, wenn die Leistungen auch im Kanton als Einkommen erfasst werden, da die Einkommenssteuer die Erbschafts- und Schenkungssteuer (jedenfalls für Zuwendungen unter Ehegatten) übersteigt.

09.90

V. Beurteilung im Hinblick auf die Ehegattenbegünstigung

1. *Anspruchsberechtigung und zulässiger Umfang der Begünstigung*

Da der begünstigte Ehegatte seinen Kapital- oder Rentenanspruch unabhängig von allfälligen erbrechtlichen Ansprüchen aus eigenem Recht (de iure proprio) erhält, *erfolgt die Auszahlung in der Regel sehr rasch* und die erbrechtliche Auseinandersetzung (und allfällige damit verbundene Streitereien) müssen nicht abgewartet werden. Selbst wenn der überlebende Ehegatte die Erbschaft ausschlägt, bleiben die Vorsorgeansprüche erhalten. Dasselbe gilt, wenn durch die Ansprüche der dritten Säule Pflichtteile verletzt

09.91

---

[187] Art. 20 Abs. 1 Bst. a DBG und dazu das KS Nr. 24 der EStV vom 30.6.1995, publ. in ASA 64 (1995/96), S. 463 ff. Vgl. auch HÖHN/WALDBURGER, § 45, Rz 60, m.w.H.; ausführlich zum Ganzen sodann LAFFELY MAILLARD, S. 618 ff.

[188] nArt. 20 Abs. 1 Bst. a DBG; vgl. NEUHAUS, S. 290 ff.

[189] nArt. 7 Abs. 1ter und Abs. 4 Bst. d StHG entsprechen den (revidierten) Parallelbestimmungen des DBG. Bis anhin konnten Todesfallleistungen aus solchen Versicherungen der kantonalen Erbschaftssteuer unterworfen werden (HÖHN/WALDBURGER, § 45, Rz 61), was mit der neuen Harmonisierungsbestimmung künftig unzulässig sein dürfte.

[190] BGE 88 I 116 ff.; siehe auch die Hinweise bei HÖHN/WALDBURGER, § 45, Rz 63, sowie LAFFELY MAILLARD, S. 606 f.

[191] Art. 38 DBG.

[192] HÖHN/WALDBURGER, § 45, Rz 64. Das ist insbesondere beim Fehlen einer Begünstigungsklausel sachgerecht, da die Todesfallleistungen in den Nachlass fallen. Liegt eine Begünstigung vor, erwirbt die begünstigte Person den Anspruch kraft der versicherungsvertraglichen *Begünstigungsklausel* und nicht kraft Erbrechts, so dass die Versicherungssumme der Schenkungssteuer unterliegt; MAUTE/STEINER, S. 274.

[193] Dies trifft etwa im Kanton Bern zu.

werden; den Noterben steht lediglich ein obligatorischer Herabsetzungsanspruch zu, den sie gerichtlich geltend machen müssen.

09.92 Im Bereich der *beruflichen Vorsorge* erfolgt – anders als bei der gebundenen Vorsorgeversicherung – überhaupt keine erbrechtliche Anrechnung, weshalb sich die Begünstigung des überlebenden Ehegatten erhöhen lässt, soweit reglementarische Einkaufsmöglichkeiten bestehen oder (für den Selbständigerwerbenden) die Wahl zwischen beruflicher und gebundener Selbstvorsorge offen steht. Eine *Risikoversicherung* ohne Rückkaufswert ist ebenfalls *nicht pflichtteilsrelevant*.

09.93 Findet bei *einfachen Todesfallversicherungen* und *gemischten Lebensversicherungen* der gebundenen oder freien Selbstvorsorge eine Hinzurechnung statt, dann nur mit dem *Rückkaufswert*, der wesentlich geringer ist als die ausbezahlte Versicherungssumme. Die Differenz zwischen Versicherungssumme und Rückkaufswert fliesst dem Begünstigten zusätzlich zur verfügbaren Quote zu, womit sich der Anspruch des überlebenden Ehegatten immerhin in diesem Umfang erweitert.

09.94 Die genannten Vorteile bezüglich des Umfangs der Begünstigung und der direkten Anspruchsberechtigung gelten nicht für die Vorsorge in der Form des *gebundenen Banksparens*. Das gesamte Sparkapital ist hier pflichtteilsrelevant und es ist unklar, ob die Bank sich durch Auszahlung an den Begünstigten gegenüber der Erbengemeinschaft befreit[194]. Es darf deshalb nicht mit einer direkten Auszahlung gerechnet werden; die Miterben können allenfalls auf das Bankguthaben zugreifen. Soweit die Begünstigung aus gebundener Vorsorgevereinbarung nicht die Form eines Vermächtnisses aufweist, entfällt sie bei Ausschlagung der Erbschaft.

2. Schutz vor Risiken

09.95 *Leibrenten* bieten im Vergleich zu anderen Formen der Begünstigung eine hohe Sicherheit, da das versicherungstechnische Risiko des „zu langen" Lebens auf die Pensionskasse oder Versicherungsgesellschaft überwälzt wird[195]. Die Rentenversicherung erleichtert sodann, verglichen mit der Übertragung anderer Vermögenswerte, die *Vermögensverwaltung*.

09.96 Im Rahmen der *beruflichen Vorsorge* ist indessen Folgendes zu beachten: Die Witwe[196] erhält lediglich 60 % der ihrem Ehemann zustehenden Altersrente, bzw. allenfalls eine entsprechende Kapitalabfindung. Hat der Ehemann dagegen denselben Vorsorgeschutz in der gebundenen Selbstvorsorge angelegt bzw. sich die berufliche Vorsorge in bar auszahlen lassen (Wohneigentumsförderung[197], Aufnahme einer selbständigen Erwerbstätigkeit), bildet das Kapital bei seinem Tod Errungenschaft, so dass davon in der güter- und erbrechtlichen Auseinandersetzung entweder das Ganze an die Ehefrau

---

[194] Siehe vorne, Rz 03.61.

[195] Ist beispielsweise die Ehefrau erheblich jünger als der Vorsorgenehmer und bei bester Gesundheit, garantiert ihr eine Rentenversicherung eine lebenslängliche Versorgung, was bei einem güter- oder erbrechtlichen Übergang des Kapitals nicht gewährleistet wäre. Umgekehrt lässt sich allerdings sagen, dass die anderen Erben das Risiko des kurzen Lebens tragen: Erfolgt keine Prämienrückgewähr, erleidet der Erbanspruch auch dann eine Einbusse im Umfang der gesamten Prämienzahlungen, wenn der überlebende Ehegatte den anderen nur kurze Zeit überlebt. Bei einer Kapitalzahlung bliebe den Erben ein allfälliges Restkapital erhalten.

[196] Je nach Reglement auch der Witwer, vgl. vorne, Rz 02.51, m.w.H.

[197] Vgl. dazu hinten, Rzn 09.109 ff.

gelangt (bei Vorschlagszuweisung) oder (ohne Vorschlagszuweisung, aber mit Ausschöpfung der verfügbaren Quote) $^{13}/_{16}$[198], jedenfalls also mehr als 60 %. Ob sich die Auszahlung der beruflichen Vorsorge in der Form einer Leibrente lohnt, hängt deshalb massgeblich vom Gesundheitszustand und vom Alter des überlebenden Ehegatten ab. Unter Umständen kann die *Barauszahlung an den Versicherungsnehmer* – allenfalls mit einer Reinvestition in eine auf beide Leben laufende Leibrente[199] – für dessen mutmasslich überlebenden Ehegatten von Vorteil sein.

Erfolgt die Zuwendung an den überlebenden Ehegatten durch *Kapitalversicherungen* der gebundenen oder freien Selbstvorsorge mit Begünstigungsklausel, besteht im Vergleich zur güter- und erbrechtlichen Zuwendung eine wesentlich grössere Klarheit über die *Höhe des zu erwartenden Anspruchs*, was gegebenenfalls dem Sicherheitsbedürfnis der Ehegatten entsprechen kann. 09.97

Verglichen mit anderen Vermögensanlagen kann im Einzelfall die Bestimmung von Art. 80 VVG von Vorteil sein, wonach bei Begünstigung des Ehegatten (oder der Nachkommen) des Versicherungsnehmers der Versicherungsanspruch der Zwangsvollstreckung zugunsten der Gläubiger des Versicherungsnehmers entzogen ist[200]. 09.98

3. Planungsmöglichkeiten und Flexibilität der Begünstigung

Die berufliche Vorsorge und gebundene Vorsorgevereinbarungen, je nach konkreter Ausgestaltung auch gebundene und freie Vorsorgeversicherungen, dienen in erster Linie der *Altersvorsorge für den Vorsorgenehmer selber*. Eine Begünstigung des überlebenden Ehegatten wird deshalb nur erreicht, wenn der Vorsorgenehmer vor Eintritt eines Vorsorgefalles und vor dem anderen (zu begünstigenden) Ehegatten verstirbt. Nun ist aber der Eintritt dieser Bedingungen auch bei beträchtlichem Altersunterschied der Ehegatten nicht kalkulierbar. Da der Aufbau der Vorsorge zufolge der Einkaufs- bzw. Beitragsbeschränkungen möglichst früh beginnen sollte, kann auch ein schlechter Gesundheitszustand des Vorsorgenehmers nur beschränkt in die Planung einbezogen werden. 09.99

Das Gegenstück zur Sicherheit, die eine Vorsorge dem überlebenden Ehegatten bietet[201], ist bei der beruflichen und gebundenen Selbstvorsorge[202] die lebzeitige *Bindung des Vermögens* an die gewählte Vorsorgeform. Diese ist zwar inzwischen – insbesondere durch die Möglichkeit des Vorbezugs zum Erwerb von Wohneigentum – etwas gelockert worden. Grundsätzlich, d.h. soweit die gesetzlichen, reglementarischen und vertraglichen Bestimmungen dies zulassen, ist auch eine Übertragung des Vermögens von der gebundenen Selbstvorsorge auf die berufliche Vorsorge oder ein Wechsel der Vorsorgeform innerhalb der gebundenen Selbstvorsorge zulässig. Dennoch ist das Vermögen nicht 09.100

---

[198] ½ aus Vorschlagsbeteiligung, vom Rest ⅝ aus Erbrecht.

[199] Vgl. vorne, Rz 09.68 f.; zur Nettorendite auch JAQUET, S. 152 ff.; dabei ist allerdings die Reduktion der steuerbaren Ertragsquote auf 40 % per 1.1.2001 zu beachten; vgl. vorne, Rz 09.87 mit Fn 183.

[200] Vgl. dazu MAURER, Privatversicherungsrecht, S. 453 f. Zu Ansprüchen aus gebundener Selbstvorsorge siehe BGE 121 III 285, wonach diese Ansprüche vor Fälligkeit der Zwangsverwertung entzogen bleiben. Kritisch dazu KOLLER in AJP 1995, S. 1626 ff.

[201] Vorne, Rzn 09.95 und 09.97.

[202] Ähnliches gilt auch bei nicht rückkaufsfähigen freien Versicherungen.

mehr frei verfügbar. Die Begünstigung kann als solche nicht mehr rückgängig gemacht werden, weshalb auch künftigen Entwicklungen kaum mehr Rechnung getragen werden kann. Rückfallklauseln, Auflagen und dergleichen lassen sich im Zusammenhang mit der beruflichen und gebundenen Selbstvorsorge nicht vereinbaren.

09.101 Inwiefern auch im Bereich der freien Selbstvorsorge eine Bindung an den abgeschlossenen Versicherungsvertrag besteht, ist von der konkreten Vereinbarung mit dem Versicherer abhängig[203]. Immerhin besteht gemäss Art. 90 Abs. 2 VVG bei der gemischten Lebensversicherung sowie bei der einfachen Todesfallversicherung nach Bezahlung von mindestens drei Jahresprämien zwingend ein Rückkaufsanspruch der versicherten Person, womit der Versicherungsvertrag aufgelöst werden kann. Bei Versicherungen, die über einen Rückkaufswert verfügen, gewähren zudem die meisten Lebensversicherer ihren Kunden aufgrund des angelegten Kapitals Kredite zu vorteilhaften Bedingungen[204].

09.102 Die *Begünstigtenordnung* der beruflichen und gebundenen Vorsorge ist relativ starr. Solange ausschliesslich der überlebende Ehegatte begünstigt werden soll, spielt dieser Umstand kaum eine Rolle, weil der Ehepartner in allen Einrichtungen prioritär behandelt wird. Problematisch ist dagegen – beispielsweise nach einer Scheidung oder zufolge verändertem Vorsorgebedarf – die Zuwendung an Nachkommen, die bereits auf eigenen Beinen stehen. Besondere Schwierigkeiten ergeben sich ferner im Rahmen einer Rekombinationsfamilie[205].

4. Konkurrenz mit anderen Verfügungen

09.103 Sämtliche Leistungen, die erbrechtlich zu berücksichtigen sind – d.h. einfache Todesfallversicherungen und gemischte Lebensversicherungen der freien und gebundenen Selbstvorsorge sowie Zuwendungen aus gebundenen Bankvereinbarungen – treten, wenn Pflichtteile verletzt werden, mit anderweitigen güter- und erbrechtlichen sowie lebzeitigen Zuwendungen in Konkurrenz. Aufgrund der gesetzlich vorgegebenen *Herabsetzungsreihenfolge* können sich für den überlebenden Ehegatten spürbare Einbussen ergeben[206].

09.104 Die Anrechnung des Rückkaufswertes des Vorsorgeanspruchs auf den Erbteil des überlebenden Ehegatten kann bei *Leibrenten* zu einem *Liquiditätsengpass* führen, wenn der Rückkaufswert den Erbteil übersteigt und die Miterben die Auszahlung ihrer Ansprüche verlangen. Die Problematik verschärft sich, wenn der Kapitalwert der Rente der Erbschaftssteuer unterliegt. Ist der freie Nachlass im Verhältnis zur gebundenen Vorsorge bescheiden, ist deshalb eine Kapitalleistung einem Rentenanspruch vorzuziehen.

09.105 Beispiel: Der überlebende Ehegatte hat Anspruch auf eine Rente der gebundenen Selbstvorsorge des Verstorbenen, die im Wert von Fr. 160'000.- pflichtteilsrelevant ist (= Rückkaufswert). Der übrige Nachlass beträgt Fr. 40'000.-, die Pflichtteilsmasse beläuft sich somit auf Fr. 200'000.-. Der Pflichtteil

---

[203] Siehe zum konventionalen Rückkaufswert im Einzelnen IZZO, S. 34, 205 ff., 277 mit Fn 897, sowie S. 293 ff.
[204] IZZO, S. 25.
[205] Dazu hinten, Rzn 12.38, 12.45, 12.48 und 12.74.
[206] Vgl. hinten, Rzn 10.36 ff.

des einzigen Sohnes beläuft sich auf ³/₈; d.h. Fr. 75'000.-. Er kann somit nicht nur den gesamten freien Nachlass an sich ziehen, sondern vom überlebenden Ehegatten überdies die Auszahlung von Fr. 35'000.- verlangen, die diesem nicht in bar zur Verfügung stehen.

Im Bereich der *gebundenen Selbstvorsorge* muss das angesparte Vermögen des Vorsorgenehmers auch dann in die güterrechtliche Auseinandersetzung einbezogen werden, wenn dieser den anderen Ehegatten überlebt. Soweit es sich dabei um Errungenschaft handelt, muss der Vorsorgenehmer unter Umständen den Erben des anderen Ehegatten Vorschlagsansprüche ausbezahlen, kann dafür aber die gebundenen Mittel mangels Fälligkeit nicht angreifen[207]. Fehlen auf Seiten des überlebenden Vorsorgenehmers die erforderlichen Mittel für allfällige Ausgleichszahlungen, können schliesslich die güter- und erbrechtlichen Teilungsansprüche nicht geltend gemacht werden. 09.106

5. *Steuerliche Belastung und Rendite*

Die Reduktion der Steuerbelastung durch den Ausbau der beruflichen und gebundenen Selbstvorsorge wurde bereits erläutert[208]. Es wurde auch darauf hingewiesen, dass bestimmte private Versicherungen zu Steuereinsparungen führen können[209]. Deren Umfang ist allerdings nicht nur von der kantonalen Steuergesetzgebung abhängig, sondern auch vom Grenzsteuersatz[210] der betroffenen Person und der Zusammensetzung des übrigen Vermögens. Auch hier können kaum generelle Feststellungen getroffen werden. Die beschriebenen Vorsorgeformen treten ungeachtet allfälliger steuerlichen Vorteile in Konkurrenz mit anderen Vermögensanlagen, die unter Umständen trotz grösserer Steuerbelastung eine höhere *Nettorendite* aufweisen. Dadurch verliert der Gesichtspunkt der Steuererleichterungen an Gewicht. Ob im Rahmen der gebundenen Selbstvorsorge eher zugunsten der Vorsorgeversicherung oder der Vorsorgevereinbarung zu entscheiden ist, hängt einerseits vom Sicherheitsbedürfnis des Vorsorgenehmers ab – die Vorsorgeversicherung erlaubt die Deckung der Risiken vorzeitiger Tod, Invalidität und hohe Lebenserwartung – andererseits aber auch vom Alter des Vorsorgenehmers. Tendenziell ist die Vorsorgeversicherung in Bezug auf die Rendite umso weniger vorteilhaft, je älter der Versicherungsnehmer ist, da ein Teil der Prämien zur Deckung des in höherem Alter steigenden Todesfallrisikos verwendet wird. 09.107

6. *Vermögenserhaltung und Unternehmensnachfolge*

Aus dem Blickwinkel der *Vermögenserhaltung* für die Nachkommen oder im Hinblick auf eine *Geschäftsübergabe*[211] kann es in bestimmten Konstellationen nützlich sein, den Erbanspruch des überlebenden Ehegatten durch Erwerb einer Rente der dritten Säule abzufinden und das restliche Familienvermögen direkt den Nachkommen zu übertragen; 09.108

---

[207] Vgl. vorne, Rz 03.28, m.w.H. Ähnliche Schwierigkeiten können sich im Rahmen der güterrechtlichen Auseinandersetzung bei Scheidung ergeben.

[208] Vorne, Rzn 09.29 ff. sowie 09.57 ff.

[209] Vorne, Rzn 09.83 ff.

[210] Darunter ist der prozentuale Anstieg der Steuer bei einer bestimmten Erhöhung der Bemessungsgrundlage zu verstehen; BLUMENSTEIN/LOCHER, S. 242.

[211] Dazu hinten, § 13.

damit wird beispielsweise verhindert, dass das Familienvermögen an einen zweiten Ehegatten gelangt oder durch einen längeren Spital- oder Heimaufenthalt aufgezehrt wird[212].

7. *Insbesondere Vorbezüge zum Erwerb von Wohneigentum*

09.109 Sowohl im Bereich der obligatorischen und weitergehenden beruflichen Vorsorge wie auch in demjenigen der gebundenen Selbstvorsorge besteht seit dem 1.1.1995 die Möglichkeit, Vorsorgemittel für Wohneigentum zum eigenen Bedarf einzusetzen[213]. Neben dem Vorbezug von Ansprüchen ist auch deren Verpfändung zum gleichen Zweck zulässig.

a)   Vorbezug aus Mitteln der beruflichen Vorsorge

09.110 Im Bereich der beruflichen Vorsorge muss der Vorbezug mindestens Fr. 20'000.- betragen und kann bis spätestens drei Jahre vor Entstehung des Anspruchs auf Altersleistungen geltend gemacht werden. Wird das Wohneigentum später, aber noch vor Eintritt des Vorsorgefalles, veräussert, muss der vorbezogene Betrag wieder in die Vorsorgeeinrichtung eingebracht werden. Stirbt der Vorsorgenehmer vorzeitig, entsteht ebenfalls eine Rückerstattungspflicht, wenn der Todesfall nicht eine Vorsorgeleistung auslöst[214]. Diese Bindung des Vorbezugs an den Vorsorgezweck rechtfertigt, diesen vor Eintritt des Vorsorgefalles güter- und erbrechtlich wie Anwartschaften gegenüber einer Vorsorgeeinrichtung zu behandeln und damit nicht zu berücksichtigen[215]. Verstirbt der Vorsorgenehmer zuerst, bildet die (nunmehr frei verfügbare) Austrittsleistung Errungenschaft des Vorsorgenehmers und ist vom überlebenden Ehegatten im Rahmen der Vorschlagsteilung mit den anderen Erben zu teilen. Durch den Vorbezug entfällt sodann die Kaufkraftsicherung, die durch die Minimalverzinsung des Vorsorgeguthabens gewährleistet wird. Für den Ehegatten des Vorsorgenehmers ist der Vorbezug deshalb in der Regel nicht vorteilhaft[216]. Sofern aufgrund der konkreten Ausgangslage die Form der Leibrente für den überlebenden Ehegatten ungünstig ist[217] und das anwendbare Reglement keine Kapitalabfindung zulässt, kann sich der Vorbezug, der beim Eintritt des Vorsorgefalles eine freie Verfügbarkeit des bezogenen Kapitalbetrages bewirkt, dennoch empfehlen.

09.111   Die Kehrseite eines Vorbezuges liegt darin, dass der Anspruch auf Vorsorgeleistungen entsprechend gekürzt wird[218]. Die Vorsorgeeinrichtung hat dem Versicherten deshalb den Abschluss einer Versicherung gegen die Risiken frühzeitiger Tod und Inva-

---

[212] Siehe zu dieser Problematik hinten, Rz 11.25.
[213] Vgl. Art. 30a ff. BVG, Art. 331d ff. OR und Art. 3 Abs. 3-5 BVV3. Als zulässige Verwendungszwecke nennt Art. 1 WEFV den Erwerb und die Erstellung von Wohneigentum, Beteiligungen am Wohneigentum sowie die Rückzahlung von Hypothekardarlehen. Zu den Voraussetzungen des Vorbezugs siehe WALSER, N 208 ff.
[214] Art. 30d BVG; vgl. dazu schon vorne, Rz 03.38 mit Fn 71.
[215] Vorne, Rzn 03.38 und 03.51.
[216] Vgl. schon vorne, Rzn 03.39.
[217] Vgl. Rzn 09.95 f.
[218] Der Umfang der Kürzung hängt massgeblich davon ab, ob die Leistungen auf dem Beitrags- oder auf dem Leistungsprimat beruhen. Vgl. im Einzelnen FURRER/RAMSEIER, S. 171 f.

lidität anzubieten oder zu vermitteln[219]. Entsprechende *Hinterlassenenleistungen* sind vom überlebenden Ehegatten des Vorsorgenehmers weder güter- noch erbrechtlich in Anschlag zu bringen.

Gemäss Art. 83a BVG ist der Vorbezug wie eine Kapitalleistung steuerbar, wobei die bezahlte Steuer auf Antrag zurückerstattet wird, wenn der Vorsorgenehmer die Austrittsleistung später wieder in die Vorsorgeeinrichtung einbringt[220]. Je nach kantonalem Tarif können die Steuerfolgen sehr unterschiedlich ausfallen und den Vorbezug im Vergleich zur Ausrichtung von Alters- bzw. Hinterlassenenrenten unter Umständen als ausgesprochen ungünstig erscheinen lassen[221]. Aus steuerlicher Sicht erweist sich die Verpfändung gegenüber einem Vorbezug vielfach als vorteilhafter, namentlich aufgrund der steuerlichen Abzugsfähigkeit der Schuldzinsen[222] und der Tatsache, dass die nicht vorbezogenen Vorsorgegelder vor Eintritt des Vorsorgefalles steuerfrei bleiben[223]. Im Vergleich zur hypothekarischen Belastung der Liegenschaft bleibt der Vorbezug je nach Hypothekarzins und Verzinsung des Vorsorgeguthabens im Ergebnis praktisch kostenneutral bzw. kann zum empfindlichen Verlustgeschäft werden[224]. 09.112

b) Vorbezug aus Mitteln der gebundenen Selbstvorsorge

Erfolgt ein Vorbezug mit Mitteln der Säule 3a, ist der ausbezahlte Betrag ebenfalls als Vorsorgeleistung zu versteuern. Aufgrund der freiwilligen Natur der Selbstvorsorge entfällt eine Rückleistungspflicht. Der Vorbezug bildet güter- und erbrechtlich freies Vermögen. Vereinfacht ausgedrückt, stellt der Vorbezug eine Möglichkeit dar, die freiwillige Selbstvorsorge nachträglich wieder aufzulösen. Im Hinblick auf die Begünstigung des überlebenden Ehegatten kann dies von Vorteil sein, wenn sich die gewählte Vorsorgeform nachträglich als unzweckmässig erweist. Die wirtschaftlichen Folgen des Vorbezugs entsprechen denjenigen im Bereich der beruflichen Vorsorge[225]. 09.113

8. *Schlussfolgerungen*

Ob der Aufbau einer über das gesetzliche Minimum hinausgehenden Vorsorge überhaupt sinnvoll ist, kann nur mit Blick auf den Einzelfall entschieden werden. Der Vergleich von beruflicher und gebundener Selbstvorsorge zeigt, dass aus *pflichtteilsrechtlicher* 09.114

---

[219] Art. 30c Abs. 4 BVG, Art. 331e Abs. 4 OR; vgl. auch Art. 17 WEFV. Unklar bleibt, ob die entsprechenden Versicherungsprämien als Teil der beruflichen Vorsorge vom steuerbaren Einkommen abgezogen werden dürfen; vgl. CONRAD, S. 178 f. sowie JAQUET, S. 72 ff.

[220] Art. 83a BVG. Vgl. zum Ganzen das KS 23 der EStV vom 5.5.1995, publ. in ASA 64 (1995/96), S. 127 ff.

[221] Vgl. die Rechenbeispiele bei CONRAD, S. 178 sowie die Tabellen bei MAUTE/STEINER, S. 399 ff.

[222] Die Abzugsfähigkeit der Schuldzinsen wird zwar ab 1.1.2001 beschränkt, für die hier interessierenden Sachlagen dürfte jedoch auch in Zukunft ein vollständiger Schuldenabzug möglich sein; vgl. nArt. 33 Abs. 1 Bst. a DBG und nArt. 9 Abs. 2 Bst. a StHG; zum Ganzen NEUHAUS, S. 274 ff..

[223] CONRAD, S. 179.

[224] FURRER/RAMSEIER, S. 174 ff. mit Modellrechnungen.

[225] Vgl. Rz 09.112; allerdings entfällt die dort erwähnte Möglichkeit der Steuerrückerstattung bei nachträglicher Wiedereinzahlung; nach erfolgtem Vorbezug ist lediglich die Abzugsmöglichkeit der Beiträge im Rahmen des zulässigen Maximalbetrages (Art. 7 BVV3; vorne, Rz 09.59) gegeben.

Sicht die berufliche Vorsorge vorzuziehen ist. Weil im Bereich der beruflichen Vorsorge aber möglicherweise nur die Begünstigung in Form einer (im Vergleich zum Vorsorgenehmer auf 60 % gekürzten) Rente in Frage kommt, lohnt sich die berufliche Vorsorge wirtschaftlich lediglich dann, wenn beide oder mindestens der überlebende (und rentenberechtigte) Ehegatte die durchschnittliche Lebenserwartung deutlich übertreffen, oder wenn – namentlich durch einen Vorbezug für Wohneigentum – ein Kapitalbetrag realisiert werden kann. Andernfalls kommt es zu einem Kapitalverlust, der von den Nachkommen getragen werden muss. Wegen der Form der Auszahlung ist deshalb unter Umständen die Selbstvorsorge – und zwar aus steuerlichen Überlegungen die gebundene Selbstvorsorge – vorzuziehen.

09.115   Soll der überlebende Ehegatte vor allem für den *Zeitraum vor der Pensionierung* geschützt werden, dürfte im Regelfall ein *Versicherungsschutz* der ausschliesslichen Begünstigung durch Güter- und Erbrecht aus mehreren Gründen vorzuziehen sein: Erstens wird dadurch ein Mindestschutz garantiert, während bei den anderen Begünstigungsformen letztlich alles davon abhängt, ob die – vielleicht noch junge – Familie bereits genügend Erspartes besitzt. Zweitens ist die Wiederverheiratungswahrscheinlichkeit bei einer frühen Auflösung der Ehe durch Tod wesentlich höher als bei einer Auflösung im Pensionierungsalter. Werden die Bedürfnisse des überlebenden Ehegatten primär durch eine Versicherung geschützt, kann ein Teil des Familienvermögens durch erbrechtliche Zuwendung direkt den Nachkommen übertragen werden, was verhindert, dass bei einer Wiederverheiratung des überlebenden Ehegatten das Vermögen des vorverstorbenen Elternteils in eine andere Verwandtschaftslinie wechselt.

09.116   Steht dagegen der *Schutz des überlebenden Ehegatten im Alter* im Vordergrund, sind vermehrt auch die Mittel des Güter- und Erbrechts zu berücksichtigen. Das Vermögen der Ehegatten ist zu diesem Zeitpunkt regelmässig grösser als zu Beginn der Ehe und reicht möglicherweise (zusammen mit den obligatorischen Sozialversicherungen) für die Beibehaltung des bisherigen Lebensstandards des überlebenden Ehegatten aus. Die starke Bindung des Vermögens in steuerbegünstigten Anlageformen ist nicht mehr erwünscht, geht es doch nunmehr nicht mehr um das Ansparen von Vermögen, sondern um dessen Konsum. Stehen die Ehegatten im Planungszeitpunkt bereits im Pensionierungsalter, ist der Aufbau der beruflichen Vorsorge oder der gebundenen Selbstvorsorge ohnehin nicht mehr möglich.

§ 10 Das Zusammenwirken der verschiedenen Begünstigungsarten

In den §§ 6 bis 9 wurden die drei traditionellen Arten der Begünstigung des Ehegatten – Güterrecht, Erbrecht und Zuwendungen unter Lebenden – sowie die Begünstigung durch berufliche und freie Vorsorgevereinbarungen bzw. Versicherungen erläutert. Es bleibt zu untersuchen, wie die dargestellten Instrumente im Einzelfall so kombiniert werden können, dass das Ergebnis für das betreffende Ehepaar optimal ausfällt. Dabei sind zunächst die Vor- und Nachteile der verschiedenen Begünstigungsarten im Sinne einer Zusammenfassung miteinander zu vergleichen. Anschliessend ist auf die Wechselwirkungen zwischen den Rechtsgeschäften einzugehen. Schliesslich wird auf einige Spezialsituationen – Konfliktfamilien, Kinderlosigkeit und Urteilsunfähigkeit eines Ehegatten – hingewiesen. Der Rekombinationsfamilie sowie der Familienunternehmung werden je ein eigenes Kapitel gewidmet (§§ 12 und 13). 10.01

I. Die Vorteile der verschiedenen Begünstigungsarten

1. Vorteile materieller Art

a) Der Umfang der Begünstigung

Grundsätzlich eignen sich sämtliche beschriebenen Begünstigungsformen dazu, den überlebenden Ehegatten in wirtschaftlicher Hinsicht besser zu stellen, als das Gesetz dies vorsieht. Der Umfang der möglichen Begünstigung wird indessen durch das Pflichtteilsrecht der Miterben beschränkt. 10.02

- Gegenüber *erbrechtlichen Anordnungen* wird der Pflichtteilsschutz auf erhobene Herabsetzungsklage hin konsequent durchgesetzt, soweit nicht ein Verzicht in erbvertraglicher Form vorliegt oder die Pflichtteilsverletzung aus einer zulässigen Ehegattennutzniessung nach Art. 473 ZGB resultiert. 10.03
- Gewisse *güterrechtliche Vorkehren* wie der Güterstandswechsel und Modifikationen der Massenzuordnung sowie der Mehrwertbeteiligung sind dagegen pflichtteilsresistent. Vorschlags- bzw. Gesamtgutszuweisung können immerhin von den gemeinsamen Nachkommen bzw. den Eltern als Pflichtteilserben nicht angefochten werden, so dass sich – je nach Umfang der verschiedenen beteiligten Vermögensmassen[1] – eine grössere Begünstigung erzielen lässt als mit letztwilligen Verfügungen. 10.04
- Erfolgt die Begünstigung durch *Zuwendungen unter Lebenden*, ist in gewissem Mass – nämlich in den Grenzen von Art. 527 ZGB, d.h. wenn die Zuwendung der Herabsetzung entgeht – ebenfalls eine Verbesserung mit Blick auf die Pflichtteile möglich. Lebzeitige Zuwendungen aus der Errungenschaft können allerdings, sofern sie der Herabsetzung unterliegen, für den „begünstigten" Ehegatten sogar nachteilig sein[2]. 10.05

---

[1] Eine zusätzliche Begünstigung ist dann nicht möglich, wenn die Noterben ihren Pflichtteil in der erbrechtlichen Teilung durch Eigengut des Verstorbenen auffüllen können; siehe vorne, Rzn 06.32 ff.
[2] Siehe vorne, Rzn 08.45 ff.

10.06 – Da nach der hier vertretenen Auffassung sowohl die obligatorische als auch die erweiterte *berufliche Vorsorge* für die Berechnung der Pflichtteile ausser Betracht fallen, kann durch deren Ausbau eine Verbesserung zu Gunsten des überlebenden Ehegatten erzielt werden.

10.07 – Anders verhält es sich wiederum mit der *gebundenen und freien Selbstvorsorge*, wo eine zusätzliche Begünstigung nur insoweit möglich ist, als (abgesehen vom Banksparen der Säule 3a) nicht die ganze ausbezahlten Beträge, sondern nur der Rückkaufswert in die Berechnung der Pflichtteilsmasse einfliessen. Mit reinen Risikoversicherungen kann die Vorsorge für den überlebenden Ehegatten somit unbeschränkt ausgebaut werden, solange kein Umgehungstatbestand vorliegt.

10.08 Umfangmässig lässt sich die Stellung des überlebenden Ehegatten somit durch die berufliche Vorsorge, durch (Risiko-)Versicherungen und unter Umständen auch durch güterrechtliche Zuwendungen sowie durch gewisse Zuwendungen unter Lebenden „an der Pflichtteilsgrenze vorbei" verbessern.

b) *Die Einräumung von Sach- bzw. Teilungsansprüchen*

10.09 Durch die Vereinbarung einer Gütergemeinschaft mit Gesamtgutszuweisung wird dem überlebenden Ehegatten das Alleineigentum an den betreffenden Vermögenswerten eingeräumt[3]. Auch die Einsetzung des überlebenden Ehegatten als Alleinerbe (unter Abfindung der allfälligen Pflichtteilserben durch lebzeitige Zuwendungen oder durch Vermächtnisse) führt zum gleichen Ergebnis[4]. Erfolgt die Begünstigung durch *lebzeitige Zuwendung*, wird die güter- und erbrechtliche *Teilung* – ebenfalls durch Begründung dinglicher Rechte – bezüglich bestimmter Vermögensgegenstände *vorweggenommen*. Allerdings kann auf später auftauchende Bedürfnisse ohne Rückabwicklung des Grundgeschäfts nicht mehr eingegangen werden, wenn nicht eine (gewillkürte) Ausgleichung stattfindet und in deren Rahmen eine Einwerfung in Natur möglich ist. Ähnliches gilt für die Begründung von gemeinschaftlichem Eigentum, durch das güterrechtliche Zuweisungsansprüche begründet werden.

10.10 Nach praktisch einhelliger Auffassung sind im *Erbrecht* Teilungsregeln des Erblassers (abgesehen vom bäuerlichen Bodenrecht) unbeschränkt zulässig, da sich der Pflichtteilsschutz auf einen Wertanspruch beschränkt. Auch im *ehelichen Güterrecht* spricht sich die grosse Mehrheit der Autoren für die Zulässigkeit ehevertraglicher Teilungsregeln aus. Sowohl letztwillige Verfügungen wie auch der Ehevertrag erlauben sodann die Einräumung von *Wahlrechten* zugunsten des überlebenden Ehegatten in sachlicher Hinsicht. All diese Ansprüche sind allerdings lediglich obligatorischer Natur, entfalten somit keine dingliche Wirkung.

10.11 Durch *den Ausbau der beruflichen und gebundenen Selbstvorsorge* sowie durch die Begründung von weiteren *Versicherungsansprüchen* wird lediglich Barvermögen übertragen. Im Umfang der Zuwendungen aus gebundener und freier Selbstvorsorge, die bei der Berechnung der Pflichtteile berücksichtigt werden, geht der überlebende Ehegatte seiner Ansprüche gegenüber dem Nachlass und den diesbezüglichen Teilungsansprüchen

---

[3] Siehe zur sachenrechtlichen Wirkung der Gesamtgutszuweisung Rzn 06.66 f.
[4] Zur Stellung der abgefundenen Pflichtteilserben siehe vorne, Rzn 05.20 ff.

auf Nachlassgegenstände verlustig, wenn keine letztwillige Verfügung ihm ein Auskaufsrecht einräumt[5].

c) Möglichkeiten der Steuerersparnis

Unterschiede zwischen den verschiedenen Begünstigungsformen ergeben sich auch im *Steuerrecht*, wobei allerdings eine generelle Beurteilung der einen oder anderen Begünstigungsform schon aufgrund der kantonalen Besonderheiten nicht möglich ist. Welche Begünstigungsformen zu einer Steuerersparnis führen, hängt wesentlich vom anwendbaren Erbschafts- und Schenkungssteuerrecht ab, insbesondere auch davon, ob eine Besteuerung des überlebenden Ehegatten und der Nachkommen erfolgt und ob letztere in Bezug auf den Steuersatz mit Stiefverwandten gleichgestellt sind. Ferner ist die steuerliche Behandlung der Nacherbschaft und der Nutzniessung bzw. des Wohnrechts je nach Kanton verschieden. Insofern lassen sich keine allgemein gültigen Aussagen machen. 10.12

Immerhin ergibt sich in der ganzen Schweiz durch den Aufbau einer gebundenen Selbstvorsorge und durch gewisse andere Vorsorgeformen eine *Steuerersparnis*. Unvorteilhaft sind demgegenüber ebenfalls in allen Kantonen Rechtsgeschäfte, die zu einer vorzeitigen Realisierung eines Grundstückgewinns führen, namentlich die entgeltliche Übertragung eines Liegenschaftsanteils oder die nur teilweise Reinvestition des Verkaufserlöses nach einer Veräusserung der bisherigen Liegenschaft, beispielsweise im Zusammenhang mit der Begründung von Miteigentum oder einer Ehegattengesellschaft[6]. Analoges gilt im Zusammenhang mit Geschäftsvermögen, auf dem stille Reserven ruhen. Ferner ist an die mögliche „Doppelbesteuerung" bei der Rückabwicklung von Zuwendungen (sog. Querschenkungen) zu erinnern[7]. Bei Objekten mit Wertsteigerungspotential ist schliesslich unter Umständen eher eine lebzeitige Übertragung empfehlenswert, damit die Wertsteigerung von der Erbschaftssteuer nicht mehr erfasst wird. 10.13

d) Flexibilität bzw. Möglichkeiten der Gestaltung

Die *erbrechtliche Begünstigung* lässt in weit gehender Weise die *Planung über den Todeszeitpunkt hinaus* zu, namentlich durch die Nach- und Ersatzerbeneinsetzung sowie durch Bedingungen und Auflagen. Eine Rückwirkung für den Fall sich verändernder Umstände ist praktisch unbeschränkt zulässig. Die Ehegattennutzniessung nach Art. 473 ZGB und die Möglichkeit der Ausrichtung „normaler" Nutzniessungsvermächtnisse eröffnen eine weitere Palette von zulässigen Begünstigungsformen. Die Instrumente des Erbrechts gestatten somit eine äusserst *präzise Planung*, wobei sich der Spielraum zusätzlich erweitert, wenn die Nachkommen in einen Erbvertrag einbezogen werden können. Soweit die Ehegatten noch urteilsfähig sind und sich einigen können bzw. wenn beim Erbvertrag eine vertragliche Widerrufsklausel vereinbart oder (gegenseitige) Testamente errichtet wurden, lassen sich die letztwilligen Verfügungen noch buchstäblich bis zur „letzten Minute" einer veränderten Ausgangslage anpassen. 10.14

---

[5] Siehe hinten, Rzn 10.36 ff.
[6] Vorne, Rzn 08.110 ff.
[7] Vorne, Rzn 05.81 ff.

10.15   Etwas weniger flexibel sind die *ehevertraglichen Instrumente*. Die vielfältigen Möglichkeiten der Aufteilung des Vorschlages bzw. des Gesamtgutes lassen sich dazu verwenden, künftigen Entwicklungen der Vermögensmassen in gewisser Hinsicht Rechnung zu tragen. Der Wechsel des Güterstandes und die zulässigen Modifikationen können (mit interner Wirkung unter den Ehegatten) zudem auch für die bereits verflossene Ehedauer erfolgen. Das Güterrecht lässt hingegen keine eigentliche Rückwirkung in dem Sinne zu, dass der Güterstand je nach Art der Auflösung (durch Scheidung oder Tod des einen oder anderen Ehegatten) – oder gar nach der Auflösung – gewechselt werden könnte. Mischformen zwischen verschiedenen Güterständen sind ebenfalls unzulässig. Mit ehevertraglichen Auflagen kann immerhin für den Fall sich verändernder Umstände zuweilen ein ähnliches Ergebnis erzielt werden wie mit einer (nach Auflösung des Güterstandes) rückwirkenden Modifikation. Ferner ist es grundsätzlich zulässig, Eheverträge im Hinblick auf das unmittelbar bevorstehende Ableben eines Ehegatten abzuschliessen oder zu modifizieren[8].

10.16   *Zuwendungen unter Lebenden* können grundsätzlich ebenfalls beliebig mit Bedingungen und Auflagen belastet werden, weshalb auch eine echte Rückwirkung – beispielsweise für den Fall der Scheidung – möglich ist. Indessen dürften schon aus psychologischen Gründen weit gehende Vorbehalte im Sinne von Resolutivbedingungen problematischer sein als bei Anordnungen, die erst auf den Tod hin Wirkung entfalten. Die Zuwendung sollte im Übrigen möglichst einige Zeit vor der Auflösung der Ehe erfolgen, da sonst eine erhöhte Gefahr einer Herabsetzung (nach Art. 527 Ziff. 3 und 4 ZGB) besteht. Aus dem gleichen Grund ist ein freies Widerrufsrecht bezüglich einer Schenkung abzulehnen, womit sich allerdings das Risiko von – rückblickend betrachtet – unvorteilhaften Zuwendungen erhöht.

10.17   Die Ansprüche gegenüber den *eidgenössischen Versicherungen* (AHV, IV, UV, MVG) lassen keinen Gestaltungsspielraum offen, sie sind – soweit die Leistungspflicht als solche und ihr Umfang bekannt ist – als feste Grössen in die Planung einzubeziehen. Nur einen beschränkten *gestalterischen Freiraum* lassen auch die *berufliche Vorsorge und die gebundene Selbstvorsorge* offen, da die Begünstigtenordnung gesetzlich (bzw. bei der Selbstvorsorge indirekt durch die steuerlich privilegierte Selbstbindung) vorgegeben ist. Es besteht nur die Wahl zwischen dem Abschluss oder dem Verzicht auf diese Vorsorgeformen, und das im Bereich der beruflichen Vorsorge auch nur dann, wenn kein Obligatorium (bzw. ein faktisches Obligatorium bei Koppelung mit dem Arbeitsverhältnis) besteht. Auflagen oder Bedingungen sind (abgesehen von der Überlebensbedingung) ausgeschlossen, und eine einmal gewährte Begünstigung lässt sich praktisch nur dadurch „widerrufen", dass die vorzeitige Barauszahlung (z.B. im Rahmen der Wohneigentumsförderung) in Anspruch genommen und über die bezogene Austrittsleistung güter- und erbrechtlich verfügt wird. Da die Fälligkeit der Ansprüche nicht nach Belieben herausgeschoben werden kann, verändert sich die planerische Ausgangslage, sobald zufolge Erreichen des Pensionierungsalters die Leistungen an den Vorsor-

---

[8] Geschieht dies allerdings (was selten der Fall sein wird) in der primären Absicht, Miterben – namentlich voreheliche Kinder – zu benachteiligen, ist der Ehevertrag als rechtsmissbräuchlich anfechtbar. Vgl. Rz 06.83 mit Fn 119.

genehmer ausbezahlt werden, anstatt dem überlebenden Ehegatten zuzufliessen. Gewisse Vorsorgeformen lassen immerhin zu, dass zu einem relativ späten Zeitpunkt darüber entschieden wird, ob die Auszahlung des Anspruchs als Rente oder als Kapitalbetrag erfolgen soll, womit dem individuellen Sicherheitsbedürfnis Rechnung getragen werden kann.

Demgegenüber lassen sich *freie Lebensversicherungen* in erhöhtem Masse den jeweiligen (Schutz)Bedürfnissen anpassen und gegebenenfalls – sofern sie nicht ohnehin temporär abgeschlossen wurden – jederzeit zurückkaufen oder in eine beitragsfreie Versicherung umwandeln[9]. 10.18

2. Unterschiede formeller Art

Grosse Unterschiede zeigen sich in den *Formvorschriften*, die es für die verschiedenen Rechtsgeschäfte einzuhalten gilt. Erbvertrag sowie Ehevertrag bedürfen der öffentlichen Beurkundung sowie der Mitwirkung beider Ehegatten sowohl zu ihrer Errichtung als auch zu ihrer späteren Abänderung. Damit wird eine grössere Stabilität und Sicherheit gewährleistet sowie regelmässig auch eine fachkundige Beratung. Unter Umständen ist aber gerade das Gegenteil erwünscht, nämlich eine grösstmögliche Flexibilität. Im Gegensatz zum Güterrecht ist diese im Erbrecht mittels Privattestament möglich. Zuwendungen unter Lebenden erfolgen – mit der wichtigen Ausnahme der Grundstücke – formfrei und lassen sich – sofern sich die Ehegatten einig sind – ebenso einfach rückabwickeln. Der Abschluss eines Vertrages der (weitergehenden) beruflichen Vorsorge ist regelmässig an einen Arbeitsvertrag gekoppelt und erfolgt mit diesem zusammen im Allgemeinen in einfacher Schriftform. Dasselbe gilt in der Praxis für die gebundene Selbstvorsorge, was allerdings für die Begünstigung aus gebundener Vorsorge*vereinbarung* (Banksparen) formell ungenügend ist[10]. Die Bezeichnung eines Begünstigten bei der Vorsorge*versicherung* ist dagegen wiederum formlos zulässig[11], kann aber – falls es sich nicht um eine gebundene Vorsorgeversicherung handelt – auch in einer letztwilligen Verfügung erfolgen. 10.19

3. Weitere Unterschiede

Zu den soeben erwähnten objektiven Gesichtspunkten treten einige *Argumente eher psychologischer Natur*. Hier dürfte wohl feststehen, dass man lieber mit der „warmen Hand" gibt, was für lebzeitige Zuwendungen spricht. Weil auch die Konfliktvermeidung unter den Angehörigen ein wichtiges Ziel der Vorsorgeplanung darstellt, sind zudem einfache, klare Verfügungen, verglichen mit ausgeklügelten Regelwerken, zu bevorzugen. Aus demselben Grund empfehlen sich erbvertragliche Vorkehren unter Einbezug aller Beteiligten. 10.20

---

[9] Vgl. Art 89 und 90 VVG zum Rücktritt bzw. Rückkauf sowie Art. 77 VVG zur Verfügungsbefugnis.
[10] Richtigerweise bedürften diese Verträge der Form der letztwilligen Verfügung; vorne, Rz 05.59.
[11] Vorne, Rz 05.66.

II. Wechselwirkungen zwischen den Begünstigungsformen

1. Problematik der Pflichtteilsgrenze

10.21 Wie aus den Ausführungen in den Kapiteln 5 bis 9 hervorgeht, sind beinahe alle dargestellten Begünstigungsarten unter bestimmten Umständen pflichtteilsrelevant. Wegen der gesetzlich vorgegebenen Reihenfolge, in der diese Zuwendungen im Fall einer Herabsetzung zu berücksichtigen sind, kann sich durch die Vornahme bestimmter Zuwendungen eine *Sperrwirkung für weitere Zuwendungen* ergeben. Wurde beispielsweise der Pflichtteil durch eine Vorschlagszuweisung ausgeschöpft, bleibt – abgesehen von einer allfälligen Ehegattennutzniessung – kein Raum mehr für eine erbrechtliche Begünstigung des überlebenden Ehegatten, eine allfällige letztwillige Verfügung entfaltet deshalb bei Anfechtung durch die Miterben keine Wirkung mehr. Analoges kann für Zuwendungen unter Lebenden gelten. Wenn deshalb eine optimale Begünstigung die Ausreizung des Pflichtteilsrechts verlangt, ist rechtzeitig abzuklären, mit welchem Instrument bzw. mit welcher Kombination von Instrumenten die Bedürfnisse der Ehegatten am besten erfüllt werden.

10.22 Dabei ist an dieser Stelle doch noch auf die Selbstverständlichkeit hinzuweisen, dass der Ausgleich zwischen güter- und erbrechtlichem Pflichtteilsschutz nur *einseitig* im Sinne einer Anrechnung güterrechtlicher Begünstigung erfolgt. Deshalb kann nicht etwa eine güterrechtliche Schlechterstellung mit dem Ziel vereinbart werden, die verfügbare erbrechtliche Quote zu erhöhen. Die ehevertragliche Schlechterstellung des überlebenden Ehegatten stellt einen Verzicht dar, der nicht im Erbrecht kompensiert werden kann. Ebenso wenig können Zuwendungen unter Lebenden, die dem „falschen" (nämlich zuerst verstorbenen) Ehegatten erbracht wurden, durch eine über die verfügbare Quote hinausgehende erbrechtliche Begünstigung des Zuwendenden ausgeglichen werden; diesbezüglich hilft lediglich eine Resolutivbedingung weiter.

2. Stabilität einzelner Zuwendungen gegenüber Herabsetzungsklagen

a) Herabsetzungsreihenfolge

aa) Grundlagen

10.23 Die *Reihenfolge der Herabsetzung* von Verfügungen, die in das Pflichtteilsrecht eines Erben eingreifen, richtet sich nach *Art. 532 ZGB*. Danach sind zunächst die Verfügungen von Todes wegen herabzusetzen und sodann die Zuwendungen unter Lebenden, und zwar die jeweils späteren vor den früheren. Vereinfacht ausgedrückt gilt deshalb: *Je älter eine erblasserische Verfügung ist, desto eher hat sie Bestand.*

10.24 Der *massgebliche Zeitpunkt* für die Herabsetzungsreihenfolge betreffend Verfügungen unter Lebenden ist derjenige des *Rechtserwerbs*, d.h. der Anspruchsbegründung. Demgegenüber ist der Vollzug der Zuwendung unerheblich[12], solange diese nicht auf

---

[12] TUOR, N 4 zu Art. 532 ZGB; ZK-ESCHER, N 3 zu Art. 532 ZGB; PIOTET, SPR I, S. 486 f.; ZGB-FORNI/PIATTI, N 3 zu Art. 532 ZGB.

den Tod des Schenkers bzw. des Erblassers gestellt ist[13]. Gleichzeitig (unter Lebenden oder von Todes wegen) ausgerichtete Zuwendungen werden verhältnismässig gekürzt[14]. Grundsätzlich ist die Herabsetzungsreihenfolge von Art. 532 ZGB zwingender Natur. Der Erblasser kann jedoch in einer letztwilligen Verfügung anordnen, welche (widerruflichen) Zuwendungen von Todes wegen zuerst herabgesetzt werden sollen[15]. Da die Änderung der Herabsetzungsreihenfolge in Bezug auf Zuwendungen unter Lebenden auf einen Widerruf solcher Zuwendungen hinausliefe, ist insofern keine Abweichung von Art. 532 ZGB erlaubt[16].

10.25

Der Herabsetzung unterliegen auch die *gesetzlichen Erbanteile*, wobei die Herabsetzungsreihenfolge diesbezüglich umstritten ist. PIOTET[17] vertritt die Ansicht, der Intestaterwerb sei im gleichen Verhältnis herabzusetzen wie Zuwendungen aus letztwilligen Verfügungen, soweit der Erblasser die gesetzlichen Erben nicht auch noch testamentarisch bedacht habe. Dagegen sollte nach STEINAUER[18] aufgrund des favor testamenti zuerst der Intestaterwerb und erst nachher die Verfügung von Todes wegen reduziert werden. Der zweiten Auffassung ist zuzustimmen.

10.26

Eine weitere Besonderheit ist mit Bezug auf die *Erbverträge* zu berücksichtigen: Würden diese als letztwillige Verfügungen proportional zu nachgängigen Verfügungen von Todes wegen herabgesetzt, könnte der Erblasser im Ergebnis an sich einseitig unwiderrufliche Erbvertragsklauseln umgehen. PIOTET[19] schlägt deshalb zu Recht vor, Erbverträge *subsidiär zu später errichteten letztwilligen Verfügungen* zu reduzieren. Umgekehrt haben die einem Ehe- und/oder Erbvertrag zeitlich nachfolgenden letztwilligen Verfügungen eher Bestand, sofern sie dem Erbvertrag nicht widersprechen.

10.27

bb) *Insbesondere die Herabsetzung von ehevertraglichen Vorschlags- bzw. Gesamtgutszuweisungen*

An welcher Stelle *ehevertragliche Begünstigungen* herabzusetzen sind, hängt in erster Linie von deren Rechtsnatur – Verfügung unter Lebenden oder von Todes wegen – ab[20].

10.28

---

[13] Diesfalls liegt keine Zuwendung unter Lebenden, sondern eine Verfügung von Todes wegen vor. Siehe dazu vorne, Rzn 05.08 ff.

[14] Vgl. Art. 525 ZGB; TUOR, N 3 zu Art. 532 ZGB. Gleichzeitige Zuwendungen an nicht pflichtteilsgeschützte Personen werden dabei nach dem Verhältnis der einzelnen Zuwendung zum Gesamtbetrag herabgesetzt. Bei Noterben fällt dagegen nur die den Pflichtteil übersteigende Zuwendung in die Berechnung (Art 523 ZGB).

[15] Art. 525 Abs. 1 ZGB. Soweit die vom Erblasser einseitig verfügte Herabsetzungsreihenfolge die Ansprüche aus einem Erbvertrag verletzt, kann sie indessen angefochten werden; PIOTET, SPR 1, S. 491.

[16] Wobei jedoch eine Ausnahme für frei widerrufliche Zuwendungen zu machen ist; siehe PIOTET, SPR 1, S. 492; ZK-ESCHER, N 4 zu Art. 532 ZGB, GUINAND/STETTLER, Rz 307.

[17] PIOTET, SPR 1, S. 500; ders., Libéralités, § 13.

[18] STEINAUER, Quotité disponible, S. 415, Fn 15. Zustimmend HAUSHEER/REUSSER/GEISER, N 46 zu Art. 216 ZGB.

[19] PIOTET, SPR 1, S. 487 f.; ders., Libéralités, § 14; siehe auch ZGB-FORNI/PIATTI, N 2 zu Art. 532 ZGB.

[20] Dazu vorne, Rzn 06.19 ff., wo zwischen Zuwendungen unterschieden wird, die nur für den Fall des Überlebens eines oder beider Ehegatten gelten sollen (= Zuwendungen von Todes wegen) und solchen, die bei jeder Art der Güterstandsauflösung Geltung beanspruchen (= Zuwendungen unter Lebenden).

10.29 Für *Eheverträge* mit einer Modifikation der Teilungsregeln ist, selbst wenn eine *Zuwendung unter Lebenden* vorliegt, für die Herabsetzungsreihenfolge der Zeitpunkt der *Auflösung des Güterstandes* (und nicht des Vertragsabschlusses) massgeblich. Anders als beim Schenkungsversprechen begründet nämlich die Vorschlags- oder Gesamtgutszuteilung im Zeitpunkt des Vertragsschlusses noch keine obligatorische Forderung, sondern lediglich eine Anwartschaft[21], und zwar auch dann, wenn die Zuwendung unabhängig von der Art der Auflösung des Güterstandes erfolgt. Kommt es in diesem Fall zur *Güterstandsauflösung durch Tod eines Ehegatten*, bildet die ehevertragliche Zuwendung *die letzte Verfügung unter Lebenden*[22].

cc) Ergebnis

10.30 Ist die ehevertragliche Zuweisung als Verfügung von Todes wegen zu qualifizieren, ergibt sich folgende Herabsetzungsreihenfolge[23]:
1. Intestaterwerb.
2. Dem Ehe- und Erbvertrag nachgehende letztwillige Verfügungen bzw. Zuwendungen von Todes wegen, inkl. Begünstigungen aus gebundener Vorsorgevereinbarung[24] und durch Verfügung von Todes wegen zugewandte Versicherungsansprüche[25] sowie gesellschaftsrechtliche Abfindungsklauseln[26].
3. Eheverträge, soweit diese die Pflichtteile der gemäss Art. 216 Abs. 2 bzw. Art. 241 Abs. 3 geschützten Noterben verletzen, sowie Erbverträge, wobei die jeweils später errichteten vor den älteren herabzusetzen sind.
4. Unentgeltliche Zuwendungen unter Lebenden, inkl. Begünstigungen aus (gebundenen und freien) Lebensversicherungen[27], wobei die älteren Verfügungen nach den jüngeren und die gleichzeitig erfolgten Verfügungen proportional herabzusetzen sind.

10.31 Handelt es sich bei der *güterrechtlichen Begünstigung* dagegen um eine *Zuwendung unter Lebenden*, ist folgende Herabsetzungsreihenfolge zu beachten[28]:
1. Intestaterwerb.
2. Verfügungen von Todes wegen, inkl. Begünstigungen aus gebundener Vorsorgevereinbarung und durch Verfügung von Todes wegen zugewandte Versicherungsansprüche sowie gesellschaftsrechtliche Abfindungsklauseln.

---

[21] HAUSHEER/REUSSER/GEISER, N 17 zu Art. 215 ZGB.
[22] HAUSHEER/REUSSER/GEISER, N 39 und 49 zu Art. 216 ZGB.
[23] Vgl. HAUSHEER/REUSSER/GEISER, N 48 zu Art. 216 ZGB sowie N 54 zu Art. 241 ZGB; a.M. PIOTET, Libéralités, § 17. Die Lebensversicherungsansprüche werden, anders als bei HAUSHEER/REUSSER/GEISER, a.a.O., im gleichen Rang mit den übrigen Verfügungen von Todes wegen angeführt, womit es für die Herabsetzungsreihenfolge lediglich auf den Zuwendungszeitpunkt ankommt; vgl. auch PIOTET, a.a.O., Rzn 338 ff.
[24] Zur Qualifikation der Zuwendung aus „Banksparen" als Verfügung von Todes wegen vorne, Rz 09.53 f.
[25] Vgl. vorne, Rz 09.82.
[26] Vgl. vorne, Rz 08.121.
[27] Zur Qualifikation als Rechtsgeschäft unter Lebenden vorne, Rzn 09.50 ff. sowie 09.81.
[28] Vgl. HAUSHEER/REUSSER/GEISER, N 49 zu Art. 216 ZGB sowie N 55 zu Art. 241 ZGB.

3. Unentgeltliche Zuwendungen unter Lebenden, inkl. Begünstigung aus (gebundenen und freien) Lebensversicherungen; Zuwendungen aus dem Ehevertrag jedoch nur insoweit die gemäss Art. 216 Abs. 2 und Art. 241 Abs. 3 ZGB geschützten Personen betroffen sind. Dabei sind die jüngeren Verfügungen vor den älteren herabzusetzen, bei der Vorschlags- und Gesamtgutszuweisung ist der Zeitpunkt der Auflösung des Güterstandes massgeblich.

b) Auswirkungen auf die einzelnen Verfügungsarten

Im Ergebnis kann man *ehevertragliche Begünstigungsformen* als *ausgesprochen stabil* bezeichnen. Dies gilt sowohl für die (praktisch weniger bedeutenden) Verschiebungen der Vermögensmassen nach Art. 199 und 206 Abs. 3 ZGB, die überhaupt nicht pflichtteilsrelevant sind, als auch für die Vorschlagszuweisung nach Art. 216 ZGB gegenüber gemeinsamen Nachkommen. Letztere können die Pflichtteilsverletzung zufolge Vorschlagszuweisung nur einerseits gegenüber dem Nachlass (je nach vorhandenem Eigengut des Erblassers ganz oder teilweise) kompensieren, andererseits durch Einbezug von herabsetzbaren Zuwendungen unter Lebenden (inklusive Versicherungsleistungen). Die Gesamtgutszuweisung gemäss Art. 241 Abs. 2 ZGB ist zwar im Vergleich zu letztwilligen Verfügungen ebenfalls stabil, jedoch nur bezüglich der Pflichtteile der Eltern unumstösslich. 10.32

Aus der gesetzlichen Herabsetzungsreihenfolge geht hervor, dass herabsetzbare *Zuwendungen unter Lebenden* – namentlich geht es dabei um Schenkungen, Begünstigungsklauseln in Versicherungsverträgen sowie ehevertragliche Zuweisungsklauseln betreffend Vorschlag und Gesamtgut, die einen bestimmten Ehegatten unabhängig von der Art der Auflösung des Güterstandes begünstigen – erst nach den Verfügungen von Todes wegen herabgesetzt werden und die Verfügungen umso eher Bestand haben, je weiter sie zurückliegen. Auch Zuwendungen unter Lebenden weisen deshalb pflichtteilsrechtlich betrachtet eine *hohe Stabilität* auf, die umso grösser ist, je älter die entsprechende Verfügung ist. 10.33

Während eine Verschiebung zwischen güter- und erbrechtlicher Begünstigung einseitig bzw. durch entsprechende Einigung zwischen den Parteien bis zum Tod eines Ehegatten jederzeit noch möglich ist, lassen sich *Zuwendungen unter Lebenden,* unter Umständen (insbesondere wenn keine Einigung unter den Ehegatten möglich ist) nicht mehr ohne weiteres rückgängig machen und können so noch Jahre und Jahrzehnte nach ihrer Ausrichtung die weitere Planung blockieren[29]. Das ist insofern besonders nachteilig, als gerade die ältesten Verfügungen, die am ehesten an veränderte Verhältnisse anzupassen wären, sich am stabilsten erweisen. Die Kehrseite dieser mangelnden Flexibilität ist die *relativ grosse Sicherheit* des zu Lebzeiten begünstigten Ehegatten, die Zuwendung behalten zu dürfen. 10.34

Dies hat wiederum zur Folge, dass *Verfügungen von Todes wegen* – nämlich gewisse ehevertragliche Zuwendungen, Erbverträge und Testamente sowie Zuwendungen aus gebundener Vorsorgevereinbarung – unter Umständen keine oder nur eine *reduzierte Wirkung* entfalten können, weil der Pflichtteil bereits durch Zuwendungen unter Leben- 10.35

---

[29] Dies gilt beispielsweise für die gebundene Vorsorgevereinbarung.

den – die weit zurückliegen können – ganz oder teilweise ausgeschöpft wurde. Bei den ehevertraglichen Zuwendungen trifft dies für die Zuweisung des Gesamtgutes gegenüber Nachkommen und die Vorschlagszuweisung gegenüber nichtgemeinsamen Nachkommen zu, sofern es sich bei den betreffenden Klauseln um Zuwendungen von Todes wegen handelt. *Verfügungen von Todes wegen* sind nach dem Gesagten sehr viel *leichter von einer Herabsetzung betroffen*. Sollen sie volle Wirkung entfalten, darf die verfügbare Quote durch andere Zuwendungen keinesfalls ausgeschöpft werden.

c) *Insbesondere Vorsorgeversicherungen*

10.36 Die Qualifikation der versicherungsrechtlichen Begünstigung[30] als *Rechtsgeschäft unter Lebenden* hat für alle Versicherungsarten die unter Umständen unbefriedigende Konsequenz, dass einseitige letztwillige Verfügungen sowie herabsetzbare Verfügungen von Todes wegen in Ehe- und Erbverträgen faktisch ausser Kraft gesetzt werden, soweit die verfügbare Quote bereits durch Begünstigungsklauseln ausgeschöpft wurde. Damit werden in der Regel auch die *Teilungsansprüche* des überlebenden Ehegatten hinfällig.

10.37 Der Erblasser kann zwar mittels letztwilliger Verfügung dem überlebenden Ehegatten ermöglichen, gegen Aufpreis oder Auszahlung bestimmte Nachlassobjekte an sich zu ziehen, wenn der Wert der betreffenden Sachen die Ansprüche des überlebenden Ehegatten überschreitet. Auch eine derartige Anordnung hilft dem überlebenden Ehegatten allerdings nur dann, wenn er gegenüber der Versicherungseinrichtung entweder einen Anspruch auf eine Kapitalleistung besitzt oder aber aus eigenen Mitteln in der Lage ist die Miterben auszuzahlen.

10.38 Beispiel: Die Erbmasse (inklusive gebundene Vorsorge) beläuft sich nach dem Tod des Ehemannes auf Fr. 600'000.-. Der gesetzliche Erbteil der Witwe beträgt Fr. 300'000.-. Aus der (gebundenen) Vorsorgeversicherung ihres Ehemannes steht ihr eine Leibrente mit einem Rückkaufswert von Fr. 250'000.- zu. Der Anspruch auf den Nachlass beschränkt sich auf Fr. 50'000.-, und nur in diesem Umfang können allfällige Zugsrechte in der Erbteilung geltend gemacht werden. Verfügt die Witwe über sonstiges Vermögen kann sie, wenn der Erblasser ihr letztwillig dazu das Recht eingeräumt hat, gegen Aufzahlung beliebige Objekte aus dem freien Nachlass an sich ziehen.

10.39 Wird die verfügbare Quote durch eine (durch gewisse Pflichtteilserben) *nicht herabsetzbare ehevertragliche Begünstigung* überschritten, erweisen sich die Versicherungsansprüche als herabsetzbar und damit – jedenfalls im Fall der Rentenversicherung – ebenfalls als unzweckmässig[31].

10.40 Die Qualifikation der *Begünstigung aus gebundener Vorsorgevereinbarung* als Rechtsgeschäft von Todes wegen bewirkt den vollständigen Einbezug der Auszahlung in den Nachlass. Wird der Anspruch des überlebenden Ehegatten lediglich als *Teilungsregel* aufgefasst[32], können sich Kollisionen mit weiteren (gesetzlichen oder testamentari-

---

[30] Für den seltenen Fall, dass eine Zuwendung einer freien Versicherung mittels Vermächtnis erfolgt, siehe vorne, Rz 09.82.

[31] Die Rentenversicherung, die mit ihrem kapitalisierten Wert angerechnet wird und die dem überlebenden Ehegatten direkt gegenüber der Versicherungseinrichtung zusteht, kann Liquiditätsschwierigkeiten (und damit unter Umständen indirekt den Zwang zum Verzicht auf die güterrechtlichen Ansprüche) auslösen, wenn die Noterben die sofortige Auszahlung ihrer Pflichtteile durchsetzen.

[32] Vgl. zur Qualifikation vorne, Rz 09.55.

schen) Teilungsanordnungen ergeben[33]. Die (ausdrückliche) Ausgestaltung der Zuwendung als *Vorausvermächtnis* ist demgegenüber für den überlebenden Ehegatten vor Vorteil, weil sein Anspruch auf die Vorsorgeleistung nur im Falle einer Pflichtteilsverletzung reduziert wird, und er wegen des obligatorischen Charakters des Pflichtteilsrechts frei ist, aus welchen Mitteln er die Miterben abfinden will. Ausserdem kann er unabhängig von einer allfälligen Ausschlagung der Erbschaft die Herausgabe des Vermächtnisses verlangen[34].

III. Die optimale Kombination im Einzelfall

1. Im Allgemeinen

Welche Kombination von Begünstigungsformen am vorteilhaftesten ist, lässt sich nicht generell sagen. Nachstehend soll anhand einiger Beispiele aufgezeigt werden, an welchen Umständen sich die Planung orientieren könnte. 10.41

Ist aufgrund der knappen Mittel eine *möglichst umfangreiche Begünstigung* zu erreichen, stehen güterrechtliche Vorkehren – je nach pflichtteilsberechtigten Erben und Vermögenszusammensetzung Vorschlagszuweisung oder Gütergemeinschaft mit Gesamtgutszuweisung – deutlich im Vordergrund. Daneben kann mit (nicht pflichtteilsrelevanten) Zuwendungen unter Lebenden und einem Ausbau der beruflichen Vorsorge eine weitere Verbesserung erreicht werden. Zusätzliche Sicherheit wird durch Versicherungen der Säule 3a und 3b gewährleistet, soweit diesen Zuwendungen keine Pflichtteile im Wege stehen. 10.42

Wo dagegen die *Übertragung des Vermögens an die Nachfolgegeneration* angestrebt wird, bieten sich die erbrechtlichen Formen an, mit denen auf unterschiedliche Bedürfnisse und künftige Entwicklungen eingegangen werden kann. Die erbrechtlichen Begünstigungsformen lassen zudem eine gleichmässigere Verteilung zu und sind insbesondere dann von Vorteil, wenn über den Tod des vorversterbenden Ehegatten hinaus Anordnungen getroffen werden sollen, also insbesondere bei nichtgemeinsamen Nachkommen oder für den Fall der Wiederverheiratung des überlebenden Ehegatten bzw. der Geburt nachehelicher Kinder[35]. 10.43

2. Konfliktvermeidung

Bei *schwierigen Familienverhältnissen* steht unter Umständen die *Konfliktvermeidung* im Vordergrund. Diese lässt sich unter Umständen durch einen von allen Beteiligten unterzeichneten Erbvertrag erreichen. Falls dies nicht möglich oder nicht zweckdienlich ist, lassen sich bestimmte Erben durch lebzeitige Abfindung oder Vermächtnisse unter gleichzeitiger Enterbung wenigstens aus der Nachlassverwaltung ausschliessen. Umgekehrt kann der überlebende Ehegatte aus Teilungsauseinandersetzungen herausgehalten werden, wenn seine Ansprüche durch Vorschlags- bzw. Gesamtgutszuweisung, Ver- 10.44

---

[33] Diese sind am einfachsten durch ein umfassendes Wahlrecht des überlebenden Ehegatten zu lösen. Dazu vorne, Rzn 07.86 ff.
[34] Art. 486 Abs. 3 ZGB.
[35] Zum Ganzen hinten, § 12.

mächtnisse[36] und/oder Abschluss einer Vorsorgeversicherung (mit direktem Anspruch gegenüber der Vorsorgeeinrichtung) befriedigt werden, so dass er die Erbschaft ausschlagen kann. Die Einleitung von Gerichtsverfahren durch die anderen Erben lässt sich dadurch zwar nicht verhindern, aber wenigstens kann der überlebende Ehegatte die entsprechenden Schritte der Miterben abwarten und verbleibt mindestens bis zum Abschluss eines allfälligen Verfahrens im Genuss der ihm zugewandten Vermögenswerte. Ferner kann die Einsetzung eines kompetenten Willensvollstreckers zur Konfliktvermeidung bzw. -schlichtung beitragen.

3. Urteilsunfähigkeit eines Ehegatten

10.45 Zunehmende Bedeutung erlangt sodann die Frage, wie eine optimale Begünstigung für den Fall *dauernder Urteilsunfähigkeit eines Ehegatten im Alter* erreicht werden kann. Dieser Aspekt wird im Vordergrund stehen, wenn ein Ehegatte schon im Zeitpunkt der Planung erkrankt ist oder eine familiäre bzw. genetische Veranlagung zu einer bestimmten Krankheit mit Beeinträchtigung der Hirnfunktionen besteht. Überlebt der in dieser Hinsicht gefährdete Ehegatte, ist ihm mit einer regelmässigen Rente mehr gedient als mit einer Nutzniessung nach Art. 473 ZGB, grossem Barvermögen oder gar schwierig zu verwaltenden Liegenschaften und dergleichen. Ein vermehrtes Gewicht auf Renten(versicherungs)ansprüche kann auch bei *dauernder Pflegebedürftigkeit* für die Nachfolgegeneration günstiger sein als eine maximale Zuwendung von Familienvermögen, das dann allenfalls zu einem grossen Teil für Pflegeleistungen aufgebraucht werden muss oder durch den überlebenden Ehegatten planlos verschenkt oder gar verschleudert wird. Zum Schutz des urteilsunfähigen Ehegatten empfiehlt sich daneben die Einsetzung eines Willensvollstreckers. Ist die umgekehrte Absterbensreihenfolge, d.h. das Überleben des gesunden Ehegatten, wahrscheinlicher, empfiehlt sich der rechtzeitige Abschluss eines Ehe- und Erbvertrages zugunsten des mutmasslich überlebenden Ehegatten, wobei allenfalls die Urteilsfähigkeit von dessen Partner im Zeitpunkt des Vertragsabschlusses ärztlich zu attestieren ist[37].

10.46 Liegt die *Urteilsunfähigkeit* bereits *im Planungszeitpunkt* vor, ist ein erbvertraglicher Verzicht des Urteilsunfähigen auf das Pflichtteilsrecht (zu Gunsten von Nutzniessungs-, Renten- und Versicherungsansprüchen) nur noch unter Mitwirkung des gesetzlichen Vertreters (unter Zustimmung der vormundschaftlichen Aufsichtsbehörde; Art. 422 Ziff. 4 und 5 ZGB) möglich, was praktisch ein vorangehendes Entmündigungsverfahren bedingt. Analoges gilt für Zuwendungen unter Lebenden durch den Urteilsunfähigen, wie insbesondere die versicherungsrechtliche Begünstigung des anderen Ehegatten, wobei auch hier das Einverständnis des Vormundes (und der Vormundschaftsbehörde; Art. 421 Ziff. 11 ZGB) nicht leicht zu bewirken sein dürfte. Eine erbrechtliche Begünsti-

---

[36] Zweckmässigerweise sind Vermögenswerte zu vermachen, in deren Besitz sich der Ehegatte bereits befindet, so dass er deren Herausgabe nicht von der Erbengemeinschaft verlangen muss.

[37] Das ärztliche Attest bindet zwar den Richter nicht, da es sich bei der Urteilsfähigkeit um einen Rechtsbegriff handelt. Die Bescheinigung darüber, dass der Erblasser im Zeitpunkt der Verurkundung geistig präsent, zeitlich und örtlich orientiert und in der Lage war, seine Beziehungen richtig einzuschätzen, kann aber im Streitfall von ausschlaggebender Bedeutung sein; vgl. neuestens BGE 124 III 5; zur Prüfungspflicht eines verurkundenden Notars siehe BGE 124 III 344.

gung des urteilsfähigen Ehegatten durch den Urteilsunfähigen ist aufgrund der Höchstpersönlichkeit der letztwilligen Verfügung überhaupt nicht mehr möglich (vgl. Art. 467 ZGB). Ebenso bleibt der Abschluss eines Ehevertrages ausgeschlossen[38].

4. Kinderlose Ehegatten

Sind die Ehegatten (voraussichtlich dauernd) *kinderlos*, bietet sich für die umfangmässige Erweiterung der Ansprüche des überlebenden Ehegatten eine allgemeine Gütergemeinschaft mit Überlebensklausel an. Haben die kinderlosen Ehegatten auf diese Weise die Eltern bzw. Geschwister des zuerst Versterbenden vom Nachlass ganz oder weitgehend ausgeschlossen, fällt das eheliche Vermögen nach dem Tod des anderen Ehegatten an dessen Verwandten, d.h. an Eltern, Geschwister oder gar Angehörige der grosselterlichen Parentel[39]. Wessen Seite in den Genuss des Vermögens gelangt, hängt damit – als besonders geartete „Absterbenslotterie" – von der Reihenfolge des Todes ab. Auch ohne rechtsgeschäftliche Begünstigung resultiert infolge der gesetzlichen Stellung des überlebenden Ehegatten – wenn auch weniger akzentuiert – dasselbe Ergebnis. Das ist in der Regel unbefriedigend. Bei der Vorsorgeplanung geht es deshalb primär darum, nebst der Sicherung des überlebenden Ehegatten dafür zu sorgen, dass das eheliche Vermögen weitgehend *unabhängig von der Absterbensreihenfolge* auf die gesetzlichen oder gemeinsam bestimmten eingesetzten Erben übergeht. 10.47

Zunächst sind die *Ziele* der Ehegatten genau zu definieren: Gibt es Vermögensobjekte, die in eine bestimmte Familie zurückgehen sollen? Sollen die Eltern/Geschwister oder weitere Verwandte letztlich das ganze eheliche Vermögen erhalten, oder ist die Einsetzung weiterer Erben (z.B. Patenkinder, wohltätige Institutionen usw.) erwünscht? Sind gewisse Verwandte oder eine Seite ganz vom Nachlass auszuschliessen? Soll die Beteiligung weiterer Erben bereits beim Tod des ersten Ehegatten erfolgen oder soll zunächst alles Vermögen auf den überlebenden Ehegatten übergehen? 10.48

Die formulierten Ziele lassen sich sodann auf verschiedene Weise erreichen. Im Vordergrund stehen *(Nach)Vermächtnisse* bezüglich eigentlicher Familienobjekte sowie *Nacherbeneinsetzung, Bedingungen und Auflagen im Ehe- und Erbvertrag*. Sofern die Erträgnisse für den Lebensunterhalt ausreichen, kann der überlebende Ehegatte auch auf eine blosse *Nutzniessung* am (gesamten) Nachlass des zuerst Versterbenden verwiesen werden, was allerdings einen Erbverzichtsvertrag voraussetzt. Die einfachste Lösung dürfte darin bestehen, die güterrechtliche Regelung entsprechend den Bedürfnissen auszugestalten (d.h. mit oder ohne zusätzliche Begünstigung, die bei kinderlosen Ehegatten ungeachtet allfälliger Elternpflichtteile möglich ist) und in einem Erbvertrag – neben einer allfälligen zusätzlichen Begünstigung des überlebenden Ehegatten – gemeinsame Nacherben einzusetzen. Dabei ist allerdings – jedenfalls bei nennenswertem Vermögen – der steuerlichen Situation Rechnung zu tragen. 10.49

Beispiel: Ehemann A hat eine verheiratete Schwester mit Kindern und möchte, dass das von den Eltern stammende Vermögen später einmal an diese gelangt. Wichtiger ist es ihm aber, dass zunächst 10.50

---

[38] HAUSHEER/REUSSER/GEISER, N 7 zu Art. 183 ZGB.
[39] Die Problematik ist ganz ähnlich, wenn der überlebende Ehegatte sich wieder verheiratet und als Erben den zweiten Ehegatten und allenfalls sogar Nachkommen aus zweiter Ehe (oder aus Konkubinat) hinterlässt. Vgl. Rzn 12.07 f., 12.35 und 12.39.

seine beträchtlich jüngere Ehefrau B für den Rest ihres Lebens versorgt ist. Treffen die Ehegatten keine besonderen Vorkehren, fällt beim Tod des A der grösste Teil des Vermögens an B und nach deren Tod an ihre Verwandten.

Prüfenswert wäre ein Erbvertrag, wonach B (neben ihrem Vorschlagsanteil, der ihr ohnehin zusteht) den gesetzlichen Erbteil von ¾ der Errungenschaft des Ehemannes und – unter Verzicht auf ihr Pflichtteilsrecht – die Nutzniessung an dessen gesamtem Eigengut erhält. Zu einem wirtschaftlich ähnlichen Ergebnis führt die Erbeinsetzung betreffend das Eigengut unter Nacherbeneinsetzung der Schwester bzw. Neffen und Nichten des Erblassers, wobei je nach Bedarf eine Befreiung von der Sicherstellungspflicht oder eine Nacherbeneinsetzung auf den Überrest stattfinden kann. Die Nutzniessung hat aus steuerlicher Sicht[40] den Vorteil, dass die Verwandten immer direkt vom Erblasser erwerben, während bei einer Nacherbeneinsetzung ausnahmsweise das Verwandtschaftsverhältnis zwischen Vor- und Nacherbe für den Steuersatz ausschlaggebend sein kann und zudem unter Umständen beide Vermögensübergänge besteuert werden[41]. Sowohl bei der Nutzniessung als auch bei der Nacherbschaft können die Neffen und Nichten des Erblassers als Eigentümer-Erben bzw. Nacherben direkt begünstigt werden, womit ein nochmaliger (steuerpflichtiger) Vermögensübergang von der Schwester des Erblassers auf ihre Kinder vermieden und wegen der Aufteilung auf mehrere Köpfe die Progression gebrochen wird. Steuerlich am unvorteilhaftesten ist (die in der Praxis allerdings gängige) Lösung, zunächst das ganze Vermögen unbelastet dem überlebenden Ehegatten auszuliefern und erbvertraglich einen Schlusserben zu bestimmen[42].

Leben die Eltern des A noch, sind deren Pflichtteile (Art. 471 Ziff. 2 ZGB) zu beachten: Die Belastung des Erbteils mit einer Nutzniessung des überlebenden Ehegatten ist (vorbehaltlich Art. 530 ZGB) zulässig. Nicht mit dem Noterbrecht vereinbar wäre es demgegenüber, die Pflichtteilserben nur als Nach- oder Schlusserben zu berücksichtigen. Als Ersatzerben an Stelle der Eltern, falls diese vorversterben, werden die Geschwister (als Eigentümer unter Vorbehalt der Nutzniessung oder aber als Nach- bzw. Schlusserben) eingesetzt.

10.51 Auch bei der Vorsorgeplanung kinderloser Ehegatten ist der Möglichkeit Rechnung zu tragen, dass nach Auflösung der Ehe durch Tod eines Ehegatten eine Wiederverheiratung erfolgt und allenfalls *Nachkommen* des überlebenden Ehegatten hinzutreten. Die Wiederverheiratung verschärft die Situation insofern, als mit dem zweiten Ehegatten ein neuer Pflichtteilserbe hinzutritt und die unter den Ehegatten getroffenen Anordnungen, die eine angemessene Berücksichtigung der beidseitigen Verwandtschaft bewirken sollen, dieser neuen Situation nicht entsprechen. Insbesondere wird eine allfällige, in der ersten Ehe vereinbarte Schlusserbeneinsetzung durch die neuen Noterbrechte in ihrer Wirkung beschränkt.

10.52 Soll einer dieser neuen Pflichtteilserben gezielt begünstigt werden, ist diesem Umstand während bestehender Erstehe durch eine Bedingung Rechnung zu tragen, beispielsweise in der Art, dass die Nacherbeneinsetzung zu Gunsten der Verwandten des Erblassers hinfällig wird, sobald dem überlebenden Ehegatten Nachkommen geboren werden.

10.53 Im Sinne einer Alternativverfügung in die Planung einzubeziehen ist – insbesondere angesichts der Kommorientenvermutung von Art. 32 Abs. 2 ZGB – auch die *Möglichkeit des gleichzeitigen Todeseintritts* beider Ehegatten[43].

---

[40] Allgemein zur Besteuerung der Nutzniessung siehe vorne, Rzn 07.44 ff.

[41] Im Einzelnen vorne, Rzn 07.124 mit Fn 219 sowie Rzn 07.126 f. und 07.134.

[42] Vgl. etwa BGE 102 Ia 418.

[43] Siehe dazu auch hinten, Rzn 12.70 ff.

§ 11 Problematik der Fehlplanung

I. Grundsätzliches

Eine maximale Begünstigung des überlebenden Ehegatten weist einige *Vorteile* auf, die nicht zu übersehen sind: In der ehe- und erbvertraglichen Bindung, aber auch durch lebzeitige Zuwendungen und den Abschluss von Versicherungen können sich die Ehegatten ein gegenseitiges Zusammengehörigkeitsgefühl über den Tod hinaus, Vertrauen, Wohlwollen und Fürsorge ausdrücken. Die ehe- und erbvertragliche Regelung ist sodann – abgesehen von den Kosten der Beratung und der öffentlichen Beurkundung – gewissermassen unentgeltlich; d.h. zu Lebzeiten sind keine unmittelbar spürbaren Vermögensverschiebungen erforderlich. 11.01

Weniger auf der Hand liegen die nicht zu unterschätzenden *Nachteile*, die eine Begünstigung mit sich bringen kann. Anlässlich der Erläuterung der einzelnen Begünstigungsformen wurden diese Risiken zwar bereits erwähnt, sie sollen jedoch angesichts ihrer Bedeutung im vorliegenden Kapitel nochmals im Einzelnen erläutert werden. Einige dieser Risiken lassen sich durch eine entsprechend angepasste Planung vermeiden, andere sind im Zusammenhang mit einer Begünstigung des überlebenden Ehegatten in Kauf zu nehmen. 11.02

II. Folgen mangelhafter Planung und unerwünschte Begleiterscheinungen der Begünstigung

1. „Absterbens-Lotterie"

Für die Ehegatten risikoreich ist ganz allgemein eine Begünstigung, die sich ausschliesslich an der *wahrscheinlicheren Variante der Absterbensreihenfolge* orientiert und dem Ehegatten mit der höheren Überlebenswahrscheinlichkeit unbedingte Zuwendungen macht. Tritt der Tod unerwarteterweise in der umgekehrten Reihenfolge ein, ist der nunmehr überlebende Ehegatte unter Umständen schwer benachteiligt. Dies trifft insbesondere für die folgenden Begünstigungsformen zu: 11.03

a) Im Rahmen des ordentlichen Güterstandes

Unter dem Güterstand der Errungenschaftsbeteiligung ist die Festlegung von fixen Beteiligungsquoten nach Art. 216 ZGB heikel, ebenso die Schaffung von Eigengut auf der Seite des mutmasslich überlebenden Ehegatten und der Ausschluss der Mehrwertbeteiligung zulasten des mutmasslich vorversterbenden Ehegatten. Mit Bezug auf die Vorschlagsbeteiligung lässt sich durch eine Überlebensklausel die Gefahr der falschen Absterbensreihenfolge ausschalten[1]. Eine auf den Fall des Vorabsterbens des wirtschaftlich schwächeren Partners bedingte Schaffung von Eigengut sowie der bedingte Ausschluss der Mehrwertbeteiligung sind demgegenüber unzulässig[2]. 11.04

---

[1] Allerdings wird dadurch die Zuwendung zu einer solchen von Todes wegen, was Auswirkungen auf die Herabsetzungsreihenfolge hat; vgl. vorne, Rzn 10.23 ff.
[2] Vgl. vorne, Rzn 06.52 und 06.60.

b) Bei der Wahl eines anderen Güterstandes

11.05 Wird *Gütergemeinschaft* vereinbart, damit die Eigengüter der Ehegatten in die güterrechtliche Auseinandersetzung einbezogen werden können, dürfen die Pflichtteilsansprüche der Nachkommen (und zwar auch der gemeinsamen) nicht beeinträchtigt werden. Die Gütergemeinschaft führt somit nur dann zu einer zusätzlichen Besserstellung, wenn derjenige Ehegatte, der unter dem Güterstand der Errungenschaftsbeteiligung das grössere Eigengut besässe, zuerst verstirbt[3]. Wegen des Verbots der rückwirkend bedingten Wahl eines Güterstandes[4] kann dieses Risiko rechtsgeschäftlich nicht ausgeschaltet werden. Analoges gilt bei der Vereinbarung einer *Gütertrennung* in der Annahme, der wirtschaftlich stärkere Partner werde den anderen überleben. Wie beim ordentlichen Güterstand ist auch bei der Gütergemeinschaft eine starre Beteiligungsquote am Gesamtgut gemäss Art. 241 Abs. 2 ZGB risikoreich und sollte durch eine Überlebensklausel ersetzt oder unter die einfache Bedingung des Überlebens gestellt werden[5].

c) Andere Zuwendungen

11.06 Dieselbe Gefahr der „planwidrigen" Absterbensreihenfolge bergen unbedingte lebzeitige Zuwendungen. Lebzeitige Schenkungen sind deshalb stets mit einer Rückfallklausel gemäss Art. 247 Abs. 1 OR zu verbinden. Auch der Abschluss von freien und gebundenen Lebensversicherungen kann sich unter Umständen als unzweckmässig erweisen, wobei sich dieses Risiko nur durch die Wahl einer anderen (teureren) Vorsorgeform, beispielsweise einer auf beide Leben gestellten Versicherung, umgehen lässt.

2. Wiederverheiratung

11.07 Je nach Alter des überlebenden Ehegatten ist diese Möglichkeit einer Wiederverheiratung des überlebenden Ehegatten durchaus nahe liegend. Durch das Hinzutreten weiterer Pflichtteilserben – namentlich des zweiten Ehegatten und/oder Nachkommen – werden die gesetzlichen Ansprüche der (aus der Sicht der ersten Ehe) gemeinsamen Nachkommen der Ehegatten reduziert. Der Umfang einer Vermögensverschiebung wächst proportional zur dem überlebenden Ehegatten zusätzlich gewährten Begünstigung. Unerwünschte Folgen können im Falle der Wiederverheiratung ferner bezüglich der Teilungsansprüche eintreten[6].

3. Verschiebung des Verlaufs der Erbfolge in Rekombinationsfamilien

11.08 Eine etwas andere Ausgangslage liegt vor, wenn die Begünstigung des überlebenden Ehegatten bereits im Rahmen einer bestehenden Rekombinationsfamilie[7] stattfinden soll und dabei auf (aus Sicht der zweiten Ehe) voreheliche Nachkommen Rücksicht zu nehmen ist. Deren Ansprüche hängen weitgehend von der Absterbensreihenfolge der Ehe-

---

[3] Vorne, Rzn 06.62.

[4] Vorne, Rz 06.146.

[5] Beispielsweise in der Art, dass Ehegatte A für den Fall seines Überlebens das ganze Gesamtgut erhält und bei umgekehrter Absterbensreihenfolge die gesetzliche Teilung eintritt.

[6] Im Einzelnen zur Problematik und zu möglichen Lösungsansätzen hinten, Rzn 12.03 ff.

[7] D.h. insbesondere bei Vorhandensein nicht-gemeinsamer Nachkommen eines oder beider Ehegatten.

gatten (d.h. des Eltern- und des Stiefelternteils) ab, und zwar umso mehr, je stärker der überlebende Ehegatte rechtsgeschäftlich begünstigt wird[8].

4. Erbrechtliche Herabsetzung

Im Zusammenhang mit lebzeitigen Zuwendungen ergeben sich durch deren erbrechtliche Herabsetzbarkeit weitere Schwierigkeiten. Beachtung verdient dabei insbesondere die Rechtsprechung zu Ziff. 1 von Art. 527 ZGB, wonach alle Zuwendungen an den Ehegatten mit Ausstattungscharakter[9] der Herabsetzung unterliegen. Erfolgt die Zuwendung aus der Errungenschaft des Schenkers, ist der ganze Betrag in die Pflichtteilsmasse einzubeziehen, obschon dem überlebenden Ehegatten ohne die Zuwendung die Hälfte davon aufgrund der gesetzlichen Vorschlagsbeteiligung in der güterrechtlichen Auseinandersetzung ohnehin zugefallen wäre. Im Ergebnis wird der überlebende Ehegatte durch die lebzeitige Zuwendung schlechter gestellt als ohne diese[10]. 11.09

Durch die vom Gesetz zwingend festgelegte Herabsetzungsreihenfolge[11] können aufgrund erfolgter Zuwendungen unter Lebenden solche von Todes wegen im Falle einer erfolgreichen Herabsetzungsklage faktisch ganz oder teilweise ausser Kraft gesetzt werden. Diese Problematik ergibt sich insbesondere im Zusammenhang mit der gebundenen Vorsorgeversicherung, deren Aufbau überdies regelmässig in einem Zeitpunkt erfolgt, in dem die späteren Vorsorgebedürfnisse noch kaum abgeschätzt werden können. Eine spätere Anpassung ist regelmässig nicht mehr möglich, da – abgesehen von der Möglichkeit der Investition in Wohneigentum – ein Rückkauf ausgeschlossen ist und je nach Vorsorgevertrag sogar eine Verpflichtung zur dauernden, regelmässigen Entrichtung von Prämien bzw. Einzahlungen bestehen kann. 11.10

Mit dem Dahinfallen finanzieller Ansprüche des überlebenden Ehegatten in der Erbteilung können auch die gesetzlichen und gegebenenfalls sogar die letztwillig verfügten Teilungsansprüche entfallen. Beispielsweise erhält der überlebende Ehegatte aus einer Vorsorgevereinbarung einen erheblichen Barbetrag, kann aber den Anspruch auf Zuweisung der ehelichen Liegenschaft nach Art. 612a ZGB mangels eines Erbanspruchs nicht mehr geltend machen. 11.11

5. Haftungsrisiken

Die Haftungsproblematik dürfte der schwerwiegendste Nachteil der *Gütergemeinschaft* sein. Im Vordergrund steht dabei Haftung des ganzen Gesamtgutes für Schulden der ehelichen Gemeinschaft und für solche, die ein Ehegatte „in Ausübung eines Berufes oder Gewerbes eingeht, sofern für diese Mittel des Gesamtgutes verwendet werden oder deren Erträge ins Gesamtgut fallen"[12]. Der wirtschaftlich stärkere Ehegatte muss zudem in Kauf nehmen, dass immerhin die Hälfte des – möglicherweise ausschliesslich von ihm 11.12

---

[8] Im Einzelnen hinten, Rzn 12.31 ff.
[9] Vgl. vorne, Rz 08.41.
[10] Siehe bereits vorne, Rzn 08.45 ff.
[11] Vorne, Rzn 10.23 ff.
[12] Art. 233 Ziff. 2 ZGB. Vgl. im Einzelnen die Kommentierung in HAUSHEER/REUSSER/GEISER zu Art. 233/234 ZGB, siehe auch vorne, Rz 06.88.

stammenden – Gesamtgutes auch für die Eigenschulden seines Partners haftet. Für den nicht erwerbstätigen Ehegatten kann sich die Begünstigung schliesslich ins Gegenteil verkehren, wenn bei Konkurs oder Pfändung des anderen Ehegatten die Gütertrennung gemäss Art. 188 bzw. 189 ZGB eintritt.

11.13   Die Haftungsfrage stellt sich auch für den Fall, dass die Ehegatten zum gemeinsamen Vermögenserwerb, insbesondere hinsichtlich einer Wohnliegenschaft, eine *einfache Gesellschaft* gründen. Die Begünstigung des finanziell schwächeren bzw. des mutmasslich überlebenden Ehegatten kann sich bei einer solidarischen Haftung für Hypotheken im Fall eines Preiszusammenbruches auf dem Liegenschaftsmarkt in ihr Gegenteil verkehren. Zu ähnlichen Haftungsproblemen kann es sodann im Zusammenhang mit einem *gemeinsamen Bankkonto oder Wertschriftendepot* kommen[13].

6.   Minderwertbeteiligung

11.14 Eine weitere Gefahr, die eine Gütergemeinschaft in sich birgt, besteht darin, dass *Wertverluste auf Vermögenswerten des Gesamtgutes*, die unter dem ordentlichen Güterstand Errungenschaft des wirtschaftlich stärkeren Partners bilden würden, und in die der wirtschaftlich schwächere Partner investiert hat, vom letzteren mitzutragen sind. Die Bezeichnung der Gütergemeinschaft als „Schön-Wetter-Güterstand"[14] ist unter diesen Voraussetzungen sicher treffend. Die gleiche Problematik ergibt sich aber wiederum auch im Zusammenhang mit einer *Ehegattengesellschaft* und der Begründung von *Miteigentum* an einem bestimmten Vermögenswert.

7.   Auswirkungen im Scheidungsfall

11.15 Das *gesetzliche Erbrecht* des Ehegatten fällt mit der Scheidung dahin[15]. Güter- und erbrechtliche Begünstigungsklauseln gelten – sofern nichts anderes ausdrücklich vereinbart wurde – im Scheidungsfall nicht[16]. Die gesetzlichen Scheidungsklauseln helfen dem reuigen Ehepartner jedoch dann nicht weiter, wenn im *Güterrecht* über die Änderung des Beteiligungsanspruchs hinaus Anordnungen getroffen wurden. So bleibt die *Wahl eines Güterstandes* auch im Scheidungsfall bestehen, wenn auch im Fall der Gütergemeinschaft ohne weit reichende Konsequenzen[17].

11.16   Haben die Ehegatten zwecks Begünstigung des wirtschaftlich stärkeren Ehegatten *Gütertrennung* vereinbart, benachteiligt dies den wirtschaftlich schwächeren Partner im Scheidungsfall ganz erheblich, und zwar umso mehr, je grösser die Sparquote während

---

[13]   Vgl. vorne, Rzn 08.145 f.

[14]   SCHNYDER, S. 322, mit Bezug auf GEISER.

[15]   BGE 122 III 311 E. 2b/bb.

[16]   Vgl. zum Güterrecht die Art. 217 und 242 ZGB; zur erbrechtlichen Begünstigung Art. 120 ZGB, wonach nur vor Anhängigmachung der Scheidungsklage getroffene letztwillige Verfügungen durch die Scheidung hinfällig werden. Das ändert allerdings nichts daran, dass das *gesetzliche* Erbrecht des überlebenden Ehegatten infolge der Scheidung dahinfällt, so dass die rechtsgeschäftliche Begünstigung nur soweit durchsetzbar bleibt, als dem nicht die infolge Scheidung angewachsenen Pflichtteile der übrigen Erben entgegenstehen.

[17]   Vgl. Art. 242 Abs. 1 und 2 ZGB; allerdings erfolgt im Ergebnis eine Beteiligung am Rückschlag, was unter dem ordentlichen Güterstand nicht der Fall wäre.

bestehender Ehe war[18]. Ebenso gelten *Eigengutszuweisungen* aufgrund von Art. 199 ZGB sowie *Modifikationen der Mehrwertbeteiligung* unabhängig von der Art der Auflösung des Güterstandes.

Lebzeitige Zuwendungen unter den Ehegatten können mit Resolutivbedingungen versehen werden, so dass auch ein Rückfall bei Scheidung vereinbart werden kann. Ist dies nicht geschehen, berechtigt die Scheidung grundsätzlich nicht zum Widerruf der Schenkung[19]. 11.17

Unter dem neuen Scheidungsrecht erfolgt eine hälftige Teilung der während der Ehe erworbenen Anwartschaften gegenüber der beruflichen Vorsorge[20]. Diese Aufteilung des Vorsorgeguthabens bringt für den Vorsorgenehmer selber unter Umständen empfindliche Einbussen beim Vorsorgeschutz mit sich, die nur durch einen entsprechenden Wiedereinkauf aufgefangen werden können. Daneben ist es möglich, dass der geschiedene Ehegatte des Vorsorgenehmers im Fall seines Überlebens eine Geschiedenen-Witwenrente erhält[21]. 11.18

Die Aufteilung einer allfälligen *gebundenen bzw. freien Selbstvorsorge* erfolgt demgegenüber bereits in der güterrechtlichen Auseinandersetzung gestützt auf die ordentlichen Zuteilungsregeln[22]. Die Begünstigung des überlebenden Ehegatten fällt mit der Scheidung in aller Regel dahin[23], an dessen Stelle tritt ein neuer Ehepartner bzw. subsidiär die weiteren Begünstigten gemäss Art. 3 Abs. 1 Bst. b BVV3. Mit der Scheidung kann der Vorsorgezweck allerdings obsolet werden, wenn dieser überwiegend in der Absicherung des überlebenden Ehegatten des Vorsorgenehmers bestand[24]. Eine Auflösung der gebundenen Selbstvorsorge ist indessen nicht möglich. 11.19

8. Auswirkungen im Fall der Trennung

Die gerichtliche Trennung führt von Gesetzes wegen zum *Eintritt der Gütertrennung* (Art. 118 Abs. 1 ZGB). Für die güterrechtliche Auseinandersetzung ist zu beachten, dass die Bestimmungen von Art. 217 und Art. 242 ZGB auch für den Fall der Trennung die Änderung der Vorschlags- bzw. Gesamtgutsbeteiligung nur bestehen lassen, wenn dies 11.20

---

[18] Eine deutliche Reduktion der Sparquote hat der Ausbau der beruflichen Vorsorge bewirkt, was unter dem neuen Scheidungsrecht wegen der Hälftenteilung der Vorsorgeansprüche (vgl. Art. 122 ZGB; dazu sogleich) eine gewisse Milderung der Folgen der Gütertrennung mit sich bringt.

[19] Vorne, Rzn 08.72 und 08.74.

[20] Vgl. Art. 122 ZGB sowie Art. 22 FZG; zum Ganzen GEISER, Berufliche Vorsorge.

[21] Ob dies der Fall ist, hängt unter geltendem Recht – soweit nicht das Reglement der betreffenden Vorsorgeeinrichtung über das gesetzliche Minimum hinausgeht – von den Voraussetzungen gemäss Art. 19 Abs. 3 BVG i.V.m. Art. 20 BVV2 ab.

[22] Siehe dazu vorne, Rzn 03.23 ff., 03.27. Dem Ehegatten des Vorsorgenehmers steht damit im Rahmen der Vorschlagsbeteiligung (je nach Massenzugehörigkeit des einbezahlten Vermögens) ein entsprechender Anspruch zu. Die gesetzlichen Bestimmungen lassen im Scheidungsfall eine Aufteilung der Selbstvorsorge zur Abgeltung dieses Anspruchs grundsätzlich zu (Art. 4 Abs. 3 BVV3). Fraglich ist indessen, ob die Vorsorgeeinrichtung unabhängig von einer diesbezüglichen vertraglichen Vereinbarung zur Aufteilung verpflichtet ist; vgl. dazu AEBI-MÜLLER, Begünstigung, S. 527 mit Fn 123.

[23] Vgl. BGE 122 III 313, wo allerdings eine unwiderrufliche Begünstigung in Frage stand, die trotz Scheidung Bestand hatte.

[24] Analoges gilt für eine *freie Risikoversicherung*.

im Ehevertrag ausdrücklich vorgesehen wurde. Wie für den Scheidungsfall gilt, dass die Wahl des Güterstandes und weitere Modifikationen nicht von der Art von dessen Auflösung abhängig gemacht werden können.

11.21 Das *gesetzliche Erbrecht* bleibt im Falle der Trennung erhalten. Es fehlt zudem eine Parallelbestimmung zu Art. 120 ZGB, so dass Verfügungen von Todes wegen, die den überlebenden Ehegatten begünstigen, weiterhin gelten. Immerhin kann unter Umständen die Möglichkeit einer *Strafenterbung* (Art. 477 ff. ZGB) bestehen. Daneben ist es selbstverständlich zulässig, die Verfügungen von Todes wegen von Anfang an mit *Bedingungen* zu versehen, also beispielsweise bei Eintritt einer Ehetrennung hinfällig werden zu lassen. Ein weiteres Gestaltungsmittel sind *Widerrufsklauseln in Erbverträgen*, die unter bestimmten Voraussetzungen einen einseitigen Vertragsrücktritt erlauben[25].

11.22 Die Begünstigung des überlebenden Ehegatten durch *berufliche Vorsorge* bleibt im Trennungsfall unwiderruflich bestehen. Infolge Gütertrennung werden Ansprüche aus *gebundener Selbstvorsorge* nach den ordentlichen Regeln der güterrechtlichen Auseinandersetzung unter den Ehegatten aufgeteilt.

9. Auswirkungen im Fall der Aufhebung des gemeinsamen Haushalts

11.23 Heben die Ehegatten wegen bestehender Differenzen den gemeinsamen Haushalt auf, kann möglicherweise ebenfalls das Bedürfnis bestehen, eine vereinbarte Begünstigung zu beschränken oder ganz aufzuheben. Von Gesetzes wegen geschieht dies allerdings weder im Güter- noch im Erbrecht. Betreffend das Güterrecht ist immerhin darauf hinzuweisen, dass der Richter im Eheschutzverfahren oder auf Gesuch eines Ehegatten bei Vorliegen eines wichtigen Grundes die Gütertrennung verfügen kann[26], womit gemäss Art. 217 und Art. 242 ZGB wiederum wenigstens die Vorschlags- bzw. Gesamtgutszuweisung entfällt. Auch an dieser Stelle ist auf die Möglichkeiten der Gestaltung mittels Bedingungen sowie auf die Strafenterbung hinzuweisen[27]. Zur Begünstigung durch gezielten Ausbau der zweiten und dritten Säule gilt das zur Trennung Gesagte entsprechend.

---

[25] Dazu vorne, Rz 05.47.

[26] Art. 176 Abs. 1 sowie Art. 185 ZGB.

[27] Bezüglich Bedingungen ist allerdings – abgesehen von psychologischen Vorbehalten, weil sich das Ehepaar anlässlich der Errichtung der letztwilligen Verfügung in der Regel nicht eine Ehekrise vor Augen malt – eine gewisse Vorsicht angebracht. So kann fraglich sein, ob schon eine kurze, „therapeutische" Aufhebung des gemeinsamen Haushalts zur Aufhebung oder Sistierung der letztwilligen Zuwendung führen soll. Was hat zu gelten, wenn der Erblasser die Aufhebung des gemeinsamen Haushalts „verschuldet" hat, oder sogar vorwiegend deshalb ausgezogen ist, weil er sich aus einer erbvertraglichen Verpflichtung lösen wollte? Analoge Schwierigkeiten ergeben sich bei der Auslegung erbvertraglicher Widerrufsklauseln.

10. Gemeinschaftswidriges Verhalten eines Ehegatten

Anders als das deutsche Recht[28] hat der schweizerische Gesetzgeber bewusst keine Einrede der „groben Unbilligkeit" gegenüber der Vorschlagsbeteiligung vorgesehen[29]. Ebenso wenig besteht eine „exceptio doli" im Bereich der ehevertraglichen Zuwendungen. Vorbehalten bleibt jedoch stets *rechtsmissbräuchliches Verhalten* eines Ehegatten, wobei nach einhelliger Lehre und Praxis für die Einwendung des Rechtsmissbrauchs (Art. 2 Abs. 2 ZGB) strenge Kriterien gelten und somit nur ein schmaler Anwendungsbereich verbleibt. Die Tatbestände des Rechtsmissbrauchs wären wohl in Anlehnung an die Erbunwürdigkeit (Art. 540 ZGB) zu umschreiben[30]. Auch hier muss dazu geraten werden, rechtzeitig an den Richter zu gelangen und Gütertrennung zu verlangen. Insofern ist eine liberale Auslegung des Begriffs des „wichtigen Grundes" in Art. 185 Abs. 1 ZGB zu bevorzugen[31]. Fraglich bleibt, wie sich ein allfälliger Rechtsmissbrauch auf die Ansprüche des überlebenden Ehegatten aus beruflicher Vorsorge und gebundener Selbstvorsorge auswirkt.

11.24

11. Auswirkungen auf Spital- und Heimtarife

Wegen der einkommens- bzw. vermögensabhängigen Ausgestaltung der Tarife von bestimmten Alters- und Pflegeheimen (sog. Sozialtarif) sollten Einkommen und Vermögen des überlebenden Ehegatten im Zeitpunkt des Eintritts in eine solche Institution ein vernünftiges Mass nicht übersteigen. Die begüterte Person läuft sonst Gefahr, für dieselben Leistungen unter Umständen erheblich mehr zu bezahlen als ein wirtschaftlich schwächerer Patient oder gar ein Sozialhilfebezüger. Bei einer maximalen güter- und erbrechtlichen Begünstigung des überlebenden Ehegatten riskieren die Nachkommen, dass ihr gesetzlicher Erbanfall nicht bloss aufgeschoben, sondern gleichzeitig erheblich reduziert wird[32]. In dieser Hinsicht ist die Zuwendung eines Wohnrechts, von Nutzniessungsvermögen oder Rentenansprüchen gegenüber der zweiten und dritten Säule vorteilhaft.

11.25

12. Verlust von Ergänzungsleistungs- und Fürsorgeansprüchen

Der Bezüger von AHV-Leistungen hat *Anspruch auf bedarfsorientierte Ergänzungsleistungen*, sofern sein massgebliches Einkommen seine anrechenbaren Aufwendungen nicht zu decken vermag[33]. Vereinbaren die Ehegatten eine güter- und erbrechtliche Maximalbegünstigung, um den Notbedarf des überlebenden Ehegatten im Alter zu sichern, entfällt möglicherweise der Anspruch auf Ergänzungsleistungen, der bei gesetzlicher Erbfolge entstanden wäre, und die Lebenshaltungskosten müssen (letztlich auf Kosten

11.26

---

[28] Vgl. § 1381 BGB.

[29] Zu den güterrechtlichen Rechtsfolgen gemeinschaftswidrigen Verhaltens HUWILER, S. 68 ff.

[30] Offen gelassen für den gesetzlichen Anspruch nach aArt. 214 Abs. 1 ZGB in BGE 74 II 207; vgl. dazu AEBI-MÜLLER, Grenzbereich, S. 421 ff.

[31] HUWILER, S. 70.

[32] Vgl. auch GEISER, Bedürfnisse, S. 1154. Im Durchschnitt sind Frauen in den letzten 4,8 Lebensjahren, Männer in den letzten 3,3 Lebensjahren pflegebedürftig, wobei sich die Kosten für Pflegeheime bis auf Fr. 10'000.- im Monat belaufen können; NZZ vom 25.1.2000, S. 71.

[33] Zum Ganzen vorne, Rzn 02.25 ff.

der Nachkommen bzw. weiterer Erben) aus dem Nachlass bestritten werden. Mit diesem Hinweis soll nicht einer Haltung das Wort geredet werden, die zwecks Optimierung staatlicher Unterstützung eine möglichst umfassende Vermögensverschiebung auf die Nachkommen propagiert[34]. Dennoch stellt sich die Frage, ob eine maximale Begünstigung sich im Einzelfall gegenüber den gesetzlichen Ansprüchen als vorteilhafte Lösung erweist.

11.27 Ähnlich verhält es sich bezüglich *Fürsorgeleistungen*: Wenn der überlebende Ehegatte ohnehin die Leistungen der öffentlichen Fürsorge wird in Anspruch nehmen müssen, sei es, dass zu wenig Vermögen und nur geringe Rentenansprüche vorhanden sind, oder dass in absehbarer Zeit hohe Pflegekosten das noch Vorhandene aufzehren, kann es sinnvoll sein, von einer Maximalbegünstigung abzusehen und den Nachkommen wenigstens ihren gesetzlichen Anteil vom Wenigen, das vorhanden ist, zukommen zu lassen. Zwar gehen die Fürsorgeleistungen der Verwandtenunterstützung nach, die Rückforderung der geleisteten Beträge durch die Fürsorgebehörden erfolgt aber nur dann, wenn auf Seiten der unterstützungspflichtigen Personen überdurchschnittliche Einkommens- bzw. Vermögensverhältnisse vorliegen[35].

11.28 Die Planung ist diesbezüglich freilich nicht einfach: Ob die rechtsgeschäftliche Begünstigung nur gerade zum Hinfall der staatlichen Leistungen führt, oder ob sie dem überlebenden Ehegatten nicht doch zu einem besseren Leben im Alter verhelfen könnte, lässt sich im Planungszeitpunkt oft kaum abschätzen.

13. Unzureichender Schutz des überlebenden Ehegatten

11.29 Die Vorsorge, die sich auf eine güter- und erbrechtliche Begünstigung beschränkt, bleibt gerade dann, wenn eine maximale Begünstigung für den überlebenden Ehegatten existentiell wichtig ist, oft ungenügend: War das Erwerbseinkommen zu klein oder ist es über eine zu kurze Zeitdauer geflossen, um ausreichende Leistungen der ersten und zweiten Säule zu ermöglichen, wird auch kaum ein grosses Vermögen zu teilen sein. In diesen Situationen sind, soweit möglich, weitere Vorkehren zu treffen, wobei insbesondere an gezielte Risikoversicherungen zu denken ist.

14. Steuerfolgen

11.30 Abschliessend ist nochmals darauf hinzuweisen, dass die rechtsgeschäftliche Vorsorge mehr oder weniger unerwartete, allenfalls vermeidbare Steuerfolgen nach sich ziehen kann[36].

---

[34] Dazu sogleich, Rzn 11.31 ff.

[35] Vgl. die Richtlinien der SKOS sowie hinten, Rzn 11.51 f. Zur Praxis in den Kantonen siehe JAGGI, S. 396 ff.

[36] Vgl. dazu vorne, Rzn 05.67 ff., sowie die Ausführungen bei den einzelnen Rechtsgeschäften.

III. Exkurs: „Minimalbegünstigung" als optimale Lösung?

1. Problemstellung

a) Auffüllfunktion der Ergänzungsleistungen

Wie vorne erläutert, besitzen die Ergänzungsleistungen zur AHV/IV gewissermassen 11.31
Auffüllfunktion, indem sie ein minimales Einkommen gewährleisten[37]. Dem Empfänger wird die Differenz zwischen dem anrechenbaren Einkommen und den nach ELG anerkannten Ausgaben ausgerichtet.

b) Auffüllfunktion der Sozialhilfe

Noch stärker bedarfsabhängig ausgerichtet sind die Leistungen der öffentlichen Fürsorge[38]. 11.32
Der Sozialhilfeempfänger erhält ohne weitere Leistungsvoraussetzungen die Mittel, die ihm ein menschenwürdiges Leben ermöglichen, wobei seiner konkreten Situation Rechnung getragen wird[39].

c) „Optimierung" der staatlichen Sozialleistungen durch Verzicht auf Einkommen und Vermögen

Die Aussicht auf Ergänzungsleistungen oder Sozialhilfe könnte Ehepaare dazu verleiten, 11.33
anstelle einer maximalen Begünstigung eine „Minimalbegünstigung" vorzusehen, beispielsweise in der Form ehevertraglicher Vorschlagszuweisungen an den erstversterbenden Ehegatten und/oder Erbverzichtsverträgen. Eine andere Möglichkeit wären lebzeitige Vermögensentäusserungen in Form von Schenkungen und Erbvorbezügen. Primäres Ziel dieser Rechtsgeschäfte – die vorwiegend in Betracht kommen, wenn die Ehegatten im Zeitpunkt der Planung bereits ein gewisses Alter erreicht haben – ist es, das Familienvermögen den Nachkommen zu übertragen, anstatt es für Aufwendungen in einem Alters- oder Pflegeheim oder für medizinische Behandlungen aufzubrauchen. Ein (eventuell sogar durch die kantonale Gesetzgebung festgelegter) Sozialtarif in staatlichen, teilweise auch in privaten Alters- und Pflegeheimen fördert diese Haltung zusätzlich[40].

Die grundsätzliche Frage, die sich in diesem Zusammenhang stellt ist die, ob das 11.34
nicht unerhebliche „Risiko", den Lebensabend in einem Alters- oder Pflegeheim zu verbringen, durch die betagte Person (bzw. durch unterstützungspflichtige Angehörige oder die Erben) zu tragen ist, oder ob sich eine Überwälzung auf die Allgemeinheit (d.h. eine Sozialisierung dieser Kosten) rechtfertigt. Diese rechtspolitische Frage ist hier nicht zu beantworten[41]; zu prüfen bleibt, inwiefern die geltende Rechtsordnung ein solches Vorgehen ermöglicht bzw. sogar nahe legt.

---

[37] Die EL nehmen damit gewissermassen eine Stellung zwischen Sozialversicherungen und Sozialfürsorge ein: TSCHUDI, Sozialfürsorge, S. 278.

[38] Man spricht diesbezüglich vom Individualisierungsgrundsatz. Dazu im Einzelnen WOLFFERS, S. 73 f.

[39] Vgl. vorne, Rzn 02.62 ff. und die SKOS-Richtlinien.

[40] Vorne, Rz 11.25.

[41] Immerhin sind gewisse grundsätzliche Bedenken anzumelden gegenüber einer Haltung, die allein darauf ausgerichtet ist, den persönlichen Gewinn auf Kosten der Allgemeinheit zu maximieren. Es ist

2. Schranken im Ergänzungsleistungsrecht

a) Einkommens- und Vermögensverzicht

11.35 Grundsätzlich werden bei der Berechnung der Ergänzungsleistungen nur tatsächlich vorhandene Einkommensquellen und Vermögenswerte in Rechnung gestellt. Die Berücksichtigung von Verzichtsvermögen und hypothetischen Einkünften gemäss Art. 3c Abs. 1 Bst. g ELG stellt demgegenüber die Ausnahme dar. Erfolgt eine Aufrechnung, vermindert sich in diesem Umfang die auszurichtende jährliche Ergänzungsleistung. In der Rechtsprechung des EVG haben sich verschiedene Grundsätze der Beurteilung von Verzichtshandlungen herausgebildet[42].

aa) Voraussetzungen im Allgemeinen

11.36 Unerheblich ist unter dem geltenden Recht, ob der Einkommens- bzw. Vermögensverzicht absichtlich zur Erwirkung von Ergänzungsleistungen vorgenommen wurde[43]. Bei gemischten Rechtsgeschäften ist eine Gegenleistung noch als angemessen zu betrachten, wenn sie sich in einer Bandbreite von rund 10 % zur Leistung bewegt[44].

bb) Verzicht auf Einkünfte

11.37 Von einem Einkommensverzicht spricht man dann, wenn Rentenbezüger auf Teile ihres Einkommens verzichten, ohne rechtlich dazu verpflichtet gewesen zu sein und ohne eine gleichwertige Gegenleistung erhalten zu haben[45], oder wenn sie trotz bestehenden Rechtsanspruchs ihre Rechte nicht geltend machen[46].

11.38 Unter bestimmten Voraussetzungen muss sich ein Rentenbezüger auch den Verzicht auf eine zumutbare Erwerbstätigkeit entgegenhalten lassen. Ein hypothetisches Erwerbseinkommen wird insbesondere erwerbsfähigen Witwen angerechnet, die noch nicht

---

in einem modernen Sozialstaat selbstverständlich, dass der Einzelne, der von einem Schicksalsschlag getroffen wird, staatliche Hilfe empfängt. In verschiedenen Bereichen bestehen diesbezüglich Versicherungslösungen, die häufig ebenfalls eine soziale Komponente aufweisen (erwähnenswert sind etwa der Umverteilungseffekt der AHV/IV oder die Prämienverbilligung der Krankenversicherung), bestehende Lücken werden durch die Sozialhilfe geschlossen. Keine Aufgabe des Sozialstaates ist es dagegen, die Erhaltung des Familienvermögens durch Entlastung vor dem durchaus normalen „Risiko" Alter zu garantieren.

[42] Zum Ganzen SPIRA, S. 208 ff. Zur Rückforderung unrechtmässig bezogener Ergänzungsleistungen siehe MEYER-BLASER, S. 494 f.

[43] BGE 120 V 12; siehe auch den Entscheid des VwGer LU in LGVE 1985, S. 280 ff., wonach die Motive für einen Vermögensverzicht (in casu Finanzierungshilfe an den einen Sohn für dessen Hauskauf und Schenkung zwecks Gleichbehandlung an den anderen Sohn) nicht massgeblich sind.

[44] BGE 122 V 400 f.

[45] In BVR 1991, S. 525 ff. (VwGer BE) erfolgte die Aufrechnung einer Nutzniessung, auf die verzichtet worden war; in EGVSZ 1987, S. 64 ff., findet sich ein analoger Entscheid zur Aufhebung eines Pfrundvertrages ohne Gegenleistung an den Pfründer.

[46] CARIGIET/KOCH, S. 100. Siehe auch die Beispiele aus der Rechtsprechung bei RUMO-JUNGO, Ziff. VI. 5. zu Art. 3 ELG.

60 Jahre alt sind und die keine Betreuungspflichten gegenüber minderjährigen Kindern haben[47].

cc) Vermögensverzicht[48]

Als Verzichtsvermögen wird dem Rentner angerechnet, was er ohne rechtlich dazu verpflichtet zu sein[49] und ohne adäquate Gegenleistung einem Dritten[50] überlassen hat. Typische Verzichtshandlungen sind Schenkungen, gemischte Schenkungen und Erbvorbezüge[51]. Der Leistungsbezüger muss sich auch Vermögenswerte anrechnen lassen, auf die er rechtlich Anspruch erheben könnte, dies aber unterlässt[52]. Darunter wäre etwa ein unentgeltlicher Erbverzicht oder die Ausschlagung einer einbringlichen Erbschaft zu subsumieren. Wurde auf Vermögen verzichtet, muss sich der Ansprecher nebst einem Vermögensverzehr (Art. 3c Abs. 1 Bst. c) auch einen hypothetischen Vermögensertrag anrechnen lassen, und zwar selbst dann, wenn das Verzichtsvermögen nicht ertragreich angelegt war[53]. 11.39

Der anzurechnende Betrag von Vermögenswerten, auf die verzichtet worden ist, wird um Fr. 10'000.- jährlich amortisiert (Art. 17a ELV). Dagegen spielt es keine Rolle, wie lange vor dem Bezug der Ergänzungsleistungen der Verzicht erfolgt ist[54]. 11.40

b) Übermässiger Vermögensverzehr als weitere Schranke?

Anstelle eines Vermögensverzichts zugunsten von Erben oder weiteren Begünstigten kann auch ein übermässiger Vermögensverzehr („Verjubeln" des Vermögens) zu einer selbstverschuldeten und möglicherweise durchaus beabsichtigten Bedürftigkeit führen. In seiner bisherigen Rechtsprechung hat es das EVG jedoch abgelehnt, gewissermassen eine „Lebensführungskontrolle" vorzunehmen[55]. Für die Behörden ist damit – innerhalb der erwähnten Schranken des eigentlichen Verzichts – grundsätzlich nicht von Bedeutung, warum die antragstellende Person nicht über die notwendigen Mittel zur Deckung des eigenen Lebensunterhalts verfügt. 11.41

---

[47] Art. 14b ELV. Es besteht eine (widerlegbare) Vermutung, dass die Aufnahme einer entsprechenden Erwerbstätigkeit zumutbar wäre. Allerdings wird nicht das gesamte erzielbare Einkommen angerechnet.

[48] Siehe dazu das instruktive Zahlenbeispiel bei MOOSER/WERMELINGER, S. 16 ff.

[49] Eine nur moralische Verpflichtung gilt nicht als rechtliche Verpflichtung, wie die Beispiele aus der Rechtsprechung bei SPIRA, S. 212 ff., zeigen.

[50] Das können auch wohltätige oder religiöse Institutionen oder Not leidende Personen sein, eine Vermögensentäusserung zugunsten der Nachkommen wird nicht vorausgesetzt; vgl. den Entscheid des Eidg. Versicherungsgerichts bei SPIRA, S. 212.

[51] CARIGIET/KOCH, S. 104 f.

[52] Vgl. dazu etwa BVR 1996, S. 92 ff. (Entscheid des VwGer BE), wo der Ehefrau die ehe- und erbvertraglichen Ansprüche (Vorschlagszuweisung und Einräumung einer Ehegattennutzniessung) aufgerechnet wurden, nachdem sie auf deren Geltendmachung gegenüber den Nachkommen verzichtet hatte.

[53] BGE 123 V 35.

[54] MOOSER/WERMELINGER, S. 15 und 22.

[55] BGE 115 V 352, 121 V 204.

3. Schranken im Fürsorgerecht

a) Finale Betrachtungsweise im Sozialhilferecht

11.42 Anders als die Sozialversicherungen, die die finanziellen Folgen von bestimmten Ursachen (Krankheit, Unfall, Alter usw.) abdecken, beruhen die Fürsorgeleistungen auf einer finalen Betrachtungsweise. Die Ursache der Bedürftigkeit ist unmassgeblich, ausschlaggebend ist einzig die Tatsache, dass eine Notlage vorliegt. Ob eine betagte Person einzig deshalb auf Sozialhilfe angewiesen ist, weil sie aufgrund von Einkommens- oder Vermögensentäusserungen keinen Anspruch auf Ergänzungsleistungen hat, spielt somit grundsätzlich keine Rolle.

b) Grundrechtscharakter der Sozialhilfe

aa) Verfassungsrechtlicher Minimalanspruch

11.43 Mit dem Entscheid BGE 121 I 367 anerkannte das Bundesgericht ein Recht auf Existenzsicherung als ungeschriebenes Grundrecht der Bundesverfassung[56]. Mit Art. 12 BV wurde dieses Grundrecht mittlerweile ausdrücklich in den Grundrechtskatalog der neuen Verfassung aufgenommen[57]. Der bedürftigen Person sind die Mittel zu gewähren, die unabdingbare Voraussetzung eines menschenwürdigen Daseins darstellen. Dieser bundesverfassungsrechtliche Minimalanspruch, der die kantonalen Normen betreffend Sozialhilfe überlagert, umfasst nicht nur ein rein physisches Existenzminimum, das sich auf das blosse Überleben beschränkt, sondern gewährleistet einen gewissen *minimalen Lebensstandard*[58].

11.44 Eingriffe in ein Grundrecht unterliegen den bekannten Schranken der gesetzlichen Grundlage, des öffentlichen Interesses, der Verhältnismässigkeit und der Unantastbarkeit des Kerngehalts[59]. Weil die Garantie des Existenzminimums bereits auf den Kerngehalt – nämlich auf die Existenzsicherung – beschränkt ist, fallen Einschränkungen des Grundrechts weitgehend ausser Betracht[60]. Eine Beschränkung von Sozialhilfeleistungen ist somit nur insofern möglich, als das anwendbare kantonale Recht Leistungen vorsieht, die über dem verfassungsmässig gewährleisteten Minimum liegen[61].

---

[56] Bestätigt in BGE 122 I 101. Die Lehre hatte ein Grundrecht auf Garantie des Existenzminimums schon lange gefordert; vgl. anstatt vieler WOLFFERS, S. 78 ff., m.w.H.

[57] Der Anspruch nach Art. 12 BV geht allerdings nicht über das vom Bundesgericht anerkannte Grundrecht hinaus.

[58] Nach WOLFFERS gehören u.a. auch eine angemessene Wohnungsausstattung, Teilhabe an den Medien, eine angemessene Mobilität, und Mittel für die Befriedigung individueller Bedürfnisse dazu; vgl. S. 86: „Verfassungsrechtlich gewährleistet ist somit (...) ein Lebensstandard, der sich mit demjenigen der übrigen Bevölkerung vergleichen lässt."

[59] Vgl. anstatt vieler BGE 122 II 197 ff.

[60] Siehe auch GYSIN, S. 38, wonach sich die Uneinschränkbarkeit der Existenzsicherungsgarantie aus der Struktur des Grundrechts ergibt.

[61] Selbstverständlich müssen auch die weiteren Voraussetzungen für Grundrechtseingriffe erfüllt sein. Insbesondere bedarf es einer ausdrücklichen gesetzlichen Grundlage. Vgl. dazu GYSIN, S. 38 f.

bb) Rechtsmissbrauch als Grenze?

Verzichtet eine Person auf Einkünfte oder Vermögen, bleibt nach dem Gesagten der Anspruch auf Sozialhilfe bestehen. Da es bei einem Spital- oder Heimaufenthalt in fortgeschrittenem Alter für den Betroffenen unter Umständen keine Rolle spielt, ob er seine Lebenshaltungskosten durch Ergänzungsleistungen oder durch die Sozialhilfe finanziert, vermögen die Schranken des Ergänzungsleistungsrechts eine entsprechende Vermögensdisposition nicht zu verhindern. Es drängt sich deshalb die Frage auf, ob bei *offensichtlichem Rechtsmissbrauch* in den Kerngehalt des Grundrechts auf Existenzsicherung eingegriffen werden darf. 11.45

Rechtsmissbrauch liegt vor, wenn ein „Rechtsinstitut zweckwidrig zur Verwirklichung von Interessen verwendet wird, die dieses Rechtsinstitut nicht schützen will"[62]. Im Sozialhilferecht kann dies zutreffen, wenn eine Person, die rechtlich und faktisch die Möglichkeit besitzt, ihr Existenzminimum selber zu decken, diese Möglichkeit ausschliesslich zu dem Zweck ausschlägt, um in den Genuss von Fürsorgeansprüchen zu gelangen. Da sich eine solche Person genau genommen gar nicht in einer Notlage befindet, sind die Voraussetzungen für die Inanspruchnahme von Sozialhilfeleistungen gar nicht erfüllt[63]. An den Nachweis des Rechtsmissbrauchs sind im Einzelfall hohe Anforderungen zu stellen[64]. Zudem muss eine Leistungsverweigerung aus Gründen der Verhältnismässigkeit zeitlich begrenzt werden. 11.46

Weil es sich beim Rechtsmissbrauchsverbot um einen *allgemeinen Rechtsgrundsatz* handelt, kann ein Leistungsentzug wegen Rechtsmissbrauchs auch ohne gesetzliche Grundlage verfügt werden[65]. Aus Gründen der Gleichbehandlung und der Rechtssicherheit ist dennoch eine Verankerung der anwendbaren Grundsätze im kantonalen Recht zu verlangen. 11.47

cc) Reduktion der Ansprüche bei Vermögensentäusserungen?

Da die generelle Leistungsverweigerung wegen Rechtsmissbrauchs aufgrund der strengen Voraussetzungen nur in ganz seltenen Fällen in Frage kommt, ist zu prüfen, ob – namentlich bei Vermögensverzicht – ein *teilweiser Leistungsentzug* verfügt werden kann. Voraussetzung dafür ist, dass das kantonale Recht ein derartiges Sanktionensystem vorsieht. Zulässig ist insbesondere eine vorübergehende Kürzung des sozialen Existenzminimums um gewisse sozialintegrative Leistungen[66]. Entsprechenden gesetzlichen Regelungen könnte unter Umständen erheblicher Präventivcharakter zukommen[67]. 11.48

---

[62] BGE 121 I 375, m.w.H.
[63] GYSIN, S. 40.
[64] WOLFFERS, S. 168.
[65] BGE 122 II 198 m.w.H.
[66] Die Richtlinien der SKOS sehen verschiedene Stufen des Grundbedarfs vor, bei denen allenfalls Abstriche gemacht werden können, vgl. Ziff. A.8 der Richtlinien 1997; dazu GYSIN, S. 126.
[67] Beispielsweise weist § 14 Abs. 3 der basellandschaftlichen VO über Gemeindebeiträge an die Bewohner und Bewohnerinnen von Alters- und Pflegeheimen des Kantons Basel-Landschaft vom 9.12.1997 (SGS 854.12) darauf hin, dass die Heime jene Personen ausschliessen dürfen, die den finanziellen Verpflichtungen dem Heim gegenüber infolge anrechenbarer Schenkungen nicht nachkommen können und für die weder die Beschenkten noch private Dritte aufkommen.

c) *Rückerstattung von Fürsorgeleistungen*

aa) *Durch den Leistungsempfänger*

11.49 Die Rückerstattungspflicht von Sozialhilfeleistungen wird vom kantonalen Recht regelmässig für den Fall vorgesehen, dass der unterstützten Person ein grösseres Vermögen anfällt. In gewissen Kantonen wird die Rückerstattungspflicht verschärft, wenn eine unterstützte Person, die ihre Notlage selbst verschuldet hat, nachträglich zu neuem Vermögen gelangt.

bb) *Durch Erben und Beschenkte*

11.50 Einfacher ist für die Fürsorgebehörden im Fall des Verzichtsvermögens der Rückgriff auf die Erben bzw. Beschenkten der unterstützten Person. Die Richtlinien der SKOS empfehlen ein Rückgriff auf einen Nachlass verstorbener Unterstützter, was für die hier interessierende Situation insofern unbehelflich ist, als nach einer Vermögensentäusserung der Nachlass gerade auf ein Minimum reduziert ist. Die Rückforderung lebzeitig übertragener Vermögenswerte bei beschenkten Dritten ist, soweit ersichtlich, in den kantonalen Gesetzen nicht vorgesehen. Die Einführung entsprechender Bestimmungen wäre prüfenswert[68], da nach der geltenden Regelung lebzeitig Beschenkte gegenüber Erben in ungerechtfertigter Weise privilegiert werden[69].

d) *Verhältnis zur Verwandtenunterstützung*

11.51 Die Bedürfnisse einer in wirtschaftliche Not geratenen Person sind aufgrund der Subsidiarität der Sozialhilfe im Verhältnis zur Verwandtenunterstützungspflicht[70] vorab durch ihre Verwandten in auf- und absteigender Linie zu befriedigen[71]. Praktisch leisten die zuständigen Fürsorgebehörden jedoch sofortige Hilfe, wobei das Gemeinwesen in den Unterstützungsanspruch subrogiert[72] und aufgrund der kantonalen bzw. kommunalen Gesetzgebung regelmässig verpflichtet ist, auf die Verwandten zurückzugreifen. Die Durchsetzung dieses Rückgriffs, der sich auch gegen die aus einer absichtlichen Vermögensentäusserung begünstigten Personen richten könnte, scheitert allerdings in der Praxis aus verschiedenen Gründen[73]. Gesamtschweizerisch werden nur in ca. 2 % aller Sozialhilfefälle von Verwandten Unterstützungsleistungen verlangt[74].

---

[68] Fraglich ist allerdings, ob der Rückgriff gegen jedwelche (allenfalls nicht-verwandte und gutgläubige) Dritte von Bundesrechts wegen überhaupt zulässig wäre.

[69] Art. 579 ZGB, der eine Haftung der ausschlagenden Erben eines zahlungsunfähigen Erblassers für dessen Schulden vorsieht, soweit diese innerhalb der letzten fünf Jahre Erbvorempfänge entgegen genommen haben, hilft diesbezüglich nicht weiter: Bei der hier interessierenden Konstellation haben die begünstigten Dritten die Zuwendungen vom vorverstorbenen Ehegatten des Fürsorgeempfängers erhalten, und nicht von diesem selbst. Ausserdem setzt Art. 579 ZGB eine Überschuldung des Nachlasses voraus, was bei Fürsorgeabhängigkeit keineswegs der Fall sein muss. Insofern ist allenfalls nicht einmal eine Ausschlagung erforderlich.

[70] Art. 328/329 ZGB.

[71] Die Unterstützungspflicht der Geschwister wurde bekanntlich per 1.1.2000 aufgehoben.

[72] Art. 329 Abs. 3 i.V.m. Art. 289 Abs. 2 ZGB.

[73] Vgl. JAGGI, S. 400 ff.

[74] ZGB-KOLLER, N 4 zu Art. 328/329 ZGB.

4. Sittenwidrigkeit der Minimalbegünstigung?

Im deutschen Recht stellt sich die Frage einer minimalen Begünstigung (insbesondere in 11.52 Form der Nacherbeneinsetzung) in letzter Zeit offenbar vermehrt im Hinblick auf so genannte „Behindertentestamente": schwer behinderte, in einem staatlichen Heim untergebrachte Kinder werden auf den Pflichtteil gesetzt und dieser mit einer Nacherbeneinsetzung belastet mit dem Zweck, das Gemeinwesen, das sich nach dem Ableben des Kindes aus dessen Nachlass für die entstandenen Kosten bezahlt machen könnte, zugunsten anderer Nachkommen oder Dritter zu benachteiligen. Im Zusammenhang damit ist die Frage aufgeworfen worden, ob derartige Verfügungen, die die Geltendmachung staatlicher Regressansprüche zu vereiteln suchen, als sittenwidrig und damit als nichtig zu qualifizieren seien[75]. Da auch das schweizerische Recht die *Schranke der Sittenwidrigkeit* sowohl für obligationenrechtliche Rechtsgeschäfte und für Eheverträge (Art. 20 OR) wie auch spezifisch für letztwillige Verfügungen vorsieht (Art. 519 Abs. 1 Ziff. 3) wäre noch eingehender zu prüfen, ob allenfalls hier eine Handhabe gegen Rechtsgeschäfte gefunden werden könnte, die einzig die Inanspruchnahme staatlicher Ressourcen bezwecken.

Die Annahme der Sittenwidrigkeit von Rechtsgeschäften unter Lebenden hätte für 11.53 die Fürsorgebehörden den Vorteil, dass das betreffende Rechtsgeschäft nichtig wäre und die Entäusserung (jedenfalls im Umfang der noch vorhandenen Bereicherung) vom Zuwendungsempfänger zurückverlangt werden könnte. Dieser Rückforderungsanspruch kann dem Fürsorgeempfänger als Aktivum angerechnet werden, wenn er sich weigert, ihn geltend zu machen. Zur Sittenwidrigkeit von Verfügungen von Todes wegen siehe sogleich.

5. Ungültigkeitsklage des Gemeinwesens?

Letztwillige Verfügungen bleiben, selbst wenn sie dem sittlichen Gefühl widersprechen, 11.54 formell gültig, solange der Richter sie nicht auf Gestaltungsklage hin als ungültig erklärt. Eine *Ungültigkeitsklage des Gemeinwesens*, das zufolge einer teilweisen (bedingten) Enterbung des überlebenden Ehegatten diesem Sozialhilfeleistungen ausrichten muss, müsste allerdings an der Aktivlegitimation, wie sie in Art. 519 Abs. 2 ZGB umschrieben wird, scheitern. Voraussetzung der Ungültigkeitsklage ist nämlich ein erbrechtliches Interesse[76]. Die *Klage der Erbengläubiger* nach Art. 524 ZGB fällt ebenfalls ausser Betracht, weil das unterstützungspflichtige Gemeinwesen im Zeitpunkt des Erbganges regelmässig nicht Gläubiger der Erben ist und schon gar nicht Verlustscheine gegen diese besitzt[77].

---

[75] Einlässlich zu dieser Problematik KADEN. Der Bundesgerichtshof hat die Sittenwidrigkeit derartiger Anordnungen verneint, was in der Literatur nicht unangefochten geblieben ist; vgl. die Nachweise bei KAROW, S. 174 ff.; zum Ganzen auch EICHENHOFER in JZ (54)1999, S. 226 ff.

[76] Was kein Redaktionsversehen ist, sondern von den Räten bewusst so festgelegt wurde: TUOR, N 8 zu Art. 519 ZGB. Weder Erben- noch Erbschaftsgläubigern steht die Ungültigkeitsklage zu: ZK-ESCHER, N 3 zu Art. 519 ZGB; ZGB-FORNI/PIATTI, N 25 zu Art. 519/520 ZGB.

[77] Der Anspruch auf Rückerstattung der ausbezahlten Sozialhilfe wird ja überhaupt erst mit dem Anfall von Vermögen bzw. mit einer darauf beruhenden Verfügung des berechtigten Gemeinwesens fällig.

6. Grenzen der privatrechtlichen „Optimierungsversuche"

11.55 Obschon es aufgrund der beschriebenen Ausgangslage bei bestimmten Sachlagen nahe liegen könnte, jedenfalls insoweit eine „Minimalbegünstigung" des überlebenden Ehegatten vorzusehen, als die Grenzen des Vermögensverzichts gemäss ELG bzw. die Schranken des anwendbaren kantonalen Fürsorgerechts oder des Rechtsmissbrauchs nicht ausgereizt werden, ist im Rahmen der Vorsorgeplanung von einem solchen Vorgehen aus verschiedenen Gründen abzuraten.

a) Entwicklung der persönlichen Situation

11.56 Wird eine güter- oder erbrechtliche Rechtsposition durch den überlebenden Ehegatten erst nach dem Tod des Erblassers ausgeschlagen, ist die Wahrscheinlichkeit, dass die zuständigen Behörden das Vorliegen eines Verzichts- oder Missbrauchstatbestands bejahen, beträchtlich, mindestens im Bereich des Ergänzungsleistungsrechts[78]. Die „Minimalbegünstigung" müsste deshalb frühzeitig erfolgen, zu einem Zeitpunkt, in dem die künftige Entwicklung noch nicht absehbar ist[79]. Damit ist aber die Gefahr verbunden, dass die getroffenen Vereinbarungen sich später, beispielsweise aufgrund einer neuen *Vermögenssituation*, als unerwünscht erweisen. Die Problematik einer unerwarteten Absterbensreihenfolge liegt ebenfalls auf der Hand.

11.57 Auch unabsehbare *Veränderungen im familiären Umfeld* können die direkte Weiterleitung des Vermögens an die Nachkommen unerwünscht werden lassen. Zu denken ist etwa an Misswirtschaft oder Drogensucht eines Nachkommen oder auch an einen Unfall, der zu einer schweren geistigen Behinderung führt. Eine Korrektur der letztwilligen Verfügung ist nur dann noch möglich, solange beide Ehegatten noch leben, noch verfügungsfähig sind und sich über die Änderung einig werden. Eine Rückerstattung lebzeitiger Zuwendungen durch die Nachkommen ist in den angeführten Beispielen wenig wahrscheinlich.

b) Veränderungen im rechtlichen Umfeld

11.58 Angesichts vermehrter Missbräuche sowohl im Ergänzungsleistungs- als auch im Fürsorgerecht ist durchaus denkbar, dass Rechtsprechung und allenfalls auch der Gesetzgeber vermehrt Vorkehren trifft, um diesen wirksam zu begegnen. Als Beispiel möge die bereits erwähnte Regelung im Kanton Basel-Land dienen[80]. Da sich ein erfolgter Verzicht nicht immer so leicht rückgängig machen lässt wie gewünscht und ausserdem Steuerfolgen auslösen kann, erweist sich eine heute vielleicht optimal erscheinende Minimalbegünstigung letztlich als reichlich spekulativ.

---

[78] Da der Sozialhilfeempfänger seine finanziellen Verhältnisse offen legen muss, wird – wegen der Anrechnung der entäusserten Vermögenswerte bei der EL-Berechnung – wohl auch die Fürsorgebehörde auf den Entäusserungstatbestand aufmerksam.

[79] Im Bereich der Ergänzungsleistungen ist daran zu erinnern, dass keine zeitliche Schranke für die Anrechenbarkeit von Verzichtseinkommen und -vermögen besteht.

[80] Siehe vorne, Fn 67.

TEIL 3	DIE BEGÜNSTIGUNG DES ÜBERLEBENDEN EHEGATTEN BEI BESONDEREN SACHLAGEN

§ 12 REKOMBINATIONSFAMILIEN

I. Vorbemerkungen

Bereits verschiedentlich wurde in dieser Arbeit darauf hingewiesen, inwiefern auf nicht- 12.01
gemeinsame Nachkommen Rücksicht zu nehmen ist oder wie auf die Folgen einer allfälligen Wiederverheiratung Einfluss genommen werden kann. Im vorliegenden Kapitel werden diese unterschiedlichen Aspekte zusammenhängend dargestellt. Angesichts der wachsenden Zahl von Rekombinationsfamilien[1] scheint es angebracht, deren Besonderheiten einen eigenen Platz einzuräumen.

Im Zusammenhang mit Rekombinationsfamilien sind *verschiedene Konstellationen* 12.02
denkbar, die als Ausgangspunkt der Planung zu betrachten sind. Einerseits kann – und sollte! – die Problematik bereits *in einer herkömmlichen Familiensituation* mit ausschliesslich gemeinsamen Nachkommen in Hinblick auf eine künftige Entwicklung der Situation berücksichtigt werden (dazu sogleich Rzn 12.03 ff.). Offensichtlicher ist der Planungsbedarf in einem späteren Zeitpunkt, nämlich *bei der Entstehung der Rekombinationsfamilie* durch Wiederverheiratung oder Geburt – aus der Sicht der ersten Ehe – nachehelicher Nachkommen (hinten, Rzn 12.31 ff.).

II. Ehepaar ohne nichtgemeinsame Nachkommen („herkömmliche" Erstehe)

1. Anliegen

Selbst das Ehepaar, das einzig gemeinsame – oder gar keine – Kinder hat, muss in seiner 12.03
Vorsorgeplanung der Möglichkeit Rechnung tragen, dass die Ehe zufolge *Scheidung* aufgelöst werden könnte oder nach der Auflösung durch Tod sich der überlebende Ehepartner *wieder verheiratet* und allenfalls *weitere* („nacheheliche") *Nachkommen* hinzutreten.

Die Scheidungsproblematik soll allerdings an dieser Stelle ausgeklammert werden. Bei Scheidung 12.04
werden regelmässig die verschiedenen Begünstigungen unter den Ehegatten aufgehoben, und die gemeinsamen Kinder beerben je ihre beiden Elternteile. Im Scheidungsurteil wird sodann eine Regelung

---

[1] Das Englische kennt für die hier zur Diskussion stehenden Familienkonstellationen den anschaulichen Begriff *patchwork families*. Hier soll, um längere Begriffsbildungen zu vermeiden, in der Folge von *Rekombinationsfamilie* die Rede sein (vgl. schon HAUSHEER/AEBI-MÜLLER, S. 39). Gemeint sind damit Verbindungen, die durch das Vorhandensein von (aus der Sicht der jetzigen Verbindung) vorehelichen Kindern massgeblich durch eine frühere Ehe bzw. nicht eheliche Lebensgemeinschaft geprägt werden.

bezüglich der Vorsorge und nachehelicher Solidarität getroffen (Übertragung von Vorsorgeansprüchen, Unterhaltsrenten), so dass kaum ein Bedarf an zusätzlichen Vorkehren besteht[2].

12.05 Ob die Möglichkeit einer Wiederverheiratung oder der Geburt nachehelicher Nachkommen bei der Planung in der ersten Ehe überhaupt berücksichtigt werden muss, hängt weitgehend davon ab, wie realistisch eine solche Entwicklung überhaupt ist und welche rechtsgeschäftliche Stellung dem überlebenden Ehegatten eingeräumt werden soll. Sind im Planungszeitpunkt beide Ehegatten gegen die 70 Jahre alt, wohnen mit weitgehend wertlosem Hausrat in einer Mietwohnung und erfolgt die Meistbegünstigung des überlebenden Ehegatten nur, um ihm den Lebensunterhalt zu garantieren, sind Wiederverheiratungsklauseln offensichtlich unangebracht. Anders liegen die Dinge bei einem jüngeren Ehepaar mit eigenen Liegenschaften und ansehnlichem Vermögen, einem erheblichen Altersunterschied oder schwerer gesundheitlicher Beeinträchtigung eines Ehegatten oder auch dann, wenn einer der Ehegatten (speziell derjenige, der vermutlich vorversterben wird) ein verhältnismässig umfangreiches Eigentum in die Ehe eingebracht hat, dessen Verbleib im gleichen Stamm gesichert werden soll.

12.06 Die *Anliegen der Ehegatten* für den Fall der Wiederverheiratung nach Auflösung der bestehenden Ehe durch Tod eines Ehegatten sind in der Regel die folgenden:

- Die *gemeinsamen Nachkommen* sollen infolge der Wiederverheiratung *nicht schlechter gestellt* werden, als sie es ohne eine solche wären.
- Die *ausreichende Versorgung des überlebenden Ehegatten* muss auch im Falle einer Zweitehe gewährleistet bleiben. Es steht nämlich nicht fest, ob die neue Partnerschaft zu dessen gebührenden Unterhalt in genügendem Umfang beiträgt; ausserdem kann auch die zweite Partnerschaft durch Scheidung oder Tod des zweiten Partners aufgelöst werden.
- Bleibt die (erste) Ehe kinderlos oder sind die Nachkommen vorverstorben, soll beim Tod oder bei Wiederverheiratung des überlebenden Ehegatten allenfalls ein Teil des ehelichen Vermögens an die *Familie des zuerst Verstorbenen* zurückgelangen[3].

2. Problembereiche

Ohne besondere rechtsgeschäftliche Vorkehren ergibt sich die folgende Ausgangslage:

12.07 – Bei einer (güter- und erbrechtlichen) *Begünstigung* des überlebenden Ehegatten müssen die Nachkommen aus erster Ehe den ihnen zustehenden Anteil am Nachlass des zuerst verstorbenen Elternteils mit dem zweiten Ehegatten und/oder mit ihren später geborenen Halbgeschwistern teilen, womit das Planungsziel, wonach die Ehegattenbegünstigung nur vorübergehenden Charakter (bis zum Ableben des zweiten Elternteils) haben und das gesamte Vermögen anschliessend an die gemeinsamen Nachkommen fallen sollte, verfehlt wird.

---

[2] Etwas anders verhält es sich, wenn lebzeitige Zuwendungen ausgerichtet wurden, die durch die Scheidung nicht hinfällig werden. Diese können bei einer Wiederverheiratung des Empfängers entgegen den ursprünglichen Absichten der Ehegatten weitervererbt werden. Auf die Problematik solcher Zuwendungen wurde bereits hingewiesen.

[3] Siehe zu dieser Sachlage, die an dieser Stelle keiner weiteren Erörterung mehr bedarf, vorne, Rzn 10.47 ff.

– Dasselbe trifft in gewisser Hinsicht auch für die *gesetzlichen Ansprüche* des überlebenden Ehegatten zu. Aus der Sicht des zuerst versterbenden Ehegatten ist die Rechtslage besonders unbefriedigend, wenn sein Eigengut im Vergleich zum gesamten ehelichen Vermögen bedeutend ist. Diese Vermögenswerte fallen unter dem ordentlichen Güterstand immerhin zur Hälfte an den überlebenden Ehegatten und nach dessen Tod an dessen sämtlichen Erben, hätten jedoch nach den Vorstellungen des Vorverstorbenen ausschliesslich an die eigenen (gemeinsamen) Nachkommen gelangen sollen. 12.08

– Überlebt der schon in der ersten Ehe überlebende Ehegatte auch seinen zweiten Partner, kommen seine Kinder aus erster Ehe beim Ableben ihres Elternteils in den Genuss von Vermögenswerten, die dieser von seinem zweiten Partner erworben hat[4]. Auch diese Folge ist in der Regel unerwünscht, jedenfalls dann, wenn der zweite Ehegatte ebenfalls Nachkommen hat, deren Erbteil dadurch geschmälert wird. Abhilfe lässt sich allerdings erst anlässlich einer Wiederverheiratung schaffen, noch nicht in erster Ehe. 12.09

– Wurde – etwa wegen der hohen Lebenserwartung des überlebenden Ehegatten – eine maximale Begünstigung mittels einer *Ehegattennutzniessung* (Art. 473 ZGB) erreicht und gleichzeitig die berufliche Vorsorge in Form einer Hinterlassenenrente ausgebaut, geht der überlebende Ehegatte bei einer Wiederverheiratung sowohl eines beträchtlichen Teils der Nutzniessung als auch der Hinterlassenenrente verlustig[5]. Allenfalls verbleiben ihm nur ungenügende finanzielle Mittel, wenn die Zweitehe wirtschaftlich unvorteilhaft ist oder durch Tod des anderen Ehegatten oder durch Scheidung aufgelöst wird[6]. Analoges gilt bezüglich Wiederverheiratungsklauseln in einem Ehe- oder Erbvertrag bzw. Testament. 12.10

3. Lösungsansätze

a) Zielsetzung der rechtsgeschäftlichen Regelung

Damit die Ansprüche der gemeinsamen Nachkommen nicht durch das Hinzutreten weiterer (Pflichtteils-)Erben reduziert werden, ist das verfügbare Vermögen des überlebenden Ehegatten, der sich wieder verheiratet, zugunsten der Nachkommen zu reduzieren, was zu verschiedenen Zeitpunkten geschehen kann: 12.11

– Entweder wird *von Anfang an* auf eine Begünstigung des überlebenden Ehegatten verzichtet und den Nachkommen der gesetzliche Erbteil (oder auch mehr) zugewandt. Ob auf eine Begünstigung überhaupt zu verzichten ist, entscheidet sich allerdings weniger allein aufgrund der Tatsache einer allfälligen späteren Zweitehe, sondern vorab nach dem Bedarf des überlebenden Ehegatten im Zeitpunkt der Auflösung der Erstehe und weiteren Faktoren. 12.12

---

[4] Dasselbe geschieht, allerdings in abgeschwächter Form, auch bei umgekehrter Absterbensreihenfolge mit Bezug auf einen Teil der Errungenschaft oder des Gesamtguts, das dem Ehegatten (bzw. nun dessen Erben) aus güterrechtlicher Auseinandersetzung zusteht.

[5] Art. 473 Abs. 3 ZGB; Art. 23 Abs. 4 und 5 AHVG; Art. 22 Abs. 2 BVG.

[6] Anders als die Nutzniessung können immerhin die Rentenansprüche bei der Auflösung der Zweitehe unter Umständen wieder aufleben.

12.13 – Als Alternative erfolgt eine *Reduktion* der Begünstigung *anlässlich der Wiederverheiratung*[7], und zwar mittels Resolutivbedingungen oder bedingten Auflage (= Wiederverheiratungsklauseln). Eine Reduktion der Begünstigung, die im Zeitpunkt der Wiederverheiratung Wirkung entfaltet, ist jedoch in der Regel ebenfalls nicht sinnvoll, weil der Eheschluss an sich die vorehelichen Nachkommen nicht gefährdet. Zu einer Verkürzung der Ansprüche kommt es erst bei der Auflösung der Zweitehe durch Tod ihres zweiten Elternteils. Die Wiederverheiratung bringt dem überlebenden Ehegatten ausserdem nicht zwingend finanzielle Vorteile. Unter Umständen erwachsen ihm infolge der ehelichen Unterhaltspflicht sogar grössere Lasten als im Einpersonenhaushalt, zudem verliert er in der Regel eine AHV- sowie eine BVG-Hinterlassenenrente (gegebenenfalls auch weitere Rentenansprüche). Im Übrigen liegt auf der Hand, dass Rückfallklauseln, die noch zu Lebzeiten des überlebenden Ehegatten Wirkung entfalten, eine „Umgehung" nahe legen und bei bestimmten Sachlagen – nämlich wenn die finanziellen Mittel eine Rückleistung nicht erlauben – sogar erfordern. Die Wahl zwischen Zweitehe und Konkubinat wird dann unter Umständen weitgehend aus finanziellen Erwägungen getroffen[8]. Schliesslich bleiben die Grenzen der Zulässigkeit von Wiederverheiratungsklauseln im Hinblick auf die Ehefreiheit des überlebenden Ehegatten zu beachten[9].

12.14 – Als letzte Möglichkeit bleibt die Beschränkung der Begünstigung erst *auf den Zeitpunkt des Todes* des begünstigten Ehegatten. Es bleibt alsdann in dessen Verantwortung, für den Fall einer wirtschaftlich vorteilhaften Zweitehe die Nachkommen aus erster Ehe allenfalls bereits unter Lebenden angemessen zu berücksichtigen[10]. Geht allerdings die finanzielle Begünstigung weit über das zur Beibehaltung des gewohnten Lebensstandards Notwendige hinaus oder sind die Nachkommen auf Geldmittel angewiesen, ist eine Beschränkung auf das gesetzlich Vorgesehene (bzw. auf das Angemessene) anlässlich einer Wiederverheiratung – im Sinne einer *Ausnahme* – eher zu vertreten. Es liegt sodann umgekehrt an den Nachkommen, gegenüber ihrem Elternteil auf die Rückerstattung ganz oder teilweise zu verzichten, wenn es dessen neue Situation erfordert.

12.15 Entsprechende Vorkehren sind auch dann erforderlich, wenn die Ehegatten sich darin einig sind, dass die gemeinsamen Nachkommen für den Fall der Wiederverheiratung berücksichtigt werden müssen. Kommt es nämlich zu einer Zweitehe, verhindern die dadurch hinzutretenden Pflichtteilsansprüche des zweiten Ehegatten und allfälliger

---

[7] Weil sich die Problematik nicht nur bei Wiederverheiratung, sondern generell beim Hinzutreten neuer Pflichtteilserben stellt, ist dem Fall der Wiederverheiratung möglicherweise die Geburt weiterer Nachkommen (aus einer nachehelichen Beziehung) gleichzustellen.

[8] Man könnte insofern von einer „konkubinatsfördernden" Wirkung von Wiederverheiratungsklauseln sprechen. Dass die finanziellen Ansprüche bei der Wiederverheiratung eine nicht unbedeutende Rolle spielen, zeigt der Vergleich der Wiederverheiratungsquoten bei gewöhnlichen und SUVA-Witwen; siehe dazu STAUFFER/SCHAETZLE, Rz 845.

[9] Vgl. vorne, Rzn 06.144 und 07.145.

[10] Nicht möglich ist demgegenüber eine Verpflichtung der Ehegatten, in einer allfälligen neuen Ehe einen Ehe- und Erbvertrag zum Schutz der Nachkommen aus erster Ehe abzuschliessen, weil diesbezüglich auch die Mitwirkung des neuen Ehepartners erforderlich ist.

Nachkommen eine freiwillige Rückleistung der Begünstigung, die der überlebende Ehegatte beim Tod seines ersten Partners erhalten hat. Dabei ist auch eine erbvertragliche Schlusserbeneinsetzung in der ersten Ehe, wonach die gemeinsamen Nachkommen als Erben des Zweitversterbenden bestimmt werden, zu deren Schutz ungenügend, weil die Verpflichtung beim Hinzutreten neuer Pflichtteilserben im Umfang des Noterbrechts der Betroffenen herabsetzbar wird[11]. Eine Rückleistung ist dann nur noch möglich, wenn der zweite Ehegatte und allfällige Nachkommen aus zweiter Ehe zum Abschluss eines Erbverzichtsvertrages Hand bieten oder auf eine Herabsetzung verzichten.

b) Die Möglichkeiten des Ehevertrags

Durch Ehevertrag kann nicht bestimmt werden, was mit den güterrechtlichen Zuwendungen beim Tod des zweiten Ehegatten geschehen soll: Weil nur noch der Nachlass des Zweitversterbenden in Frage steht, muss zu erbrechtlichen Mitteln gegriffen werden[12]. Zulässig ist demgegenüber eine – allerdings in der Regel unvorteilhafte, vgl. Rz 12.13 – ehevertragliche *Resolutivbedingung*, wonach der über den gesetzlichen Anspruch hinaus zugewandte Vorschlags- oder Gesamtgutsanteil *bei Wiederverheiratung* des überlebenden Ehegatten an die Erben des zuerst verstorbenen Ehegatten zurückfällt[13]. Als Variante zur Resolutivbedingung bietet sich die ehevertragliche *Auflage* an[14].

12.16

Während es zulässig ist, die Vorschlags- bzw. Gesamtgutszuweisung an Resolutivbedingungen zu knüpfen, die erst nach Auflösung des Güterstandes (aber noch zu Lebzeiten des einen Ehegatten) Wirkung entfalten, ist dies betreffend der *Wahl des Güterstandes* als solcher nicht gestattet. Unter Umständen liegt aber bereits in der blossen Begründung einer Gütergemeinschaft bzw. in der Umschreibung des Gesamtguts eine erhebliche Begünstigung des (mutmasslich) überlebenden Ehegatten[15]. Die Lösung ist hier in einer ehevertraglichen *Auflage* zu suchen, wonach *bei Wiederverheiratung* das Gesamtgut insoweit an die Erbmasse des vorverstorbenen Ehegatten zurückzuerstatten ist, als dieser im Falle der Scheidung darauf Anspruch gehabt hätte (vgl. Art. 242 ZGB)[16]. Im Ergebnis erhalten die Erben – inklusive der überlebende Ehegatte – praktisch denjenigen Betrag, der ihnen unter dem ordentlichen Güterstand zugestanden hätte.

12.17

---

[11] Ohne ausdrückliche letztwillige Verfügung sind die Nachkommen aus erster Ehe zudem gegenüber dem zweiten Ehegatten und den hinzugetretenen Halbgeschwistern zur erbrechtlichen Ausgleichung von Zuwendungen unter Lebenden verpflichtet.

[12] Vorne, Rz 06.148 und sogleich, Rz 12.19 ff.

[13] Siehe dazu schon vorne, Rzn 06.138 ff. Der gesetzliche Anspruch auf die Hälfte des Vorschlags oder des Gesamtguts darf dem überlebenden Ehegatten bei Wiederverheiratung allerdings nicht entzogen werden, siehe Rz 06.144.

[14] Vorne, Rzn 06.140; zur Abgrenzung von Bedingung und Auflage Rzn 06.135.

[15] Ob dies der Fall ist, hängt vom Umfang der Gütermassen unter dem ordentlichen Güterstand ab.

[16] Eine solche Regelung ist m.E. ohne weiteres zulässig. Nach der Rechtsprechung des Bundesgerichts darf die Begründung einer Gütergemeinschaft durchaus den einzigen Zweck haben, einen Ehegatten im Vergleich zum ordentlichen Güterstand zu begünstigen (vgl. BGE 112 II 390). Dann muss es aber auch möglich sein, diese Begünstigung im Ergebnis – und selbstverständlich ohne Wirkung auf den während der Ehe geltenden Güterstand, der gegenüber Dritten unverändert bestehen bleibt – durch eine Auflage zu Gunsten der (durch den Ehevertrag zurückgesetzten) Nachkommen aufzuheben.

c) Die Möglichkeiten des Erbrechts

12.18 Im Erbrecht ist es möglich und nach dem Gesagten (Rzn 12.13 f.) auch sinnvoll, erst *auf den Zeitpunkt des Todes* hin einen Rückfall der Begünstigung zu veranlassen. Dies geschieht vorab mittels Resolutivbedingungen und *Nacherbeneinsetzung*[17].

12.19 Die *erbrechtlichen Bedingungen* können nicht nur die Zuwendungen von Todes wegen erfassen, sondern auch *güterrechtliche Ansprüche*. Am geeignetsten ist hierzu ein kombinierter Ehe- und Erbvertrag, in dem sämtliche Zuwendungen und deren Beschränkungen zusammengefasst werden. Ferner ist es möglich und unter Umständen auch zweckmässig, die dem überlebenden Ehegatten eingeräumten Teilungsansprüche bei Wiederverheiratung bzw. Vorabsterben in zweiter Ehe insofern dahinfallen zu lassen, als gewisse Vermögensobjekte, soweit sie bei Eintritt der Bedingung noch vorhanden sind, auf Anrechnung an den rückerstattungspflichtigen Betrag oder gegen angemessene Entschädigung an die Nachkommen des zuerst verstorbenen Ehegatten zurückzugeben sind[18].

12.20 Bei *Nacherbeneinsetzung* bilden die Nachlasswerte eine *besondere Masse*, die weder den Erben des Vorerben (d.h. dem zweiten Ehegatten und weiteren Kindern) zukommt noch von dessen überlebendem zweitem Ehegatten unter Berufung auf das Güterrecht beansprucht werden kann[19]. Die Nacherbeneinsetzung kann *auf den Überrest* erfolgen, wenn die Erträgnisse zum Lebensunterhalt nicht ausreichen. Ausserdem kann mittels Erbvertrag die Nacherbeneinsetzung auch auf dem *gesamten Nachlass* erfolgen – die Nachkommen verzichten dabei auf den sofortigen Zugriff auf den Nachlass und der überlebende Ehegatte verzichtet im Gegenzug auf die vollständige Verfügungsbefugnis. Weil die Nacherbeneinsetzung wegen ihrer Flexibilität[20] wesentliche Vorteile aufweist, kann es sogar angebracht sein, die gesetzlichen güterrechtlichen Ansprüche zu Gunsten erweiterter erbrechtlicher Begünstigung (unter Nacherbeneinsetzung) zu beschränken[21].

12.21 Beispiel: Im Ehevertrag wird der Vorschlag zu ¾ dem vorversterbenden Ehegatten zugewiesen („umgekehrte Überlebensklausel"). Mit den Nachkommen wird zugleich ein Erbvertrag des Inhalts abgeschlossen, dass der überlebende Ehegatte den gesamten Nachlass als Vorerbe erhält, wobei die Nachkommen bezüglich der ganzen Errungenschaft als Nacherben auf den Überrest und für das Eigengut als ordentliche Nacherben (unter Aufhebung der Sicherstellungspflicht) eingesetzt werden. Dadurch ist das Auskommen des überlebenden Ehegatten optimal gesichert, ohne dass die Nachkommen die mit einer Wiederverheiratung normalerweise verbundenen vermögensrechtlichen Auswirkungen fürchten müssen.

12.22 Auch gegen eine *bedingte Nacherbeneinsetzung* ist m.E. nichts einzuwenden: Die Ehegatten können beispielsweise eine gegenseitige erbrechtliche Begünstigung vereinba-

---

[17] Im Einzelnen vorne, Rzn 07.91 ff. und 07.113 ff.

[18] Siehe schon vorne, Rz 07.77 f.

[19] SCHERRER, S. 135.

[20] Die Auslieferungs- und Sicherstellungspflicht, der Zeitpunkt der Auslieferung und der Umfang der zulässigen Nutzung lässt sich beliebig umschreiben, so dass zwischen einer praktisch unbelasteten Eigentümerstellung des Vorerben und der Stellung als „Quasi-Nutzniesser" alle Varianten denkbar sind.

[21] Siehe ferner in steuerlicher Hinsicht den Entscheid des BGer in Pra 88 (1999), Nr. 31, S. 189 ff., wo der Unterschied zwischen der Nacherbeneinsetzung und einer güterrechtlichen Zuwendung mit Schlusserbeneinsetzung deutlich wird.

ren und die gemeinsamen Nachkommen als Nacherben auf den Überrest einsetzen für den Fall, dass sich der überlebende Ehegatte wieder verheiratet und in der zweiten Ehe vorverstirbt. Dabei wird der überlebende Ehegatte zunächst „nomaler" Erbe, allerdings unter der Resolutivbedingung des Hinzutretens weiterer Pflichteilserben. Trifft dies infolge Wiederverheiratung oder Geburt weiterer Nachkommen ein, wird er hinsichtlich des noch vorhandenen Nachlasses bis zu seinem Tod zum blossen Vorerben, während die Nachkommen aus erster Ehe in diesem Zeitpunkt die Nacherbenstellung erwerben. Vor dem Eingehen der Zweitehe kann der Ehegatte über das erworbene Vermögen innerhalb der Pflichtteilsschranken frei (auch von Todes wegen) verfügen[22].

Die *Einräumung von Nutzniessungsrechten* kann als – steuerlich regelmässig günstigere – Alternative zur Nacherbeneinsetzung gewählt werden, sofern kein Vermögensverzehr durch den überlebenden Ehegatten erforderlich ist. Die Nachkommen werden damit bereits beim Erbgang Eigentümer des Nachlasses und können (unter Vorbehalt des Nutzungsrechts) auch darüber verfügen, während sie sich bei der Nacherbeneinsetzung vorläufig mit einem suspensiv bedingten Eigentumserwerb begnügen müssen. 12.23

Werden dem überlebenden Ehegatten rechtsgeschäftlich erhebliche *Teilungsansprüche* oder Wahlrechte eingeräumt, kann es insbesondere mit Blick auf Familienandenken (Wappen, Schmuck, Bilder, Möbelstücke usw.) erwünscht sein, dass diese in der Ursprungsfamilie bleiben und später nicht einem Stiefelternteil der gemeinsamen Nachkommen zugeteilt werden. In der Regel besteht jedoch während der ersten Ehe *kein Bedarf nach zusätzlichen Vorkehren* im Sinne von Resolutivbedingungen, da die gemeinsamen Nachkommen Noterben auch des überlebenden Ehegatten bleiben und in der erbrechtlichen Auseinandersetzung an den genannten Objekten ein grösseres Interesse nachzuweisen vermögen als der zweite Ehegatte (vgl. Art. 613 ZGB)[23]. Allerdings darf der überlebende Ehegatte über sämtliche Nachlassgegenstände, die ihm mittels Ehe- oder Erbvertrag zugewiesen wurden, in einer zweiten Ehe wiederum ehe- oder erbvertraglich verfügen. Um dies zu verhindern, kann der (erste) Vertrag mit einer *Auflage* versehen werden, wonach derjenige Ehegatte, der bestimmte Vermögensobjekte auf Anrechnung übernehmen durfte, diese bei Eingehen einer Zweitehe den Nachkommen aus erster Ehe herausgeben muss. Die Übertragung erfolgt entweder gegen Bezahlung des Verkehrswertes – womit den Nachkommen gewissermassen ein *Kaufsrecht* für den Fall der Wiederverheiratung eingeräumt wird – oder auf Anrechnung an die Zuwendung, die gemäss der (als Auflage oder Resolutivbedingung formulierten) Wiederverheiratungsklausel an die Nachkommen gelangt. 12.24

---

[22] Im Vergleich zur unmittelbaren Nacherbeneinsetzung hat deren Aufschub den Vorteil, dass der überlebende Ehegatte, sofern er sich nicht wieder verheiratet, bei der Verteilung seines Nachlasses die seit dem Tod des zuerst verstorbenen Ehegatten eingetretenen Veränderungen berücksichtigen kann, beispielsweise hinsichtlich der Zuweisung einer Familienunternehmung bzw. anderer Nachlassobjekte oder mit Blick auf eine sich aufdrängende Enterbung eines Nachkommen nach Art. 480 ZGB.

[23] Vgl. immerhin hinten, Rz 12.28; die gesetzlichen Zuweisungsansprüche des überlebenden zweiten Ehegatten können die Übertragung der Vermögenswerte auch dann verzögern, wenn nur Anspruch auf eine Nutzniessung oder ein Wohnrecht hat.

12.25   Mit Blick auf die *Steuerfolgen* bleibt zu beachten, dass der Übergang der Vermögenswerte vom überlebenden Ehegatten auf die Nachkommen im Wiederverheiratungsfall je nach kantonaler Gesetzgebung und Rechtsprechung nicht zwingend eine Revision der ursprünglichen Erbschaftssteuerveranlagung (gegenüber dem begünstigten Ehegatten) herbeiführt, jedoch der Vermögenszufluss bei den Nachkommen gegebenenfalls als Schenkung oder Erbanfall besteuert wird.

12.26   Bezüglich allfälliger *Vorsorgeansprüche* des überlebenden Ehegatten gegenüber der beruflichen und der gebundenen Selbstvorsorge, besteht kein Handlungsspielraum für einen Rückfall[24].

d) Vorkehren hinsichtlich gesetzlicher Ansprüchen des überlebenden Ehegatten

12.27   Auch wenn in der bestehenden Ehe keine Ehegattenbegünstigung in Betracht gezogen wird, fragt sich, ob hinsichtlich gesetzlicher Ansprüche Vorkehren im Hinblick auf eine Wiederverheiratung zu treffen sind. Eine erbvertragliche Bindung der Ehegatten – zu denken ist an die Einsetzung der gemeinsamen Kinder als Schlusserben auf die verfügbare Quote – bereits während bestehender Erstehe erscheint allerdings regelmässig als verfrüht, lassen sich doch die künftigen Bedürfnisse der beteiligten Parteien noch kaum abschätzen[25]. In zwei Fällen ist immerhin eine Ausnahme von diesem Grundsatz in Betracht zu ziehen:

12.28   Eine erste *Ausnahme* ist unter Umständen mit Blick auf die *gesetzlichen Teilungsansprüche* erforderlich. Hat der überlebende Ehegatte in Anwendung von Art. 612a ZGB die eheliche Liegenschaft an sich gezogen, erfolgt bei einer späteren Wiederverheiratung kein Rückfall an die Nachkommen aus erster Ehe. Das kann sowohl dann ungerechtfertigt sein, wenn der überlebende Ehegatte diese Liegenschaft nun verlässt und mit dem zweiten Ehegatten eine neue Familienwohnung bezieht, als auch dann, wenn der zweite Ehegatte in die erste eheliche Liegenschaft einzieht. Im ersten Fall wäre es angemessener, wenn die interessierten Nachkommen nunmehr – freilich gegen Auszahlung des überlebenden Elternteils – die Liegenschaft an sich ziehen könnten. In der anderen Situation erwirbt der zweite Ehegatte, wenn er seinen Partner überlebt, nun seinerseits das Zugsrecht nach Art. 612a ZGB (bzw. Art. 219 oder 244 ZGB), so dass die Familienwoh-

---

[24] Das ist allerdings auch nicht erforderlich. Kapitalleistungen aus dritter Säule führen insofern nicht zu einer (finanziellen) Besserstellung des überlebenden Ehegatten, als diese Vermögenswerte in der Erbteilung (mindestens mit dem Rückkaufswert) angerechnet werden bzw. in den Nachlass fallen. Sofern die berufliche Vorsorgeeinrichtung der Witwe eine Barauszahlung ermöglicht (Art. 37 Abs. 3 BVG) und diese davon Gebrauch gemacht hat, erfolgt zwar im Erbrecht keine Berücksichtigung, aber die Ansprüche der beruflichen Vorsorge dienen per definitionem nur der „angemessenen Vorsorge", so dass sich keine übermässige Begünstigung auf Kosten der gemeinsamen Nachkommen ergibt, die auszugleichen wäre. Hinterlassenenrenten aller Vorsorgeformen enden ohnehin mit dem Tod des Berechtigten.

[25] Welche Massnahmen allenfalls anlässlich der Wiederverheiratung zu treffen sind, ist weiter hinten zu untersuchen; Rzn 12.50 ff. (zur Gleichberechtigung aller Nachkommen) und Rzn 12.64 ff. (zur begründeten Ungleichbehandlung).

nung endgültig aus dem ursprünglichen Stamm herausgenommen werden kann[26]. Dies lässt sich vermeiden, indem die gesetzlichen Zuweisungsansprüche des überlebenden Ehegatten rechtsgeschäftlich aufgehoben[27] und an deren Stelle eine Nutzniessung[28] oder ein (allerdings gemäss Art. 216a OR auf zehn Jahre befristetes) Kaufsrecht der Nachkommen für den Fall einer Wiederverheiratung eingeräumt werden. Analoges gilt dann, wenn sich im ehelichen Vermögen Hausrat mit erheblichem Affektionswert für die gemeinsamen Nachkommen befindet[29].

Ein *zweiter Vorbehalt* gegenüber dem Grundsatz, dass nur die rechtsgeschäftlichen, nicht aber die gesetzlichen Ansprüche des überlebenden Ehegatten beschränkt werden sollten, drängt sich allenfalls auf, wenn der zuerst versterbende Ehegatte erhebliches Vermögen in die Ehe eingebracht hat. In Bezug auf das *Eigengut des zuerst versterbenden Ehegatten* kann es – je nach den konkreten Verhältnissen – durchaus angebracht sein, dass dieses letztlich vollständig an dessen Nachkommen fällt, jedenfalls soweit es für den standesgemässen Unterhalt des überlebenden Ehegatten nicht aufgezehrt wurde (vgl. vorne, Rz 12.08). Werden in der Erstehe diesbezüglich keine Anordnungen getroffen, kann die Zuweisung des Eigenguts des vorverstorbenen Ehegatten an die in erster Ehe geborenen Nachkommen an den Pflichtteilen des zweiten Ehegatten bzw. der Nachkommen aus zweiter Ehe scheitern[30].

12.29

Die Vermögenszuweisung an die gemeinsamen Nachkommen darf allerdings nicht im Zusammenhang mit der Wiederverheiratung erfolgen, weil es sich dabei um einen unzulässigen *Eingriff in die Ehefreiheit* des überlebenden Ehegatten handeln würde[31]. Bei erheblichem Eigengutsvermögen des einen und realistischer Wiederverheiratungsmöglichkeit des anderen Ehegatten bleibt deshalb nur der Ausweg, die erbrechtliche Be-

12.30

---

[26] Immerhin ist zu beachten, dass nach Art. 612a Abs. 2 ZGB an die Stelle des Eigentumsanspruchs der Nutzniessungsanpruch tritt, wenn „die Umstände es rechtfertigen", was beispielsweise bei einem eigentlichen Familienstammsitz der Fall wäre; vgl. ZGB-SCHAUFELBERGER, N 17 zu Art. 612a ZGB.

[27] GEISER, Bedürfnisse, S. 1160, weist zutreffend darauf hin, dass der eheverträgliche Verzicht auf den Zuweisungsanspruch den erbrechtlichen Anspruch nach Art. 612a ZGB nicht aufzuheben vermag, weshalb ein ehe- und erbvertraglicher Verzicht erforderlich ist.

[28] Beispiel: Die gemeinsame Familienwohnung ist ein aus der Verwandtschaft des Ehemannes A stammendes Herrschaftshaus. Die Ehegatten haben einen gemeinsamen Sohn C. Die Ehegatten vereinbaren in einem Erbvertrag folgendes: „Mein Sohn C soll die Liegenschaft xy erhalten. Innert sechs Monate nach Eröffnung des Erbganges kann B die Einräumung einer lebenslänglichen Nutzniessung an der Liegenschaft verlangen, wobei sie sich den Wert dieser Nutzniessung in der erbrechtlichen Auseinandersetzung anrechnen lassen muss."

[29] Immerhin gehören eigentliche Familienstücke nicht zum Hausrat und sind insofern vom Zugsrecht des überlebenden Ehegatten ausgenommen; vgl. HAUSHEER/REUSSER/GEISER, N 82 zu Art. 219 ZGB.

[30] Beispiel: Die Ehefrau hat ein Familienunternehmen im Wert von Fr. 2'000'000 in die Ehe eingebracht. Sie stirbt kurz nach der Geburt des ersten Sohnes. Errungenschaft ist in diesem Zeitpunkt nicht vorhanden. Der überlebende Ehemann erhält ½ des Eigenguts seiner Frau, heiratet erneut und zeugt weitere Nachkommen. Als er selber verstirbt, ist wiederum keine nennenswerte Errungenschaft vorhanden. Die zweite Gattin und die Kinder aus zweiter Ehe haben ein Noterbrecht betreffend des eingebrachten Unternehmensanteils, das sich durch Vereinbarungen in der ersten Ehe nicht wegbedingen lässt.

[31] Vgl. vorne, Rzn 06.144 und 07.145.

rechtigung des überlebenden (finanziell schwächeren) Ehegatten unabhängig von einer Wiederverheiratung erbvertraglich zu beschränken. Der Schutz der gemeinsamen Nachkommen muss in diesen Ausnahmefällen über eine erbvertragliche Nacherbeneinsetzung oder eine Nutzniessung erfolgen.

III. Ehepaar mit vorehelichen Kindern

1. Mögliche Ausgangslagen

12.31 Hat ein Ehepaar voreheliche Nachkommen, ergeben sich im Wesentlichen vier verschiedene Familienmuster mit je unterschiedlichem Planungsbedarf:
– Beide Ehegatten haben voreheliche Nachkommen, gemeinsame Nachkommen sind nicht vorhanden (Rzn 12.43 ff.).
– Nur ein Ehegatte hat voreheliche Nachkommen, wiederum existieren keine gemeinsamen Nachkommen (vgl. ebenfalls Rzn 12.43 ff.).
– Nur ein Ehegatte hat voreheliche Nachkommen, daneben sind gemeinsame Nachkommen vorhanden (Rzn 12.50 ff.).
– Beide Ehegatten haben voreheliche Nachkommen, zusätzlich wurden dem Ehepaar gemeinsame Nachkommen geboren (Rz 12.69).

12.32 Neben diesen unterschiedlichen Nachkommenkonstellationen interessiert selbstverständlich im Einzelfall auch die Höhe und Herkunft des ehelichen Vermögens. Gegebenenfalls spielt aus der Sicht der Ehegatten ferner der Umstand eine Rolle, ob bestimmte Nachkommen im gemeinsamen Haushalt aufwachsen bzw. aufgewachsen sind und ob sie beim allfälligen Tod eines Elternteils bereits Vermögen ererbt haben.

2. Anliegen

12.33 Folgende konkreten Planungsziele stehen zur Diskussion:
– Wurde eine erste Ehe durch Tod des Ehepartners aufgelöst, kann es dem Willen des überlebenden Ehegatten entsprechen, dass das an ihn gelangte Vermögen des Vorverstorbenen – das in zweiter Ehe zu seinem Eigengut gehört – nicht an einen zweiten Ehepartner und Kinder aus dieser Beziehung gelangt, sondern bei den eigenen, aus der Sicht der zweiten Ehe vorehelichen Kindern verbleibt[32].
– Voreheliche Nachkommen sollen bezüglich des gemeinsamen Elternteils, d.h. des geschiedenen oder in erster Ehe überlebenden Ehegatten, nicht schlechter gestellt werden als die Kinder aus zweiter Ehe. Umgekehrt wird es normalerweise nicht erwünscht sein, dass die vorehelichen Kinder am Eigengut ihres hinzugetretenen Stiefelternteils partizipieren. Mit anderen Worten: Das Vermögen soll im jeweiligen Stamm verbleiben.
– *Variante:* Unter Umständen sollen die gemeinsamen und die nichtgemeinsamen Kinder gleichmässig vom ehelichen Vermögen profitieren, ungeachtet von dessen Herkunft. Allenfalls ist nur mit Rücksicht auf *bestimmte Vermögenswerte* eine Un-

---

[32] Allenfalls wurde diesbezüglich bereits in erster Ehe ein Ehe- und Erbvertrag mit Wiederverheiratungsklauseln abgeschlossen, der selbstverständlich berücksichtigt werden muss; siehe dazu hinten, Rz 12.64.

gleichbehandlung der gemeinsamen und nichtgemeinsamen Nachkommen bzw. der nichtgemeinsamen Nachkommen des einen oder anderen Ehegatten erwünscht.
- Die Berechtigung der vorehelichen und gemeinsamen Nachkommen sollte weder in Bezug auf Wert- noch auf Sachansprüche von der *Absterbensreihenfolge* in der Zweitehe abhängig sein.
- Werden in der zweiten Ehe keine Kinder geboren, stellt sich die Frage, ob das Vermögen des Ehegatten ohne eigene Kinder bei dessen Tod an seine eigenen Verwandten oder aber an das Stiefkind gelangen soll. Ferner kann eine Konkurrenz des zweiten Ehegatten mit den vorehelichen Kindern des anderen Ehepartners verschärft in Erscheinung treten, und zwar besonders dann, wenn der zweite Ehegatte erheblich jünger ist.

3. Problembereiche

Nachfolgend soll die Rechtslage ohne besondere Vorkehren bzw. bei Begünstigung des überlebenden Ehegatten dargestellt und gleichzeitig aufgezeigt werden, wo Konflikte zu den aufgezeigten Planungszielen entstehen können. 12.34

- Die Maximalbegünstigung des überlebenden (zweiten) Ehegatten gefährdet die Ansprüche der vorehelichen Nachkommen des erstverstorbenen Ehegatten, da diese gegenüber dem Stiefelternteil nicht mehr erbberechtigt sind und sich mit dem gesetzlichen Schutz durch die Art. 216 Abs. 2, 241 Abs. 3 und Art. 473 Abs. 1 ZGB begnügen müssen. Die gemeinsamen Nachkommen erfahren so eine Besserstellung gegenüber den vorehelichen Kindern des zuerst Verstorbenen. Auch ohne eine rechtsgeschäftliche Begünstigung des Ehegatten erhält dieser einen grossen Anteil des ehelichen Vermögens, das nach seinem Tod nur noch unter die leiblichen Nachkommen (oder andere Erben) verteilt wird. Dadurch kann Eigengut des ersten Ehegatten aus dessen Stamm herausfallen. 12.35
- Umgekehrt profitieren die vorehelichen Nachkommen, wenn ihr Elternteil in der zweiten Ehe überlebt und seinen zweiten Ehegatten beerbt. 12.36
- Rechtsgeschäftliche Vorkehren, die eine Gleichbehandlung der Nachkommen zum Ziel haben, können an der unterschiedlichen *kantonalen Besteuerung* von Zuwendungen an Nachkommen und Stiefkinder scheitern[33]. 12.37
- *Waisenrenten* der AHV werden regelmässig nur an eigene Nachkommen des Verstorbenen, d.h. leibliche oder Adoptivkinder ausgerichtet[34]. Wurde daneben eine *berufliche bzw. eine private Vorsorge* aufgebaut, kann das Gleichberechtigungsanliegen auch in mit Bezug auf diese Anwartschaften bzw. Ansprüche durch die gesetzliche Begünstigtenordnung durchkreuzt werden[35]. 12.38

---

[33] Der Kanton Bern stellt dagegen in Art. 10 Abs. 1 ESchG BE die Stiefkinder den leiblichen Nachkommen ausdrücklich gleich. Das gilt auch für Pflegekinder, wobei ein Pflegekindverhältnis nach Art. 10 Abs. 4 ESchG BE vorliegt, wenn der Erblasser für den Unterhalt und die Erziehung des Kindes wie für ein eigenes gesorgt hat. Vgl. auch Art. 19 Abs. 1 Bst. a sowie Abs. 2 nESchG BE.

[34] Zur Hinterlassenenrente an Pflegekinder (in casu das voreheliche Kind des geschiedenen Ehegatten der versicherten Person) siehe BGE 122 V 182 sowie (nach Adoption) BGE 125 V 141.

[35] Direkte Abhilfe ist aufgrund der starren Begünstigtenordnung zwar nicht möglich, jedoch lässt sich der Vorsorgeanspruch in der erbrechtlichen Auseinandersetzung berücksichtigen, indem (im Bereich

12.39 – Verstirbt bei *kinderloser Zweitehe* derjenige Ehegatte zuerst, der keine eigenen Nachkommen hat, gelangt sein Vermögen[36] via den überlebenden Ehegatten an dessen vorehelichen Nachkommen und verlässt so seine Verwandschaft.

12.40 – Der zweite Ehegatte ist möglicherweise bedeutend jünger als sein Partner mit vorehelichen Nachkommen. Überlebt er den anderen Ehegatten, erhält er einen nennenswerten Teil des ehelichen Vermögens, das den Kindern des Vorverstorbenen definitiv entzogen wird. Durch den Aufbau einer beruflichen Vorsorge wird dieser Effekt zusätzlich verstärkt, da der überlebende Ehegatte prioritär zu den direkten Nachkommen in den Genuss von Hinterlassenenleistungen gelangt[37]. Dem überlebenden Ehegatten stehen daneben gesetzliche Teilungsrechte zu[38], die auch Objekte betreffen können, an denen die leiblichen Nachkommen des Verstorbenen ein erhebliches immaterielles Interesse haben. Eine zusätzliche rechtsgeschäftliche Begünstigung des überlebenden zweiten Ehegatten verschärft diesen Konflikt.

12.41 – Die gesetzlichen Regeln über die *Ausgleichungspflicht* führen dann zu unbefriedigenden Ergebnissen, wenn ein Ehegatte gegenüber vorehelichen Nachkommen des anderen Ehegatten als ausgleichsberechtigt erscheint.

12.42 In grundsätzlicher Hinsicht ist vorab darauf hinzuweisen, dass ein *Erbvertrag* den Ehegatten durchaus die Möglichkeit einräumt, eine *einseitige Anpassung* des Vertrages (im Sinne einer „Fortführung" der bisherigen Planung) durch den überlebenden Ehegatten vorzusehen, beispielsweise für den Fall des Hinzutretens weiterer Nachkommen oder bei einer erheblichen Veränderung der wirtschaftlichen Situation einer der Beteiligten[39].

4. Planung bei kinderloser Zweitehe

a) Planung hinsichtlich der Nachkommen

12.43 Werden keine erbrechtlichen Vorkehren getroffen, hängt es bei kinderloser Zweitehe von der Absterbensreihenfolge ab, an wessen Familie der weitaus grösste Teil des ehelichen Vermögens letztlich gelangt. Die zur Verfügung stehenden rechtsgeschäftlichen Instrumente zur Beseitigung dieser „Absterbenslotterie" wurden bereits vorne für das kinderlose Ehepaar ohne voreheliche Nachkommen besprochen (siehe Rzn 10.47 ff.). Das Hinzutreten vorehelicher Nachkommen verändert die Situation nur insofern, als es deren Pflichtteile, die diejenigen der Eltern weit übersteigen, bei der Planung zu respektieren gilt, womit eine (auch zufolge Nacherbeneinsetzung oder Nutzniessung zeitlich limitierte) maximale Begünstigung des überlebenden Ehegatten nur möglich ist, wenn der Ehegatte ohne eigene Nachkommen vorverstirbt.

---

der ersten und zweiten Säule vorbehaltlich die Pflichtteile) ausdrücklich die Anrechnung des ausgerichteten Kapitals bzw. der kapitalisierten Rente verfügt wird.

[36] Bzw. ¾ des Nachlasses, wenn Eltern oder Geschwister vorhanden sind.

[37] Vorne, Rz 09.16. Dieselbe Problematik ergibt sich auch mit Bezug auf die Säule 3a, jedoch insofern weniger akzentuiert, als eine pflichtteilsrechtliche Anrechnung des Kapitalbetrages oder des Rückkaufswertes erfolgt (vorne, Rzn 03.56 ff.).

[38] Vgl. vorne, Rzn 03.06 ff. und 03.15.

[39] Siehe dazu bereits vorne, Rz 05.47.

Haben *beide Ehegatten vorehelich Nachkommen*, lässt sich eine einfache Lösung erzielen, indem der ordentliche Güterstand ohne Änderung der Vorschlagsteilung beibehalten wird und die Ehegatten gegenseitig entweder auf eine Erbberechtigung verzichten oder sich lediglich als Vorerben einsetzen, unter gleichzeitiger Einsetzung der je eigenen Nachkommen als Nacherben. Dadurch bleibt das jeweilige Familienvermögen (Eigengut) im richtigen Stamm. Benötigt der überlebende Ehegatte jedoch zusätzliches Vermögen, erscheint unter Umständen ein Erbvertrag unter Einbezug aller Nachkommen als unausweichlich. 12.44

Es kann auch durchaus dem Planungsziel entsprechen, die vorehelichen Nachkommen erbrechtlich *wie gemeinsame Kinder zu behandeln*. Stirbt der Stiefelternteil zuerst, gelangt das eheliche Vermögen via den überlebenden Ehegatten und Elternteil an das Stiefkind. Bei umgekehrter Absterbensreihenfolge ist entweder der überlebende Stiefelternteil zugunsten des Kindes nur minimal zu begünstigen, oder aber es erfolgt eine Schlusserbeneinsetzung. Eine *Adoption* erleichtert die Planung in gewisser Hinsicht[40] und ist insbesondere in jenen Kantonen ratsam, wo das Stief- bzw. Pflegekind bezüglich der Erbschaftssteuer den eigenen Nachkommen nicht gleichgestellt ist[41]. 12.45

Sind die Eltern des Stiefelternteils im Planungszeitpunkt (noch) nicht vorverstorben, steht der erbvertraglichen Einsetzung der nichtgemeinsamen Kinder als *Schlusserben* der elterliche Pflichtteil im Weg. Dieser kann durch Begründung einer allgemeinen Gütergemeinschaft mit Gesamtgutszuweisung an den überlebenden Ehegatten umgangen werden, was sich allerdings bei „falscher" Absterbensreihenfolge (wenn der Stiefelternteil überlebt) nachteilig auswirkt. 12.46

b) Ausgleich zwischen Nachkommen und zweitem Ehepartner

Bei kurzer, kinderloser Zweitehe hat eine besonders sorgfältige Abwägung zwischen den Interessen des zweiten Ehegatten und den vorehelichen Kindern des anderen stattzufinden. An die Stelle einer Begünstigung des überlebenden Ehegatten kann je nach Sachlage ein ganzer oder teilweiser *Verzicht* auf die gesetzlichen Ansprüche treten. Jedenfalls ist darauf zu achten, dass Zuwendungen unter den Ehegatten bei Tod des Zuwendungsempfängers an die vorehelichen Nachkommen des anderen Ehegatten zurückfliessen. Bevorzugtes Instrument ist auch hier die Nacherbeneinsetzung, allenfalls eine Nutzniessung, während auf die weniger flexiblen güterrechtlichen Zuwendungen – soweit diese nicht für die Beibehaltung des bisherigen Lebensstandards zwingend erforderlich sind – zu verzichten ist. 12.47

Zu beachten ist ausserdem, dass Ansprüche des überlebenden Ehegatten aus gebundener Selbstvorsorge nach Art. 2 BVV3 diejenigen der Nachkommen ausschliessen; 12.48

---

[40] Durch die Adoption entfallen allfällige Elternpflichtteile, die auf Seiten des Stiefelternteils zu berücksichtigen waren, sowie das gesetzliche Erbrecht der Geschwister; zudem verbessert die Adoption die (sozial-)versicherungsrechtliche Stellung des Stiefkindes.

[41] Steuerliche Vorteile können – im Sinne einer Alternative zur Adoption – auch erreicht werden, indem für den Fall, dass der leibliche Elternteil vorverstirbt, der Stiefelternteil auf dem gesamten ihm zustehenden Nachlassanteil nur als Vorerbe (allenfalls als Nutzniesser) und die Nachkommen als Nacherben eingesetzt werden. Die (steuerlich unter Umständen unvorteilhafte) Schlusserbeneinsetzung beschränkt sich dann auf das aus Güterrecht übergegangene Vermögen.

d.h., der überlebende Ehegatte wird automatisch und ungeachtet der wirtschaftlichen Bedürftigkeit und der sozialen Wirklichkeit prioritär an der Rente bzw. am Vorsorgekapital berechtigt. Erfolgte der Aufbau der gebundenen Selbstvorsorge vor der Zweitehe und mit Hinblick auf die Bedürfnisse der vorehelichen Nachkommen, ist diese Folge nicht erwünscht. Der Vorsorgenehmer kann einerseits dadurch Abhilfe schaffen, dass er einen Vorbezug (insbesondere zum Erwerb von Wohneigentum) tätigt und mit dem überlebenden Ehegatten erbvertraglich vereinbart, dass dieser Vermögenswert ausschliesslich den Nachkommen zukommen soll. Andererseits können die Ehegatten erbvertraglich die Anrechnung der ausbezahlten Summe bzw. der kapitalisierten Rente auf den Erbteil des begünstigten Ehegatten vereinbaren.

12.49 Ein wichtiger Gesichtspunkt ist bei kurzer Zweitehe in der Regel auch die *Konfliktvermeidung* zwischen Nachkommen des Erblassers und dessen zweiten Ehegatten. Insofern kann der Ausschluss des betreffenden Ehegatten vom Nachlass sinnvoll sein. Er entgeht damit der erbrechtlichen Teilung, muss sich nicht um die Verwaltung des Nachlasses kümmern und ist in Bezug auf die Erbschaftssteuern in einer privilegierten Stellung. Seine Interessen lassen sich durch eine Versicherungsleistung aus gebundener oder freier Selbstvorsorge, durch lebzeitige Zuwendungen, güterrechtliche Vorkehren oder durch Vermächtnisse wahren.

5. *Planung bei gemeinsamen Nachkommen und vorehelichen Nachkommen auf einer Seite*

a) *Berücksichtigung früherer Vermögensübergänge*

12.50 Die vorehelichen Nachkommen haben unter Umständen bereits beim Tod des einen Elternteils einen Nachlassanteil erhalten; nämlich unter dem ordentlichen Güterstand und ohne ehevertragliche Modifikationen die Hälfte des Eigenguts des vorverstorbenen Ehegatten und ein Viertel der ehelichen Errungenschaft. In aller Regel wird dieser „Vorempfang" in der Planung zu berücksichtigen sein. Weil ohne rechtsgeschäftliche Vorkehren voreheliche Nachkommen gegenüber den in der Zweitbeziehung geborenen Kindern zu kurz kommen können[42], erleichtert diese Anrechnung die Gleichbehandlung.

b) *Vorversterben des Ehegatten mit vorehelichen Nachkommen*

12.51 Das Grundproblem besteht darin, dass die vorehelichen Nachkommen nur beim ersten Todesfall gesetzlich erbberechtigt sind. Was beim ersten Todesfall aufgrund güter- und erbrechtlicher Ansprüche an den überlebenden Stiefelternteil gelangt, bleibt endgültig bei diesem bzw. nach seinem Tod bei dessen gesetzlichen Erben, d.h. den gemeinsamen Nachkommen. Letztere sind somit zweimal zum Erbgang berufen, was dem Anliegen der Gleichbehandlung aller Nachkommen widerspricht.

12.52 Weil nur noch der Nachlass des Zweitversterbenden in Frage steht, sind *ehevertragliche Resolutivbedingungen unzulässig*[43]. Nicht zulässig ist es sodann, ehevertraglich bereits im Rahmen der güterrechtlichen Auseinandersetzung direkte Zuwendungen an

---

[42] Die gemeinsamen Nachkommen beerben beide Ehegatten, die vorehelichen nur ihren Elternteil.
[43] Dazu schon vorne, Rz 12.16.

bestimmte Personen vorzusehen[44]. Dadurch wird auch eine allfällig vereinbarte Nutzniessung auf die Funktion einer blossen Teilungsregel beschränkt.

Im *Erbrecht* lässt sich eine Gleichbehandlung demgegenüber auf verschiedene Weise erreichen[45]. Falls keine maximale Begünstigung des überlebenden Ehegatten erforderlich ist, kann bereits beim Tod des Ehegatten mit vorehelichen Kindern eine Erbeinsetzung zu deren Gunsten erfolgen. Die gemeinsamen Nachkommen aus zweiter Ehe und der zweite Ehegatte werden mit Rücksicht auf die vorehelichen Kinder auf ihren Pflichtteil verwiesen. Beim Tod des anderen Ehegatten wird dessen Vermögen den gemeinsamen Nachkommen zugewandt; erhalten sie damit mehr als ihre Halbgeschwister seinerzeit geerbt haben, kann – sofern die Ungleichbehandlung nicht mit Blick auf Familienvermögen des Erblassers gerechtfertigt ist – eine Erbeinsetzung zu deren Gunsten erfolgen, allerdings unter Berücksichtigung der Pflichtteile der gemeinsamen Nachkommen. 12.53

Eine zweite Möglichkeit besteht darin, allen Nachkommen und dem überlebenden zweiten Ehegatten vorerst nur den Pflichtteil zu überlassen. Letzterer wird daneben als Vorerbe oder Nutzniesser auf den Restnachlass eingesetzt, wobei die vorehelichen Nachkommen des Verstorbenen daran die Nacherbschaft bzw. das nackte Eigentum zugewiesen erhalten. Dabei ist allerdings dem Umstand Rechnung zu tragen, dass der überlebende Ehegatte nicht nur am Nachlass des anderen partizipiert, sondern auch güterrechtliche Ansprüche geltend machen kann. 12.54

Ist beispielsweise auf ein voreheliches und ein gemeinsames Kind Rücksicht zu nehmen, genügt es zur Gleichstellung der beiden Nachkommen nicht, wenn das voreheliche Kind ½ des Nachlasses, der dem überlebenden Ehegatten zufällt (d.h. ¼ des Gesamtnachlasses), als Nacherbe erhält. Der überlebende Ehegatte hat ja insgesamt – d.h. aus Güter- und Erbrecht – rund ¾ (bei Vorschlags- oder Gesamtgutszuweisung trotz Pflichtteilsvorbehalt unter Umständen sogar erheblich mehr) des ehelichen Vermögens erhalten. Eine weitergehende Nacherbeneinsetzung zugunsten vorehelicher Nachkommen greift allerdings in den Pflichtteil des überlebenden Ehegatten ein und bedarf deshalb eines Erbverzichtsvertrages. Erfordert der Unterhalt des überlebenden Ehegatten voraussichtlich einen Vermögensverzehr, ist eine Nacherbeneinsetzung auf den Überrest anzuordnen, wobei der Vorerbe sein eigenes Vermögen und die Vorerbschaft gleichmässig anzuzehren hat. Allenfalls ist der Unterhalt des überlebenden Ehegatten durch eine Rentenversicherung sicherzustellen. 12.55

In einer dritten Variante wird der überlebende Ehegatten zunächst (güter- und erbrechtlich) maximal begünstigt, aber gleichzeitig erbvertraglich zur Einsetzung der vorehelichen Nachkommen des anderen Ehegatten als Schlusserben verpflichtet. Dabei ist allerdings auf die Pflichtteile der gemeinsamen Nachkommen Rücksicht zu nehmen: Die verfügbare Quote, die den vorehelichen Nachkommen maximal zugewandt werden kann (vorbehaltlich eines Erbverzichtsvertrages unter Einbezug der gemeinsamen Nachkommen), beträgt nach Art. 471 ZGB ¾ des gesetzlichen Erbanspruches. In der Regel wird deshalb eine Gleichbehandlung aller Nachkommen nicht möglich sein[46]. Ausserdem 12.56

---

[44] Ein ähnliches Resultat lässt sich indessen unter Umständen mit einer Auflage erzielen.

[45] Zur (indirekten) Begünstigung der vorehelichen Nachkommen mittels *lebzeitiger Zuwendung* an deren Elternteil siehe hinten, Rz 12.61.

[46] Ausgenommen dann, wenn ein vorehelicher Nachkomme (mindestens) drei gemeinsamen Nachkommen gegenübersteht.

trifft die vorehelichen Nachkommen möglicherweise ein höherer Steuersatz als die direkten Nachkommen.

c)   Vorversterben des Ehegatten ohne voreheliche Nachkommen

12.57   Überlebt umgekehrt derjenige Ehegatte, der voreheliche Nachkommen hat, erhalten diese beim Tod des ersten Ehegatten (ihres Stiefelternteils) zunächst nichts, während die gemeinsamen Nachkommen am Nachlass partizipieren. Beim Tod des zweiten Ehegatten, wo beide Nachkommenkategorien erbberechtigt sind, hat diesbezüglich ein Ausgleich stattzufinden.

12.58   Auch dafür bieten sich verschiedene Lösungswege an. Erfolgt eine maximale Begünstigung des überlebenden Ehegatten[47], gelangt im Extremfall (bei Vorschlagszuweisung, wenn sich das eheliche Vermögen praktisch ausschliesslich aus Errungenschaft zusammensetzt) annähernd das gesamte Vermögen an diesen. Die Nachkommen aus zweiter Ehe haben so keinen „Vorsprung" gegenüber den vorehelichen Nachkommen, beim Tod des zweiten Elternteils wird das Vorhandene gleichmässig auf alle verteilt.

12.59   Eine zweite Möglichkeit der Gleichberechtigung aller Nachkommen besteht – unabhängig von der Begünstigung des überlebenden Ehegatten – im Abschluss eines Erbvertrages, wonach beim Tod des Ehegatten ohne voreheliche Kinder die gemeinsamen Nachkommen auf den Pflichtteil verwiesen werden und der überlebende Ehegatte anschliessend seinen eigenen Nachlass so auf alle Nachkommen verteilt, dass die gemeinsamen und nichtgemeinsamen Nachkommen (erstere unter Anrechnung des beim ersten Todesfall Ausbezahlten) im Ergebnis gleich viel erhalten. Aus steuerlicher Sicht ist dies in der Regel günstiger als die dritte Variante, wonach den nichtgemeinsamen Nachkommen bereits beim Tod des Stiefelternteils die verfügbare Quote von dessen Nachlass (oder ein kleinerer Teil davon) zugewiesen wird.

d)   Gleichbehandlung der Nachkommen bei lebzeitigen Zuwendungen an den (zweiten) Ehegatten

12.60   Wurden grössere Zuwendungen unter Lebenden ausgerichtet, ist zu unterscheiden: Erfolgte die Zuwendung an den Ehegatten ohne voreheliche Nachkommen, wird dadurch die Ungleichbehandlung der Nachkommen verstärkt, und zwar unabhängig von der Absterbensreihenfolge. Ein gewisser Ausgleich kann auf dieselbe Weise erfolgen wie nach einer ehe- oder erbrechtlichen Ehegattenbegünstigung (vgl. Rzn 12.53 ff.) oder aber durch eine Resolutivbedingung für den Fall des Vorversterbens des Zuwendungsempfängers und die gleichzeitige Anordnung einer erbrechtlichen Ausgleichungspflicht[48] bei dessen Überleben.

12.61   Demgegenüber unterstützt die lebzeitige Zuwendung an den Ehegatten mit vorehelichen Nachkommen das Anliegen der Gleichbehandlung. Überlebt in diesem Fall der beschenkte Ehegatte, ergibt sich – soweit nicht beim Tod des anderen Ehegatten eine Herabsetzung der Zuwendung stattfindet – ein analoger Effekt wie bei der güter- und

---

[47]   Der betreffende Ehegatte ist im Ehe- und Erbvertrag namentlich zu bezeichnen; für den Fall der umgekehrten Absterbensreihenfolge ist eine Alternativverfügung vorzusehen (Rzn 12.51 ff.).

[48]   Zur Stellung des überlebenden Ehegatten in der Ausgleichung siehe vorne, Rz 08.29.

erbrechtlichen Begünstigung dieses Ehegatten: Das Vermögen wird bei ihm kumuliert, die Beteiligung der gemeinsamen Nachkommen am Nachlass des zweiten Ehegatten reduziert, und beim zweiten Erbgang erfolgt eine gleichmässige Verteilung des (durch die Zuwendung vergrösserten) Nachlasses auf sämtliche Nachkommen. Für den Fall, dass der Tod in der umgekehrten Reihenfolge eintritt, d.h. der Beschenkte zuerst stirbt, ist allenfalls (soweit der Schenker auf das Vermögen angewiesen ist) eine Resolutivbedingung zu vereinbaren (Art. 247 OR).

e) Gleichbehandlung der Nachkommen bei Ehegattennutzniessung

Stirbt der Ehegatte mit vorehelichen Nachkommen zuerst, müssen sich diese keine Ehegattennutzniessung gefallen lassen (Art. 473 Abs. 1 ZGB). Dagegen ist es möglich, gegenüber den gemeinsamen Nachkommen eine Ehegattennutzniessung anzuordnen und gegenüber den vorehelichen Nachkommen eine „normale" Nutzniessung, die deren Pflichtteile nicht beeinträchtigt. Dies ist entweder durch eine zeitliche Beschränkung der Nutzniessung zu erreichen (allenfalls ist aufgrund des Alters des Ehegatten gar keine Pflichtteilsverletzung gegeben) oder durch eine Beschränkung der Nutzniessung auf einen Teil des ihnen zugewiesenen Erbteils[49]. Nach dem Tod des zweiten Ehegatten (demjenigen ohne voreheliche Nachkommen) wird dieser nur von seinen eigenen (den gemeinsamen) Nachkommen beerbt, die nun als gesetzlichen Anspruch sowohl den güterrechtlichen Anteil (rund die Hälfte des ehelichen Vermögens) als auch den Achtel des Nachlasses erhalten[50], den der überlebende Ehegatte seinerzeit geerbt hat. Die Gleichberechtigung der beiden Nachkommenkategorien gestaltet sich in dieser Situation ausserordentlich schwierig: Praktisch kommt nur eine Erbeinsetzung durch den überlebenden Ehegatten in Frage, die jedoch am Pflichtteil des eigenen Kindes scheitert.

12.62

Auch für den *umgekehrten Fall*, dass die Ehegattennutzniessung zu Gunsten desjenigen Ehegatten errichtet wird, der voreheliche Nachkommen in die zweite Ehe „eingebracht" hat, ist die Nutzniessung jedenfalls dann nicht optimal, wenn – wie hier – von einer Beschränkung der verfügbaren Quote auf ein Achtel ausgegangen wird. Beim Tod des ersten Ehegatten erhalten die gemeinsamen Nachkommen sieben Achtel des Nachlasses zu nacktem Eigentum, der voreheliche Nachkomme erhält noch nichts. Stirbt der zweite Ehegatte, wird das nackte Eigentum der gemeinsamen Nachkommen von der Nutzniessung befreit. Zu verteilen bleibt der Achtel, den der überlebende Ehegatte zu unbeschwertem Eigentum erhalten hatte, sowie dessen güterrechtlicher Anteil. Weil gemeinsame und nichtgemeinsame Nachkommen einen gleichen gesetzlichen Anspruch auf dieses Nachlassvermögen haben und ¾ davon pflichtteilsgeschützt sind, lässt sich eine Gleichbehandlung auch durch letztwillige Verfügung des überlebenden Ehegatten nur noch erreichen, wenn der überlebende Ehegatte seinerzeit einen ganz erheblichen Teil des ehelichen Vermögens aus Güterrecht an sich ziehen konnte und dieses Vermögen kaum angezehrt hat[51]. War schon für den Fall einer herkömmlichen Familienstruktur

12.63

---

[49] Vgl. vorne, Rzn 07.39.
[50] Zum Achtelsstreit siehe vorne, Rzn 07.42 f.
[51] Beispiel: Das eheliche Vermögen von Fr. 320'000 bestand ausschliesslich aus Errungenschaft. Davon fallen dem überlebenden Ehegatten A aus Güterrecht Fr. 160'000 zu. Vom Nachlass erhält er ⅛, d.h.

eher von der Ehegattennutzniessung abzuraten (vorne, Rz 07.50 ff.), gilt dies deshalb umso mehr für die Rekombinationsfamilie.

f)   Ungleichbehandlung der verschiedenen Nachkommenkategorien

12.64   Sofern der Ehegatte mit vorehelichen Kindern aus der früheren Beziehung erhebliche Vermögenswerte erhalten hat – beispielsweise wurde in der ersten Ehe eine maximale Begünstigung des überlebenden Ehegatten vereinbart – kann es sich rechtfertigen, dass diese *Werte nur dem vorehelichen Nachkommen zukommen* und nicht an den zweiten Ehegatten und weitere Nachkommen gelangen. Das ist unproblematisch, wenn in der ersten Ehe der Möglichkeit der Wiederverheiratung durch Wiederverheiratungsklauseln oder Nacherbeneinsetzung bzw. Nutzniessung Rechnung getragen wurde, weil dann die davon betroffenen Vermögenswerte in der Zweitehe gar nicht mehr (oder jedenfalls nur resolutiv bedingt) zu ehelichem Vermögen werden. Andernfalls muss der Ehegatte mit letztwilliger Verfügung dafür sorgen, dass das besagte Vermögen – das nunmehr zu seinem Eigengut gehört – bei seinem Tod unmittelbar den Nachkommen aus erster Ehe zukommt. Das kann allerdings mit Blick auf die Pflichtteile der anderen Erben unzulässig sein. Es bleibt alsdann die Möglichkeit eines Erbverzichtsvertrages mit allen Beteiligten oder aber einer lebzeitigen Zuwendung (Schenkung) an die Nachkommen aus erster Ehe vor dem zweiten Eheschluss[52].

12.65   Umgekehrt kann beispielsweise der *Ausschluss der vorehelichen Nachkommen* eines Ehegatten vom Eigengut des anderen den Verhältnissen angemessen sein. Zusätzlich kann sich der Ausschluss der vorehelichen Nachkommen von der Errungenschaft der zweiter Ehe rechtfertigen, wenn die vorehelichen Nachkommen nach der Scheidung der ersten Ehe ihrerseits in einer Rekombinationsfamilie aufgewachsen und dort angemessen beteiligt sind. Relativ einfach ist die Beschränkung der Ansprüche der vorehelichen Nachkommen dann, wenn ihr Elternteil in der zweiten Ehe zuerst verstirbt. Ohne besondere Vorkehren kommt es in dieser Situation automatisch zu einer Besserstellung der gemeinsamen Nachkommen. Eine Beteiligung der vorehelichen Nachkommen am Eingebrachten des überlebenden Ehegatten (d.h. ihres Stiefelternteils) steht nur in Frage, wenn die Ehegatten Gütergemeinschaft vereinbart haben, wovon bei komplizierteren Familienverhältnissen ohnehin abzuraten ist. Ist das Eigengut des Stiefelternteils ertragreich, ist allenfalls eine Zuweisung dieser Erträge zum Eigengut gemäss Art. 199 Abs. 2

Fr. 20'000 zu unbeschwertem Eigentum, das Übrige (Fr. 140'000) geht unter Vorbehalt der Nutzniessung von A an den gemeinsamen Nachkommen C. Beim Tod von A bleibt C unbeschwerter Eigentümer von Fr. 140'000. Der Nachlass von A, der (im besten Fall, nämlich wenn er seit dem Tod der Ehefrau B die güterrechtliche und die ihm zu Eigentum zugewiesene erbrechtliche Quote nicht angezehrt hat) Fr. 180'000 beträgt, geht von Gesetzes wegen je zur Hälfte (Fr. 90'000) an C und den vorehelichen Nachkommen D. Dabei beträgt der Pflichtteil von C Fr. 67'500, so dass er insgesamt mindestens Fr. 207'500 besitzt und D maximal die verfügbare Quote von Fr. 112'500 erhält.

[52]   Dass die Schenkung vor dem zweiten Eheschluss erfolgt, verhindert grundsätzlich weder die Ausgleichungspflicht der Nachkommen (vgl. Rz 12.67) noch eine Herabsetzungsklage durch den zweiten Ehegatten gestützt auf Art. 527 Ziff. 1 oder 3 ZGB, wird doch bezüglich der Pflichtteile auf die Sachlage im Zeitpunkt des Erbganges abgestellt. „Absolute Sicherheit" bietet deshalb nur ein Erbverzichtsvertrag.

ZGB in Betracht zu ziehen. Ein Ausschluss von der Errungenschaft kann im Rahmen des Pflichtteilsrechts durch erbrechtliche Zurücksetzung erreicht werden.

Bei umgekehrter Absterbensreihenfolge, d.h. bei Vorversterben des Stiefelternteils, profitieren die vorehelichen Nachkommen von jeder güter- und erbrechtlichen Begünstigung ihres Elternteils und kommen damit auch in Genuss von Eigengut und Errungenschaft ihres Stiefelternteils. Diese Zuwendungen sind deshalb erbvertraglich[53] so zu beschränken, dass sie beim Tod des zweiten Elternteils nur an die gemeinsamen Nachkommen gelangen. Soweit (insbesondere zufolge Gütergemeinschaft) güterrechtliche Zuwendungen betroffen sind, kann dies nur in Form einer Erbeinsetzung durch den überlebenden Ehegatten (d.h. denjenigen mit vorehelichen Nachkommen) zu Gunsten der gemeinsamen Nachkommen geschehen. Dabei sind jedoch die Pflichtteile der vorehelichen Nachkommen zu respektieren[54]. Zu bevorzugen ist deshalb eine möglichst weitgehende Erbeinsetzung des überlebenden Ehegatten unter Einsetzung der gemeinsamen Nachkommen als Nacherben (auf den Überrest).

12.66

g) Ausgleichungspflicht gegenüber dem zweiten Ehegatten

Nachkommen, die Zuwendungen im Sinne von Art. 626 Abs. 2 ZGB bzw. Vorempfänge erhalten haben, deren Ausgleichung ausdrücklich verfügt wurde, sind nicht nur unter sich, sondern auch *gegenüber dem überlebenden Ehegatten ausgleichungspflichtig*[55]. Steht den ausgleichungspflichtigen Nachkommen des Erblassers dessen zweiter Ehepartner gegenüber, kann das stossend sein, namentlich wenn die in Frage stehenden Zuwendungen noch aus dem ehelichen Vermögen der ersten Ehe erfolgten. Da die gesetzlichen Regeln über die Ausgleichung dispositiver Natur sind, empfiehlt sich, die gewünschten Folgen lebzeitiger Zuwendungen ausdrücklich zu ordnen[56]. Dabei gelten die gesetzlichen Ausgleichungsregeln nur für diejenigen Erben, deren gesetzliches Erbrecht der Erblasser nicht verändert hat. Andernfalls gilt die Vermutung, der Erblasser habe in seinen letztwilligen Anordnungen die Tatsache der Vorempfänge berücksichtigt bzw. bei späteren Vorempfängen seinen niedergeschriebenen letzten Willen im Auge behalten[57]. Die analoge Problematik stellt sich in reduziertem Umfang im Zusammenhang mit der *Herabsetzung* lebzeitiger Zuwendungen, die der Erblasser seinen vorehelichen Nachkommen ausgerichtet hat, wobei sich die Herabsetzungsmöglichkeit allerdings nicht durch einseitige Verfügung, sondern nur durch Erbverzichtsvertrag mit dem zweiten Ehegatten wegbedingen lässt.

12.67

---

[53] Eine ehevertragliche Rückfallklausel betreffend güterrechtliche Zuwendungen auf den Tod des zweiten Ehegatten kommt nicht in Betracht, da nur noch dessen Nachlass in Frage steht. Siehe schon vorne, Rz 12.16.

[54] Wurden diese in der ersten Ehe (dort als gemeinsame Nachkommen der Ehegatten) ehevertraglich als Schlusserben eingesetzt, ergeben sich zusätzliche Schwierigkeiten, denen nur durch eine Beschränkung der Ansprüche des (zum zweiten Mal) überlebenden Ehegatten begegnet werden kann (Nutzniessung oder Nacherbeneinsetzung an Stelle von unbeschränktem Eigentum).

[55] Vgl. Rz 08.38.

[56] Dabei gilt Formfreiheit: BGE 118 II 285; vorne, Rz 08.31.

[57] Vgl. BGE 124 III 106 f. Im Einzelnen siehe vorne, Rzn 08.30.

h) Verfügungen betreffend bestimmte Vermögensobjekte

12.68 Die Vererbung von Gegenständen des Familienvermögens in einer bestimmten Linie lässt sich mit entsprechenden *Teilungsvorschriften* in einer Verfügung von Todes wegen erreichen. Wird beispielsweise die Ferienliegenschaft, die im Eigentum eines Ehegatten steht, bei dessen Tod dem anderen Ehegatten zugewiesen, kann sich dieser erbvertraglich verpflichten, die Liegenschaft den gemeinsamen Nachkommen oder den vorehelichen Nachkommen des vorverstorbenen Ehegatten (auf Anrechnung an deren Erbteil) weiterzuvererben. Als Alternative kann dem überlebenden Ehegatten an den betreffenden Objekten auch lediglich eine Nutzniessung eingeräumt werden. Dies ist deshalb von Vorteil, weil er sich im Erbgang nur deren kapitalisierten Wert anrechnen lassen muss und entsprechend eine grössere Quote des übrigen Nachlasses beanspruchen darf[58]. Daneben besteht eine weitere – im Ergebnis praktisch gleichwertige – Variante, wonach die betreffenden Vermögensobjekte dem überlebenden Ehegatten nur als Vorvermächtnis überlassen und als Nachvermächtnisnehmer die nichtgemeinsamen Nachkommen eingesetzt werden.

6. *Planung bei gemeinsamen Nachkommen und vorehelichen Nachkommen auf beiden Seiten*

12.69 Zweifellos am schwierigsten ist die Planung, wenn neben gemeinsamen Nachkommen auf beiden Seiten voreheliche Nachkommen vorhanden sind, die – als weitere Komplizierung – wiederum aus verschiedenen Beziehungen stammen können, so dass unter Umständen mehr als drei Nachkommenkategorien zu unterscheiden sind. Dass hier kaum mehr allgemein gültige Aussagen möglich sind, liegt auf der Hand. Zu beachten sind die Leitlinien, wie sie mit Bezug auf die soeben erläuterte Sachlage, d.h. bei einem Nebeneinander von gemeinsamen Nachkommen und vorehelichen Nachkommen nur eines Ehegatten, dargestellt wurden. Damit ist vorab festzulegen, welche Nachkommenkategorien letztlich an welchen Vermögensmassen beteiligt werden sollen. Der Problematik der ungewissen Absterbensreihenfolge ist dadurch Rechnung zu tragen, dass für alle drei Varianten – Vorabsterben des einen oder anderen Ehegatten bzw. gleichzeitiger Todeseintritt – je vollständig von Todes wegen verfügt wird[59].

7. *Gleichzeitiger Tod beider Ehegatten*

12.70 Bereits mehrfach wurde darauf hingewiesen, dass auch eine unerwartete Absterbensreihenfolge in die Planung einzubeziehen ist. Daneben ist auch der Möglichkeit Rechnung zu tragen, dass beide Ehegatten gleichzeitig versterben. In einer herkömmlichen Familienstruktur von Ehegatten mit ausschliesslich gemeinsamen Kindern bedeutet der gleichzeitige Todeseintritt keine Komplizierung der Verhältnisse. Die gemeinsamen Nachkommen sind ausschliesslich und – vorbehaltlich einer abweichenden letztwilligen

---

[58] Vgl. vorne, Rz 07.59 mit Beispiel in Fn 105.
[59] D.h.: „1. Falls A vorverstirbt, gilt (...). 2. Falls B vorverstirbt, usw." Ehevertraglich ist diese Differenzierung bekanntlich nur mit Bezug auf die Vorschlags- bzw. Gesamtgutszuweisung möglich, nicht jedoch betreffend eine Modifikation gemäss Art. 199 bzw. 206 ZGB oder hinsichtlich der Wahl des Güterstandes an sich.

Verfügung – zu gleichen Teilen erbberechtigt, und sie gelangen – sofern überhaupt eine Anspruchsberechtigung besteht – wiederum gleichberechtigt in den Genuss von Leistungen der beruflichen und der Selbstvorsorge. Bei Vorliegen einer Rekombinationsfamilie ergibt sich demgegenüber bei gleichzeitigem Tod beider Ehegatten die folgende Ausgangslage:

Eine *Vorschlags- bzw. Gesamtgutszu*weisung an einen bestimmten Ehegatten bleibt bestehen, sofern sie nicht an die Bedingung von dessen Überleben geknüpft wurde. Dagegen entfaltet die Zuweisung des Vorschlags bzw. Gesamtguts an den überlebenden Ehegatten (Überlebensklausel) bei gemeinsamem Tod der Ehegatten keine Wirkung, es tritt die gesetzliche Hälfteilung ein. Ein allfälliger *Güterstandswechsel*, etwa zur Gütergemeinschaft, hat bei gleichzeitigem Todeseintritt wiederum Bestand. Dieses Ergebnis ist offensichtlich unerwünscht, wenn die Umschreibung des Gesamtgutes (insbesondere im Rahmen einer Ausschlussgemeinschaft) sich an einer bestimmten Absterbensreihenfolge ausrichtet[60]. Analoges gilt unter dem ordentlichen Güterstand für eine Massenumteilung nach Art. 199 ZGB sowie eine Modifikation der Mehrwertbeteiligung nach Art. 206 Abs. 3 ZGB; beide Gestaltungsmöglichkeiten gelten unabhängig von der Todesreihenfolge oder einem gleichzeitigen Versterben.

12.71

Bei gemeinsamem Versterben kann kein Ehegatte den anderen beerben oder Vermächtnisnehmer sein. *Verfügungen von Todes wegen* entfalten hinsichtlich der Ehegattenbegünstigung keine Wirkung; nach erfolgter güterrechtlicher Auseinandersetzung fallen beide Nachlässe an die beidseitigen gesetzlichen bzw. eingesetzten Erben. Bei Vorerbeneinsetzung oder Nutzniessung des überlebenden Ehegatten erhalten die durch Vorerbschaft bzw. Nutzungsrecht belasteten Erben sofort das unbelastete Eigentum am Nachlass. Im Übrigen kann sich der subsidiäre Erlass letztwilliger, *spezieller Teilungsanordnungen* (z.B. mit Bezug auf die Familienwohnung oder ein Unternehmen) aufdrängen für den Fall, dass kein Ehegatte den anderen überlebt.

12.72

Zuwendungen unter Lebenden bleiben auch bei gemeinsamem Versterben beider Ehegatten bestehen, was wiederum eine unerwünschte Verschiebung von Vermögensgegenständen in die eine oder andere Familie auszulösen vermag. Soll die Begünstigung nicht nur bei Vorversterben des Zuwendungsempfängers, sondern auch bei gleichzeitigem Tod dahinfallen, ist diese Resolutivbedingung ausdrücklich (und aus Beweisgründen schriftlich) festzuhalten.

12.73

Im Bereich der AHV, UV und der beruflichen Vorsorge sowie weitgehend auch bezüglich der gebundenen Selbstvorsorge lässt sich keine Vorkehr treffen für den Fall des gleichzeitigen Todeseintritts[61]. Sofern allerdings aufgrund der spezifischen Regelung nur bestimmte Nachkommen in den Genuss eines Anspruchs gelangen, insbesondere die leiblichen Nachkommen des Vorsorgenehmers, sind allenfalls ausgleichende Anordnungen im Erbrecht vorzusehen[62].

12.74

---

[60] Vgl. zu den Risiken eines solchen Ehevertrages bereits vorne, Rz 06.75.
[61] Zur Modifikation der Begünstigtenordnung siehe vorne, Rzn 09.19 ff. sowie 09.40 f.
[62] Vgl. vorne, Fn 35.

§ 13 Familienunternehmen

I. Ausgangslage

13.01 Führen die Ehegatten oder einer von ihnen eine Familienunternehmung[1], ergeben sich im Zusammenhang mit deren Fortführung und der Vorsorge für den überlebenden Ehegatten spezifische Anliegen[2]. Die heikelsten Probleme dürften den psychologischen Aspekt betreffen, nämlich die Bereitschaft des Unternehmers, rechtzeitig für einen eigenständig handelnden Nachfolger zu sorgen und diesem den Betrieb anzuvertrauen[3]. Ist diese Hürde überwunden, stellt sich vorab die Frage, ob das Unternehmen durch den bzw. einen bestimmten überlebenden Ehegatten weitergeführt werden soll. Trifft dies zu, ist regelmässig bereits während bestehender Ehe darüber zu befinden, was nach der Geschäftsaufgabe oder dem Tod dieses Ehegatten mit der Unternehmung weiter geschehen soll. Unter Umständen drängt sich aber bereits im Planungszeitpunkt die direkte Übertragung der Unternehmung an die Nachkommen bzw. an einen von ihnen auf. Alsdann ist zu prüfen, wie allfällige andere, nicht an der Leitung beteiligte Nachkommen abgefunden werden können und wie sich die ausreichende Versorgung des überlebenden Ehegatten sicherstellen lässt. Gegebenenfalls fragt sich auch, wie die bisherige Unternehmensphilosophie vor dieser entgegenstehenden Entscheidungen der Nachkommen geschützt werden soll, ein Aspekt von besonderer Brisanz, zu dem vorliegend nicht weiter Stellung bezogen wird. Eine zusätzliche, hier ebenfalls nicht weiter erörterte Problematik ergibt sich in den praktisch relativ häufigen Fällen, da kein Nachkomme als Nachfolger geeignet erscheint und eine Veräusserung an Dritte in Betracht gezogen werden muss.

II. Erbrechtliche Probleme im Zusammenhang mit der Unternehmensnachfolge

1. Die Pflichtteile

13.02 In der Regel hinterlässt der Unternehmerehegatte mehrere pflichtteilsgeschützte Erben, die grundsätzlich jederzeit die Teilung des Nachlasses verlangen können[4]. Das Unternehmen stellt meist den wichtigsten Nachlasswert dar, so dass eine Abfindung derjenigen Pflichtteilserben, die nicht zur Fortführung berufen werden, aus den übrigen Nachlassmitteln ausgeschlossen ist. Damit ist nach Formen zu suchen, wie die betreffenden Erben am wirtschaftlichen Wert der Unternehmung beteiligt werden können, ohne dass ihnen ein massgeblicher Einfluss auf die Geschäftsführung zusteht. Verfügt zwar nicht

---

[1] Der Begriff der Familienunternehmung entzieht sich einer eindeutigen Definition. Im Vordergrund steht die Konzentration von Eigentum und Führung einer bestimmten Unternehmung in einer Hand bzw. in einer Familie. Vgl. dazu SIEGWART, S. 12 f., sowie HAUSHEER, Erbrechtliche Probleme, S. 2 f.

[2] Eine Checkliste, die die Fixierung von klaren Zielen der Nachfolgeregelung erleichtern soll, findet sich bei TH. STAEHELIN, Familienunternehmen, S. 118, Fn 1.

[3] Zu den psychologischen Aspekten der Unternehmensnachfolge siehe GASSER, S. 3 ff.

[4] Der Richter kann die Teilung immerhin vorübergehend aufschieben, wenn deren sofortige Vornahme den Wert der Erbschaft erheblich beeinträchtigen würde; Art. 604 Abs. 2 ZGB.

der Erblasser, wohl aber der zur Unternehmensnachfolge bestimmte Erbe über ausreichende liquide Mittel, hat es der Erblasser immerhin in der Hand, die gesamte Unternehmung diesem einen Erben zuzuweisen und ihm gleichzeitig zu Gunsten der anderen Erben die Ausrichtung eines Summenlegats aufzuerlegen[5].

Im Zusammenhang mit der Familienunternehmung ist ferner insbesondere auch an die Unzulässigkeit eines erblasserischen *Teilungsverbotes* im Bereich der Pflichtteile zu erinnern[6]. Ein Teilungsverbot oder -aufschub wäre insbesondere von Nutzen, wenn die Voraussetzungen für eine Geschäftsnachfolge noch nicht vorliegen, namentlich bei minderjährigen oder noch in der Ausbildung befindlichen Nachkommen. Auch *Auflagen*, mit denen der Erblasser beispielsweise seinen Nachfolgern die Beachtung gewisser Grundsätze im Rahmen der Geschäftsführung aufzwingen will, sind unzulässig, wenn sie den Pflichtteil betreffen. 13.03

2. *Bewertung der Unternehmung bzw. von Gesellschaftsanteilen*

Ob das Pflichtteilsrecht durch eine bestimmte Verfügung respektiert wird oder nicht, steht unter anderem mit der Bewertung der Unternehmung bzw. einzelner Anteile der Unternehmung in Zusammenhang. Das Gesetz verlangt die Bewertung zum Verkehrswert. Dabei stellt sich indessen die Frage, wie dabei die beiden Elemente des Ertrags- und des Substanzwerts zu gewichten sind, und ob sich der übernehmende Erbe aufgrund seines Mehrheitsanteiles (etwa bei einer AG) einen „Paketzuschlag" anrechnen lassen muss[7]. 13.04

Probleme kann sodann der *massgebliche Zeitpunkt der Bewertung* aufwerfen. Eine Mehrheitsbeteiligung kann Monate oder Jahre nach dem Erbgang erheblich an Wert gewinnen, unter anderem, wenn sich Übernahmeinteressenten melden. Auf Wertveränderungen, die nach der Teilung eingetreten sind, nimmt das Erbrecht grundsätzlich keine Rücksicht[8]. Im Rahmen der rechtsgeschäftlichen Planung ist hingegen zu prüfen, ob die *Einräumung eines Gewinnanteilsrechts* der nicht an der Geschäftsführung beteiligten Erben bei der Veräusserung des Unternehmens bzw. der Mehrheitsbeteiligung als gerechtfertigt erscheint[9], namentlich dann, wenn die Miterben mangels freier Mittel auf den Pflichtteil verwiesen werden mussten oder gar im Rahmen eines Erbverzichtsvertrages dem Unternehmensnachfolger noch weiter gehende Ansprüche zugestanden haben. 13.05

---

[5] HAUSHEER, Erbrechtliche Probleme, S. 44 f.

[6] DRUEY, Erbrechtliche Schranken, S. 72 f.; siehe bereits vorne, Rz 05.14.

[7] Vgl. DRUEY, Erbrechtliche Schranken, S. 64 f.

[8] Eine Ausnahme bilden lediglich die Bestimmungen über das Gewinnanteilsrecht der Miterben im Bereich des bäuerlichen Bodenrechts.

[9] Vgl. DRUEY, Erbrechtliche Schranken, S. 71 f. Es handelt sich dabei um ein Vermächtnis mit aufgeschobener Fälligkeit zu Lasten des Nachfolger-Erben und zu Gunsten von dessen Miterben.

3. Höchstpersönlichkeit der letztwilligen Verfügung

13.06 Das Prinzip der materiellen Höchstpersönlichkeit letztwilliger Verfügungen verlangt, dass der Erblasser selber alle Anordnungen bezüglich seines Nachlasses zu treffen hat[10]. Die Auswahl des geeigneten Nachfolgers kann deshalb auch dann nicht einem Dritten überlassen werden, wenn im Zeitpunkt der Planung noch unklar ist, welcher Erbe sich für die Unternehmensnachfolge am besten eignet. Eine gewisse Flexibilisierung lässt sich unter Umständen durch erbrechtliche Bedingungen hinsichtlich der Teilung erzielen[11]: Beispielsweise soll nur ein Erbe die Nachfolge der Apotheke antreten (d.h. beispielsweise die Stimmrechtsaktien übernehmen) dürfen, der eine entsprechende Ausbildung absolviert hat, während die übrigen Erben durch andere Nachlasswerte (etwa Vorzugsaktien mit geringerem Stimmrecht) abzufinden sind[12]. Ob indessen bei einer völlig ungewissen Ausgangslage im Planungszeitpunkt überhaupt vernünftige und letztlich auch vollstreckbare Kriterien für die Unternehmensnachfolge erlassen werden können, bleibt fraglich.

13.07 Bei frühem Tod des Unternehmers und in diesem Zeitpunkt noch unmündigen Nachkommen[13] ist auch an eine Übertragung der Familienunternehmung bzw. einer massgeblichen Beteiligung an überlebenden Ehegatten zu denken, unter Schlusserbeneinsetzung in dem Sinn, dass der überlebende Ehegatte einem der Nachkommen die Unternehmensleitung zu verschaffen hat. Dieser ist dann Erbe des überlebenden Ehegatten, weshalb es nicht erforderlich ist, dass der zuerst Verstorbene den Schlusserben bereits namentlich bezeichnet. Unzulässig wäre demgegenüber eine – steuerlich und im Hinblick auf das Hinzutreten weiterer Pflichtteilserben allerdings unter Umständen vorteilhaftere – „Nacherbeneinsetzung" mit Bestimmung des Nacherben durch den Vorerben oder einen Dritten[14].

4. Grenze der persönlichen Freiheit der Erben

13.08 Schliesslich finden die Anordnungen des Erblassers ihre Grenze auch bei der persönlichen Freiheit der Erben[15]. So kann der Erblasser insbesondere keinen seiner Erben dazu zwingen, eine Leitungsfunktion in der Unternehmung auszuüben oder längerfristig die

---

[10] Vgl. schon vorne, Rzn 07.04 f.; im Zusammenhang mit der Unternehmensnachfolge siehe DRUEY, Erbrechtliche Schranken, S. 65 ff., sowie (relativ grosszügig) HAUSHEER, Erbrechtliche Probleme, S. 55 ff., und die Diskussion DRUEY/HAUSHEER in SAG 54 (1982), S. 74 f. Für Einzelheiten vgl. ferner die Diss. SCHÄRER.

[11] HAUSHEER, Erbrechtliche Probleme, S. 58 f.

[12] Der Erblasser verbindet dabei formelle Teilungsvorschriften bezüglich der Losbildung (Bildung von Paketen mit unterschiedlichen Aktienkategorien) mit materiellen Teilungsregeln (Zuteilungsansprüchen).

[13] Allgemein zur Problematik der unmündigen Erben siehe HAUSHEER, Erbrechtliche Probleme, S. 48 ff., der für den Fall der Vererbung der Unternehmung an die Nachkommen unter anderem auf die Verwaltung des Kindesvermögens durch den überlebenden Ehegatten hinweist; vgl. a.a.O., S. 62 ff.

[14] Siehe immerhin vorne, Rz 12.22 mit Fn 22 zur bedingten Nacherbeneinsetzung.

[15] Vgl. schon vorne, Rzn 07.143 ff.

Stellung eines Gesellschafters einer Personenunternehmung einzunehmen[16]. Auch wenn aus Pietätsgründen eine solche Regelung im Einzelfall vielleicht unangefochten bleibt, liegt es auf der Hand, dass eine derart erzwungene Nachfolgeregelung sich für die Unternehmung auf die Dauer kaum vorteilhaft auswirkt. In diesem Zusammenhang ist immerhin an die Möglichkeit einer Ersatzerbeneinsetzung[17] zu denken für den Fall, dass der designierte Geschäftsnachfolger sein Privileg ablehnt.

III. Gestaltungsmöglichkeiten im Rahmen der verschiedenen Gesellschaftsformen

1. Ausgangslage

Hat der Geschäftsinhaber mehrere pflichtteilsberechtigte Erben, die nicht mit freien, d.h. nicht in der Unternehmung gebundenen Nachlassmitteln abgefunden werden können[18], müssen entweder sowohl die Leitung der Unternehmung wie auch deren wirtschaftliche Grundlagen auf mehrere Erben verteilt werden, oder aber die Führung wird einem einzelnen Erben übertragen, während sich die restlichen Erben mit einer Unternehmensbeteiligung ohne oder mit eingeschränkter Einflussmöglichkeit begnügen müssen. Die erste Variante ist so lange unproblematisch, wie zwischen den Erben ein gutes Einvernehmen herrscht, und zwar auch bezüglich der Unternehmensziele. Die Personengesellschaft bleibt diesfalls mit dem Erbgang eine solche (unter Aufnahme weiterer Gesellschafter)[19], während im Rahmen der Kapitalgesellschaft die Kapitalanteile und das Stimmrecht in der Generalversammlung entsprechend den Erbanteilen aufzuteilen sind. Schwieriger ist die Sachlage bei einem beabsichtigten Auseinanderfallen von Eigentum und Geschäftsleitung in der Nachfolgegeneration, d.h. bei einer Einsetzung eines von mehreren Erben als eigentlichen Geschäftsnachfolger. Da die Voraussetzungen für eine gemeinschaftliche Weiterführung des Betriebes unter Einbezug aller Erben nur ausgesprochen selten vorhanden sein dürften, soll dieser zweiten Konstellation nachfolgend mehr Raum einge-

13.09

---

[16] Die Gesellschafterstellung lässt sich zwar durch Nachfolgeklauseln vererblich ausgestalten (hinten, Rzn 13.35 ff.), indessen kann der designierte Nachfolger nicht daran gehindert werden, mit der gleichen Kündigungsfrist wie der Erblasser die Gesellschaft zu verlassen bzw. beim Richter die Auflösung aus wichtigem Grund zu verlangen. Siehe zur Problematik HAUSHEER, Erbrechtliche Probleme, S. 131 ff. Vgl. sodann BGE 94 II 88, wo das Bundesgericht die Verfügung eines Erblassers nicht schütze, wonach einer seiner beiden Söhne nicht in die Leitung seiner Gesellschaft gewählt werden dürfe.

[17] Vgl. vorne, Rzn 07.137 ff. Die Ersatzanordnung muss nicht zwingend die Erbenstellung als solche, sondern kann auch lediglich die Teilung des Nachlasses betreffen. Beispielsweise wird einem Nachkommen oder dem überlebenden Ehegatten die Wahl zwischen dem Antritt der Geschäftsnachfolge (unter Einschluss der damit verbundenen Erb- und Teilungsansprüche) oder einem „gewöhnlichen" Erbteil angeboten; lehnt er die Geschäftsübernahme ab, kommt subsidiär ein bestimmter anderer Erbe als Nachfolger zum Zuge.

[18] Dabei darf es sich nicht lediglich um eine (beispielsweise aus dem Unternehmensertrag finanzierte) Rente handeln; vgl. BGE 70 II 142.

[19] Die Vererblichkeit der Gesellschafterstellung bzw. die Möglichkeit eines Eintritts weiterer Gesellschafter ist allerdings vorgängig gesellschaftsvertraglich sicherzustellen; vgl. dazu hinten, Rzn 13.31 ff.

räumt und sollen im Hinblick auf die unterschiedlichen Gesellschaftsformen verschiedene Lösungsansätze aufgezeigt werden[20]. Nicht weiter verfolgt werden die praktisch äusserst seltenen Sachlagen, bei denen die Zuteilung der Gesamtheit des im Unternehmen investierten Vermögens an einen einzelnen Erben möglich ist, ohne dass das Anliegen der Gleichbehandlung oder die Pflichtteilsvorschriften vernachlässigt werden, sowie die ebenfalls seltene Variante der entgeltlichen Übernahme durch einen Nachfolger[21].

2. Möglichkeiten bei der AG

a) Allgemeines

13.10 Die Vererblichkeit von Aktien und die nahezu beliebig mögliche Anzahl an Aktionären erleichtern eine erbrechtliche Aufteilung der erblasserischen Beteiligung, weshalb sich die Aktiengesellschaft für die Fortführung einer Unternehmung über mehrere Generationen hinweg besonders eignet[22]. Wird die AG kapitalmässig von der Gesamtheit der Erben getragen, jedoch nur von einem von ihnen geführt, ergeben sich indessen zwangsläufig *Interessenkollisionen*. Während der eigentliche Unternehmensnachfolger sein Gehalt und seine übrigen Bezüge weitgehend selbständig festsetzen kann und wegen der steuerlichen Doppelbelastung von AG und Aktionär kaum daran interessiert ist, eine Dividendenausschüttung zu beschliessen, sind die übrigen Aktionäre vorab an den Erträgen der AG interessiert, allenfalls sogar darauf angewiesen[23].

b) Verteilung der Aktien auf die Erben

13.11 Als einfachste Lösung des Aktienrechts bietet sich an, die in der Hand des Erblassers vereinten Aktien unter die Erben aufzuteilen[24]. Bei einer gleichmässigen Aufteilung auf sämtliche Erben geht allerdings die einheitliche Führung verloren, weshalb es nahe liegt, dem künftigen Geschäftsführer die Aktienmehrheit zu überlassen. Abgesehen davon, dass oftmals nicht genügend freie Mittel zur Abfindung der übrigen Erben vorhanden sind, ergibt sich in pflichtteilsrechtlicher Hinsicht die weitere Problematik der angemessenen Bewertung der Mehrheits- und Minderheitsaktienpakete. Da mit dem Mehrheitsaktienpaket auch die Unternehmensführung verbunden ist, liegt auf der Hand, dass ein Paketzuschlag erfolgen muss, wobei offen bleibt, wie dieser zu berechnen ist. Ob das Minderheitspaket der Anforderung des Bundesgerichts genügt, wonach der Pflichtteil in

---

[20] Der Wechsel von der einen zur anderen Gesellschaftsform dürfte inskünftig mit dem neuen Fusionsgesetz wesentlich vereinfacht werden; MEIER-SCHATZ/GASSER, S. 19 f.; zu den Möglichkeiten unter geltendem Recht siehe MEIER-SCHATZ, Rechtsformwechsel, S. 354 ff.; vgl. ferner BGE 125 III 18, wo das Bundesgericht die liquidationslose Umwandlung einer GmbH in eine AG trotz fehlender gesetzlicher Grundlage schützte.

[21] Siehe TH. STAEHELIN, Nachfolgplanung, S. 85, der auf die bei bestimmten Sachlagen durchaus praktikable Möglichkeit des Kaufs von Unternehmensanteilen mittels Drittfinanzierung durch den Nachfolger zu Lebzeiten des Unternehmers hinweist.

[22] HAUSHEER, Erbrechtliche Probleme, S. 187, m.w.H.

[23] TH. STAEHELIN, Nachfolgplanung, S. 80. Noch problematischer wird die Sachlage in der Folgegeneration, wenn es nicht gelingt, das stimmenmässige Schwergewicht dem designierten Unternehmensnachfolger zuzuweisen; vgl. TH. STAEHELIN, a.a.O., S. 80 f.

[24] KUMMER, S. 125 f.

leicht verwertbaren Objekten zur Verfügung gestellt werden muss, ist ebenfalls fraglich[25]. Soweit die durch die Minderheitsbeteiligung entstandenen Nachteile nicht anderweitig ausgeglichen werden können – zu denken ist beispielsweise an eine Vorzugs- oder Mindestdividende oder an eine Vertretung der Minderheit im Verwaltungsrat[26] – ist mit den Beteiligten allenfalls ein Erb(verzichts)vertrag abzuschliessen.

c) *Schaffung von Stimmrechtsaktien und Partizipationsscheinen*
Nach schweizerischem Recht sind so genannte „verdeckte Stimmrechtsaktien" zulässig; 13.12
d.h. das Stimmrecht kann sich statutarisch aufgrund der Anzahl Aktien – unabhängig von deren Nennwert – bemessen[27]. Aktien mit tiefem Nennwert haben alsdann gemessen am Kapitaleinsatz eine grössere Stimmkraft. Durch die Schaffung von Stimmrechtsaktien (zu Lebzeiten des Unternehmerehegatten) und deren Zuweisung an den Unternehmensnachfolger lässt sich dessen Stimmenmehrheit auch bei Vorhandensein zahlreicher Erben sichern. Es bleibt indessen zu beachten, dass für gewisse wichtige Beschlüsse gemäss Art. 704 OR sowohl die Zustimmung von zwei Dritteln der vertretenen Stimmen als auch der absoluten Mehrheit der vertretenen Aktiennennwerte erforderlich ist[28].

Beispiel: Bei einem Aktienkapital von Fr. 800'000.- werden in der Erbteilung dem als Unterneh- 13.13
mensnachfolger auserkorenen Sohn des Unternehmers 2000 Aktien mit einem Nennwert von Fr. 100.-
zugewiesen, der überlebenden Ehefrau 1000 Aktien mit einem Nennwert von Fr. 400.- und der Tochter
500 Aktien mit einem Nennwert von Fr. 400.-. Trotz dem kapitalmässigen Übergewicht der überlebenden Ehefrau erreicht der Sohn in der Generalversammlung einen Stimmenanteil von 57 %.

Allerdings ergeben sich im Zusammenhang mit Stimmrechtsaktien auch gewisse 13.14
Schwierigkeiten. Der Marktwert der (stimmkraftschwachen) Stammaktien ist – ähnlich wie beim Minderheitsaktienpaket – gering, so dass sich fragt, ob durch deren Zuweisung an einen Erben dessen Pflichtteil gewahrt bleibt oder nicht[29]. Die Eigentümer der Stammaktien sind – insbesondere auch bezüglich der Dividendenpolitik – auf das Wohlwollen des Unternehmensnachfolgers angewiesen. Durch die Ausgestaltung der Stammaktien als Vorzugsaktien[30] lässt sich dieser wirtschaftliche Aspekt immerhin teil-

---

[25] Siehe zu diesen Problemen anstatt vieler HAUSHEER, Erbrechtliche Probleme, S. 205 ff., sowie KUMMER, S. 127 f. In Übereinstimmung mit diesen Autoren befand das KGer GR, eine Abfindung der Pflichtteilserben mit einem kaum verwertbaren Minderheitsaktienpaket sei unzulässig; PKG 1988, Nr. 4, S. 28. Vgl. auch das Gespräch DRUEY/HAUSHEER in SAG 54 (1982), S. 70 ff.

[26] Siehe ferner KUMMER, S. 129 f., der weitere Lösungsmöglichkeiten zur Verbesserung der Position des Minderheitsaktionärs aufzeigt.

[27] Art. 693 OR; vgl. FORSTMOSER/MEIER-HAYOZ/NOBEL, § 24, Rzn 100 f. Gemäss Art. 693 Abs. 2 OR darf der Nennwert der Stammaktien das Zehnfache des Nennwerts der Stimmrechtsaktien nicht übersteigen; vgl. dazu den BGE vom 12.2.1998 in Pra 87 (1998), Nr. 120, S. 677 ff.

[28] Ferner ist für gewisse – mit Bezug auf die Unternehmensführung allerdings untergeordnete – Beschlüsse die Bemessung des Stimmrechts nach der Zahl der Aktien unzulässig; Art. 693 Abs. 3 OR. Zum verbleibenden Handlungsspielraum des Unternehmensnachfolgers, dem Stimmrechtsaktien zugewiesen werden, siehe TH. STAEHELIN, Familienunternehmen, S. 126 f.

[29] Siehe zur Problematik HERZOG, S. 193 ff., m.w.H.; siehe ferner zur analogen Problematik im Zusammenhang mit Mehrheits- und Minderheitsaktienpaketen schon vorne, Rz 13.11 mit Fn 25.

[30] Vgl. Art. 654 und 656 OR sowie MEIER-HAYOZ/FORSTMOSER, § 16, Rzn 232 f.; siehe zu den Möglichkeiten der Ausgestaltung FORSTMOSER/MEIER-HAYOZ/NOBEL, § 41, Rzn 27 ff. Beispielsweise wird den Stammaktien eine Vorwegdividende eingeräumt.

weise korrigieren. Daneben drängt sich unter Umständen die Einführung besonderer statutarischer Schutzrechte zu Gunsten der Stammaktien oder der Abschluss eines Aktionärbindungsvertrages[31] auf. Nicht verhindern lassen sich dadurch allerdings allfällige Nachfolgeschwierigkeiten beim folgenden Unternehmensübergang, wenn zwar der Unternehmensnachfolger seinerseits keinen geeigneten Nachfolger-Erben hat, wohl aber dessen stimmenmässig unterdotierten Miterben[32].

13.15 Durch die Schaffung von *Partizipationsscheinen*, d.h. „stimmrechtslosen Aktien"[33], ergeben sich im Wesentlichen dieselben Möglichkeiten und Schwierigkeiten wie hinsichtlich der Stimmrechtsaktien. Zu beachten ist neben den besonderen Schutzrechten der Partizipanten[34] namentlich Art. 656b Abs. 1 OR, wonach das Partizipationskapital das Doppelte des Aktienkapitals nicht übersteigen darf.

d) Vinkulierungsbestimmungen

13.16 Durch Vinkulierungsbestimmungen wird die Übertragung von Namenaktien und damit der Mitgliedschaft in der Aktiengesellschaft von bestimmten statutarischen Erfordernissen abhängig gemacht. Im Rahmen der Aktienrechtsreform von 1991 erfolgte eine umfassende Neuregelung der Vinkulierung[35], wonach nunmehr für börsenkotierte und nicht kotierte Aktien unterschiedliche Bestimmungen gelten. Eine für die Fortführung des Familienunternehmens einigermassen sinnvolle Vinkulierung ist praktisch nur noch bei *nicht kotierten Aktien* möglich[36], weshalb sich die nachfolgenden Ausführungen auf diese Sachlage beschränken. Die Zustimmung zur Übertragung der Aktien kann hier verweigert werden, wenn die Gesellschaft einen wichtigen, in den Statuten genannten Grund bekannt gibt oder wenn sie dem Veräusserer der Aktien anbietet, diese für eigene oder fremde Rechnung zu übernehmen (sog. Escape-Clause).

13.17 Als *wichtige Gründe* gelten nach Gesetz lediglich Bestimmungen über die Zusammensetzung des Aktionärskreises, die im Hinblick auf den Gesellschaftszweck[37] oder die wirtschaftliche Selbständigkeit des Unternehmens die Verweigerung der Zustimmung rechtfertigen[38]. Die Statuten müssen die möglichen Ablehnungsgründe hinreichend konkret umschreiben[39], können der Gesellschaft indessen einen gewissen Ermessensspiel-

---

[31] Siehe zu möglichen Inhalten im Zusammenhang mit Stimmrechtsaktien HERZOG, S. 196 ff.; vgl. ferner hinten, Rzn 13.20 ff.

[32] TH. STAEHELIN, Nachfolgeplanung, S. 86.

[33] Vgl. MEIER-HAYOZ/FORSTMOSER, § 16, Rz 296.

[34] Art. 656c ff. OR; dazu FORSTMOSER/MEIER-HAYOZ/NOBEL, § 46, Rzn 41 ff.

[35] Vgl. Art. 685a ff. OR.

[36] Bei börsenkotierten Aktien ist eine Ablehnung im Wesentlichen nur noch zulässig, wenn der Erwerber eine statutarische, prozentmässige Beschränkung des Aktienbesitzes überschreitet; Art. 685d OR.

[37] Unter Gesellschaftszweck ist die Umschreibung des vorgesehenen Tätigkeitsfeldes der Unternehmung zu verstehen; KLÄY, S. 56. Der Begriff darf nicht zur Erweiterung der Vinkulierungsmöglichkeiten über diesen Sinn hinaus ausgedehnt werden. Kein Gesellschaftszweck liegt nach KLÄY, S. 57, etwa darin, eine „schweizerische Familienaktiengesellschaft im Besitz der Familie Immergrün" zu sein; grosszügiger TSCHÄNI, S. 19.

[38] Art. 685b Abs. 1 und 2 OR.

[39] FORSTMOSER/MEIER-HAYOZ/NOBEL, § 44, Rzn 156 ff.; vgl. sodann KLÄY, S. 54 f.

raum einräumen. Zulässig sind beispielsweise persönlichkeitsbezogene Vinkulierungsgründe für so genannte Tendenzbetriebe[40]. Ein Teil der Lehre scheint auch *Familienklauseln*, d.h. die Beschränkung der Übertragbarkeit auf Angehörige einer bestimmten Familie zuzulassen, was allerdings aufgrund der gesetzlichen Vinkulierungsbeschränkungen als fragwürdig erscheint[41]. Unproblematisch erscheint dagegen eine (auch bei börsenkotierten Aktien zulässige) prozentmässige Beschränkung des Aktienerwerbs, die dann keine Anwendung finden soll, wenn Aktien zwischen Familienmitgliedern die Hand wechseln[42]. Eine Ablehnung des Erwerbers ist im Übrigen stets dann unzulässig, wenn der Erwerb der Aktien durch Erbgang, Erbteilung, eheliches Güterrecht, Zwangsvollstreckung oder Fusion erfolgt[43]. Zur Absicherung des bisherigen Aktionärskreises ist die (allenfalls bereits in einem Aktionärbindungsvertrag vereinbarte) Vinkulierung durch eine Escape-Clause zu ergänzen[44], die auch im Falle der soeben genannten besonderen Erwerbsarten greift[45].

Bis zur Zustimmung der Gesellschaft verbleiben alle Aktionärsrechte und das Eigentum an den Aktienurkunden beim Veräusserer, womit eine Spaltung der Aktionärsrechte vermieden wird[46]. Der Entscheid betreffend Übertragungsgesuchen liegt grundsätzlich in der *Kompetenz des Verwaltungsrates*; allerdings kann auch die Generalversammlung als zuständig erklärt werden[47]. Die Vinkulierung hindert damit den Mehrheitsaktionär nicht an einer Veräusserung an beliebige Personen, da der für den Eintragungsentscheid zuständige Verwaltungsrat bzw. die Generalversammlung von ihm beherrscht wird[48]. 13.18

Die Vinkulierung ist sinnvollerweise bereits anlässlich der Gründung der Aktiengesellschaft vorzunehmen, da eine spätere Beschränkung der Übertragbarkeit am gesetzlich geforderten qualifizierten Mehr gemäss Art. 704 Abs. 1 Ziff. 3 OR scheitern könnte[49]. Zudem verletzt die Vinkulierung diesfalls keine Pflichtteile, weil die Veräusserungsbe- 13.19

---

[40] D.h. Betriebe mit einer bestimmten weltanschaulichen Ausrichtung; vgl. KLÄY, S. 64, sowie FORSTMOSER/MEIER-HAYOZ/NOBEL, § 44, Rz 147.

[41] KLÄY, S. 65.

[42] Vgl. FORSTMOSER/MEIER-HAYOZ/NOBEL, § 44, Rz 176. Damit lässt sich der Verkauf einer massgeblichen Beteiligung an einen familienfremden Dritten verhindern.

[43] Art. 685b Abs. 4 OR; zur Fusion BGE 109 II 130.

[44] KLÄY, S. 58, schlägt folgende Formulierung vor: „1. Die Übertragung der Aktien bedarf der Zustimmung durch den Verwaltungsrat. 2. Die Zustimmung kann verweigert werden, wenn die Gesellschaft dem Veräusserer anbietet, die Aktien auf eigene oder fremde Rechnung zum wirklichen Wert zu übernehmen. Sofern nicht alle Aktionäre etwas anderes vereinbaren, werden die zu übernehmenden Aktien proportional zum bisherigen Aktienbesitz denjenigen Aktionären zugeteilt, welche sich zur Übernahme zum wirklichen Wert bereit erklären. (...)" Vgl. sodann ders., S. 66 ff.

[45] Zur Zulässigkeit weiterer statutarischer Vorkaufsrechte unter dem neuen Aktienrecht siehe MEIER-SCHATZ, Vorkaufsrechte, S. 224 ff.; vgl. ferner TSCHÄNI, S. 38 ff., mit Formulierungsvorschlägen.

[46] Art. 685c Abs. 1 OR; dazu FORSTMOSER/MEIER-HAYOZ/NOBEL, § 44, Rzn 179 f.; zu einer Spaltung kommt es allerdings beim Erwerb von Aktien durch Erbgang, Erbteilung, eheliches Güterrecht oder Zwangsvollstreckung (Art. 685c Abs. 2 OR; vgl. ferner zur Fusion BGE 109 II 130). In diesen Fällen erfolgt ein sofortiger Übergang des Eigentums und der aus der Mitgliedschaft fliessenden Forderungsrechte, während die Mitwirkungsrechte bis zur Zustimmung der Gesellschaft nicht ausgeübt werden können.

[47] FORSTMOSER/MEIER-HAYOZ/NOBEL, § 44, Rz 129.

[48] HAUSHEER, Erbrechtliche Probleme, S. 207, m.w.H.

[49] Vgl. auch HAUSHEER, Erbrechtliche Probleme, S. 195 f.

schränkung bereits zu Lebzeiten des Erblassers bestand und deshalb von den Erben, die in die Rechtsstellung des Erblassers eintreten, „vorgefunden" wird[50]. Die Wirksamkeit der durch den Erblasser eingeführten Vinkulierungsbestimmungen hängt freilich davon ab, ob das für die Zustimmung zur Übertragung zuständige Organ dem Willen des Erblassers tatsächlich Nachachtung verschafft[51].

e)   Aktionärbindungsverträge

13.20 Die Aktionäre des Familienunternehmens können unter sich Aktionärbindungsverträge abschliessen, die allerdings nur unter den Beteiligten Wirkung entfalten[52]. Durch diesen (oft gesellschaftsrechtlichen) Vertrag, der die Aktiengesellschaft als Betriebsgesellschaft überlagert, kann eine Doppelkonstruktion entstehen, eine „Personengesellschaft mit körperschaftlicher Unternehmensträgerschaft"[53]. Im Zusammenhang mit der Unternehmensnachfolge besonders von Bedeutung sind Regelungen betreffend eine *gemeinsame Ausübung des Stimmrechts* nach gewissen Grundsätzen (sog. Stimmbindungsverträge[54]) sowie die Einräumung gegenseitiger *Kaufs- oder Vorkaufsrechte*. Damit kann der Aktionärbindungsvertrag einerseits dem Schutz der Minderheitsaktionäre dienen, indem diesen gewisse Vorzugsrechte eingeräumt werden oder mindestens der Mehrheitsaktionär (bzw. Inhaber von Stimmrechtsaktien) in seiner Machtstellung in bestimmter Hinsicht beschränkt wird[55]. Durch die Einrichtung einer „Geschäftsführung" innerhalb der einfachen Gesellschaft lässt sich andererseits auch bei einer grundsätzlich gleichmässigen Verteilung der Aktien bzw. Stimmrechte unter den Erben ein Führungsschwergewicht des eigentlichen Geschäftsnachfolgers begründen[56].

13.21   Das neue Aktienrecht beschränkt allerdings den Bindungsbereich des Aktionärbindungsvertrages in gewisser Hinsicht. Im Bereich der unentziehbaren Kompetenzen des Verwaltungsrates (Art. 716a und 716b OR; u.a. wichtige Personalentscheide) ist eine Ausweitung der Zuständigkeit der Generalversammlung (in der gemäss Stimmbindungsvertrag entschieden werden müsste) unzulässig[57]. Eine direkte vertragliche Stimmbindung eines Verwaltungsrates durch den Aktionärbindungsvertrag scheint mit dem

---

[50] DRUEY, Erbrechtliche Schranken, S. 63.

[51] HAUSHEER, Erbrechtliche Probleme, S. 196.

[52] Die Aktiengesellschaft selber wird durch den Vertrag nicht gebunden; BÖCKLI, Aktionärbindungsverträge, S. 480; vgl. aus der Rechtsprechung ZR 69 (1970), Nr. 101, S. 260 ff.

[53] BÖCKLI, Aktionärbindungsverträge, S. 476; FORSTMOSER/MEIER-HAYOZ/NOBEL, § 39, Rzn 162 ff.

[54] Vgl. etwa BGE 109 II 43; 88 II 174 E. 1. Zur Zulässigkeit von Stimmbindungsverträgen und deren Grenzen siehe FORSTMOSER, S. 376 ff.

[55] Zum möglichen Inhalt von Aktionärbindungsverträgen siehe STAEHELIN, Familienunternehmen, S. 119 f., Fn 3, der u.a. auf die Möglichkeit von Konkurrenzverboten, Verhaltenspflichten bei der Übernahme von Verwaltungsratsmandaten und einer „Vinkulierung" hinweist, sowie HERZOG, S. 196 ff., der auch Verkaufsverbote betreffend Aktien, Gewinnanteilsrechte bei Veräusserung des Aktienpaketes durch den Mehrheitsaktionär sowie Mitwirkungs- und Einsichtsrechte der Minderheitsaktionäre vorschlägt.

[56] Vgl. BÖCKLI, Aktionärbindungsverträge, S. 477.

[57] BÖCKLI, Aktionärbindungsverträge, S. 482. Umstritten ist allerdings, ob auch im Bereich der unentziehbaren Kompetenzen des Verwaltungsrates statutarisch ein Genehmigungsvorbehalt der Generalversammlung festgelegt werden kann; BÖCKLI, a.a.O., Fn 26.

neuen Konzept der „unentziehbaren und unübertragbaren" Hauptaufgaben des Verwaltungsrates ebenfalls unvereinbar[58].

Es drängt sich die Frage auf, wie die Erben zum Abschluss eines Aktionärbindungsvertrages verpflichtet werden können. Die einfachste Lösung ist es, die künftigen Erben vertraglich gegenüber dem Unternehmer zu binden. Sofern alle damit einverstanden sind, lässt sich so für die Zeit nach dem Ausscheiden des Erblassers ein Aktionärbindungsvertrag abschliessen[59]. Demgegenüber ist der erzwungene Eintritt der Erben in einen vorbestehenden Aktionärbindungsvertrag durch Erbgang kaum möglich[60]. Zu beachten ist ferner wiederum die Pflichtteilsproblematik, sofern der Vertrag nicht bereits vor dem Erbgang bestand (z.b. zwischen dem Erblasser und seinem Ehegatten)[61].

13.22

Erscheint der Aktionärbindungsvertrag als *einfache Gesellschaft*, wie dies in den hier interessierenden Fällen regelmässig zutrifft, besteht gemäss Art. 546 Abs. 1 OR mangels einer anders lautenden Regelung die jederzeitige Kündigungsmöglichkeit unter Einhaltung einer Frist von sechs Monaten. In der Lehre wird die Gültigkeit einer Norm, wonach die einfache Gesellschaft für die Dauer der Aktiengesellschaft vereinbart werden soll, grundsätzlich bejaht[62]. Einer ausdrücklichen Regelung bedarf auch die Frage des Eintritts von Erben eines Gesellschafters in den Aktionärbindungsvertrag, da die einfache Gesellschaft sonst mit dem Tod eines Gesellschafters aufgelöst wird, womit eine über die erste Nachfolgergeneration hinausgehende Perpetuierung der Familienaktiengesellschaft nicht mehr gewährleistet ist[63]. Immerhin können sich die verbleibenden Gesellschafter ohne weiteres durch Fortsetzungsklausel[64] zur Weiterführung der Gesellschaft bei Tod eines von ihnen verpflichten.

13.23

Als weitere Schwierigkeit erweist sich die *Durchsetzung bzw. Vollstreckung* der Verpflichtungen gemäss Aktionärbindungsvertrag. Zwar steht den Vertragsparteien grundsätzlich ein Anspruch auf Realerfüllung zu, der allenfalls durch vorsorgliche Massnahmen nach kantonalem Prozessrecht durchgesetzt werden kann[65]. Stimmt der Aktionär allerdings entgegen der Vereinbarung, ist seine Stimmabgabe gegenüber der

13.24

---

[58] BÖCKLI, Aktionärbindungsverträge, S. 485.

[59] KUMMER, S. 132 f. Dieser Vertrag kann auch in einen Erbvertrag integriert werden; KUMMER, S. 152. R. PORTMANN, S. 36, schlägt vor, zu Lebzeiten des Erblassers den künftigen Aktionären eine Aktie zu übertragen und anschliessend den Aktionärbindungsvertrag abzuschliessen, unter Einfügung einer Fortsetzungsklausel für den Fall des Todes des Erblassers.

[60] KUMMER, S. 134 f. und 150; vgl. auch hinten, Fn 63.

[61] Siehe HAUSHEER, Erbrechtliche Probleme, S. 221, der daran erinnert, dass die Pflichtteile nicht mit Auflagen, Bedingungen oder Vermächtnissen belastet werden dürfen, die den Wert des Pflichtteils beeinträchtigen. Vgl. dazu bereits vorne, Rz 05.14.

[62] Vgl. FORSTMOSER/MEIER-HAYOZ/NOBEL, § 39, Rz 188, die indessen auf die eher zurückhaltende Gerichtspraxis zu Dauerverträgen hinweisen, sowie FORSTMOSER, S. 371 f.

[63] Art. 545 Abs. 1 Ziff. 2 OR. Vgl. zum Ganzen R. PORTMANN, S. 33 ff. Auch mit einer Nachfolgeklausel kann kein Erbe dazu gezwungen werden, in der Gesellschaft, in die er kraft Universalsukzession eingetreten ist, zu verbleiben; vgl. OR-STAEHELIN, N 10 zu Art. 545/546 OR.

[64] Dazu hinten, Rz 13.32.

[65] MEIER-HAYOZ/FORSTMOSER, § 16, Rz 490 mit Hinweis auf ZR 83 (1984), Nr. 53, S. 141; kritisch gegenüber den prozessrechtlichen Vollstreckungsmöglichkeiten hinsichtlich der Stimmabgabe in der Generalversammlung KUMMER, S. 140 ff. Siehe ferner FORSTMOSER, S. 373 ff.

Aktiengesellschaft gültig[66], die Ansprüche der Vertragspartner beschränken sich auf Schadenersatz – soweit ein Vermögensschaden überhaupt nachweisbar ist. Analoges gilt bei einer vertragswidrigen Veräusserung der Aktien an einen Dritten. Mittels im Aktionärbindungsvertrag vereinbarter Konventionalstrafen lässt sich die Durchsetzung der Verpflichtungen indessen wesentlich erleichtern[67].

3. Gesellschaft mit beschränkter Haftung

13.25 Die Gesellschaft mit beschränkter Haftung, die sich wachsender Beliebtheit erfreut, weist im Vergleich zur AG sehr viel personalistischere Züge auf, die im Rahmen der Unternehmensnachfolge von Vorteil sein können. Das Stammkapital der GmbH besteht aus den Stammanteilen der Gesellschafter (deren Höhe unterschiedlich sein kann), wobei jeder Gesellschafter nur einen Stammanteil besitzt, der zugleich seinen Gesellschaftsanteil bestimmt[68]. Das Gesetz verlangt mindestens zwei Gesellschafter, womit sich als Ausgangspunkt der Planung eine GmbH unter den Ehegatten oder unter Einbezug des designierten Geschäftsnachfolgers anbietet.

13.26 Die Übertragung des Stammanteils und damit der Mitgliedschaft in der GmbH wird durch eine *gesetzliche Vinkulierung* erschwert, wonach drei Viertel der Gesellschafter, die mindestens drei Viertel des Stammkapitals vertreten, ihre Zustimmung erteilen müssen[69]. Diese Übertragungsbeschränkung lässt sich statutarisch erschweren (z.B. Erfordernis der Einstimmigkeit) und auf den Fall des Erwerbs durch Erbgang oder Güterrecht ausgedehnen[70]. Soweit unter den Gesellschaftern Einigkeit besteht, kann damit der Verbleib der Gesellschaft in einer bestimmten Familie ausgesprochen wirkungsvoll gesichert werden. Stirbt ein Gesellschafter, geht sein Stammanteil ungeteilt an die Erbengemeinschaft über. Eine *Teilung des Stammanteils*, beispielsweise im Verhältnis der Erbteile, bedarf derselben Zustimmungserfordernisse wie die Übertragung[71].

13.27 Bei der GmbH handelt es sich um eine ausserordentlich *flexible Gesellschaftsform*[72]. Das Recht der GmbH lässt unter anderem statutarisch verankerte *Vorrechte* bestimmter Gesellschafter zu, so beispielsweise Vorkaufs- und Kaufsrechte. Möglich ist auch die Einräumung eines Vetorechts gegen (bestimmte) Beschlüsse der Gesellschafterversammlung zu Gunsten bestimmter oder bestimmbarer Gesellschafter. Umgekehrt

---

[66] FORSTMOSER/MEIER-HAYOZ/NOBEL, § 39, Rzn 159 f.

[67] KUMMER, S. 144; zu anderen Möglichkeiten der faktischen Sicherstellung des Vertrages siehe FORSTMOSER, S. 375 f., sowie FORSTMOSER/MEIER-HAYOZ/NOBEL, § 39, Rzn 195 ff.

[68] Art. 789 und 774 OR.

[69] Anders als im Aktienrecht bedarf die Ablehnung eines neuen Gesellschafters keines Grundes und keiner Begründung (OR-DU PASQUIER/OERTLE, N 2 zu Art. 791 OR); m.E. können aber ohne weiteres Gründe, die zwingend zur Ablehnung eines Gesellschafters führen sollen, in den Statuten angeführt werden.

[70] Art. 791 f. OR; bei Ablehnung der Eintragung nach Erwerb durch Erbgang oder Güterrecht muss der Anteil durch einen von der Gesellschaft bezeichneten Erwerber, allenfalls durch die Gesellschaft selber, zum „wirklichen Wert" übernommen werden.

[71] Art. 795 OR.

[72] Vgl. etwa die Diss. BÄHLER zu den zahlreichen Gestaltungsmöglichkeiten.

können mit der Mitgliedschaft auch *Nebenleistungspflichten*[73], insbesondere die Mitarbeit im Betrieb verbunden werden. Anders als bei der AG sind die *Kompetenzen der Generalversammlung* und der Geschäftsführung im Gesetz weniger stark vorgegeben, womit der Generalversammlung (und damit den nicht-geschäftsführenden Miterben des Unternehmensnachfolgers) statutarisch gewisse Mitwirkungsmöglichkeiten im Bereich der Geschäftsführung eingeräumt werden können[74]. Eine ganz andere Einsatzmöglichkeit der GmbH besteht darin, sie anstelle eines Aktionärbindungsvertrages als *Holding einer Aktiengesellschaft* zu benutzen, womit eine bessere Garantie für die Durchsetzung der Bestimmungen einer solchen Vereinbarung (Stimmbindung, Vinkulierung usw.) erreicht wird[75].

Im Rahmen der *Nachfolgeplanung* dürfte es am einfachsten sein, den designierten Unternehmensnachfolger bereits zu Lebzeiten des Unternehmers als Gesellschafter einzubeziehen, wobei dies anlässlich der Gründung der GmbH oder später durch Übertragung oder Teilung eines Stammanteiles geschehen kann. Das führungsmässige Schwergewicht lässt sich – auch in Ermangelung einer kapitalmässigen Überlegenheit – dadurch gewährleisten, dass in den Statuten von der dispositiven Regel, wonach sich das Stimmrecht jedes Gesellschafters nach seiner Stammeinlage bemisst, abgewichen wird[76]. Im Rahmen des Erbganges benötigt der Unternehmensnachfolger damit nicht mehr die Zustimmung der Mitgesellschafter zum Erwerb der Gesellschafterstellung, sondern kann seinerseits (im Rahmen der statutarischen Vorgaben) auf die Aufnahme seiner Miterben in die Gesellschaft durch Teilung des Stammanteils des Erblassers Einfluss nehmen. Als Gründungsmitglied oder durch entsprechende Wahl zu Lebzeiten des Unternehmers ist der Unternehmensnachfolger sodann Mitglied der Geschäftsführung. 13.28

Schwieriger verhält es sich demgegenüber, wenn der Geschäftsnachfolger beim Tod des Unternehmers noch nicht Gesellschafter ist. Er ist alsdann darauf angewiesen, entweder im Rahmen der erbrechtlichen Teilung seine Miterben auszahlen zu können – was aus finanziellen Gründen scheitern dürfte – oder bei den verbliebenen Gesellschaftern eine Teilung des ererbten Stammanteils zu erwirken, wobei ihm überdies ein Führungsschwergewicht (Stimmenmehrheit in der Generalversammlung) und eine massgebliche Stellung in der Geschäftsführung zuerkannt werden müsste. Beides dürfte nur bei grossem Wohlwollen der Mitgesellschafter praktikabel sein – etwa wenn es sich hierbei nur noch um den überlebenden Ehegatten handelt. 13.29

Die GmbH weist – neben den unbestreitbaren Vorteilen – einige augenfällige Schwächen auf, die allerdings im Rahmen einer hängigen Revision des GmbH-Rechts grösstenteils dahinfallen dürften[77]. Geplant ist beispielsweise die Möglichkeit, dass ein Gesellschafter mehrere Stammanteile besitzt, womit sich eine Vererbung unter Bildung 13.30

---

[73] Dazu BÄHLER, S. 132 ff.

[74] Im Rahmen der laufenden Revision des GmbH-Rechts könnte sich in dieser Hinsicht allerdings einiges ändern; vgl. VON BÜREN/STEINER, S. 475 f.

[75] STAEHELIN, Familienunternehmen, S. 120 f. mit Fn 4.

[76] Art. 808 Abs. 4 OR; BÄHLER, S. 56. Anders als bei der AG kann praktisch ein beliebiges Verhältnis zwischen Stimmrecht-Stammanteil und regulärem Stammanteil gewählt werden; ferner besteht die Möglichkeit, bei der Stimmkraft nach Beschlüssen zu unterscheiden und beispielsweise bei strategischen Grundsatzentscheiden allen Stammanteilen dieselbe Stimmkraft einzuräumen.

[77] Vgl. zu den wichtigsten Reformpostulaten den Expertenbericht zum Vorentwurf für eine Reform der GmbH vom April 1999; ferner VON BÜREN/STEINER, S. 460 ff., sowie BÄHLER, passim.

eines Führungsschwergewichts wesentlich vereinfachen lässt. Verbesserungen sind sodann unter anderem im Bereich der Haftung der Gesellschafter, der Schutzrechte nicht geschäftsführender Gesellschafter sowie durch die Aufhebung der Maximalgrenze des Stammkapitals vorgesehen. Mit Inkrafttreten dieser Änderungen wird die GmbH zweifellos gerade auch für Familienunternehmen nochmals erheblich an Attraktivität gewinnen.

4. *Personengesellschaften*

13.31 Dank der weitgehend dispositiven gesetzlichen Regelung handelt es sich bei Kollektiv- und Kommanditgesellschaften um ausserordentlich geschmeidige Gesellschaftsformen. Ist der Unternehmer-Erblasser Gesellschafter einer Kollektivgesellschaft oder unbeschränkt haftender Gesellschafter einer Kommanditgesellschaft, führt sein Tod grundsätzlich zur Auflösung der Gesellschaft, wobei die Erbengemeinschaft des Verstorbenen an der Liquidationsgesellschaft beteiligt ist[78]. Die Auflösung der Gesellschaft lässt sich durch unterschiedliche gesellschaftsvertragliche Vorkehren verhindern[79], auf die im Folgenden kurz einzugehen ist.

a) Fortsetzungsklausel

13.32 Durch die Fortsetzungsklausel vereinbaren die Gesellschafter, dass beim Tod eines Gesellschafters die verbleibenden Gesellschafter ohne die Erben des Verstorbenen die Gesellschaft fortsetzen[80] bzw. bei der Zweimanngesellschaft der Überlebende diese als Einzelfirma weiterführt[81]. Damit werden die Erben nicht Mitglieder der Gesellschaft, haben jedoch Anspruch auf eine Abfindung, deren Höhe der Gesellschaftsvertrag in einer Abfindungsklausel bestimmen kann[82]. Die Fortsetzungsklausel eignet sich damit insbesondere dann, wenn der Unternehmensnachfolger bereits zu Lebzeiten des Erblassers als Gesellschafter aufgenommen wurde – was im Übrigen aus verschiedenen Gründen Vorteile bringt[83] – oder wenn keiner der Erben als Nachfolger in Frage kommt, die übrigen Gesellschafter die Unternehmung jedoch weiterführen möchten.

b) Eintrittsklausel

13.33 Die gesellschaftsvertragliche Eintrittsklausel, die die Fortsetzungsklausel ergänzt, gewährt den Erben einen Rechtsanspruch auf Aufnahme in die Gesellschaft[84]. Wird das

---

[78] Ausführlich HAUSHEER, Erbrechtliche Probleme, S. 98 ff.; vgl. auch BGE 119 II 119.
[79] Vgl. VON GREYERZ, S. 78 ff., sowie OR-STAEHELIN, N 10 ff. zu Art. 545/546 OR.
[80] BGE 100 II 379; OR-STAEHELIN, N 12 zu Art. 545/546 OR.
[81] VON GREYERZ, S. 78.
[82] Art. 580 OR; HAUSHEER, Erbrechtliche Probleme, S. 104 ff.; VON GREYERZ, S. 87 ff; siehe sodann bereits vorne, Rz 08.125 zur Ehegattengesellschaft. Wird die Gesellschaft durch die Abfindungsklausel zu Lasten der Erben begünstigt, liegt darin eine – bei Pflichtteilsverletzung anfechtbare – Verfügung von Todes wegen, sofern die Klausel nur bei Ausscheiden eines Gesellschafters durch Tod gelten soll; dazu HAUSHEER, Erbrechtliche Probleme, S. 118 f.; VON GREYERZ, S. 87 f.
[83] Näheres bei VON GREYERZ, S. 75.
[84] HAUSHEER, Gesellschaftsvertrag, S. 134 ff.; ders., Erbrechtliche Probleme, S. 107 ff.

Eintrittsrecht sämtlichen Erben eines Gesellschafters gewährt spricht man von einer einfachen Eintrittsklausel; eine – in der Regel zweckmässigere – qualifizierte Eintrittsklausel liegt demgegenüber vor, wenn von mehreren Erben nur einer zum Eintritt berechtigt ist[85]. Die Eintrittsberechtigung bei der qualifizierten Eintrittsklausel kann im Gesellschaftsvertrag selber, durch die verbleibenden Gesellschafter, durch einen Dritten (etwa einen Willensvollstrecker), durch die Erben des Ausgeschiedenen (insbesondere im Rahmen der Erbteilung) oder durch den ausscheidenden Gesellschafter bestimmt werden, wobei im letzteren Fall die Form einer Verfügung von Todes wegen nicht erforderlich ist[86]. Dadurch kann der Unternehmer den Entscheid über die Person des Nachfolgers im geeigneten Zeitpunkt treffen bzw. gegebenenfalls nachträglich abändern. Immerhin ist an eine Ersatzanordnung für den Fall zu denken, dass der designierte Geschäftsnachfolger den Eintritt in die Gesellschaft ablehnt[87].

Da die Erben des ausscheidenden Gesellschafters aufgrund der Fortsetzungsklausel Anspruch auf eine Kapitalabfindung durch die verbleibenden Gesellschafter haben, der Gesellschaft andererseits aber nach Möglichkeit kein Kapital entzogen werden sollte, ist die Frage zu regeln, ob und in welchem Umfang der Eintrittsberechtigte finanzielle Mittel in die Gesellschaft einzubringen hat. Aufgrund des Pflichtteilsrechts wird es regelmässig nicht möglich sein, dem Eintretenden durch Verfügung von Todes wegen einen Erbteil in der Höhe des vollen Werts des dem Ausgeschiedenen zustehenden Kapitalanteils zuzuweisen[88], weshalb in Ermangelung eigener Mittel des Eintrittsberechtigten von einem reduzierten Kapitalanteil (und damit wohl auch von einem entsprechend reduzierten Gewinnanteil) auszugehen ist[89]. 13.34

c) Nachfolgeklausel

Durch die Nachfolgeklausel, die ebenfalls Bestandteil des Gesellschaftsvertrages bilden kann, wird die *Mitgliedschaft* in der Gesellschaft übertragbar bzw. *vererblich*[90]. Wie bei der Fortsetzungsklausel bildet der Tod eines Gesellschafters keinen Auflösungsgrund, hier erfolgt nun aber der Fortbestand der Gesellschaft nicht nur unter den verbliebenen Gesellschaftern, sondern unter Einbezug der Erbengemeinschaft. Die Erbengemeinschaft rückt gemäss den erbrechtlichen Bestimmungen unmittelbar in die Mitgliedschaft des Erblassers nach[91]; die Erben werden berechtigt und verpflichtet, die Gesellschaft fortzusetzen[92], können allerdings bei Fehlen eines gesellschaftsvertraglichen Austrittsrechts die 13.35

---

[85] VON GREYERZ, S. 80.

[86] VON GREYERZ, S. 80 f., es handelt sich um die gesellschaftsvertragliche Ermächtigung des Gesellschafters, seinen Nachfolger zu bestimmen; vgl. zur Qualifikation der Eintrittsklausel allerdings auch HAUSHEER, Erbrechtliche Probleme, S. 107 ff.

[87] Als Vertrag zu Lasten eines Dritten unzulässig wäre eine eigentliche Verpflichtung des Eintrittsberechtigten zum Eintritt in die Gesellschaft; HAUSHEER, Erbrechtliche Probleme, S. 115 f. Wird eine Zuwendung von Todes wegen von der Bedingung abhängig gemacht, dass der Bedachte die Geschäftsnachfolge antritt, lässt sich freilich indirekt ein gewisser Anreiz zur Wahrnehmung des Eintrittsrechts ausüben; vgl. HAUSHEER, a.a.O., S. 117.

[88] Siehe zur Problematik auch HAUSHEER, Erbrechtliche Probleme, S. 122 f. sowie ders., Gesellschaftsvertrag, S. 136.

[89] VON GREYERZ, S. 81.

[90] Im Einzelnen HAUSHEER, Erbrechtliche Probleme, S. 123 ff.

[91] VON GREYERZ, S. 94.

[92] OR-STAEHELIN, N 545/546 OR; BGE 95 II 551.

Auflösung der Gesellschaft aus einem wichtigen Grund verlangen[93]. Durch eine erbrechtliche Teilungsregel kann der Erblasser die Mitgliedschaft in der Gesellschaft, die nunmehr als vererbliches Recht Teil seines Nachlasses bildet, demjenigen Erben zuweisen, den er für die Geschäftsnachfolge geeignet hält[94].

13.36 Mit einer *qualifizierten Nachfolgeklausel* wird demgegenüber angeordnet, dass die Gesellschaft nicht mit allen, sondern nur mit einem bestimmten Erben fortzusetzen ist. Die Vererblichkeit der Mitgliedschaft wird dadurch gesellschaftsvertraglich auf einen bestimmten Erben beschränkt. Durch eine derartige Anordnung lässt sich allerdings der Eintritt der Erbengemeinschaft in die Rechtsstellung des Erblassers nicht verhindern, so dass die Mitgliedschaft an die Erbengemeinschaft als solche übergeht[95]. Die letztwillige Verfügung ist deshalb entsprechend auf den Gesellschaftsvertrag abzustimmen[96]. Ein direkter Übergang an einen einzelnen Erben lässt sich dadurch erreichen, dass dem designierten Geschäftsnachfolger die Stellung eines Alleinerben eingeräumt wird, namentlich durch Abfindung der Pflichtteilserben mittels Vermächtnis und anschliessender Enterbung[97].

13.37 Auch im Zusammenhang mit qualifizierten Nachfolgeklauseln bleibt die bereits bekannte Problematik, dass zur *Abfindung der Pflichtteile* der nicht zur Unternehmensnachfolge berufenen Erben ausreichende Mittel vorhanden sein müssen, die nicht in der Unternehmung gebunden sind. Als geradezu ideale Lösung erscheint die Nachfolgeklausel demgegenüber, wenn nur ein Erbe vorhanden ist, der gleichzeitig die Unternehmensnachfolge antreten will.

d) Kommanditgesellschaft und Konversionsklausel

13.38 Die *Kommanditgesellschaft* stellt eine Abart der Kollektivgesellschaft dar[98], die sich dadurch auszeichnet, dass den unbeschränkt haftenden Gesellschaftern Kommanditäre als beschränkt (nämlich grundsätzlich[99] nur bis zur im Handelsregister eingetragenen Kommanditsumme) haftende Mitglieder zur Seite stehen, die an der Geschäftsführung nicht teilhaben[100]. Aufgrund dieser zwei Kategorien von Gesellschaftern erscheint die Kommanditgesellschaft als geeignete Gesellschaftsform, wenn eine Abfindung der nicht zur Geschäftsnachfolge berufenen Erben ausgeschlossen scheint, die Unternehmensführung jedoch nur einem Einzigen von ihnen zukommen soll. Entsprechend der Höhe der finan-

---

[93] Art. 545 Abs. 1 Ziff. 5 OR; VON GREYERZ, S. 93 f.
[94] VON GREYERZ, S. 94.
[95] OR-STAEHELIN, N 10 zu Art. 545/546 OR; VON GREYERZ, S. 91 f. und 94 f.
[96] HAUSHEER, Erbrechtliche Probleme, S. 161; VON GREYERZ, S. 95; vgl. auch OR-STAEHELIN, N 10 zu Art. 545/546 OR.
[97] Siehe dazu bereits vorne, Rzn 05.15 und 05.20 ff. sowie Rzn 07.19 f.
[98] MEIER-HAYOZ/FORSTMOSER, § 14, Rz 3.
[99] Zu den Ausnahmen vom Prinzip der Haftungsbeschränkung siehe Art. 605-607 OR; dazu MEIER-HAYOZ/FORSTMOSER, § 14, Rzn 22 ff., m.w.H.
[100] Art. 608 Abs. 1; 599 f. OR. Gesellschaftsvertraglich lässt sich das Prinzip der Geschäftsführung durch die Komplementäre freilich modifizieren, so dass den Kommanditären ein verstärkter Einfluss zukommen kann; siehe MEIER-HAYOZ/FORSTMOSER, § 3, Rzn 66 f.

ziellen Beteiligung und der persönlichen Mitarbeit im Unternehmen ist die Gewinnbeteiligung bzw. der Honoraranspruch den konkreten Verhältnissen anzupassen.

Die gesellschaftsvertragliche *Konversionsklausel* bezweckt, beim Tod eines Kollektivgesellschafters oder eines Komplementärs dessen Mitgliedschaft insofern nur beschränkt vererblich zu machen, als die Erbengemeinschaft lediglich als Kommanditär – mit dem Gesellschaftsanteil des Erblassers als Kommanditeinlage und -summe – in die Gesellschafterstellung nachrückt[101]. Der Gesellschaftsanteil des Erblassers kann alsdann – gemäss Gesellschaftsvertrag und letztwilliger Verfügung des Erblassers[102] – auf die Erben aufgeteilt werden, wobei ihr Erbanteil gleichzeitig als Kommanditsumme dient[103]. Bei der Konversionsklausel handelt es sich somit um eine modifizierte *Nachfolgeklausel*[104]. Als Variante ist denkbar, die Konversionsklausel lediglich als *Eintrittsklausel* (dazu vorne, Rzn 13.33 f.) auszugestalten, wodurch den bzw. bestimmten Erben das Recht eingeräumt wird, als Kommanditär in die Gesellschaft einzutreten, ohne dass der Erblasser ihnen diese Stellung aufzwingt. Der Gesellschaftsvertrag kann alsdann – wiederum als Eintrittsklausel – vorsehen, dass bestimmte, von den Gesellschaftern, der Erbengemeinschaft oder dem Erblasser bezeichnete Erben sich bei Neigung und Eignung für die Stellung des Komplementärs entscheiden können.

13.39

Wird die Konversionsklausel als Nachfolgeklausel ausgestaltet, so dass alle Erben als Kommanditäre zu Gesellschaftern werden, erübrigt sich die Abfindung der nicht an der Geschäftsführung beteiligten Erben, womit sich hier die Pflichtteilsproblematik erledigt. Anders als bei einer gewöhnlichen Nachfolgeklausel, die die Erbengemeinschaft zu unbeschränkt haftenden Gesellschaftern werden lässt, hat der Komplementär zudem grössere Schwierigkeiten, einen wichtigen Grund zur Auflösung der Gesellschaft geltend zu machen[105], was dem Unternehmer-Erblasser gewisse Gewähr für die tatsächliche Umsetzung seiner Planung gibt.

13.40

5. *Einzelunternehmung*

Wurde die Unternehmung durch den Erblasser als Einzelkaufmann geführt, treten durch den Erbgang sämtliche Erben als Gesamthandschaft in seine Position ein. Das Prinzip der solidarischen Haftung aller Erben für die Nachlassschulden sowie das Erfordernis der Einstimmigkeit für sämtliche Verwaltungs- und Verfügungshandlungen bedingen,

13.41

---

[101] Siehe BGE 95 II 547, 550 f.; HAUSHEER, Erbrechtliche Probleme, S. 159 ff.; ders, Gesellschaftsvertrag, S. 141 ff.; VON GREYERZ, S. 96 ff. Wurde die Gesellschaft bis anhin als Kollektivgesellschaft geführt, tritt mit dem Tod des Erblassers eine Umwandlung der Gesellschaftsform zur Kommanditgesellschaft ein, was ohne weiteres zulässig ist, jedoch im Handelsregister nachgetragen werden muss, damit die Haftungsbeschränkung Wirksamkeit entfaltet.

[102] Auch hier sind – wie bei den gewöhnlichen Eintritts- und Nachfolgeklauseln – Gesellschaftsvertrag und letztwillige Verfügung aufeinander abzustimmen; VON GREYERZ, S. 98.

[103] Grundsätzlich ist es durchaus auch möglich, dass der Erbanteil lediglich die Kommandit*einlage* darstellt, während die Erben sich bereit erklären, die Haftung darüber hinaus für eine höhere Kommandit*summe* zu übernehmen, insbesondere zur Verbesserung der Kreditwürdigkeit des Unternehmens. Siehe zu den Begriffen Kommanditeinlage und -summe MEIER-HAYOZ/FORSTMOSER, § 14, Rzn 28 ff., m.w.H.

[104] VON GREYERZ, S. 97.

[105] VON GREYERZ, S. 97.

dass die Erbengemeinschaft relativ rasch einen Vertreter bestimmt oder sich auf die Fortführung der Einzelunternehmung als Kollektiv- oder Kommanditgesellschaft einigt. Die Weiterführung der Unternehmung durch die Erbengemeinschaft als solche kann deshalb kein Dauerzustand sein[106]. Da bei der Einzelunternehmung weder ein Gesellschaftsvertrag noch Statuten vorliegen, sind für die Teilung einzig die letztwillige Verfügung des Erblassers sowie subsidiär die gesetzlichen Regeln massgebend[107]. In der Regel dürfte die Umwandlung in eine der Gesellschaftsformen des Obligationenrechts zu Lebzeiten des Erblassers hinsichtlich der Gestaltungsmöglichkeiten von Vorteil sein.

6. *Gründung einer Holdinggesellschaft*

13.42 Weist die Familienunternehmung die Rechtsform einer AG auf, kann die Gründung einer Holdinggesellschaft, der das Aktienpaket des bisherigen Unternehmers übertragen wird, ein geeignetes Instrument der Nachfolge darstellen. Der Unternehmer vererbt diesfalls nicht mehr direkt die Aktien der Familienunternehmung, sondern die Vermögensrechte an der Holding. Die Holding kann ihrerseits eine beliebige Rechtsform aufweisen[108] und lässt sich im Rahmen der gesetzlichen Bestimmungen nach Belieben durch gesellschaftsvertragliche Bestimmungen bzw. Aktionärbindungsverträge, Stimmrechts- und Vorzugsaktien sowie Vinkulierungsvorschriften usw. ausgestalten, ohne dass die übrigen Aktionäre der Betriebsgesellschaft mit einer Statutenänderung einverstanden sein müssen oder, falls die Aktien der Familienunternehmung an der Börse gehandelt werden, auf die entsprechend restriktiveren Vinkulierungsvoraussetzungen Rücksicht zu nehmen ist. Die Holdinggesellschaft als Aktionärin, die regelmässig über eine Mehrheitsbeteiligung an der Betriebsgesellschaft verfügt, muss ihr Stimmrecht an der Generalversammlung einheitlich ausüben. Damit verfügt derjenige Erbe, der in der Holdinggesellschaft (beispielsweise zufolge Zuweisung von Stimmrechtsaktien) das Sagen hat, auch in der Betriebsgesellschaft über einen Mehrheitseinfluss, was bei einer direkten Aufteilung der Aktien der Betriebsgesellschaft an die Erben des Unternehmers nicht zutrifft[109].

7. *Gründung einer Unternehmensstiftung*

13.43 Die Unternehmensstiftung, die vom Gesetz nicht vorgesehen ist, in der Praxis aber geduldet wird, ist eine Stiftung, bei der das gewidmete Vermögen ganz oder zu einem grossen Teil aus einem Unternehmen bzw. einer massgeblichen Beteiligung an einem Unternehmen besteht[110]. Während die Unternehmensträgerstiftung, die selbst eine wirtschaftliche Unternehmung führt, im Wirtschaftsleben als zu starre Form erscheint[111],

---

[106] Vgl. HAUSHEER, Erbrechtliche Probleme, S. 25 f.

[107] Zu letzteren HAUSHEER, Erbrechtliche Probleme, S. 27 ff.

[108] Zur Holdingstiftung siehe sogleich, Rzn 13.43 ff.

[109] STAEHELIN, Familienunternehmung, S. 141.

[110] HAUSHEER/AEBI-MÜLLER, Personenrecht, Rzn 19.86 ff.

[111] Siehe dazu R. PORTMANN, S. 75. Zu beachten ist ferner die weitgehend unklare Rechtslage bezüglich der rechtlichen Zulässigkeit der Unternehmensträgerstiftung (vgl. HAUSHEER/AEBI-MÜLLER, Personenrecht, Rzn 19.90 ff.), die im Rahmen der hängigen Revision des Stiftungsrechts in ein Verbot ausmünden könnte; vgl. dazu den Vorentwurf von 1993.

trifft dies bei der *Holdingstiftung*, deren Stiftungszweck im Halten einer massgeblichen Beteiligung an einer Betriebsgesellschaft besteht, nur in beschränktem Mass zu.

Bringt der Unternehmer die Aktien seines Familienbetriebes in eine neu zu gründende Holdingstiftung ein, kann er durch entsprechende Ausgestaltung der Stiftungsurkunde bzw. ergänzender Reglemente erheblichen Einfluss auf die Fortführung der Betriebsgesellschaft nach seinem Tod nehmen. Die Übertragung der Aktien an die Stiftung stellt aus der Sicht der Pflichtteilserben allerdings eine freiwillige Vermögensentäusserung des Stifters dar, die der *Herabsetzungsklage* unterliegt[112]. Gelingt der Abschluss eines Erbverzichtsvertrages nicht, ist auf diese Form der Unternehmensperpetuierung deshalb zu verzichten. 13.44

In der Stiftungsurkunde ist die *Organisation* der Stiftung zu regeln, wobei mindestens ein zur Vertretung und Geschäftsführung ermächtigtes Organ vorhanden sein muss. Dies kann durchaus zu seinen Lebzeiten der Unternehmer und Stifter selber sein, der auch die Kriterien festlegt, nach denen nach seinem Ausscheiden der Nachfolger zu bestimmen ist[113]. Schwieriger zu lösen ist die Frage der *Gewinnverteilung*, d.h. der an die Holdingstiftung fliessenden Dividenden der Betriebsgesellschaft. Der Zweck der Familienunternehmung erheischt, dass der Gewinn gleichmässig auf die jeweiligen Familienangehörigen verteilt wird – und nur unter dieser Voraussetzung dürften die Erben allenfalls zu einem Erbverzicht bereit sein – was jedoch unter dem Gesichtspunkt des Verbots der Familien-Unterhaltsstiftungen als unzulässig erscheint[114]. Die Zuweisung der Dividenden an den jeweiligen Verantwortungsträger der Stiftung, namentlich im Sinne eines Arbeitsentgelts, scheitert demgegenüber am Anliegen der Gleichbehandlung der Erben. 13.45

Insgesamt erweist sich die Holdingstiftung zwar als geeignet, die Familienunternehmung in möglichst unveränderter Form auch nach dem Tod des Unternehmers weiterbestehen zu lassen. Als Instrument der Unternehmensnachfolge ist diese Gestaltungsform dagegen weitgehend untauglich. 13.46

8. Spaltung der Unternehmung

Die Problematik der Abfindung mehrerer pflichtteilsberechtigter Erben lässt sich unter Umständen durch eine Spaltung der Familienunternehmung zu Lebzeiten des Erblassers[115] umgehen. Das geltende Recht lässt dabei lediglich die Ausgliederung einer Tochtergesellschaft zu, während eine – für die Unternehmensnachfolge besonders interessierende – Auf- oder Abspaltung vorerst zivilrechtlich nicht möglich ist, was sich aller Voraussicht nach in naher Zukunft mit Inkrafttreten des Fusionsgesetzes ändern 13.47

---

[112] R. PORTMANN, S. 76.

[113] R. PORTMANN, S. 80 f.

[114] Art. 335 ZGB; siehe HAUSHEER/AEBI-MÜLLER, Personenrecht, Rzn 19.54 ff. sowie R. PORTMANN, S. 88 ff.

[115] Eine Spaltung der Unternehmung erst im *Erbteilungsverfahren* ist selbstverständlich ebenfalls zulässig, hier verbleiben dem Erblasser allerdings weniger Einflussmöglichkeiten, da die Erben, soweit sie sich einig werden, an allfällige Teilungsvorschriften des Erblassers nicht gebunden sind, und zudem detaillierte letztwillige Anweisungen über die Spaltung im Zeitpunkt der Teilung an der fehlenden Aktualität scheitern können.

wird[116]. Vorbehalten bleibt die komplizierte und steuerlich ungünstige Liquidation und Neugründung als zwei oder mehrere Personen- oder Kapitalgesellschaften.

13.48   Die Unternehmensspaltung eignet sich zur Unternehmensnachfolge nur in den seltenen Fällen, in denen ein einzelner Betriebszweig verselbständigt werden kann, ohne dass durch den Verlust von Synergien im Ausgangsbetrieb eine Werteinbusse eintritt. Sodann muss sich für die mehreren aus der Spaltung hervorgegangenen Gesellschaften entweder ein zur Weiterführung williger und fähiger Erbe oder ein Käufer finden. Schliesslich bleibt die Problematik der Pflichtteile trotz Spaltung bestehen, wenn nicht alle Erben mit einem ungefähr gleichwertigen Unternehmensteil oder mit dem daraus erzielten Erlös befriedigt werden können.

IV. Verhältnis zwischen den Nachkommen und dem überlebenden Ehegatten

1. *Unternehmensfortführung durch den überlebenden Ehegatten*

a) *Ausgangslage*

13.49   Sind im Planungszeitpunkt *beide Ehegatten* gleichermassen *an der Leitung der Unternehmung beteiligt*, steht vermutlich für den Fall des Todes eines von ihnen die Fortführung durch den anderen im Vordergrund. Allenfalls ist eine befristete oder zeitlich gestaffelte Lösung wünschbar, wenn beispielsweise ab einem bestimmten Alter des überlebenden Ehegatten bei Auflösung der Ehe die direkte Übertragung an die Nachkommen der Weiterführung durch den überlebenden Ehegatten vorzuziehen ist[117]. Eine derart alternativ ausgestaltete Regelung drängt sich ferner auf, wenn *nur ein Ehegatte* im Falle seines Überlebens die Leitung der Unternehmung übernehmen möchte, und ferner für den Fall des gleichzeitigen Todeseintritts beider Ehegatten.

13.50   Die Unternehmensfortführung durch den überlebenden Ehegatten wurde im neuen Eherecht gegenüber der früheren gesetzlichen Ausgangslage durch verschiedene Bestimmungen erleichtert. Dem Ehegatten, der eigenes Vermögen in den Betrieb des anderen investiert hat, steht ein entsprechender Mehrwertanteil nach Art. 206 ZGB zu, der seine wirtschaftlichen Möglichkeiten zur Übernahme der Unternehmung jedenfalls dann verbessert, wenn die Investition aus Eigengut erfolgt ist. Befindet sich die Unternehmung in der Errungenschaft, kann ferner gegenüber gemeinsamen Nachkommen ohne Rücksicht auf das Pflichtteilsrecht eine Zuweisung an den überlebenden Ehegatten erfolgen. Der überlebende Unternehmer-Ehegatte profitiert sodann gegebenenfalls von einer Eigengutszuweisung gemäss Art. 199 Abs. 1 ZGB.

---

[116] Ausführlich dazu MEIER-SCHATZ/GASSER, S. 17 ff.; vgl. auch STAEHELIN, Familienunternehmen, S. 130; zu den bestehenden Möglichkeiten der Unternehmensteilung siehe MEIER-HAYOZ/FORSTMOSER, § 24, Rzn 61 ff.

[117] Anstelle einer fixen Altersgrenze lässt sich die Unternehmensübernahme auch als *Wahlrecht* des überlebenden Ehegatten ausgestalten, wobei bei Ablehnung der Übernahme gemäss Ehe- und Erbvertrag eine andere Regelung in Kraft tritt, die dem überlebenden Ehegatten dennoch einen ausreichenden Lebensunterhalt zur Verfügung stellt. Allenfalls steht auch eine Wiederverheiratungsklausel zur Diskussion.

b) Die Familienunternehmung in der güterrechtlichen Auseinandersetzung

Die wirtschaftlichen Möglichkeiten des überlebenden Ehegatten zur Unternehmensfortführung hängen massgeblich davon ab, welcher Gütermasse die Unternehmung zuzuordnen ist. Grundsätzlich gelten diesbezüglich die allgemeinen Regeln, d.h. die Art. 197 und 198 ZGB. Einige Besonderheiten im Zusammenhang mit der Familienunternehmung sind dennoch zu erwähnen. 13.51

Hat die von einem Ehegatten in die Ehe eingebrachte Unternehmung einen Mehrwert erfahren, ist zu prüfen, ob dieser *Mehrwert industrieller oder konjunktureller Natur* ist. Wurde der Mehrwert durch die wirtschaftliche Tätigkeit eines oder beider Ehegatten erzielt, d.h. handelt es sich um nicht aus dem Geschäft herausgezogenen Arbeitserwerb, liegt ein industrieller Mehrwert vor, der der Errungenschaft zugeordnet werden muss[118]. Umgekehrt handelt es sich um einen konjunkturellen Mehrwert, wenn dieser unabhängig von der Tätigkeit eines Ehegatten entstanden ist (z.b. zufolge Wertschwankungen bei Geschäftsliegenschaften). Dieser folgt derjenigen Gütermasse, der das Unternehmen als solches angehört. Im Einzelnen ist die Abgrenzung allerdings heikel und es bleibt durchaus ein gewisser Ermessensspielraum. 13.52

Während bei der Familienaktiengesellschaft *Ausschüttungen an die Aktionäre* in der Form von Dividenden, Tantiemen und dergleichen ebenso wie Zinsen für Aktionärsdarlehen ohne weiteres der Errungenschaft zuzuordnen sind, bleibt die güterrechtliche Behandlung von Gratisaktien in der Lehre umstritten[119]. Zur (ebenfalls heiklen) güterrechtlichen Behandlung einer Aktienkapitalerhöhung durch Barliberierung siehe HERZOG, S. 187 ff. 13.53

Möchte nur der *Unternehmerehegatte* für den Fall seines Überlebens die Unternehmung weiterführen und sind auf der Seite des anderen Ehegatten nichtgemeinsame Nachkommen vorhanden, drängt sich eine *Massenumteilung* der Unternehmung nach Art. 199 Abs. 1 ZGB auf. Allenfalls ist zusätzlich die *Mehrwertbeteiligung* für Investitionen des Nicht-Unternehmerehegatten auszuschliessen. Dabei ist allerdings zu beachten, dass diese beiden ehevertraglichen Vorkehren nicht an die Bedingung der Auflösung der Ehe durch Tod des einen oder anderen Ehegatten geknüpft werden dürfen, was insbesondere im Scheidungsfall von Nachteil sein kann[120]. 13.54

Eine *Rückfallklausel bezüglich der ehevertraglichen Zuwendungen* empfiehlt sich für den Fall, dass der überlebende Unternehmerehegatte später den ihm ehevertraglich zugewiesenen, der Errungenschaft zugehörigen Betrieb veräussert. Gehört der Betrieb aufgrund einer *Vereinbarung nach Art. 199 Abs. 1 ZGB* zum Eigengut des Unternehmers, hilft zwar eine Rückfallklausel nicht weiter, wohl aber kann die Eigengutszuweisung mit einer *Auflage* versehen werden, wonach bei Geschäftsaufgabe den Nachkommen derjenige Betrag auszuzahlen sei, der ihnen ohne Anwendung von Art. 199 Abs. 1 ZGB 13.55

---

[118] Vgl. HERZOG, S. 186; HAUSHEER/REUSSER/GEISER, N 36 ff. zu Art. 197 ZGB, je m.w.H. Zur Abgrenzung im Zusammenhang mit Art. 199 Abs. 2 ZGB siehe sodann vorne, Rzn 06.46 f.

[119] HAUSHEER/REUSSER/GEISER, N 96 zu Art. 197 ZGB; vgl. ferner HERZOG, S. 187, je m.w.H. Das Bundesgericht betrachtete Gratisaktien in einem älteren Entscheid nicht als Erträgnisse und damit nicht als Errungenschaft im Sinne von (nunmehr) Art. 197 Abs. 2 Ziff. 4 ZGB; siehe BGE 82 II 493.

[120] Für den Fall der „planwidrigen" Absterbensreihenfolge lässt sich immerhin durch bedingte Zuwendungen von Todes wegen ein gewisser Ausgleich schaffen. Ehevertraglich kann für den Scheidungsfall eine Änderung der Vorschlagsteilung vorgesehen werden, die die Folgen einer Massenumteilung mildert.

im Zeitpunkt der Güterstandsauflösung zugefallen wäre. Dadurch lässt sich die Benachteiligung der nichtgemeinsamen Nachkommen des vorverstorbenen Ehegatten nachträglich wieder beseitigen[121].

13.56 Soll die Unternehmensfortführung unabhängig von der Absterbensreihenfolge durch den *überlebenden Ehegatten* erfolgen und sind keine nichtgemeinsamen Nachkommen vorhanden, ist im Hinblick auf eine Überlebensklausel bei der Vorschlagsteilung eine möglichst weit gehende *Zuordnung der Unternehmung zur Errungenschaft* von Vorteil. Damit ist selbstredend von der Anwendung des Art. 199 ZGB abzuraten. Andererseits ist (sofern die Unternehmung von einem Ehegatten in die Ehe eingebracht wurde) im Falle der Kapitalgesellschaft, auf reichliche Lohnauszahlungen, Ansprüche nach Art. 165 ZGB und allenfalls Gewinnausschüttungen[122] an die Ehegatten zu achten, die die Errungenschaft vermehren. Mit anderen Worten ist der vorhandene Spielraum bei der Bewertung der Arbeitskraft der Ehegatten auszuschöpfen. Soweit das betreffende Vermögen in der Gesellschaft verbleiben soll, kann es dieser anschliessend als Darlehen zur Verfügung gestellt werden. Investitionen aus Privatvermögen der Ehegatten in die Gesellschaft haben – unabhängig von deren Rechtsform – vorab aus Errungenschaft zu erfolgen (so dass ein Mehrwertanteil ebenfalls dieser zuzuordnen ist) während das Eigengut für weniger lukrative Privatinvestitionen (z.B. in Wohneigentum) verwendet wird.

13.57 Fehlt es an Nachkommen, lässt sich durch *Begründung einer allgemeinen Gütergemeinschaft* das Pflichtteilsrecht der Eltern der Ehegatten umgehen. Angesichts der mit der Gütergemeinschaft verbundenen Nachteile, insbesondere hinsichtlich der Haftung[123], drängt sich eine Befristung des Güterstandes bis zum Vorversterben der Eltern auf.

2. *Insbesondere zur Einräumung einer Nutzniessung*

13.58 Anstelle einer möglichst weitgehenden Zuweisung von (Geschäfts-)Vermögen bleibt die Einräumung einer Nutzniessung an den überlebenden Ehegatten unter gleichzeitiger Erbeinsetzung eines oder mehrerer Nachkommen zu erwägen. Ist auf keine vorehelichen Nachkommen des Erblassers Rücksicht zu nehmen, können auf diese Weise sämtliche Anteile an der Kapitalunternehmung bzw. das gesamte vom Erblasser in eine Personengesellschaft investierte Vermögen der Ehegattennutzniessung unterstellt werden[124].

13.59 Die *Nutzniessung an Aktien* verschafft dem Ehegatten nicht nur den Anspruch auf die Erträgnisse bei Beteiligungen, Darlehen usw., sondern auch das Recht auf Ausübung des Stimmrechts an der Generalversammlung[125]. Damit kommt die Ehegattennutzniessung nur in Betracht, wenn der überlebende Ehegatte bereits zu Lebzeiten des Erblassers

---

[121] Diese Auflage räumt zugleich jeden Umgehungsverdacht aus, der der Massenumteilung von Art. 199 Abs. 1 ZGB im Blick auf die Pflichtteile nicht-gemeinsamer Nachkommen anhaften könnte; vgl. vorne, Rz 06.48.

[122] Insofern ist allerdings an die steuerliche Doppelbelastung der Kapitalgesellschaft und des Aktionärs bzw. Gesellschafters zu denken.

[123] Vgl. vorne, Rz 06.88.

[124] Allgemein zur Ehegattennutzniessung vorne, Rzn 07.35 ff.; speziell zu den Vorteilen im Zusammenhang mit einer Familienunternehmung Rz 07.59.

[125] Art. 690 Abs. 2 OR; die Bestimmung ist allerdings dispositiver Natur, so kann der Erblasser durchaus anordnen, das Stimmrecht sei durch den Eigentümer auszuüben; FORSTMOSER/MEIER-HAYOZ/NOBEL, § 45, Rz 23. Zu den Rechten des Nutzniessers im Allgemeinen siehe dies., § 45, Rzn 13 ff.

in die Geschäftspolitik der Familienunternehmung einbezogen war und zudem bereit ist, diesbezüglich auch weiterhin aktiv zu bleiben[126].

Sofern die Statuten nichts anderes bestimmen, kann auch der *Gesellschaftsanteil bei der GmbH* Gegenstand einer Nutzniessung sein. Anders als bei der AG gehen nach der herrschenden Lehre die Mitverwaltungsrechte wegen ihrer Persönlichkeitsbezogenheit nicht auf den Nutzniesser über. Dieser erwirbt im Ergebnis lediglich das Recht auf periodisch wiederkehrende Leistungen der Gesellschaft, namentlich also auf die Dividende[127], was zu einem Interessenkonflikt zwischen Eigentümer und Nutzniesser führt[128]. 13.60

Auch bei der Nutzniessung an einem *Gesellschafts-Anteil einer Kollektiv- oder Kommanditgesellschaft* dürften – wie im Rahmen der GmbH – die Mitwirkungsrechte beim Eigentümer verbleiben. Der Nutzniesser hat damit lediglich Anspruch auf die vermögensrechtlichen Leistungen der Gesellschaft, nämlich Gewinn und Kapitalzinse gemäss Gesellschaftsvertrag. Demgegenüber steht ein allfälliger gesellschaftsvertraglicher Honoraranspruch im Sinne von Art. 558 Abs. 3 OR dem in der Gesellschaft tatsächlich mitarbeitenden Gesellschafter zu. Das mit dieser geteilten Berechtigung verbundene Konfliktpotential lässt die Nutzniessung nur in Ausnahmefällen als sinnvolle Lösung erscheinen. 13.61

Als Variante zur Nutzniessung an einer ganzen Unternehmung oder einem Kapitalanteil besteht die Möglichkeit einer *Nutzniessung an einzelnen Vermögenswerten* der Unternehmung. Beispielsweise erhält der überlebende Ehegatte durch Vermächtnis die Nutzniessung an der Geschäftsliegenschaft, die er daraufhin der Unternehmung bzw. dem Geschäftsnachfolger vermietet (die Pflicht zur Vermietung zu einem bestimmten Entgelt lässt sich, soweit erforderlich, durch erbrechtliche Auflage sichern); der Nutzniessungsertrag besteht dann im Mietzinsertrag. 13.62

3. *Unternehmensfortführung durch Nachkommen*

Damit eine Übertragung der Unternehmung an die Nachkommen wirtschaftlich überhaupt möglich ist, muss der überlebende Ehegatte unter Umständen ehevertraglich auf eine Vorschlagsbeteiligung und erbrechtliche Pflichtteilsansprüche verzichten, wobei dieser Verzicht je nach konkreter Sachlage entgeltlich (etwa gegen Einräumung einer Nutzniessung oder Rente gegenüber den Nachkommen oder durch Verzichtsentgelt unter Lebenden[129]) oder unentgeltlich erfolgen kann. Zudem drängt sich die Zuweisung der 13.63

---

[126] Zur Möglichkeit eines diesbezüglichen Wahlrechts siehe vorne, Rzn 07.37 und 07.53. Anstatt der Wahl zwischen der Nutzniessung und einem Kapitalanteil kann der Erblasser auch diejenige zwischen der Nutzniessung und einem Leibrenten-Vermächtnis (siehe sogleich, Rz 13.63) offenlassen.

[127] Siehe zum Ganzen OR-DU PASQUIER/OERTLE, N 7 f. zu Art. 791 OR, m.w.H.

[128] Der Eigentümer ist an weit gehenden Abschreibungen und Reinvestitionen interessiert, während der Nutzniesser eine möglichst hohe Dividende anstrebt.

[129] Zu den Steuerfolgen eines unter Lebenden ausgerichteten Verzichtsentgelts im Bereich der Schenkungssteuer siehe SPORI, Steueraspekte, S. 396 f., der davon ausgeht, dass der überlebende Ehegatte steuerrechtlich nicht schlechter gestellt werden darf, als wenn er die entsprechenden Vermögenswerte im Rahmen der Vorschlagsteilung bei Auflösung der Ehe erhalten hätte.

Unternehmung ins Eigengut des Unternehmers gemäss Art. 199 ZGB auf[130]. Indessen stellt sich die Frage, auf welche Weise sich der *Unterhalt des überlebenden Ehegatten* sichern lässt. Einerseits bieten sich dafür die bereits im Zusammenhang mit den einzelnen Gesellschaftsformen erörterten Möglichkeiten des Auseinanderfallens von Kapital und Mitwirkungsrechten an[131], wobei durch Nutzniessung, Nach- oder Schlusserbeneinsetzung sicherzustellen ist, dass der dem überlebenden Ehegatten zufallende Kapitalanteil nach dessen Versterben in die richtigen Hände gelangt[132]. Die Begünstigung des überlebenden Ehegatten kann andererseits durch ein *Renten-Vermächtnis*[133] erfolgen, wodurch der Nachkomme, der das Unternehmen weiterführt, weniger stark belastet wird als durch eine sofort fällige Auszahlung des Erb- bzw. Pflichtteilsanspruches in bar. Ferner kann sich – schon aus steuerlichen Gründen – der Aufbau einer Säule 3a bzw. der Anschluss des Selbständigerwerbenden an die berufliche Vorsorge aufdrängen. Allerdings muss sich der überlebende Ehegatte die Abfindung mit einer Rente hinsichtlich seines Pflichtteils nicht gefallen lassen[134], so dass ein Erbverzicht erforderlich bleibt.

V. Steuerliche Aspekte der Unternehmensübertragung

1. Grundlagen

13.64 Die *Personengesellschaft* (Einzelfirma, Kollektiv- und Kommanditgesellschaft) ist kein selbständiges Steuersubjekt, so dass Vermögen und Gewinn den einzelnen Gesellschaftern nach Massgabe ihrer Beteiligung zugerechnet werden. Anders verhält es sich bei der AG und der GmbH, die für ihr Eigenkapital und den Reingewinn steuerpflichtig werden. Daraus ergibt sich für den Inhaber der *Kapitalgesellschaft* eine Doppelbelastung, indem zunächst der Geschäftsgewinn und anschliessend die ausgerichtete Dividende einer Besteuerung unterliegen. Der Inhaber einer Familien-AG kann die Doppelbelastung insoweit entschärfen, als die Steuerbehörden Zahlungen der AG als (den Gewinn schmälernde) Arbeits- bzw. Spesenentschädigungen akzeptieren. Unterbleibt eine Gewinnausschüttung, kann der Aktionär die einbehaltenen Gewinne später durch eine Veräusserung der Aktien zu entsprechend höherem Preis als privaten Vermögensgewinn steuerfrei realisieren.

13.65 Die kaufmännische und die Einkommenssteuerbilanz weisen die – nicht als Einkommen besteuerten – stillen Reserven einer Unternehmung nicht aus. Bei einer *Reali-*

---

[130] Dies kann sich sogar rechtfertigen, wenn das Unternehmen grundsätzlich bereits dem Eigengut angehört, da bei der künftigen Investition von Erträgen und Arbeit in das Unternehmen Ersatzforderungen der Errungenschaft gemäss Art. 209 Abs. 3 ZGB entstehen, die zudem an (konjunkturellen) Mehrwerten beteiligt sein können; GEISER, Bedürfnisse, S. 1162.

[131] Vorne, Rzn 13.09 ff.

[132] Bei der Schlusserbeneinsetzung ist zu beachten, dass sich durch das Hinzutreten weiterer Pflichtteilserben – insbesondere zufolge Wiederverheiratung – neue Schranken ergeben können.

[133] Siehe bereits vorne, Rzn 07.22 f.

[134] Vorne, Rz 05.14, m.w.H. Dies gilt auch für Zuwendungen der Säule 3a in Rentenform, obschon diese Ansprüche (wie Ansprüche aus freien Versicherungen und anders als diejenigen der beruflichen Vorsorge) der Pflichtteilsmasse zuzurechnen sind und damit die erbrechtlichen Ansprüche der übrigen Noterben verletzen können; dazu vorne, Rzn 03.56 ff.

sierung dieser stillen Reserven[135], beispielsweise zufolge Veräusserung oder Überführung vom Geschäfts- ins Privatvermögen[136], hat nachträglich eine *Einkommensbesteuerung* stattzufinden[137]. Im Bereich der Unternehmensnachfolge ist deshalb die Hauptfrage, die sich aus steuerlicher Sicht stellt, stets diejenige, ob stille Reserven realisiert werden. Zusätzlich ist zu beachten, dass Kapitalgewinne im Bereich des Privatvermögens im Bund und in den Kantonen steuerfrei sind, soweit nicht Grundstücke betroffen sind[138]. Zu beachten bleiben im vorliegenden Zusammenhang somit nur Kapitalgewinne durch Realisierung stiller Reserven auf Geschäftsvermögen[139]. Damit stellt sich die praktisch wichtige Frage, wie das Privat- und das Geschäftsvermögen voneinander abzugrenzen sind. Gemäss Art. 18 Abs. 2 DBG sowie Art. 8 Abs. 2 StHG gilt dabei die sog. Präponderanzmethode[140], d.h. ein Vermögenswert bildet (vollumfänglich) Geschäftsvermögen, wenn er ganz oder vorwiegend der selbständigen Geschäftstätigkeit dient[141]. Im Rahmen der güter- und erbrechtlichen Teilung ist der auf den übertragenen Vermögenswerten unter Umständen haftenden *latenten Steuerlast* Rechnung zu tragen. Im Übrigen spielt es für die Frage der Realisierung stiller Reserven grundsätzlich keine Rolle, ob die Übertragung der Gesellschaft schenkungshalber unter Lebenden – d.h. im Rahmen eines Vorempfanges – oder von Todes wegen erfolgt. Die nachstehenden Ausführungen beschränken sich auf die zweite Sachlage.

Für die *Vermögenssteuer* ist grundsätzlich auf den Verkehrswert der betreffenden Vermögensbestandteile abzustellen, wobei allerdings in der Praxis oft der Bilanzwert der Einkommenssteuer übernommen wird. 13.66

2. Die Nachfolge bei Personengesellschaften

Die Erben übernehmen das Geschäftsvermögen des Erblassers zu den Buchwerten, die für den Erblasser im Zeitpunkt des Erbganges massgebend sind. Damit kommt es zu keiner Realisierung allfälliger stiller Reserven und folglich auch zu keiner Besteuerung als Einkommen, so lange die Erben keine buchmässige Aufwertung des Geschäftsvermö- 13.67

---

[135] Aus steuerrechtlicher Sicht wird unterschieden zwischen der echten, der buchmässigen und der steuersystematischen Realisierung; vgl. dazu im Einzelnen SIMONEK, S. 45 ff. sowie HÖHN/WALDBURGER, § 37, Rzn 35 ff.

[136] Der Unternehmer möchte unter Umständen bereits im Rahmen der Nachfolgeplanung nicht notwendiges Geschäftsvermögen in Privatvermögen umwandeln, um damit die Abfindung derjenigen Erben sicherzustellen, die nicht zur Geschäftsnachfolge berufen sind. Dabei werden die stillen Reserven auf den betreffenden Vermögenswerten realisiert, so dass eine Einkommenssteuer anfällt.

[137] Art. 18 Abs. 2 DBG; Art. 8 Abs. 1 StHG; vgl. auch Art. 27 Abs. 2 Bst. e-f sowie Art. 31 Abs. 1 Ziff. 2 StG BE bzw. Art. 21 Abs. 2 nStG BE.

[138] SIMONEK, S. 11; HÖHN/WALDBURGER § 31, Rzn 8 f.

[139] Bei der Veräusserung von Geschäftsliegenschaften ist je nach kantonalem Besteuerungssystem die Grundstückgewinnsteuer (monistisches System; so der Kt. Bern) oder aber die Einkommenssteuer geschuldet.

[140] BGE 125 V 218 sowie BGE vom 17.08.1999 in StR 1999, S. 669 ff.

[141] Einzelheiten bei SIMONEK, S. 19 ff.; siehe auch HÖHN/WALDBURGER, § 38, Rz 45. Mit dem Inkrafttreten des Stabilisierungsprogrammes 1998 ist die Erweiterung des Begriffs des Geschäftsvermögens im DBG und im StHG zu beachten; vgl. BBl 1999 V 2573 und 2575.

gens vornehmen¹⁴². Hingegen fällt gegebenenfalls die kantonale *Erbschaftssteuer* an¹⁴³. In Kantonen mit Vergangenheitsbemessung kommt es sodann zu einer *Zwischenveranlagung* hinsichtlich der Einkommens- und Vermögenssteuer; künftig sind das durch Erbgang erworbene Vermögen und der mutmassliche Ertrag zu den bisherigen Steuerfaktoren zu addieren¹⁴⁴. Führen die Erben den Betrieb weiter, unterliegen sie für dieses Geschäftsvermögen und den Ertrag daraus entsprechend ihrem erbrechtlichen Anteil der *Vermögens- und der Einkommenssteuer*.

13.68 Scheiden ein oder mehrere Erben aus der Familienunternehmung aus, ist eine Abfindung auszurichten, deren Höhe sich nach dem wirklichen Wert des betreffenden Erbanteils – d.h. unter Berücksichtigung sämtlicher stiller Reserven – bemisst. Die ausscheidenden Erben haben den ihnen ausbezahlten *Anteil an den stillen Reserven* als Einkommen zu versteuern¹⁴⁵. Dies gilt auch dann, wenn die in der Unternehmung verbleibenden Erben die Abfindung nicht aus Geschäfts-, sondern aus ihrem Privatvermögen ausrichten¹⁴⁶ sowie für den Fall, dass zur Abgeltung des Anspruchs einzelne (nicht betriebsnotwendige) Vermögenswerte des Geschäftsvermögens übertragen werden¹⁴⁷. Zufolge Aufgabe der selbständigen Erwerbstätigkeit unterliegen die ausscheidenden Erben je nach kantonalem Besteuerungssystem einer weiteren *Zwischenveranlagung*. Schliesslich bleibt bei einer Übertragung von Geschäftsvermögen zu beachten, dass ein steuerbarer Umsatz im Sinne der *Mehrwertsteuer* vorliegen kann¹⁴⁸.

13.69 Die *Fortführung* der Gesellschaft unter den verbleibenden Gesellschaftern, *ohne Eintritt der Erben,* aber mit deren Abfindung (gemäss gesellschaftsvertraglicher Abfindungsklausel oder Vertrag zwischen den Erben und den verbliebenen Gesellschaftern), wird steuerrechtlich analog zur Abfindung einzelner ausscheidender Erben behandelt¹⁴⁹. Zu einer steuerlich relevanten Realisierung der stillen Reserven kommt es sodann bei einer *Liquidation* der Unternehmung¹⁵⁰.

---

¹⁴² CAGIANUT, S. 47; SIMONEK, S. 153 ff. und S. 234.

¹⁴³ Zur Bewertung der Unternehmung im Rahmen der Erbschaftssteuer im bernischen Recht vgl. Art. 17a EschG BE, wonach vom Verkehrswert auszugehen und davon ein Abzug von 35 % vorzunehmen ist; siehe im Einzelnen SUTER, S. 194 ff. Gemäss Art. 16 Abs. 1 Bst. k nEschG BE erfolgt ein Abzug von 50 %, der allerdings bei einer entgeltlichen Veräusserung innert 10 Jahren entfällt, Art. 22 nEschG BE.

¹⁴⁴ CAGIANUT, S. 51.

¹⁴⁵ Art. 18 Abs. 2 DBG; Art. 8 Abs. 1 StHG; SIMONEK, S. 236; Einzelheiten bei REICH, S. 196 ff.

¹⁴⁶ CAGIANUT, S. 48.

¹⁴⁷ SIMONEK, S. 187 ff. Eine Realisierung stiller Reserven findet selbstverständlich auch bei der Abfindung zum Zweck der *Erfüllung güterrechtlicher Forderungen* (Vorschlagsanteil, Mehrwertbeteiligung) des überlebenden Ehegatten statt; YERSIN, S. 342.

¹⁴⁸ HÖHN/WALDBURGER, § 38, Rzn 157 und 195. Keine Steuerpflicht liegt namentlich vor, wenn in der betreffenden Unternehmung die Umsatzgrenzen nicht erreicht werden.

¹⁴⁹ CAGIANUT, S. 50; vgl. auch SIMONEK, S. 151 ff., die entgegen dem Bundesgericht und der h.L. die Ansicht vertritt, der Erblasser realisiere die stillen Reserven, so dass die Erben lediglich in dessen Steuerschuld einträten. Vgl. auch HÖHN/WALDBURGER, § 38, Rzn 166 f. zur (durch den Nichteintritt der Erben bedingten) Umwandlung einer Personengesellschaft in eine Einzelfirma.

¹⁵⁰ SIMONEK, S. 144 ff., S. 151, m.w.H. Zur Rechtslage bei einer Aufgabe der Erwerbstätigkeit ohne sofortige Liquidation vgl. BGE 125 II 113.

3. Die Nachfolge bei der AG und bei der GmbH

Der Übergang der Aktien an die Erben im Rahmen des Erbganges unterliegt gegebenenfalls der kantonalen Erbschaftssteuer, wobei die Kantone für die Bewertung der Aktien unterschiedliche Bestimmungen erlassen haben[151]. Die Aktien bilden Privatvermögen der Erben, so dass weder eine Aufteilung unter den Erben noch eine spätere gewinnbringende Veräusserung steuerliche Folgen hat. Das Gesagte gilt sinngemäss auch für die GmbH.

13.70

4. Einräumung eines Gewinnanteilsrechts

Räumt der Unternehmensnachfolger seinen Miterben ein Gewinnanteilsrecht für den Fall der Veräusserung der Unternehmung ein, erklären sich diese unter Umständen mit einer geringeren Abfindungssumme einverstanden. Eine Realisierung stiller Reserven findet im Zeitpunkt des Ausscheidens der Miterben aus der Personengesellschaft nur in dem Umfang statt, als die Abfindungssumme den Buchwert der Erbanteile der betreffenden Erben übersteigt, wodurch im Zeitpunkt der Erbteilung eine gewisse Steuerersparnis eintritt[152]. Die Reduktion der Abfindungssumme lässt sich aber als (resolutiv bedingte) Schenkung qualifizieren, was eine entsprechende Steuerpflicht auslöst[153]. Zu den Steuerfolgen im Zeitpunkt der Entstehung des Gewinnanteilsrechts siehe SIMONEK, S. 280 ff., und KOLLER, Gewinnanteilsrecht, S. 231 ff., der zutreffend darauf hinweist, dass einer latenten Steuerlast des Veräusserers bei der vertraglichen Gestaltung des Gewinnanteilsrechts Rechnung zu tragen ist[154].

13.71

5. Umstrukturierungen der Unternehmung

Bei Umstrukturierungen von Unternehmungen – d.h. Umwandlung der Rechtsform mit oder ohne strukturelle Umgestaltung der betrieblichen Aktivitäten[155] – stellt sich wiederum die Hauptfrage, ob im Einzelfall aus steuerlicher Sicht eine Realisierung stiller Reserven zu bejahen ist oder nicht. Massgebende gesetzliche Grundlagen sind die Art. 18 und 61 DBG sowie Art. 8 Abs. 1 und 24 Abs. 3 StHG.

13.72

Spaltungen von Kapitalgesellschaften bleiben nach geltendem Recht[156] – abgesehen von einer allfälligen Emissionsabgabe (Stempelsteuer)[157] – nur dann steuerfrei,

13.73

---

[151] Gemäss der Praxis des Kantons Bern wird bei der Bewertung nicht kotierter Aktien ein Pauschalabzug von 30 % gewährt, sofern keine genügende Rendite erzielt wird und kein Mehrheitspaket vorliegt. Aufgrund von Art. 17a ESchG BE wird von diesem (allenfalls reduzierten) steuerlichen Wert zusätzlich ein Pauschalabzug von 35 % zugelassen, wenn die Anteile nicht regelmässig an der Börse gehandelt werden. Das neue ESchG BE sieht weitergehende Erleichterungen für den erbrechtlichen Erwerb massgeblicher Beteiligungen (mindestens 40 %) an Kapitalgesellschaften bzw. Genossenschaften vor; vgl. Art. 21 nESchG BE.

[152] SIMONEK, S. 277 f.

[153] SIMONEK, S. 278 f.

[154] KOLLER, Gewinnanteilsrecht, S. 241 f.

[155] Ausgeklammert bleibt im vorliegenden Zusammenhang der Zusammenschluss (Fusion) mehrerer Unternehmungen.

[156] Die steuerliche Behandlung von Unternehmensumstrukturierungen ist zurzeit Gegenstand einer Gesetzesrevision; das Vernehmlassungsverfahren wurde am 30.5.1998 abgeschlossen. Dabei sind gewisse steuerliche Verbesserungen vorgesehen; vgl. TH. STAEHELIN, Familienunternehmen, S. 132 f.

wenn in sich geschlossene Betriebsteile zum Buchwert übertragen und anschliessend unverändert weitergeführt werden[158]. Andernfalls kommt es zu einer Besteuerung der stillen Reserven[159]. Abgesehen von der fehlenden Emissionsabgabe gilt für die Auf- und Abspaltung von *Personenunternehmen* analoges[160]. Wiederum zu beachten bleibt eine allfällige *Mehrwertsteuerpflicht* bei der Übertragung von Geschäftsteilen bzw. Teilvermögen[161].

13.74 Die *Umwandlung einer Kollektiv- in eine Kommanditgesellschaft* (beispielsweise zufolge Konversionsklausel) oder umgekehrt ist steuerlich neutral, sofern die bisher für die Einkommenssteuer massgeblichen Werte übernommen und die Buchwerte beibehalten werden, der Geschäftsbetrieb unverändert weitergeführt wird und die Beteiligungsverhältnisse grundsätzlich gleich bleiben[162].

13.75 Überführt der Unternehmer das Geschäftsvermögen seiner *Einzelfirma* in eine Personengesellschaft und überträgt einen Gesellschaftsanteil unentgeltlich an einen Erben, wird allenfalls die kantonale Schenkungssteuer fällig. Dagegen führt der Vorgang – anders als eine entgeltliche Veräusserung an einen Erben[163] – nicht zu einer Realisierung stiller Reserven und damit auch nicht zur Erhebung einer Einkommenssteuer[164].

13.76 Treten vorausssichtlich nicht alle Erben gemeinsam die Nachfolge an, ist aus steuerlicher Sicht die *Umwandlung einer Personengesellschaft in eine Kapitalgesellschaft* zu empfehlen[165]. Obschon der bisherige Gesellschaftsanteil Geschäftsvermögen, die Beteiligung an der AG im Anschluss an die Umwandlung dagegen Privatvermögen darstellt, liegt unter Umständen kein steuerbarer Entnahmetatbestand vor. Dies trifft – wie bei der Umwandlung in eine andere Personenunternehmung – dann zu, wenn ein in sich geschlossener Geschäftsbetrieb übertragen und unverändert weitergeführt wird und die Beteiligungsverhältnisse grundsätzlich gleich bleiben[166]. Für die Veräusserung oder Vererbung der Aktien ist unter geltendem Recht[167] indessen zusätzlich eine fünfjährige

---

[157] Dazu im Einzelnen BAUER-BALMETTI/WIDMER, S. 715 ff., sowie (noch vor den jüngsten Änderungen) BEHNISCH, S. 258 ff.

[158] Vgl. Art. 61 DBG sowie Art. 24 Abs. 3 StHG; HÖHN/WALDBURGER, § 39, Rzn 302 ff.; Einzelheiten bei BEHNISCH, S. 239 ff., sowie REICH, S. 314 ff. Soweit es sich bei der Auf- und Abspaltung um unentgeltliche Verfügungen handelt, ist keine Sperrfrist zu beachten.

[159] Zum Ganzen GRETER, S. 849 ff.; zur Besteuerung von mit Umstrukturierungen zusammenhängenden Ausgleichsleistungen (Teilliquidation der AG) siehe HÖHN/WALDBURGER, § 39, Rzn 121 ff. sowie im Einzelnen BEHNISCH, § 8, S. 201 ff.

[160] Art. 19 Abs. 1 Bst. c DBG sowie Art. 8 Abs. 3 Bst. c StHG; HÖHN/WALDBURGER, § 38, Rzn 154 f.; REICH, S. 303 ff.

[161] Vgl. Art. 5 Abs. 5 und Art. 8 Abs. 3 MWSTV sowie Art. 9 Abs. 3 und Art. 47 Abs. 3 MWSTG.

[162] Art. 19 Abs. 1 DBG; Art. 8 Abs. 3 StHG; HÖHN/WALDBURGER, § 38, Rz 163. Zum Ausscheiden eines Gesellschafters siehe vorne, Rz 13.68.

[163] Dazu HÖHN/WALDBURGER, § 38, Rz 164, sowie REICH, S. 192 ff.

[164] CAGIANUT, S. 54.

[165] Vorne, Rz 13.70.

[166] HÖHN/WALDBURGER, § 38, Rzn 168 ff.; REICH, S. 203 ff.

[167] Vgl. Fn 156.

Sperrfrist zu beachten[168]. Der Unternehmer unterliegt zufolge des Wechsels von einer selbständigen zur unselbständigen Erwerbstätigkeit allenfalls einer Zwischenveranlagung. Ferner ist die Emissionsabgabe zu berücksichtigen[169] sowie der Umstand, dass gewisse wirtschaftliche Tatbestände, insbesondere die Gewinne der Unternehmung, künftig zweimal steuerlich belastet werden, einerseits bei der Kapitalgesellschaft und andererseits beim Anteilsinhaber[170].

Die *Umwandlung einer Kapitalgesellschaft in eine andere Kapitalgesellschaft*, die zivilrechtlich ohne Liquidation möglich ist[171], bleibt im Hinblick auf die Realisierung stiller Reserven steuerneutral, wenn der bestehende Geschäftsbetrieb unverändert weitergeführt wird und die Beteiligungsverhältnisse grundsätzlich gleich bleiben[172]. 13.77

Die Übertragung von Aktien durch einen Privataktionär an eine von diesem beherrschte *Holding*[173] führt gemäss der (in der Lehre umstrittenen) Transponierungstheorie zur Realisierung eines steuerbaren Beteiligungsertrages (anstelle eines steuerfreien privaten Kapitalgewinnes) in der Höhe der Differenz zwischen Entgelt (in der Form einer Gutschrift auf Aktienkapital und/oder Aktionärsdarlehen) und Nennwert der veräusserten Aktien[174]. Damit ist die Gründung einer durch den Erblasser beherrschten Holding zur Lösung der Unternehmensnachfolge[175] aus steuerlicher Sicht denkbar ungeeignet, sofern nicht Gegenmassnahmen getroffen werden[176]. Nach Auffassung der Eidg. Steuerverwaltung soll dies neuerdings auch dann gelten, wenn die Aktien nicht an eine vom Unternehmer, sondern (regelmässig unter Stundung des Kaufpreises) an eine von dessen Erben beherrschte Holding übertragen werden[177]. Soweit diese Praxisänderung in den Kantonen tatsächlich umgesetzt wird[178], ist die dadurch anfallende erhebliche Steuerbelastung gegen die zivilrechtlichen Vorteile der Erbenholding abzuwägen. Die Gründung 13.78

---

[168] REICH, S. 208 ff.; TH. STAEHELIN, Familienunternehmen, S. 137 f. Vgl. ferner den Entscheid des BGer vom 28.12.1998 in ASA 68 (1999/2000), S. 71 ff.

[169] HÖHN/WALDBURGER, § 38, Rzn 193 f.

[170] HÖHN/WALDBURGER, § 39, Rzn 1 ff. und 48 ff.

[171] Vgl. Art. 824 OR zur Umwandlung einer AG in eine GmbH sowie zum umgekehrten Vorgang neuerdings BGE 125 III 18.

[172] Art. 61 Abs. 1 Bst. a DBG sowie Art. 24 Abs. 3 Bst. a StHG; HÖHN/WALDBURGER, § 39, Rzn 335 ff. und 351 ff.; REICH, S. 221 ff. und 231 ff.; zur *Emissionsabgabe* HÖHN/WALDBURGER, § 39, Rzn 342 und 355.

[173] Zur (ermässigten) Besteuerung der Holding selber für die an sie ausgeschütteten Erträge gemäss Art. 69, 70 und 207a Abs. 1 und 2 DBG siehe das KS der Eidg. Steuerverwaltung vom 9.7.1998 in ASA 67 (1998/99), S. 117 ff.

[174] Anstatt vieler GURTNER, Erbenholding, S. 346, sowie BEHNISCH, S. 141 ff., m.w.H.

[175] Vgl. vorne, Rz 13.42, sowie GURTNER, Erbenholding, S. 351 f.

[176] Insbesondere ist an die Möglichkeit zu denken, die Aktien der übernehmenden Holding zum Nennwert abzutreten; vgl. GURTNER, Erbenholding, S. 347.

[177] Rundschreiben der Eidg. Steuerverwaltung vom 14.7.1997; vgl. zum Ganzen GURTNER, Erbenholding, S. 352 ff.

[178] Offenbar gedenken einige Kantone das Rundschreiben nicht anzuwenden; vgl. GURTNER, Erbenholding, S. 338 mit Fn 3, wonach sich auch der Kanton Bern von der Erbenholding-Konzeption distanziert.

einer Holdinggesellschaft in der Form einer Kapitalgesellschaft löst ferner die Emissionsabgabe aus.

6. Einräumung einer Leibrente oder Nutzniessung

13.79 Wird die Personengesellschaft gegen Einräumung einer (auf die Leben beider Ehegatten laufenden) *Leibrente* an die Nachkommen abgetreten, realisiert der Unternehmer insoweit einen steuerbaren Kapitalgewinn auf Geschäftsvermögen, als der (kapitalisierte) Wert des Rentenanspruchs den steuerlich massgebenden Buchwert der Unternehmung übersteigt. Dies bedeutet für den Unternehmer eine gewisse Härte, da ihm kein frei verfügbarer Verkaufserlös zur Begleichung der Steuer zur Verfügung steht[179]. Unter Umständen ist deshalb eine andere zivilrechtliche Gestaltung vorzuziehen, beispielsweise eine Verpachtung der Unternehmung unter Einräumung eines Vorkaufsrechts des Pächters oder die unentgeltliche Abtretung unter Einräumung eines Gewinnanteilsrechts.

Zur Besteuerung der dem überlebenden Ehegatten durch Vermächtnis eingeräumten *Nutzniessung* siehe bereits vorne, Rzn 07.44 ff.

---

[179] Gemäss nArt. 22 Abs. 3 und Art. 33 Abs. 1 Bst. b DBG sowie nArt. 7 Abs. 2 und Art. 9 Abs. 2 Bst. b StHG, i.K. 1.1.2001, ist im Übrigen die laufende Rente zu 40 % zu versteuern, während der Rentenschuldner 40 % der Renten von seinem steuerbaren Einkommen in Abzug bringen kann; vgl. bereits vorne, Rz 07.31. Zum noch geltenden kantonalen Recht siehe BVR 1999, S. 33 ff.

§ 14 Schlussbemerkungen

Aus den vorangegangenen Ausführungen geht mit hinreichender Deutlichkeit hervor, dass die optimale Vorsorge für den überlebenden Ehegatten eine äusserst komplexe Thematik darstellt. Thesenartig zusammengefasst lässt sich immerhin Folgendes aussagen: 14.01

1. Die gängigen Lösungsvarianten insbesondere der güter- und erbrechtlichen Maximalbegünstigung versagen weitgehend, wenn sie nicht in die *weiteren Zusammenhänge* der lebzeitigen Zuwendungen, des (sozial-)versicherungsrechtlichen Netzes und der anwendbaren Steuernormen eingebettet werden. 14.02

2. Anstelle einer Besserstellung des überlebenden Ehegatten einzig in vermögensrechtlicher Hinsicht ist vermehrt die Frage eines *Ersatzeinkommens* zu prüfen. 14.03

3. Angesichts der hohen *Gesetzgebungsfrequenz* im Bereich des Steuer- und des Sozialversicherungsrechts kann es heikel sein, die Planung ausschliesslich auf eine diesbezügliche Optimierung auszurichten. 14.04

4. Die Planung ist auf den *Einzelfall* masszuschneidern. Dabei ist nicht nur die Vermögenssituation des betreffenden Ehepaars zu berücksichtigen, sondern auch das weitere Umfeld, namentlich die konkrete Vermögenszusammensetzung (insbesondere hinsichtlich Familienunternehmen), die bereits bestehende Vorsorge durch Versicherungen und Sozialversicherungen, das Alter und das Sicherheitsbedürfnis der Ehegatten, die Zahl der gemeinsamen und nicht-gemeinsamen Nachkommen, der Wohnort (Steuern!), das bestehende Konfliktpotential unter den Betroffenen usw.[1] 14.05

5. Weil die Planung nach dem Gesagten auf eine ganz konkrete Sachlage zugeschnitten ist, hat eine *Anpassung* zu erfolgen, sobald Veränderungen in den Planungsgrundlagen eintreten. Sinnvoll kann etwa eine Befristung der vertraglichen Grundlagen sein, die zur regelmässigen Überprüfung der Planungsziele zwingt. Entsprechend ist bezüglich der weniger flexiblen Vorsorgeinstrumente eher Zurückhaltung zu üben. Ferner ist, soweit möglich, mit *Wahlrechten* und ähnlichen Instrumenten dafür zu sorgen, dass auch nach dem Vorversterben eines Ehegatten der andere über einen gewissen Gestaltungsspielraum verfügt. 14.06

6. Die Planung darf sich nicht nur an der (statistisch betrachtet) wahrscheinlichsten Art der Auflösung der Ehe orientieren. Die Ausgestaltung der einzelnen Rechtsgeschäfte muss vielmehr auf die Möglichkeit einer *umgekehrten Absterbensreihenfolge* oder des gleichzeitigen Todeseintritts beider Ehegatten Rücksicht nehmen. Daneben hat eine optimale Vorsorge für den Ehepartner – ungeachtet der im Planungszeitpunkt bestehenden Verbundenheit – auch die Realität der heutigen *Scheidungshäufigkeit* zu beachten, was für flexible Vorsorgeformen spricht. 14.07

---

[1] Vgl. auch die Zusammenstellung der Planungsfaktoren in den Rzn 04.10 ff.

14.08 7. Ferner ist zu prüfen, ob anstelle der reinen Ehegattenvorsorge nicht eine umfassendere Planung im Sinne einer *Familienvorsorge* zweckmässiger ist, bei der auch die Bedürfnisse der Nachkommen und allenfalls weiterer Verwandter einbezogen werden. Dies trifft namentlich im Hinblick auf Rekombinationsfamilien zu.

14.09 8. Schliesslich ist dem Planungsziel *Konfliktvermeidung* ausreichend Rechnung zu tragen, was einerseits für einen Einbezug aller Betroffenen und die Schaffung einer klaren Beweislage spricht, und andererseits für eine klare, leicht vollstreckbare Regelung der Verhältnisse, die in angemessenem Umfang auf die tatsächlichen Bedürfnisse des überlebenden Ehegatten eingeht.

SACHREGISTER[1]

Abfindungsklausel 08.121, 08.125, 10.30 f., 13.32

Absterbensreihenfolge 04.16, 06.101, 06.130, 08.54, 10.45
– gleichzeitiger Todeseintritt 10.53, 12.70 ff.
– als Planungsrisiko 05.90, 06.39, 06.50 f., 06.62, 06.75, 06.95, 06.134, 08.80, 09.66, 09.80, 10.47, 11.03 ff.
– bei Rekombinationsfamilie 12.43, 12.46, 12.69 f.

Achtelsstreit 07.42 f.

Adoption *12/2, 34/12*, 12.45

AHV 02.01, 02.06 ff.
– Altersrente 02.06, 02.14, 02.18, 02.43 f., 04.16
– Hinterlassenenrente *siehe dort*
– Verhältnis zum Erbrecht 03.45
– Verhältnis zum Güterrecht 03.20, 03.29, 03.32, 03.35

Aktie
– Nutzniessung *106/7*, 13.59
– Stammaktie 13.14
– Stimmrechtsaktie 13.12 ff., 13.42
– Vorzugsaktie 13.14, 13.42
– Vinkulierung 13.16 ff., 13.42
– Familienklauseln 13.17

Aktiengesellschaft *siehe „Unternehmensnachfolge, Gestaltungsmöglichkeiten"*

Aktionärbindungsvertrag 13.17, 13.20 ff., 13.27, 13.42
– Durchsetzung 13.24

Alimentenvermächtnis 07.22

Anwachsung 06.66, 06.70, 06.104, 07.138, 08.116, 08.124

Anwachsungsklausel 06.108, 07.138, 08.116, 08.120, 08.122, 08.124 f., 08.128

Anwartschaft 03.16, 03.20, 03.22, 03.23 ff., 03.38, 03.42, 06.49, 06.58, 07.120, 07.131, 09.26, 09.29, 09.71

Arbeitsleistung, unentgeltliche 08.11, 08.14 ff., 08.56, 08.89 f.

Armutsquote 04.26 f.

Auffangeinrichtung 09.14, 09.22, 09.33

Aufhebung des gemeinsamen Haushalts 11.23

Auflage 04.36, 12.24
– ehevertragliche 06.117 ff., 06.129 ff., *168/6*
– Abgrenzung zur Bedingung 06.119 ff.
– Anwendungsbereich 06.129 f., 06.135, 12.16 f., 12.52, 13.55
– Steuerfolgen 06.132 f.
– erbrechtliche 07.72, 07.77 f., 07.82, 07.105 ff.
– Abgrenzung zur Bedingung 07.93
– Abgrenzung zum Vermächtnis 07.106
– Anwendungsbereich 07.107 ff.
– und Pflichtteil 05.14, 06.131, 07.108
– Steuerfolgen 07.112
– Zulässigkeit 07.143 ff.
– obligationenrechtliche 08.75 f., 08.93, 08.125

Ausbildungskosten 04.41, 04.50, 04.72, 08.28, 08.36 f.

Ausgleichszahlung 03.07, 03.15, 04.15, 07.87, 10.37 f.

Ausgleichung 04.48, 04.50, 05.25, 06.29, 08.12, 08.22 ff.
– Anordnungen des Erblassers 08.31 ff., 08.34 ff., 08.40, 08.81, 12.60, 12.67
– Form 08.31
– Grundgedanke 08.22 f.
– Stellung des überlebenden Ehegatten 08.29, 08.34 ff., 12.67
– Vermutungen 08.25 ff.
– Zuwendungen an eingesetzte Erben 08.30

Auslandberührung *siehe „internationales Privatrecht"*

---

[1] Die Verweise beziehen sich auf Randziffern (z.B. Rz 04.36) oder auf Fussnoten (z.B. *168/6* = Fn 168 zu § 6).

357

Ausschlagung 03.46, 05.07, 05.15, 05.84, 06.37, 07.137, 08.24, 08.39, 09.46, 09.48
– Nutzniessung 07.37, 07.57
– Teilungsanspruch 07.79
– Vermächtnis *60/7*

Ausschlussgemeinschaft 06.76, 06.74 f., 06.82 f., 06.88, 06.96, 06.163, 06.165

ausserobligatorische Vorsorge *siehe „berufliche Vorsorge, weitergehende"*

ausserordentlicher Beitrag (ZGB 165) 06.167 ff., 06.176 ff.

Ausstattung 08.36 08.108
– Ausgleichungspflicht 08.26 ff., 08.36
– Herabsetzung 08.34, 08.41, 11.09

Banksparen *siehe „gebundene Selbstvorsorge"*

Bedingung 04.36, 09.54
– ehevertragliche 06.117 ff., 06.123 ff., 12.52
  – Abgrenzung zur Auflage 06.119 ff.
  – Anwendungsbereich 06.124 ff., 06.135, 12.17
  – Steuerfolgen 06.132 f.
– erbrechtliche 07.25, 07.27, 07.77 f., 07.80, 07.91 ff., 07.133, 12.19
  – Abgrenzung zur Auflage 07.93
  – Anwendungsbereich 07.94 ff., 07.113, 07.139, 12.18 f., 12.22, 12.60, 13.06
  – Begriff 07.91
  – Zulässigkeit 07.99, 07.143 ff., 07.143 ff.
– obligationenrechtliche 08.72 ff., 08.93, 08.125, 12.61
– und Pflichtteil 06.131, 08.76
– Steuerfolgen 06.132 f.
– des Überlebens *siehe „Überlebensklausel"*

Befristung 06.16, 06.123, 07.27, 07.91, 07.110 f.

Begünstigung des überlebenden Ehegatten
– bankrechtliche Vorkehren 08.130 ff.
– Bedarf 04.03 ff., 04.48, 04.69 ff.
– Begriff 01.05 ff.
– eherechtliche Vereinbarungen 06.149 ff.
– erbrechtliche 07.01 ff.
  – Begriff 01.11
  – Ehegattennutzniessung *siehe dort*
  – gesetzliche Schranken 07.02 ff., 07.143 ff.

– Nutzniessung *siehe dort*
– Teilungsregeln *siehe dort*
– Verfügung von Todes wegen *siehe dort*
– Vermächtnis *siehe dort*
– Wahlrechte *siehe dort*
– Wohnrecht 07.61 ff.
– Zuweisung des Nachlasses 07.09 ff.
– formelle Aspekte 04.37, 05.27 ff., 06.18, 10.19
– gemeinschaftliches Eigentum *siehe „Eigentum, gemeinschaftliches"*
– Gründe 01.01, 04.01 ff.
– güterrechtliche 06.01 ff.
  – Begriff 01.08
  – Gestaltungsmittel 06.116 ff.
  – Grenzen der Gestaltung 06.145 ff.
  – Gütergemeinschaft *siehe dort*
  – Gütertrennung *siehe „Gütertrennung, ehevertragliche"*
  – Güterverbindung *siehe dort*
  – Massenumteilung (ZGB 199) *siehe dort*
  – Änderung/Ausschluss der Mehrwertbeteiligung *siehe dort*
  – Teilungsregeln *siehe dort*
  – Vorschlagszuweisung *siehe dort*
– maximale 01.01, 04.06, 04.48, 06.61 f., 06.69, 06.116, 06.142, 07.116, 11.01, 11.25 f., 11.29, 12.53, 12.58
– minimale 11.31 ff., 11.55 ff.
– optimale 01.07, 10.01 ff., 10.41 ff.
– durch Rechtsgeschäfte unter Lebenden 01.12, 08.01 ff.
– Schenkung *siehe dort*
– Überblick 05.01 ff.
– durch Versicherungen 09.63 ff., 09.91 ff.
– Vorteile der einzelnen Begünstigungsformen 10.02 ff., 10.19 f.
– Flexibilität/Gestaltungsmöglichkeiten 10.14 ff.
– Sach-/Teilungsansprüche 10.09 ff.
– Stabilität gegenüber Herabsetzung 10.32 ff.
– Steuerersparnis 10.12 f.
– Umfang der Begünstigung 10.02 ff., 10.42
– Zusammenwirken der Begünstigungsformen 10.01 ff., 10.21 f., 10.32 ff., 10.41 ff.

Behindertentestament 11.52

berufliche Vorsorge 02.02, 02.04, 02.47 ff., 09.04 ff., 09.69
- Altersrente 02.53 ff.
- Barauszahlung 06.11, 03.35 f., 09.30
- Begünstigtenordnung 09.16 ff.
  - Änderungen 09.19 ff.
- Kapitalabfindung 02.56, 03.29, 03.41, 09.17, 09.22, 09.26, 09.32, 09.34
- obligatorische 02.48, 03.47 f., 09.04
- Steuerrecht 09.07 f., 09.20, 09.29 ff.
  - Steuerplanung 09.33 f.
- Verhältnis zum Erbrecht 03.46 ff., 09.27
- Verhältnis zum Güterrecht 03.20 f., 03.26, 03.29, 03.32, 03.35 ff., 03.38 f., 03.41, 09.26
- Vorbezüge *siehe „Wohneigentumsförderung"*
- weitergehende 02.49 f., 03.49 f., 04.04, 09.01 f., 09.05 ff.
  - Arten 02.49, 09.06
  - Beurteilung für Ehegattenbegünstigung 09.91 ff., 09.114 ff., 10.06, 10.11, 10.17
  - freiwillige Versicherung 03.49, 09.13 f., 09.22
  - Kontrahierungszwang 02.04, 02.49 f., 03.49, 09.09 f.

Betrag zur freien Verfügung 06.159 ff.

Beweisregeln
- güterrechtliche 03.09, 06.02 f., 08.144

Compte-Joint *siehe „Gemeinschaftskonto"*

Darlehen 06.97, 08.56 f., 08.84 ff., 08.92, 08.112
- Abgrenzung zur Schenkung 08.60, 08.86

Dienstleistungsvertrag 08.89 f., 08.91 f.

Doppelverdienerehe 03.03, 06.125

Drei-Säulen-Prinzip 02.01 ff.

dritte Säule *siehe „gebundene" oder „freie" Selbstvorsorge"*

Ehe- und Erbvertrag 05.49 ff., 06.111, 06.131, 10.30, 10.45, *10/12, 27/12*, 12.19

eheähnliche Lebensgemeinschaft *siehe „Konkubinat"*

Ehegattengesellschaft *siehe „einfache Gesellschaft"*

Ehegattennutzniessung 01.11, 06.105, 07.35 ff., 07.118
- Begriff 07.35 f.
- Beurteilung für Ehegattenbegünstigung 07.50 ff., 12.10
- Familienunternehmen 13.58 ff.
- Pflichtteil 07.36 f., 07.41, 07.42 f.
- Stellung des Nutzniessers 07.38
- Steuerfolgen 07.44 ff.
- Umfang 07.36, 07.39 f.

ehelicher Unterhalt 03.01, 03.27, 08.13, 08.88, 08.89 f.
- Vereinbarung 06.149 ff., 06.153 ff., 06.159, 06.168, 08.57
- Gestaltungsmittel 06.173 ff.

eherechtliche Vereinbarungen 06.149 ff.

Ehescheidung 01.16, 03.24, 05.33, 05.46, 06.172, 10.16, 12.10
- als Planungsrisiko 06.39, 06.51, 06.59, 06.95 f., 06.100, 06.134, 06.152, 06.156, 06.164, 08.72, 08.74, 08.90, 08.109, 09.80, 09.102, 11.15 ff., 12.03 f., 13.54

Eheschutz 11.23

Ehevertrag 04.29, 05.27 ff., 05.34, 06.01 f., 06.60, 10.22, 10.32
- Anfechtung 05.32 f.
- Auslegung 05.31
- Form 05.30, 06.111
- Herabsetzung 10.27 ff.
- Inhalt 05.01, 05.28 f., 06.150
  - Grenzen der Gestaltung 06.145 ff.
  - im Hinblick auf Wiederverheiratung 12.16 ff.
- Verknüpfung mit Erbvertrag 05.49 ff., 06.127, 07.102

ehewidriges Verhalten 11.24

Eigengut
- bei der Errungenschaftsbeteiligung 04.06, 04.47, 08.96, 12.29
- Ersatzforderung 06.154, 06.160 f.,
- Massenumteilung 06.40 ff., 06.44 ff., 06.130, 11.04, 12.65, 13.50, 13.54 ff., 13.63
- Zusammensetzung 03.04, 03.19, 03.27, 03.29 ff., 03.35, 03.37, 04.50, 06.03, 06.169, 08.18, 08.109, 08.118, 09.26, 12.33, 12.64

- Zuwendung aus E. 05.79, 08.17, 08.46, 08.81
- bei der Gütergemeinschaft 06.61, 06.74 f., 06.115, 06.156, 06.169, 08.19 f.

Eigentum, gemeinschaftliches 04.36, 08.94 ff.,
- Auflösung 08.102
- Begünstigung des Ehegatten 08.104 ff., 08.126 ff., 10.09, 10.13, 11.14
- Steuerfolgen 08.110
- einfache Gesellschaft *siehe dort*
- Formen 08.94, 08.97 f.
- Gestaltungsmittel 08.125
- Verhältnis zum Güterrecht 08.99 ff.

Eigentumsnachweis 03.06, 03.09 ff., 06.92, 06.157, 08.59 f., 08.99 ff., 08.141, 08.144

einfache Gesellschaft 08.98, 08.111, 08.115 ff., 08.137, 13.23
- Auseinandersetzung 08.116 f.
- Anwachsungsklausel *siehe dort*
- Abfindungsklausel *siehe dort*
- Ehegattenbegünstigung 08.118, 08.123 f., 08.128, 10.13, 11.14
- Haftung 11.13

Einkommen 01.14, 02.27, 04.03 ff., 04.15, 04.28, 04.46 f.
- Einkommensersatz 01.14, 02.02, 03.01, 03.17, 03.29, 04.28, 07.50, 07.52
- hypothetisches 11.35
- Vermögensertrag 01.14, 04.28, 07.50 ff.
- Verzicht 11.35 ff.

Einkommenssteuer 02.02, 02.04, 02.30, 08.91, 09.107, 09.112 f.
- berufliche Vorsorge 09.29 ff.
- freie Selbstvorsorge 09.84 ff.
- gebundene Selbstvorsorge 09.57 ff.
- bei Geschäftsnachfolge 13.64 ff.
- Gewinn auf Geschäftsvermögen *siehe auch „stille Reserven, Realisierung"* 06.57, 06.112, 07.83, 08.114, 13.64 f.
- Nutzniessung 07.47 f.
- Renten 04.24, 07.31
- Wohnrecht 07.65

Einverdienerehe *siehe „Hausgattenehe"*

Einzelunternehmung *siehe „Unternehmensnachfolge, Gestaltungsmöglichkeiten"*

Emissionsabgabe 13.73, 13.76, 13.78

Enterbung 03.51, 04.38, 05.20 ff., 05.41, 06.67, 08.39, 08.53, 13.36

Erbabfindung 05.15, 05.22, 06.13, 06.67, 07.19, 08.53 ff., 10.09, 10.44

Erbeinsetzung 01.11, 07.09 ff., 07.16, 07.32, 07.113, 07.115, 07.119, 07.128, 07.138, 09.82, 10.09, 12.53, 12.66

Erbenausschlussklausel 08.122, 08.140

Erbengemeinschaft 05.17, 07.19, 08.24, 08.53, 08.55, 08.104, 08.128, 08.132 f., 08.139 f., 13.35 f.
- Stellung des enterbten Pflichtteilserben 05.20 ff.

Erbenhaftung 05.21, 07.14, 07.19, 214/7, 13.41

Erbmasse 01.13, 03.31, 03.43 f., 03.51 ff., 03.58, 03.61, 03.62 f., 04.42, 04.47, 06.61, 06.119, 06.137, 08.45, 08.139, 09.74 f., 09.82, 12.17, 12.20

Erbquoten
- gesetzliche 03.13 f., 04.41, 04.47, 05.02, 05.13 f., 05.23, 07.119, 07.145, 07.148, 07.151

erbrechtliche Auseinandersetzung 02.66, 03.13, 06.42, 06.137, 08.45, 08.116

erbrechtliche Begünstigung *siehe „Begünstigung, erbrechtliche"*

Erbschaftssteuer 05.67 f., 05.71, 05.87 ff.
- Auflagen und Bedingungen 06.132 f., 07.103 f., 07.112, 12.25
- Gegenstand der Steuer 05.69 f., 05.74, 05.77, 05.90, 07.28, 07.30, 08.124, 13.67, 13.70
- Ersatzverfügung 07.142
- Gesamtgutszuweisung 06.86
- Nacherbeneinsetzung 07.124 ff., 07.134
- Nachvermächtnis 07.135
- Nutzniessung 07.44 f.
- Versicherungsanspruch 09.86, 09.90
- Vorschlagszuweisung 06.28, 06.36
- Wohnrecht 07.64
- Haftung 05.75, 07.29
- Steuerhoheit 05.67, 07.124
- Steuermass 05.72 ff., 05.86 ff., 06.133, 10.12, 10.50, 12.37, 12.45, 12.56

Erbteile *siehe "Erbquoten"*

Erbunwürdigkeit 05.33, 11.24

Erbvertrag 05.08, 05.34 ff.
- Anfechtung 05.44
- von erbvertragswidrigen Rechtsgeschäften 05.38, 05.45
- Auslegung 05.42 f.
- Bindungswirkung 05.38 f., 05.46
- einseitige Anpassung 05.47, 12.42
- Form 05.40 f.
- Herabsetzung 10.27, 10.30 f.
- Inhalt/Anwendungsbereich 05.34 ff., 05.48, 06.67, 06.137, 06.148, 07.23, 10.44, 12.59, 12.66
- Rücktritt 05.46 ff.
- Widerruf 05.47, 07.91

Erbverzicht 05.17 ff., 05.36 f., 05.84, 07.57, 08.43, 10.46, 11.39
- Anwendungsbereich 04.34, 05.17 f., 05.37, 12.15, 12.64, 12.67
- Teilverzicht 05.17 f.
- Wirkung 05.17, 05.19

Erbvorempfang *siehe auch "Ausgleichung"* 05.15, 05.77, 06.93, 07.12 f., 08.22 f., 08.40 f. 08.45, 08.53

Ergänzungsleistungen 02.05, 02.07, 02.25 ff., 04.27, 07.52, 07.130, 11.26, 11.31
- Einkommens-/Vermögensverzicht *226/7*, 11.33, 11.35 ff., 11.56, 11.58

Errungenschaft
- Beteiligung der elterlichen Parentel 04.51 f.
- Massenumteilung 06.40 ff., 06.44 ff., 06.130, 06.151, 11.04, 12.65, 13.50, 13.54 ff., 13.63
- Teilung *siehe "Vorschlagsteilung"*
- Zusammensetzung 02.66, 03.04, 04.43, 06.46 f., 06.160, 06.169, 06.171, 13.52 f.
  - Vermutung 03.10 f., 06.02 f.
- (Sozial)Versicherungsleistungen 03.18 f., 03.27 f., 03.31, 03.32, 03.34, 03.36 f., 03.39, 03.62, 06.11, 09.96, 09.110
- Zuwendung aus E. 08.17, 08.45 ff., 08.81 f., 08.108, 08.118, 11.09

Errungenschaftsbeteiligung 03.62 f., 08.17 f.
- als gesetzlicher Güterstand 03.03 ff., 04.45
- Grundgedanke 03.05, 06.154
- Vorschlagsteilung *siehe dort*

Errungenschaftsgemeinschaft 05.28, 06.76, 06.81
- altrechtliche 06.106

Ersatzverfügung 07.16, 07.21, 07.137 ff.
- Anwendungsbereich 07.138 ff., 07.148, 12.08, 13.33
- Steuerfolgen 07.142

erste Säule *siehe auch "AHV" und "IV"* 02.01

Existenzsicherung 02.01, 02.07, 02.25, 04.04 f., 04.27
- als verfassungsmässiges Recht 2.62, 11.43 f.

Familienunternehmen 04.54, 13.01 ff.
- Bewertung 13.04 f.
- Mehrheits- und Minderheitsaktienpakete 13.11
- Nachfolge *siehe "Unternehmensnachfolge"*

Familienvermögen 04.05, 04.47, 04.49, 04.51, 06.34, *107/6*, 06.114, 07.52, 07.123, 09.108, 09.115, 10.45, 10.48 f., 12.24, 12.44, 12.68

Fehlplanung 11.01 ff.

Formfreie Verfügungen 05.66

Fortsetzungsfamilie *siehe "Rekombinationsfamilie"*

Fortsetzungsklausel 13.32, 13.33 f.

freie Selbstvorsorge 02.03 f., 09.01 f., 09.35
- Beurteilung für Ehegattenbegünstigung 09.91 ff., 09.114 ff., 10.07, 10.11, 10.18, 10.33, 10.36 ff.
- Versicherungen 09.63 ff., 09.101
- Form des Vertrages 05.65 f.
- Lebensversicherung *siehe dort*
- Risikoversicherung *siehe dort*

Freizügigkeitsguthaben 09.15, *76/9*
- Begünstigtenordnung 09.23 f.
- Verhältnis zum Erbrecht 03.52 ff., 09.28

– Verhältnis zum Güterrecht 03.21 f., 03.32, 03.35, 09.28

Fürsorgeleistungen *siehe „Sozialhilfe"*

Gebrauchsüberlassung 08.11, 08.13, 08.56, 08.87 f., 08.92

gebundene Selbstvorsorge 02.03 f., 02.60 f., 04.69, 09.01 f., 09.14, 09.22, 09.35 ff., 09.39, 09.60
– Banksparen 03.24, 03.31, 03.61, 09.36 f., 09.94
  – Form der Vereinbarung 05.59
  – Begünstigtenordnung 02.61, 03.31, 09.40 ff., 12.48
  – Beurteilung für Ehegattenbegünstigung 09.91 ff., 09.114 ff., 10.07, 10.11, 10.13, 10.17, 10.33, 10.36 ff.
  – Steuerfolgen 09.57 ff.
  – Steuerplanung 09.59 ff.
  – Verhältnis zum Erbrecht 03.56 ff., 09.46 ff., 10.30 f.
  – Verhältnis zum Güterrecht 03.23 ff., 03.30 f., 03.33 f., 09.43 ff.
  – Voraussetzungen 09.38
  – Vorsorgeversicherung 03.25, 09.36 f., 09.39, 09.65

Gelegenheitsgeschenk 08.28, 08.65 f.

Gemeinschaftskonto/-depot 08.122, 08.136 ff., 11.13

gemeinschaftswidriges Verhalten 11.24

Gesamteigentum *siehe auch „Eigentum, gemeinschaftliches"* 03.08, 06.97, 08.59, 08.96, 08.98
– Begründung 08.99 ff.

Gesamtgut
– Haftung 06.88
– Umschreibung 06.61, 06.73, 06.74 f., 06.76, 08.20
– Zuweisung an den Ehegatten 01.09, 06.61 f., 06.64, 06.68 ff.
  – Steuerfolgen 06.86
  – Verhältnis zum Pflichtteilsrecht 06.79 ff.

Geschäftsnachfolge *siehe „Unternehmensnachfolge"*

Gewinnanteilsrecht 07.24, 13.05, 13.71

Gleichbehandlung 05.13, 8.25, 08.41
– der Nachkommen 07.24, 13.09
– gemeinsamer und nichtgemeinsamer 07.117, 12.50 ff.

GmbH *siehe „Unternehmensnachfolge, Gestaltungsmöglichkeiten"*

Grundstückgewinnsteuer 06.57, *134/6*, 06.112 f., 07.83, 08.79, 08.111 ff., 08.124

Gütergemeinschaft 03.11, 06.61 ff., 06.156, 08.19 f.
– allgemeine 06.73, 06.162
– altrechtliche 06.103 ff.
– Anwendungsbereich 06.61 ff., 13.57
  – Verbesserung der finanziellen Ansprüche 06.61 ff.
  – Verbesserung der sachenrechtlichen Stellung 06.66 f., 06.70
– Ausschlussgemeinschaft *siehe dort*
– Beurteilung für die Ehegattenbegünstigung 06.87 ff., 10.04, 10.09, 10.15, 10.32 f., 10.35, 12.65
– Errungenschaftsgemeinschaft *siehe dort*
– Gestaltungsmöglichkeiten 06.68 ff., 06.114 f., 06.116 ff.
– Gesamtgutszuweisung siehe „Gesamtgut, Zuweisung"
– Steuerfolgen 06.85 f.
– Verhältnis zum Pflichtteilsrecht 06.62, 06.76, 06.78 ff.

güterrechtliche Auseinandersetzung 02.66, 03.02, 03.04, 03.13, 03.63, 06.19, 06.66, 06.120, 08.12, 08.45, 08.116, 13.51 ff.

güterrechtliche Begünstigung *siehe „Begünstigung, güterrechtliche"*

Gütertrennung 05.90, 06.13, 06.46, 06.87, 06.157, 06.163, 06.165, 08.21
– altrechtliche 06.98
– ehevertragliche 01.09
  – Anwendungsbereich 06.53, 06.91 f.
  – Beurteilung für Ehegattenbegünstigung 06.95 ff.
  – Steuerfolgen 06.94
  – Verhältnis zum Erbrecht 06.93
– gesetzliche 05.53, 11.20
– richterliche 05.50, 05.53, 11.23 f.

Güterverbindung 06.98 f., **06.100 ff.**
– Anwendungsbereich 06.100
– Steuerfolgen 06.102

– Verhältnis zum Pflichtteilsrecht 06.101
Haftung *siehe auch „Erbenhaftung"* 05.69, 05.75, 05.80, 06.88, 06.130, 07.28 f., 11.12 f., 13.40
Handänderungssteuer/-gebühr 05.81, 05.87, 08.111
Hausgattenehe 02.16, 03.03, 04.18 ff., 06.159, 06.165, 08.03,
Hausrat 03.01
– Begriff *7/3*, 04.31
– Zuweisungsansprüche 03.07, 03.09, 03.15, 03.48, 04.31, 06.114, 07.68
– Beschränkung 12.28
Herabsetzung *siehe auch „Pflichtteilsrecht"* 04.35, 05.15, 05.63, 08.12, 10.16
– Gegenstand 03.44, 03.48, 05.32, 06.30, 06.171, 07.149, 08.34, 08.39 ff., 08.43, 10.02 ff.
– Erbvorempfang 08.40 ff., 08.47
– Schenkung 08.42, 08.44, 08.47, 08.61 ff., 08.88
– Umgehung (ZGB 527 Ziff. 4) 08.44, 08.67, 08.142
– Versicherungsansprüche 09.76 ff.
– Klage 05.16, 05.20 ff., 07.06 ff., 07.150 f.
– Beweislast 08.52, 08.71
– Legitimation 06.35, 06.64, 06.80, 06.103, 08.53
– Reihenfolge 06.31, 09.49, 09.51, 09.103, 10.23 ff., 11.10
– Umfang 08.50
– Quotenmethode 08.70
Hilflosenentschädigung 02.31, 02.43 ff.
Hinterlassenenleistung 01.13, 02.02, 02.26, 04.43, 04.69
– der AHV 02.07 ff., 02.18
– der beruflichen Vorsorge 02.49, 02.51 ff., 09.16 ff., 09.69
– Kapitalabfindung 02.56, 03.29, 03.41, 09.17
– der gebundenen Selbstvorsorge 09.40, 09.45
– der MV 02.40 ff.
– der UV 02.33
– Verhältnis zum Erbrecht 03.42 ff., 09.27
– Verhältnis zum Güterrecht 03.29 ff.

– Waisenrente 02.16, 02.34, 02.52, 02.56, 04.14, 12.38
Höchstpersönlichkeit 10.46
– der letztwilligen Verfügung 07.04 f., 07.88, 13.06 f.
Holding *siehe „Unternehmensnachfolge"*
internationales Privatrecht 04.55 ff.
Inventar 03.10, 05.38, 06.02, 06.16, 06.116, 07.92, 07.120, *215/7*, 07.133
IV (Invalidenversicherung) 02.01, 02.18, 02.21 ff., 02.45
– Verhältnis zum Güterrecht 03.20, 03.29, 03.32, 03.35
Kaufsrecht 07.109, 12.24
Kinderlosigkeit 02.09, 02.33, 02.51, 03.13, 04.10, 04.21, 04.25, 04.48 f., 04.51, 05.24, 06.61, 06.64 f., 10.47 ff., 13.57
– bei Rekombinationsfamilie 12.43 ff.
Kollektivgesellschaft *siehe „Unternehmensnachfolge, Personengesellschaften"*
Kommanditgesellschaft *siehe „Unternehmensnachfolge, Gestaltungsmöglichkeiten"*
Konfliktvermeidung 04.33 ff., 05.16, 05.37, 05.66, 06.03, 07.53, 07.60, 07.67, 07.85, 07.128, 10.20, 10.44
– bei Rekombinationsfamilie 12.49
Konkubinat 01.04, 04.52, 07.63, 08.05
koordinierter Lohn 02.02, 02.48, 09.04, 09.13
latente Steuerlast 06.112, 07.83, 13.65,
Lebenshaltung, gewohnte 02.02, 02.36, 02.47 f., 03.01, 03.15, 03.50, 04.05 f., 04.09, 04.15 f., 07.52, 07.131, 09.116
Lebensversicherung *siehe auch „freie Selbstvorsorge"* 04.22, 09.63 ff., 10.39
– gemischte 03.25, 03.59, 09.66 f.
– Leibrentenversicherung 09.68 f., 09.79 f.
– Risikoversicherung *siehe dort*
– Steuerfolgen 09.84 ff.
– Todesfallversicherung 09.64 f.
– Verhältnis zum Erbrecht 09.74 ff., 10.30 f.
– Verhältnis zum Güterrecht 09.70 ff.
Leibrente 05.65, 6.09, 06.69, *30/07*, 07.22 f., 07.30 f., 07.88, 09.64, 09.68 f.,

363

09.72, 09.79 f., 09.86 f., 09.95 f., 09.104 f.,
10.45, 13.63, 13.79
– und Pflichtteil 05.14, 07.23

Leihe *siehe „Gebrauchsüberlassung"*

Liberationsvermächtnis 07.17

Liquidität 03.28, 03.48, 03.59, *67/6*, 07.44 f., 07.67, 09.80, 09.104 f., 09.106, *31/10*

Lohn, koordinierter *siehe „koordinierter Lohn"*

Massenumteilung (ZGB 199) 06.40 ff., 06.130
– Anwendungsbereich 06.40 ff., 06.44 ff., 12.65, 13.50, 13.54 f., 13.63
– bedingte 06.52
– Beurteilung für Ehegattenbegünstigung 06.51 ff., 10.04, 11.04
– Steuerfolgen 06.49 f.

Maximalbegünstigung *siehe „Begünstigung, maximale"*

Mehrwertbeteiligung 03.40, 08.45, 08.89 f., 08.95 f.
– Änderung/Ausschluss 06.54 ff., 06.77
– Anwendungsbereich 06.54, 13.54
– bedingte 06.60
– Beurteilung für Ehegattenbegünstigung 06.59 f., 10.04
– Steuerfolgen 06.57 f.
– Verhältnis zum Pflichtteilsrecht 06.56, 06.84
– Verzicht 06.54 f., 06.58

Mehrwertsteuer 08.79, 13.68, 13.73

Meistbegünstigung *siehe „Begünstigung, maximale"*

Miete 08.88

Militärversicherung (MV) 02.05, 02.39 ff.
– Verhältnis zum Erbrecht 03.45
– Verhältnis zum Güterrecht 03.20, 03.29, 03.32, 03.35

minimale Begünstigung *siehe „Begünstigung, minimale"*

Miteigentum *siehe auch „Eigentum, gemeinschaftliches"* 03.08 ff., 03.11, 04.71, 06.92, 06.97, 06.157, 07.69, 08.59, 08.96 f.,
08.99 ff., 08.128, 08.144, 10.13, 11.14
– Begründung 08.99 ff.

Nacherbeneinsetzung *7/7*, 07.92, 07.96, 07.101, 07.113 ff., 07.138, 07.146, 12.20
– Anwendungsbereich 07.117 ff., 12.18, 12.20 ff., 12.30, 12.47, 12.54 f.
– Begriff 07.113
– Beurteilung für Ehegattenbegünstigung 07.128 ff., 10.14, 12.20 f.
– konstruktive 07.118
– Nacherbfall 07.116
– Nachteile 04.36
– und Pflichtteil 05.14, 07.118 f.
– Stellung des Vorerben 07.120 ff.
– Steuerfolgen 05.87, 07.124 ff.
– auf den Überrest 07.122, 07.131 ff., 12.20 ff.
– Begriff 07.131
– Stellung des Vorerben 07.132 ff.
– Steuerfolgen 07.134

Nachkommen *siehe auch „Kinderlosigkeit"* 03.57 f., 04.01, 04.04, 04.10, 04.41, 04.46 f.
– gesetzliche Ansprüche 03.13 f., 04.41, 04.43, 04.63
– Gleichbehandlung *siehe dort*
– Hinterlassenenrente *siehe dort*
– nichtgemeinsame *siehe auch „Rekombinationsfamilie"* 04.14, 04.48, 04.53, 06.20, 06.39, 06.41 f., 06.45, 06.59, 06.63, 06.79, 06.100 f., 06.139, 07.36, 10.43
– Pflichtteil *siehe dort*
– Regelungsbedarf 01.15, 04.06 ff., 04.48, 05.85,
– unmündige 02.34, 02.40, 02.52, *60/4*, 04.14, 05.40, *67/8*, 09.16, 13.07

Nachlass *siehe „Erbmasse"*

Nachlasssteuer 05.69, 05.72, 07.28

Nachvermächtnis 07.92, 07.135 f.

Noterben *siehe „Pflichtteilserben"*

Nutzniessung 03.07, 03.15, 07.34, 07.117
– Anwendungsbereich 07.55 ff., 12.23, 12.28, 12.30, 12.47, 12.54
– Begriff 07.35, 07.56
– Beurteilung für Ehegattenbegünstigung 04.36, 07.59 f., 10.14, 12.62 f.
– am Familienunternehmen 07.59, 13.58 ff.

- gesetzliche 03.13
- und Pflichtteil 05.14, 07.40, 07.57
- Stellung des Nutzniessers 07.38
- Steuerfolgen 07.44 ff.

obligationenrechtliche Rechtsgeschäfte *siehe „Rechtsgeschäfte des Obligationenrechts"*

optimale Begünstigung *siehe „Begünstigung, optimale"*

ordentlicher Güterstand *siehe „Errungenschaftsbeteiligung"*

Partizipationsschein 13.15

Pflegebedürftigkeit 02.28, 07.67, 07.116, 10.45

Pflegeheim/-kosten 02.28, 04.17, 10.45, *32/11, 67/11*, 11.25, 11.27, 11.33 f.

Pflichtteil 03.47, 03.57, 04.35, 05.12 ff., 08.76
- Abfindung *siehe „Erbabfindung"*
- bei altrechtlicher Gütergemeinschaft 06.103 ff.
- bei Gütergemeinschaft 06.62 ff., 06.76, 06.78 ff.
- güterrechtlicher 06.103 ff.
- bei Güterverbindung 06.101
- bei Massenumteilung (ZGB 199) 06.41 f., 06.45, 06.48
- bei Änderung der Mehrwertbeteiligung 06.56, 06.84, 08.85
- bei Nutzniessung 07.36, 07.42 f., 07.57
- bei Schenkungen 08.39 ff., 08.61 ff., 08.76
- bei Versicherungen 09.47, 09.76 ff.
- bei Vorschlagszuweisung 06.19 ff., 06.32 ff., 06.101
- Wiederherstellung *siehe auch „Herabsetzung"* 05.16

Pflichtteilserben 05.23 f., 07.10 f.

Pflichtteilsmasse 01.13, 03.43 f., 03.47 f., 03.49 f., 03.51, 03.53 ff., 03.57, 03.59, 03.61, 05.25, 06.80, 08.33 ff., 08.40, 08.45, 08.49, 09.47, 09.56, 09.77, 09.80, 10.06 f., 11.09
- Berechnung bei Vorschlagszuweisung 06.32 ff.

Pflichtteilsrecht *siehe auch „Herabsetzung"* 03.47, 03.57, 05.12 ff., 11.09
- als Grenze der Begünstigung 10.02 ff., 10.08, 10.21 f.
- bei Rekombinationsfamilie 12.43, 12.46, 12.56
- bei Unternehmensnachfolge *siehe dort*
- Inhalt des Schutzes 05.14 ff., 06.67, 06.107, 06.131, 07.12, 07.23, 07.81, 07.118, 07.149
- Umgehung 03.60, 04.63 ff., 06.48, 06.54, 06.82 f., 08.44, 08.85, 09.80
- Verzicht *siehe „Erbverzicht"*
- bei Wiederverheiratung 12.15

Planungsrisiken *siehe „Fehlplanung"*

Planungsziele 04.01 ff.
- finanzielle Absicherung 04.03 ff.

Präponderanzmethode 13.65

privatorische Klausel 07.03, 07.100, 07.147, 07.119, 07.147

Proportionalmethode *siehe „Quotenmethode"*

Querschenkung 05.81 ff., 05.84, 06.37, 06.86, *28/7*, 07.29, *60/7*, 07.83, 10.13

Quotenmethode *115/3*, 08.70

Quotenvermächtnis 07.15, 07.19, 07.74, 07.81

Rechtsgeschäft unter Lebenden 03.46, 08.01 ff.
- Abgrenzung zu Rechtsgeschäften von Todes wegen 05.07 ff., 06.22 ff., 08.76, 09.54
- Formen 08.06 ff.
- freie Selbstvorsorge 09.81 f.
- gebundene Selbstvorsorge 09.49 ff.
- Gestaltungsmittel 07.72 ff.
- Motive 08.01 ff.
- Zuwendung *siehe dort*

Rechtsgeschäfte des Obligationenrechts 08.08, 08.10 f.

Rechtswahl 04.57 f., 04.65 ff.

Rekombinationsfamilie 01.16, 07.59, 11.08, 12.01 ff.
- Begriff *19/1*
- Planung in Erstehe 12.03 ff.

365

- Lösungsansätze 12.11 ff.
- Problembereiche 12.07 ff.
- Planung bei bestehender R. 12.31 ff.
- Ausgangslage 12.31 f.
- kinderlose Zweitehe 12.43 ff.
- gemeinsame und voreheliche Nachkommen 12.50 ff., 12.69
- Problembereiche 12.34 ff.

Rente *siehe „Leibrente" und „Hinterlassenenleistungen"*

Risikoversicherung *siehe auch „Lebensversicherung"* 02.47, 03.34, 09.37, 10.07 f., 11.29
- gebundene *siehe „gebundene Selbstvorsorge, Vorsorgeversicherung"*
- als Planungsinstrument 04.04
- Verhältnis zum Erbrecht 03.60, 09.46 f., 09.78, 10.30 f.
- Verhältnis zum Güterrecht 03.25, 03.30, 03.37, 09.44, 09.71

Rückfallklausel 06.119, 06.135 ff., 06.138, 07.96, 07.129, 11.06, 12.13 f., 13.55

Rückkaufswert 04.69, 09.85, 09.92 f., 09.101, 09.104 f, 10.07, 10.38
- und Erbrecht 03.44, 03.59 ff., 03.63, 09.77 ff.
- und Güterrecht 03.25, 03.34, 09.70 ff

Rückwirkungsklausel 06.65, 06.88, 06.116, 06.146

Sachanspruch *siehe auch „Teilungsregeln" und „Anwachsung"* 03.06 f.

sachenrechtliche Verträge 08.08 f.

Säule 3a *siehe „gebundene Selbstvorsorge"*

Säule 3b *siehe „freie Selbstvorsorge"*

Scheidung *siehe „Ehescheidung"*

Schenkung *siehe auch „Zuwendung"* 05.66, 08.32, 08.50, 08.58 ff., 08.118 f.
- Begriff 08.56 f., 08.89 f.
- im Erbrecht 08.23, 08.44, 08.61 ff.
- im Steuerrecht 05.76
- Beurteilung für Ehegattenbegünstigung 08.80 ff., 10.05, 10.09, 10.16, 10.33 f., 12.60 f., 12.64
- gemeinschaftliches Eigentum 08.108 f.
- Gemeinschaftskonto 08.141 ff.
- gemischte 08.44, 08.68 ff.

- remuneratorische 08.64
- Steuerfolgen 08.77 ff.
- Verhältnis zum Erbrecht 08.22 ff., 08.39 ff., 08.61 ff., 08.76, 08.89, 10.30 f.
- Verhältnis zum Güterrecht 08.17 ff., 08.45 ff.
- Widerruf 08.76, 11.17

Schenkungskollation 08.27, 08.42

Schenkungssteuer 05.67 f., 05.70, 08.48, 08.51, 08.110
- Auflagen und Bedingungen 06.132 f.
- Gegenstand der Steuer 05.76, 05.83, 06.28, 06.58, 06.158, 06.170, 07.46, 08.77, 08.92, 08.110, 13.71
- Querschenkung *siehe dort*
- Steuerhoheit 05.67
- Steuermass 05.78 f., 08.78

Schenkungswillen 08.58, 08.69

Schlusserbeneinsetzung 05.38, 07.115, 07.124, 12.27, 12.56

Selbstvorsorge 02.03, 02.60, 09.01 f.
- freie *siehe „freie Selbstvorsorge"*
- gebundene *siehe „gebundene Selbstvorsorge"*

Sicherstellung 07.92, 07.120, 07.122, 07.132 f.

Sittenwidrigkeit 07.02 f., *209/7*, 07.143 ff.

sittliche Pflicht *68/6*, 08.13, 08.56, 08.62 f., 08.77

soziale Entwicklung 01.14, 04.41

Sozialhilfe 02.05, 02.31, 02.62 ff., 07.52, 07.130, 11.27, 11.32
- Rückerstattungspflicht 11.49 f.
- Verzicht auf Einkommen/Vermögen 11.33, 11.42 ff., 11.48
- Rechtsmissbrauch 11.45 ff.
- Sittenwidrigkeit 11.52 f.

Sozialtarif 11.25

Sozialversicherungen 01.13, 02.01 ff., 04.42 ff., 10.17
- Koordination 02.19 f., 02.24, 02.31, 02.37 f., 02.42, 02.58 f.
- mit güter- und erbrechtlichen Ansprüchen 03.01 f., 03.16 ff., 03.42 ff.

Sparquote 04.44, 04.69

Stempelabgabe *siehe auch "Emissionsabgabe"* 09.84

Steuer *siehe "Einkommenssteuer", "Erbschaftssteuer", "Schenkungssteuer" usw.*

Stiefkind *siehe "Nachkommen, nichtgemeinsame"*

stille Reserven
– Realisierung 06.112, 07.83, 08.79, 10.13, 13.65, 13.67 ff., 13.71 ff., 13.79

Stimmbindungsvertrag 13.20

Streitvermeidung *siehe "Konfliktvermeidung"*

Surrogationsprinzip *siehe "Wertsurrogation"*

Teilungsaufschub 05.14, 07.109, 07.149

Teilungsregeln 01.05 f., 04.05, 04.15, 07.141, 10.36, 11.11
– eherechtliche (gesetzliche) 12.28
  – Errungenschaftsbeteiligung 03.06 ff., 03.09 ff., 07. 68 f., 08.104
  – Gütergemeinschaft 06.114, 07.68 f., 08.104
– ehevertragliche 01.08, 06.08, 06.107 ff., 10.10
  – Errungenschaftsbeteiligung 06.107 ff.
  – Gütergemeinschaft 06.115
  – Wirkung 06.108 ff.
– erbrechtliche
  – Beurteilung für Ehegattenbegünstigung 07.84 f., 10.10, 10.14
  – gesetzliche 03.15, 03.48, 07.68, 07.70, 12.28
  – rechtsgeschäftliche 01.11, 05.15, 07.39, 07.71 ff., 09.55
  – Verhältnis zur güterrechtlichen Teilung 07.82
– Notwendigkeit 04.29 ff., 12.72
– Steuerfolgen 06.112 f., 07.83

Testament 05.54 ff.
– Auslegung 05.62
– Form 05.60, 05.63
– gegenseitiges 05.55 ff.
– gemeinsames 05.58
– korrespektives 05.57
– Widerruf 05.61

Transponierungstheorie 13.78

Trennung der Ehe 11.20 ff.

Typengebundenheit des Güterstandes 05.27, 06.145 ff.

Überlebensklausel 05.11, 06.06, 06.61, 06.69, 06.73, 06.126, 08.49
– Anwendungsbereich 06.134, 11.04 f., 13.56
– Rechtsnatur 06.23 ff., 06.134

überobligatorische Vorsorge *siehe "berufliche Vorsorge, weitergehende"*

Unfallversicherung (UV) 02.05, 02.32 ff., 02.46
– Verhältnis zum Erbrecht 03.45
– Verhältnis zum Güterrecht 03.20, 03.29, 03.32, 03.35

Ungültigkeitsklage 07.06 ff., 07.148, 07.151

Unterhalt *siehe "ehelicher Unterhalt"*

Unternehmensnachfolge/-fortführung 06.36, 06.41 f., 06.43, 06.46, 06.96, 07.129, 09.108, 13.01 ff.
– erbrechtliche Hindernisse 13.02 ff.
– Gestaltungsmöglichkeiten 13.09 ff.
  – Aktiengesellschaft 13.10 ff., 13.42, 13.59
  – Eintrittsklausel 13.33 f., 13.39
  – Einzelunternehmung 13.41
  – Fortsetzungsklausel 13.32
  – GmbH 13.25 ff., 13.60
  – Holding 13.27, 13.42, 13.43 ff., 13.78
  – Kommanditgesellschaft 13.38 ff., 13.61
  – Konversionsklausel 13.39 f.
  – Nachfolgeklausel 13.35 ff.
  – Personengesellschaften 13.31 ff., 13.41, 13.61
  – Spaltung der Unternehmung 13.47 f.
  – Unternehmensstiftung 13.43 ff.
– durch Nachkommen 13.63
– durch überlebenden Ehegatten 13.49 ff.
– Nutzniessung 13.58 ff.
– und Pflichtteile 13.02 ff., 13.19, 13.22, 13.34, 13.37, 13.40, 13.44, 13.48, 13.63, 13.63
– Steuerfolgen 13.64 ff.

Unternehmensstiftung *siehe "Unternehmensnachfolge"*

unterobligatorische Vorsorge *siehe "berufliche Vorsorge, weitergehende"*

Urteilsunfähigkeit 05.39, 06.17, 07.90, 07.94, 10.45 f.

Verfügung von Todes wegen *siehe auch „Testament" und „Erbvertrag"* 03.13, 03.31, 03.46, 08.140, 12.72
- ehevertragliche Begünstigung 06.19 ff.
- freie Selbstvorsorge 09.81 f.
- gebundene Selbstvorsorge 09.49 ff., 10.40
- Gestaltungsmittel 07.91 ff.
- Ungültigkeitsgründe 07.02 ff., 07.143 ff.
  - privatorische Klauseln *siehe dort*

Verfügungsfähigkeit 05.44, 07.02, 11.56

Verfügungsfreiheit *siehe „Pflichtteilsrecht"*

Vermächtnis 03.61, 05.84, 06.67, 07.14 ff., 07.73 f., 07.141, 08.39, 09.55, 09.75
- Anwendungsbereich 07.19 ff., 13.62
- Begriff 07.14 f., 07.18, 07.106
- Beurteilung für Ehegattenbegünstigung 07.32 f., 10.14, 10.35
- Inhalt 07.15 f., 07.22, 07.24 f., 09.48
  - Versicherungsanspruch 09.75, 09.82
- und Pflichtteil 05.15, 07.12 f.
- Steuerfolgen 07.28 ff.
  - beim Rentenvermächtnis 07.30 f.

Vermögensgewinnsteuer *siehe „Grundstückgewinnsteuer"*

Vermögenssteuer 05.89, 07.49, 07.65, 09.29, 09.57, 09.62, 09.85, 13.66 f.

Vermögensverzicht 11.35 f., 11.39 ff., 11.45, 11.48, 11.55

Verschaffungsvermächtnis 07.16

Versicherung *siehe auch „Lebensversicherung" und „Risikoversicherung"*
- Formerfordernis 05.65 f.

Versorgungskollation 08.27, 08.42

Versorgungsquote 02.35 f., 02.38, 04.11, 04.19

Vertrag zu Gunsten Dritter 03.46, 03.58, 09.53 f.

Vertrauensprinzip 05.31, 05.43, 05.52

Verwandtenunterstützung 02.31, 02.64, 11.51

Vidualitätsbedingung *siehe „Wiederverheiratungsklausel"*

Vollmacht 08.131, 08.134
- auf den Tod 08.134 f.
- interne/externe 08.134
- über den Tod hinaus 08.132 f.

Vorausvermächtnis 03.53, 05.84, 07.21, 10.40

Vorempfang *siehe „Erbvorempfang"*

Vorkaufsrecht 07.109

Vorschlagsteilung 03.19, 03.62 f., 08.17
- gesetzliche 03.04 f., 03.14, 04.70, 08.46
- Verzicht 06.36 f., 10.22
- als Wertanspruch 03.06 f., 06.107
- Zuweisungsansprüche *siehe „Teilungsregeln"*
- rechtsgeschäftliche *siehe „Vorschlagszuweisung"*

Vorschlagszuweisung 01.09, 03.36, 05.79, 06.42, 08.49, 10.04, 10.15, 10.21, 10.32 f., 10.35, 10.42, 11.23, 11.33
- Gestaltungsmöglichkeiten 06.04 ff.
- und Pflichtteil 06.19 ff., 06.32 ff., 06.101, 10.28 ff.
- Steuerfolgen 06.36

Vorsorge, berufliche *siehe „berufliche Vorsorge"*

Vorsorgereglement 02.04, 02.49 f, 02.54, 04.69, 09.06, 09.10 ff., 09.15, 09.17, 09.20, 09.22, 09.33 f.

Vorsorgeversicherung, gebundene *siehe „gebundene Selbstvorsorge"*

Vorsorgevertrag 02.04, 02.60, 03.24, 03.31, 03.46, 03.49, 03.58, 09.10 f., 09.37 ff.

Wahlrecht 01.10, 06.17, 06.69, 07.05, 07.37, 07.53, 07.57, 07.88 ff., 10.10
- Frist zur Ausübung 07.90
- betr. Teilungsansprüche 06.107, 06.110, 07.86 f.
- in Verfügungen von Todes wegen 07.86 ff.

Wahlvermächtnis 07.19

Waisenrente *siehe „Hinterlassenenleistung"*

Wertsurrogation 03.09, 03.17, 03.27, 03.29, 03.33, 08.117, 09.43 f., 09.70, 09.72

Wiederverheiratung *siehe auch „Rekombinationsfamilie"* 04.06, 04.53, 06.139, 07.116, 08.72, 09.115, 10.43, 10.51
– Ehegattennutzniessung 07.51
– als Planungsrisiko 11.07
– und Rentenansprüche 02.10, 02.33, 02.51

Wiederverheiratungsklausel 06.38 ff., 07.53, 07.133, 12.64
– Anwendungsbereich 06.138 ff., 12.13, 12.16 f.
– Rechtsnatur 06.140
– Zulässigkeit 06.144, *209/7*, 07.145, 12.30

Willensprinzip 05.43, 05.48

Willensvollstrecker 04.37, 07.20, 07.33, 07.80, 07.88, 07.105, 10.44 f.

Wohneigentumsförderung 03.25, 09.15
– Vorbezug 09.30, 09.34, 09.58, 09.109 ff., 12.48
  – Verhältnis zum Erbrecht 03.51
  – Verhältnis zum Güterrecht 03.38 ff.

Wohnrecht 03.07, 03.15, 07.56, 07.61 ff.
– Beurteilung für Ehegattenbegünstigung 07.66 f.
– Begriff 07.61 ff.
– Steuerfolgen 07.64 f.

Wohnung der Ehegatten *siehe auch „einfache Gesellschaft"* 08.127
– gesetzliche Zuweisungsansprüche 03.07, 03.15, 03.48, 04.15, 04.30, 06.114, 07.68 ff.
– Beschränkung 12.28

Zession 09.81

Zuverdienerehe 03.03

Zuweisungsansprüche *siehe „Teilungsregeln"*

Zuwendung 09.73
– Begriff 08.13 ff., 08.84, 08.92
– unter Lebenden *siehe auch „Schenkung" und „Rechtsgeschäft unter Lebenden"* 01.12, 04.38, 06.56, 08.01 ff., 09.54, 10.05, 10.09, 10.32 ff., 12.60 f.
  – Verhältnis zum Erbrecht 05.12, 05.25, 06.56, 08.12, 08.22 ff., 10.21 ff.
  – Verhältnis zum Güterrecht 03.29 f., 08.12, 08.17 ff., 08.45 ff.

– von Todes wegen *siehe „Verfügung von Todes wegen"*
– Vorschlagszuweisung *siehe dort*

Zwecksurrogation 03.17, 03.32

zweite Säule *siehe „berufliche Vorsorge"*

Zweitehe *siehe „Wiederverheiratung"*

Zwischenveranlagung 05.71, 13.67, 13.76